JN320256

判例サムアップ
労働法

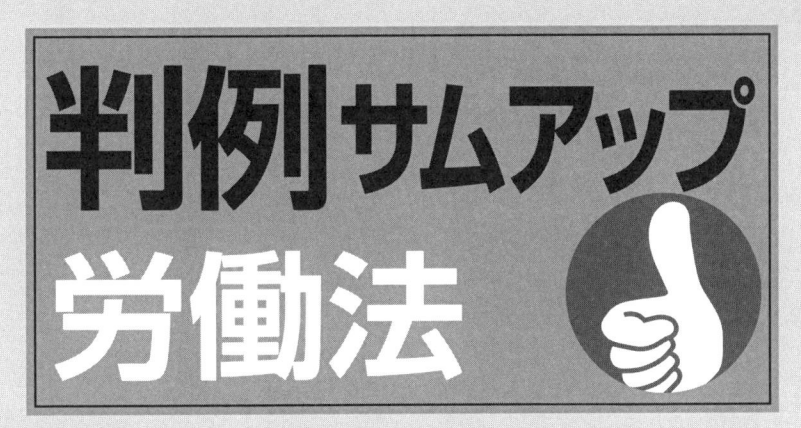

山川隆一・森戸英幸 編著

弘文堂

はしがき

　判例は重要である。

　どの法分野についても言えることではあるが，とくに労働法に関してはそうだ。

　「業務上の必要性を欠く配転命令は権利濫用として無効となる」
　「団体交渉は誠実に行わなければならない」

　いずれも労働法上の基本的なルールであるが，六法をいくらひっくり返しても見つけることはできない。なぜなら，これらは判例法理だから。このルールが意味するところを理解するためには，その元になった判例（東亜ペイント事件，シムラ事件など）を学習する必要がある。

　「就業規則の不利益変更も合理的なものであれば許される」
　「社会的に相当な理由なくなされた解雇は無効である」

　これらのルールも，今でこそ立法化されている（労働契約法10条・16条）が，10年前にはやはり判例法理であった。定着した判例法理を明文化したのである。現在でもなお，これらのルールがどのように用いられてきたのかを理解するために，その元になった判例（第四銀行事件，高知放送事件など）を学ぶことには意義がある。現行法の解釈論としてはもちろんだが，現在重要とされる判例は今後進められるであろう立法作業の出発点となる可能性も高い。つまり，今後の労働法政策のあり方を考える上でも，判例の理解は不可欠なのである。

　本書は，主として法学部生やロースクール生に利用してもらうことを念頭に，労働法の学習においてとくに重要と思われる約140の判例を選定し，どの

ような事実関係の下で，どのような判断が示されたかを端的に解説する，というコンセプトに基づいて編集されている。学説上の細かい議論はできるだけ省略し，「この判例が言いたかったこと」をシンプルに読者に伝えることを心がけた（後掲「判例の読み方」参照）。このように，端的に判例のポイントをつかむという観点からは，労働法を勉強しはじめた人事労務や法務担当の方々などにも有益ではないかと思っている。さらに，事案を理解しやすくするために図表も付した。少しでも皆さんのお役に立てば幸いである。もちろんご批判，ご指摘も遠慮なくお寄せいただきたい。

ところで，本書のタイトルにいう「サムアップ」とはどのような意味なのか。ここには編者の2つの思いが込められている。1つ目は「要約」「まとめ」などを意味するsum-up。判例のエッセンスをギュッと「まとめる」と結局どういうことなのか，読者がそこに至るためのツールとして本書を活用して欲しいと考えた。そして2つ目は，thumbs-up。本書の表紙にも描かれている，親指（thumb）を立てるしぐさだ。敢えて訳せば「よしっ！」「やった！」「いいぞ！」という感じだろうか，賛成・肯定・了解を表す際に用いられる。読者が本書によって判例の理解を深め，教室であるいは図書館で，思わず「よしっ！　労働法わかった！」と親指を立ててくれればそれ以上に嬉しいことはない——なお，たとえ本書に不満を感じたとしても，どうか中指を立てるのだけは我慢していただきたい。

＊　＊　＊

最後に，それぞれが大変多忙な新進気鋭の研究者であるにもかかわらず，各裁判例の解説を快くお引き受けいただいた執筆者の方々，ならびに煩わしい編集作業を一手に担ってくださった弘文堂編集部の高岡俊英さんには心より感謝申し上げたい。

2011年3月

山川　隆一
森戸　英幸

判例の読み方

1 ひとくちに「判例の読み方」といっても，目的に応じて様々なものがありうるが，以下では，法律の学習という目的で判例を読む場合に心がけるべき点を簡単に示しておきたい。ここで「判例」という用語は，その後の判断の先例となりうる一般的ルールを明示した最高裁判決に限られる場合もあるが，単なる事例判断である最高裁判決や下級審判決などの「裁判例」一般を含む場合もある。以下では，後者のより広い意味で「判例」という用語を用いている。

2 一般に，裁判所が法の適用により紛争を解決する場合には，法的三段論法というプロセスがとられる。すなわち，(1) 一般的な法的ルール（大前提―いわゆる「規範」）に，(2) 証拠等により認定された当該事件の事実関係（小前提）を当てはめ，(3) 紛争解決のための結論を下すというプロセスである。このプロセスは法の適用一般においてみられるものであるが，法律の学習のために用いられる判例は，裁判所が，法の条文だけでは明らかでない問題について解釈を行い，それにより明らかにされた一定の法的ルールに基づいて紛争を解決したものであることが通常である。

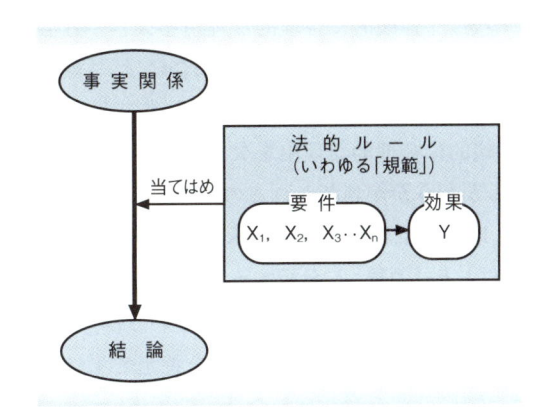

3 そこで，法律の学習のために判例を読む場合は，①その判例がどのような法的ルールを示したか，また，②その法的ルールが具体的な事実関係の中でどのように当てはめられたかを読み取ることが求められる。①の法的ルールを明示せずに具体的な事実関係についての判断のみを示す判例もあるが，その場合には，前提とされている法的ルールを推測することが必要となる。

　また，以上の前提として，その判例が対象とした事件においては，③原告が

いかなる請求をしたか（訴訟物は何か），その請求の当否を判断するにあたり問題となった争点は何かを把握することが重要である（ここでは民事事件を念頭に置いている）。判例が適用した法的ルールは，その事件における請求について判断を行うために必要となったものだからである。むしろ，当該事件における請求や争点が何であるかは，判例を読む上での出発点といえる。

4 判例が示した法的ルールは，法律の条文などと同様に，「要件」→「効果」という構造をとることが多い。例えば，すでに労働契約法16条として条文化されている解雇権濫用法理は，「解雇は，客観的に合理的な理由を欠き，社会通念上相当であると認められない場合は，その権利を濫用したものとして，無効とする」というルールであるが，ここでは，使用者が労働者に対してなす解雇につき，「客観的に合理的な理由を欠き，社会通念上相当であると認められない」という要件がみたされた場合には，「無効」という効果が導かれることが示されている。そして，具体的な事実関係についての当てはめの段階では，「客観的に合理的な理由を欠き，社会通念上相当であると認められない」といえるかどうかが判断されるのである。

5 以上によれば，判例の示したルールを読む上で重要なのは，まず，それを「要件」と「効果」に分析することである。例えば，片山組事件（最一小判平10・4・9労判736号15頁☞ **046** 事件）については，以下のように読むことになる。
「(A)労働者が職種や業務内容を特定せずに労働契約を締結した場合においては，現に就業を命じられた特定の業務について労務の提供が十全にはできないとしても，その能力，経験，地位，当該企業の規模，業種，当該企業における労働者の配置・異動の実情及び難易等に照らして(B)当該労働者が配置される現実的可能性があると認められる他の業務について労務の提供をすることができ，かつ，(C)その提供を申し出ているならば【以上のA～Cが要件】，なお債務の本旨に従った履行の提供がある【効果】と解するのが相当である。」

ここでは，就業を命じられた特定の業務について労務の提供が十全にはできない場合でも債務の本旨に従った履行の提供があるといえるかという問題について，A，B，Cという3つの要件がみたされれば，債務の本旨に従った履行の提供があるという効果が導かれることが示されている。なお，上記の片山組事件は，病気の労働者が会社から命じられた業務とは別の業務につき労務の提

供を申し出たところ，会社がそれを拒否したため労働義務が履行不能となった事案であるが，債務の本旨に従った履行の提供があるといえるならば，それを拒絶した使用者には履行不能につき民法536条2項にいう責めに帰すべき事由が認められ，労働者は同条項にいう反対給付としての賃金を請求できるのが原則となる。

6 また，一般的な法的ルールの具体的な事実関係への当てはめにおいても，判例の示した要件についてどのような当てはめがなされているかを，それぞれの要件ごとに検証することが求められる。上記の片山組事件についていえば，(A)原告が職種や業務内容を特定せずに労働契約を締結したか，(B)原告が配置される現実的可能性があると認められる他の業務について労務の提供をすることができるか，(C)原告はその提供を申し出ているか，という3つの要件についての当てはめを確認することになる。

同事件の最高裁判決は，(B)の要件のうち，原告が提供を申し出たデスクワークに配置される現実的可能性があるかどうかを判断させるために事件を原審に差し戻しているが，労働者の能力，経験，地位，当該企業の規模，業種，当該企業における労働者の配置・異動の実情及び難易等という，その点を判断するに当たっての考慮要素も示している。こうした判断要素は，法的ルールの当てはめに際しては重要な導きとなる。就業規則変更の合理性という要件についての判断要素（現在は労働契約法10条において定められている）などはその代表例である。判例を読む場合には，このように，要件の判断要素を把握し，それぞれの要素についての当てはめを読み解くことも重要である。

7 以上のとおり，判例を読むに当たってまず重要となるのは，①その判例がどのような「要件」→「効果」の法的ルール（要件の判断要素を含む）を示したか，また，②その法的ルールが具体的な事実関係の中でどのように当てはめられたか，以上の前提として，③そもそも当該事件においては，原告がいかなる請求をしたか（訴訟物は何か），その請求の当否を判断するにあたり問題となった争点は何かを把握することである。

もちろん，判例を批判的に検討し，より適切な法的ルールがありうるかを考えるためには，④当該事件において示された法的ルールの内容が適切なものか，そのルールを導いた理由づけが適切なものか，そのルールによる具体的判

断が適切なものかを検討することが有益である。また，判例を実務家として利用する場合などには，⑤当該事件において示された法的ルールの射程距離はいかなるものか，事実関係が異なった場合にはどのような判断がなされるかを検討することも求められる。

　しかし，④および⑤のような検討を行う場合でも，①から③のように，その判例がどのような判断をしたかをいわば内在的に検討することは，その前提となるものであるから，それらは判例を読む上での最低限の基礎をなすといえる。このような観点から，本書の解説では，特に重要な，それぞれの判例がどのような法的ルールを示したか（上記①）について青字で示すように心がけている。また，法的ルールの当てはめ（上記②）のためには，事実関係を迅速に把握することが必要であるが，継続的性格をもつとともに，多数の関係者が登場することが多い労働関係については，時系列や当事者等の関係を図示して把握することが有益である。そこで本書では，事案の概要においてそのような図を掲げる方針をとっている。

目　次

第 1 章　労働者
(1)　労基法上の労働者
　001　横浜南労基署長(旭紙業)事件：最一小判平成 8・11・28労判714号14頁（*1*）
(2)　労組法上の労働者
　002　CBC管弦楽団事件：最一小判昭和51・5・6民集30巻 4 号437頁（*4*）

第 2 章　使用者
(1)　労働契約上の使用者
　003　黒川建設事件：東京地判平成13・7・25労判813号15頁（*10*）
　004　サガテレビ事件：福岡高判昭和58・6・7労判410号29頁（*15*）
(2)　労組法上の使用者
　005　朝日放送事件：最三小判平成 7・2・28民集49巻 2 号559頁（*19*）

第 3 章　労働契約と就業規則
(1)　就業規則の法的意義
　006　秋北バス事件：最大判昭和43・12・25民集22巻13号3459頁（*24*）
　007　【参考判例】電電公社帯広電報電話局事件：最一小判昭和61・3・13労判470号 6 頁（*28*）
(2)　就業規則の効力要件
　008　中部カラー事件：東京高判平成19・10・30労判964号72頁（*30*）
　009　【参考判例】フジ興産事件：最二小判平成15・10・10労判861号 5 頁（*34*）
(3)　変更の合理性判断の枠組み
　010　第四銀行事件：最二小判平成 9・2・28民集51巻 2 号705頁（*36*）
　011　【参考判例】ノイズ研究所事件：東京高判平成18・6・22労判920号5頁（*40*）
　012　【参考判例】みちのく銀行事件：最一小判平成12・9・7民集54巻 7 号2075頁（*42*）
　013　【参考判例】シー・エー・アイ事件：東京地判平成12・2・8労判787号58頁（*44*）

第 4 章　労働契約上の権利義務
(1)　労使慣行
　014　商大八戸ノ里ドライビングスクール事件：最一小判平成 7・3・9労判679号30頁（*46*）
(2)　職務専念義務
　015　電電公社目黒電報電話局事件：最三小判昭和52・12・13民集31巻7号974頁（*50*）
(3)　労働者の損害賠償義務

016 茨石事件：最一小判昭和51・7・8民集30巻 7 号689頁（55）
(4) 就労請求権
017 読売新聞社事件：東京高決昭和33・8・2 労民集 9 巻 5 号831頁（60）

第 5 章 労働者の人権・雇用平等
(1) 労働者のプライバシー
018 B金融公庫事件：東京地判平成15・6・20労判854号 5 頁（65）
019 F社Z事業部事件：東京地判平成13・12・3 労判826号76頁（69）
020 【参考判例】西日本鉄道事件：最二小判昭43・8・2民集22巻 8 号1603頁（73）
(2) 留学費用返還請求
021 野村證券(留学費用返還請求)事件：東京地判平成14・4・16労判827号40頁（75）
(3) 男女同一賃金
022 日ソ図書事件：東京地判平成 4・8・27労判611号15頁（80）
023 【参考判例】三陽物産事件：東京地判平成 6・6・16労判651号15頁（85）
024 野村證券(男女差別)事件：東京地判平14・2・20労判822号13頁（87）
(4) 男女の昇格差別
025 芝信用金庫事件：東京高判平成12・12・22労判796号 5 頁（92）
(5) セクシュアル・ハラスメント
026 福岡セクシュアル・ハラスメント事件：福岡地判平成 4・4・6 労判607号 6 頁（97）
(6) いじめとパワー・ハラスメント
027 川崎市水道局事件：東京高判平成15・3・25労判849号87頁（101）

第 6 章 採用・採用内定・試用期間
(1) 採用の自由・試用期間
028 三菱樹脂事件：最大判昭和48・12・12民集27巻11号1536頁（107）
(2) 採用内定
029 大日本印刷事件：最二小判昭和54・7・20民集33巻 5 号582頁（111）
(3) 内定期間中の研修
030 宣伝会議事件：東京地判平成17・1・28労判890号 5 頁（116）
(4) 試用期間
031 三菱樹脂事件：最大判昭和48・12・12民集27巻11号1536頁（121）
032 神戸弘陵学園事件：最三小判平成 2・6・5 民集44巻4号668頁（125）
(5) 採用の際の労働条件明示
033 八州事件：東京高判昭58・12・19労判421号33頁（129）
034 日新火災海上保険事件：東京高判平成12・4・19労判787号35頁（134）

第 7 章 人事考課・降格

(1) 人事考課
- **035** エーシーニールセン・コーポレーション事件：東京地判平成16・3・31労判873号33頁（*139*）

(2) 降格――職位の引下げ
- **036** バンク・オブ・アメリカ・イリノイ事件：東京地判平成7・12・4労判685号17頁（*143*）

(3) 降格――資格の引下げ
- **037** アーク証券(第1次仮処分)事件：東京地決平成8・12・11労判711号57頁（*146*）

第 8 章 配転・出向・転籍・休職

(1) 配転命令の根拠と限界
- **038** 東亜ペイント事件：最二小判昭和61・7・14労判477号6頁（*150*）
- **039** 【参考判例】ネスレ日本(配転本訴)事件：大阪高判平成18・4・14労判915号60頁（*154*）
- **040** 【参考判例】日本ガイダント仙台営業所事件：仙台地決平成14・11・14労判842号56頁（*156*）

(2) 出向命令の根拠と限界
- **041** 新日本製鐵(日鐵運輸第2)事件：最二小判平成15・4・18労判847号14頁（*158*）

(3) 出向労働関係
- **042** 勧業不動産販売・勧業不動産事件：東京地判平成4・12・25労判650号87頁（*162*）

(4) 転籍
- **043** 三和機材事件：東京地決平成4・1・31判時1416号130頁（*167*）

(5) 休職
- **044** 独立行政法人N事件：東京地判平成16・3・26労判876号56頁（*172*）
- **045** 全日本空輸事件：東京地判平成11・2・15労判760号46頁（*176*）

第 9 章 賃金

(1) 賃金請求権
- **046** 片山組事件：最一小判平成10・4・9労判736号15頁（*181*）

(2) 退職金請求権
- **047** 三晃社事件：最二小判昭和52・8・9集民121号225頁（*185*）
- **048** 【参考判例】中部日本広告社事件：名古屋高判平成2・8・31労判569号37頁（*190*）
- **049** 【参考判例】小田急電鉄事件：東京高判平15・12・11労判867号5頁（*192*）

(3) 年俸制

050　日本システム開発研究所事件：東京高判平成20・4・9 労判959号 6 頁（*196*）
(4) 賃金の全額払い原則
　　051　日新製鋼事件：最二小判平成 2・11・26民集44巻 8 号1085頁（*200*）
　　052　北海道国際航空事件：最一小判平成15・12・18労判866号15頁（*204*）
(5) 休業手当
　　053　ノース・ウエスト航空事件：最二小判昭和62・7・17民集41巻 5 号1283頁（*209*）

第10章 労働時間
(1) 労働時間の概念
　　054　三菱重工業(1次訴訟・会社側上告)事件：最一小判平成12・3・9 民集54巻 3 号801頁（*214*）
　　055　大星ビル管理事件：最一小判平成14・2・28民集56巻 2 号361頁（*218*）
(2) 時間外労働義務
　　056　日立製作所武蔵工場事件：最三小判平成3・11・28民集45巻 8 号1270頁（*223*）
　　057　【参考判例】トーコロ事件：東京高判平成 9・11・17労判729号44頁（*227*）
(3) 割増賃金の計算と支払
　　058　高知県観光事件：最二小判平成 6・6・13労判653号12頁（*229*）
(4) 変形労働時間制
　　059　JR西日本(広島支社)事件：広島高判平成14・6・25労判835号43頁（*233*）
(5) 管理監督者
　　060　日本マクドナルド事件：東京地判平成20・1・28労判953号10頁（*238*）
　　061　ことぶき事件：最二小判平成21・12・18労判1000号 5 頁（*243*）

第11章 休暇・休業・休職
(1) 年次有給休暇権の法的性質
　　062　白石営林署事件：最二小判昭和48・3・2 民集27巻 2 号191頁（*246*）
(2) 年次有給休暇の時季変更権
　　063　時事通信社事件：最三小判平成 4・6・23民集46巻 4 号306頁（*250*）
(3) 計画年休
　　064　三菱重工業長崎造船所事件：福岡高判平成 6・3・24労民集45巻 1・2 号123頁（*254*）
(4) 休業等を取得した者に対する不利益取扱い
　　065　東朋学園事件：最一小判平成15・12・4 労判862号14頁（*258*）

第12章 懲戒
(1) 懲戒権の根拠
　　066　フジ興産事件：最二小判平成15・10・10労判861号 5 頁（*263*）

067 【参考判例】関西電力事件：最一小判昭和58・9・8労判415号29頁（267）
(2) 企業外非行
068 横浜ゴム事件：最三小判昭和45・7・28民集24巻7号1220頁（269）
(3) 経歴詐称
069 炭研精工事件：最一小判平成3・9・19労判615号16頁（273）
(4) 内部告発
070 大阪いずみ市民生協事件：大阪地堺支判平成13・6・18労判855号22頁（278）
(5) 懲戒の手続・方法
071 山口観光事件：最一小判平成8・9・26労判708号31頁（282）
(6) 懲戒権の濫用
072 ネスレ日本事件：最二小判平成18・10・6労判925号11頁（287）

第13章 労働災害の補償

(1) 過労による脳・心臓疾患の業務起因性
073 横浜南労基署長（東京海上横浜支店）事件：最一小判平12・7・17労判785号143頁（293）
(2) 過労自殺と安全配慮義務
074 電通事件：最二小判平成12・3・24民集54巻3号1155頁（297）
075 【参考判例】自衛隊八戸車両整備工場事件：最三小判昭和50・2・25民集29巻2号143頁（302）
(3) 下請労働者の労働災害
076 大石塗装・鹿島建設事件：福岡高判昭和51・7・14民集34巻7号906頁（303）
(4) 労働災害保険と損害賠償の調整
077 東都観光バス事件：最三小判昭和58・4・19民集37巻3号888頁（307）

第14章 解雇

(1) 就業規則所定の解雇事由の意義
078 寿建築研究所事件：東京高判昭和53・6・20労判309号50頁（311）
(2) 解雇権の濫用――その判断基準
079 高知放送事件：最二小判昭和52・1・31労判268号17頁（314）
080 【参考判例】フォード自動車（日本）事件：東京高判昭和59・3・30労判437号41頁（318）
(3) 整理解雇
081 コマキ事件：東京地決平成18・1・13判時1935号168頁（320）
(4) 予告を欠く解雇
082 細谷服装事件：最二小判昭和35・3・11民集14巻3号403頁（324）

(5) 違法解雇期間中の賃金と中間収入
　　083　あけぼのタクシー事件：最一小判昭和62・4・2労判506号20頁（327）
(6) 違法解雇の救済方法
　　084　わいわいランド事件：大阪高判平成13・3・6労判818号73頁（331）
(7) 変更解約告知
　　085　スカンジナビア航空事件：東京地決平成7・4・13労判675号13頁（335）
　　086　大阪労働衛生センター第一病院事件：大阪地判平成10・8・31労判751号38頁（339）

第15章　退職
(1) 退職の意思表示の撤回
　　087　大隈鐵工所事件：最三小判昭和62・9・18労判504号6頁（344）
(2) 早期退職と割増退職金
　　088　神奈川県信用農業協同組合事件：最一小判平成19・1・18労判931号5頁（348）
(3) 退職後の競業避止義務
　　089　ヤマダ電機事件：東京地判平19・4・24労判942号39頁（353）
(4) 従業員の引抜きの適法性
　　090　ラクソン事件：東京地判平成3・2・25労判588号74頁（357）

第16章　企業組織の変動
(1) 会社解散
　　091　第一交通産業(佐野第一交通)事件：大阪高決平成17・3・30労判896号64頁（363）
(2) 事業譲渡（営業譲渡）
　　092　勝英自動車学校(大船自動車興業)事件：東京高判平成17・5・31労判898号16頁（367）
　　093　【参考判例】東京日新学園事件：東京高判平成17・7・13労判899号19頁（371）
(3) 会社分割と労働契約承継法
　　094　日本アイ・ビー・エム事件：最二小判平成22・7・12労判1010号5頁（373）

第17章　非典型雇用
(1) 期間満了による雇止め
　　095　日立メディコ事件：最一小判昭和61・12・4労判486号6頁（377）
　　096　【参考判例】龍神タクシー事件：大阪高判平成3・1・16労判581号36頁（381）
(2) パート労働者と正社員との均等待遇
　　097　丸子警報器事件：長野地上田支判平成8・3・15労判690号32頁（383）
(3) 派遣労働者
　　098　三都企画建設事件：大阪地判平成18・1・6労判913号49頁（387）

099　伊予銀行・いよぎんスタッフサービス事件：高松高判平成18・5・18労判921号33頁（*392*）
100　パナソニックプラズマディスプレイ（パスコ）事件：最二小判平成21・12・18労判993号5頁（*397*）

第18章　労働組合
(1) 管理職組合
　101　セメダイン事件：東京高判平成12・2・29労判807号7頁（*402*）
(2) 組合脱退の自由
　102　東芝労働組合小向支部・東芝事件：最二小判平成19・2・2民集61巻1号86頁（*407*）
(3) ユニオン・ショップ協定
　103　三井倉庫港運事件：最一小判平成元・12・14民集43巻12号2051頁（*412*）
　104　日本食塩製造事件：最二小判昭和50・4・25民集29巻4号456頁（*416*）
(4) チェック・オフ
　105　エッソ石油事件：最一小判平成5・3・25労判650号6頁（*421*）
(5) 組合員の政治活動と統制処分
　106　中里鉱業事件：最二小判昭和44・5・2集民95号257頁（*425*）
(6) 労働組合の分裂
　107　名古屋ダイハツ労組事件：最一小判昭和49・9・30労判218号44頁（*429*）

第19章　団体交渉
(1) 義務的団体交渉事項
　108　根岸病院事件：東京高判平成19・7・31労判946号58頁（*435*）
　109　【参考判例】栃木化成事件：東京高判昭和34・12・23労時217号33頁（*439*）
　110　藤田（勝）商店事件：東京地判平20・9・18判例集未登載（*441*）
(2) 共同交渉
　111　旭ダイヤモンド工業事件：最二小判昭和60・12・13民集40巻4号793頁（*443*）
(3) 誠実交渉義務
　112　シムラ事件：東京地判平成9・3・27労判720号85頁（*447*）
(4) 団体交渉拒否の救済
　113　国鉄事件：最三小判平成3・4・23労判589号6頁（*451*）

第20章　労働協約
(1) 労働協約の成立
　114　都南自動車教習所事件：最三小判平成13・3・13民集55巻2号395頁（*457*）
(2) 労働協約の規範的効力

115　朝日火災海上保険（石堂）事件：最一小判平成9・3・27労判713号27頁（*461*）
116　**【参考判例】中央建設国民健康保険組合事件**：東京地判平成19・10・5労判950号19頁（*465*）
(3) 労働協約の債務的効力
117　東京金属ほか1社事件：水戸地下妻支決平成15・6・19労判855号12頁（*467*）
(4) 労働協約の一般的拘束力
118　朝日火災海上保険（高田）事件：最三小判平成8・3・26民集50巻4号1008頁（*471*）
(5) 労働協約の余後効
119　大阪国際観光バス事件：大阪地決平成13・12・26労経速1797号13頁（*476*）

第21章　団体行動

(1) 少数派の組合活動の正当性
120　北辰電機製作所事件：東京地判昭和56・10・22労判374号55頁（*480*）
(2) 争議行為の正当性
121　御國ハイヤー事件：最二小判平成4・10・2労判619号8頁（*484*）
(3) 組合活動の正当性——リボン闘争
122　大成観光事件：最三小判昭和57・4・13民集36巻4号659頁（*489*）
(4) 組合活動の正当性——施設管理権との関係
123　国鉄札幌運転区事件：最三小判昭和54・10・30民集33巻6号647頁（*493*）
(5) 争議行為と賃金カットの範囲
124　三菱重工業（長崎造船所）事件：最二小判昭和56・9・18民集35巻6号1028頁（*498*）
(6) スト不参加者の賃金と休業手当
125　ノースウエスト航空事件：最二小判昭和62・7・17民集41巻5号1350頁（*503*）
(7) 使用者の争議行為——ロックアウト
126　安威川生コン事件：最三小判平成18・4・18民集60巻4号1548頁（*507*）

第22章　不当労働行為

(1) 採用差別と「不利益取扱い」
127　JR北海道・日本貨物鉄道(不採用)事件：最一小判平成15・12・22民集57巻11号2335頁（*513*）
128　**【参考判例】青山会事件**：東京高判平成14・2・27労判824号17頁（*517*）
(2) 第三者の強要と不当労働行為
129　山恵木材事件：最三小判昭和46・6・15民集25巻4号516頁（*519*）
(3) 管理職の行為と使用者への帰責
130　JR東海〔新幹線・科長脱退勧奨〕事件：最二小判平成18・12・8労判929号5頁（*523*）
(4) 職場集会への警告、チェック・オフの中止

131　済生会中央病院事件：最二小判平成元・12・11民集43巻12号1786頁（527）
（5）使用者の言論の自由と支配介入
　132　プリマハム事件：東京地判昭和51・5・21労判254号42頁（532）
（6）併存組合との団体交渉
　133　日本メール・オーダー事件：最三小判昭和59・5・29民集38巻7号802頁（536）
　134　日産自動車事件：最三小判昭和60・4・23民集39巻3号730頁（540）

第23章　不当労働行為の救済

（1）労組法7条1号の私法的効力
　135　医療法人新光会事件：最三小判昭和43・4・9民集22巻4号845頁（545）
（2）不利益取扱いの認定と大量観察方式
　136　紅屋商事事件：最二小判昭和61・1・24労判467号6頁（548）
（3）申立期間と「継続する行為」
　137　紅屋商事事件：最三小判平成3・6・4民集45巻5号984頁（552）
（4）バック・ペイと中間収入の控除
　138　第二鳩タクシー事件：最大判昭和52・2・23民集31巻1号93頁（555）
（5）救済利益
　139　旭ダイヤモンド工業事件：最三小判昭和61・6・10民集40巻4号793頁（560）

第24章　国際労働関係

（1）公法的法規の適用
　140　インターナショナル・エア・サービス事件：東京地決昭和40・4・26判時408号14頁（565）
（2）外国人の労働災害
　141　改進社事件：最三小判平成9・1・28民集51巻1号78頁（569）
（3）わが国の労働法規の適用
　142　T社ほか1社事件：東京高判平成19・12・26労経速2063号2頁（573）

　　判例索引（巻末）

略語一覧

裁判例
最判（決）	最高裁判所判決（決定）
最大判（決）	最高裁判所大法廷判決（決定）
高判（決）	高等裁判所判決（決定）
地判（決）	地方裁判所判決（決定）
支判（決）	支部判決（決定）
民集	最高裁判所民事判例集
労判	労働判例
判時	判例時報
労民	労働関係民事裁判例集
労経速	労働経済判例速報

法令・通達等
令	施行令
則	施行規則
育介	育児休業，介護休業等育児又は家族介護を行う労働者の福祉に関する法律（育児介護休業法）
家労	家内労働法
刑	刑法
憲	憲法
健保	健康保険法
公通	公益通報者保護法
高年	高年齢者等の雇用の安定等に関する法律（高年齢者雇用安定法）
厚労告	厚生労働大臣告示
雇均	雇用の分野における男女の均等な機会及び待遇の確保等に関する法律（男女雇用機会均等法，均等法）
雇対	雇用対策法
国税徴	国税徴収法
雇児発	厚生労働省雇用均等・児童家庭局長名で発する通達
雇保	雇用保険法
基収	（厚生）労働省労働基準局長が疑義に応えて発する通達
基発	（厚生）労働省労働基準局長名で発する通達
最賃	最低賃金法
障雇	障害者の雇用の促進等に関する法律
職安	職業安定法
短労	短時間労働者の雇用管理の改善等に関する法律（パート労働法）
賃確	賃金の支払の確保等に関する法律（賃確法）
均等法「性差別」指針	労働者に対する性別を理由とする差別の禁止等に関する規定に定める事項に関し，事業主が適切に処するための指針（平18厚労告614）
均等法「セクハラ」指針	事業主が職場における性的な言動に起因する問題に関して雇用管理上講ずべき措置についての指針（平18厚労告615）
売防	売春防止法
不競	不正競争防止法
身元保	身元保証ニ関スル法律
民	民法
民執	民事執行法
労基	労働基準法（労基法）
労契	労働契約法（労契法）
労告	労働大臣告示
労災保	労働者災害補償保険法（労災保険法）
労承継	会社分割に伴う労働契約の承継等に関する法律（労働契約承継法）
労審	労働審判法
労組	労働組合法（労組法）
労調	労働関係調整法
労派	労働者派遣事業の適正な運営の確保及び派遣労働者の就業条件の整備等に関する法律（労働者派遣法，派遣法）
労保徴	労働保険の保険料の徴収等に関する法律
割増率令	労働基準法第37条第1項の時間外及び休日の割増賃金に係る率の最低限度を定める政令（平6政令5）

第1章　労働者

（1）　労基法上の労働者

001　横浜南労基署長（旭紙業）事件
最一小判平成8・11・28　労判714号14頁・判時1589号136頁

【事案の概要】

1　Xは，昭和58年2月頃から，自己の所有するトラックをA社の横浜工場に持ち込み，同社の製品の運送業務に従事していた。

①A社のXに対する業務遂行に関する指示は，原則として，運送物品，運送先および納入時刻に限られ，運転経路，出発時刻，運転方法等には及ばず，運送以外の別の仕事が指示されることはなかった。

②勤務時間については，A社の一般の従業員のように始業時刻および終業時刻が定められていたわけではなく，当日の運転業務とその荷積みを終えた後は，帰宅することができ，翌日は出社することなく直接最初の運送先に対する運送を開始してもよかった。

③報酬は，トラックの積載可能量と運送距離によって定まる運賃表により出来高が支払われていた。

④Xの所有するトラックの購入代金，ガソリン代，修理費，高速道路料金等は，すべてXが負担していた。

⑤Xに対する報酬の支払に当たっては，所得税の源泉徴収ならびに社会保険および雇用保険の保険料の控除はされておらず，Xは，右報酬を事業所得として確定申告していた。

2　Xは，昭和60年12月9日，横浜工場の倉庫内で，積み荷の作業をしていた際に，足を滑らせて転倒し，骨折等の傷害を負った。Xは，労災

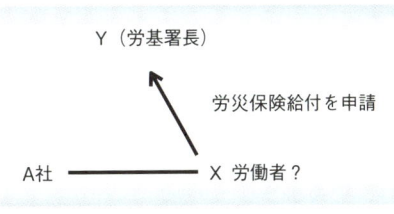

給付の請求を行ったが，Y（横浜南労基署長）は，労働者に当たらないことを理由として，不支給処分を行ったため，Xは，取消訴訟を提起した。

1審（横浜地判平成5・6・17労判643号71頁）は，Xの労働者性を肯定し，その請求を認容したが，原審（東京高判平成6・11・24労判714号16頁）は，Xの労働者性を否定し，Yの控訴を認容したため，Xは上告した。最高裁は，以下に見るように，Xの労働者性を否定し，上告を棄却した。

【判旨】
1　「Xは，業務用機材であるトラックを所有し，自己の危険と計算の下に運送業務に従事していたものである上，A社は，運送という業務の性質上当然に必要とされる運送物品，運送先及び納入時刻の指示をしていた以外には，Xの業務の遂行に関し，特段の指揮監督を行っていたとはいえず，時間的，場所的な拘束の程度も，一般の従業員と比較して，はるかに緩やかであり，XがA社の指揮監督の下で労務を提供していたと評価するには足りないものといわざるを得ない。そして，報酬の支払方法，公租公課の負担等についてみても，Xが労働基準法上の労働者に該当すると解するのを相当とする事情はない」。
2　「Xは，専属的にA社の製品の運送業務に携わっており，A社の運送係の指示を拒否する自由はなかったこと，毎日の始業時刻及び終業時刻は，右運送係の指示内容のいかんによって事実上決定されることになること，右運賃表に定められた運賃は，トラック協会が定める運賃表による運送量よりも1割5分低い額とされていたことなど原審が適法に確定したその余の事実関係を考慮しても，Xは，労働基準法上の労働者ということはできず，労働者災害補償保険法上の労働者にも該当しないものというべきである」。

【問題の所在】
　労基法の適用される「労働者」について，労基法9条は，「使用される者で賃金を支払われる者をいう」と定めている。このうち，「賃金」については，労基法11条により「労働の対償として支払われるすべてものをいう」と定められているように，非常に広範な概念であるので，労働者を確定するための役割は，主として「使用される者」の解釈に求められてきた。

本件では労災保険の給付の可否が争われているが，労災保険が労基法上の災害補償責任を強制保険化した制度であることから，労災保険法と労基法の労働者概念は一致すると解されている。また，労働契約および民法上の雇用契約の主体である労働者も，労基法の労働者と同義に解してよい。

　本判決は，労働者と自営業者のグレーゾーンに位置する典型的な職業類型であるトラック持ち込み運転手（傭車運転手）について，労基法上の労働者性を否定した。

【本判決のポイント】
1　労基法上の労働者の判断基準

　労基法9条の「使用される者」の具体的な判断基準は，裁判例によって積み重ねられてきたが，**裁判例は，業務諾否の自由の有無，業務遂行における使用者の指示の程度，時間的・場所的拘束性，専属性の有無，機械・器具の負担関係，報酬の支払い方法，報酬額，就業規則の適用の有無，社会保険の適用の有無，税法上の取扱い等から，労働者か否かを判断している**。わが国の裁判例の判断の特徴は，業務諾否の自由の有無，業務遂行における使用者の指示の程度および時間的・場所的拘束性の使用者の指揮命令に服する程度（これを「使用従属性」と呼ぶことがある）だけではなく，専属性や機械・器具の負担関係といった事業者性の有無や就業規則の適用および税法・社会保険法の適用といった就労の客観的状況とは無関係の使用者側の取扱いも含めて，労働者性を判断している点である。

　裁判例においては，これらすべての要素に言及されるわけではなく，個々の事案によって重視されている要素は異なるほか，具体的な事案におけるその評価も裁判例によって様々である。このような判断基準および具体的事案における評価（あてはめ）の不明確性から，労働者性の判断はより困難となっている。

2　最高裁の判断の特徴

　最高裁は，本判決において，簡潔ではあるが，上記 **1** で挙げた判断要素について，ほぼ網羅的に言及しているといえるが，いずれの要素についても，労働者性について否定的な評価を行っている。例えば，事実上，作業に従事する時間および運送経路が定まっていたこと，および運送係の指示に従わざるをえなかったことから，一審は，労働者性を肯定したのに対し，最高裁は，①運送

係の指示は運送という業務の必要上当然に必要な指示にとどまり，労働者性を基礎付ける具体的指揮監督とはいえないこと，②事実上の時間的・場所的拘束が認められても，一般従業員と比べれば，かかる拘束ははるかにゆるいものであったことを理由に，労働者性を否定している。他方で，最高裁は，Xがトラックを保有し，必要な経費を自ら負担したことを捉えて，事実上，XはY社に専属していたにもかかわらず，事業者性を容易に肯定しているといえる。

　このように使用従属性の判断を厳格に解しつつ，事業者性の要素を強調する傾向は，その後の最高裁判例である藤沢労基署長（大工負傷）事件（最一小判平成19・6・28労判940号11頁）でも踏襲されている。藤沢労基署長（大工負傷）事件では，工務店に事実上，専属していた，いわゆる一人親方の労基法（労災保険法）上の労働者性が否定されたが，最高裁は，①注文主は寸法，仕様等について細かな指示を出していたが，具体的な工法や作業手順の指定には及ばなかったこと，②作業時間は定められていたものの，工期に遅れない限り，自由に作業時間を割り振ることができたことから，指揮命令に服していたとはいえない，と述べる一方で，事業者性を強める要素として，③大工道具一式を自ら保有していたことを指摘している。

（橋本　陽子）

（2）　労組法上の労働者

002　CBC管弦楽団事件
最一小判昭和51・5・6　民集30巻4号437頁・判時813号3頁

【事案の概要】

1　放送事業を目的とするA社は，昭和26年，会社の放送および放送付帯業務に出演させるためにB管弦楽団を作り，楽団員と放送出演契約を締結した。その契約は，当初は「専属出演契約」といわれるもので，1年間の有期契約において，会社の業務のために出演する義務を負い，他社出演は禁止されていた。出演報酬は，現実の出演時間を問わず毎月支払われる保障出演料と標準出演時間を超えて出演した時に支払われる超過出演料から構成されていた。

2 上記契約は1年ごとに更新されていたが，昭和39年になると「優先出演契約」に改められ，他社出演は自由となったが，会社の出演依頼を優先する義務が課された。その後，昭和40年10月ごろまでに，A社は，楽団員との契約を「自由出演契約」に切り替えていった。この契約によれば，楽団員はA社の出演依頼を断ることも禁止されず，出演報酬として，年額で定められ月割で支払われる契約金と1時間100円の出演料が支払われることとなった。契約金は，楽団員がA社の出演依頼を断っても減額されないこととされた。

3 自由出演契約の締結に当たっては，専属性を弱めるものであるとして，楽団員は難色を示したが，会社からは，専属出演契約と契約の重要な部分は変わらないので安心するようにとの説明がなされた。A社も楽団員も，A社の出演依頼を原則として拒否できないものと認識していた。

4 楽団員らは昭和39年5月にX組合を結成し，上記の契約内容の変更に関して，A社に団体交渉を要求したが，A社は，契約は個別に交渉すべきであるとして，要求を拒否した。

昭和39年と比較して，自由出演契約になった昭和40年の楽団員の出演時間は大幅に減少し，楽団員は生計を補うためにアルバイトを行わざるを得なくなっていた。

5 Y（愛知地労委）は，楽団員らは労組法上の労働者には当たらない，と述べて，X組合による不当労働行為救済申立を棄却したので（民集30巻4号496頁），X組合は取消訴訟を提起した。1審（名古屋地判昭和46・12・17民集30巻4号471頁）および原審（名古屋高判昭和49・9・18民集30巻4号530頁）は，X組合の請求を認容し，楽団員は労組法上の労働者である，と述べて，Yの命令を取り消した。最高裁も，以下に見るように，楽団員の労組法上の労働者性を肯定して，上告を棄却した。

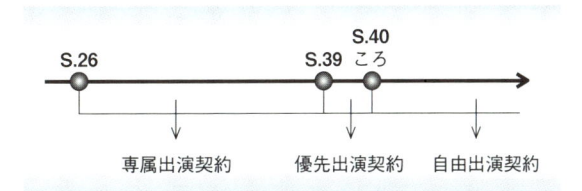

【判旨】
1　「本件の自由出演契約が、会社において放送の都度演奏者と出演条件等を交渉して個別的に契約を更新することの困難さと煩雑さとを回避し、楽団員をあらかじめ会社の事業組織のなかに組み入れておくことによって、放送事業の遂行上不可欠な演奏労働力を恒常的に確保しようとするものであることは明らかであり、この点においては専属出演契約及び優先出演契約と異なるところがない。このことと、自由出演契約締結の際における会社及び楽団員の前記のような認識とを合わせ考慮すれば、右契約の文言上は楽団員が会社の出演発注を断ることが禁止されていなかったとはいえ、そのことから直ちに、右契約が所論のいうように出演について楽団員になんらの義務も負わせず、単にその任意の協力のみを期待したものであるとは解されず、むしろ、原則としては発注に応じて出演すべき義務のあることを前提としつつ、ただ個々の場合に他社出演等を理由に出演しないことがあっても、当然には契約違反等の責任を問わないという趣旨の契約であるとみるのが相当である」。

2　「楽団員は、演奏という特殊な労務を提供する者であるため、必ずしも会社から日々一定の時間的拘束を受けるものではなく、出演に要する時間以外の時間は事実上その自由に委ねられているが、右のように、会社において必要とするときは随時その一方的に指定するところによって楽団員に出演を求めることができ、楽団員が原則としてこれに従うべき基本的関係がある以上、たとえ会社の都合によって現実の出演時間がいかに減少したとしても、楽団員の演奏労働力の処分につき会社が指揮命令の権能を有しないものということはできない」。

3　「また、自由出演契約に基づき楽団員に支払われる出演報酬のうち契約金が不出演によって減額されないことは前記のとおりであるが、楽団員は、いわゆる有名芸術家と異なり、演出についてなんら裁量を与えられていないのであるから、その出演報酬は、演奏によってもたらされる芸術的価値を評価したものというよりは、むしろ、演奏という労務の提供それ自体の対価であるとみるのが相当であって、その一部たる契約金は、楽団員に生活の資として一応の安定した収入を与えるための最低保障給たる性質を有するものと認めるべきである」。

4　「以上の観点からすれば，楽団員は，自由出演契約のもとにおいてもなお，会社に対する関係において労働組合法の適用を受けるべき労働者にあたると解すべきである」。

【問題の所在】

　労組法3条は，労組法の「労働者」を「職業の種類を問わず，賃金，給料その他これに準ずる収入によって生活する者をいう」と定めている。労組法上の労働者概念は，労基法9条とは文言も異なり，賃金収入に依存する者の団体交渉の助成という労組法の目的に照らして，労基法の労働者概念とは必ずしも一致しない，と考えられてきた。例えば，失業者は，現実に就労しておらず，事業場で使用者の指揮命令を受ける状況にないので，労基法上の労働者にはなりえないが，自己の経済的地位の向上のために労働組合に加入し，団体行動を行う権利を有する。

　本件は，労働者か自営業者か不明確な者について，労組法の労働者性が争われた事案である。

【本判決のポイント】

1　労組法上の労働者性の判断基準

　本判決は，自由出演契約下の楽団員らが，労組法上の労働者か否かを判断するに当たり，明確な判断基準を提示することなく，①事実上，楽団員らはY社の出演発注に応じる義務を負っていたこと，②Y社は，かかる出演発注を一方的に指定していたこと，③出演報酬は演奏という労務の提供それ自体の対価であるとみるのが相当であること，という事情から，楽団員らの労組法上の労働者性を肯定した。裁判所が，労組法上の労働者性の判断に当たり，具体的に挙げている上記①〜③の事情は，労基法上の労働者性の判断要素と類似しているといえ，本判決が，「会社が指揮命令の権能を有しないものということはできない」と述べているとおり，労組法上の労働者性の判断においても，使用者の指揮命令の有無が重要な要素であることを示している。ただし，指揮命令に服しているか否かの具体的な判断について，本判決は，楽団員らが，事実上，出演依頼を断ることができず，演奏に必要な限度で時間的な拘束を受けていたこ

とから，指揮命令への拘束を肯定しているといえ，労基法上の労働者性よりも，緩やかな判断が行われているといえる。

また，本判決は，上記③において，報酬の性格にも着目している。報酬の性格は，労基法上の労働者の判断においても意味を持つが，本判決は，楽団員らの生活が，出演報酬に依存していることを重視しているといえ，労基法（労働契約法）上の労働者判断において，請負契約との区別のために，報酬の性格が考慮されているのとは異なると解される。

2　労働者概念の相対性

本件1審判決は，「専属出演契約が雇傭契約であったように，自由契約も雇傭契約であると解すべきか否かについては疑問の余地の存することは否定できない。しかし，労組法の保護を受ける労働者であるかどうかは，必ずしもその者が雇傭契約関係にあるかどうかによって定まるものではない」と述べており，この判旨は原審でも維持されている。これに対して，最高裁は，雇用（労働）契約性（＝労基法上の労働者性）と労組法上の労働者性との異同について明確には述べていないが，上述したとおり，指揮命令権の有無（使用従属性）という同じ判断基準を用いつつ，その具体的な判断が，労基法の場合よりも緩やかに行われていることから，**労組法上の労働者概念は労基法上の労働者よりも広い範囲のものであると，捉えているといえよう**。労働委員会の実務においても，労基法の適用のない家内労働者およびプロ野球選手の労働組合が労組法上の労働組合として資格認定されている（なお，中労委は，近時，「事業組織への組み込み」という判断基準を用いて，労組法上の労働者性と労基法上の労働者性との相違を強調する判断を行ったが〔ソクハイ事件・中労委決平成22・7・7別冊中労時1395号11頁〕，「事業組織への組み込み」の具体的な判断基準として，業務諾否の自由の有無，日時・場所・態様に関する拘束ないし指示および専属性をあげており，結局，「使用従属性」と同様の判断基準を示しているといえる。労組法上および労基法上の労働者概念の異同は，判断基準そのものではなく，具体的な判断のあり方に見出すべきであろう）。

しかし，最近の下級審裁判例は，労組法上の労働者を労組法の目的に照らして定義すべきであるという目的論的・相対的な概念形成を志向しながらも，労基法と同様の使用従属性基準に基づき，労働者性を厳格に判断する傾向にある（INAX事件・東京高判平成21・9・16労判989号12頁，ビクターサービスエンジニアリング

事件・東京高判平成22・8・26判例集未登載，労組法上の労働者概念の目的論的形成については論じていないが，本件と類似の事案であるオペラ劇場の合唱団員の労組法上の労働者性を否定した事案として，新国立劇場運営財団事件・東京高判平成21・3・25労判981号13頁）。

(橋本　陽子)

第2章　使用者

（1）　労働契約上の使用者

003　黒川建設事件
東京地判平成13・7・25　労判813号15頁

【事案の概要】

1　X₁は、昭和34年4月1日、A社に雇用され、後に同社の取締役に就任し、Y₁社が設立されてからは、その取締役に就任した。X₁は、昭和52年9月以降は、B社の取締役を兼任し、平成元年4月1日付けで、B社の代表取締役に就任したが、このときY₁社の取締役を退いた。X₁は、平成9年4月末日にB社を退職した。

X₂は、昭和38年3月26日、A社に雇用され、昭和55年4月1日にB社の部長となり、昭和62年4月1日付けで、同社の取締役に就任した。X₂は、平成9年4月末日にB社を退職した。

Xらが、取締役に就任したときに、退職金の清算は行われなかった。

2　A社は資金繰りが悪化したため、昭和52年3月に設計業務をB社に、同年7月に建設業務をY₁社に移管したものである。B社と同様に、A社から分離独立したC社およびD社ら合計9社でEグループが構成されていたが、このうち、Y₁社の資本金が3億円と突出して多く、他の会社は、2,000万円から4,500万円であった。

Y₂は、Y₁社の代表取締役である。

昭和57年にA社が解散した後は、Y₁社の下に、Y₂をリーダーとする経営会議およびグループ総括本部が置かれ、その下にグループ各社が位置づけられた。そして、平成3年ごろまでに、グループ統括本部が、グループ全体の最上位の機関として位置づけられ、その下に、総務本部、財務本部等のグループ全体の事務を扱う部署と並んで、グループ各社が位置づけられることとなった。グループ統括本部の長は、Y₂であった。平成7年以降は、総務本部および財

務本部がD社内に移管され，全グループ財総本部に統合されたが，Y_2がその本部長の地位に就いた。

3 B社の発行済み株式の4万株のうち，2万株をY_1社が，1万6,000株をC社が，2,000株をD社が，1,300株をY_2が保有していた。Y_1社の発行済み株式の95％とC社の発行済み株式の90％は，いずれもD社が保有しており，D社の発行済み株式の99％は，Y_2の長男が保有している。Y_2の長男は，平成3年以降はD社社長であったが，主として家庭教師を業としており，Eグループの社長会等の幹部会に出席したこともグループ各社に対して具体的な業務上の指示をしたこともなかった。

4 B社およびY_1社の就業規則は，まったく同一内容であった。これとは別に，グループ全体の就業規則もあったが，このグループ全体の就業規則も，有給休暇に関する条項を除き，B社およびY_1社の就業規則とまったく同一内容であった。

5 グループ各社の取締役の人事および給与はY_2が決定しており，さらに，グループ各社の一般従業員の採用，昇格・昇進，退職等についても，Y_2自らが決定していた。

6 平成7年5月当時，B社の役員は，X_1が代表取締役社長，X_2が専務取締役であり，その他取締役が2名，監査役が1名であったが，監査役を除き，Y_1社の役員との兼任はなかった。

B社の代表者印はX_1が所持し，現金の出金にあたってはY_2の決済は不要であったが，同社名義の預金通帳は，グループの財務本部（財総本部）が保有していた。

B社は，業務執行について，社長会等を通じて，また随時グループ各社の取締役からの書面による業務報告に指示を書き入れられることによって，Y_2による指揮監督を受けていた。

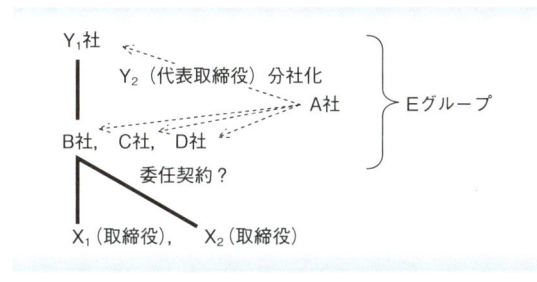

7 B社を退職したX₁およびX₂は，Y₁社およびY₂に対して，未払い賃金および退職金の支払を請求した。本判決は，以下のようにB社の法人格を否認したうえで，その結果，B社を実質的に支配していたYらが，B社がXらに負っていた未払賃金債務および退職金債務を支払う責任を負う，と述べて，Xらの請求を認容した。

【判旨】

1 「Eグループにおいては，少なくとも退職金の算定に関しては，取締役という地位は，係長，課長，部長と同様，部長の上位に位置する管理職の１つと捉えられ，Eグループの従業員は役員に就任した後も退職金規定にいう『従業員』たる身分を失わず，役員就任の期間も通算して退職金の額を算定することを当然の前提としていたということができる」。

2 「およそ法人格の付与は社会的に存在する団体についてその価値を評価してなされる立法政策によるものであって，これを権利主体として表現せしむるに値すると認めるときに法的技術に基づいて行われるものである。従って，法人格が全くの形骸にすぎない場合，またはそれが法律の適用を回避するために濫用されるがごとき場合においては，法人格を認めることは，法人格なるものの本来の目的に照らして許すべからざるものというべきであり，法人格を否認すべきことが要請される場合を生ずる（最高裁昭和44年２月27日第一小法廷判決民集23巻２号511頁参照）。

そして，株式会社において，法人格が全くの形骸にすぎないというためには，単に当該会社の業務に対し他の会社または株主らが，株主たる権利を行使し，利用することにより，当該株式会社に対し支配を及ぼしているというのみでは足りず，当該会社の業務執行，財産管理，会計区分等の実態を総合考慮して，法人としての実態が形骸にすぎないかどうかを判断するべきである」。

3 B社の発行済み株式の98％は，Y₁社，C社およびD社が保有し，これらEグループ３社の株式の大半を直接または間接に保有するのは，名義上は，Y₂の長男であるが，真実の所有者は，Y₂にほかならない。

グループ各社は，A社の分社化後は，Y₁社の一営業部門あるいは支社として位置づけられたが，やがて，Eグループ自体が一企業体であり，グループ各

社はその一部門として位置づけられるようになっていった。Eグループ各社の人事・給与等の実質決定権を有していたのはY$_1$社の代表取締役であるY$_2$であり，会社財産を実質上支配，管理していたのもY$_2$であった。

人事・給与等の決定権以外の業務執行に関しても，Eグループ各社の代表取締役及び取締役会は，基本的には，Y$_2$およびY$_1$社の総務本部の指示に従っており，その権限は大幅に制約されていた。

B社の資産は，当初から実態の乏しいものであったうえ，Y$_2$は，多額の架空売り上げを計上したり，高額の賃料等を課して，B社の営業利益をY$_1$に移すなどして，B社の会計・財政をほしいままに操作していた。

4「以上要するに，B社は，外形的には独立の法主体であるとはいうものの，……その実態は，分社・独立前，A社の建設本部に属する設計部であったときと同様，Eグループの中核企業であるY$_1$社の一事業部門と何ら変わるところはなかったというべきである。そして，Y$_2$は，そのようなB社を……Eグループの社主として，直接自己の意のままに自由に支配・操作して事業活動を継続していたのであるから，B社の株式会社としての実態は，もはや形骸化しており，これに法人格を認めることは，法人格の本来の目的に照らして許すべからざるものであって，B社の法人格は否認されるというべきである」。

5「法人格否認の法理が適用される結果，Yらは，いずれもB社を実質的に支配するものとして，B社がXらに負う未払賃金債務及び退職金債務について，同社とは別個の法主体であることを理由に，その責任を免れることはできないというべきである」。

【問題の所在】

労働者が，契約上の使用者以外の者に対して，使用者が負うべき契約上の請求権を主張することが例外的に認められる場合がある。その1つが，法人格否認の法理により，契約上の使用者の法人格が否定される場合である。法人格否認の法理は，法人格の形骸化の場合と法人格の濫用の場合があるが，本判決では，法人格の形骸化が肯定された。

【本判決のポイント】
1　法人格否認の法理とは
　本判決は，先例（最一小判昭和44・2・27民集23巻2号511頁）を引用して，法人格が形骸化または法律の適用を回避するために濫用された場合には，法人格が否認される場合があることを認めた。そして，**法人格の形骸化が認められるためには，単に株主としての権利を行使しているだけでは足りず，当該会社の業務執行，財産管理，会計区分等の実態を総合考慮して，法人としての実態が形骸にすぎないかどうかを判断すべきである**，と述べ，法人格の形骸化の判断要素を示している。

　なお，Xらは，B社の取締役であったので，XらとB社との間の契約は雇用契約ではなく，委任契約だったと思われるが，本判決は，この点にはとくに触れず，Xらが，退職金規程の適用される「従業員」であることのみを確認している。

2　法人格の形骸化の具体的判断
　本判決は，上記の判断要素に即して，Xらの契約上の相手方であるB社の法人格の実態について判断している。そして，①Eグループの各社の株主の真実の所有者はY_2であること，②A社の分社化の経緯から，B社らEグループ各社は，Y_1社の一部門という位置づけであり，やがて，Eグループ全体が一企業であり，Eグループ各社はその一部門のように位置づけられるに至ったこと，③Eグループ各社の人事，給与および会社財産を実質的に支配していたのは，Y_2であったこと，④各社の業務執行も，Y_2およびY_1社総務本部の指示に従って行われていたこと，⑤B社の資産は実態に乏しく，Y_2がその会計を操作していたこと，という事実を認定し，B社の法人格の形骸化を肯定した。

　本判決は，Eグループが複数の企業から構成されていたものの，実質的にはY_2個人によって支配されていたことを重視して，グループ各社が，親会社であるY_1社の一事業部門にすぎないと判断している。

3　法人格否認の法理の効果
　本判決は，B社が，実質的にはY_1社の一事業部門にすぎないと評価され，B社の法人格が否認された結果，Y_1社およびB社を支配していたY_2は，Xらの退職金債権に対して連帯して支払の責めを負うことになる，と判断した。本判決

は、「B社がXらに負う未払賃金債務及び退職金債務について、……その責任を免れることはできないというべきである」と述べるにとどまり、法人格否認の法理の効果として、XらとY$_1$社との間に契約関係が成立するのかどうかについては、明確に述べていない。しかし、賃金の支払は使用者の契約上の主たる義務であるので、YらがXらに対して賃金支払い義務を負うことを認めたということは、当然に、XらとY$_1$社との間に（委任）契約関係が成立することを前提としていることになろう。

（橋本　陽子）

004　サガテレビ事件
福岡高判昭和58・6・7　労判410号29頁・判時1084号126頁

〔事案の概要〕

1　X$_1$～X$_4$は、テレビ放送局であるY社から、コマーシャルフィルムの編成、パンチテープの作成およびニューステロップの作成等（「4種業務」）を請け負ったA社に雇用されて、Y社の社屋内で同業務に従事していた。印刷業を営むA社は、Y社が同業務を委託していたB社から、昭和46年3月に同業務の委託契約および同業務に従事していた10名の従業員をそのまま引き継ぐこととなった。この際、使用者の変更に納得しなかった4名の従業員は退職することとなり、X$_1$を含む6名が、A社に採用された。X$_2$～X$_4$は、その後にA社に採用された。

2　A社およびY社との間の委託契約では、委託業務の内容のほか、委託料について、4種業務については月額25万円および印刷業務については出来高に応じて支払われる旨定められた。

3　委託業務に必要な機械、器具は、Y社が購入し、B社に使用させることとし、委託契約を引き継いだ後、A社も、そのままこれらを使用することとなった。その他必要な消耗品もY社から支給された。Xらは、Y社のロッカーの使用を許され、タイムレコーダーおよびタイムカードもY社が提供していた（タイムカードは、その後A社のものに切り替えられた）。

Xらの作業場所は、Y社の社屋内にパネルやロッカーにより間仕切りされた

場所で行われ，その業務の遂行上必要があれば，Y社の担当職員から直接具体的指示がなされ，また，委託業務の作業にミスがあれば，Y社の担当課長から直接注意を受けることもあった。

他方，Xらは，Y社の従業員Cの監督のもとに，作業を行い，欠員が生じた場合には，Y社の雇い入れたパートタイマーまたはCがこれを補った。勤務割や各人が従事する作業内容も，自分たちで決めており，Y社によって定められることはなかった。

4 Xらは，労働条件の向上をめざして，労働組合を結成し，A社に団体交渉を要求し，ストライキを行ったが，これにより業務が停滞したA社は，本件委託事業に対する意欲を失い，Y社に対して，委託契約の解除を申し込むにいたった。Y社もこれを了承したため，A社は，事業場閉鎖を理由に，Xらを解雇した。

その後もXらの雇用をめぐって，労働組合とY社は交渉を行い，新しい委託先の選定を行ったが，労働条件についてXらの要求が聞き入れられなかったため，Xらの雇用は新しい委託先に承継されなかった。そこで，Xらは，Y社に対して，雇用関係上の地位を確認を求める訴えを提起した。本判決は，XらとY社との間には黙示の労働契約が成立していたのであり，XらはY社に対して労働契約上の権利を主張できる，というXらの訴えを退けた。

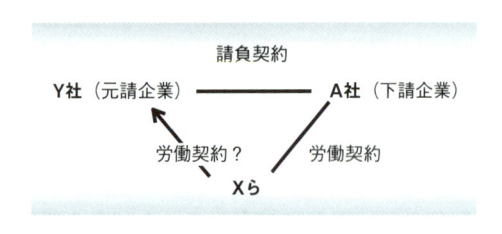

【判旨】

1 「労働契約といえども，もとより黙示の意思の合致によっても成立しうるものであるから，事業場内下請労働者（派遣労働者）の如く，外形上親企業（派遣先企業）の正規の従業員と殆ど差異のない形で労務を提供し，したがって，派遣先企業との間に事実上の使用従属関係が存在し，しかも，派遣元企業がそもそも企業としての独自性を有しないとか，企業としての独立性を欠いていて派遣先企業の労務担当の代行機関と同一視しうるものである等その存在が形式

れ，その業務の遂行上必要があれば，Y社の担当職員から直接具体
され，また，委託業務の作業にミスがあれば，Y社の担当課長から
受けることもあった。
らは，Y社の従業員Cの監督のもとに，作業を行い，欠員が生じた
Y社の雇い入れたパートタイマーまたはCがこれを補った。勤務割
事する作業内容も，自分たちで決めており，Y社によって定められ
かった。
労働条件の向上をめざして，労働組合を結成し，A社に団体交渉
ストライキを行ったが，これにより業務が停滞したA社は，本件委
する意欲を失い，Y社に対して，委託契約の解除を申し込むにい
もこれを了承したため，A社は，事業場閉鎖を理由に，Xらを解
Xらの雇用をめぐって，労働組合とY社は交渉を行い，新しい委託
行ったが，労働条件
の要求が聞き入れ
ため，Xらの雇用
託先に承継されな
で，Xらは，Y社
雇用関係上の地位を
訴えを提起した。本判決は，XらとY社との間には黙示の労働契
いたのであり，XらはY社に対して労働契約上の権利を主張でき
らの訴えを退けた。

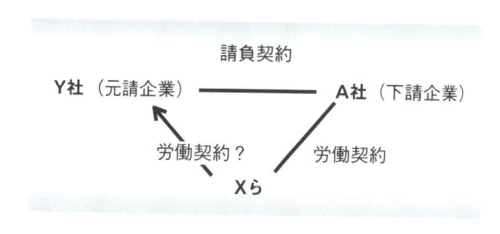

もといえども，もとより黙示の意思の合致によっても成立しうる
ら，事業場内下請労働者（派遣労働者）の如く，外形上親企業（派
規の従業員と殆ど差異のない形で労務を提供し，したがって，
の間に事実上の使用従属関係が存在し，しかも，派遣元企業がそ
しての独自性を有しないとか，企業としての独立性を欠いていて
労務担当の代行機関と同一視しうるものである等その存在が形式
使用者

社はその一部門として位置づけられるようになっていった。Eグループ各社の人事・給与等の実質決定権を有していたのはY₁社の代表取締役であるY₂であり，会社財産を実質上支配，管理していたのもY₂であった。

人事・給与等の決定権以外の業務執行に関しても，Eグループ各社の代表取締役及び取締役会は，基本的には，Y₂およびY₁社の総務本部の指示に従っており，その権限は大幅に制約されていた。

B社の資産は，当初から実態の乏しいものであったうえ，Y₂は，多額の架空売り上げを計上したり，高額の賃料等を課して，B社の営業利益をY₁に移すなどして，B社の会計・財政をほしいままに操作していた。

4「以上要するに，B社は，外形的には独立の法主体であるとはいうものの，……その実態は，分社・独立前，A社の建設本部に属する設計部であったときと同様，Eグループの中核企業であるY₁社の一事業部門と何ら変わるところはなかったというべきである。そして，Y₂は，そのようなB社を……Eグループの社主として，直接自己の意のままに自由に支配・操作して事業活動を継続していたのであるから，B社の株式会社としての実態は，もはや形骸化しており，これに法人格を認めることは，法人格の本来の目的に照らして許すべからざるものであって，B社の法人格は否認されるというべきである」。

5「法人格否認の法理が適用される結果，Yらは，いずれもB社を実質的に支配するものとして，B社がXらに負う未払賃金債務及び退職金債務について，同社とは別個の法主体であることを理由に，その責任を免れることはできないというべきである」。

【問題の所在】

労働者が，契約上の使用者以外の者に対して，使用者が負うべき契約上の請求権を主張することが例外的に認められる場合がある。その1つが，法人格否認の法理により，契約上の使用者の法人格が否定される場合である。法人格否認の法理は，法人格の形骸化の場合と法人格の濫用の場合があるが，本判決では，法人格の形骸化が肯定された。

003

【本判決のポイント】

1 法人格否認の法理とは

本判決は，先例（最一小判昭和44・2・27民集23巻2号511頁）を引用して，法人格が形骸化または法律の適用を回避するために濫用された場合には，法人格が否認される場合があることを認めた。そして，法人格の形骸化が認められるためには，単に株主としての権利を行使しているだけでは足りず，当該会社の業務執行，財産管理，会計区分等の実態を総合考慮して，法人としての実態が形骸にすぎないかどうかを判断すべきである，と述べ，法人格の形骸化の判断要素を示している。

なお，Xらは，B社の取締役であったので，XらとB社との間の契約は雇用契約ではなく，委任契約だったと思われるが，本判決は，この点にはとくに触れず，Xらが，退職金規程の適用される「従業員」であることのみを確認している。

2 法人格の形骸化の具体的判断

本判決は，上記の判断要素に即して，Xらの契約上の相手方であるB社の法人格の実態について判断している。そして，①Eグループの各社の株主の真実の所有者はY₂であること，②A社の分社化の経緯から，B社らEグループ各社は，Y₁社の一部門という位置づけであり，やがて，Eグループ全体が一企業であり，Eグループ各社はその一部門のように位置づけられるに至ったこと，③Eグループ各社の人事，給与および会社財産を実質的に支配していたのは，Y₂であったこと，④各社の業務執行も，Y₂およびY₁社総務本部の指示に従って行われていたこと，⑤B社の資産は実態に乏しく，Y₂がその会計を操作していたこと，という事実を認定し，B社の法人格の形骸化を肯定した。

本判決は，Eグループが複数の企業から構成されていたものの，実質的にはY₂個人によって支配されていたことを重視して，グループ各社が，親会社であるY₁社の一事業部門にすぎないと判断している。

3 法人格否認の法理の効果

本判決は，B社が，実質的にはY₁社の一事業部門にすぎないと評価され，B社の法人格が否認された結果，Y₁社およびB社を支配していたY₂は，Xらの退職金債権に対して連帯して支払の責めを負うことになる，と判断した。本判決は，「B社がXらに負う未払賃金債務及び退職金……免れることはできないというべきである」と……法理の効果として，XらとY₁社との間に契約……いては，明確に述べていない。しかし，賃金……義務であるので，YらがXらに対して賃金支……うことは，当然に，XらとY₁社との間に（委……提としていることになろう。

004 サガテレビ事件

福岡高判昭和58・6・7　労判……

〔事案の概要〕

1 X₁～X₄は，テレビ放送局であるY社か……パンチテープの作成およびニューステロッ……たA社に雇用されて，Y社の社屋内で同業……社は，Y社が同業務を委託していたB社か……約および同業務に従事していた10名の従業……た。この際，使用者の変更に納得しなかっ……り，X₁を含む6名が，A社に採用された。……

2 A社およびY社との間の委託契約では……ついて，4種業務については月額25万円……じて支払われる旨定められた。

3 委託業務に必要な機械，器具は，Y……し，委託契約を引き継いだ後，A社も，……た。その他必要な消耗品もY社から支給……用を許され，タイムレコーダーおよび夕……イムカードは，その後A社のものに切り替えら……

Xらの作業場所は，Y社の社屋内にパ……

的名目的なものに過ぎず，かつ，派遣先企業が派遣労働者の賃金額その他の労働条件を決定していると認めるべき事情のあるときには，派遣労働者と派遣先企業との間に黙示の労働契約が締結されたものと認めうべき余地があることはいうまでもない」。

2「Xらは，事業場内下請労働者としてY社に派遣され，その作業の場所をY社社屋内と限定されて労務を提供していたのであるから，Y社の職場秩序にしたがって労務提供をなすべき関係にあったばかりではなく，その各作業がY社の行う放送業務と密接不可分な連携関係においてなさるべきところから，各作業内容につきY社社員から具体的な指示を受けることがあり，また作業上のミスについてもY社の担当課長から直接注意を受けるなどY社から直接作業に関し指揮，監督を受けるようになっていたものであって，Y社との間にいわゆる使用従属関係が成立していたものであり，したがって，この使用従属関係の形成に伴い，Y社が，XらA社従業員に対し，一定の使用者責任，例えば事業場内下請労働者に対する安全配慮義務等を課せられる関係にあったことは否定することができない。

しかし，A社は，Y社から資本的にも人的にも全く独立した企業であって，Y社からもXらからも実質上の契約主体として契約締結の相手方とされ，現にXら従業員の採用，賃金その他の労働条件を決定し，身分上の監督を行っていたものであり，したがって，派遣先企業であるY社の労務担当代行機関と同一視しうるような形式的，名目的な存在に過ぎなかったというのは当らない。また，他方，Y社は，A社が派遣労働者を採用する際にこれに介入することは全くなく，かつ，業務請負の対価としてA社に支払っていた本件業務委託料は，派遣労働者の人数，労働時間量にかかわりなく，一定額（ただし，……印刷業務については1枚当りの単価額による出来高払い）と約定していたのであるから，Y社がXら派遣労働者の賃金額を実質上決定していたということは到底できない。したがって，Y社とXらとの間に黙示の労働契約が締結されたものと認める証拠は見出し得ないというほかはない」。

3「仮に，A社の本件業務委託が職安法44条に違反するものであったとしても，それだけの理由では，……XらA社従業員とA社との間に締結された雇傭契約が公序良俗ないし労働基準法6条に反し無効であり，真実の雇傭関係はY

社との間に成立するものということはできない」。

【問題の所在】

　法人格否認の法理のほかに、労働（雇用）契約上の使用者以外に労働契約上の権利を主張しうる第2の場合が、黙示の労働契約の成立が認められる場合である。本判決は、元請企業の事業場で就労する下請企業の労働者と元請企業との間において、いかなる場合に、黙示の労働契約が成立しうるのかについて判断した。

【本判決のポイント】

1　黙示の労働契約の存否

　本判決は、労働契約が明示のみならず黙示の意思の合致によっても成立することを確認したうえで、下請企業の労働者と元請企業との間に黙示の労働契約が成立しうる要件を明らかにした。本判決は、下請企業の労働者が、元請企業の事業場で就労していることにより（なお、本判決は「派遣労働者」および「派遣先企業」という用語を用いているが、当時は、労働者派遣法が制定されていなかったので、同法にいう派遣労働者および派遣先を意味するものではないことに注意が必要である）、事実上、元請企業の指示に服する場合があったことから「事実上の使用従属関係」の存在を肯定しているが、**黙示の労働契約が成立するためには、かかる「事実上の使用従属関係」だけでは足りず、①下請企業が企業としての独自性を欠き、元請企業の労務担当の代行機関にすぎないといえること、および②下請企業の労働者の賃金等の労働条件を元請企業が決定しているといえることが必要である**、と述べた。

　そして、本判決は、①については、A社は、Y社の委託業務以外に出版業を営む独立した企業であり、Xらの採用を自ら行い、その労働条件を決定していたことから、単なるY社の労務代行機関とは評価し得ないこと、②については、委託代金は、Xらの労働時間とは無関係に、一定額が定められていたことから、Y社がXらの賃金を決定していたとはいえないこと、を指摘し、黙示の労働契約の成立を否定した。

2　職安法44条違反の効果

　本件は、Xらが作業遂行に当たりY社の指示に服する場合があったことか

ら，職安法44条で禁止されている労働者供給に該当する可能性の高いケースであった（適法な請負として認められるために，職安法施行規則4条は，①作業の完成について事業主として財政上および法律上のすべての責任を負うこと，②作業に従事する労働者を指揮監督すること，③作業に従事する労働者に対して使用者としてのすべての法律上の義務を負うこと，および④自ら提供する機械，設備，器材等を必要とする作業を行うこと，の4つの要件を満たすことを下請企業に要求している）。

本判決は，仮に，本件委託契約が職安法44条に違反するとしても，これが直ちにXらとA社との間の労働契約を無効とし，XらとY社との間に労働契約関係が擬制される，という私法上の効果をもたらすものではないという判断を行った。

なお，労働者派遣法制定後においては，本件のようなケースは，労働者派遣法違反として処罰の対象となりうるが（いわゆる偽装請負），労働者派遣法違反の効果としても，下請企業の労働者と下請企業との間の労働契約を無効とし，元請企業との間に労働契約関係が擬制される，という私法上の効果は認められていない（パナソニックプラズマディスプレイ（パスコ）事件☞**100**事件この点について，現在国会に提出されている平成22年労働者派遣法改正法案では，偽装請負について，派遣先が，偽装請負にあたることを知っていたか，または知らなかったことについて過失が認められる場合には，その時点における派遣元と派遣労働者との間の労働契約と同一内容の労働契約の締結を，派遣先が派遣労働者に申し込んだものとみなされる旨の規定が新設されている）。

(橋本　陽子)

(2) 労組法上の使用者

005　朝日放送事件
最三小判平成7・2・28　民集49巻2号559頁・労判668号11頁

【事案の概要】

1　X社は，テレビ放送事業等を営む会社であり，Z組合は，民間放送会社等の下請企業の従業員で組織された労働組合である。A社およびB社は，X社等からテレビ番組制作のための映像撮影，照明，フィルム撮影，音響効果等の業

務を請け負う企業であり，その従業員が，X社との請負契約に基づき，X社の現場でアシスタント・ディレクター，音響効果，照明業務等の業務に従事していた。C社は，A社から，A社がX社から請け負った照明業務を請け負い，その従業員をX社の現場で照明業務に従事させていた（以下，A～C社を「請負3社」という）。請負3社の一部の従業員が，Z組合に加入していた。

2 請負3社の請負契約においては，作業内容および派遣人員により一定額の割合をもって算出される請負料を支払う旨の定めがされていた。

X社は，番組制作に当たって，毎日の制作番組名，作業時間，作業場所等が記された，毎月の編成日程表を作成して請負3社に交付し，これに基づいて，請負3社は，誰をどの番組制作業務に従事させるかを決定していた。さらに，請負3社の従業員は，X社が作成する台本および制作進行表による作業内容，作業手順等の指示に従い，X社から支給ないし貸与される器材等を使用し，X社の作業秩序に組み込まれて，X社の従業員と共に番組制作業務に従事していた。請負3社の従業員の業務遂行に当たっては，実際の作業の進行はすべてX社の従業員であるディレクターの指揮監督の下に行われていた。

3 請負3社は，それぞれ独自の就業規則を持ち，労働組合との間で賃上げ等について団体交渉を行い，妥結した事項について労働協約を締結していた。

4 Z組合は，X社に対して，昭和49年9月24日以降，賃上げ，一時金の支給，下請企業の従業員の社員化，休憩室の設置を含む労働条件の改善等を議題として団体交渉を申し入れたが，X社は，使用者ではないことを理由として，これを拒否した。

5 Z組合の不当労働行為救済申立てに対して，大阪地労委は，昭和53年5月26日の命令において，Z組合の主張を認め（不当労働行為事件命令集63集430頁），Y（中労委）は，昭和61年9月17日の命令において，地労命令を一部変更し，「Z組合の組合員らの番組制作業務に関する勤務

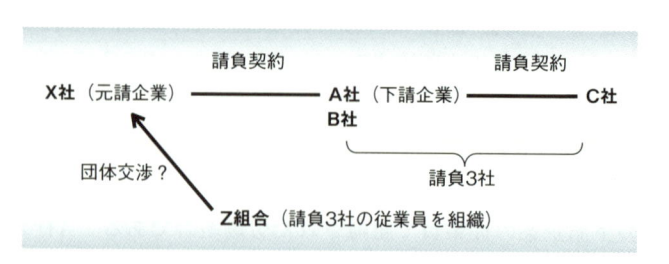

の割り付けなど就労に係る諸条件」について，団交拒否をしてはならない旨の命令を行った（不当労働行為事件命令集80集714頁）。

これに対して，X社は，取消訴訟を提起したが，1審（東京地判平成2・7・9民集49巻2号594頁）は，X社の請求を棄却した。原審は，X社の控訴を認容し，X社の使用者性を否定し，Yの命令を取り消した（東京高判平成8・2・28民集49巻2号629頁）。最高裁は，以下のように，原判決を覆し，X社が労組法7条の「使用者」に当たることを認めたうえで，その他の点について審理するよう原審に差し戻した。

【判旨】

1「労組法7条にいう『使用者』の意義について検討するに，一般に使用者とは労働契約上の雇用主をいうものであるが，同条が団結権の侵害に当たる一定の行為を不当労働行為として排除，是正して正常な労使関係を回復することを目的としていることにかんがみると，雇用主以外の事業主であっても，雇用主から労働者の派遣を受けて自己の業務に従事させ，その労働者の基本的な労働条件等について，雇用主と部分的とはいえ同視できる程度に現実的かつ具体的に支配，決定することができる地位にある場合には，その限りにおいて，右事業主は同条の『使用者』に当たるものと解するのが相当である」。

2「請負3社は，X社とは別個独立の事業主体として，テレビの番組制作の業務につきX社との間の請負契約に基づき，その雇用する従業員をX社の下に派遣してその業務に従事させていたものであり，もとより，X社は右従業員に対する関係で労働契約上の雇用主に当たるものではない。しかしながら，……X社は，請負3社から派遣される従業員が従事すべき業務の全般につき，編成日程表，台本及び制作進行表の作成を通じて，作業日時，作業時間，作業場所，作業内容等その細部に至るまで自ら決定していたこと，請負3社は，単にほぼ固定している一定の従業員のうちのだれをどの番組制作作業務に従事させるかを決定していたにすぎないものであること，X社の下に派遣される請負3社の従業員は，このようにして決定されたことに従い，X社から支給ないし貸与される器材等を使用し，X社の作業秩序に組み込まれてX社の従業員とともに番組制作作業務に従事していたこと，請負3社の従業員の作業の進行は，作業

時間帯の変更，作業時間の延長，休憩等の点についても，すべてX社の従業員であるディレクターの指揮監督下に置かれていたことが明らかである。これらの事実を総合すれば，X社は，実質的にみて，請負3社から派遣される従業員の勤務時間の割り振り，労務提供の態様，作業環境等を決定していたのであり，右従業員の基本的な労働条件等について，雇用主である請負3社と部分的とはいえ同視できる程度に現実的かつ具体的に支配，決定することができる地位にあったものというべきであるから，その限りにおいて，労働組合法7条にいう『使用者』に当たるものと解するのが相当である」。

3　「X社は，自ら決定することができる勤務時間の割り振り，労務提供の態様，作業環境等に関する限り，正当な理由がなければ請負3社の従業員が組織するZ組合との団体交渉を拒否することができないものというべきである」。

【問題の所在】

労組法7条は，使用者の反組合的行為を禁止している（不当労働行為）。その1つである団体交渉拒否（労組7条1項2号）が争われた本件では，元請企業が，自己の事業場で就労する下請企業の労働者の「使用者」に当たるかどうかが問題となった。本判決は，労組法7条の使用者は，雇用契約上の使用者に限られないことを明らかにした重要な先例である。

〔本判決のポイント〕

1　使用者概念の拡張

本判決は，労組法7条の「使用者」の意義について，団結権の侵害行為の是正という同条の目的にかんがみて，雇用主以外の事業主であっても，「使用者」にあたりうることを認めた。この点の判断に当たり本判決は，自己の事業場で下請企業の労働者を就労させていた元請企業が（本判決は「労働者の派遣を受けて」という表現を用いているが，本件は，労働者派遣法制定以前の事案であり，同法にいう労働者派遣ではないことに注意が必要である），当該労働者の基本的な労働条件等について，雇用主と部分的とはいえ同視できる程度に現実的かつ具体的に支配，決定できる地位にある場合に限り，元請企業が労組法7条の「使用者」にあたるという一般論を示している。

学説には，労働者の労働条件に影響力を及ぼし得る一切の者を同条の使用者であるとし，団体交渉の余地を広く認める見解があったが，最高裁は，かかる学説には従わず，労組法7条の使用者を労働契約上の雇用主を中心に捉えつつ，雇用主と同程度に労働条件を支配，決定できる事業主にのみ使用者性を拡張する，という立場をとった。

2　元請企業の使用者性

　本判決は，自己の事業場で下請企業の労働者を就労させている元請企業であるX社について，①X社が，請負3社の従業員の作業日時，作業時間，作業内容等を決定していたこと，②請負3社の従業員は，X社から支給ないし貸与される器材等を使用し，X社の作業秩序に組み込まれてX社の従業員と共に業務に従事していたこと，③作業の進行は，X社のディレクターの指示に服していたこと，から，X社は，請負3社の従業員の勤務時間の割り振り，労務提供の態様，作業環境等に関して，雇用主と同視できる程度に現実的かつ具体的な支配，決定できる地位にあった，と判断した。そして，本判決は，これらの労働条件に限って，Xは，団交上の使用者として，Z組合の団体交渉に応じなければならない，と結論付けた。

3　本判決の射程

　上述したとおり，本判決は，「労働者の派遣を受けて」と「派遣」という用語を用いているが，本件は，労働者派遣法制定以前の事案であり，かかる「派遣」は，X社と下請企業との間の請負契約に基づいて行われたものであった。そこで，労働者派遣に基づく派遣においても，本判決の射程が及び，派遣先が派遣労働者の加入する組合との団体交渉に応じなければならない場合があるのかが問題となる。この点について，労働者派遣法40条1項は，派遣先は，派遣労働者から苦情の申し出を受けたときは，派遣元と連携しつつ迅速に苦情に対応すべき義務を定めている。労働者派遣においては，同法に基づく苦情処理制度が団体交渉に代替しうるかどうかが問題となるが，「労働者の派遣を受けて」という本判決の文言からは，労働者派遣においても，派遣先は，派遣労働者の労働条件を実質的に支配し，決定している場合には，派遣労働者に対して団体交渉義務を負うと解するのが素直な解釈といえよう。

（橋本　陽子）

第3章 労働契約と就業規則

（1） 就業規則の法的意義

006 秋北バス事件
最大判昭和43・12・25　民集22巻13号3459頁・判時542号14頁

【事案の概要】

1　Y社は，昭和30年7月21日に施行した就業規則（57条）において，従業員の定年を満50歳とする旨を定めていたが，この規定は主任以上の職にある者には適用がなかった。

2　Y社は昭和32年4月1日に就業規則のこの規定を変更し，主任以上の職にある者は満55歳をもって定年とする旨を規定した。

3　Y社の従業員Xは，昭和20年にY社に入社し，昭和30年以降は主任以上の職にあった。Y社は，変更後の就業規則の規定に基づき，昭和32年4月25日，Xがすでに満55歳に達していることを理由として，Xに対し解雇の通知をした。

変更前の就業規則
Xに定年制の適用なし
↓
変更後の就業規則
Xに定年制の適用あり
※Xは変更に同意していない自分には変更後の就業規則の適用がない（定年制の適用はない）と主張

4　そこで，Xは，変更後の規定に同意を与えた事実はなく，自分には満55歳定年を定めた規定の効力は及ばないと主張して，Y社に対し雇用関係が存在することの確認等を求める訴えを提起した。一審は，就業規則の不利益変更には労働者の同意が必要であるとして，Xの請求を認めた。原審は，就業規則の制定・変更は使用者が一方的になしうるものであり，労働者の同意は必要ないとして，Xの請求を認めなかった。Xが上告したところ，本判決は以下のように判示してXの上告を棄却した。

【判旨】

1 「元来,『労働条件は,労働者と使用者が,対等の立場において決定すべきものである』(労基2条1項)が,多数の労働者を使用する近代企業においては,労働条件は,経営上の要請に基づき,統一的かつ画一的に決定され,労働者は,経営主体が定める契約内容の定型に従って,附従的に契約を締結せざるを得ない立場に立たされるのが実情であり,この労働条件を定型的に定めた就業規則は,一種の社会的規範としての性質を有するだけでなく,それが合理的な労働条件を定めているものであるかぎり,経営主体と労働者との間の労働条件は,その就業規則によるという事実たる慣習が成立しているものとして,その法的規範性が認められるに至っている(民92条参照)ものということができる。」

2 「就業規則は,当該事業場内での社会的規範たるにとどまらず,法的規範としての性質を認められるに至っているものと解すべきであるから,当該事業場の労働者は,就業規則の存在および内容を現実に知っていると否とにかかわらず,また,これに対して個別的に同意を与えたかどうかを問わず,当然に,その適用を受けるものというべきである。」

3 「新たな就業規則の作成又は変更によって,既得の権利を奪い,労働者に不利益な労働条件を一方的に課することは,原則として,許されないと解すべきであるが,労働条件の集合的処理,特にその統一的かつ画一的な決定を建前とする就業規則の性質からいつて,当該規則条項が合理的なものであるかぎり,個々の労働者において,これに同意しないことを理由として,その適用を拒否することは許されないと解すべきであ」る。

【問題の所在】

　就業規則とは,労働条件や職場のルールなどについて使用者が定める規則の総称であり,日本の企業社会では,労働契約締結時に個別の詳細な契約書を交わすことが少ないこともあって,労働条件を設定するためのツールとして,大きな役割を果たしている。しかし,労基法上,就業規則は使用者が一方的に作成・変更することができ,労働者側の同意は必要とされていない(労基法90条は意見の「聴取」のみを義務づけている。なお,就業規則の不利益変更の際に労働者側との交渉の状況等が問題となることがあるが〔詳細は本書**010**事件参照〕,いずれにしても同意を

得ることが義務づけられているわけではない）。そこで、①そもそも就業規則が労働者を法的に拘束するのはなぜかという点、さらに、②就業規則が労働者の同意なく変更された場合、変更後の就業規則は労働者を拘束するのかという点が問題となり、学説で議論されてきた。本判決は、①②の問題につき最高裁の見解を示したという点に大きな意義がある。そして、本判決の立場は、その後の判例にも引き継がれ、労働契約法にて立法化された（労契7条・10条）。労働契約法の規定を理解するためには、本判決をはじめとする判例法理を理解することが今なお重要である。

【本判決のポイント】
1　就業規則の法的意義
　本判決は、就業規則が労働者を法的に拘束するのはなぜかという問題につき、**就業規則は合理的な労働条件を定めているかぎり事実たる慣習として法的規範性を有する**として、**当該事業場の労働者は当然にその適用を受ける**と判示した。本判決の立場をいかに理解するかについては、学説でも様々な議論が見られたが、有力な見解は、普通契約約款に関する約款理論（「契約内容は約款による」との事実たる慣習が存在する場合には、「事前の開示」と「内容の合理性」を要件として約款が拘束力を持つ）を、就業規則にあてはめたものと理解するものである。最高裁自身、その後の判決で、**就業規則の内容が合理的なものであるかぎり労働契約の内容になる**と判示し、就業規則は労働契約の内容になることによって法的拘束力を持つとする立場であることを明らかにした（電電公社帯広電報電話局事件・最一小判昭和61・3・13労判470号6頁☞**007**事件）。そして、労働契約法7条は、本判決以来の判例法理を、就業規則の（実質的な）周知を拘束力の発生要件とする判例（フジ興産事件・最二小判平成15・10・10労判861号5頁〔☞**009**事件〕）とともに立法化した。

2　就業規則の不利益変更
　本判決は、不利益に変更された就業規則は変更に同意しない労働者を拘束するのか否かという問題につき、**就業規則の変更によって労働条件を不利益に変更することは原則として許されないが、就業規則の変更が合理的なものであるかぎり、変更に同意しない労働者も拘束される**と判示した（なお、ここで問題になるのは「変

更の合理性」であり，上記 **1** で問題になるのは「内容（定めている労働条件）の合理性」であるから，合理性という言葉を使っていても，意味（文脈）が異なることには注意すべきであろう）。この立場には，就業規則が契約の内容になることで拘束力を持つという考え方からすると，明確に反対している者をなぜ拘束するのか，という理論的な問題（矛盾）が残る。学説の議論もやはり様々であったが，日本的雇用システムの下で解雇権濫用法理（労契16条）によって解雇が制限されていること（継続性の要請）と，長期的な労働契約関係においては柔軟に労働条件を見直し変更する必要があること（柔軟性の要請）につき，合理性という要件によってバランスをとったとの評価が可能である。本判決の立場は以後の最高裁判決でも維持され，変更の「合理性」の判断枠組みが精緻化されるなどして，判例法理（就業規則の不利益変更法理）として定着するに至る（第四銀行事件・第二小判平成9・2・28民集51巻2号705頁☞**010**事件等）。そして，労働契約法 9 条・10条は，この「就業規則の不利益変更法理」を周知に関する判例（前掲フジ興産事件☞**009**事件）とともに立法化した（なお，労働者が就業規則の不利益変更に同意している場合は，労契法 9 条の解釈（反対解釈）により，同意を基礎として（つまり，変更の合理性は直接問題とならずに）変更後の就業規則に拘束されると解される）。

3 労働契約法の下における従来の判例の意義

本判決をはじめとする従来の判例は，労働契約法の下でも引き続き重要な意義を持つと考えられる。現在，労働契約締結時の就業規則による労働条件決定の問題は同法 7 条，就業規則の不利益変更の問題は同法 9 条・10条の解釈問題ということになるが，これらの規定が判例法理をそのまま条文にしたものである以上，解釈にあたり従来の判例の判断内容（☞**010〜013**事件参照）をふまえることが必要不可欠といえるからである。具体的には，不利益変更の合理性について判断する際，判例が各判断要素につきどのような事実に着目していたのか，合理性を肯定（あるいは否定）する判断材料としていかなる事実を挙げていたのかといった点などが，労契法を解釈する際に先例として重要な意味を持つと思われる。

（原　昌登）

参考判例

007 電電公社帯広電報電話局事件
最一小判昭和61・3・13　労判470号6頁・集民147号237頁

【事案の概要】

1 Xは，Y公社の職員として電話交換の作業に従事していた。昭和49年7月5日，Xが頸肩腕症候群と診断されたため，Y公社はXを軽易な机上作業に配転するとともに，Xの疾病が業務上のものであるとして各種の補償を行った。

2 Y公社の健康管理規程には，「職員は，心身の故障により，療養，勤務軽減等の措置を受けたときは，衛生管理者の指示に従うほか，所属長，医師及び健康管理に従事する者の指示に従い，健康の回復につとめなければならない。」という規定があった。また，Y公社は，頸肩腕症候群罹患者への対応のため，昭和53年7月14日，労働組合との間で，頸肩腕症候群の発症後3年以上経過し症状が軽快していない者等を被験者として逓信病院に2週間程度入院させ，総合精密検診を行う旨の労働協約を締結していた。

3 Y公社は，この労働協約に基づき，昭和53年9月13日，Xに対し頸肩腕症候群の総合精密検診の受診を指示し，同年10月以降，受診の業務命令を2度発したが，Xはいずれも拒否した。

4 Y公社は，同年11月14日，Xに対し，受診拒否が就業規則所定の懲戒事由（59条3号「上長の命令に服さないとき」）に該当するなどとして，懲戒戒告処分を行った。XはY公社に対し処分の無効確認を求めた。1審，原審ともに，総合精密検診の受診を強制することはできず，受診命令は無効であり，命令拒否は懲戒事由に該当するということはできないなどとして，Xの請求を認めた。そこでY公社が上告したところ，本判決は以下のように判示して原判決を破棄，自判し，Xの請求を否定した。

【判旨】

1「労働条件を定型的に定めた就業規則は，一種の社会的規範としての性質を有するだけでなく，その定めが合理的なものであるかぎり，個別的労働契約における労働条件の決定は，その就業規則によるという事実たる慣習が成立しているものとして，法的規範としての性質を認められるに至っており，当該事業場の労働者は，就業規則の存在及び内容を現実に知っていると否とにかかわらず，また，これに対して個別的に同意を与えたかどうかを問わず，当然にその適用を受けるというべきである。」

2「就業規則が労働者に対し，一定の事項につき使用者の業務命令に服従すべき旨を定めているときは，そのような就業規則の規定内容が合理的なものであるかぎりにおいて当該具体的労働契約の内容をなしているものということができる。」

3 公社と公社職員との間の労働関係は，一般私企業と若干異なる規制を受けるが，基本的には私法上のものであり，上記（判旨1，2）の考え方があてはまると解すべきである。なお，Y公社においては，職員の安全及び衛生に関する事項については，就業規則のほか健康管理規程で定められているが，健康管理規程は就業規則としての性質を有しているものということができる。

4「Y公社就業規則及び健康管理規程によれば，Y公社においては，職員は常に健康の保持増進に努める義務があるとともに，健康管理上必要な事項に関する健康管理従事者の指示を誠実に遵守する義務があるばかりか，要管理者は，健康回復に努める義務があり，その健康回復を目的とする健康管理従事者の指示に従う義務があることとされている。」「Y公社就業規則及び健康管理規程の内容は，Y公社職員が労働契約上その労働力の処分を公社に委ねている趣旨に照らし，いずれも合理的なものというべきであるから……公社と公社職員との間の労働契約の内容となっているものというべきである。」

（原　昌登）

（2）就業規則の効力要件

008　中部カラー事件
東京高判平成19・10・30　労判964号72頁・判時1992号137頁

【事案の概要】

1　Y社は退職金制度として適格退職年金制度を採用しており，就業規則にも規定していた。バブル経済崩壊後に退職金の積立不足が拡大したこと，確定給付企業年金法の施行などを理由として，Y社は適格年金制度を廃止し，中退共（中小企業退職金共済）および民間生命保険会社の養老保険から構成される新退職金制度へ移行することとした。なお，新制度においては，中途退職した場合，旧制度に比較して退職者が不利になることがあった。

> 就業規則の変更（退職金制度の変更）
> ・朝礼で変更があったことを説明（ただし，詳細は説明せず）
> ・就業規則を休憩室に掲示（ただし，額の計算方法は掲示せず）
> →変更後の就業規則が実質的に「周知」されたといえるか？

2　Y社は，取締役会における承認等を経て，平成15年3月18日，全体朝礼において社長Aおよび専務Bが全従業員に対し変更について説明をした。同年4月1日，Aは全体朝礼において全社員に対し就業規則の変更について質問等がないかを尋ね，質問があればその場で申し出るように述べたが，誰も質問をしなかった。

3　上記平成15年4月1日の朝礼において，Y社の総務課長Cが従業員代表として選出され，Y社に対し就業規則の変更に異議のない旨の意見書を提出した。Y社は同年4月1日付で就業規則を変更し，退職金の金額の計算，算出に関しては「中小企業退職金共済とD生命保険相互会社の養老保険への加入を行い，その支払金額とする」（73条）との規定を置いた。この変更につき，労働基準監督署長への届出はなされなかった。

4　Xは，上記の朝礼に2回とも出席しており，平成15年8月1日，従業員代

表が中退共の申込書に自筆署名または押印した際，Xも署名した。同年11月30日にXは自己都合で退職し，新退職金制度に基づく退職一時金約288万円を受領した。Xは，変更前の就業規則に基づく退職金制度における退職金額は約1,074万円であり，変更後の就業規則は届出，周知を欠き法的に効力を持たないとして，Y社に対し退職金の差額を請求した。これに対しY社は説明や休憩室への備付けを通して周知を行ったなどと反論した。1審は，就業規則は周知されており効力を有するなどとしてXの請求を認めなかった。Xが控訴したところ，本判決は以下のように述べて原判決を一部変更し，Xの請求の一部を認め，一部を棄却した。

【判旨】

1 「就業規則の変更について，労働基準監督署への届出がなかった場合であっても，従業員に対し実質的に周知されていれば，変更は有効と解する余地がある」。

2 3月18日の全体朝礼については以下のように判断できる。

(1) Y社は「制度変更の必要性，新制度の概要，従業員にとってのメリット，デメリットなどを記載した説明文書等を一切配付・回覧しておらず，そのことは，その後就業規則の変更の手続を取るまでの間も，同じであった。旧制度から新制度への変更は，一般の従業員からすると，その内容を直ちに理解することは困難であり，Y社が……制度変更を周知させる意思があるならば，まずは説明文書……を用意した上それを配布するか回覧に供するなどし，更に必要に応じて説明会を開催することが……当然要求されるところであり，それが特に困難であったというような事情はない。ところが……Y社はそのような努力をなんら払っていない。」

(2) Y社は「新制度は旧制度に比較して，中途退職すると退職金が減額される場合があることを説明したというが，どのように具体的に説明をしたのか……全く不明である。」「始業前の全体朝礼という性格上，詳細な説明をしたとは考え難く，極めて概略的な説明だけしかしなかったと考えるのが素直である。」

(3) 従業員から特に質問，意見が出されなかったことは，「Y社から……具

体的に説明されなかったからであると考えるのが合理的である。」早期に中途退職した場合に新制度では退職金の額が大幅に少なくなることを告げられたのであれば，何らかの質問，意見が出されるのが自然である。

3 4月1日の全体朝礼においても，「Y社が従業員に対して行った説明内容が……不十分なものであったから，誰も質問等をしなかったからといって，実質的周知が図られたわけではない。」

4 休憩室の壁に就業規則が掛けてあり，そのことを従業員は知っていたとY社は主張するが，就業規則には退職金の額の決定，計算に関する定めはなく，「中退共から支給される退職金の金額，養老保険の解約返戻金の金額の計算を可能とするものが壁に掛けられていたわけではなかった。」よって，仮に就業規則が壁に掛けてあったとしても，「従業員に対し退職金の計算について実質的周知がされたものとはいえない。」

5 以上，就業規則の変更が従業員に対し実質的に周知されたとは認められないことなどから，変更は無効であり，変更前の就業規則が効力を有する。

【問題の所在】

就業規則が法的に効力を持つための要件（就業規則の効力発生要件）として，「周知」が挙げられる。この周知とは，労基法所定の周知に限られず，実質的な周知で足りると解されている。本判決では「実質的な周知」とは具体的にどのようなものか，何をどの程度行っていれば「実質的な周知」があったといえるのかが争点となった。本判決は，使用者に詳細な説明の実施や情報の提供を求めるなど，一歩踏み込んだ判断を行っている点に特徴がある。「実質的な周知」の具体的内容について判断した例を新たに1つ付け加えるものとして意義があると思われる。

【本判決のポイント】

1 就業規則の効力発生要件としての周知

労基法上，就業規則に関する手続として意見聴取（労基90条），届出（同89条），周知がある（同106条および労基則52条の2）。これらの手続を踏んでいなければ当然労基法違反の問題が生じる。しかし，就業規則に法的（私法的）効力が生じ

るか否かにおいては，労働者に対する「周知」のみが要件となることが労働契約法で明記された。すなわち，就業規則は，労働契約締結時には内容（定めている労働条件）の合理性（労契7条），不利益変更時には変更の合理性（同10条）を前提に，周知があれば法的効力が生じる。これは「**就業規則が……拘束力を生ずるためには，その内容を適用を受ける事業場の労働者に周知させる手続が採られていることを要する**」（フジ興産事件・最二小判平成15・10・10労判861号5頁☞**009**事件）という判例の立場を立法化したものである。さらに，ここでいう「周知」は必ずしも労基法所定の周知（作業場への掲示・備付け，書面の交付，パソコン等から見られるようにすること）に限られず，労働者が知ろうと思えば知ることができる状態に置くことで足りると解されている（「法所定の周知」に対し「実質的な周知」と呼ばれる）。労働契約法制定前の事案である本判決は，**就業規則の効力発生要件は「実質的な周知」であること，「届出」（労基89条）は効力発生要件ではないことを**判旨**1**で確認している。

2　実質的な周知の具体的内容

具体的に何をすれば実質的な周知があったと認められるのか。本判決では，①変更内容を朝礼で説明したこと，②変更後の就業規則を休憩室に掲示したことが，それぞれ実質的な周知といえるかが問題となった。①については，詳細な説明文書の配布・回覧がないこと，必要に応じ実施されるべき説明会の実施がないこと，具体的な説明がないことなどを挙げて，実質的な周知を否定した。また，説明に対し労働者から質問がないからといって，周知があったといえるわけではないとも述べている。②については，実際に退職金の額の計算が可能になるような情報を掲示しておかなかったことを理由に，実質的な周知を否定した。本判決は，①において使用者側に詳しい説明の実施すなわち説明義務を課している。従来の議論では，就業規則を労働者が知ることができる状態に置けば（実質的）周知は完了で，労働者が現実に認識していたかどうかは直接問題とされていなかった。本判決はこれを一歩進め，現実に認識できるような状態（そのための情報）を提供することまで求めるものと解されるが，この立場は判例の傾向とやや異なるといえる。この立場の評価については，労働者の認識可能性を高めると同時に，周知に関する使用者側の負担を高めることにもつながるため，なお検討の余地があると考えられる。

3　今後の課題

特に実務上重要な点として，法所定の周知がなされた場合に，常に実質的な周知があった（就業規則の法的効力が生じる）と認められるのかという問題がある。本判決は，法所定の周知以上の説明・情報提供を使用者に求めているようにも読めるが，そうだとすれば実務への影響は大きいことになろう。本判決の射程については，相当複雑な制度変更であるという事案の特徴にも留意し，他の事例の蓄積も待った上で検討されるべきと思われる。

（原　昌登）

参考判例

009　フジ興産事件
最二小判平成15・10・10　労判861号5頁・判時1840号144頁

【事案の概要】

1　Y_1社は，就業規則（旧就業規則）において，懲戒解雇事由を定め，所定の事由があった場合に懲戒解雇をすることができる旨を定めていた。同社は平成6年4月1日から旧就業規則を変更した就業規則（以下，「新就業規則」）を実施することとし，同年6月2日，労働者代表の同意を得た上で，同年6月8日，A労働基準監督署長に届け出た。新就業規則においても，懲戒解雇事由を定め，所定の事由があった場合に懲戒解雇をすることができる旨を定めていた。

2　Y_1社は，平成6年6月15日，新就業規則の懲戒解雇に関する規定（5条（禁止行為）および28条（懲戒解雇））を適用して，従業員Xを懲戒解雇した。その理由は，Xが，同5年9月から同6年5月30日までの間，得意先の担当者らの要望に十分応じず，トラブルを発生させたり，上司の指示に対して反抗的態度をとり，上司に対して暴言を吐くなどして職場の秩序を乱したりしたなどというものであった。

3　Xは，本件懲戒解雇以前に，自らが勤務するエンジニアリングセンター

（以下，「センター」）のセンター長（Y₄）に対し，センターに勤務する労働者に適用される就業規則について質問したが，その際には，旧就業規則はセンターに備え付けられていなかった。

4 Xは，本件懲戒解雇が無効であるとしてY₁社に対し労働契約上の地位確認請求等を行うとともに，違法な懲戒解雇の決定に関与したとして，Y₁社の代表取締役Y₂，取締役Y₃およびY₄に対して，民法709条，商法266条の3（現在の会社法429条）に基づく損害賠償請求を行った（Xはこの他にも請求を行っており，Y₁社も反訴請求を行ったが，ここでは省略する）。

5 1審は，懲戒解雇が有効であると判断し，損害賠償請求も認めなかった。原審はまず，Xのセンター勤務中に旧就業規則がセンターに備え付けられていなかったとしても，そのゆえをもって旧就業規則がセンター勤務の労働者に対し効力を有しないと解することはできないと判断した。そして，Y₁社は新就業規則に定める懲戒解雇事由を理由としてXを懲戒解雇しているが，新就業規則の懲戒解雇事由は旧就業規則の懲戒解雇事由を取り込んでさらに詳細にしたものといえるから，本件懲戒解雇は有効であるとして，損害賠償請求も認めなかった。XがY₂～Y₄に対する損害賠償に関する部分のみにつき上告したところ，本判決は以下のように判示して原判決を破棄・差戻しとした。

【判旨】

1「使用者が労働者を懲戒するには，あらかじめ就業規則において懲戒の種別及び事由を定めておくことを要する。そして，就業規則が法的規範としての性質を有するものとして，拘束力を生ずるためには，その内容を適用を受ける事業場の労働者に周知させる手続が採られていることを要するものというべきである。」

2「原審は，Y₁社が，労働者代表の同意を得て旧就業規則を制定し，これをA労働基準監督署長に届け出た事実を確定したのみで，その内容をセンター勤務の労働者に周知させる手続が採られていることを認定しないまま，旧就業規則に法的規範としての効力を肯定し，本件懲戒解雇が有効であると判断している。」原審のこの判断には違法があるので，原判決を破棄し，本件を原審に差し戻す。

（原　昌登）

（3） 変更の合理性判断の枠組み

010　第四銀行事件

最二小判平成9・2・28　民集51巻2号705頁・労判710号12頁

【事案の概要】

1 Y銀行では，定年が55歳で，健康な男性行員は58歳まで賃金水準を維持したまま在職できることになっていた。その後，Y銀行は，就業規則を変更し，定年を60歳に延長すると同時に，55歳以降の賃金（月例給与および賞与）を54歳時よりも引き下げた。

2 この変更の結果，Xの賃金は54歳時の約2/3となった。Xは，本件就業規則変更は無効であると主張し，Y銀行に対し変更前の賃金と変更後の賃金の差額の支払いを求めて訴えを提起した。

```
変更前の就業規則
（実質的に）58歳定年
     ↓
変更後の就業規則
60歳定年，55歳以降の賃金が54歳までの約6割に引き下げ
※X，変更前の就業規則にもとづく賃金額と実際に支払われた（変更後の）賃金額との差額を請求
```

3 1審は，就業規則の変更の合理性を否定したが，労働協約の拡張適用により本件変更がXにも適用されるとした。原審は，就業規則の変更の合理性を肯定し，Xの請求を認めなかった。そこでXが上告したところ，本判決は以下のように判示して上告を棄却した。

【判旨】

1 「新たな就業規則の作成又は変更によって労働者の既得の権利を奪い，労働者に不利益な労働条件を一方的に課することは，原則として許されないが，労働条件の集合的処理，特にその統一的かつ画一的な決定を建前とする就業規則の性質からいって，当該規則条項が合理的なものである限り，個々の労働者において，これに同意しないことを理由として，その適用を拒むことは許され

ない。」

2 「賃金，退職金など労働者にとって重要な権利，労働条件に関し実質的な不利益を及ぼす就業規則の作成又は変更については，当該条項が，そのような不利益を労働者に法的に受忍させることを許容することができるだけの高度の必要性に基づいた合理的な内容のものである場合において，その効力を生ずる」。

3 合理性の有無は，具体的には，①就業規則の変更によって労働者が被る不利益の程度，②使用者側の変更の必要性の内容・程度，③変更後の就業規則の内容自体の相当性，④代償措置その他関連する他の労働条件の改善状況，⑤労働組合等との交渉の経緯，⑤′他の労働組合又は他の従業員の対応，③′同種事項に関する我が国社会における一般的状況等を総合考慮して判断すべきである。

4 ①55歳以降の年間賃金が54歳時の63〜67％となり，58歳まで勤務して得られると期待できた賃金を60歳定年近くまで勤務しなければ得られないのであるから，本件就業規則の変更による不利益はかなり大きなものである。

②60歳定年制の実現が社会的に強く要請され，定年延長に高度の必要性があったこと，また，従前の定年である55歳以降の賃金水準等を見直し変更することについて，高度の必要性があったことも認められる。

③変更後の就業規則に基づく55歳以降の労働条件の内容は，定年を延長した他の地方銀行とほぼ同様であり，賃金水準も他行や社会一般と比較してかなり高いものである。

④福利厚生制度の適用延長や拡充，特別融資制度の新設等の措置は，賃金減額に対する直接的な代償措置とはいえないが，定年制導入による不利益を緩和するものということができる。

⑤本件就業規則の変更は，行員の約90％を組織するA労働組合（50歳以上の行員はその約6割が組合員）との「交渉，合意を経て労働協約を締結した上で行われたものであるから，変更後の就業規則の内容は労使間の利益調整がされた結果としての合理的なものであると一応推測することができ」る。

5 「以上によれば，本件就業規則の変更は……高度の必要性に基づいた合理的な内容のものであると認めることができないものではない。」

【問題の所在】

　就業規則の不利益変更（就業規則の変更によって労働条件を不利益に変更すること）に同意しない労働者を変更後の就業規則が拘束するかについては，秋北バス事件（☞**006**事件）以来，判例法理が確立している。変更に合理性があれば同意しない労働者をも拘束するというのが法理の基本的な内容であるが，そうするといかなる時に合理性が肯定（あるいは否定）されるのかが大きな問題となる。本判決は，合理性の判断要素について，従来の判例を集大成して整理した点に大きな意義がある。本判決の示した判断要素は，判例法理を変えずにそのまま立法化した労働契約法10条の解釈においても参考とされるべきであり，今なお重要な意味を持つと解される。

【本判決のポイント】

1　合理性の判断要素

　本判決は，就業規則の不利益変更について，合理性の判断要素を示し，各要素を総合的に考慮するという判断枠組みを確立した点に意義が認められる。本判決が整理した判断要素は，判旨**3**の①〜⑤にまとめることができる（なお，他の労働組合または他の従業員の対応（⑤´），同種事項に関する我が国社会における一般的状況等（③´）は，独立の要素とみることもできるが，関連の深い⑤，③と一体のものと整理するのがわかりやすいであろう）。この点，判例法理を立法化した労働契約法10条には，本判決の判断要素のうち④（不利益緩和措置）が抜けており，判断要素に変化があったようにも見えるが，労働契約法は判例法理をそのまま立法化したものであるから，判断要素も変わらないはずである。④は同条の「変更後の就業規則の内容の相当性」（不利益緩和措置は変更後の規定の中で定められると解される）あるいは「労働者の受ける不利益の程度」（不利益緩和措置もあわせて不利益の程度を検討することが考えられる）に含まれるものと解される。

2　高度の必要性の要求

　本判決は，判旨**2**において，賃金，退職金など重要な労働条件の変更の場合には，高度の必要性に基づいた合理的な内容であることを要するとした。これは別の判例が示したものを承継している（大曲市農業協同組合事件・最三小判昭和63・2・16民集42巻2号60頁）。実は，「高度の」必要性と（通常の）必要性の差異は必ずし

も明確ではないが，合理性判断における判例の基本的な立場（「高度の」必要性を要求するということは，それだけ合理性の肯定について慎重になるということであろう）を知っておくことは重要であるといえる。

3　注目すべき判断要素——労働組合等との交渉

本判決は，判旨**4**において，**変更に多数組合の合意がある場合，変更後の就業規則の内容は合理的なものであると一応推測することができる**とした。これも，別の判例が，多数組合の合意がある変更は利益調整された内容のものと推定される，と示したものを承継している（第一小型ハイヤー事件・最二小判平成4・7・13労判630号6頁）。労使の話し合いが公正に尽くされたのであれば，その結論を法的に是認することが望ましいといえよう。また，労使に対話を行うインセンティブを与えることにもなる。しかし他方，多数組合が変更に同意していた事案でも，**不利益の程度や内容によっては「賃金面における変更の合理性を判断する際に労働組合の同意を大きな考慮要素と評価することは相当ではない」**と判断した例もある（みちのく銀行事件・最一小判平成12・9・7民集54巻7号2075頁☞**012**事件）。確かに，労働組合の同意といっても状況は様々である（多数組合か否か，不利益を受ける労働者の加入および加入資格の有無，話し合いの態様などにも注意すべきといえる）。よって，判例の立場としては，合理性はあくまで諸要素の「総合考慮」によって判断されるもので，事案によっては（本判決のように）組合の同意を重視することもある，と理解しておくべきであろう。

4　関連する論点1——不利益性の有無

本件のように賃金が一方的に引き下げられる変更であれば，「不利益」変更であると容易に肯定できる。しかし，年功主義的な賃金制度を成果主義的な制度に変更する場合など，賃金が減少する者もいれば増加する（変更により利益を受ける）者もいる場合には，どう考えればよいだろうか。この点，判例は，**賃金が減少する可能性があるなど，不利益を受ける可能性がある場合には，「就業規則の不利益変更」に当たる**と判断している（ノイズ研究所事件・東京高判平成18・6・22労判920号5頁☞**011**事件）。

5　関連する論点2——個別の合意と就業規則の不利益変更

労契法10条は，ただし書において「就業規則の変更によっては変更されない労働条件として合意していた部分」（いわゆる不変更の合意がなされた部分）につい

ては，変更後の就業規則の拘束力は及ばないとしている。就業規則より個別合意が優先することを示したものであり（就業規則の基準よりも不利でないことが前提である〔労契12条参照〕），従来の裁判例においても，**年俸額および賃金月額について個別の合意がある場合に，就業規則の不利益変更によってそれらを引き下げることはそもそも許されない**と判断したものがある（シー・エー・アイ事件・東京地判平成12・2・8労判787号58頁☞**013**事件）。

(原　昌登)

参考判例

011　ノイズ研究所事件
東京高判平成18・6・22　労判920号5頁・労経速1942号3頁

【事案の概要】

1　Y社では，就業規則（給与規程等）で職能資格制度に基づく年功序列型の賃金制度を定めていた。基本給は年齢給と職能給から構成され，職能給の基礎となる職能等級については年功序列的な運用がなされていた。

2　Y社は経営悪化を受けて平成13年4月1日に就業規則（給与規程）を変更し，同日から新賃金制度を実施した。新賃金制度においては，基本給は年齢給と職務給から構成され，職務給は社内の職務を難易度等に応じ区分した職務等級の格付けに基づき支給されることになり，人事評価次第で昇格も降格もありうる（賃金額の増加も減少もありうる）という成果主義型の賃金制度となった。

3　本件変更に伴う経過措置として，職務給の額が職能給の額より低下した者については，調整手当（1年目は低下した額の100％，2年目は同50％）が支給されることとされていた。また，変更に際し，Y社は労働組合と計8回の団体交渉を行ったが，合意には至らなかった。

4　本件変更により，Y社の従業員Xらは，職務給の額が従来の職能給の額よりも低下するなどして，賃金が減額された。そこでXらは，就業規則の変更は

無効であると主張して，変更前の就業規則に基づく賃金の支払いを受ける地位にあることの確認等を求める訴えを提起した。1審は，本件就業規則の変更は合理性を欠き無効であるとして，Xらの請求を一部認容した。Y社が控訴したところ，本判決は以下のように判示して控訴を認容し，Xの請求を否定した。

【判旨】
1　「本件給与規程等の変更は，年功序列型の賃金制度を……人事考課査定に基づく成果主義型の賃金制度に変更するものであり，新賃金制度の下では，従業員の従事する職務の格付けが旧賃金制度の下で支給されていた賃金額に対応する職務の格付けよりも低かった場合や，その後の人事考課査定の結果従業員が降格された場合には，旧賃金制度の下で支給されていた賃金額より顕著に減少した賃金額が支給されることとなる可能性がある。」「本件賃金制度の変更は，上記の可能性が存在する点において，就業規則の不利益変更に当たるものというべきである。」
2　「Yは，主力商品の競争が激化した経営状況の中で，従業員の労働生産性を高めて競争力を強化する高度の必要性があった」。
3　「新賃金制度は……従業員に対して従事する職務の重要性の程度に応じた処遇を行うこととするものであり……賃金原資総額を減少させるものではなく，賃金原資の配分の仕方をより合理的なものに改めようとするものである」る。同制度は，「個々の従業員の賃金額を，当該従業員に与えられる職務の内容と当該従業員の業績，能力の評価に基づいて決定する格付けとによって決定するものであり，どの従業員にも自己研鑽による職務遂行能力等の向上により昇格し，昇給することができるという平等な機会を保障しており，かつ，人事評価制度についても最低限度必要とされる程度の合理性を肯定し得るものであることからすれば，上記の必要性に見合ったものとして相当であ」る。
4　Yは「あらかじめ従業員に変更内容の概要を通知して周知に努め」ており，また，労使の交渉の経緯をみると，「一部の従業員の所属する労働組合との団体交渉を通じて，労使間の合意により円滑に賃金制度の変更を行おうと努めていた」。
5　「2年間に限って賃金減額分の一部を補てんする」という経過措置が採ら

れており，この措置は「それなりの緩和措置としての意義を有する」。

6 以上の「諸事情を総合考慮するならば，上記のとおり不利益性があり，現実に採られた経過措置が……いささか性急で柔軟性に欠ける嫌いがないとはいえない点を考慮しても，なお，上記の不利益を法的に受忍させることもやむを得ない程度の，高度の必要性に基づいた合理的な内容のものであるといわざるを得ない。」

(原　昌登)

参考判例

012　みちのく銀行事件
最一小判平成12・9・7　民集54巻7号2075頁・労判787号6頁

【事案の概要】

1　年功序列型の賃金体系を有し，60歳定年制を採用していたY銀行は，昭和62年1月，経営不振を理由として，就業規則を変更し専任職制度を導入した（第1次変更）。同制度は，満55歳に到達した従業員の基本給を到達直前の額で凍結し，管理職の従業員を専任職に移行させ，専任職手当を支払うというものであった。この変更については，従業員の約73％を組織するA労働組合は同意したが，約1％を組織するB労働組合は同意しなかった。

2　第1次変更の2年後，Y銀行は就業規則を変更し新たな専任職制度を導入した（第2次変更）。新専任職制度は，管理職以外の者も満55歳到達で専任職とし，業績給を一律50％削減し，専任職手当を廃止し，賞与の支給率を300％から200％に削減するというものであった。この変更についても，A労働組合は同意したが，B労働組合は同意しなかった。

3　2次にわたる変更により，Xら6名（いずれもB労働組合の組合員）の賃金は，変更前の就業規則であれば得られたはずの標準賃金額の54％〜67％となった。Xらは，変更後の就業規則はXらに対し効力を及ぼさないとして，変更前の就

業規則に基づき計算した賃金との差額賃金の支払等を請求した。1審は、第2次変更のうち、業績給の削減と賞与の支給率の削減につき合理性を否定し、Xらの請求を一部認めた。原審は、いずれの就業規則変更も合理性があるとしてXらの請求を認めなかった。Xらが上告したところ、本判決は以下のように判示して原判決を一部破棄差戻し・一部上告棄却とした。

【判旨】
1 Y銀行は60歳定年制であるから、55歳以降にも所定の賃金を得られることは単なる期待にとどまるものではなく労働条件の一部となっていたものであり、就業規則の変更がXらの重要な労働条件を不利益に変更する部分を含むことは、明らかである。

2 55歳以上の行員について賃金の抑制等を図る必要があり、Y銀行の経営効率を示す諸指標が全国の地銀の中で下位を低迷していたこと等を考えると、就業規則の変更は、Y銀行にとって高度の経営上の必要性があったということができる。

3 本件における賃金の減額幅は考課等による格差に比べ格段に大きく、数十％の賃金削減が正当化されるほど職務の軽減が図られているともいえず、その他代償措置を加味して判断しても、Xらの被った賃金面における不利益は極めて重大である。

4 本件における55歳以降の行員のように、一方的に不利益を受ける労働者が生じる場合は、経過措置による適切な救済を図るべきであるが、本件の措置は十分ではなく、就業規則変更の内容の相当性を肯定することはできない。

5 本件では、行員の約73％を組織するA労組が第1次及び第2次変更に同意している。「しかし、Xらの被る不利益性の程度や内容を勘案すると、賃金面における変更の合理性を判断する際に労働組合の同意を大きな考慮要素と評価することは相当ではない。」

6 「本件では……就業規則等の変更を行う経営上の高度の必要性が認められるとはいっても、賃金体系の変更は、中堅層の労働条件の改善をする代わり55歳以降の賃金水準を大幅に引き下げたものであって、差し迫った必要性に基づく総賃金コストの大幅な削減を図ったものなどではない。」「本件就業規則等変

更は……Xらのような高年層の行員に対しては、専ら大きな不利益のみを与えるものであって、他の諸事情を勘案しても……高度の必要性に基づいた合理的な内容のものであるということはできない。」

(原　昌登)

参考判例

013　シー・エー・アイ事件
東京地判平成12・2・8　労判787号58頁

【事案の概要】

1　XはY社に当初はアルバイトとして勤務し、平成9年4月1日、正社員として採用された。XとY社の労働契約の内容は、契約期間を1年間、賃金を年俸制として620万円、月当たり36万5,000円（①）とするものであった。なお、労働契約締結時におけるY社の就業規則には、賃金が本給、各種手当から構成される旨の規定があったが、本給等の具体的金額について規定はなかった。また、平成9年8月1日当時、アルバイトおよび顧問を除くY社の従業員は12名であった。

2　Y社は、業績悪化を理由として、平成9年7月29日に就業規則（就業規則の本則および賃金規則）を変更し、同年8月1日から施行した。変更後の就業規則（新賃金規則）では年俸制は廃止され、Xの賃金は業績給などから構成される月俸制とされた。

3　Xは、変更後の就業規則の下で、平成9年8月分給与の業績給を決定するための評価資料として自己評価資料をY社に提出した。内容が不十分であるとしてY社側が再提出を求めたところこれに応じず、業績評価は100点中44点とされた。結果として、Xの同月分の給与は16万5,000円（②）となった。その後、同年9月19日付でXはY社を退職した。

4　Xが、平成9年8月分の給与につき①と②の差額20万円（③）等を請求し

たところ，本判決は以下のように判示し，③の請求を認めた（結論としてXの請求は一部認容・一部棄却。以下では③に関する判示のみを紹介する）。

【判旨】

1 「新賃金規則の適用によりY社の従業員のうちで賃金額が減少した者と増額した者とがあるが，賃金減額を生じうる変更である以上，新賃金規則への変更は就業規則の不利益変更に該当するものと認められ」る。「就業規則の改定によって労働者に不利益な労働条件を一方的に課することは原則として許されないが，当該条項が合理的なものである限りこれに同意しない労働者もその適用を拒むことはできないというべきである。」

2 本件における就業規則の不利益変更の経緯は，「Y社の財政状況が平成9年6月以降急速に悪化し，倒産の危険もある状況となっていたため……Y社が，財政状況を建て直して経営破綻を免れ，かつ，成果の上がった従業員についてその成果に応じた給与を支給することにより従業員の勤労意欲を高め，顧客の要求に即応した製品開発を実現できるよう賃金制度を成果主義に基づくものにすべく，就業規則及び賃金規則を変更する必要性があったことに基づくものと認められる。そして，右変更についてはXを除く他の正社員全員が変更に同意している事実も認められるところである。」

3 「しかし，本件においては，XとY社は期間を1年とする本件雇用契約により，旧賃金規定の支給基準等にかかわらず，支払賃金額は月額36万5,000円，年俸額620万円の確定額として合意をしているのであり，このような年俸額及び賃金月額についての合意が存在している以上，被告会社が賃金規則を変更したとして合意された賃金月額を契約期間の途中で一方的に引き下げることは，改定内容の合理性の有無にかかわらず許されないものといわざるを得ない。」

（原　昌登）

第4章 労働契約上の権利義務

（1） 労使慣行

014 商大八戸ノ里ドライビングスクール事件
最一小判平成7・3・9　労判679号30頁

【事案の概要】

1 自動車教習所を経営するY社では，教習指導員の労働条件について，昭和47年に従業員の多数を組織するA労組と交わした協定書・確認書に従い全従業員につき同じ取扱いがなされ，その後，少数派のB労組とも昭和52年2月に同じ内容の協定書・確認書が交わされていた。昭和62年5月，訴外CがY社の勤労部長となってから，CおよびY社代表者の知らない労働条件に関する取扱いが表面化したため，Y社は昭和63年2月から10月にかけて，労働協約ないし同社の就業規則・賃金規則どおりの取扱いを実施することとした。

2 Y社の教習所では，隔週の月曜日が特定休日とされ，特定休日に出勤した場合には休日出勤手当（1時間につき基礎額の125％＋30円）が支払われることとなっていたが，2労組との労働協約では，特定休日が祭日と重なった場合には

S47.6.9	S47.10.30	S49.9〜	S51.末〜	S52.2.21	S62.5	S63.2〜
A労組との協定書	A労組との確認書	慣行①の開始	慣行②の開始	B労組との協定書・確認書	Cが勤労部長に就任	慣行①・②の停止

特定休日の振替を行わないこととされていた。しかし，実際には，特定休日が祭日と重なった場合に火曜日に振替を行い，振替がされた火曜日に出勤した場合に上記の休日出勤手当を支払う取扱いが，昭和49年9月から昭和63年1月まで行われていた（慣行①）。

また，Y社の就業規則，賃金規則では，教習指導員が教習生を指導した場合，能率手当が休憩時間を除く所定内実稼働時間に対して支払われることとされていたのに対し，実際には，年末年始休暇（12月29日～1月4日）および夏期特別休暇（8月半ばの3日間）につき，就労しなかった場合でも能率手当を支払う取扱いが，昭和51年末から同63年1月まで行われていた（慣行②）。

3 Y社で教習指導員として就労し，B労組の組合員であったXら6名は，上記の休日出勤手当支給，能率手当支給などの取扱いが労使慣行となっていたとして，各取扱いにかかわる賃金の支払い等を求め，提訴した。1審は，上記①・②の取扱いにつき，教習指導員に対し，長年月にわたりあまねく適用されてきたことにより，労働契約上の労働条件を組成してきたものとして，Xらの請求を認容した。これに対し，2審は，上記取扱いはいずれも事実たる慣習として法的効力を有するものとはいえないとしてY社の控訴を認容し，Xらの請求を棄却した。Xらの上告に対し，最高裁はこれを棄却している。

【判旨】

「原審の適法に確定した事実関係の下においては，Xらの請求をいずれも理由がないとした原審の判断は，結論において正当として是認することができる。」

原審判旨（大阪高判平成5・6・25労判679号32頁）

1「民法92条により法的効力のある労使慣行が成立していると認められるためには，同種の行為又は事実が一定の範囲において長期間反復継続して行なわれていたこと，労使双方が明示的にこれによることを排除・排斥していないことのほか，当該慣行が労使双方の規範意識によって支えられていることを要し，使用者側においては，当該労働条件についてその内容を決定しうる権限を有している者か，又はその取扱いについて一定の裁量権を有する者が規範意識

を有していたことを要するものと解される。」
2　「その労使慣行が右の要件を充たし，事実たる慣習として法的効力が認められるか否かは，その慣行が形成されてきた経緯と見直しの経緯を踏まえ，当該労使慣行の性質・内容，合理性，労働協約や就業規則等との関係（当該慣行がこれらの規定に反するものか，それらを補充するものか），当該慣行の反復継続性の程度（継続期間，時間的間隔，範囲，人数，回数・頻度），定着の度合い，労使双方の労働協約や就業規則との関係についての意識，その間の対応等諸般の事情を総合的に考慮して決定すべきものであ」る。
3　「労働協約，就業規則等に矛盾抵触し，これによって定められた事項を改廃するのと同じ結果をもたらす労使慣行が事実たる慣習として成立するためには，その慣行が相当長期間，相当多数回にわたり広く反復継続し，かつ，右慣行についての使用者の規範意識が明確であることが要求される」。

【問題の所在】

　職場において，長期間にわたり，労働協約や就業規則などで明文化されていない一定の取扱いが繰り返され，労使間で慣行となっている場合，当事者はそうした労使慣行に基づき，法的な請求をなしうるだろうか。本件は，このような労使慣行に法的効力が認められるかどうかが争われた事例であり，裁判所は，その要件として，①同種の行為が長期間，反復継続されていることに加え，②労使双方が明示的にこれを排斥しておらず，③特に使用者側で当該労働条件について決定権限を有する者が規範意識を有していたことを挙げている。

【本判決のポイント】

1　労使慣行とは

　一般に，労働条件や職場規律などに関する労使間のルールは，労働者と使用者との労働契約，および，労働協約ないし就業規則などの集団的な規範によって法的に根拠づけられる。しかし，雇用をめぐる労使間のルールは流動的な要素も含み，必ずしも成文化された規範によってすべてがカバーされるわけではなく，文書化されない形で一定の集団的な取扱いや処理の仕方が長期間にわたって反復継続され，そのことによって事実上のルールが形成されることもし

ばしばみられる。このような事実や行為を称して，労使慣行という。

　こうした労使慣行の存在が認められる場合に，当事者がそれを根拠に法的な請求をなしうるか，すなわち，労使慣行に法的効力が認められるか，認められるとすればどのような場合であるかが問題となる。また，労使慣行の内容については，労働法令によって法的効力の認められる労働協約や就業規則といった他の規範との関係において，（ア）協約等の規定にない事項を扱う，（イ）協約等の規定を補充する，（ウ）協約等の規定に矛盾抵触する，といったさまざまなケースがみられることから，これらの相互関係を考慮することも必要となる。

2　労使慣行の法的効力

　労働法令の上では，労使慣行の法的効力に関して定めた特段の規定はない。一方，民法92条は，法令中の任意法規と内容を異にする慣習がある場合，法律行為の当事者がその慣習によるとの意思を有しているものと認められるときには，その慣習に従うことを規定している。ここから，裁判例では，企業における労使慣行は，民法92条の慣習（事実たる慣習）として労働契約の内容となっているといえる場合に，法的効力が認められるものと解されてきた。この場合，労使慣行の内容は，労働法令などの強行規定に反しない限りで，労使当事者を法的に拘束することになる。

3　「事実たる慣習」の成立要件

　本件原審判決のポイントは，民法92条により法的効力の認められる労使慣行の成立につき，①同種の行為または事実が一定の範囲において長期間，反復継続されることに加え，②労使双方がその慣行によることを明示的に排除しておらず，③その慣行が労使双方の規範意識（使用者側においては当該労働条件につき決定権限ないし裁量権限を持つ者の規範意識）に支えられていることを要するとし，その一般的な判断基準を示したところにある。労使慣行がこれらの要件を充たすかどうかの判断要素は，判旨2のように挙げられているが，そこでは，労働協約や就業規則などとの関係，および，その関係についての労使双方の意識も含めて考慮されるべきことになる。本件は特に，労働協約ないし就業規則の明文の定めに反する形で行われてきた休日出勤手当支給等の法的効力が問題となった事例であり，判旨はこのようなケースにおいて，労使慣行が事実たる慣習として成立するか

どうかの判断に当たり，その**慣行が相当長期間，相当多数回にわたって広く反復継続し，かつ，使用者の規範意識が明確であること**を要するとしており，その要件は一層厳格なものとされている。その上で，本件原審判決では，慣行①・②のいずれについても，回数自体がさほど多くないこと，および，使用者側において労働条件の決定権限を有する者に明確な規範意識があったとはいえないことを主な理由に，Xらの請求が斥けられている。

4　使用者の規範意識

　本件の判断基準を用いる場合，重要となるのは，使用者側における規範意識の存否・程度である。特に，労働協約や就業規則の規定内容を改廃する結果となるような労使慣行の場合には，その改廃につき決定権限を持つ者の規範意識が明確に必要とされることになるため，例えば，そのような慣行が事業場や職場のレベルで成立し，当該事業場ないし職場の管理権者による取扱いにとどまっていたような場合であれば，労働者が労使慣行に基づき法的な請求をなしうるには，事業主レベルで明確な規範意識があったことを立証することが必要になろう。他方，労働協約や就業規則の規定を補充する内容のルールが使用者によって全社的に形成されたようなケースであれば，労使慣行の法的効力が認められる可能性は高くなろう。判例には，賞与を支給日不在籍者には支払わないとする労使慣行につき，事実たる慣習として法的効力を認めたものなどがある（京都新聞社事件・最一小判昭和60・11・28労判469号6頁など）。

（皆川　宏之）

（2）　職務専念義務

015　電電公社目黒電報電話局事件
最三小判昭和52・12・13　民集31巻7号974頁・労判287号26頁

【事実の概要】

1　Xは，日本電信電話公社法（公社法）に基づき設立されたY公社のM局施設部試験課に勤務する公社職員であった。Xは，昭和42年6月16日から同月22日

タイムライン:
- S42・6・16 Xのプレート着用開始
- 同日午前9時 M局長・次長によるプレート取り外し命令
- S42・6・17 施設部長らによる取り外し命令
- S42・6・22 次長らによる取り外し命令
- S42・6・23 Xによるビラ配布
- S42・6・24 Xに対する懲戒戒告処分

まで継続して，M局において，作業衣左胸に青地に白色で「ベトナム侵略反対，米軍立川基地拡張阻止」と書いたプラスチック製のプレートを着用して勤務した。

2 Y公社はXに対し，数度にわたり，プレートを取り外すように注意を与えたが，Xはこれに従わず，本件プレート取り外しの命令に抗議する目的で，同月23日，休憩時間中である正午から0時10分頃までの間に，局所管理責任者の許可を受けることなく，抗議ビラ数十枚を，各課の休憩室および食堂で手渡し，または職員の机上に置くという方法で配布した。

3 これに対し，Y公社は，①Xのプレート着用行為が，「局所内において，選挙運動その他の政治活動をしてはならない」旨を定めるY公社就業規則5条7項に違反し，また，②Xがプレート取り外しの命令に従わなかったこと，および③Xがビラ配布行為にあたり事前に局所管理責任者の許可を受けていなかったことが，それぞれ同規則所定の懲戒事由に該当するとして，Xを懲戒戒告処分（本件処分）とした。

4 そこでXは，本件処分が，就業規則上の違憲・無効な規定に基づきなされたものであること，懲戒権の濫用に当たることなどを主張し，本件処分の無効確認を求めて訴えを提起した。1審は，Xのプレート着用行為が，Y公社就業規則にいう政治目的をもった「政治活動」には当たらず，また，Xのビラ配布行為は職場秩序の実質的侵害を伴わないものであるとして，本件処分は懲戒事由が存在しないにもかかわらずされたものであり無効とした。2審もこれを基本的に踏襲してY公社の控訴を棄却したのに対し，最高裁は原判決を破棄，1審判決を取り消した。

【判旨】

1 本件プレート着用行為は「社会通念上政治的な活動にあたり，しかもそれがM局の局所内で行われたものである以上，公社就業規則5条7項に違反する」。

2 「もっとも，公社就業規則5条7項の規定は，……局所内の秩序風紀の維持を目的としたものであることにかんがみ，形式的に右規定に違反するようにみえる場合であっても，実質的に局所内の秩序風紀を乱すおそれのない特別の事情が認められるときには，右規定の違反になるとはいえない」。

3 「公社法34条2項は，『職員は，全力を挙げてその職務の遂行に専念しなければならない』旨を規定しているのであるが，これは職員がその勤務時間及び職務上の注意力のすべてをその職務遂行のために用い職務にのみ従事しなければならないことを意味するものであり，右規定の違反が成立するためには現実に職務の遂行が阻害されるなど実害の発生を必ずしも要件とするものではないと解すべきである。本件についてこれをみれば，Xの勤務時間中における本件プレート着用行為は，前記のように職場の同僚に対する訴えかけという性質をもち，それ自体，公社職員として職務の遂行に直接関係のない行動を勤務時間中に行ったものであって，身体活動の面だけからみれば作業の遂行に特段の支障が生じなかったとしても，精神的活動の面からみれば注意力のすべてが職務の遂行に向けられなかったものと解されるから，職務上の注意力のすべてを職務遂行のために用い職務にのみ従事すべき義務に違反し，職務に専念すべき局所内の規律秩序を乱すものであったといわなければならない。」

4 「Xの本件プレート着用行為は，実質的にみても，局所内の秩序を乱すものであり，公社就業規則5条7項に違反し」懲戒事由に該当する。

【問題の所在】

労働契約に基づき労働者は労働義務を負うが，その際，債務の本旨に従い労働義務を履行したといえるには，使用者の指揮命令に従い，誠実に職務を遂行することが求められる。また，労働者は債務履行の一般原則に従い，労務の提供にあたり善管注意義務を負うが，その内容として，労働時間中は職務に専念し，他の活動を差し控える義務を負うとも解される。こうした労働者の義務は

一般に職務専念義務と呼ばれ、そこでは、どの程度までの注意義務が求められるかが問題とされてきた。本判決は、就業時間中の労働者のプレート着用行為について、精神的活動の面で職務専念義務に違反すると判示したもので、労働者に求められる義務の内容を厳格に解する基準を示した最高裁判決として、その後の判断の先例となっている。

なお、Xのビラ配布は休憩時間中になされたものであるため、就業規則上求められる許可を得ずに行われたことを理由に懲戒処分の対象とすることは休憩時間自由利用の原則（労基34条3項）に違反しないかが問題となるが、本判決は、局所内でのビラ配布は休憩時間中であっても企業秩序を乱すおそれがあるとして、同原則には違反しないと判断している。

【本判決のポイント】
1　職務専念義務の範囲

国公法101条1項は、公務員について「その勤務時間及び職務上の注意力のすべてをその職責遂行のために用い、政府がなすべき責を有する職務にのみ従事しなければならない」として、いわゆる「職務専念義務」を定めている。私法上の雇用関係にある労働者もまた、労働義務の本旨ないし善管注意義務に基づき、就業時間中に職務に専念する義務を負うものと解されるが、その内容ないし範囲はどのように解されるべきか。この職務専念義務をめぐる問題は、とりわけ、労働組合の組合活動にかかわり、その活動のアピールや組合員意識の高揚などを目的として、組合員が就業時間中にリボンやワッペンなどを着用する行為（リボン闘争）が法的に許容されるかどうかが争われた事例において扱われてきた。

この点につき、学説では、労働者は労働契約上、その職務を誠実に履行する義務を負うにとどまると解する説が有力であり、その立場からすると、就業時間中のリボン着用行為であっても当然に職務専念義務違反となるのではなく、現実に労務の提供に支障をきたすか、あるいは使用者の業務運営を阻害する場合に義務違反となるものと解される。裁判例においても、昭和40年代までは、組合活動としてのリボン着用行為は業務上の義務と矛盾なく両立するものとして許容されるとする例が多くみられた。しかし、昭和40年代後半以降、就業時

間中のリボン着用は，業務阻害等の実害が具体的に発生するかどうかを問わず，ただちに職務専念義務違反となり，職場秩序を乱すものとして違法とする例が増加した。

2　本判決の意義

本件は，組合活動としてではなく，個人的な活動としての就業時間中のプレート着用行為の懲戒事由該当性が争われた事例であるが，そのような行為が職務専念義務違反ないし企業秩序遵守義務違反に当たるかどうかの点で，共通した問題を含んでいる（なお，本判決は，公社とその職員との関係を一般私企業とその従業員と同様の私法上のものと解している）。

本判決は，職場内における政治活動は企業秩序の維持に支障をきたすおそれが強く，就業規則によりこれを禁止することには合理性があるとした上で，2審までとは異なり，判旨1のように本件プレート着用行為は社会通念上，公社就業規則により禁止されている政治活動に当たると判断した。その上で，判旨2のように実質的に局所内の秩序風紀を乱すおそれのない特別の事情が認められる場合には政治活動禁止規定への違反とはならないとしつつ，判旨3で職務専念義務違反の有無を問題としている。すなわち，この判断枠組みにおいては，まず，プレート等の着用行為が労働者の職務遂行と両立せず，職務専念義務違反となるかどうかが問題となり，合わせて，その義務違反行為が企業秩序を実質的に乱すものとして懲戒事由に該当し，相当の懲戒処分を科すための合理的な理由となりうるかどうかが問われることになる。

本判決のポイントは，職務専念義務とは，「勤務時間及び職務上の注意力のすべてをその職務遂行のために用い職務にのみ従事しなければならない」義務であることを明確に述べ，その違反の成立にあっては現実に職務の遂行が阻害されるなど実害の発生を要件としないとして，その内容を包括的・抽象的なレベルでの専念義務と解する立場を明らかにした点にある。このような立場からは，就業時間中のプレート着用行為それ自体が，精神的活動の面で注意力のすべてを職務遂行に向けていない事実として企業秩序の維持に反する行為と解されることになり，上記の実質的に秩序風紀を乱すおそれのない特別の事情は認められないことになる。

3　職務専念義務の範囲をめぐる議論

本判決には，本件プレート着用行為は実質的にY公社の職場における作業や職場秩序の保持の妨害となるおそれがあるとは認められない旨の環昌一裁判官の意見が付されており，本判決の示した判断に対しては，学説から，職務専念義務の内容を厳格に解し，企業秩序遵守義務違反成立の可能性を抽象的に広く認めることで労働者の活動を過度に制限しかねないものとして批判的な検討がなされた。しかし，本判決の立場は，その後の判例に基本的に踏襲され，**就業時間中の組合バッジ等の着用行為は職務専念義務違反となる**ものと解されている（国鉄鹿児島自動車営業所事件・最二小判平成5・6・11労判632号10頁など）。他方，職務専念義務を労働者がその職務を誠実に履行する義務と解し，使用者の業務を具体的に阻害しない行動は同義務に必ずしも違背しない，とする見解もなお見られ（大成観光事件・最三小判昭和57・4・13民集36巻4号659頁における伊藤正己裁判官の補足意見），学説でもこれを支持する説が有力に唱えられている。もっとも，そのように解したとしても，やはり労働義務の履行にあたってなすべき活動と矛盾しないことが求められ，義務違反となるかどうかは，使用者の業務や労働者の職務の性質・内容，当該行為の態様など諸般の事情を勘案して判断されるべきことになり，その範囲は狭く限定されたものとなろう。

（皆川　宏之）

（3）　労働者の損害賠償義務

016　茨石事件
最一小判昭和51・7・8　民集30巻7号689頁・判時827号52頁

【事案の概要】

石油等の輸送・販売を業とする株式会社Xの従業員であるYは，主として小型貨物自動車の運転業務に従事していたが，たまたま特命によりタンクローリーを運転していたところ，走行中に，車間距離不保持および前方注意不十分などの過失により，訴外A所有のタンクローリーに追突し，これを破損させ

```
S44        S45      S45       S45
 ・          ・        ・         ・
 7          1        1         1
 ・          ・        ・         ・
 8          8       13        28
 ●──────────●────────●─────────●
 Y          主      X          X
 採          に      に         所
 用          小      よ         有
            型      る         加
 　          貨      A         害
            物      へ         車
            自      の         の
            動      損         修
            車      害         理
            の      賠         完
            運      償         了
            転
            に
            従
            事

                    Y
                    運
                    転
                    の
                    タ
                    ン
                    ク
                    ロ
                    ー
                    リ
                    ー
                    に
                    よ
                    る
                    追
                    突
                    事
                    故
```

た。XはAに対し，被害車の修理費と修理期間中の休車補償として7万9,600円を支払い，また，破損したX所有のタンクローリー（加害車）の修理費および修理期間中の逸失利益として33万1,450円の損害を被ったことから，Yおよびその身元保証人に対し，Aに対する損害賠償義務を履行した分については民法715条3項による求償を，Xが直接に被った損害については民法709条による賠償をそれぞれ請求した。

1審，2審はともに，Xによる請求を請求額の4分の1に当たる限度でのみ認容した。Xの上告に対し，最高裁はこれを棄却している。

【判旨】

1 「使用者が，その事業の執行につきなされた被用者の加害行為により，直接損害を被り又は使用者としての損害賠償責任を負担したことに基づき損害を被った場合には，使用者は，その事業の性格，規模，施設の状況，被用者の業務の内容，労働条件，勤務態度，加害行為の態様，加害行為の予防若しくは損失の分散についての使用者の配慮の程度その他諸般の事情に照らし，損害の公平な分担という見地から信義則上相当と認められる限度において，被用者に対し右損害の賠償又は求償の請求をすることができるものと解すべきである。」

2 「原審の適法に確定したところによると，(1) Xは，石炭，石油，プロパンガス等の輸送及び販売を業とする資本金800万円の株式会社であって，従業員約50名を擁し，タンクローリー，小型貨物自動車等の業務用車両を20台近く保有していたが，経費節減のため，右車両につき対人賠償責任保険にのみ加入し，対物賠償責任保険及び車両保険には加入していなかった。(2) Yは，主と

して小型貨物自動車の運転業務に従事し、タンクローリーには特命により臨時的に乗務するにすぎず、本件事故当時、Yは、重油をほぼ満載したタンクローリーを運転して交通の渋滞しはじめた国道上を進行中、車間距離不保持及び前方注視不十分等の過失により、急停車した先行車に追突したものである。(3)本件事故当時、Yは月額4万5,000円の給与を支給され、その勤務成績は普通以上であった、というのであり、右事実関係のもとにおいては、Xがその直接被った損害及び被害者に対する損害賠償義務の履行により被った損害のうちYに対して賠償及び求償を請求しうる範囲は、信義則上右損害額の4分の1を限度とすべき」である。

【問題の所在】

労働者は、労務遂行の過程で、必要な注意を怠るなどして、その行為により使用者に損害をもたらすことがある。労働者が労働義務や付随義務に違反した場合には、債務不履行に基づく損害賠償責任（民415条・416条）、就業中の行為により使用者に損害を与えた場合には不法行為による損害賠償責任（民709条）を負うことになり、第三者に損害を及ぼしたときは、使用者責任による第三者への賠償の支払いを前提として使用者に求償権の行使が認められる（民715条3項）。このとき、使用者が損害額をすべて労働者に請求できるとすれば、例えば自動車事故のように賠償額が多額となるケースなどでは、労働者にとって過酷な結果となり、公平さを欠く場合がありうる。そのため、このような使用者による賠償等の請求が制限されるべきか、制限されうるとすれば、どのような根拠によって、どのような場合に、いかなる程度でなされうるかといった点が問題とされてきた。本判決は、使用者による損害賠償および求償請求権の行使について、信義則を根拠として割合的に制限する判断を示した最初の最高裁判決であり、労働者の賠償責任の制限に関するリーディング・ケースとなっている。

【本判決のポイント】

1 労働者の損害賠償責任

労働者の債務不履行ないし不法行為による使用者への損害賠償責任の制限に

ついては，とりわけ民法715条3項による使用者の求償権の行使に関連して，学説上で議論がなされてきた。通説は使用者責任を被用者の不法行為に対する使用者の代位責任と解しており，そうすると，原則として使用者責任を果たすことで被った損害を使用者はすべて被用者に求償しうることになるが，他方で，①企業は被用者の労働を通じて利益を収めている一方，労働者を事業に使用することで事故などの危険が拡大しうることから，事業活動上の損害を相応に負担すべきこと，②使用者は事業活動から生じうる損害を損害保険等の手段により分散しうるし，そうすべきであること，③使用者が被用者の就業条件を決定できる立場にあることなどの理由から，被用者が就業中に第三者に及ぼした損害をすべて被用者自身に負担させることは公平を欠くとの考えが強まり，求償権の行使が制限されるべきとする見解が支配的となった。制限の根拠としては，①使用者の権利濫用や信義則違反により求償権を制限する説，②使用者と被用者の間で負担部分を決定し，被用者の負担部分のみ求償を可能とする説（過失相殺の類推適用，共同不法行為の内部負担，不真正連帯債務の内部負担などとして構成），③使用者責任を代位責任ではなく使用者に固有の責任と解し，被用者に故意や重過失がある場合にのみ求償可能とする説などがあり，下級審においても使用者による求償を制限する判決が出されていた。なお，民法715条の「被用者」は，報酬の有無や期間の長短を問わず，広く使用者の指揮監督の下に使用者の事業に従事する者を含むもので（大判大正6・2・22民録23輯212頁），雇用関係にある労働者であれば当然に該当する。

2　本判決の意義

本判決は，**使用者の事業の執行につきなされた被用者の加害行為により，使用者が被った損害について，損害の公平な分担という見地から，信義則上相当と認められる限度において使用者は被用者に損害の賠償ないし求償の請求ができる**，と述べ，信義則を根拠として被用者の賠償責任が制限されうることを明らかにし，その上で結論として割合的な制限を認めた最初の最高裁判決である。また，本判決は民法715条による求償のみならず，使用者が被用者の事業執行中の行為により直接に被った損害への賠償請求についても，同じ判断枠組みにおいてその請求権行使が制限されうることを示しており，その点も留意すべきところとなっている。

判旨**1**では，使用者による賠償請求ないし求償請求の制限の当否，および，その範囲を決定する上で考慮すべき事情が例示されており，使用者側の事情として，事業の性格，規模，施設の状況，加害行為の予防もしくは損失の分散についての使用者の配慮の程度，労働者側の事情として，業務の内容，労働条件，勤務態度，加害行為の態様が挙げられている。これらの具体的な考慮要素は，学説や下級審裁判例で示された内容を確認したものであり，本判決で示された判断基準は，使用者側の諸事情と労働者側の諸事情とを総合的に勘案した上で，損害の分担の公平性という観点から，個別事案の具体的事実に応じた柔軟な対応を可能とするものと評価されている。そのため，例えば労働者の過失の程度も，使用者側の事情や労働者の勤務状況などと併せて総合的に考慮されることから，過失の程度が軽度でなくとも，他の事情によっては労働者の損害賠償責任が大きく制限される余地がある一方，軽過失の場合でも労働者の賠償責任が当然にはすべて免責されないことにもなる。

　なお，労働者の故意に基づく行為により使用者に損害が生じた事例では，その後の判例・学説とも，使用者の損害賠償ないし求償の制限は特に考慮していない。

3　労働者の損害賠償責任の制限

　上記の一般的な判断基準を示した上で，本判決は賠償責任制限の当否・範囲を決めるに当たり，判旨**2**のように，①Xの事業の性格・規模，およびXが経費節減のため任意の車両保険および対物賠償責任保険に加入していなかったこと，②Yが臨時にタンクローリーに乗務していたこと，③Yの給与月額および通常の勤務成績を考慮している。まず，任意保険への加入は，企業が事業活動から生じうる損害の分散をはかるために合理的で有効な手段であり，危険を随伴する事業に労働者を就労させるに当たって企業が講ずべき措置といえることから，その未加入は，自動車事故による損害について使用者の賠償請求ないし求償を制限するに当たり重視されたものと考えられる。続いて，本件事案では，Yの乗務が臨時のものであったことが考慮されているが，一般的に，使用者が経験不足の労働者を業務に従事させた事情があれば，労働者の賠償責任を軽減する要素となりえよう。同様に，労働者の給与額が多額でないこと，勤務成績に問題がないこともまた，賠償責任の制限を肯定する要素となりうる。

以上より，本判決は結論として，労働者の損害賠償責任を全損害額の4分の1を限度として認めているが，負担の割合自体は個別具体的な事情に基づき判定されるべき事項であり，その後の裁判例でも，**労働者の過失の程度，従事していた業務の内容，勤務状況や使用者側の事情などを総合的に考慮し，全額免責から全額負担まで，さまざまに労働者の負担すべき賠償額の割合が決せられている。**

(皆川　宏之)

(4)　就労請求権

017　読売新聞社事件
東京高決昭和33・8・2　労民集9巻5号831頁・判タ83号74頁

【事案の概要】

1　Xは，新聞事業を目的とするY社の定期入社試験に合格し，昭和30年4月1日より同社で見習社員として勤務していたところ，見習期間の満了する同年9月30日に，Y社の就業規則所定の解雇事由「やむを得ない会社の都合によるとき」に当たるとして，解雇の意思表示を受けた。

S30・4・1	S30・9・30	S31・9・14
X入社	見習社員として勤務	Y社による解雇	地位保全・賃金仮払の仮処分決定

2　これに対してXは，①本件解雇の意思表示の効力停止，②昭和30年10月1日以降の賃金の支払，③Y社による就労妨害の排除を求める仮処分申請を行った。Y社は，Xが健康上，社員として不適格であること，Xが入社に際し，重

要な経歴を詐称していたことを主張したが，1審決定はいずれも理由がないとして斥け，①本件解雇の意思表示の効力停止および②賃金支払の仮処分申請を認容した。しかし，③就労の妨害排除を求める仮処分申請については本案請求権の疎明がないとして却下されたことから，Xが抗告した。2審決定はXの抗告を棄却している。

【決定要旨】

1　「労働契約においては，労働者は使用者の指揮命令に従って一定の労務を提供する義務を負担し，使用者はこれに対して一定の賃金を支払う義務を負担するのが，その最も基本的な法律関係であるから，労働者の就労請求権について労働契約等に特別の定めがある場合又は業務の性質上労働者が労務の提供について特別の合理的な利益を有する場合を除いて，一般的には労働者は就労請求権を有するものでないと解するのを相当とする。本件においては，Xに就労請求権があるものと認めなければならないような特段の事情はこれを肯認するに足るなんの主張も疎明もない。」

【問題の所在】

　労働者は，労働契約上，使用者に対する賃金請求権のほかに，自身を就労させるよう請求する権利（就労請求権）を有するだろうか。この点は，例えば雇用関係が適法に存続しているにもかかわらず，使用者が労働の受領を拒否するケースで，労働者が労働契約上の地位確認や賃金支払いの請求に加えて，就労妨害の禁止を求める場合などに問題となる。本決定は，労働者の就労請求権を原則として否定し，例外的に肯定されうる場合の要件を示したものとして，注目される先例となっている。

【本決定のポイント】

1　就労請求権

　雇用関係にある労働者は，労働契約上，使用者の指揮命令に従い労務を提供する義務を負うと同時に，使用者に対して賃金請求権を有する。このほかに，労働者は，使用者に対して就労請求権を有するかどうかが労働法上の問題の1

つとなってきた。これを使用者側からみると，労働契約上，労働者の労働を受領すべき義務（労働受領義務）があるかどうか，という問題となる。

例えば，使用者による解雇が違法・無効と判断された場合，労働者には労働契約上の地位確認，および，民法536条2項により使用者の責めにより労働を履行できなかった期間につき賃金請求が認められる。このとき，使用者が労働者の就労を拒絶した場合，労働者は使用者に対して自身の就労請求を法的になしうるだろうか。この点は，より具体的には，例えば使用者により解雇された労働者がその効力を争い，従業員としての地位保全や賃金仮払いの仮処分に加え，使用者による就労妨害禁止の仮処分を求めるケースで争われることが多い。そこでは，被保全権利として就労請求権の存在を認めうるか，認めうるとすればどのような場合か，などの点が問われてきた。

2 学説と裁判例の傾向

就労請求権については，学説において，①労働契約上，労務の提供は労働者の義務であって権利ではないこと，②労働契約は高度に人的な関係であり，労働の実現は使用者の組織的ないし人格的受容に依存せざるを得ないことなどを理由に，原則としてこれを否定する見解が強い一方，労働はそれ自体が目的である自己実現の過程であることなどを理由に，就労請求権を原則として肯定すべきとする見解も主張されてきた。

裁判例では，特に昭和20年代の戦後初期に，使用者に労働者の労働を受領すべき義務を認め，就労請求権を肯定する例が多くみられたものの，昭和30年代以降は否定例が大勢を占めるようになった。本決定は，次にみるように，就労請求権の存否について原則否定・例外肯定の立場を明確にしたもので，現在までの傾向を決定づけるリーディング・ケースとして位置づけられている。

3 本決定の判断枠組み

本件は，新聞社の見習社員に対する解雇が理由を欠き無効と判断された事案で，この社員による就労妨害排除の仮処分申請が1審で却下されたことから，その取消と就労妨害排除の仮処分を求めた抗告事件である。本決定は，労働者の労働契約上での最も基本的な義務が，使用者の指揮命令に従い一定の労務を提供することであるとし，一般的には労働者は就労請求権を有しないとして原則否定の立場を示した上で，①労働契約等に特別の定めがある場合，または②業務

の性質上，労働者が労務の提供について特別の合理的な利益を有する場合には例外的に就労請求権が認められうるとしており，例外肯定の立場からその要件を具体的に示したところに意義がある。

　本決定の枠組みによると，まず労働協約や就業規則，特約などで使用者が労働者の労働を受領すべき場合などにつき特に定めがあれば，就労請求権は肯定されうることになる。しかし，一般的にそのようなケースは限られたものといえることから，就労請求権の存否の判断に当たり実質的に重要となるのは，どのような事情があれば，業務の性質上，労務の提供について労働者に特別の合理的な利益が認められるといえるかである。この点について，本決定では具体的な内容は特に言及されておらず，本件においてそのような特段の事情を認めうる主張・疎明はないとされている。

　また，本決定は，裁判所が使用者の就労妨害禁止の仮処分命令を発しうるには，被保全権利の存在のほか，仮処分の必要性が肯定されなければならないとして，特段の事情のない限り，解雇の意思表示の効力停止と賃金支払以上に進んで就労妨害禁止を含めた仮の地位を保全する必要はないとしており，そのような特段の事情に関する疎明を労働者に求めている。

4　裁判例の展開

　以降の裁判例は，就労請求権の存否について，基本的に本決定で示された上記の枠組みに基づいて判断を行ってきたといえる。肯定例としては，レストランの調理人につき，その技量がたとえ少時でも職場を離れると著しく低下するものと認め，業務の性質上，労務の提供に特別の合理的利益があるとして就労請求権を認めた例があるにとどまり（レストラン・スイス事件・名古屋地判昭和45・9・7労判110号42頁），自宅待機命令を受けた大学教員の例では，一般的に大学の研究者であることから常に教育・研究をすることが労働契約上，権利として認められるとはいえないとされるなど（四天王寺国際仏教大学事件・大阪地決昭和63・9・5労判530号62頁），労働者に就労請求権を認めうる要件は限定的に解されている。また，医師が就労妨害禁止の仮処分を求めたケースでは，技術水準や医療水準が低下するといった，長期間，医療職場に医師が就労できない場合の不利益の主張に対し，直ちに就労保全の必要性を認めるだけの特段の事情はないと判断された例がある（日本海員掖済会塩釜病院事件・仙台地決昭和60・2・5労

民集36巻1号32頁）。

5 就労請求権の射程

　以上，本決定に代表される判断の枠組みでは，就労請求権ないし労働受領義務は原則として認められず，例外として認められる場合も限定的に解されており，また，仮処分については，就労の保全の必要性に関しても特段の事情の主張・疎明が必要とされることから，全体としてみると，就労請求権が肯定され，就労妨害禁止の仮処分が認められうる余地は非常に限られているといえる。他方で，就労の強制を認めることは難しいとしても，労働者に就労の利益を認めうる場合，使用者による就労の拒絶が不当にこの利益を侵害したときには，不法行為を構成し，損害賠償請求が認められることはありえよう。

　　　　　　　　　　　　　　　　　　　　　　　　　　　（皆川　宏之）

第5章 労働者の人権・雇用平等

(1) 労働者のプライバシー

018 B金融公庫事件
東京地判平成15・6・20　労判854号5頁・労経速1846号9頁

【事案の概要】

1 Xは，平成9年度のY（金融公庫）の新卒者採用選考に応募した。採用選考の一環である同年6月2日の健康診断で，肝臓の数値が高かったため，Xに対して同月18日に再検査が，同月30日に再々検査が実施された。診療所で行われた再々検査の際，B型肝炎ウイルス感染の有無を判定するための検査が含まれていたが，Yからも医療機関からも，Xに対し検査内容は告げられなかった。7月初旬，担当医師はYに対し「XにはB型肝炎ウイルス感染による肝炎の所見がある」旨を伝えた。

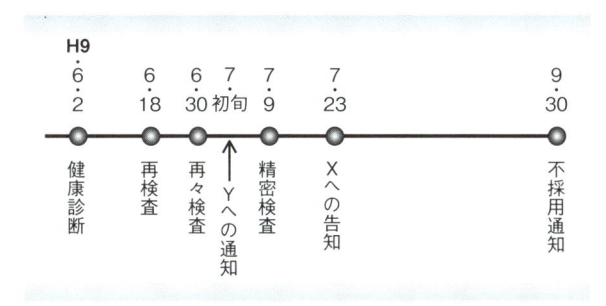

H9・6・2 健康診断 — 6・18 再検査 — 6・30 再々検査 — 7初旬 Yへの通知 — 7・9 精密検査 — 7・23 Xへの告知 — 9・30 不採用通知

2 7月7日，Yの職員は，Xに対し，6月30日の検査でも肝臓に異常があったことを説明し，別の病院で精密検査を受検するよう勧め，Xはこれに同意した。同職員は，7月9日に受診するようXと打ち合わせ，Xは職員とともにG病院を受診した。当日の診察に際し，職員は，Xより先にXを同席させることなく医師と面談し，過去の検査結果を医師に説明した。その後，Xのみが診察室に入り，B型肝炎ウイルス感染の有無，ウイルス量，感染力等を判定する精密検査を受けた。

3　Xは，精密検査を受検する前に，健康診査におけるB型肝炎ウイルス検査の結果が陽性であったことや，肝炎を発症している疑いがあることは知らされていなかった。同月23日に初めて，医師からXに対してB型肝炎ウイルス感染による活動性肝炎の事実が告げられた。Xは，B型肝炎ウイルス感染を知らされてから，この病気により自分は死ぬのではないか，就職もできないのではないか等との衝撃を受けたが，専門医の説明を受け，肝臓病の患者団体の代表やX代理人らに相談するなどしたため，徐々に落ち着きを取り戻した。

4　9月30日，XはYから不採用の通知を受けた。Xは，不採用通知は，XがB型肝炎ウイルスに感染していることのみを理由とする不合理な内定の取消または内々定取消であり，これにより雇用契約上の権利または雇用される期待権を侵害されたほか，YがXに無断でB型肝炎ウイルス感染を判定する検査を受けさせた行為により精神的苦痛を被ったとして，Yに対し不法行為に基づく損害賠償を求める訴えを提起した。本判決は，プライバシー侵害についての不法行為の成立を認め，慰謝料150万円の支払を命じた。

【判旨】

1　「書面による内定の意思表示は10月1日以降に行われるのが通常で……6月1日時点において…採用内定の関係が生じたということはできないというべきである。」もっとも，「当事者が雇用契約の成立（採用内定）が確実であると期待すべき段階に至った場合において，合理的な理由なくこの期待を裏切ることは，契約締結過程の当事者を規律する信義則に反する」が，本件では「相互に期待すべき段階に至ったということはできない。」

2　「平成9年当時，B型肝炎ウイルスの感染経路や労働能力との関係について，社会的な誤解や偏見が存在し，特に求職や就労の機会に感染者に対する誤った対応が行われることがあったことが認められるところ，このような状況下では，B型肝炎ウイルスが血液中に常在するキャリアであることは，他人にみだりに知られたくない情報であるというべきであるから，本人の同意なしにその情報を取得されない権利は，プライバシー権として保護されるべきであるということができる。」「他方，企業には，……採用の自由が保障されているから…採用にあたり，労務提供を行い得る一定の身体的条件，能力を有するかを

確認する目的で，応募者に対する健康診断を行うことは，予定される労務提供の内容に応じて，その必要性を肯定できるというべきである。」

3 「B型肝炎ウイルス感染についての情報保護の要請と，企業の採用選考における調査の自由を，……B型肝炎ウイルスの感染経路及び労働能力との関係に照らし考察すると，特段の事情がない限り，企業が，採用にあたり応募者の能力や適性を判断する目的で，B型肝炎ウイルス感染について調査する必要性は，認められないというべきである。また，調査の必要性が認められる場合であっても……応募者本人に対し，その目的や必要性について事前に告知し，同意を得た場合に限られるというべきである。」

4 「採用選考における健康診断において，Xに対し本件ウイルス検査を行ったことにより，そのプライバシーを侵害され，これにより精神的苦痛を受けたことを認めることができる。」

【問題の所在】

　企業が応募者の採用選考を行う一環として，しばしば「血液検査」を含む健康診断を一律に実施している事例が見受けられる。労働安全衛生規則第43条は，「事業者は，常時使用する労働者を雇い入れるときは，当該労働者に対し，…医師による健康診断を行わなければならない」と定めているが，これは就労時の適正配置・健康管理に役立てるために実施するもので，選考時の健康診断実施を義務づけたものではない。本判決は，①B型肝炎ウイルス感染の検査は，特段の事情がない限り許されない，②調査の必要性が存在する場合でも，応募者本人に対する目的や必要性の告知が必要となる，③本人の同意なしにウイルス検査を行うことはプライバシー権の侵害となる，ことを示した。

【本判例のポイント】

1 応募者のプライバシー

　人格権の一種であるプライバシー権は，ひとりで放っておいてもらう権利から発展し，やがて「広く個人の人格的生存にかかわる重要な事項は各自が自立的に決定できる権利」と理解されるようになった。個人情報保護法の制定（平成15年）にもみられるように，近年では「プライバシー権」が尊重されるよう

になってきている。本判決も，B型肝炎ウイルスに感染していることは，他人にみだりに知られたくない情報であり，プライバシー権により保護されることを認めている。同時に，企業の「採用の自由」あるいは「調査の自由」の一環として，応募者に対する健康診断を行うことも，労務提供の内容に応じてという留保付きではあるが，肯定している。企業の「調査の自由」については，採用の自由の一環として広く認める最高裁判例（三菱樹脂事件・最大判昭和48・12・12民集27巻11号1536頁☞ **028** 事件）があり，この判例法理の影響が及んだものといえる。

本判決の特徴は，労働者の採用選考過程において，近年重要視されてきている「プライバシー権」と判例法理である「調査の自由」との相克を，ウイルス感染経路と労働能力との関係に照らして考察し，特段の事情がない限り，企業が採用にあたりB型肝炎ウイルス感染を調査することは認められないとの判断基準を示したところにある。

2　労働者の健康情報

本件では，主に採用過程での健康情報についてのプライバシー権侵害が争われたが，採用後の健康情報に関する裁判例も既に存在している。警察官に任用された後にHIV抗体検査が陽性であったために辞職を強要された事案では，「本人の意に反して［HIVに感染している］情報を取得することは，……個人のプライバシーを侵害する違法な行為というべき」と判断された（東京都［警察学校・警察病院］事件・東京地判平成15・5・28労判852号11頁）。また，検査結果をみだりに第三者に漏洩した場合（HIV感染者解雇事件・東京地判平成7・3・30労判667号14頁），定期健康診断における無断のHIV検査（T工業［HIV解雇］事件・千葉地判平成12・6・12労判785号10頁），のいずれもプライバシー権の侵害が認められている。本判決は，応募者に対するウイルス検査の目的や必要性の告知，および本人の同意が要件となるしており，雇用関係成立後の裁判例と同様に，採用選考過程についてもプライバシー権の保護が及ぶことを明らかにしたという意義を有する。

3　採用内々定と期待権

本件は，採用内定が成立する前に不採用の通知を行っており，採用内定の関係が生じたということはできないと判断された。もっとも，採用内定したとはいえない場合でも，当事者が雇用契約の成立（採用内定）は確実であると期待すべき段階に至った場合において，合理的な理由なくこの期待を裏切ることは，契約締

結過程の当事者を規律する信義則に反する。この点について，本判決は，①採用選考が実質的に終了したとはいえない，②健康診査は採用選考の一環であるとXは認識していた，③複数企業から内定の予告を受けることがあり，Xも他企業から内々定を受けていた，④Xは他社の採用選考を辞退したが，これは自主的な判断であり，Yから辞退させるような働きかけはなされていない，⑤XはYを第1志望にしていることを人事部に告げていたが真実かどうか確認する手段がなかった，ことを理由に，雇用契約の成立が確実であると相互に期待すべき段階に至ったとは認められないとして，期待権侵害を否定した。

(柳澤　武)

019　F社Z事業部事件
東京地判平成13・12・3　労判826号76頁・労経速1814号3頁

【事案の概要】

1　X_1はF社Z事業部に勤務する社員で，YはZ事業部の部長であった。平成12年2月，YはX_1に対して「一度時間を割いて戴き……当事業部の問題点等を教えて戴きたい」という旨のメールを送った。同年3月1日にメールを読んだX_1は，仕事にかこつけての誘いであるという強い反感を持ち，「日頃のストレスは新事業部長にある……まったく，単なる呑みの誘いじゃ

(1)　労働者のプライバシー

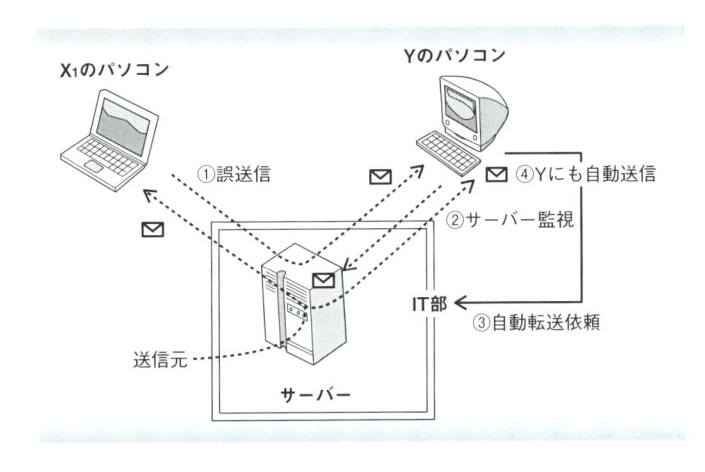

んかねー」などと書いた，Yに批判的なメールを同僚で夫であるX₂に対して送信するつもりが，Yに誤送信してしまった．

2 Yは，この誤送信されたメールを読み，X₁の電子メールの使用を監視し始めた．社内では，各自の電子メールアドレスが公開されており，パスワードも各自の氏名で構成されていたことから，アクセスは容易であり，サーバー内に残されていた電子メールを読むことができた．YがX₁の電子メールを閲読した当時，私的電子メール禁止のガイドラインが周知されたことはなかった．Yは，X₁がやり取りした電子メールの内容から，セクシュアル・ハラスメント行為でYを告発しようとしていることを知り，警戒感を強めた．

3 同年3月6日，X₁がパスワードを変更したため，Yはサーバー内にあるメールを監視できなくなった．すると，YはIT部にX₁宛の電子メールをY宛に自動転送するように依頼し，その後は同方法により電子メールを監視し続けた．

4 X₁とX₂は，YがX₁の私的な電子メールを許可なしに閲読したこと，セクシュアル・ハラスメント行為を行ったことを理由として，不法行為に基づく損害賠償を求めた．Yは存在しないセクシュアル・ハラスメント行為を捏造されたとして，名誉毀損による損害賠償を求める反訴を提起した．本判決は，双方の請求を棄却した（以下はXの請求についての判示のみとり上げる）．

【判旨】

1 私的電子メールについてのガイドライン等が存在しない状況下では，「会社のネットワークシステムを用いた電子メールの私的使用に関する問題は，……いわゆる私用電話の制限の問題とほぼ同様に考えることができる．すなわち，……日常の社会生活を営む上で通常必要な外部との連絡の着信先として会社の電話装置を用いることが許容されるのはもちろんのこと，さらに，会社における職務の遂行の妨げとならず，会社の経済的負担も極めて軽微なものである場合には，……会社の電話装置を発信に用いることも社会通念上許容されていると解するべきであ［る］．……社員の電子メールの私的使用が［上記］の範囲に止まるものである限り，その使用について社員に一切のプライバシー権がないとはいえない．」

2　「しかしながら，その保守点検が原則として法的な守秘義務を負う電気通信事業者によって行われ，事前に特別な措置を講じない限り会話の内容そのものは即時に失われる通常の電話装置と異なり，社内ネットワークシステムを用いた電子メールの送受信については，一定の範囲でその通信内容等が社内ネットワークシステムのサーバーコンピューターや端末内に記録されるものであること，社内ネットワークシステムには当該会社の管理者が存在し，ネットワーク全体を適宜監視しながら保守を行っているのが通常であることに照らすと，利用者において，通常の電話装置の場合と全く同程度のプライバシー保護を期待することはできず，当該システムの具体的情況に応じた合理的な範囲での保護を期待し得るに止まるものというべきである。」

3　「職務上従業員の電子メールの私的使用を監視するような責任ある立場にない者が監視した場合，あるいは，責任ある立場にある者でも，これを監視する職務上の合理的必要性が全くないのに専ら個人的な好奇心等から監視した場合あるいは社内の管理部署その他の社内の第三者に対して監視の事実を秘匿したまま個人の恣意に基づく手段方法により監視した場合など，監視の目的，手段及びその態様等を総合考慮し，監視される側に生じた不利益とを比較衡量の上，社会通念上相当な範囲を逸脱した監視がなされた場合に限り，プライバシー権の侵害となると解するのが相当である。」

4　これを本件に照らすと，X_1らによる電子メールの私的利用は合理的な限度を超えており，「Yによる監視行為が社会通念上相当な範囲を逸脱したものであったとまではいえず，Xらが法的保護（損害賠償）に値する重大なプライバシー侵害を受けたとはいえないというべきである。」

【問題の所在】

　職場における業務連絡の一斉発信や社内外との連絡手段として電子メールは急激な普及を遂げ，これらの通信を管理するためのシステム（サーバー等）を自己所有している企業も少なくない。これに伴い，職場のパソコンでの電子メールの私的利用を規制することができるか，あるいは私的メールを本人に無断で監視することができるか，といった新たな問題が生じることになった。本判決は，①電子メールの私的使用にプライバシー権が認められるか，②電子メール

の私的利用は、電話の場合と異なるのか、③電子メールの監視が許容されうる基準、といった点について判示した。

【本判例のポイント】
1 職場におけるプライバシー

職場におけるプライバシー侵害類型を2つに分けると、労務遂行にかかわりのない私的領域への干渉（関西電力事件・最三小判平成7・9・5労判680号28頁など）と、労務遂行過程における使用者の権利行使に伴うもの（西日本鉄道事件・最二小判昭和43・8・2民集22巻8号1603頁など☞**020**事件）に分けられる。本判決は、私的電子メール制限のガイドライン等が存在しない職場におけるメール監視が争われた事案で、後者の類型に位置づけられ、電子メールの調査をめぐるトラブルに関する最初の裁判例であり、電子メールの私的使用においても一定限度でプライバシーが認められることを判示した。

電子メールの調査に関する以後の裁判例として、誹謗中傷メール送信の疑いがある労働者の電子メールを無断で調査したことが争われた事案（日経クイック情報事件・東京地判平成14・2・26労判825号50頁）がある。同事件では、私物を保管させるために貸与されるロッカー等とは異なり、「業務に何らかの関連を有する情報が保存されていると判断されるから、……ファイルの内容を含めて調査の必要が存する」として、プライバシー権の侵害はないと結論づけた。

2 電話と電子メールとの差異

本件は、電子メールの私的使用の禁止について周知されておらず、会社による電子メール閲覧の可能性が社員に告知されていなかったという状況下では、私用電子メールの制限は、「私用電話の制限の問題とほぼ同様」であり、一切のプライバシー権がないとはいえないとして、①日常生活を営む上で通常必要な外部との連絡の着信先として用いる、②職務の遂行の妨げとならず、会社の経済的負担も極めて軽微なもの、といった場合には許容されることを確認した。他の裁判例でも、1日あたり2通程度の私用メール自体は、職務専念義務に違反しないと判断されている（グレイワールドワイド事件・東京地判平成15・9・22労判870号83頁）。もっとも、本判決は、電子メールの場合は、通信内容等がサーバーやパソコンに記録され、会社の管理者が存在してネットワーク全体を監視・保守していることから、

通常の電話装置の場合と全く同程度のプライバシー保護を期待することはできないと述べており，両者のプライバシー保護の度合いに差異があることを明らかにした。

3　監視が違法となる場合

本判決は，電子メール監視の違法性について，①電子メールの私的使用を監視する立場にない者が監視した場合，②監視する立場にあっても，専ら個人的な好奇心等から監視した場合，③監視の事実を秘匿したまま個人の恣意に基づく手段方法により監視した場合，という具体例を提示し，**監視の主体，目的，手段及びその態様等を総合考慮し，監視される側に生じた不利益とを比較衡量の上，社会通念上相当な範囲を逸脱した監視がなされた場合に限り，プライバシー権の侵害となる**，との一般的な基準を示している（監視の主体という要素は①の例示から導かれる）。本件では，Yによる監視の必要性については一応認め，一部に相当ではない方法はあったが，全く個人的に監視行為を続けたわけでもなく，電子メールの監視という事態を招いたX側の責任，監視された電子メールの内容などを総合考慮し，監視行為が社会通念上相当な範囲を逸脱したものであったとまではいえない，との判断がなされた。

（柳澤　武）

参考判例

020　西日本鉄道事件
最二小判昭和43・8・2　民集22巻8号1603頁・判時528号82頁

【事実の概要】

1　Yは肩書地に本店を有し，陸上運輸等を営んでいる会社である。XはYの電車運転士であった。Yの就業規則には，「社員が業務の正常な秩序維持のためその所持品の検査を求められたときは，これを拒んではならない。」と定められており，従来から同規則に基づいて，電車，自動車の乗務員による乗車賃等

の不正隠匿や領得行為の防止ないしは摘発のための所持品検査を実施してきた。この所持品検査については，原則として被検査者の身につけている物や所持品のすべてについて調べるという方針がとられ，靴の中を調べることもあった。

2 Xは，昭和35年3月21日の乗車勤務終了直後に，上司から所持品検査を受けるよう指示を受け補導室に入ったが，ドアを開くなり，同室内にいた検査員に対し，帽子とポケットの携帯品は差し出したが，靴を脱いで検査を受けることを拒否した。検査員は，靴を脱いで検査に応ずるよう指示すると同時に説得に努めたが，Xは，靴は私物で所持品ではなく，本人の承諾なしに靴の検査はできないと主張して，拒否した。なお，それまでの所持品検査において，Xのように靴を脱ぐことを拒否した事例はなかった。

3 Yの就業規則第58条は，「社員が次の各号の一つに該当するときは諭旨解雇又は懲戒解雇に処する。」としてその第3号には，「職務上の指示に不当に反抗し又は越権専断の行為をなし職場の秩序を紊したとき。」と定められている。YがXに対し，同条号を根拠規定の1つとして，懲戒解雇を行った。

4 Xは，雇用契約上の地位を有することの確認を求め，本件訴訟を提起した。1審と原審は，いずれもXの請求を棄却した。そこで，Xが上告したのが本件である。本判決は，以下のように判示して上告を棄却した。

【判旨】

1 「使用者がその企業の従業員に対して金品の不正隠匿の摘発・防止のために行なう，いわゆる所持品検査は，被検査者の基本的人権に関する問題であつて，その性質上つねに人権侵害のおそれを伴うものであるから，たとえ，それが企業の経営・維持にとつて必要かつ効果的な措置であり，他の同種の企業において多く行なわれるところであるとしても，また，それが労働基準法所定の手続を経て作成・変更された就業規則の条項に基づいて行なわれ，これについて従業員組合または当該職場従業員の過半数の同意があるとしても，そのことの故をもつて，当然に適法視されうるものではない。問題は，その検査の方法ないし程度であつて，所持品検査は，これを必要とする合理的理由に基づいて，一般的に妥当な方法と程度で，しかも制度として，職場従業員に対して画

一的に実施されるものでなければならない。そして、このようなものとしての所持品検査が、就業規則その他、明示の根拠に基づいて行なわれるときは、他にそれに代わるべき措置をとりうる余地が絶無でないとしても、従業員は、個別的な場合にその方法や程度が妥当を欠く等、特段の事情がないかぎり、検査を受忍すべき義務があり、かく解しても所論憲法の条項に反するものでない」。

2 就業規則所定の「所持品検査には、……脱靴を伴う靴の中の検査も含まれるものと解して妨げなく、Xが検査を受けた本件の具体的場合において、その方法や程度が妥当を欠いたとすべき事情の認められないこと前述のとおりである以上、Xがこれを拒否したことは、……［就業規則］条項に違反するものというほかはない。また就業規則58条3号にいう『職務上の指示』について、所論のごとく脱靴を伴う所持品検査を受けるべき旨の指示をとくに除外する合理的な根拠は見出し難い。」

（柳澤　武）

（2）留学費用返還請求

021　野村證券（留学費用返還請求）事件
東京地判平成14・4・16　労判827号40頁・労経速1806号3頁

【事案の概要】

1　Yは平成元年4月1日証券会社であるXに入社し勤務していたが、平成3年5月Xの海外留学候補生として選抜された。その後、平成4年2月20日付けでフランスに向けて渡航

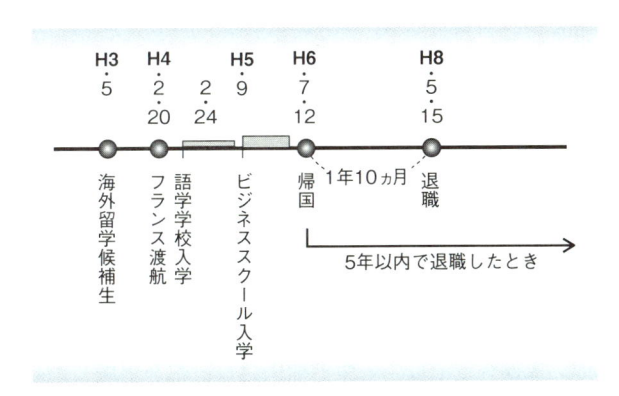

し，同月24日よりパリの語学学校で英語・フランス語等を勉強し，同年4月29日パリ郊外のビジネス・スクールに合格した。平成5年8月23日付けで，留学の辞令が交付され，同年9月よりビジネス・スクールに入学しMBA資格を取得，平成6年7月12日帰国した（本件留学）。留学中は，月に1度月例報告書を提出するが，現地法人や支店への出頭を命じるなどの義務を課することはなく，留学先での科目の選択も本人の判断に委ねられていた。

2 XはYに対し留学地域としてフランス語圏を指定したが，それはXの海外留学制度の目的から多様な地域に留学させ，多様な経験を有する人材を育成するという方針があり，Yの選考時点での英語力が相対的に劣るため他の者を米英に割り当てたものである。ただし，フランス語圏は欧州において，ベルギー，スイスを含め広い範囲を占め，重要な地域であること，中長期的に基幹的な地位に配置することのできる人材を養成するという意味もあった。

3 Yは，平成8年4月22日付けでXに対し同年5月15日をもって退職する旨の退職届を提出し，同日退職した。Xの海外留学生派遣要綱は，「留学期間中に，あるいは留学を終え帰任後5年以内に自己の都合によって退職したとき」は留学費用の一部（貸与費用）を返還しなければならないと定めている。

4 Xは，貸与費用とされている受験・渡航手続に必要な費用と授業料及び図書費の合計額1,573万3,551円のうち，帰任後5年間のうち在職期間1年10か月間を按分計算控除した997万7,248円を返済するよう求めたが，Yは返済しなかった。Xは，これら留学費用の一部は消費貸借契約に基づく免除特約付きの貸金債権であるとして，Yに返還を求める訴訟を提起した。本判決は，Xの請求を認容した。

【判旨】

1 「会社が負担した海外留学費用を労働者の退社時に返還を求めるとすることが労働基準法16条違反となるか否かは，それが労働契約の不履行に関する違約金ないし損害賠償額の予定であるのか，それとも費用の負担が会社から労働者に対する貸付であり，本来労働契約とは独立して返済すべきもので，一定期間労働した場合に返還義務を免除する特約を付したものかの問題である。そして，本件合意では，一定期間内に自己都合退職した場合に留学費用の支払義務

が発生するという記載方法を取っているものの，弁済又は返却という文言を使用しているのであるから，後者の趣旨であると解するのが相当である。……しかし，具体的事案が上記のいずれであるのかは，単に契約条項の定め方だけではなく，労働基準法16条の趣旨を踏まえて当該海外留学の実態等を考慮し，当該海外留学が業務性を有しその費用を会社が負担すべきものか，当該合意が労働者の自由意思を不当に拘束し労働関係の継続を強要するものかを判断すべきである。」

2　「ところで，勤続年数が短いにもかかわらず将来を嘱望される人材に……個人の利益となる性質を有する長期の海外留学をさせるという場合には，……労働者が海外留学の経験やそれによって取得した資格，構築した人脈などをもとにして転職する可能性があることを考慮せざるを得ず，したがって，……退職の可能性があることを当然の前提として，仮に勤務が一定年数継続されれば費用の返還を免除するが，そうでない場合には返還を求めるとする必要があり，仮にこのような方法が許されないとすれば企業としては多額の経費を支出することになる海外留学には消極的にならざるを得ない。」

3　仮に本件留学が形式的には業務命令の形であったとしても，その実態としてはY個人の意向による部分が大きく，また「留学先での科目の選択や留学中の生活については，Yの自由に任せられ，Xが干渉することはなかったのであるから，その間の行動に関しては全てY自身が個人として利益を享受する関係にある。実際にもYは獲得した経験や資格によりその後の転職が容易になるという形で現実に利益を得ている。……したがって，本件留学は業務とは直接の関連性がなく労働者個人の一般的な能力を高め個人の利益となる性質を有するものといえる。

　その他，費用債務免除までの期間などを考慮すると，本件合意はXからYに対する貸付たる実質を有し，Yの自由意思を不当に拘束し労働関係の継続を強要するものではなく，労働基準法16条に違反しないといえる。」

【問題の所在】

　会社の留学制度などで労働者を海外研修させ，帰国後一定期間内に辞職したときには研修時の費用を返還させる旨の合意が，労基法16条の「違約金ないし

損害賠償額の予定」に違反するか否かについての紛争が生じている。同条は，使用者が違約金を請求するに優位な立場であることを想定した立法であり，本件のような留学費用返還請求を念頭に置いていたわけではない。本判決は，あくまで労基法16条の趣旨を踏まえつつ，留学の実態等を考慮すべきであるとして，具体的な判断基準を示し，留学費用の一部について労働者の支払義務を認めた。

【本判例のポイント】

1　賠償予定の禁止（労基法16条）

債務の不履行につき損害賠償を予定し，あるいは違約金を定めることは，本来であれば契約の自由として認められる（民420条）。ところが，労基法16条は「労働契約の不履行について違約金を定め，又は損害賠償額を予定する契約をしてはならない」として禁じている。これは，違約金や損害賠償の予定により，労働者の退職の自由などが制約されることを防止する趣旨であると理解されている。使用者が研修・留学費用を負担し，労働者が帰国後一定期間内に退職した場合に費用（の一部）を返還させる規定が，同条違反となるか否かについて，裁判例の結論は分断しているが，本判決を含め，一定の判断基準が形成されつつある。

2　海外研修・留学費用の法的性質——裁判例の傾向

海外研修中に会社の業務に従事しているのであれば，実態は社員教育の一態様であるともいえることから，費用は会社側が負担すべきことになる（富士重工業事件・東京地判平成10・3・17労判734号15頁）。また，大学院への留学であっても，業務（デリバティブ）に関連する学科・科目の専攻を命じられた場合は，「業務命令として海外に留学派遣を命じるもの」で，留学費用返還規定は16条違反で無効とされる（新日本証券事件・東京地判平成10・9・25労判746号7頁）。

これらとは反対に，「留学先大学院や学部の選択も本人の自由意思に任せられており，留学経験や留学先大学院での学位取得は，……勤務を継続するか否かにかかわらず，有益な経験，資格となる」ときには，あくまで消費貸借契約であり，労基法16条に違反しないと判断されている（長谷工コーポレーション事件・東京地判平成9・5・26労判717号14頁）。これらに鑑みると，本判決では，研修

費用返還規定が労基法16条違反となるかにつき，これまで蓄積された判例法理に近い，**①応募の任意性，②業務との関連性，③身に付けた能力の一般性，という判断基準が用いられている**といえよう。本件以降の裁判例でも，派遣先・留学先は一定範囲の大学に制限されるが，その中から労働者が自由に選択でき，MBAのような一般的な資格を取得する場合には，「留学費用を目的とした消費貸借合意」であると判示している（明治生命保険事件・東京地判平成16・1・26労判872号46頁）。

3　本判決の論理構成

本判決は，留学費用の返還約束が**労基法16条違反となるか否かは，（ア）労働契約の不履行に関する違約金ないし損害賠償額の予定であるのか，（イ）費用の負担が会社から労働者に対する貸付であるのか，という問題であり，契約条項の定め方だけではなく，当該海外留学の実態等を考慮し，いずれに該当するかを判断すべきである**とした。さらに，会社が将来を嘱望される人材に海外留学をさせる場合には，退職の可能性があることを当然の前提として，仮に勤務が一定年数継続されれば費用の返還を免除するが，そうでない場合には返還を求めるとする必要があり，仮にこのような方法が許されないとすれば企業としては海外留学には消極的にならざるを得ないとして，会社側が留学費用返還規定を締結する必要性にも言及している。

そして，本判決によれば，**留学の実態からみて，留学費用の返還約定が実質的に損害賠償の約定等といえるかについては①留学の希望・留学先・科目の選択が労働者の自由だったか，②労働者個人の利益となる性質を有するか，③費用債務免除までの期間が判断要素となる**。これらの基準にあてはめ，本件の海外留学生派遣要綱は，被告の自由意思を不当に拘束し労働関係の継続を強要するものではないため，労基法16条に違反しないと結論づけた。

（柳澤　武）

（3） 男女同一賃金

022　日ソ図書事件
東京地判平成4・8・27　労判611号15頁・判時1433号3頁

【事案の概要】

1　Xは，昭和40年にロシア語書籍を輸入販売するY社にアルバイトとして入社し，翌年からは正社員として勤務していた。Xは，入社当初は補助的定型的業務に従事していたが，昭和42年6月頃，Y社の書籍販売の店舗の事実上の責任者となり，昭和47年1月からは，ロシア語の注文図書を選定するという発注業務を担当するようになった。その後，Xは，昭和54年に本社通販部で課長待遇となり，昭和55年には販売店店長，同57年5月には次長待遇となり，昭和63年1月に定年退職した。

2　Y社の就業規則には，賃金は「社員給与規則による」とし，同規則には「基本給は月給とし，学歴，職歴，技能，経験，勤続年数及び業務成績等を考慮してこれを定める」，「昇給

S40	S41	S42	S47	S54	S55	S57	S62	S63
12	3	6	1	2	2	5	9	1
アルバイトとして入社	正社員として勤務	書籍販売店舗責任者	発注業務担当	課長待遇	販売店店長	次長待遇	社長と格差是正の話合い	定年退職

は原則として毎年一回とし，各人の勤務成績，業務能力等を勘案して行う」と定められていた。中途採用者の初任給は，年齢・学歴・職位・技能・従前の賃金および職務等を総合して，個別的に決定された。昇給は，組合との協定に基づいて行われ，また主に勤続年数・年齢等を基準にした基本給の格差是正が随時行われていた。

3　XとAら男子社員4名は，入社時期・年齢が比較的近接しているが，初任

給については6,000円から1万2,000円の格差があった。その後の昇給でも，初任給格差が解消されることなく維持された結果，Xは，次長待遇となった昭和57年5月以降も，Aらの賃金水準より著しく低額な基本給の支給を受けていた。

4 そこで，Xは，Aらとは年齢，職務内容，責任，作業条件，技能，業績，勤続年数，学歴，扶養家族の有無等の点で同等であったにもかかわらず基本給に格差が存在するのは女性差別であり，労基法4条に違反すると主張し，部下で3歳下のAの基本給に年齢差分を加算した額が，男子社員の基準賃金額であるとして，主位的には労基法13条に基づき，予備的に不法行為に基づき，昭和57年5月以降，退職するまでの月例基本給および期末手当の差額および退職金の差額の支払を請求し，裁判所は請求を一部認容した。

【判旨】

1 「一般に賃金は，使用者の具体的な意思表示によって支払額が決定又は変更されるものであるから，たとえXが労働基準法4条違反の賃金差別を受けていたとしても，使用者の具体的な意思表示にかかわらず，当然に男子の賃金基準に基づいて算出した金額と現実に支給された賃金との差額について賃金請求権を有するものではないと解するのが相当である」。「しかし，労働基準法4条に違反する賃金差別は違法であって，不法行為にあたるから，Xの受けた賃金差別が，女子であることを理由にしたものと認められる場合には，Xは，不法行為に基づき，Yに対し，賃金差別と相当因果関係に立つ損害の賠償を請求しうると解すべきである」。

2 「Xと本件男子社員4名間の初任給格差には，それ相応の理由があるということができ」るが，「それは，Xが入社した昭和41年頃の時点における事情にとどまるもので，Xが違法な賃金差別であると主張する昭和57年度以降の本件賃金格差の合理的理由となり得ないことは明らかである」。したがって，「男子社員と質及び量において同等の労働に従事するようになったにもかかわらず，初任給格差が是正されることなく，そのまま放置された結果として格差が維持ないし拡大するに至った場合には，その格差が労働基準法4条に違反する違法な賃金差別となる場合がある」。

3「Xは，遅くとも昭和47年1月頃の時点では……その職務内容，責任，技能等のいずれの点においても，勤続年数及び年齢が比較的近い本件男子社員4名の職務と比較して劣らないものであったと評価することができる」。そして，Xはこの時点では，「入社当初とは異なり，質及び量において男子社員が従事するのと同等と評価し得る業務に従事するに至ったと認めるのが相当であるから，使用者たるYとしては，右時点以降，Xの賃金を男性並みに是正する必要があったというべきであ(る)」。

4「Yは，遅くとも昭和47年1月以降，Xの基本給を本件男子社員4名の平均基本給までに是正すべきであったにもかかわらず，これを放置して適切な是正措置を講じなかったもので，その結果として，Xの基本給と本件男子社員4名の基本給との間に格差が生じたことが認められるから，Xが主張する昭和57年度以降の本件賃金格差は，Xが女子であることのみを理由としたものか又はXが共稼ぎであって家計の主たる維持者でないことを理由としたもので，1か月当たりの賃金格差の金額も決して少なくないことを加味すれば，労働基準法4条に違反する違法な賃金差別というほかはなく，しかも，適切な是正措置を講じなかったことについてYに過失のあることは免れないから，不法行為に当たると解するのが相当であ(る)」。

5「Xが不法行為により損害を被ったことを知ったというためには，単に賃金格差の存在を知ったというだけでは足りず，その格差が違法な賃金差別によることまでをも認識する必要がある」として，Xがそれを認識したのは昭和62年9月の社長との話合いのときであるから，消滅時効は完成していない。

【問題の所在】

従来，男女賃金差別の典型的形態は，男女別賃金表の設定，女性の年齢給の頭打ち，住宅手当や家族手当の男性のみへの支給など，制度的・一律の男女差別賃金に関するものであった。これに対して，本判決は，賃金に関する客観的な支給基準を制度上設けておらず，運用上あるいは事実上賃金において女性を差別しているケースについて，初めて労基法4条違反を判断した。本判決は，①運用上の男女差別賃金は労基法4条違反と認められるか，②初任給格差は賃金格差の合理的理由足り得るか，③本件賃金差別は過失による不法行為に該当

するか，などについて重要な判示を行っている。

【本判決のポイント】
1　労基法4条と賃金格差の合理的理由
　労基法4条の男女同一賃金原則は，「同一労働」ないし「同一価値労働」を規定していない。これは，一般に，日本の企業では職務内容が不明確であることや，賃金決定において職務内容や技能要件より，年齢，学歴，勤続年数という属人的要素が重視されること等の実態を考慮したことによると説明されている。また，同条は，賃金決定過程での性差別の禁止を本旨とするものであり，職務評価を通じた賃金決定を義務付けているわけではないため，性の要素を用いない限りいかなる賃金決定方式をとるかを契約当事者の自由に委ねていると理解されている。本判決も「**賃金は，使用者の具体的な意思表示によって支払額が決定又は変更されるものである**」として，たとえ男女間の賃金に差額が生じていても，賃金請求権は生じないと判断している。その際，本判決は，使用者の差別意図を問題にしていない。これに対して，会社に差別する意図があったと認定したものとして，三陽物産事件判決（☞参考判例**023**事件）がある。同判決は，世帯主基準を適用した結果，女性に一方的に不利になることを容認して基準を制定したものと「推認」することができるとして，女性であることを理由とする賃金差別であると判断している。

2　賃金格差の是正義務
　しかし，本判決は，初任給格差についてそれ相応の理由があるとしても，**質及び量において同等の労働に従事するようになったにもかかわらず，初任給格差が是正されることなく，そのまま放置された結果として格差が維持ないし拡大するに至った場合には，労働基準法4条に違反する違法な賃金差別となる**との結論に達した。つまり，本判決は，初任給格差の合理性を肯定しつつ，継続的な労働関係の下で比較可能な男子と質および量において同等の労働に従事するようになった時点で，使用者に従来の格差を適性に是正する義務を認定した。

3　同一価値労働同一賃金原則
　次に，「労働の質及び量」の判断が問題になる。前述したように，労基法4条は，性別を理由とする賃金差別を禁止するものであり，同一労働ないし同一

価値労働に従事していることを要件として規定していない。しかし，同条は，自由に選択された賃金決定方式に含まれるあらゆる男女差別を禁止するものである。また，労基法の制定過程や国際的動向を踏まえると，労基法4条は「同一価値労働同一賃金原則」を完全に排除したものではなく，緩やかに肯定したものと解釈すべきであろう。

この点，本判決は，職務の質と量が同等なら同一賃金を支払うべきであるとした上で，Xと勤続年数および年齢が近い男性4名の職務等と比較し，職務内容，責任，技能等のいずれの点でもXは劣らないと認定し，本件賃金格差は労基法4条違反を構成すると判断した。本判決が「同等」という文言を用いたということだけで，同一価値労働同一賃金原則を認めたとまではいえないが，労基法4条の男女同一賃金原則が，同一職務への従事に限定されるものではなく，類似の職務にまで広く適用されることを明らかにしたものといえる。

4 違法な賃金差別に対する請求権

労基法4条は強行規定であるので，それに反する行為は法的効果として無効であり，損害を与えれば違法な行為として賠償責任を生じさせる。したがって，差別された女性（男性）労働者は，同条違反の行為を不法行為として，男性（女性）の賃金との差額相当分の損害賠償を請求することができる。

本判決は，**一般に賃金額は使用者の具体的意思表示によって決定されるものであるから，たとえ労基法4条違反の場合でもその差額を賃金請求権と構成することはできない**とした（男女間の賃金差別を労基法4条違反として，差額賃金請求権を認めたものとして，三陽物産事件・東京地判平成6・6・16労判651号15頁がある☞参考判例**023**事件）。しかし，本判決は，本件賃金格差は労基法4条違反であり，また，適切な是正措置を講じなかったことについてYに過失のあることは免れない（格差是正義務違反による過失の認定）として，不法行為の成立を認めた。本件が示した「使用者の賃金格差是正義務」は，不法行為の要件たる過失を引き出すものであり，また，継続的労働契約関係下での賃金差別事案において，違法な賃金差別に対する請求権を導くものである。

（川田　知子）

023 三陽物産事件
東京地判平成6・6・16　労判651号15頁・判時1502号33頁

参考判例

【事案の概要】

1 Xら3名は，酒類食品等の卸売業を営むY社の東京支社および東京の営業所に勤務する女性社員である。Y社は，昭和60年2月に新給与制度を導入し，基本給のうち本人給を住民票上の世帯主か否かを基準として，「非世帯主および独身の世帯主」については本人給を25歳（昭和60年4月からは26歳）時点に相当する金額に据え置くこととした。その結果，非世帯主あるいは独身の世帯主である女性は，25歳（または26歳）相当の本人給しか支給されず，他方，男性には，非世帯主あるいは独身の世帯主でも，実年齢に応じた本人給が支給された。

2 その後，Yは，労働基準監督署の是正指導を受けたため，世帯主・非世帯主基準に加え，「勤務地域限定・無限定（広域配転の可能性）」の基準を設けた。そして，男性に対しては，全員「勤務地域無限定」であるとして実年齢による本人給を支給し，他方，非世帯主および独身の世帯である女性に対しては「勤務地域限定」であるとして，26歳相当に据え置いた。

3 そこで，XらはYに対し，「世帯主・非世帯主」，「勤務地域限定・無限定」の基準は，労働基準法4条に違反するとして，実年齢相当の本人給との差額等の支払と一時金との差額の支払いを請求し，裁判所は請求を一部認容した。

【判旨】

1 「現在における社会的現実は，結婚した男女が世帯を構成する場合，一般的に男子が住民票上の世帯主になるというのが公知の事実である」。「Yは，住民票上，女子の大多数が非世帯主又は独身の世帯主に該当するという社会的現実及びYの従業員構成を認識しながら，世帯主・非世帯主の基準の適用の結果

生じる効果が女子従業員に一方的に著しい不利益となることを容認して右基準を制定したものと推認することができ，本人給が25歳又は26歳相当の本人給に据え置かれる女子従業員に対し，女子であることを理由に賃金を差別したものというべきである」。よって，「世帯主・非世帯主の基準は，労働基準法4条の男女同一賃金の原則に反し，無効である。」

2 「一般論として……広域配転義務の存否により賃金に差異を設けることはそれなりの合理性が認められ，……本件において，勤務地域限定・無限定の基準の制定及び運用が男女差別といえるものでない限り，何ら違法とすべき理由はない。しかし，実際には，Yの男女従業員に対しては全員実年齢に対応した本人給が支給されていることはYも自認するところであ（る）」。Yは，「従来，勤務地域限定・無限定の基準自体によって賃金に差を設けることはなかったにもかかわらず，Yの本件給与規定による取扱いを正当化するため」，「女子従業員は，……すべて営業職に従事しておらず，過去現在とも広域配転を経験したことがないこと，そして，女子従業員が一般に広域配転を希望しないことに着目し，女子従業員は勤務地域を限定しているとの前提のもとに，勤務地域限定・無限定の基準の適用の結果生じる効果が女子従業員に一方的に著しい不利益となることを容認し，右基準を新たに制定したものと推認される」。したがって，「勤務地域限定・無限定の基準は，真に広域配転の可能性があるが故に実年齢による本人給を支給する趣旨で設けられたものではなく，女子従業員の本人給が男子従業員のそれより一方的に低く抑えられる結果となることを容認して制定され運用されてきたものであるから，右基準は，……女子であることを理由に賃金を差別したものであるというべきであり，したがって，労働基準法4条の男女同一賃金の原則に反し，無効である」。

（川田　知子）

024 野村證券（男女差別）事件
東京地裁判平成14・2・20労判822号13頁・判時1781号34頁

【事案の概要】

1 Xら13名は、昭和32〜40年に被告Y社に入社した高卒女性社員である。Xらが入社した当時、Yは、男性については「大学新卒」「高校新卒」の別で、女性については「高校新卒」「中途採用」の別で、正社員を募集・採用していた。

2 Yは、昭和61年4月に、男性社員は基幹的業務を行う「総合職」に、女性社員は定型的・事務的業務を行う「一般職」に属するコース別人事制度を導入し、翌年には「職種転換制度」を導入した。Yは、平成6年10月、総合職を総合職掌、一般職を一般職掌と改称する新たな人事制度を導入した。総合職掌の職階（職位）は、上から、経営職階（1級、2級）、指導職階（1級、2級）、業務職階（1級、2級）とされ、一般職掌の職階は、上からリーダー職階（リーダー職1級ないし3級）、担当職階（担当職1級、2級）とされた。

3 Xらと同期同学歴（高卒）の男性社員は入社後13年次には課長代理（現在の

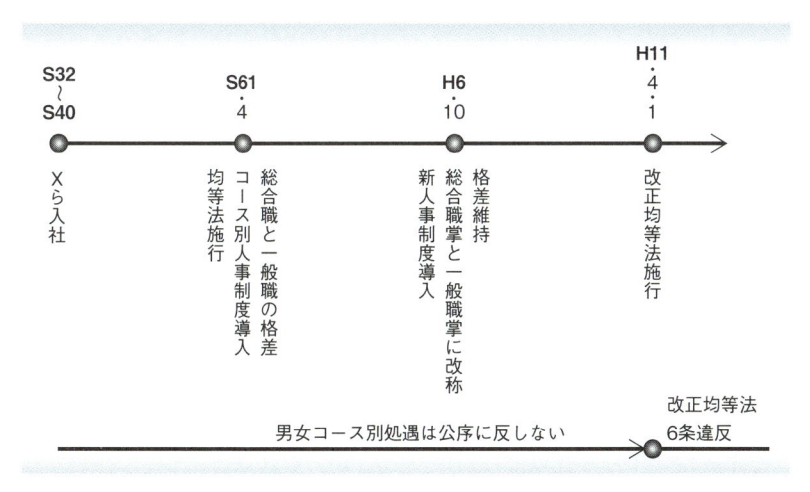

（3） 男女同一賃金　87

職位は総合職掌「指導職一級」）に昇格したのに対し，X₁らは課長代理に昇格しなかった。また，Xらの昇格の遅れは，月例給，賞与，ポイント制による退職金に影響を及ぼし，Xらと同期同学歴男性との賃金および退職金には格差が生じていた。

4 そこで，Xらは，このような男女間の昇格・賃金等格差はYによる女性差別によるものであるとして，Yに対し，①総合職掌「指導職一級」の職位にあるものとして取り扱われる地位にあること，②入社13年次に課長代理に昇格したことを前提とする退職慰労金規程，退職年金規程の適用を受ける地位にあることの確認，③入社13年次に課長代理に昇格した場合の月例賃金・一時金と，Xらが現実に受領した各金額との差額の支払，④慰謝料および弁護士費用の支払を請求した。裁判所はこれを一部棄却し，一部認容した。

【判旨】

1 「高卒男性社員は入社後13年次にその大半が課長代理に昇格しているのに対し，高卒女性社員はその時期に昇格することは全くないのであるから，高卒採用社員について，男性と女性との間では，昇格時期に著しい格差があり，これと連動する賃金等についても同様に著しい格差がある」。

2 男女のコース別採用，処遇は，「憲法14条の趣旨に反する」が，憲法14条の私人間への適用は民法90条の適用を介した「間接適用があるに止まると解するのが相当である」。そして「性による差別待遇の禁止は，民法90条の公序をなしているから，その差別が不合理なものであって公序に反する場合に，違法，無効となる」。

3 「Yの男女のコース別の採用，処遇が，Xらの入社当時において，不合理な差別として公序に反するとまでいうことはでき」ず，また，「男性と女性では，その従事する業務は一部重なり合っていたものの，全く同一というわけではないから，このような会社のした男女のコース別の採用，処遇が労基法4条に違反し，不合理な差別であって公序に反するとまでいうことはできない」。

4 「旧均等法が制定，施行されたからといって，Yの男女のコース別の処遇が公序に反して違法であるとまでいうことはできない」が，改正均等法が施行された平成11年4月1日以降において，「Yが，それ以前にYに入社した社員

について，男女のコース別の処遇を維持し，男性を総合職掌に位置づけ，女性のほとんどを一般職掌に位置づけていることは，配置及び昇進について，女性であることを理由として，男性と差別的取扱いをするものであり，均等法6条に違反するとともに，公序に反して違法であるというべきである」。

5　「男女間の格差は，Yが，男性職員については，主に処理の困難度の高い業務を担当し，将来幹部社員に昇進することが予定され，勤務地に限定のない者として，他方，女性社員については，主に処理の困難度の低い業務に従事することが予定され，勤務地に限定のある者として，男女のコース別に採用，処遇してきたことによるものであるが，Xらが入社した当時において，男性は前者に，女性は後者に属するものとしたことには一定の合理性があり，それが公序に反するものとまではいえないものの，均等法の施行された平成11年4月1日以降は……同法6条に違反するとともに，不合理な差別として公序に反することになったというべきである」。

6　「Yは，均等法が施行された平成11年4月以降も……男女のコース別の処遇を維持していたのであるから……，Xらに対し，男女差別という不法行為によってXらが被った損害を賠償する義務がある」。しかし，同日以降における男女間の賃金格差は，「それまでの違法とはいえない男女のコース別の処遇により，男性社員と女性社員とでは，知識，経験を異にしていると考えられ……るから，その格差分がそのままXらの損害額であるとすることはできず，Xらの具体的損害額を確定することは困難である」。

【問題の所在】

　コース別雇用管理が職種・職務内容などの客観的・合理的な相違に基づいて行われている場合には，コース間で生じた処遇の格差が直ちに違法・無効になるとはいえない。しかし，コース別雇用管理がこのような要件を満たさず，一方の区分から女性を排除する場合，コース制によって生じた男女の処遇の格差が均等法，労基法，公序良俗に違反するかが問題となる。本判決は，平成11年改正均等法以降も男女のコース別採用，処遇を維持したことは公序に反するが，それ以前の男女別コース制は公序に反しないとしたものであり，①コース別雇用管理によって生じた男女の処遇格差が均等法，労基法あるいは公序良俗

に違反するといえるか，②昇給・昇格差別に合理性があるか，③昇給・昇格差別が認定された場合に，昇格した地位の確認請求及び差額賃金請求は認容されるか，が争点になっている。

【本判決のポイント】
1　男女のコース別雇用と公序法理
　男女別コース制に関する従来の判例は，均等法制定以前および旧均等法において採用・配置・昇進が使用者の努力義務にとどまっていた時期については，男女別コース制は公序違反とはいえないと判断していた（日本鉄鋼連盟事件判決・東京地判昭和61・12・4労民集37巻6号512頁）。本判決は，会社の男女のコース別の処遇が公序に反して違法であるとまでいうことはできないが，**改正均等法において採用・配置・昇進差別が禁止されるに至った平成11年4月以降も男女コース別の処遇を維持し，男性を総合職掌に，女性のほとんどを一般職掌に位置づけていたことは，配置および昇進について，女性であることを理由として，男性と差別的取扱いをするものであり，均等法6条に違反するとともに，公序に反して違法であると**判断した。現行均等法の下で男女のコース別採用・処遇が違法・無効になるのは勿論であるが，旧均等法の努力義務規定が公序良俗に関する一般条項を積極的に排除する趣旨ではないことは，同法の制定当初から明らかにされていたことを考慮すると，旧均等法時代の男女の採用・処遇は公序良俗違反として違法・無効になる可能性がある。しかし，本判決はそのような可能性を採用せず，前掲日本鉄鋼連盟事件判決が示した公序法理を踏襲しつつ，均等法改正以降の男女別コース制のみ公序違反になるとする立場に立った。

2　昇給・昇格差別の合理性
　本判決は，男女のコース別の処遇を維持し，男性を総合職掌に位置づけ，女性のほとんどを一般職掌に位置づけた会社の行為を，配置・昇進の差別的取扱いであるとした。しかし，男性社員については主に処理の困難度の高い業務を担当させ，勤務地も限定しないものとし，他方，女性社員については主に処理の困難度の低い業務に従事させ，勤務地を限定したことには一定の合理性があるとして，男女間の職務内容の差異や転勤の有無が男女間の昇給，昇格の差異を根拠づける合理的理由であると判断した。しかし，昇給・昇格差別の合理性

は容易に認められるものではない。当該業務の処理の難易度は，具体的に誰がどのような基準に基づいて図るのか，また，それによって男女における相違がどの程度のものであるか等について十分な根拠が必要である。また，勤務地限定・無限定基準に関しては，転勤の可能性と実際の転勤とを明確に区別すべきであり，転勤の可能性の有無によってコース分けすることは合理的とはいえない。特に，遠隔地への転勤可能性をコース分けの基準にすることは，総合職から女性（とりわけ家庭責任を負っている女性）を排除する可能性が高い。

なお，本判決は平成18年の改正均等法前のものである。この改正で創設された「間接差別」に当たる場合として，コース別雇用管理の総合職について住居の移転を伴う配転に応じうることを要件とすること（均等法施行規則2条2号）が列挙されている点に留意すべきであろう。

3　改正均等法施行後の違法な男女別処遇の救済

男女別コース制の下において昇格差別が認定されたとしても，昇格の地位確認やそれを前提とする差額賃金相当額の損害賠償を認めるのは難しい。本判決も，改正均等法施行後も男女のコース別の処遇を維持していたYの行為が不法行為を構成し，損害賠償責任を負うとした。しかし，Xらの損害については，**それまでの違法とはいえない男女のコース別の処遇により，男性社員と女性社員とでは，知識，経験を異にしていると考えられるから，その格差分がそのまま損害額であるとすることはできず，具体的損害額を確定することは困難**であるとして，差額賃金請求を棄却し，慰謝料と弁護士費用のみ認容した。また，本判決は，昇格した地位にある確認請求も棄却した。これに対して，下級審の判例の中には，本件のように男女間の賃金格差が昇格決定上の差別によって生じている場合には，昇格の地位確認と，それを前提とした差額賃金相当額の損害賠償請求を認めたものがある（芝信用金庫事件・東京高判平成12・12・22労判796号5頁☞**025**事件）。

（川田　知子）

（4） 男女の昇格差別

025　芝信用金庫事件
東京高判平成12・12・22　労判796号5頁・判時1766号82頁

【事案の概要】

1　Xら（13名）は，Y信用金庫に勤務する女性職員であり（うち4名はすでに定年退職）。Yは，昭和43年4月に「職能資格制度」を導入し，副参事（課長職）・主事（係長職）・書記1〜3級など8等級の資格を定め，資格ごとの賃金体系によって処遇する制度をとった。（括弧内は平成2年4月の新人事制度導入による名称）。資格付与は，当初，人事考課に基づいて行われていたが，昭和53年10月からは昇格試験が実施され，昭和58年以降は人事考課，学科試験および論文試験によって昇格試験を行うようになった。

3　男性職員は入職後13〜16年でほぼ全員が係長に昇進し，その後平均して4〜5年で副参事に昇格しているのに対し，圧倒的多数の女性職員については副参事（課長職）への昇格や係長等への昇進が行われなかった。なお，Yは，試験に合格していない男性職員について，特別の理由を設けて試験なしに全員を昇

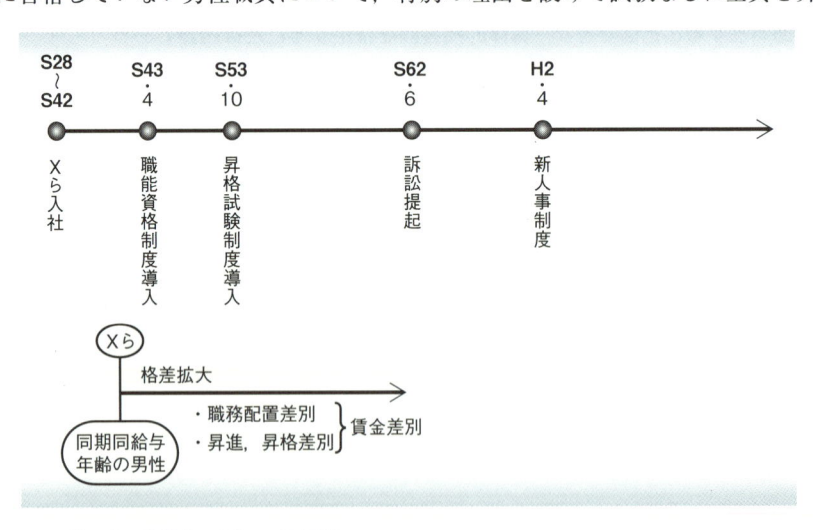

格させており，年功による優遇措置を男性に対してのみ行った。

4 そこでXらはYに対し，女性であることを理由に同期同給与年齢の男性職員に比較して昇格および昇進において著しい差別を受けたとして，この差別の是正措置として，労働契約，就業規則または労基法13条等を根拠として，「課長職の資格」および「課長の職位」にあることの確認，差額賃金等の支払や損害賠償を請求した。

5 原審（東京地判平成8・11・27労判704号21頁）は，X₁を除く12名については，Yが同期同給与年齢の男性職員には年功的要素を加味した人事政策によりほぼ全員を課長職に昇格させることが労使慣行として確立していたにもかかわらず，右労使慣行を女性職員には適用しなかったとして，①すでに退職していた職員を除いて，Xらが「課長職の地位」の確認請求を認容し，②差額賃金等の支払請求を一部認容したが，「課長の職位」の確認請求を棄却し，慰謝料請求・弁護士費用相当額の損害賠償を棄却した。そこでXらおよびY信用金庫の双方が控訴した。本判決は，原判決を変更し，1審判決後に退職した2名についても確認請求を棄却する一方で，慰謝料・弁護士費用の請求を一部認容した。

【判旨】

Xら12名（X₁を除く）について，一定の時期に副参事に昇格したものと認められ，すでに退職した職員を除き課長職の資格にあることの確認請求は理由があるとして，差額賃金，差額退職金の請求が認められた。また，Yの年功加味的人事運用上の差別行為を不法行為として，慰謝料および弁護士費用相当額の損害賠償請求も認容した。

1　「男性職員については……係長にある男性職員のほぼ全員が副参事に昇格しているにもかかわらず，女性職員については……その殆ど全てが副参事に昇格していないのであって，このような事態は，極めて特異な現象」である。また，「昇格を妨げるべき事情の認められない場合には，当該Xらについては，昇格試験において，男性職員が受けた人事考課に関する優遇を受けられないなどの差別を受けたため，そうでなければ昇格することができたと認められる時期に昇格することができなかったものと推認するのが相当」である。

2　Yの職能資格制度においては，「資格と職位が峻別され」，「昇格の有無は，

賃金の多寡を直接左右するものであるから、職員について、女性であるが故に昇格について不利益に差別することは、女性であることを理由として、賃金について不利益な差別的取扱いを行っているという側面を有するとみることができる」。

3 「使用者は労働契約において、人格を有する男女を能力に応じ処遇面において平等に扱うことの義務をも負担しているものというべきであ」り、また、労基法3条、4条、13条、93条、Yの就業規則3条（「職員は、人種、思想、宗教、政治的信条、門地、性別または社会的身分等を理由として、労働条件について差別的取扱を受けることはない」）によれば、「使用者は、男女職員を能力に応じ、処遇面において平等に扱う義務を負っていることが明らかであり、使用者が性別により賃金差別をした場合には、右法律及び就業規則の規定に抵触し、かかる差別の原因となる法律行為は無効である」。そして、「賃金の定めが無効とされた場合には、差別がないとした場合の条件の下において形成されるべきであった基準（賃金額）が労働契約の内容になると解するのが相当である」。

4 「資格の付与が賃金額の増加に連動しており、かつ、資格を付与することと職位に付けることとが分離されている場合には、資格の付与における差別は、賃金の差別と同様に観念することができる」とし、また是正基準については、「右資格の付与につき差別があったものと判断される程度に、一定の限度を越えて資格の付与がされないときには、右の限度をもって『基準』に当たると解することが可能であるから、同法13条ないし93条の類推適用により、右資格を付与されたものとして扱うことができる」。そのような「法的効果を認め得ないとすれば、差別の根幹にある昇格についての法律関係が解消されず、男女の賃金格差は将来にわたって継続することになり、根本的な是正措置がないことになる」。

「女性職員であるXらに対しても同様な措置を講じられたことにより、Xらも同期同給与年齢の男性職員と同様な時期に副参事昇格試験に合格していると認められる事情にあるときには、Xらが副参事試験を受験しながら不合格となり、従前の主事資格に据え置かれるというその後の行為は、労働基準法13条の規定に反し無効となり、当該Xらは、労働契約の本質及び労働基準法13条の規定の類推適用により、副参事の地位に昇格したのと同一の法的効果を求める権

利を有する」。

【問題の所在】
　一般に，昇格は使用者の裁量的判断によって決定されるため，差別の事実が存在しても，昇格の地位確認や差額賃金相当額の損害賠償を認めることは難しい。このような中，本判決は，はじめて昇格すべき地位の確認を求める権利および昇格後の賃金差額請求権を認めたものであり，画期的意義をもつ判決である。本判決は，①昇格における男女間格差の有無，②昇格差別が認定されたとして，課長職たる資格を有することの確認請求まで認容するのか，③昇格後の地位確認請求を法的にいかに根拠付けるか，などについて判示している。

【本判決のポイント】
1　昇格差別の認定
　性を理由とする昇格差別の認定には，男女間の給与格差の存在だけではなく，その格差が使用者の差別的な格付けによって生じた違法な差別であることを立証する必要がある。従来の判例は，男性職員に対して行った一律昇格措置や，使用者が男女間の昇格格差の結果を認識していたことから，昇格差別を認定している（社会保険診療報酬支払基金事件・東京地判平成2・7・4労判565号7頁，商工組合中央金庫事件・大阪地判平成12・11・20労判797号15頁）。
　本件1審判決（東京地判平成8・11・27労判704号21頁）は，Yの年功を加味した人事政策によって男性職員のほぼ全員を課長職に昇格させることが「労使慣行として確立していた」として昇格差別の存在を認定したのに対して，本判決は，昇格試験制度の下で，同期同給与年齢の男性職員のほぼ全員を昇格させながら，女性職員をほとんど昇格させていないのは，極めて特異な現象であることや，男女差別の意図を直接証拠によって証明することが不可能に近いことなどから，昇格試験において男性職員が受けた人事考課に関する優遇を受けられないなどの差別を受けたとして，本件昇格格差を性差別と認定した。

2　昇格後の地位確認請求
　昇格差別の存在が認定されると，次に，差額賃金の支払あるいは損害賠償請求を認めるにとどまるのか，あるいは，昇格した地位の確認請求まで認容する

かが問題になる。従来の判例は，使用者の裁量権を重視することによって，昇格請求権を否定する立場をとってきた。前掲社会保険診療報酬支払基金事件は，昇格は職務と一体となった等級を人事上の裁量によって変更するものであり，たとえ男女差別があったとしても使用者による決定がなければ昇格措置があったことにはならないのが原則であるとして，昇格した地位への確認請求を棄却している。

これに対して，本判決は，①**本件職能資格給制度は，資格と職位が峻別され，昇格の有無は，賃金の多寡を直接左右するものであるとして，本件昇格差別は労基法4条等に違反する賃金差別であること**，②**使用者は労働契約において，人格を有する男女を能力に応じ処遇面において平等に扱うことの義務をも負っていること**，③**差別の原因となる賃金の定めが労基法4条に違反するものとして無効とされた場合には，同法13条の類推適用等により差別がないとした場合の条件の下において形成されるべきであった基準（賃金額）が労働契約の内容になる**として，昇格した地位の確認請求を初めて認容した。昇格請求権を認めなかった従来の判例と本判決の違いは，本件資格が職位と峻別されていること，昇格の基準が明確になっていること（Xらと同期同給与年齢の男性全員が昇格した時に資格付与要件を満たすとしたこと），使用者の平等取扱義務を肯定している点である。また，本判決は，性差別の根本的な是正措置を図るという観点から昇格後の地位確認請求を認容しており，今後の類似の事案に大きな影響を与えうる。

3　昇格後の地位の確認請求の法的根拠

従来の判例は，昇格は使用者の裁量によって決定するものであるから，使用者の昇格決定がない限り昇格の効果は発生しないと判断した（前掲社会保険診療報酬支払基金事件，前掲商工組合中央金庫事件）。しかし，本判決は，Xらを従前の資格に据え置いたYの「行為」を，労基法4条等に違反し無効とし，無効になった部分は，労働契約の本質及び労働基準法13条の類推適用により，Xらが副参事の地位に昇格したのと同一の法的効果を求める権利を有すると判断した。職能資格制度の下で昇格差別を賃金差別ととらえ（その結果労基法4条と13条の（類推）適用が可能となる），ある労働者を1つの資格に据え置くことは単なる不作為ではなく，積極的な法律行為であると解した点が重要なポイントであろう。

（川田　知子）

（5） セクシュアル・ハラスメント

026 福岡セクシュアル・ハラスメント事件
福岡地判平成4・4・6　労判607号6頁・判時1426号49頁

【事案の概要】

1　X（女性）は，1985年12月にY社にアルバイトとして採用され，翌年1月には正社員となり，編集長Y_1の下で，学生向けの情報雑誌の作成等に従事していた。その後，Xは編集業務において重要な役割を果たすようになり，また，同年11月にY_1が入院したため出向してきたA係長とXの間で業務方針が決まることが多くなった。疎外感を持つようになったY_1は，Y社内外の関係者らに，Xの異性関係等の個人的性生活についてXの評価を下落させるような発言をし，噂を流布するようになった。

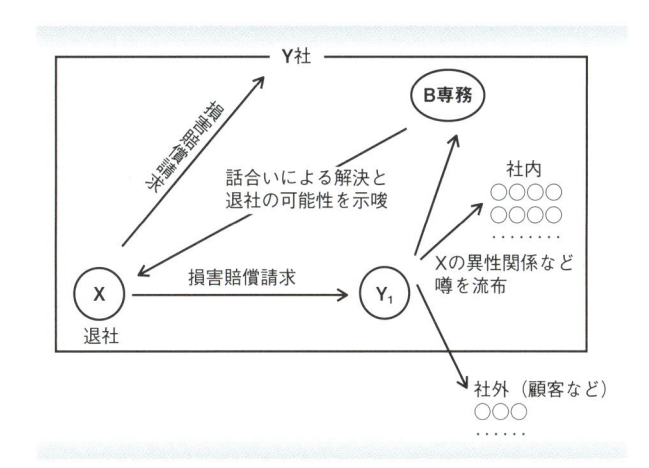

2　1987年7月，Aにかわって入社したB専務が，Y_1を中心におく業務運営を実施し始めたため，Y_1は自信を回復したが，その後も，Bや他の従業員にXの異性関係の噂を流布するなどした。同年12月，Y_1がXに転職を勧めたことなどから両者の関係が悪化し，両者の対立により，Y社の業務に支障を来たすようになった。1988年3月，Y_1はXに対し，Xの異性関係がY社にとってマイナスイメージだからと退職を求めたため，XはB専務らに関係悪化による問題の解決を求めた。

3 同年5月，BはY社代表者らに経過を報告して解決策を求めたところ，話合いによる解決が不可能な場合にはXを退社させるとの方針を決めた。そこで，Bはまず，これは個人的な問題だとして両者に話合いを促したが，成功しなかった。そのため，BはXと面談を行い，Y₁との話し合いがつかなければ退職してもらうことになると告げたところ，Xは退職の意思を表明した。次いで，Y₁に対してはXが退職する旨告げ，3日間の自宅謹慎を命じ，その後，Y社代表者とも相談して賞与を減給する処分をした。

Xは，①Y₁の行為はセクシュアル・ハラスメントに該当する違法な行為であり，民法709条に基づく不法行為責任を負うべきであるとしてYに対して慰謝料（300万円および弁護士費用）を請求し，②Y社に対しては，Y₁の行為およびBの行為が「事業の執行につき」行われたものであるとして，Y社は共同不法行為責任を負うとして，民法715条に基づき同額の慰謝料300万円と弁護士費用を請求した。裁判所はこれを一部認容した。

【判旨】

1　「Y₁が，Y社の職場又はY社の社外ではあるが職務に関連する場において，X又は職場の関係者に対し，Xの個人的な性生活や性向を窺わせる事項について発言を行い，その結果，Xを職場に居づらくさせる状況を作り出し，しかも，右状況の出現について意図していたか，又は少なくとも予見していた場合には，それは，Xの人格を損なってその感情を害し，Xにとって働きやすい職場環境のなかで働く利益を害するものであるから，Y₁はXに対して民法709条の不法行為責任を負う」。

2　「Y₁の一連の行為は，Y社の「事業の執行に付き」行われたものと認められ，Y社はY₁の使用者として不法行為責任を負うことを免れない」。

3　「使用者は，被用者との関係において社会通念上伴う義務として，被用者が労務に服する過程で生命及び健康を害しないよう職場環境等につき配慮すべき注意義務を負」い，また，「労務遂行に関連して被用者の人格的尊厳を侵しその労務提供に重大な支障を来す事由が発生することを防ぎ，又はこれに適切に対処して，職場が被用者にとって働きやすい環境を保つよう配慮する注意義務もある」ところ，「被用者を選任監督する立場にある者が右注意義務を怠っ

た場合には，右の立場にある者に被用者に対する不法行為が成立することがあり，使用者も民法715条により不法行為責任を負うことがある」。

4　「Bらは，早期に事実関係を確認する等して問題の性質に見合った他の適切な職場環境調整の方途を探り，いずれかの退職という最悪の事態の発生を極力回避する方向で努力することに十分でないところがあ」り，また，「Xの退職をもってよしとし，これによって問題の解決を図る心情を持ってことの処理に臨んだものと推察」されるため，「Bらの行為についても，職場環境を調整するよう配慮すべき義務を怠り，……主として女性であるXの譲歩，犠牲において職場関係を調整しようとした点において不法行為性が認められるから，Y社は，右不法行為についても，使用者責任を負うものというべきである」。

5　「Xは生きがいを感じて打ち込んでいた職場を失ったこと，本件の被侵害利益が女性としての尊厳や性的平等につながる人格権に関わるものであることなどに鑑みると，その違法性の程度は軽視し得るものではなく，XがY₁らの行為によって被った精神的苦痛は相当なものであったと窺われる」。「他方，Xも，Y₁から退職要求を受けた後，立腹して，Y₁等にX及びXとの交際があるとされた関係者に謝罪することを強く求め，また，ことごとく対決姿勢を堅持し，Y₁と冷静に協議していく姿勢に欠けるところがあったこと……などが，両者の対立を激化させる一端となったことも認められる。これらの事情や，その他前認定に現れた諸般の事情を考慮すれば，Xの精神的損害に対する慰謝料の額は，150万円をもって相当と認める」。

【問題の所在】

職場におけるセクシュアル・ハラスメントは，「対価型（職場における性的な言動に対する労働者の対応により当該労働者が解雇，配転や労働条件につき不利益を受ける）」と，「環境型（職場における性的な言動により労働者の就業環境が害される）」に分類される。本件は，後者に属するものであり，加害者である上司とその使用者に対する損害賠償責任が争われた，日本で初めてのセクシュアル・ハラスメント訴訟として注目されたものである。本件は，①Y₁による性的発言や噂の流布が不法行為に該当するか，また，Y₁の行為がXのどのような法益を侵害するのか，②Bらの行為は不法行為に該当するのか，また，Bらの行為がXのどのよ

うな法益を侵害するのかが問題になる。

【本判決のポイント】
1　加害者の不法行為責任
　セクシュアル・ハラスメントの加害者に対する責任追及は，不法行為に基づく損害賠償として行われる。その際，被侵害利益として挙げられているのは，①名誉やプライバシー，性的人格権ないし性的自由，女性としての尊厳などの「人格的利益」，②良好な職場環境の中で働く利益，③平等に処遇される利益などである。本判決は，Y_1がXについて，会社内外に向けて異性関係を非難する噂を流布した行為が，Xの人格を損なってその感情を害し，Xにとって働きやすい職場環境のなかで働く利益を害したものであるとして，Y_1はXに対して民法709条の不法行為責任を負うと判断した。本判決は，Xの名誉感情その他の人格権を侵害し，職場環境を悪化させたとしており，**「人格権」と「働きやすい職場環境の中で働く利益」が不法行為法上の保護法益となる**ことを認めている。

2　違法性の判断
　セクシュアル・ハラスメントの違法性の判断，特に，本件のような噂の流布や不当な発言がどの時点で違法なセクシャル・ハラスメントになるかの判断は難しい。違法性判断について，裁判所は，性的言動の具体的態様や当事者相互の関係，被害者の対応，社会的見地から不相当とされる程度等の基準を示して，総合的に判断している。本判決は，**職場または職務に関連する場において，Xまたは職場の関係者に対して行われ，その結果，Xを職場に居づらくさせる状況を作り出し，その状況の出現を意図していた，または少なくとも予見していた場合には，噂の流布は違法なセクシュアル・ハラスメントになる**と判断した。

3　加害者の行為に対する使用者責任
　使用者の不法行為責任の追及として，まず，加害者の行為に対して，民法715条を根拠に使用者責任が問われることになる。同条は，他人を使用することによって利益を得ている使用者の代位責任を認めるものであり，セクシュアル・ハラスメントが「事業の執行に付いて」行われたものでなければならない。本判決は，Y_1の行為に対するY社の使用者責任について，Y_1の一連の行為は，Y社の「事業の執行に付き」行われたものであるとして，Y社はY_1の使

用者として不法行為責任を負うと判断した。「事業の執行」については、勤務時間外であっても、職務上の地位と密接に関連する行為であれば、使用者責任を肯定する判例に見られるように、幅広く解釈される傾向にある。

4 セクシュアル・ハラスメントへの対応と使用者の責任

また、使用者は、セクシュアル・ハラスメントを予防し、迅速かつ適切な対応を取る義務を負うため、従業員によるセクシュアル・ハラスメント行為への対応に関わって、使用者の不法行為責任が問われることもある。本判決は、**被用者を選任監督する立場にあるBの対応についても、被用者にとって働きやすい環境を保つよう配慮する注意義務に違反するとして、Y社はその不法行為について民法715条により不法行為責任を負う**と判断した。本判決では、働きやすい職場環境保持に配慮すべき義務を、不法行為責任を導く使用者の注意義務として肯定しているが、債務不履行（民415条）として構成する裁判例もある（京都セクシュアル・ハラスメント事件・京都地判平成9・4・17労判716号49頁）。

（川田　知子）

（6）いじめとパワーハラスメント

027　川崎市水道局事件
東京高判平成15・3・25　労判849号87頁・判時1805号105頁

【事案の概要】

1　Iは、昭和63年に被告川崎市（Y）の職員として採用され、水道局M営業所に配属された後、平成4年10月同局資材課に、平成7年5月1日同局工業用水課に、平成8年4月1日同局資材課にそれぞれ配転された。

2　Iが同局工業用水課に配置後1か月後ぐらいから、同課課長Y_2、係長Y_3、主査Y_4はIに聞こえよがしに、「何であんなのがここに来たんだよ」といった発言や、猥雑なからかい、Iの風体や太っていることを揶揄し嘲笑するといった行為を重ねるようになり、Iは欠勤するようになった。また、Y_2らは、同年9月頃から、欠勤しがちになったIに対して、不必要で厄介者であるといっ

027

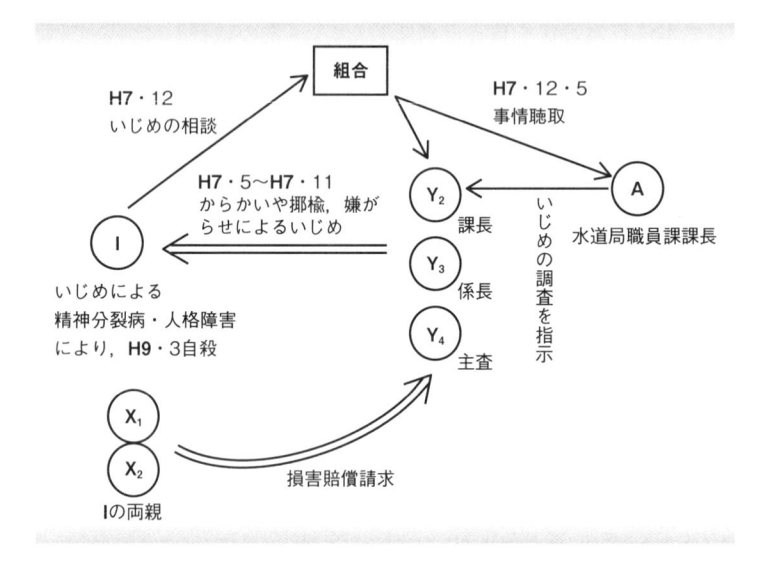

た発言をし，また，社員旅行の際にY₄がナイフを振り回しながらIを脅かすようなことを言ったり，侮蔑する発言をした。Iは社員旅行後の同年11月30日，T病院を受診し，心因反応と診断され，その後通院するようになった。

3 Iから職場でいじめなどを受けた旨の訴えを受けた川崎水道労働組合は，同年12月5日，同局職員課課長AとY₂らに事情聴取を実施したところ，Y₂はいじめの事実を否定した。その後A課長は，Y₂ら3名や同課の職員に事情聴取したり，Y₂にも調査を指示したが，いじめの事実を確認できなかった。

4 Iは，平成8年1月に3日間のみ出勤し，同年3月はすべて欠勤したが，同年4月に同局資材課に配転され2日間出勤した後，自殺をほのめかす言動や2回自殺未遂をして以降は出勤しなくなった。Iは入退院を繰り返す中で，精神分裂病ないし人格障害，心因反応と診断され，平成9年4月の職場復帰を前に，Y₂らを恨むという内容を含む遺書を残して，自宅で縊死した。

そこで，Iの両親であるX₁およびX₂は，Iの自殺がYと上司であるY₂らによる職場いじめ，いやがらせに起因するものであるとして，YとY₂らに対し，総額約1億3,000万円の損害賠償等を請求した。高裁はこれを一部認容し，一部棄却した。

【判旨】

1 「言動の中心はY₄であるが，Y₂及びY₃も，Y₄が嘲笑したときには，大声で笑って同調していたものであり，これにより，Ｉが精神的，肉体的に苦痛を被ったことは推測し得るものである。以上のような言動，経過などに照らすと，Y₂ら３名の上記言動は，Ｉに対するいじめというべきである」。

2 「いじめによって心理的苦痛を蓄積した者が，心因反応を含む何らかの精神疾患を生じることは社会通念上認められ」るところ，「Ｉには，他に自殺を図るような原因はうかがわれないことを併せ考えると，Ｉは，いじめを受けたことにより，心因反応を起こし，自殺したものと推認され，その間には事実上の因果関係があると認めるのが相当である」。

3 「Y₂は，Y₄などによるいじめを制止するとともに，Ｉに自ら謝罪し，Y₄らにも謝罪させるなどしてその精神的負荷を和らげるなどの適切な処置をとり，また，職員課に報告して指導を受けるべきであったにもかかわらず，Y₄及びY₃によるいじめなどを制止しないばかりか，これに同調していたものであり，Aから調査を命じられても，いじめの事実がなかった旨報告し，これを否定する態度をとり続けていたものであり，Ｉに自ら謝罪することも，Y₄らに謝罪させることもしなかった。また，Ｉの訴えを聞いたAは，直ちに，いじめの事実の有無を積極的に調査し，速やかに善後策（防止策，加害者等関係者に対する適切な措置，Ｉの配転など）を講じるべきであったのに，これを怠り，いじめを防止するための職場環境の調整をしないまま，Ｉの職場復帰のみを図ったものであり，その結果，不安感の大きかったＩは復帰できないまま，症状が重くなり，自殺に至ったものである。したがって，Y₂及びAにおいては，Ｉに対する安全配慮義務を怠ったものというべきである」。

「Ｉに対するいじめを認識していたY₂及びいじめを受けた旨のＩの訴えを聞いたAにおいては，適正な措置を執らなければ，Ｉが欠勤にとどまらず，精神疾患（心因反応）に罹患しており，場合によっては自殺のような重大な行動を起こすおそれがあることを予見することができたというべきである。したがって，上記の措置を講じていれば，Ｉが職場復帰することができ，精神疾患も回復し，自殺に至らなかったであろうと推認することができるから，Y₂及びAの安全配慮義務違反としてＩの自殺との間には相当因果関係があると認めるの

が相当である。したがって，Yは，安全配慮義務違反により，国家賠償法上の責任を負うというべきである」。

4　「公権力の行使に当たる公務員が，その職務を行うについて，故意又は過失によって違法に他人に損害を与えた場合には，国又は地方公共団体がその被害者に対して賠償の責任を負うべきであり，公務員個人はその責を負わないものと解されている。……本件においては，Y_2ら3名がその職務を行うについてIに加害行為を行った場合であるから，Xらに対し，その責任を負担しない」。

5　「Iは，……職場も配転換えとなり，また，……医師の診察を受け，入通院をして精神疾患に対する治療を受けていたにもかかわらず，これらが功が奏することなく自殺に至ったものである。これらの事情を考慮すると，Iについては，本人の資質ないし心因的要因も加わって自殺への契機となったものと認められ，損害の負担につき公平の理念に照らし，Xらの損害額の7割を減額するのが相当である」。

【問題の所在】

長時間労働や仕事によるストレスを原因とする労働者の自殺について，使用者の責任を認める判決は数多く存在するが，本件は職場でのいじめによる自殺に対する使用者の責任を認めた初めてのケースであり，その後の同種事案に大きな影響を与えることが予想される。本判決は，①Y_2ら3名によるいじめ，嫌がらせとIの自殺の間に因果関係があるか，②YおよびY_2とAは安全配慮義務を怠ったか，また，安全配慮義務違反と自殺との関係が認められるか，③過失相殺の類推適用による損害額の減額において何が斟酌されているのか，などについて判示を行っている。

【本判決のポイント】

1　職場におけるいじめと自殺の因果関係

労働災害について使用者に対し安全配慮義務違反または不法行為を理由として損害賠償請求を行う労災民事訴訟では，まず，当該負傷，疾病または死亡が労働者の業務従事によって生じたと認めるのが相当であること，すなわち業務

従事と負傷，疾病または死亡との間の相当因果関係が存在することが要件となる。労働者の自殺については，従来，長時間労働や業務上のストレスとの因果関係を争うケースが問題になっており，電通事件（最二小判平成12・3・24民集54巻3号1155頁☞**074**事件）は，長時間労働によるうつ病罹患と自殺との間に相当因果関係があることを認めている。

本件では，I本人が関係者に語っていたいじめの事実の具体性，職員旅行後のIの態度の変化，遺書の内容の信憑性などから，いじめの事実の存在を認定した。その上で，いじめによる心理的苦痛の蓄積が心因反応を含む精神疾患を生じさせることは社会通念上認められ，Iには他に自殺を図るような原因はうかがわれないことから，いじめを受けたことにより心因反応を起こし，自殺したものと推認されるとして，いじめと自殺の間には事実上の因果関係があると判断した。

2　労働者の自殺に対する使用者の責任

労災民事訴訟においては，上記のように相当因果関係が肯定されると，次に，安全配慮義務違反が認められるか否かが問題になる。例えば，長時間労働に従事する労働者の脳幹部出血による死亡につき，高血圧症の基礎疾患を有する労働者については，労働時間や休憩に配慮し，業務が過重とならないように配慮すべき義務があるとした例（システムコンサルタント事件・東京高判平成11・7・28労判770号58頁）や，保育所の過酷な勤務条件により精神的重圧からうつ状態に陥り，その結果責任感の強さや自責の念から自殺したケースにおいて，安全配慮義務違反が認められた例がある（東加古川幼児園事件・最三小決平成12・6・27労判795号13頁，原審大阪高判平成18・10・30労判927号5頁）。**労働者の自殺につき安全配慮義務違反による責任を認めるに当たり重要なことは，業務上の要因による精神疾患が重大な結果をもたらすことを予見できたにもかかわらず，適切な安全配慮を欠いたために自殺という結果を招いたといえるか否かである。**

このような長時間労働や業務上のストレスを原因とする自殺のケースと同様，本件も，適切な措置を執らなければ，心因反応が自殺という重大な結果を招くことは予見できるとして，安全配慮義務違反と自殺に因果関係があるとしている。

3 過失相殺の類推適用による損害額の減額

　労働者のうつ病による自殺のケースにおいて，上記のように相当因果関係および使用者の安全配慮義務違反が認められたとしても，労働者本人の性格や心因的要素など労働者にも相当の寄与要因が認められる場合には，過失相殺の類推適用や過失割合の按分によって，使用者の損害賠償責任を軽減することがある。本人の性格・心因的要素の寄与や会社への情報提供の不足を考慮して，民法722条の類推適用によって損害額から8割を減じた三洋電機サービス事件・東京高判平成14・7・23労判852号73頁や，本人の要因と家族の対応から5割減額した川崎製鉄（水島製鉄所）事件・岡山地倉敷支判平成10・2・23労判733号13頁などがある。これに対して，前掲電通事件最高裁判決は，ある業務に従事する特定の労働者の性格が同種の業務に従事する労働者の個性の多様さとして通常想定される範囲を外れるものでない場合には，その労働者の性格およびこれに基づく業務遂行の態様等を，心因的要因として斟酌することはできないとして，民法722条を類推適用しての責任軽減を否定している。

　本判決は，職場の配転替えや入通院による精神疾患の治療にもかかわらず自殺に至った事情を考慮すると，Ｉの自殺は「本人の資質ないし心因的要因も契機となった」と認められるとして，過失相殺の類推適用により，損害額の7割を減額している。しかし，本判決においては，本人の資質や心因的要因について具体的に示されていないにもかかわらず，損害賠償額の算定にあたってこの点を考慮して，7割の減額を認めた部分は疑問が残る。いじめによる自殺のケースでも，損害額の算定にあたって本人の要因が加味される可能性が高いことを示している。

（川田　知子）

第6章 採用・採用内定・試用期間

(1) 採用の自由・採用期間

028 三菱樹脂事件
最大判昭和48・12・12　民集27巻11号1536頁・労判189号16頁

【事案の概要】

1 Xは，昭和38年3月大学卒業と同時にY社に採用されたが，3か月の試用期間満了直前に，Y社から本採用を拒否する旨の通知を受けた。その理由は，Y社の主張によれば，Xは身上書に虚偽の記載をし，または記載すべき事項を秘匿し，面接試験における質問に対しても虚偽の回答をしたことであり，これらの行為は，Y社の管理職要員としての適格性を否定するというものであった。具体的には，①Xは大学在学中に学生自治会の中央委員の地位にあり，日米安全保障条約改定反対運動等に積極的に関わっていたにもかかわらず，学生運動をしたことはなく，これに興味もなかった旨の虚偽の回答をしたこと，②大学生活協同組合の理事や組織部長を務めていたにもかかわらず，これを記載しなかったことである。

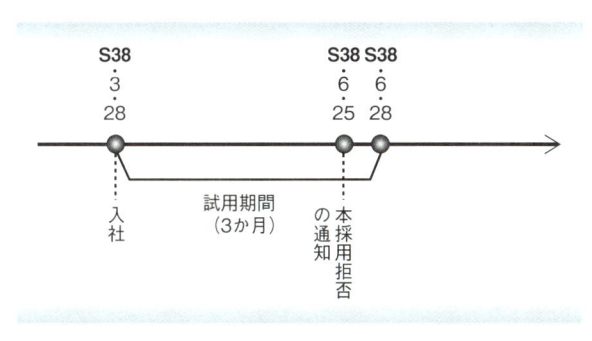

2 Xは，本採用拒否を争い，従業員としての地位の確認および昭和38年7月1日以降の賃金の支払いを求めて提訴した。1審判決（東京地判昭和42・7・17民集27巻11号1566頁）は，思想信条差別には触れず，Y社の主張する本採用拒否の理由は，管理職に要求される資格を失わせるほどのものとはいえず，本採用拒

否は解雇権の濫用に当たるとした。2審（東京高判昭和43・6・12民集27巻11号1580頁）は、人が信条によって差別されないことは憲法14条、労基法3条の定めるところであり、通常の会社において入社試験の際に応募者にその政治的思想、信条に関係のある事項を申告させることは公序良俗に反し許されず、応募者がこれを秘匿しても不利益を課すことはできないとして、本採用拒否を無効とした。これに対しY社が上告したが、本判決は以下のように判示して、原判決を破棄し原審に差し戻した。

* なお、本件は、試用期間の法的性質に関する論点を含むが、以下では採用差別に関する部分に限って紹介する（試用期間については☞ **031** 事件参照）。

【判旨】

1 憲法14条および19条は「国または公共団体の統治行動に対して個人の基本的な自由と平等を保障する目的に出たもので、もっぱら国または公共団体と個人との関係を規律するものであり、私人相互の関係を直接規律することを予定するものではない。」

2 「私的支配関係においては、個人の基本的な自由や平等に対する具体的な侵害またはそのおそれがあり、その態様、程度が社会的に許容しうる限度を超えるときは、これに対する立法措置によってその是正を図ることが可能であるし、また、場合によっては、私的自治に対する一般的制限規定である民法1条、90条や不法行為に関する諸規定等の適切な運用によって、一面で私的自治の原則を尊重しながら、他面で社会的許容性の限度を超える侵害に対し基本的な自由や平等の利益を保護し、その間の適切な調整を図る方途も存する」。

3 「憲法は、思想、信条の自由や法の下の平等を保障すると同時に、他方、22条、29条等において、財産権の行使、営業その他広く経済活動の自由をも基本的人権として保障している。それゆえ、企業者は、かような経済活動の一環としてする契約締結の自由を有し、自己の営業のために労働者を雇傭するにあたり、いかなる者を雇い入れるか、いかなる条件でこれを雇うかについて、法律その他による特別の制限がない限り、原則として自由にこれを決定することができるのであって、企業者が特定の思想、信条を有する者をそのゆえをもって雇い入れることを拒んでも、それを当然に違法とすることはできない」。「労

働基準法3条は労働者の信条によって賃金その他の労働条件につき差別することを禁じているが，これは，雇入れ後における労働条件についての制限であって，雇入れそのものを制約する規定ではない。また，思想，信条を理由とする雇入れの拒否を直ちに民法上の不法行為とすることができないことは明らかであり，その他これを公序良俗違反と解すべき根拠も見出すことはできない。」

4　「企業者が雇傭の自由を有し，思想，信条を理由として雇入れを拒んでもこれを目して違法とすることができない以上，企業者が，労働者の採否決定にあたり，労働者の思想，信条を調査し，そのためその者からこれに関連する事項についての申告を求めることも，これを法律上禁止された違法行為とすべき理由はない。」

【問題の所在】

労働契約も契約の一種であるため，基本的には「契約自由の原則」が妥当する。労働契約の当事者は，誰と，いかなる労働条件で契約を締結するかを自由に決することができる。この労働契約関係における契約締結の自由を使用者側からみたものが「採用の自由」であるが，何の制約もなくこの自由が認められている訳ではない。日本でも，公共の福祉，労働者保護，人権などの観点から，採用の自由を一定限度で制限する立法規定が存在する。

しかし，法律上明文で採用差別を禁止した規定が存在しない場合に，採用の自由が無制限に許されるのかどうかが問題となる。この点について本判決は，思想信条を理由とする採用差別が①憲法14条・19条，②労基法3条，および③民法90条等の私的自治に対する一般的制限規定に違反するかについて判示し，その後の採用差別問題に多大な影響を及ぼした。

【本判決のポイント】

1　憲法の私人間適用

憲法の人権規定が私人間に適用されるかどうかについて，人権規定は私人間には適用されないとする非適用説，私人間に直接効力を有するとする直接適用説，および民法90条のような私法の一般条項を，憲法の趣旨を取り込んで解釈・適用することによって，間接的に私人間の行為を規律するという間接適用

説がある。

本判決は，**憲法14条および19条は私人相互の関係を直接規律することを予定するものではない**，使用者側にも財産権の行使や経済活動の自由という基本的人権を有しているのであるから，思想信条を理由とする採用拒否を違法とするためには，法律等の特別の制限が必要であると述べ，「間接適用説」を採用した。本判決は続けて労基法3条および民法90条が法律上の制限といえるかどうかを検討する。

2　労働基準法3条の適用

労基法3条は，労働者の国籍，信条または社会的身分を理由に労働条件について差別的取扱いをしてはならないと定めるところ，本件本採用拒否が労基法3条に抵触するか否かが問題となる。この点2審では，労働者の思想信条に関する事項を採用後の調査で知りえたとしても，そのことを理由に労働契約を取り消すことは労基法3条に反するとの見解を示した。これに対し本判決は，**労基法3条は採用後の労働条件についての制限であって，採用段階における制約とはならない**と判示した。このように最高裁判所は，労働契約の締結以降とそれ以前の採用段階とを厳密に区別し，契約締結後の差別は厳しく規制するものの，採用段階については使用者に広範な採用の自由を認める立場を採用した。

3　公序良俗違反（民法90条）の適用

法律上明文で差別が禁止されていない場合でも，裁判所が民法90条を用いて契約の自由に制限を加えることはこれまでもみられてきた（男女の差別的定年制度を公序違反とした日産自動車事件・最三小判昭和56・3・24民集35巻2号300頁☞**134**事件）。本判決も，間接適用説を採用し，個人の基本的な自由や平等が著しく侵害されるおそれがある場合には，民法1条や90条などの私的自治に対する一般的制限規定等を適切に運用することによって，個人の自由や平等の利益を保護すべきだとの見解を示す。しかし本判決は，使用者に広く認められている経済活動の自由の一環である契約締結の自由を根拠に，思想信条を理由とする本採用拒否を当然に公序良俗違反とすることはできないとする。本判決は本件事案において公序違反が認められない理由を必ずしも明らかにしていないが，判決全体を通してみると，長期間雇用を前提とする日本企業では継続的な人間関係として相互信頼関係が要請されるため，採用の際に，思想信条を含めたその人の

性格に関わる事情を考慮することには,「合理性」があると判断したものと考えられる。

しかし本判決に対しては,思想信条を理由とする本採用拒否が公序違反となるかどうかを具体的に検討すべきであったとか,採用段階の差別こそが最も弊害をもたらすにもかかわらずこの深刻な問題を軽視している等の批判が投げかけられよう。

4 調査の自由

採用過程において,労働者の思想信条を調査することについて,本判決は,思想信条を理由とする雇入れ拒否が違法ではない以上,**労働者の思想信条を調査し,これに関連する事項の申告を求めることも違法とはいえない**とする。しかしこれは,プライバシー保護の観点から問題多く,思想信条に関する調査は,特別の職業上の理由から調査することが不可欠である場合に限られるべきであろう。

(長谷川　珠子)

(2) 採用内定

029　大日本印刷事件
最二小判昭和54・7・20　民集33巻5号582頁・判時938号3頁

【事案の概要】

1　Y社は,昭和43年S大学に対し,翌年3月卒業予定者でY社に入社を希望する者の推薦を依頼し,卒業予定者に対して求人募集をした。Xは,昭和44年3月卒業予定のS大学の学生であり,大学の推薦を得てY社の求人募集に応じ,昭和43年7月2日に筆記試験および適格検査を,同月5日に面接試験および身体検査を受け,その結果,同月13日にY社から文書で採用内定の通知を受けた。

2　内定通知書には,①履歴書等に虚偽記載があったとき,②共産主義運動への関与が判明したとき,③3月までに卒業ができなかったとき,④健康状態が

悪化したとき，⑤その他の事由によって入社後の勤務に不適当と認められたときには，採用内定を取消されても異存ない旨記載された誓約書が同封されており，Xはこれに必要事項を記入し，Y社に送付した。

```
S43      7/5    7/13              S44      S44
7/2                                2/12     3
●        ●     ●                  ●        ●
筆記試験  面接試験 採用内定通知⇒    採用内定  大学卒業
＆適格   ＆身体  誓約書送付         取消通知
検査     検査
```

3 S大学では，就職先の推薦を二企業に制限し，一方に採用が内定したときには未内定の企業に対する推薦を取り消す方針がとられており，Y社も承知していた。XはY社からの内定通知後，大学の推薦を受けていたB社に対し応募を辞退する旨通知した。

4 Y社は，昭和43年11月頃Xに対し会社の近況報告等を送付するとともに，Xの近況報告書を提出するよう指示し，Xはこれに応じた。ところが，昭和44年2月12日，Y社はXに対し理由を示すことなく採用内定を取り消す旨通知した。Xは，大学を通じてY社と交渉したが成果を得られず，他に就職することもなく，同年3月S大学を卒業した。

5 Xは，内定取消しを争い，従業員としての地位の確認，同年4月1日以降の賃金および慰謝料の支払いを求めて提訴した。1審判決（大津地判昭和47・3・29労民集23巻2号129頁）は，Y社の内定通知に対しXが誓約書を提出した段階で，将来の一定時期に互いに特別の意思表示をすることなく労働契約を成立させることを内容とする採用内定契約が成立したとして，慰謝料以外のXの請求を認容した。2審判決（大阪高判昭和51・10・4労民集27巻5号531頁）は，誓約書の内定取消理由に基づく解約権をY社が就労開始時まで留保し，就労の始期をXの大学卒業直後とする労働契約が成立したとして，慰謝料を含むXの請求を認容した。これに対しY社が上告したが，最高裁は上告を棄却した。

【判旨】

1 「企業が大学の新規学卒者を採用するについて、早期に採用試験を実施して採用を内定する、いわゆる採用内定の制度は、従来わが国において広く行われているところであるが、その実態は多様であるため、採用内定の法的性質について一義的に論断することは困難というべきである。したがって、具体的事案につき、採用内定の法的性質を判断するにあたっては、当該企業の当該年度における採用内定の事実関係に即してこれを検討する必要がある。」

2 本件事実関係の下では、「Y社からの募集（申込みの誘引）に対し、Xが応募したのは、労働契約の申込みであり、これに対するY社からの採用内定通知は、右申込みに対する承諾であって、Xの本件誓約書の提出とあいまって、これにより、XとY社との間に、Xの就労の始期を昭和44年大学卒業直後とし、それまでの間、本件誓約書記載の5項目の採用内定取消事由に基づく解約権を留保した労働契約が成立したと解するのを相当とした原審の判断は正当であ」る。

3 わが国の雇用事情に照らすと、大学新規卒業予定者で、特定企業と採用内定の関係に入った者は、「解約権留保付であるとはいえ、卒業後の就労を期して、他企業への就職の機会と可能性を放棄するのが通例であるから、就労の有無という違いはあるが、採用内定者の地位は、一定の試用期間を付して雇用関係に入った者の試用期間中の地位と基本的には異なるところはない」。

4 試用期間における留保解約権の行使における判例法理が、採用内定期間中の留保解約権の行使についても同様に妥当するため、「採用内定の取消事由は、採用内定当時知ることができず、また知ることが期待できないような事実であって、これを理由として採用内定を取消すことが解約権留保の趣旨、目的に照らして客観的に合理的と認められ社会通念上相当として是認することができるものに限られる」。

5 内定取消事由の中心は、「Xがグルーミーな印象なので当初から不適格と思われたが、それを打ち消す材料が出るかも知れないので採用内定としておいたところ、そのような材料が出なかった」というものであるが、採用内定前に調査を尽くせば、適格性の判断が可能であったのに、これをせず、上記の理由で採用内定を取消すことは、「解約権留保の趣旨、目的に照らして社会通念上

相当として是認することができず，解約権の濫用というべきであ」る。

【問題の所在】

大学新規学卒者の正規従業員としての採用は，一般的に，「企業による募集→学生の応募→採用試験→採否決定→内定通知→誓約書等の提出→健康診断等の実施→入社（就労の開始）→試用→本採用」というプロセスを経る。この一連の採用内定過程の法的性質を巡って，学説上はいくつかの説が唱えられていた。本判決は，結論として採用内定取消しを違法と判断したが，その過程において①採用内定によって労働契約が成立したといえるか，②労働契約が成立したといえる場合，それはどのような性質のものか，③採用内定取消しはいかなる場合に認められるか，について重要な判示を行った。

【本判決のポイント】

1 採用内定の法的性質

採用内定の法的性質に関しては，①採用内定は単なる労働契約締結の過程に過ぎないとする契約締結過程説，②内定は将来の労働契約締結の予約であるとする予約説，③内定によって労働契約が成立するとする労働契約成立説がある。採用内定を取り消された場合，①説では，内定者は期待権侵害など不法行為による損害賠償請求が，また，②説では予約違反の債務不履行責任（損害賠償責任）を求めることが可能である。これに対し，③説では，内定取消しは労働契約の解約（解雇）に当たるため，内定者は解雇の無効を主張して契約関係の存在確認を求めることができる。本判決は**採用内定の実態は多様であるため，具体的事実関係に即して内定の法的性質を検討すべきである**としたうえで，本件においては，企業による募集が労働契約申込みの誘引であり，これに対する学生からの応募が申込みに当たり，企業からの内定通知は申込みに対する承諾であるとした。これにより，**採用内定段階において労使間に，大学卒業直後を就労の始期とし，それまでの間，誓約書記載の採用内定取消事由に基づく解約権を留保した労働契約（始期付解約権留保付の労働契約）が成立する**とする（同様の判断として，電電公社近畿電通局事件・最二小判昭和55・5・30民集34巻3号464頁）。

2 採用内定者の地位

　採用内定から就労までの期間の採用内定者の法的地位について，本判決は，内定者として特別な地位にあるのではなく，試用期間中の労働者の地位と異ならないとした。その理由は，採用内定者は，卒業後は内定を受けた企業で就労できるものと期待し，他企業への就職の機会を放棄するのが一般的であるとするもので，実際に就労しているか否かの違いは，影響しないとする（内定期間中の内定者と企業の法律関係については，宣伝会議事件・東京地判平成17・1・28労判890号5頁☞**030** 事件参照）。

3 採用内定取消しの適法性

　本判決は，採用内定者の地位は，試用期間中の労働者の地位と同じであると述べた後，試用期間中の留保解約権の行使は，解約権留保の趣旨，目的に照らして，客観的に合理的な理由が存在し社会通念上相当として是認することができる場合にのみ許されるとする三菱樹脂事件判決（最大判昭和48・12・12民集27巻11号1536頁☞**028**事件）を引用し，この枠組みが内定期間中の留保解約権の行使についても同様に妥当するとする。そして，**採用内定の取消事由は，採用内定当時知ることができず，また知ることが期待できないような事実であり，これを理由として採用内定を取り消すことが解約権留保の趣旨，目的に照らして客観的に合理的と認められ，社会通念上相当として是認できるものに限られる**と判示した。つまり，採用内定により労働契約が成立している以上，その後の使用者による一方的な解約は，解雇にあたり，内定取消しにも解雇権濫用法理が適用されるとの構成がとられた。

　本件では，Y社がXに対して抱いた「グルーミー（陰鬱）な印象」を打ち消す材料が表れなかったことが，誓約書記載の⑤に該当し，採用内定を取消す理由となりうるかどうかが争点となったが，裁判所は，そのような印象は当初からわかっていたことであり，採用内定の取消し理由としては認められず，解雇権の濫用に当たるとした。

　なお，採用内定者が誓約書記載の取消事由に該当する場合であっても，ただちに留保解約権の行使が認められるわけではなく，該当の程度や内容が重大な場合にのみ，客観的合理性や社会的相当性が認められる。

　　　　　　　　　　　　　　　　　　　　　　　　　（長谷川　珠子）

（3） 内定期間中の研修

030　宣伝会議事件
東京地判平成17・1・28　労判890号5頁・労経速1907号6頁

【事案の概要】

1　Xは，A大学大学院博士課程に在籍し，B教授の指導の下，研究を行っていた。科学ジャーナリストを目指すXは，B教授と面識のあるCが代表を務めるY社（環境問題に関する雑誌の出版社）を紹介され，平成14年4月にCの，5月にY社人事担当のDの面接を受けた。この結果，5月中旬頃，Xは平成15年3月末までに論文審査を終えること等を条件として，同年度の新卒採用の内々定を受けた。Y社は，平成14年6月17日，Xに内定通知書を交付し，XはY社に入社承諾書および誓約書を差し入れた。その際XはDから，3か月の試用期間お

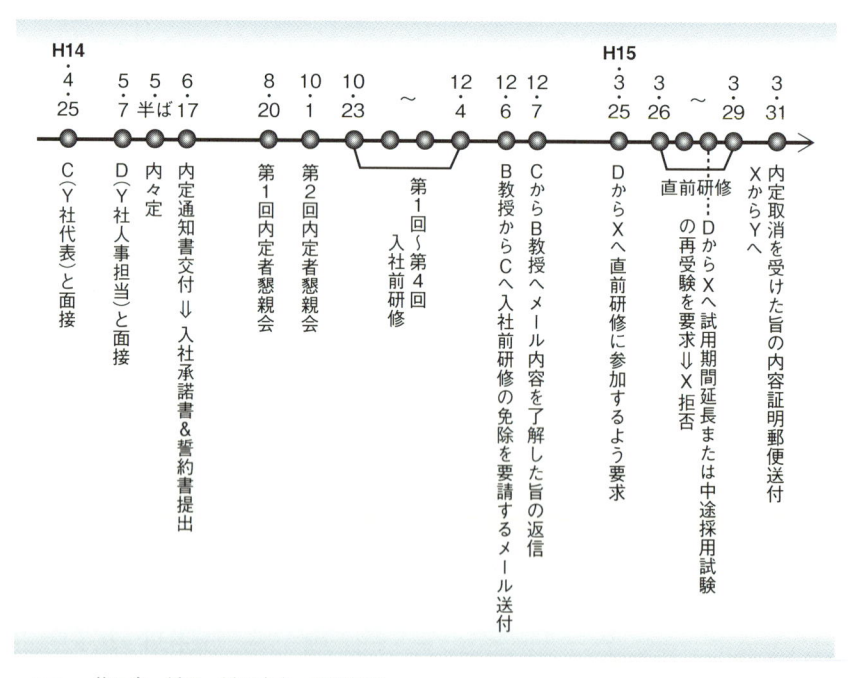

H14.4.25	C（Y社代表）と面接
5.7	D（Y社人事担当）と面接
5月半ば	内々定
6.17	内定通知書交付⇨入社承諾書&誓約書提出
8.20	第1回内定者懇親会
10.1	第2回内定者懇親会
10.23〜12.4	第1回〜第4回 入社前研修
12.6	B教授からCへ入社前研修の免除を要請するメール送付
12.7	CからB教授へメール内容を了解した旨の返信
H15.3.25	DからXへ直前研修に参加するよう要求
3.26〜3.29	直前研修…DからXへ試用期間延長または中途採用試験の再受験を要求⇨X拒否
3.31	XからYへ内定取消を受けた旨の内容証明郵便送付

よび入社日前研修の説明を受け，研究に支障はないと判断してこれに同意した。誓約書には，本人の故意または重大な過失により社会の風紀，秩序を乱したときおよびこれに準ずる不都合な行為をしたときには，内定を取り消されても異議がないと記載されていた。

2 Xは2回の懇親会および4回の入社日前研修に参加した。入社日前研修で毎回課せられる課題は消化に1〜2日を要したため，Xは研修参加と研究との両立が困難となった。B教授と相談したところ，B教授はCに入社日前研修の免除を要望するメールを送付し，Cから了解した旨のメールを受信した。Xは，B教授から研修の参加は免除された旨伝えられたため，Y社に連絡することなく，それ以降の研修に参加せず，研究に専念した。

3 平成15年3月25日，Dは，3月末に4日間行われる直前研修の重要性に鑑み，Xに対し，博士号にかかる条件を採用条件から外すとして，直前研修に参加するよう求め，そうでなければ，4月1日入社をとりやめ，同年度の中途採用試験を再度受験することになると告げた。これを受けたXは，論文審査を延期して，直前研修に参加した。

4 直前研修において，Xは担当講師から低い評価を受けた。Dは直前研修の3日目終了後Xに対し，研修が遅れているとして，試用期間を6か月に延長するか，博士号取得後，中途採用試験を受け直すかのいずれかを選択するよう求めた。Xはいずれの選択も拒否し，平成15年3月31日付けでY社に対し，内定辞退の事実はなく内定を取り消されたものであり，4月1日以降出社しても通常業務に就くことはできないから，出社はしないとの内容証明郵便を差し出した。その後Xは，同年5月1日から研究所の非常勤職員として勤務し，博士論文の内容を充実させるため研究を継続している。

5 Xは，採用内定を受けたY社から内定を違法に取り消されたとして，債務不履行に基づき，Y社に対して賞与を含む1年分の賃金と慰謝料等（計616万円余）を求める訴えを提起した。本判決は，以下のように判示し，Xの請求を一部認容した。

【判旨】

1 内定段階における「解約権行使は，解約権留保の趣旨，目的に照らして客

観的に合理的と認められ社会通念上相当として是認することのできる場合にのみ許される」。「本件内定は，Xが平成15年３月31日までに論文審査を終了させる……ことができなかった場合，……また，Xの故意又は重大な過失により社会の風紀，秩序を乱したとき及びこれに準ずる不都合な行為があったときも，Y社は解約権を行使することができる」。しかし，解約権行使の範囲は，必ずしも誓約書記載の事由に限定されるものではない。

2 「効力始期付の内定では，使用者が，内定者に対して，本来は入社後に業務として行われるべき入社日前の研修等を業務命令として命ずる根拠はないというべきであり，効力始期付の内定における入社日前の研修等は，飽くまで使用者からの要請に対する内定者の任意の同意に基づいて実施されるものといわざるを得ない。」「また，使用者は，内定者の生活の本拠が，学生生活等労働関係以外の場所に存している以上，これを尊重し，本来入社以後に行われるべき研修等によって学業等を阻害してはならないというべきであり，入社日前の研修等について同意しなかった内定者に対して，内定取消しはもちろん，不利益な取扱いをすることは許されず，また，一旦参加に同意した内定者が，学業への支障などといった合理的な理由に基づき，入社日前の研修等への参加を取りやめる旨申し出たときは，これを免除すべき信義則上の義務を負っている」。「本件内定は，入社日において労働契約の効力が発生する効力始期付のものであって，Xが直前研修を含めた本件研修への参加に明示又は黙示的に同意したことにより，XY社間に本件研修参加に係る合意が成立したが，当該合意には，Xが，本件研修と研究の両立が困難となった場合には研究を優先させ，本件研修への参加をやめることができるとの留保が付されていたと解するのが相当」。

3 「Xは，入社前研修と課題消化が研究の支障となったため，……研修の免除を申し出ており，……Xが平成14年12月18日以降の入社前研修に参加する義務はなかったのであるから，入社前研修の不参加を理由に本件内定を取り消すことはでき」ず，参加義務のなかった「直前研修での出来事をもって，内定を取り消すことは許されない。」また，Y社が「Xの試用期間を６か月に延長する根拠はないから，Xが試用期間延長に応じなかったからといって，本件内定を取り消すことはできない。」「以上の事情を総合したとしても，本件内定取消

しに客観的合理的理由があるとするには十分ではなく，本件内定取消しは違法」。

【問題の所在】

採用内定によって（始期付解約権留保付）労働契約が成立するとしても（大日本印刷事件・最二小判昭和54・7・20民集33巻5号582頁☞**029**事件），新卒採用の場合，採用内定から実際に就労を開始するまでに相当の期間が空く。そのため，この内定期間中の両当事者の法律関係をどのようにとらえるのかが問題となる。特に入社日前研修は多くの企業で行われているが，学業との両立等との関係で現実に大きな問題となっている。

本件では，①内定期間中に研修を命じられた場合，内定者はそれに応じる義務があるか，②研修に応じなかったことを理由に内定取消しができるのかが争われ，理不尽な入社日前研修に対する一定の判断基準が示されたといえる。

【本判決のポイント】

1 始期付労働契約の意味と内定期間中の法律関係

始期付解約権留保付労働契約の「始期」の意味について，事案によって，「効力」始期付の労働契約と解するもの（前掲，電電公社近畿電通局事件）や，「就労」始期付の労働契約と解するもの（前掲，大日本印刷事件）とがある。一般的に，前者の場合，契約の効力は入社日まで発生しないことになるが，これに対し後者は契約の効力は採用内定により発生することになる。しかし，内定期間中の法律関係は，始期の性質からただちに明らかになるものではなく，当事者間にどのような合意・認識があったかという個別の契約の解釈によって決定されるものである。本判決も，内定期間中の権利義務に関し，当事者間がどのような合意をしていたのかを検討した結果，本件内定は効力始期付きの労働契約であるとした。

2 入社日前研修の諾否

一般に効力始期付の労働契約は入社日になって初めて契約の効力が生じるため，使用者が内定者に対して，入社日前の研修を業務命令として命じる根拠はない。したがって，入社日前研修の実施には，内定者の任意の同意が必要とな

る。本件でも，第1回内定者懇親会で直前研修の日程の説明を受けた際に，Xが異を唱えなかったことを，直前研修参加への黙示の同意であったと解している。問題は，一旦入社日前研修への参加に同意すると，その後の参加の取りやめが許されないかどうかである。この点について，本判決は，学業の優先を重視し，**入社日前研修に同意しない内定者に対して内定取消等の不利益取扱いは許されないこと**，および，**内定者が合理的な理由（学業への支障等）に基づいて入社日前研修への参加を取りやめたい旨を申し出た時は，使用者は研修を免除する信義則上の義務を負うこと**を初めて明らかにした。

3　内定取消しの効力

内定取消し（解約権の行使）については，解約権留保の趣旨，目的に照らして客観的に合理的と認められる社会通念上相当として是認することのできる場合にのみ許されるという判例法理（前掲，大日本印刷事件等）を，本判決も踏襲した。問題は，解約権の内容が，誓約書等の記載事項に限定されるかどうかである。この点，電電公社近畿電気局事件最高裁判決は，あらかじめ示された取消事由に限定されないとの立場をとっていたが，本判決も，**解約権行使の範囲は必ずしも誓約書等記載の事項に限定されるものではない**と判示する。

Y社は，内定取消しの理由として①研修への無断欠席，②直前研修での成績不良，③試用期間延長への不同意を挙げたが，本判決は，①②につき**参加する義務のない研修への欠席やそこでの出来事を理由とする内定取消しは許されず**，③についても，**効力始期付の労働契約の場合には就業規則の適用はない**ため，試用期間を延長する根拠がないとして，本件内定取消しに客観的合理的理由がなく，違法と判示した。

（長谷川　珠子）

（4） 試用期間

031　三菱樹脂事件
最大判昭和48・12・12　民集27巻11号1536頁・労判189号16頁

【事案の概要】

1　Xは，昭和38年3月大学卒業と同時にY社に採用されたが，3か月の試用期間満了直前に，Y社から本採用を拒否する旨の通知を受けた。その理由は，Y社の主張によれば，Xは身上書に虚偽の記載をし，または記載すべき事項を秘匿し，面接試験における質問に対しても虚偽の解答をしたことであり，これらの行為は，Y社の管理職要員としての適格性を否定するというものであった。具体的には，①Xは大学在学中に学生自治会の中央委員の地位にあり，日米安全保障条約改定反対運動等に積極的に関わっていたにもかかわらず，学生運動をしたことはなく，これに興味もなかった旨の虚偽の回答をしたこと，②大学生活協同組合の理事や組織部長を務めていたにもかかわらず，これを記載しなかったことである。

2　Xは，本採用拒否を争い，従業員としての地位の確認および昭和38年7月1日以降の賃金の支払を求めて提訴した。1審判決（東京地判昭和42・7・17民集27巻11号1566頁）は，Y社の主張する本採用拒否の理由は，管理職に要求される資格を失わせるほどのものとはいえず，本採用拒否は解雇権の濫用に当たるとした。これに対し2審（東京高判昭和43・6・12民集27巻11号1580頁）は，Xが秘匿し，虚偽の申告をしたとされる事実はすべてXの思想信条に関係する事項であり，これを理由に労働契約を取り消すことは，労基法3条に抵触し許されないとした。これに対しY社が上告したが，最高裁は以下のように述べ，原判決を破棄し原審に差し戻した。

　＊　本件は，思想信条に基づく採用差別の適法性についても争われたものであるが，本項では試用期間の部分のみを取り上げる（採用の自由に関する部分は，☞**028**事件参照）。

【判旨】

1 試用期間の性質については、「就業規則の規定の文言のみならず、当該企業内において試用契約の下に雇傭された者に対する処遇の実情、とくに本採用との関係における取扱についての事実上の慣行のいかんをも重視すべきものであ」る。XY間で締結された3か月の試用期間を付した雇用契約は、解約権留保付の雇用契約であると認められ、「本採用の拒否は、留保解約権の行使、すなわち雇入れ後における解雇にあたり、これを通常の雇入れの拒否の場合と同視することはできない。」

2 「解約権の留保は、大学卒業者の新規採用にあたり、採否決定の当初においては、その者の資質、性格、能力その他Y社のいわゆる管理職要員としての適格性の有無に関連する事項について必要な調査を行ない、適切な判定資料を十分に蒐集することができないため、後日における調査や観察に基づく最終的決定を留保する趣旨でされるものと解される」から、「一定の合理的期間の限定の下にこのような留保約款を設けることも、合理性をも」ち、留保解約権に基づく解雇は、通常の解雇の場合よりも広い範囲における解雇の自由が認められる。

3 しかし、法が採用の自由について雇入れの前後で区別を設けている趣旨、企業者が一般的には個々の労働者に対して社会的に優越した地位にあること、および、試用者が本採用を期待して、他企業への就職の機会と可能性を放棄したことを考慮すると、「留保解約権の行使は、……解約権留保の趣旨、目的に照らして、客観的に合理的な理由が存し社会通念上相当として是認されうる場合……換言すれば、企業者が、採用決定後における調査の結果により、または試用中の勤務状態等により、当初知ることができず、また知ることが期待できないような事実を知るに至った場合において、そのような事実に照らしその者を引き続き当該企業に雇傭しておくのが適当でないと判断することが、……解約権留保の趣旨、目的に徴して、客観的に相当であると認められる場合」にのみ許される。

4 本件では、Xが入社試験に際して一定の事実について秘匿等をしたことが解約権の行使についての客観的に合理的な理由に該当するかどうかについて、「Xに秘匿等の事実があったかどうか、秘匿等にかかる団体加入や学生運動参

加の内容，態様および程度，とくに違法にわたる行為があったかどうか，ならびに秘匿等の動機，理由等に関する事実関係を明らかにし，これらの事実関係に照らして，Xの秘匿等の行為および秘匿等にかかる事実が同人の入社後における行動，態度の予測やその人物評価等に及ぼす影響を検討し，それが企業者の採否決定につき有する意義と重要性を勘案し，これらを総合して上記の合理的理由の有無を判断しなければならない」が，「本採用拒否の効力に関する原審の判断には，法令の解釈，適用を誤り，その結果審理を尽くさなかった違法があ」るので，「原審に差し戻す」。

【問題の所在】
　日本の多くの企業では，正規従業員を新規に採用した後，従業員としての適格性を観察・評価するための期間として3か月から6か月程度の試用期間をおいている。適格性が否定されなければ，試用期間終了時に本採用される。試用制度は法律上の制度ではなく，日本の雇用慣行のなかで形成されてきたものであるため，試用期間中の労働関係と本採用後の労働関係とは，区別されるものなのか，それとも同一のものなのか，といった試用期間の法的性質については必ずしも明らかではなかった。
　このようななか本判決は，①試用期間の法的性質を明らかにし，②本採用拒否（留保解約権の行使）が許される判断基準を示した点で，重要な判決といえる。

【本判決のポイント】
1　試用期間の法的性質
　試用期間の法的性質は，本採用拒否の適法性の判断に大きな影響を及ぼすものであり，それをどのようにとらえるかは，非常に重要である。この点本判決は2審判決を維持し，本件事案において試用期間中に「解約権留保付労働契約」が成立しているとした。つまり，**試用期間中も本採用後と同じ労働契約関係が成立しているが，試用期間中は使用者に解約権が留保されている**と構成される。本判決以降，試用の前段階である採用内定についても同様に考える最高裁判決が出され（大日本印刷事件・最二小判昭和54・7・20民集33巻5号582頁。☞**029**），今日においては試用期間および採用内定期間の労働関係を「解約権留保付労働契

約」であるとする見解が通説となっている。

2　試用期間を置くことの合理性

　試用期間の法的性質をそのようにとらえたとしても，試用期間を置くこと自体の合理性がただちに導かれる訳ではない。この点について本判決は，**試用期間は，採用過程では十分に収集できなかった労働者の資質，性格，能力等の適格性に関する事項を調査するために必要な期間であるとして，その期間が合理的なものであれば，試用期間を設けることも許される**とする。このような最高裁の判断枠組みに対しては，本件のように，新規学卒者が長期雇用を前提として将来の管理職要員として採用された場合に，数か月という短い期間でその人の職務遂行能力や管理職要員としての適格性が正確に判断できるのかどうかは疑わしく，どんな場合でも一般的に試用期間を置くことに合理性が認められるのかは疑問の残るところである。

3　本採用拒否──留保解約権の行使

　試用期間の合理性を認めた場合でも，本採用の拒否は雇入れ後の解雇に当たるため，留保された解約権の行使は，上述の解約権留保の趣旨・目的に照らして，客観的に合理的な理由が存し，社会通念上相当として是認される場合にのみ許される。本判決は，**試用期間中の解約権の行使は通常の解雇よりも広い範囲における解雇の自由が認められる**としつつ，具体的には，「**採用決定後における調査の結果により，または試用中の勤務状態等により，当初知ることができず，また知ることが期待できないような事実を知るに至った場合**」には，留保解約権を行使できるとする。本判決を前提とすると，採用過程において使用者が十分な調査を行えば知り得た事項が，採用後に判明した場合であっても，使用者はその点を理由に本採用を拒否することは許されない。しかしその場合，使用者が採用過程において不必要な調査まで行うことにつながりかねず，採用段階での差別が深刻化する危険をはらんでいる。

（長谷川　珠子）

032 神戸弘陵学園事件

最三小判平成 2・6・5　民集44巻 4 号668頁・労判564号 7 頁

【事案の概要】

1 Yは，昭和58年 4 月から神戸弘陵学園高等学校（以下「K校」という）を設置する学校法人である。Xは，昭和59年 4 月 1 日付でK校の社会科担当の常勤講師として採用された。

2 Xは，Yの面接を 3 回受け，2 回目の面接の際Yの理事長から，採用後の身分は一応昭和59年 4 月 1 日から 1 年とすることおよび 1 年間の勤務状態を見て再雇用するか否かの判定をすること等の説明を受け，同時に口頭で採用申出を受けた。Xは，当時 1 年の期限付の非常勤講師として採用内定を受けていた他校を辞退した上で，昭和59年 3 月 5 日，Yからの採用申出を受諾し，その後同年 4 月 1 日から職務に従事した。

3 同年 5 月半ば，Xは，Yから同年 4 月 7 日ころに交付されていた「期限付職員契約書」に自ら署名捺印した。そこには，「Xが昭和60年 3 月31日までの 1 年の期限付の常勤講師としてYに採用される旨の合意がXとYとの間に成立したこと及び右期限が満了したときは解雇予告その他何らの通知を

時系列：
- S59.1.26　第 1 回面接
- S59.3.1　第 2 回面接
- S59.3.5　第 3 回面接　S59.4.1を始期とする労働契約成立
- S59.4.1　社会科担当常勤講師として採用
- S59.4.7　期限付職員契約書交付
- S59.5 半ば　左契約書に署名捺印
- S60.3.18　YからXへ労働契約がS60.3.31に終了する旨の通知

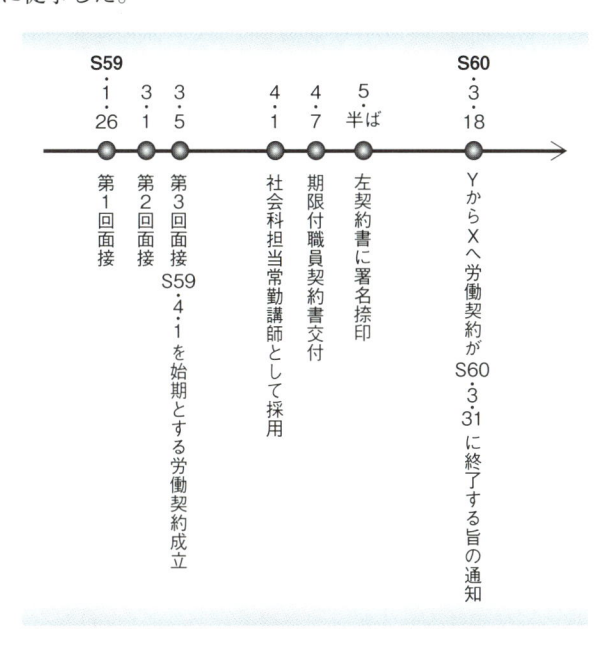

（ 4 ）　試用期間

要せず期限満了の日に当然退職の効果を生ずること」などが記載されていた。

4 Yは，昭和60年3月18日Xに対し，XY間の雇用契約は同月31日をもって期間満了により終了する旨の通知をした。そこで，XはYに対して，K校教諭であることの地位の確認および昭和60年4月以降の賃金支払を求めて訴えを提起した。1審判決（神戸地判昭和62・11・5労判506号23頁）は，雇用契約はその期間を1年としており，その期間の満了により教諭としての地位は終了したとして請求を棄却し，2審（大阪高判平成元・3・1労判564号21頁）も1審判決を維持した。これに対し最高裁は，以下のように述べ，原判決を破棄して原審に差し戻した。

【判旨】

1 「使用者が労働者を新規に採用するに当たり，その雇用契約に期間を設けた場合において，その設けた趣旨・目的が労働者の適性を評価・判断するためのものであるときは，右期間の満了により右雇用契約が当然に終了する旨の明確な合意が当事者間に成立しているなどの特段の事情が認められる場合を除き，右期間は契約の存続期間ではなく，試用期間であると解するのが相当である。」

2 「試用期間付雇用契約の法的性質については，試用期間中の労働者に対する処遇の実情や試用期間満了時の本採用手続の実態等に照らしてこれを判断するほかないところ，試用期間中の労働者が試用期間の付いていない労働者と同じ職場で同じ職務に従事し，使用者の取扱いにも特段変わったところはなく，また，試用期間満了時に再雇用（すなわち本採用）に関する契約書作成の手続が採られていないような場合には，他に特段の事情が認められない限り，これを解約権留保付雇用契約であると解するのが相当である。」

3 「解約権留保付雇用契約における解約権の行使は，解約権留保の趣旨・目的に照らして，客観的に合理的な理由があり社会通念上相当として是認される場合に許されるものであって，通常の雇用契約における解雇の場合よりも広い範囲における解雇の自由が認められてしかるべきであるが，試用期間付雇用契約が試用期間の満了により終了するためには，本採用の拒否すなわち留保解約権の行使が許される場合でなければならない。」

4 以上の一般論を示した上で，本判決は，①Yの理事長の面接の際，契約期間は「一応」1年とするとの説明を受け，また，「うちで30年でも40年でもがんばってくれ」とも言われたこと，②期限付職員契約書の交付は，本件雇用契約成立後であること，③Xの採用時は開校2年目であり今後生徒数が増加する状況にあり，昭和59年度に限って期限付職員を採用する必要があったとは思われないこと，④Xは大学卒業後にK校の教員に採用されており，Xが1年後の雇用の継続を期待することにはもっともな事情があったことなどから，「本件雇用契約締結の際に，1年の期間の満了により本件雇用契約が当然に終了する旨の明確な合意がXとYとの間に成立しているなどの特段の事情が認められるとすることにはなお疑問が残るといわざるを得」ないとして，原審に差し戻した。

【問題の所在】
　労働契約に期間の定めがある場合，その期間の満了により労働契約は終了する。しかし，裁判所は，労働者の実質的な保護を図ることを目的として，実質的に期間の定めのない労働契約と異ならない状態で存続している場合や，労働者が雇用継続を期待することについて合理性があると認められる場合には，雇止めに対して解雇に関する法理を類推適用するという法理を形成してきた（東芝柳町工場事件・最一小判昭和49・7・22民集28巻5号927頁，日立メディコ事件・最一小判昭和61・12・4労判486号6頁☞**095**事件）。本件においても，1審・2審では，これらの法理が適用されるかどうかが検討された（いずれも否定）。これに対し本判決では，労働契約に期間を設定したからといって，それを単純に契約の「存続期間」として扱うのではなく，具体的な事実関係に則してこの期間の性格をとらえるというアプローチからの判断を行っている点が注目される。

【本判決のポイント】
1　「期間の定め」の意義
　労働契約に期間を定めた場合，その期間は契約の「存続期間」であり，その存続期間満了と同時に契約は終了する。しかし本件では，1年の契約期間を記した期限付職員契約書にXが署名捺印していたものの，面接時のYの発言や上

記契約書の説明等は長期雇用を前提としているものであり，契約書に記載された雇用期間が必ずしも当事者の合意であったとはいえない状況にあった。この点について，1審および2審判決は，契約書記載の契約期間の満了によって労働契約は終了するとしたが，本判決は，**使用者が労働者を「新規」に採用する際に，その労働契約に期間を設けた場合には，その期間が労働者の適性を評価・判断するためのものであるときは，期間満了により雇用契約が当然に終了する旨の明確な合意が当事者間に成立しているなどの特段の事情が認められる場合を除き，右期間は契約の存続期間ではなく，試用期間である**と解し，このような契約を「試用期間付労働契約」であるとした。最高裁は，当事者の意思が最も重要であるしつつ，それがあいまいな場合には，期間を設けた趣旨・目的から当該期間の性質を判断すべきであるとの立場を採用した。

2　「試用期間付労働契約」の法的性質

「試用期間付労働契約」の法的性質について，本判決は，**①試用期間中の労働者が試用期間の付いていない労働者と同じ職場で同じ職務に従事し，使用者の扱いも同じで，また，②試用期間満了時に再雇用に関する契約書作成の手続きが取られていないような場合には，他に特段の時事情が認められない限り，解約権留保付労働契約が成立している**と解する。つまり，試用期間付労働契約と解約権留保付労働契約とは区別して考えられており，当該労働契約が試用期間付労働契約であると解されたとしても，上記①②に該当しない場合には，試用期間満了による労働契約の終了が，留保解約権の行使の問題として扱われないということである。

3　留保解約権の行使が許される場合

本判決は，**試用期間中の労働契約における使用者の解約権の行使は，解約権留保の趣旨・目的に照らして，客観的に合理的な理由があり社会通念上相当として是認される場合にのみ許される**との基本的判断枠組みを示し，試用期間付労働契約が試用期間の満了により終了するためには，本採用の拒否すなわち留保解約権の行使が許される場合でなければならないとする。しかし，本判決中では，留保解約権の行使がどのような場合に許されるかについての判断はなされていない。

最高裁は，そもそも本件労働契約が試用期間付労働契約であったといえるの

かどうか，つまり，1年の期間満了後に労働契約が終了する旨の明確な合意が当事者間に成立していたといえるのかどうかを判断するため，面接時のY側の発言や期限付職員契約書に係る事実および，Xが雇用継続を期待する事情等を検討している。その結果，そのような合意が成立したというにはなお疑問が残るとして，1年の期間の満了により労働契約が終了したとした原判決を破棄し，更に審理を尽くすよう原審に差し戻した。

（長谷川　珠子）

（5）採用の際の労働条件明示

033　八州事件
東京高判昭和58・12・19　労判421号33頁・判時1102号24頁

【事案の概要】

1　測量等を目的とするY社は，昭和50年度の新入社員募集のため，昭和49年6月頃より，大学および測量専門学校，高校，公共職業安定所に対し，それぞれ求人票を提出して求人あっせんを依頼した。求人票には，基本給の「見込額」や「見込基本給」として，大学卒8万円，測量専門学校二類（年限2年）卒7万4,000円以上，同一類（年限1年）卒7万1,000円以上，高校卒6万5,000円程度といった記載がなされた。

2　Xら19名は，Y社の上記求人に応募し，昭和49年の夏から秋にかけて実施

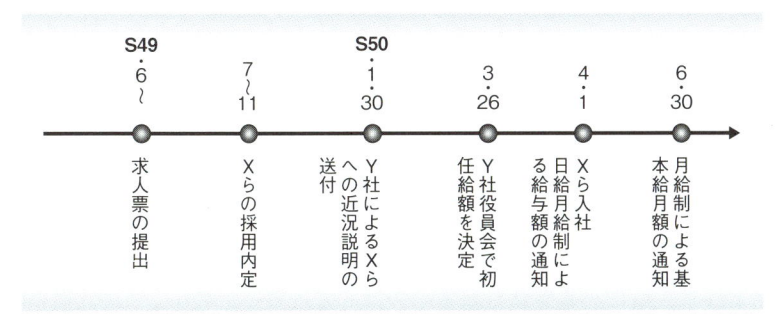

S49.6〜	求人票の提出
7〜11	Xらの採用内定
S50.1.30	Y社によるXらへの近況説明の送付
3.26	Y社役員会で初任給額を決定
4.1	Xら入社　日給月給制による給与月額の通知
6.30	月給制による基本給月額の通知

されたた同社の採用試験を受け，合格と判定された。Y社はXらに合格通知書を送付し，Xらは，卒業後Y社に出社・勤務することを約する「出社勤務約定書」を提出した。

3 一方，オイル・ショック後の不況と，政府による公共事業予算の削減などの影響から，Y社の受注量は減少し，昭和49年度の中間決算の結果，経常利益において約3,000万円の赤字が生じるなどしたため，Y社は昭和50年1月末頃，Xらに会社の近況を知らせる書面を送付し，会社として楽観を許さない情勢にあること，昭和50年は例年と異なり，初任給を含めた給与，賞与に何らかの影響が出るものと予想されること，こうした事態を避けるため，会社として最大の努力をするつもりであることを連絡した。

4 Y社は，昭和50年3月26日の役員会で，昭和50年度の新入社員の基本給月額について，大学卒の者7万4,400円，測量専門学校二類卒の者6万8,200円，同一類卒の者6万5,100円，高校卒の者6万2,000円とすることを決定した。

5 Xらは，昭和50年4月1日にY社の入社式に臨み，同日，労働契約書に署名押印をした。同契約書では，入社後3か月間を試用期間とし，その間の給与は日給月給制によって定められることとされていたが，Y社は同年6月30日，Xらの給与を同年4月1日にさかのぼって月給制に改めることとし，金額を上記**4**の基本給月額とする旨を通知した。

6 Xらは，求人票に記載されていた賃金が労働契約の内容となっているとして，実際に支払われた基本給，残業割増金，一時金等との差額の支払い等を求め，訴えを提起した。1審は，求人票記載の見込額について，景気の変動等があった場合でもその見込額を基本給として保障するものではないとして，Xらの請求を棄却した。Xらの控訴に対し，高裁はこれを棄却し，原審を維持している。

【判旨】

1　「Y社が右採用通知を発した時に，XらとY社との間に，いわゆる採用内定として，労働契約の効力発生の始期を昭和50年4月1日とする労働契約が成立したものと解するのが相当である」。

2　「本件求人票に記載された基本給額は『見込額』であり」，「最低額の支給

を保障したわけではなく，将来入社時までに確定されることが予定された目標としての額であると解すべきである」。「求人は労働契約申込みの誘引であり，求人票はそのための文書であるから」，労働法上の規制はあっても，「本来そのまま最終の契約条項となることを予定するものでない。」「そうすると，本件採用内定時に賃金額が求人票記載のとおり当然確定したと解することはできない」。

3　「かように解しても，労働基準法15条の労働条件明示義務に反するものとは思われない。けだし，採用内定を労働契約の成立と解するのは，採用取消から内定者の法的地位を保護することに主眼があるのであるから，その労働契約には特殊性があって，契約成立時に賃金を含む労働条件がすべて確定していることを要しないと解されるからである。」

4　「賃金は最も重大な労働条件であり，求人者から低額の確定額を提示されても，新入社員としてはこれを受け入れざるをえないのであるから，求人者はみだりに求人票記載の見込額を著しく下回る額で賃金を確定すべきでないことは，信義則からみて明らかである」。しかし，「確定額が見込額を下廻ったからといって，直ちに信義則違反を理由に見込額による基本給の確定という効果をもたらすものでないことも，当然である。」

5　本件については，見込額および入社時の確定額の決定にあたっての判断に明白な誤りがあったとか，「誇大賃金表示によるかけ引きないし増利のための賃金圧迫を企図したなど社会的非難に値する事実は，本件全証拠によっても認めることはできないのであり，更に昭和49年12月ないし翌50年1月に内定者に一応事態の説明をして注意を促していること，確定額は見込額より3,000円ないし6,000円程度下廻って少差とはいえないにせよ，前年度の初任基本給よりはいずれも7,000円程度上廻っていること……を考え合わせると，昭和50年4月1日，Y社からXらに提示され，双方署名押印して作成された労働契約書によって確定した基本給額（その後月給制として改訂）が，労働契約に影響を及ぼすほど信義則に反するものとは認めることができない。」

【問題の所在】
　企業が求人を行う際，求人票に記載する採用後の賃金を「見込額」として記

載していたところ，求人に応募し採用された労働者が実際に就労した際の賃金額がそれを下回っていた場合，労働者は，求人票記載の見込額が労働契約の内容となっていたとして，その額を賃金の額として請求できるだろうか。本判決は，新規学卒者採用のケースにおいて，①求人票記載の見込額が採用内定時に労働条件として確定したとはいえないとしつつ，②使用者は，信義則上，みだりに求人の際に提示した見込額を著しく下回って賃金を確定すべきでないとし，③信義則違反と判断されうる場合について，注目される判示を行ったものである。

【本判決のポイント】

1　労働条件の明示と賃金の見込額

　職業安定法は，公共職業安定所への求人や労働者の募集を行う者に対し，求職者や募集に応じて労働者になろうとする者が従事すべき業務の内容，賃金，労働時間その他の労働条件の明示を義務づけている（職安5条の3第1項・第2項）。もっとも，企業によって求人・募集がなされる時期と，選考を経て採用された者が入社して実際に就労を開始する時期とが離れており，求人・募集の時期以降に入社時の賃金額が確定することになるケースは，特に新規学卒者の採用について多くみられることから，その際，しばしば求人票の賃金額については，現行賃金額や，入社時の「見込額」の記載がなされる。

　また，使用者は，労働契約を締結する際，労働者に対して賃金，労働時間その他の労働条件の明示を義務づけられる（労基15条1項）。特に新規学卒者の場合には，在学中になされる企業からの採用内定によって，使用者に一定の事由に基づく解約権を留保した労働契約が成立したものと解される場合が多いが（大日本印刷事件・最二小判昭和54・7・20民集33巻5号582頁☞**029**事件など），このとき，採用内定の時点で，入社後の賃金額が確定していなければ，やはり初任給の見込額などとして労働条件が示されることになる。

2　見込額の意義と労働条件の決定

　求人・募集および採用内定の時点で入社時の賃金が見込額として示されていたケースで，労働者が実際に就労を開始した時点で決定された賃金額が見込額を下回った場合，労働者は見込額が労働条件の内容になっていたとして，その

支払いを使用者に請求できるだろうか。この点について，本判決は，採用通知によってY社とXらとの間に労働契約が成立したと判断した上で，**求人票に記載された見込額は入社時までに確定されることが予定された目標としての額であり，採用内定時に賃金額が求人票記載のとおりに当然に確定したとはいえない**とし，また，採用内定による契約成立時に賃金を含む労働条件がすべて確定していることは要しないとして，労基法15条の労働条件明示義務にも違反しないとしている。

3　賃金額の確定と信義則

2のように解すると，使用者は，見込額の提示により求人や採用内定を行った上で，労働者の入社時点までに最終的な賃金額を確定することができることになるが，見込額からの引き下げについて使用者の裁量を広く認めるとすれば，見込額を信じて求人に応じた労働者にとって大きな不利益となる可能性がある。この点について本判決は，**使用者は信義則上，求人者がみだりに見込額を著しく下回る額で賃金額を確定すべきでない**とし，見込額を下回る賃金額の確定について使用者の裁量に一定の限度があるべきことを示している。一方，同時に本判決は，**確定額が見込額を下回ったとしても，そのことが直ちに信義則違反となり，見込額が賃金額となるわけではない**とした上で，本件の事情において，見込額ないし確定額の決定に際しての判断の明白な誤りや，誇大賃金表示による求人時のかけ引きや増利のための賃金圧迫などの事実は認められず，加えて採用内定者に事態の説明を行っていること，確定額が見込額は下回るものの前年度の初任給は上回っていることを勘案し，本件については信義則違反とはいえない，と結論づけている。見込額の意義が，少なくとも可能な限りその金額で賃金が確定されるべき目標として設定される点にあることを踏まえると，見込額を下回る金額とする理由の有無ないしその合理性，引き下げの程度，見込額を達成しようとする努力の有無，労働者への説明の経緯などを勘案して，見込額の意義を失わせるような事情が認められる場合に，信義則違反となるものと考えられる。

（皆川　宏之）

034 日新火災海上保険事件
東京高判平成12・4・19　労判787号35頁

【事案の概要】

1　Xは昭和56年に大学を卒業後、A社に勤務していたが、平成3年7月、就職情報誌Bに掲載されたY社の中途採用者募集広告をみて、これに応募した。その広告には、「キャリアを活かした転身もよし。」、「新卒としてやり直すもよし。」、「キャリアを活かした転職。業界経験、職種経験をフルに発揮して、もっと満足できる環境の中で能力を磨きたい。そんな方には、きっと納得していただけるような待遇を用意してお待ちしております。」、「第二新卒としてやり直してみたい方。89、90年既卒者を対象として、もう一度新卒と同様に就職の機会を持っていただく制度があります。もちろんハンディはなし。たとえば89年卒の方なら、89年に当社に入社した社員の現時点での給与と同等の額をお約束いたします。」などの記載があった。Xは面接試験等を経て、平成3年9月初め頃、Y社より平成4年1月1日を入社予定日とする採用内定通知を受け、平成3年11月5日に開催されたY社の会社説明会に出席し、雇用条件や就業規則等について説明を受けたが、その際、給与に関して各種手当の額は示されたものの、本給について具体的な額を示す資料は提示されなかった。

2　一方、Y社が平成3年4月に策定し、同年7月より実施していた中途入社

H3・7	9月初め	11・5	H4・1・6	1・9	H5・3
XがY社の求人広告に応募	Xへの採用内定	入社説明会	X就労開始	Xへの本給額通知	Xが自身の格付状況を知る

者の採用に関する運用基準によると、30歳以上で職種・勤務地に限定のない総合職の中途入社者の初任給については「当該年齢の現実の適用考課の下限を勘案し、個別に決定する」こととされており、Y社はこの基準に基づき、Xの初任給を、Xと同年齢の事務給職員の格付分布における下限に格付した。Xは、就労開始後の平成4年1月9日に初めて自身の本給額の通知を受けた。

3 Xは、平成5年3月、本給テーブルの等級が上がる旨を上司から告げられた際、その格付が新卒同年次定期採用者（Xと大学卒業年度が同じで、卒業後すぐにY社に入社した者）よりも遅れていることを知った。Xは、上司に対し新卒同年次定期採用者の平均的格付への変更を求めたが認められなかったことなどから、X・Y間で新卒同年次定期採用者の平均給与を支給することが契約内容となっていたとして、差額の未払賃金の支払いなどを求めるとともに、Y社より不当な賃金差別や昇級差別を受け精神的苦痛を被ったとして慰謝料を求め、訴えを提起した。1審はXの請求を棄却したため、Xが控訴した。2審は、1審判決を一部変更してXの請求を一部認容している。

【判旨】

1 「求人広告は、それをもって個別的な雇用契約の申込みの意思表示と見ることはできないものである上、その記載自体から、89年及び90年既卒者について同年次新卒入社者と同等の給与額を支給する旨を表示したもので、……その他には『納得いただける待遇』との表現があるのみであるから、その記載をもって、本件雇用契約がX主張の内容をもって成立したことを根拠づけるものとすることはできない」。

2 「Y社の人事担当責任者が右面接及び会社説明会においてXに対し説明した内容は、……新卒同年次定期採用者の平均給与を支給するとか、それの平均的格付による給与を支給するなど、Xの給与の具体的な額又は格付を確定するに足りる明確な意思表示があったものと認めることはでき」ず、「Y社とXとの間に、本件雇用契約上、新卒同年次定期採用者の平均的格付による給与を支給する旨の合意が成立したものということはできない。」

3 「Y社は、計画的中途採用を推進するに当たり、内部的には運用基準により中途採用者の初任給を新卒同年次定期採用者の現実の格付のうち下限の格付

により定めることを決定していたのにかかわらず、計画的中途採用による有為の人材の獲得のため、Xら応募者に対してそのことを明示せず、就職情報誌Bでの求人広告並びに面接及び社内説明会における説明において、給与条件につき新卒同年次定期採用者と差別しないとの趣旨の、応募者をしてその平均的給与と同等の給与待遇を受けることができるものと信じさせかねない説明をし、そのためXは、そのような給与待遇を受けるものと信じてY社に入社したものであり、そして、入社後1年余を経た後にその給与が新卒同年次定期採用者の下限に位置づけられていることを知って精神的な衝撃を受けたものと認められる。」

4　「かかるY社の求人に当たっての説明は、労働基準法15条1項に規定するところに違反するものというべきであり、そして、雇用契約締結に至る過程における信義誠実の原則に反するものであって、これに基づいて精神的損害を被るに至った者に対する不法行為を構成するものと評価すべきである。」

【問題の所在】

　企業の求人広告をみて応募し採用された労働者が、入社後、広告の内容などから期待していた労働条件とは異なる条件であることを知った場合、どのような法的救済を求めることができるだろうか。本判決は、求人広告および採用過程での説明から、新卒同年次定期採用者の平均的な給与と同等の待遇を受けることができると考えた労働者が、実際にはそれより低い処遇を受けていたケースで、①求人広告の記載や会社説明会での説明内容が雇用契約上の内容となっていたとはいえないとする一方、②雇用契約締結過程における信義則の違反があったことなどから、使用者に不法行為による慰謝料の支払いを命ずるという注目すべき判示を行ったものである。

【本判決のポイント】

1　労働条件明示の規制

　労働契約が締結される際、賃金や労働時間などの労働条件が明確にされないままであると、労働者が予期に反した労働条件での労働を余儀なくされるおそれがある。そのような事態を防ぐため、労基法は、労働契約締結の際、労働者

に労働条件を明示すべきことを使用者に義務づけ（労基15条1項），違反に対し罰則の適用を予定しつつ（同120条），契約締結の際に示された労働条件が事実と相違していた場合，労働者に即時解約権を認め（15条2項），また，14日以内に労働者が帰郷する場合には必要な旅費を負担する義務を使用者に課している（15条3項）。

こうした労基法の規制は，契約締結時に明示された労働条件が就労後の現実の条件と相違している場合に，労働者に雇用関係からの離脱を保障することを趣旨とする。他方，こうしたケースにおいて，労働者が労働契約を解除するのではなく，契約関係を維持しつつ，契約締結の過程で示された条件に基づく請求を使用者に行うことが可能かどうかが問題となる。

2 求人広告の記載と労働契約の内容

上記のような請求が認められるには，契約締結時に使用者によって示された条件が当事者の合意によって労働契約の内容となっていることが必要である。

まず，使用者が求人・募集を行う際，求人票や求人広告に示した賃金額等の条件に関する記載内容は，労働契約の内容となるといえるだろうか。この点については，一般に，求人票は求職者による労働契約の締結の申込みを誘引するものと解されており，本判決も，**求人広告自体を個別的な契約の申込みの意思表示とみることはできない**とし，Y社によるB誌上の求人広告の内容が直ちに労働契約の内容となるとは解していない。

もっとも，求人票や求人広告に記載された条件が，労働者と使用者が労働契約を締結する過程で契約内容として合意されたと認められる場合には，労働者はその条件に基づく請求を使用者になしうる。そのような合意が成立したかどうかは，個々の事情に応じて判断されることになるが，例えば求人広告に賃金額が明確に記載されていたようなケースでは，求職の申込みと採用決定の過程で，それと異なる特段の合意がなされない限りは当該賃金額を内容とする労働契約が成立したと解することもできよう。しかし，本件のように，求人広告の記載が具体的な賃金額を特定しうるほどに明確なものではなかった場合にはどうだろうか。本判決は，Y社の人事担当責任者による面接時や会社説明会時の説明は新卒採用者と差別をしないとの抽象的な説明にとどまったことから，**Xの給与の具体的な額や格付を確定するに足りる明確な意思表示があったとは認めら**

れず，新卒同年次定期採用者の平均的格付による給与を支給する旨の合意が成立したとはいえないとしている。

3　契約締結過程における信義則違反

しかし，本件の場合，面接時や入社説明会時に人事担当責任者によって行われた説明は，中途採用に関する内部の運用基準を明らかにせず，また，Xに新卒同年次定期採用者の平均的給与と同等の給与を受けることができると信じさせかねないものであった。こうしたケースにおいて，具体的な賃金額に関する合意が成立していないとするのみでは，使用者は労働条件を不十分にしか示さなかったが故に契約上の責任を免れる結果となり，妥当とは言いがたい。そこで本判決は，Y社の求人にあたっての説明が，労基法15条1項の規定に違反し，契約締結に至る過程における信義誠実の原則に違反するものとして，入社後に給与が新卒同年次定期採用者の下限に位置づけられていることを知り精神的な損害を被ったXに対し，不法行為を構成するとし，Y社の損害賠償責任を認めている。本判決の意義は，契約締結過程での労基法15条1項に違反する使用者の行為が不法行為となり，私法上の責任を生じさせることを示した点にある。本件では，その後にXが受けた合理的理由のない配置転換による損害も併せ，100万円の損害賠償がY社に命じられている。

（皆川　宏之）

第7章　人事考課・降格

（1）　人事考課

035　エーシーニールセン・コーポレーション事件
東京地判平成16・3・31　労判873号33頁・労経速1871号3頁

【事案の概要】

1　X_1らはA社の従業員であったが，A社の部門がY社に営業譲渡（事業譲渡）されたことに伴い，平成12年12月1日付でY社の従業員となった。

2　Y社は，平成12年度の最重要課題として成果主義的な賃金制度を軸とする新人事制度の導入を検討しており，従業員に対して説明を行った上で同制度を導入した。

新人事制度のうち，基本給に関連する部分の内容は次の通りである。

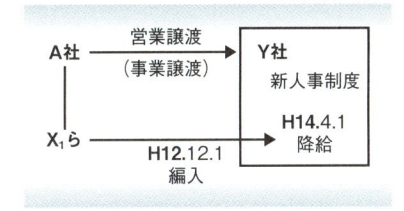

〔1〕　従業員をバンド（職務等級）1～6の6段階に位置づけ，バンドごとに従業員の基本給等の処遇，評価，教育等を有機的に結びつけて運用する。

〔2〕　基本給については，バンドごとに給与範囲を設定し，従業員の基本給を各人のバンドに対応する枠内において管理するのを原則とする。

〔3〕　毎年4月1日に基本給の改訂を行うが，その際，給与規定別表のマトリックスの表に従って昇給，降給が分かるようにする。このマトリックスの表は，評価とバンド内部の給与範囲とを相関させて表示しており，評価が高ければ昇給の指数が高く，低ければ指数は低くなり，マイナスにもなり得る。マイナスの場合は，各バンド内で高給を得ている者については，同じ低い評価でも降給の指数は高くなる。

〔4〕　評価は，半期（12月～5月と6月～11月）ごとに行う。評価の内容は，期

首の段階で各人に設定した目標の達成度の評価である業績評価と，高い業績を上げるために各人に予め定めた行動（コンピタンシー）の発揮度の評価であるコンピタンシー評価を行う。そして，各人が属するバンドごとに2つの評価のウエイトを変え，上位のバンドの従業員には，業績評価のウエイトを高くする。この評価を従業員の処遇（昇給，昇格，賞与）に反映させる。

3 X₁らは，Y社に採用されるに当たり，新人事制度における就業規則その他社内規則の遵守に努めることを誓約する文書を提出したが，平成12年12月1日に新人事制度が適用された際には，X₁らの基本給はA社での支給額が維持された。しかしX₁らは，平成14年4月1日，新人事制度における給与改定で低評価を受け，6,500円～1万8,000円の降給となった。

4 これを受けてX₁らは，本件降給に根拠はなく無効であるとして，減額された賃金の支払を求めて提訴した。本判決は以下のように本件降格の有効性を認め，X₁らの請求を棄却した。

【判旨】

1 本件においては，「X₁らは，個別に，新人事制度によることを認識した上で，Yとの雇用関係を締結することを書面で差し入れて，それに基づく労働契約を締結したと評価することができるから，X₁らとYとの労働条件は，平成12年12月1日施行の就業規則による新人事制度に従うものであると認めることができる」。

2 「もとより，労働契約の内容として，成果主義による基本給の降給が定められていても，使用者が恣意的に基本給の降給を決することは許されないのであり，降給が許されるのは，就業規則などによる労働契約に，降給が規定されているだけでなく，降給が決定される過程に合理性があること，その過程が従業員に告知されてその言い分を聞く等の公正な手続が存することが必要であり，降給の仕組み自体に合理性と公正さが認められ，その仕組みに従った降給の措置がとられた場合には，個々の従業員の評価の過程に，特に不合理ないし不公正な事情が認められない限り，当該降給の措置は，当該仕組みに沿って行われたものとして許容されると解するのが相当である」。

3 本件では，Yの新人事制度による給与制度においては，「各期ごとの目標

設定と目標ごとの評価という仕組み自体に合理性を認めることができるし，降給が各バンド内で，比較的高給を得ている者に厳しく，そうでないものが優遇されること自体が，不合理であると評価することも困難である。そして，上司の評価の結果は従業員に告知され，従業員が意見を述べることができ，従業員の自己評価もYの人事部門に報告されるという仕組みには，一定の公正さが担保されているということができる。以上から，Yが新人事制度により導入した成果主義による降給の仕組みには，合理性と公正さを認めることができる」。そして，X₁らの降給は，上述の仕組みに沿ってなされたものであり，特に不合理ないし不公正と認める余地を見出すことはできず，有効である。

【問題の所在】
　近年では，伝統的な職能資格制度に代わり，企業内の職務を職務価値に応じて等級に分類し，等級ごとに賃金額（基本給）を決定する職務等級制度の導入が進んでいる。職務等級制度では，従業員の成果を踏まえて人事評価がなされ，低評価を受けた従業員については職務等級を引き下げて基本給を減額する措置がとられることが多い。本判決は，こうした成果主義人事制度における降給の前提となる人事考課の相当性について，手続的側面を重視した一般的な判断枠組みを提示している点で重要である。

【本判決のポイント】
1　営業譲渡（事業譲渡）の譲受会社に編入された労働者の労働条件
　本件ではまず，X₁らは営業譲渡（事業譲渡）によってY社に編入された労働者であるため，Y社との間でいかなる労働条件が適用されるかが問題となる。この点につき本判決は，X₁らがY社において新人事制度が適用されることを認識して労働契約を締結していたとし，X₁らはY社の新人事制度に従うものと判断している。
2　成果主義人事制度における降給の有効性
　そこで次に問題となるのは，Y社における成果主義的な新人事制度の下での降給がいかなる場合に有効になるかである。
　まず，本件降給のように基本給を引き下げる降格については，就業規則等に

明確な根拠規定が必要であると解されているが（☞**037**事件），本判決も「降給が許されるのは，就業規則などによる労働契約に，降給が規定されているだけでなく」と述べているので，このことを当然の前提としている。

　本判決で特徴的なのは，**基本給につき降給が許容されるためには，降給の根拠規定に加えて「降給が決定される過程に合理性があること，その過程が従業員に告知されてその言い分を聞く等の公正な手続きが存することが必要であ」**るとされ，一般論として降給の決定過程（人事考課）の合理性・公正さが要求されている点である。成果主義人事制度の下で賃金処遇の個別化が進展すると，裁判所が人事評価の相当性を直接審査することが困難になるため，本判決がその決定過程（手続）の合理性・公正さを重視する枠組みを示した点は注目される。

　本判決によれば，人事考課の決定過程の合理性・公正さの判断に当たっては，「降給の仕組み自体に合理性と公正さが認められ，その仕組みに従った降給の措置がとられた場合には，個々の従業員の評価の過程に，特に不合理ないし不公正な事情が認められない限り，当該降給の措置は，当該仕組みに沿って行われたものとして許容される」。これは，**降給の前提となる人事考課の相当性の判断において，「制度としての合理性・公正さ」と「運用の適正さ」を重視する**ものといえ，成果主義人事制度を導入する企業に合理的な制度設計とその適正な運用を図るインセンティブを与えるものとして意義がある。

　この点本件では，本件降給の前提となった人事考課の相当性について，労働者の関与を伴う目標設定と目標ごとの評価という仕組み自体に合理性が認められること，そして上司の評価結果が従業員に告知され，従業員が意見を述べて上司が評価を調整することが予定されている点で手続の公正さも肯定されること，他方でその制度の運用にあたっても特に不合理・不公正な事情が認められないことから，本件降給は有効であると判断されている。

（桑村　裕美子）

（2） 降格——職位の引下げ

036 バンク・オブ・アメリカ・イリノイ事件
東京地判平成7・12・4　労判685号17頁・労経速1581号5頁

【事案の概要】

1　Xは，昭和27年に外資系のY銀行に雇用され，昭和47年1月から，Y銀行東京支店の総務課においてセクションチーフ（課長）を務めていた。セクションチーフの主な業務は，送金・取立業務，対外的なサイン権行使および課員に対する人事管理一般であった。

2　Y銀行は昭和53年頃から営業成績が悪化し，積極的経営の展開とオペレーション部門（業務部）の体質強化が急務となった。こうした中，Y銀行は昭和54年に余剰資源をより生産性の高い部門で再活用する方針を新たに打ち出し，昭和56年からは管理職に積極的な協力を求めた。しかしXは，業務が多忙であること，既に合理化できる範囲では対応していることなどを理由に，Y銀行の新方針に従わなかった。

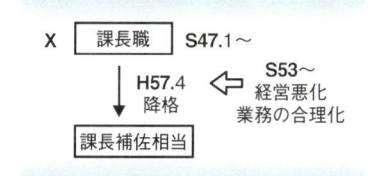

3　そこでY銀行は，昭和57年4月，Xをセクションチーフからオペレーションズテクニシャン（課長補佐相当）に降格させた。これによりXは，対外的な代表権として手形・小切手のサイン権は保持するものの，いわゆるライン上の指揮監督権を有さず，役職手当が4万2,000円から3万7,000円に減額された。

4　これに対しXは，本件降格は人事権を濫用するもので違法であるとし，Y銀行の不法行為に基づく損害賠償を請求した。しかし，本判決は以下のように述べ，Xの請求を棄却した。

【判旨】

1　「Y銀行がXに対してした昭和57年4月のセクションチーフからオペレーションマネージャーへの降格（は），……就業規則に根拠を有する懲戒処分と

してなされたものではなく，企業が一般的に有する人事権の行使としてなされたものである」。

2　「使用者が有する採用，配置，人事考課，異動，昇格，降格，解雇等の人事権の行使は，雇用契約にその根拠を有し，労働者を企業組織の中でどのように活用・統制していくかという使用者に委ねられた経営上の裁量判断に属する事柄であり，人事権の行使は，これが社会通念上著しく妥当を欠き，権利の濫用に当たると認められる場合でない限り，違法とはならないものと解すべきである」。

3　「しかし，右人事権の行使は，労働者の人格権を侵害する等の違法・不当な目的・態様をもってなされてはならないことはいうまでもなく，経営者に委ねられた右裁量判断を逸脱するものであるかどうかについては，使用者側における業務上・組織上の必要性の有無・程度，労働者がその職務・地位にふさわしい能力・適性を有するかどうか，労働者の受ける不利益の性質・程度等の諸点が考慮されるべきである」。

4　「Y銀行在日支店においては，昭和56年以降，新経営方針の推進・徹底が急務とされ，Xらこれに積極的に協力しない管理職を降格する業務上・組織上の高度の必要性があったと認められること，役職手当は，4万2,000円から3万7,000円に減額されるが，人事管理業務を遂行しなくなることに伴うものであること，Xと同様に降格発令をされた多数の管理職らは，いずれも降格に異議を唱えておらず，Y銀行のとった措置をやむを得ないものと受けとめていたと推認されること等の事実からすれば，Xのオペレーションズテクニシャンへの降格をもって，Y銀行に委ねられた裁量権を逸脱した濫用的なものと認めることはできない」。

【問題の所在】

　日本では伝統的に，職能資格制度の下で決定される職務遂行能力（職能資格）に応じて職位（役職）が定められてきたが，使用者はいったん労働者に付与した職能資格や職位を引き下げる場合がある。この「降格」に関しては，人事権の行使としての降格と，懲戒処分としての降格があるが，本判決は，人事権の行使としての降格のうち，一定の役職を解く降格について，その有効性の判断

枠組みを示したものである。本判決は，①人事権行使による職位の降格を根拠づけるものは何なのか，②根拠が存在するとしても降格が制限されることはあるのかについて，重要な判示を行っている。

【本判例のポイント】
1 職位の引下げとしての降格の根拠
　人事権の行使としての降格のうち，職位の引下げとしての降格については，就業規則等の根拠規定が必要なのか，それとも労働契約の締結それ自体で根拠づけられるのかが問題となる。本判決は，職位の引下げとしての降格は，「企業が一般的に有する人事権の行使」として行われるものであり，「雇用契約にその根拠を有し，労働者を企業組織の中でどのように活用・統制していくかという使用者に委ねられた経営上の裁量判断に属する事柄であ」ると述べていることから，職位の引下げとしての降格につき就業規則等の根拠規定を不要とする立場といえる。本判決が意味するところは，要するに，人事権とは，労働者を企業組織の中で位置づけ，その役割を定める権限であり，労働契約上一般的に予定されたものといえるため，その権利を行使して職位を引き下げる降格には特別の根拠規定を要しない，というものである。ただし，本判決が人事権の根拠を労働契約に求める以上，職位を限定する特約が存在する場合には，降格は当該契約上の制約を受けることになると考えられる。

2 職位の引下げとしての降格の限界
　本判決によれば，職位の引下げとしての降格が人事権の行使として可能であっても，権利濫用の制約が及ぶ。その権利濫用の判断に当たっては，「使用者側における業務上・組織上の必要性の有無・程度，労働者がその職務・地位にふさわしい能力・適性を有するかどうか，労働者の受ける不利益の性質・程度等」が総合的に考慮される。これらの諸要素は，人事権行使の限界を示すものとして一般的に列挙されたものであり，本件では職位の引下げとしての降格の権利濫用を判断する際の基準として用いられている。

　ただし，本判決は，人事権の行使は使用者に委ねられた経営上の裁量判断に属する事柄であることから，社会通念上著しく妥当を欠くなどの限定的な場合にしか権利濫用は認められないとの立場である。本件のような職位を引き下げる降格に

ついては特に，労働者の適性や成績を評価して行われる労働力配置の問題であるため，使用者の裁量的判断を尊重する要請が強く働くことを考慮したものと思われる。

　本件においても，企業の新経営方針の推進に積極的に協力しない管理職の降格について業務上・組織上の高度の必要性が認められ，役職手当の減額（5,000円）も当該業務を外れたことによるものとして重視されず，結局，降格権限の濫用が否定されている。

（桑村　裕美子）

（3）　降格——職能資格の引下げ

037　アーク証券（第1次仮処分）事件
東京地決平成8・12・11　労判711号57頁・判タ949号132頁

【事案の概要】

1　Y社では，就業規則上，給与体系として職能資格制度がとられており，社員の給与は毎年5月に改定される給与システムにより具体的な金額が定められてきた。X₁らはY社の営業社員として勤務していたが，平成4年5月，就業規則に基づき，成績不良を理由に職能資格を引き下げられ，職能給が減額された。なお，当時の（旧）就業規則には職能資格の引下げや昇減給についての定めはなかった。

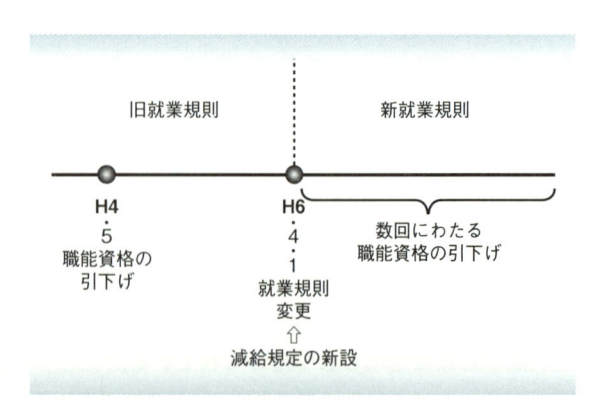

旧就業規則　　　新就業規則

H4
・
5
職能資格の
引下げ

H6
・
4
・
1
就業規則
変更
⇧
減給規定の新設

数回にわたる
職能資格の引下げ

2　その後Y社は，平成6年4月1日に就業規則を改訂し，社員の昇減給に関

する規定を新設した。就業規則改訂後の新給与規定8条では，「昇減給は社員の人物，能力，成績等を勘案して，……年1回ないし2回行う。但し事情によりこれを行わないことがある」と定められていた。その後，同条に基づき，X_1らはさらに数回にわたって職能資格を引き下げられ，職能給が減額された。その結果，平成8年12月時点で，X_1らの給与は平成4年4月当時の半分以下となった。

3 これに対しX_1らは，本件降格はいずれも労働契約に違反し無効あるいは違法であるとして，労働契約に基づく差額賃金ないしは不法行為に基づく賃金相当損害金の仮払を求めて提訴した。本決定は以下のように述べて本件降格を無効とし，X_1らの申立ての一部を認容した。

【判旨】

1　「使用者が，従業員の職能資格や等級を見直し，能力以上に格付けされていると認められる者の資格・等級を一方的に引き下げる措置を実施するにあたっては，就業規則等における職能資格制度の定めにおいて，資格等級の見直しによる降格・降給の可能性が予定され，使用者にその権限が根拠づけられていることが必要である」。

2　「本件においては，……Y社は，就業規則等の根拠がないにもかかわらず，X_1らの格付けを引き下げてその職能給を減給しているのであるから，Y社の，X_1らに対する平成4年5月以降の右取扱いは無効である」。

3　「Y社において行われている『降格』は，資格制度上の資格を低下させるもの（昇格の反対措置）であり，一般に認められている，人事権の行使として行われる管理監督者としての地位を剥奪する『降格』（昇進の反対措置）とはその内容が異なる。資格制度における資格や等級を労働者の職務内容を変更することなく引き下げることは，同じ職務であるのに賃金を引き下げる措置であり，労働者との合意等により契約内容を変更する場合以外は，就業規則の明確な根拠と相当の理由がなければなしえるものではな」い。

4　ところで，Y社は平成6年4月に就業規則を変更し，昇減給についての規定を新設したため，これ以降の降格・減給については，この新就業規則規定が根拠足りうるかが問題となる。

「本件における新給与規則8条の規定は降格・減給をも基礎づけるものであって，右規定の新設はX_1らにとって賃金に関する不利益な就業規則の変更にあたるから，右規定をX_1らに対し適用するためには，右規定がその不利益をX_1らに受忍させるに足る高度の必要性に基づいた合理的な内容のものといえなければならない。

しかしながら，本件においては，Y社において，右規定の新設について，その高度の必要性及びその合理性につき主張及び疎明がない。してみれば，新給与規則8条は，平成6年4月以降の降格・減給につき根拠たり得ないものというべきである」。

【問題の所在】

職能資格制度における職能資格は，企業組織内での技能・経験の積み重ねによる職務遂行能力の到達レベルを示しているため，上昇することはあっても低下することはなく，資格の引き下げとしての降格は本来予定されていない。本決定は，こうした職能資格制度の下で職能資格の引下げを行いうるのはいかなる場合かについて，重要な判示を行っている。

【本判決のポイント】

1 職能資格の引下げとしての降格の根拠

人事権の行使としての降格のうち，職位の引下げとしての降格については，就業規則に根拠規定がなくとも，使用者の裁量的判断によって行うことができると解されている（☞**036**事件参照）。これに対し，**職能資格の引下げとしての降格については**，本決定によれば，**労働者との合意によって契約内容を変更する場合以外は，就業規則等の明確な根拠規定が必要である**。職能資格制度においては，職能資格は技能や経験の積み重ねによる職務遂行能力の到達レベルを示しており，それが引き下げられる事態は通常は想定されていないため，その一方的引下げにはその旨の明確な規定が必要であることが示されたものである。この点本件では，平成6年4月の就業規則改正前は明確な根拠規定がなかったため，この時期の降格を無効と判断している。

2　就業規則における降格規定の新設の拘束力

本決定によれば，就業規則に職能資格の引下げがありうる旨の規定を新設する場合には，就業規則の不利益変更法理が発動され，変更の合理性の有無が審査される（労契10条）。本件就業規則変更については減給だけでなく昇給の定めも置かれているため，労働者に有利な側面もあるが，従来の裁判例では，就業規則変更の不利益該当性は不利益が及ぶ可能性があれば肯定される傾向にある。本決定も本件就業規則変更の不利益変更該当性を肯定しており，労働者の実質的不利益の有無は不利益変更の「合理性」の審査の中で検討する立場と考えられる。

不利益変更の「合理性」の判断にあたって本決定は，職能資格の引下げは賃金（基本給）についての不利益変更であるとして，「高度の必要性」を要求している。賃金や退職金など労働者にとって重要な労働条件に実質的な不利益を及ぼす就業規則変更については，高度の必要性を求めるのが判例であり，本決定もこの枠組みに則っている。

ただし本件では，就業規則変更について高度の必要性および内容の相当性の主張・疎明がなかったため，就業規則変更の「合理性」について具体的判断がなされることなく，就業規則の新給与規定は本件降格の根拠規定たりえない（したがって本件降格は就業規則変更後も無効）と判断されている。

なお，職能資格の引下げとしての本件降格の可否については，本件の第2次仮処分決定（東京地決平成10・7・17労判749号49頁）および本案訴訟（東京地判平成12・1・31労判785号45頁）においても，本決定と同様の判断が行われている。

（桑村　裕美子）

第8章　配転・出向・転籍・休職

（1）　配転命令の根拠と限界

038　東亜ペイント事件
最二小判昭和61・7・14　労判477号6頁・判時1198号149頁

【事案の概要】

1　Xは，Y社に入社して以来，営業関係の仕事に従事しており，昭和46年7月1日以降，Y社の神戸営業所で塗料の販売活動を行い，昭和48年4月1日付で主任待遇となった。

2　Y社は，中国地方における家庭塗料の販売を強化するため，これを担当する広島駐在員を置くことにし，当時広島営業所に配属されていた主任をその駐在員に充てた。そのため，空いた広島営業所の主任ポストの後任として，同営業所の販売力を増強することができ，かつ所長の補佐もできる人物が要請された。そこで，Y社は，Xを広島営業所の主任の後任に転勤させることとし，昭和48年9月28日，Xに対し，転勤の内示をした。しかしながら，Xが承諾しな

S40・4月	S46・7・1	S48・4・1	S48・9・28	S48・10・30	S49・1・22
入社	神戸営業所での勤務開始	主任待遇となる	広島営業所への転勤の内示（X→拒否）	本件配転命令（X→拒否）	本件懲戒解雇

かったことから，Y社は，名古屋営業所の主任を広島営業所に転勤させ，昭和48年10月30日，その後任として，Xを名古屋営業所へ転勤させる旨命じた（本件転勤命令）。Y社の再三の説得にもかかわらず，Xは，家庭の事情を理由にこの転勤命令についても拒否した。

3 本件配転命令当時，Xは，妻，長女，母の四人，大阪で暮していた。母親は，当時元気ではあったが，高齢で，また生まれてから大阪を離れたことはなく，名古屋に移住することは，年齢や生活環境等に照らし困難であった。また，Xの妻は，当時保育所で勤務しており，そこで運営委員をしていたことから，保育所をやめることは事実上困難であった。

4 Y社は，Xが本件転勤命令を拒否したことは就業規則所定の懲戒事由に該当するとして，昭和49年1月，Xを懲戒解雇した。これに対して，Xは，本件配転命令および懲戒解雇の無効を主張し，地位確認等を求めて訴えを提起した。1審，2審ともに，本件配転命令は，権利の濫用により無効であるとして，Xの請求を全面的に認容した。Y社上告。最高裁は，以下のように判示して，2審判決を破棄し，Xの請求を棄却した。

【判旨】

1 Y社の労働協約及び就業規則には，Y社は業務上の都合により従業員に転勤を命ずることができる旨の定めがあり，現にY社では，全国に十数か所の営業所等を置き，その間において従業員，特に営業担当者の転勤を頻繁に行っており，Xは大学卒業資格の営業担当者としてY社に入社したもので，両者の間で労働契約が成立した際にも勤務地を大阪に限定する旨の合意はなされなかったという前記事情の下においては，Y社は個別的合意なしにXの勤務場所を決定し，これに転勤を命じて労務の提供を求める権限を有するものというべきである。

2 使用者は業務上の必要に応じ，その裁量により労働者の勤務場所を決定することができるものというべきであるが，転勤，特に転居を伴う転勤は，一般に，労働者の生活関係に少なからぬ影響を与えずにはおかないから，使用者の転勤命令権は無制約に行使することができるものではなく，これを濫用することの許されないことはいうまでもないところ，当該転勤命令につき業務上の必

要性が存しない場合又は業務上の必要性が存する場合であっても，当該転勤命令が他の不当な動機・目的をもってなされたものであるとき若しくは労働者に対し通常甘受すべき程度を著しく超える不利益を負わせるものであるとき等，特段の事情の存する場合でない限りは，当該転勤命令は権利の濫用になるものではないというべきである。

3 業務上の必要性についても，当該転勤先への異動が余人をもっては容易に替え難いといった高度の必要性に限定することは相当ではなく，労働力の適正配置，業務の能率増進，労働者の能力開発，勤務意欲の高揚，業務運営の円滑化など企業の合理的運営に寄与する点が認められる限りは，業務上の必要性の存在を肯定すべきである。

4 主任待遇で営業に従事していたXを選び名古屋営業所勤務を命じた本件配転命令には業務上の必要性が優に存したものということができ……Xの家庭状況に照らすと，名古屋営業所への転勤がXに与える家庭生活上の不利益は，転勤に伴い通常甘受すべき程度のものというべきである。したがって，……本件転勤命令は権利の濫用に当たらないと解するのが相当である。

【問題の所在】

配転とは，労働者の職種・職務内容（いわゆる「配置転換」）または勤務場所（いわゆる「転勤」）を同一企業内で相当長期にわたって変更することである。本件では，後者の勤務場所の変更が争われたが，①使用者の配転命令権の根拠について，また，②配転命令権の限界について，重要な判示を行っている。

【本判決のポイント】

1 配転命令権の根拠

本判決は，**就業規則，労働協約に包括的配転命令条項が存在すること，Y社内において営業担当者の転勤が頻繁に行われていることを根拠に，使用者の配転命令権が認められる**としている（判旨**1**）。一般的に，多くの就業規則や労働協約には，「業務上の必要がある時は配転を命じることがある」という包括的配転命令条項が存在することから，一般的に使用者の配転命令権は肯定され，労働者の個別的同意なしに，配転命令を行うことができる。したがって，次に問題と

なるのは，いかなる場合にこの使用者の配転命令権が制限されるのかという点になる。

2　法令・労働契約による配転命令の制限

本判決では述べられていないが，使用者の配転命令が法令に違反するような場合，そのような命令は当然に無効となる。例えば，合理的理由なく，労働組合員であることや性別を理由に行われる配転命令は，それぞれ，労働組合法7条，雇用機会均等法6条に違反することとなる。

また，労働契約において，個別に職種・職務内容，または勤務地が限定されている場合には，労働者の個別同意がない限り，使用者はその労働者を配転させることはできない（判旨1）。これらの限定合意は，明示の合意に限られるわけではなく，長年，同職種，あるいは同勤務地で労務を提供している等の事情をもとに，黙示の合意が肯定される場合もある。もっとも，裁判例は，職務や勤務地の限定合意（黙示の合意）を認めることには消極的な立場にあるといえる（日産自動車村山工場事件・最一小判平成元・12・7労判554号6頁）。

3　権利濫用法理による配転命令の制限

使用者の配転命令権が認められる場合であっても，その権利の行使は，権利濫用法理によって規制される（労契3条5項）。本判決は，**権利濫用となる場合について，以下の3点を挙げる。すなわち，①業務上の必要性がない場合，また業務性の必要性がある場合でも，②配転命令が他の不当な動機・目的をもってなされた場合，③労働者に対し通常甘受すべき程度を著しく超える不利益を負わせる場合には，配転命令権の行使が権利濫用となる**とする（判旨2）。

業務上の必要性について，裁判所は特に高度の必要性までは求めず，企業の合理的運営に寄与する点が認められる限りは，その必要性を肯定している（判旨3）。なお部門閉鎖に伴う配転命令については，労働者にとって雇用保障の利益をもたらすものであることから，業務上の必要性は高く評価すべきである。一方，不当な動機・目的をもってなされたと評価される場合の代表例としては，退職強要目的で行われる配転命令等が挙げられる。

4　労働者の被る不利益

労働者の被る不利益については，配置転換と転勤の場合でその内容が異なる。まず，配置転換のケースにおける労働者の不利益としては，長年従事した

（1）　配転命令の根拠と限界　　153

職務内容の変更に伴うキャリアの喪失，または，仕事（職務）と賃金の結びつきが強い職務等級賃金制度を採用する企業における，配置転換に伴う賃金減額（降格的配転）などが挙げられる。特に降格的配転については，従前の賃金からの減額を相当とする客観的合理性がない限り，降格は無効となり，それと同時に配転命令も無効となる（日本ガイダント仙台営業所事件・仙台地決平成14・11・14労判842号56頁☞**040**事件）。

一方，転勤における労働者の不利益としては，特に遠隔地間転勤に伴う家庭生活上の不利益が問題となる。本判決のように，単に単身赴任を強いるという程度では，配転命令が権利濫用と評価されることはほとんどない（判旨**4**，帝国臓器（単身赴任）事件・最二小判平成11・9・17労判768号16頁）。もっとも，近年では，ライフワークバランスの重要性という観点から，特に，育児・介護に従事する労働者については，改正育児介護休業法26条を根拠に，使用者に対して，転勤に伴う労働者の不利益を軽減するための配慮を求める裁判例が存在する（ネスレ日本（配転本訴）事件・大阪高裁平成18・4・14労判915号60頁☞**039**事件）。

なお，労働者に配転の理由や配転に伴う処遇等についての説明を行わなかった場合など，十分な手続をとらなかった場合は，権利濫用と判断されうる（日本レストランシステム事件・大阪高判平成17・1・25労判890号27頁）。

（天野　晋介）

参考判例

039　ネスレ日本（配転本訴）事件
大阪高判平成18・4・14　労判915号60頁・労経速1935号12頁

【事案の概要】

1 X_1，X_2は，スイスに本拠を置く食品メーカーの日本法人であるY社の姫路工場に現地採用された労働者である。Xら両名は，姫路工場のギフトボックス係に配属されていた。

2　Y社は，平成15年5月9日，ギフトボックス係を廃止することを決定し，当時同係で勤務していた従業員61名のうち，定年退職予定の1名を除く60名に対し，同係を廃止する方針であること，それに伴い同年6月23日までに霞ヶ浦工場に転勤するか，または，転勤せずに退職金と特別退職金を受領して同月30日付けで退職するかを選択すべきことを書面で通知した。これを受けて，Xらを除く58名の従業員のうち，9名が霞ヶ浦工場へ転勤し，49名が退職した。

3　X_1には，心因反応（うつ状態）が発症している妻がおり，その妻は，しばしば，焦燥感が強くなり，おろおろしてじっとしていられない状態になるため，Xが側にいることが必要であった。そのため，単身赴任で生活することが困難な状態にあった。一方，X_2には，パーキンソン症候群に罹患している実母がおり，その介護を妻と協力して行っていた。また特別養護老人ホームへの入所は，実母の要介護度では困難であり，そのため，単身赴任で生活することが困難な状態にあった。このような家族の生活上の都合等により，Xらは，本件配転命令に応じることはできないとし，姫路工場にとどまらせて欲しい旨記載した書面をY社に提出した。これに対してY社は，Xらに対し，霞ヶ浦工場への異動を促す旨記載した回答書を送付した。

4　そのため，Xらは，X_1については，自身による妻の介護ができなくなることを理由に，また，X_2については，妻による自身の母の介護を助けることができなくなることを理由に，本件配転命令の無効確認等を求める訴えを提起した。

5　本判決は以下のように判示して，改正育児介護休業法26条にいう配慮を，使用者が十分に尽くさなかった事などを理由に，本件配転命令を権利の濫用により無効であると判断し，Xらの請求を認容した。

【判旨】
1　同条（改正育児介護休業法26条）によって事業主に求められる配慮とは，必ずしも配置の変更をしないことまで求めるものではないし，介護などの負担を軽減するための積極的な措置を講ずることを事業主に求めるものでもない。しかし，法が，事業主に対し，配慮をしなければならないと規定する以上，事業主が全くなにもしないことは許されることではない。具体的な内容は，事業主に

委ねられるが，その就業の場所の変更により就業しつつその子の養育又は家族の介護を行うことが困難となることとなる労働者に対しては，これを避けることができるのであれば避け，避けられない場合には，より負担が軽減される措置をするように求めるものである。そのような配慮をしなかったからといって，それだけで配転命令が直ちに違法となるというものではないが，その配慮の有無程度は，配転命令を受けた労働者の不利益が，通常甘受すべき程度を著しく超えるか否か，配転命令権の行使が権利の濫用となるかどうかの判断に影響を与えるということはできる。

2 少なくとも改正育児介護休業法26条の配慮の関係では，本件配転命令によるXらの不利益を軽減するために採り得る代替策の検討として，工場内配転の可能性を探るのは当然のことである。裁判所が企業内の実情を知らないというのであれば，Y社は，具体的な資料を示して，工場内配転の余地がないことあるいは他の従業員に対して希望退職を募集した場合にどのような不都合があるのかを具体的に主張立証すべきであるのに，抽象的に人員が余剰であると述べるだけで済ませ，経営権への干渉であるかのようにいうことのほうが失当というべきで，前記の判断を左右するに足りない。

（天野　晋介）

参考判例

040 日本ガイダント仙台営業所事件
仙台地決平成14・11・14　労判842号56頁・労経速1836号16頁

【事案の概要】

1 Xは，医薬品，医療用具等の製造・売買を業とするY社の従業員である。Y社は，平成11年3月8日，Xとの間で労働契約を締結し，賃金月額61万3,000円（諸手当含む）で雇用することとし，Xを仙台営業所の営業係長に配属した。

2 Y社の給与体系は，職階ごとに分類して給与等級を割り当てられており，

等級の低いほうから順に，PJ-Ⅰ，PⅠないしPⅢ，MⅠないしMⅢとなっている。なお，営業係長であるXの給与等級はPⅢであった。

3 平成13年のXの売上目標達成率は57.5パーセントであり，Y社の全国営業所のPⅢ職員全15名中，14位の成績であり，さらに売上実績では最下位であった。そのためY社は，平成14年3月5日付け「辞令」により，同月11日をもってXを従前の営業職（給与等級PⅢ）から，仙台営業所事務職（給与等級PⅠ）に配置転換する旨命じた（本件配転命令）。本件配転命令によって，Xの賃金は月額31万3,700円（諸手当含む）に減額された。

4 営業事務職への配転命令にともない，賃金が減額されたことから，Xは，配転命令とそれに伴う賃金減額が無効であるとして，労働契約上，営業職としての地位を有すること等を求める仮処分の申立てを行った。本決定は以下のように判示し，申立てを一部認容した。

【判旨】

1 配転命令の側面についてみると，使用者は，労働者と労働契約を締結したことの効果として，労働者をいかなる職種に付かせるかを決定する権限（人事権）を有していると解されるから，人事権の行使は，基本的に使用者の経営上の裁量判断に属し，社会通念上著しく妥当性を欠き，権利の濫用にわたるものでない限り，使用者の裁量の範囲内のものとして，その効力が否定されるものではないと解される。

2 他方，賃金の決定基準である給与等の降格の側面についてみると，賃金は労働契約における最も重要な労働条件であるから，単なる配転の場合とは異なって使用者の経営上の裁量判断に属する事項とはいえず，降格の客観的合理性を厳格に問うべきものと解される。

3 降格により従前の賃金を大幅に切り下げる場合の配転命令の効力を判断するにあたっては，賃金が労働条件中最も重要な要素であり，賃金減少が労働者の経済生活に直接かつ重大な影響を与えることから，配転の側面における使用者の人事権の裁量を重視することはできず，労働者の適正，能力，実績等の労働者の帰責性の有無及びその程度，降格の動機及び目的，使用者側の業務上の必要性の有無及びその程度，降格の運用状況等を総合考慮し，従前の賃金から

の減少を相当とする客観的合理性がない限り，当該降格は無効と解すべきである。そして，本件において降格が無効となった場合には，本件配転命令に基づく賃金の減少を根拠付けることができなくなるから，賃金減少の原因となった給与等級PⅠの営業事務職への配転自体も無効となり，本件配転命令全体を無効と解すべきである。

（天野　晋介）

（2）　出向命令の根拠と限界

041　新日本製鐵（日鐵運輸第2）事件
最二小判平成15・4・18　労判847号14頁・判時1826号158頁

【事案の概要】

1 X_1，X_2は，鉄鋼の製造・販売を主たる事業としているY社で勤務しており，平成元年3月1日以降，本件出向命令発令まで生産業務部輸送管理室輸送掛の職務に従事してきた労働者である。またXらは，D連合会を上部組織とするC組合の組合員であった。

S36.5.7	S37.2.15	S63.12.2	H1.3.1	H1.4.10	H4	H7	H10
X_1→社員としてY社に採用	X_2→社員としてY社に採用	C組合との労使折衝開始	輸送掛での職務に従事　Xらは，清算業務部輸送管理室	本件出向命令	出向先へ赴任（Xら→承諾しないまま）	出向の延長	出向の延長	出向の延長

2 Y社は，昭和60年初めの鉄鋼業界の構造的不況に際し，B製鉄所における運輸部門の労働生産性の向上を目指し，協力会社であり，構内輸送業務等の経験と技術を持つA社（Y社が株式の約76パーセントを保有）に対し，一定の業務を委託することとした。Y社は，委託化されるB製鉄所の作業を円滑に遂行し得る人員を直ちに確保・要請することはA社にとっては困難であるとし，Y社労働者をA社に出向させることを決定した。Y社は，C組合と数回にわたる交渉を行い，出向措置についての了解を得，C組合と共に出向対象者141名を選んだ。Y社は人選された141名に対し，個別に出向先での労働条件を提示して説得を行ったところ，Xらほか2名を除く137名が出向に同意した。

3 ところで，Y社就業規則には，「会社は従業員に対し業務上の必要によって社外勤務をさせることがある」という規定が存在する。また，Y社とXが所属するC組合との間で締結された労働協約にも同様の社外勤務規定が存在する。さらに，数回にわたる交渉の末，Y社とD連合会との間で締結された社外勤務協定には，出向に関するより詳細な内容が含まれている。

4 Xらは，労働条件の悪化等を理由に，Y社による再三の説得にもかかわらず，出向に同意しなかった。そこで，Y社は，平成元年4月10日，同月15日付けでA社へ出向を命じる旨予告し，その結果，Xらは承諾しないまま，同月17日，A社へ赴任した。Xらは，A社での就労義務の不存在確認等を求める訴えを提起した。なお，Xらの出向は，平成4年，平成7年，平成10年と3度にわたり延長されている。

5 1審，2審ともに，Xらの請求を棄却。Xら上告。最高裁は2審の判断を支持しつつ，次のように判断し，Xらの上告を棄却した。

【判旨】

1 原審の適法に確定した事実関係等によれば，①本件各出向命令は，Y社がB製鉄所の構内運送業務のうち鉄道輸送部門の一定の業務を協力会社であるA社に業務委託することに伴い，委託される業務に従事していたXらにいわゆる在籍出向を命ずるものであること，②Xらの入社時および本件各出向命令発令時のY社の就業規則には，「会社は従業員に対し業務上の必要によって社外勤務をさせることがある。」という規定があること，③Xらに適用される労働協

約にも社外勤務条項として同旨の規定があり，労働協約である社外勤務協定において，社外勤務の定義，出向期間，出向中の社員の地位，賃金，退職金，各種の出向手当，昇格・昇給等の査定その他処遇等に関して出向労働者の利益に配慮した詳細な規定が設けられていること，という事情がある。

2 以上のような事情の下においては，Y社は，Xらに対し，その個別的同意なしに，Y社の従業員としての地位を維持しながら出向先であるA社においてその指揮監督の下に労務を提供することを命ずる本件各出向命令を発令することができるというべきである。

3 Y社が構内運送業務のうち鉄道輸送部門の一定の業務をA社に委託することとした経営判断が合理性を欠くものとはいえず，これに伴い，委託される業務に従事していたY社の従業員につき出向措置を講ずる必要があったということができ，出向措置の対象となる者の人選基準には合理性があり，具体的な人選についてもその不当性をうかがわせるような事情はない。また，本件各出向命令によってXらの労務提供先は変わるものの，その従事する業務内容や勤務場所には何らの変更はなく，上記社外勤務協定による出向中の社員の地位，賃金，退職金，各種の出向手当，昇格・昇給等の査定その他処遇等に関する規定等を勘案すれば，Xらがその生活関係，労働条件等において著しい不利益を受けるものとはいえない。そして，本件各出向命令の発令に至る手続に不相当な点があるともいえない。これらの事情にかんがみれば，本件各出向命令が権利の濫用に当たるということはできない。

【問題の所在】

出向とは，労働者が使用者との雇用関係を維持しつつ，長期にわたって他企業の指揮命令に服して労働することである。出向は，在籍する企業との労働契約関係を存続させたまま，他社へ異動することから，同一企業内の異動である配転とは異なる。近年，企業組織の分社化，子会社化が活発化していることから，出向は，企業のグループ経営にとって必要不可欠な人事制度となっている。

本判決は，①使用者の出向命令権の根拠について，また，②出向命令権の限界について，重要な判示を行っている。

【本判決のポイント】
1　出向命令権の根拠

　民法625条1項が，「使用者は，労働者の承諾を得なければ，その権利を第三者に譲り渡すことができない」と規定していることから，出向先に指揮命令権を譲渡する出向も，この適用を受けることとなる。したがって，出向の際には，労働者の承諾（同意）が求められることとなる。そのため，問題となるのは，ここでいう労働者の同意が個別的同意でなければならないのか，あるいは，包括的同意で足りるのかという点である。

　この点，本判決は，①就業規則，労働協約に，「会社は従業員に対し業務上の必要によって社外勤務をさせることがある」という規定が存在すること，また，②労働協約である社外勤務協定において，出向労働者の利益に配慮した詳細な規定が設けられていること（判旨1）から，出向に対する労働者の個別的同意なしに，使用者の出向命令権が認められるとしている（判旨2）。

　本来の使用者とは異なる第三者の指揮命令下での就労を強いる出向は，配転と異なり，労働者の地位を不安定とするものであり，また，賃金・労働条件等の面で不利益が生じやすくなる。そのため，配転が，①就業規則，労働協約の包括的根拠規定のみから，使用者の配転命令権を肯定するのとは異なり，出向命令権については，①包括的根拠規定だけでなく，②出向労働者の利益に配慮した詳細な規定が必要であるという点に注意すべきである。

2　法令による出向命令の制限

　本判決では述べられていないが，使用者の出向命令が法令に違反するような場合，そのような命令は当然に無効となる。例えば，合理的理由なく，労働組合員であることや性別を理由に行われる出向命令は，それぞれ，労働組合法7条，雇用機会均等法6条に違反することとなる。

3　権利濫用法理による出向命令の制限（労働契約法14条）

　使用者の出向命令権が認められる場合であっても，その権利の行使は，権利濫用法理によって規制されることとなる（判旨3）。現在では，労働契約法14条において，出向命令が「その必要性，対象労働者の選定にかかる事情その他の事情に照らして，その権利を濫用したものと認められる場合には，当該命令は，無効とする」と明文化されている。

それでは、具体的にどのような場合に、出向命令の権利濫用性が肯定されるのであろうか。この点は、配転同様、①業務上の必要性がない場合（ゴールド・マリタイム事件・大阪高判平成2・7・26労判572号114頁。勤務態度が不良で管理職としての適性を欠く労働者を出向という手段を利用して職場から放逐しようとしたものであり、業務上の必要性がないとした事例）、また業務上の必要性がある場合であっても、②出向命令が他の不当な動機・目的をもってなされた場合（新日本ハイパック事件・長野地裁松本支部平成元・2・3労判528号69頁。仕事上のミスをした労働者の研修を理由とする出向命令につき、その目的と人選の内容等を総合考慮すれば、不当な人事であり、権利の濫用にあたり無効であるとした事例）、③労働者の被る不利益の程度が高い場合、は権利濫用で無効となる。本件では、**出向措置の必要性、出向対象者の人選の合理性があること（業務上の必要性）、業務内容や勤務場所は変わらず、出向中の社員の地位、賃金、各種の出向手当等その処遇に関する規定が存在すること（労働者の不利益の程度）、そして出向命令の発令に至る手続に不相当な点がないことから、権利濫用とはいえないと判断している**（判旨3）。

労働者の被る不利益について、第三者間法律関係を生じさせる出向の法的性質から考えると、配転とは異なり、その不利益性はより広く認められうるであろう。特に大幅な労働条件の低下をもたらす出向や、復帰が予定されていない出向については、権利濫用と評価されやすくなる。また配転同様、労働者に出向理由や出向内容について、十分な説明を行わなかった場合は、権利濫用と判断されうる。

（天野　晋介）

（3）出向労働関係

042　勧業不動産販売・勧業不動産事件
東京地判平成4・12・25　労判650号87頁・判タ832号112頁

【事案の概要】

1　Xは、不動産の売買・仲介・管理等の業務を主たる目的とする株式会社Y$_2$

042

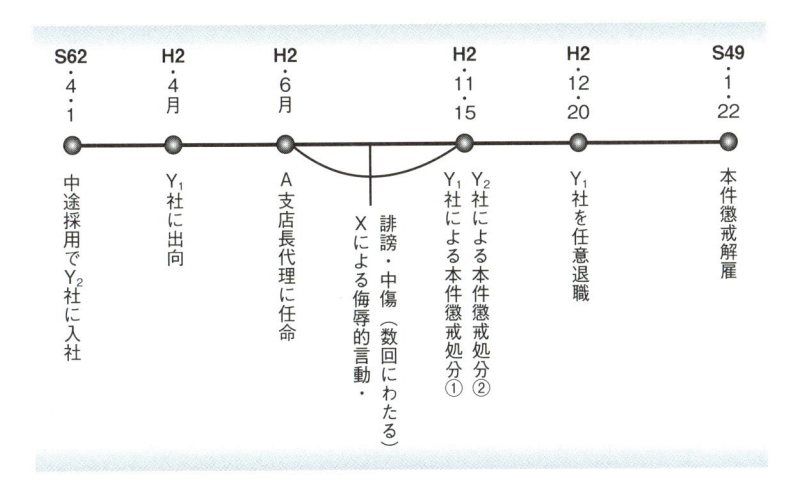

時系列:
- S62・4・1 中途採用でY₂社に入社
- H2・4月 Y₁社に出向
- H2・6月 A支店長代理に任命
- 誹謗・中傷（数回にわたる）Xによる侮辱的言動・
- H2・11・15 Y₂社による本件懲戒処分①／Y₂社による本件懲戒処分②
- H2・12・20 Y₁社を任意退職
- S49・1・22 本件懲戒解雇

社に、昭和62年に中途採用で入社した労働者である。Xは、平成2年4月2日、Y₂社の総務部に係長として在籍したまま、Y₂社の営業部門から独立して設立されたY₁社に出向し、営業部課長代理を経て、同年6月頃、A支店長代理を命じられた。Y₁社のA支店には、X同様、Y₂社からY₁社に出向してきたB部長がおり、X、B部長を含む、計3名の者が営業活動に従事していた。

2 Xは、上司であるB部長に対して、数回にわたり侮辱的言動、誹謗・中傷にわたる言動を発してきた。このようなXの言動・態度を問題としたY₁社は、Xに対し平成2年11月15日付けで、A支店長代理を免じ、また翌日から10日間の出勤停止を命ずる旨の懲戒処分を行った（本件懲戒処分①）。一方、Y₂社も、Xに対し同日付けで、主事補より書記に降格し、係長たる役職を免ずる旨の懲戒処分を行った（本件懲戒処分②）。なお、本件懲戒処分①のうち出勤停止については、事情聴取時のXの態度、言動に加えて、XがB部長に対し暴言を吐いたことから、一定の冷却期間を置く意味合いで付されたものである。なお、Y₂社の就業規則4条には、「従業員は、信義に従い誠実に勤務し、互いに協力して能率の向上、業務の改善をはかり、会社の業績発展に務めなければならない。」とあり、また、懲戒規定である同規則68条1項には、懲戒事由として、「法令、就業規則その他諸規則に違反したとき」と規定されている。

3 Xは、本件各懲戒処分は違法であるとして、Y₁社およびY₂社に対し、出

勤停止期間中の賃金の支払い，ならびに不法行為に基づく損害賠償請求を求めて訴えを提起した。なお，Xは，同年12月20日，Y_2社を任意退職している。本判決は，以下のように判断し，Xの請求を棄却した。

【判旨】
1 Xの一連の言動はいずれもY_2社の就業規則4条に違反し，懲戒規定である同規則68条1項に該当するというべきである。
2 Y_2社は，Xに対し，出向先であるY_1社の行為について本件懲戒処分②をしたが，XのY_1社への出向は在籍出向であり，XとY_2社との間の雇用関係はなお継続しているから，Y_2社は，出向元会社の立場から，Y_1社における行為について，Y_2社の就業規則に基づいて懲戒処分を行い得ると解すべきである。
3 また，Y_1社は，Xに対し，Y_2社の就業規則を適用して本件懲戒処分①をしたが，……Y_1社は，Y_2社の営業部門及び事業部門を母体にして平成元年10月に設立され，その代表取締役はY_2社の常務取締役であり，他の取締役もY_2社の取締役等を兼任し，実質上Y_2社の子会社であること，Y_2社はY_1社と業務上も密接な関連を有し，Y_1社の人事・給与などの管理も行い，他方，Y_1社は，もっぱら仲介・販売等の営業活動のみを行い，実質的にはY_2社の営業一部門の体をなしていたこと，A支店のXを含む3名の従業員すべてがY_2社からの出向であったこと，Y_1社は，社員が10名以上いない就業規則作成義務のない会社であって，現に就業規則が存在していないことが認められ，このような事情の下では，Y_2社からA支店に出向したXを含む3名の従業員は，Y_1社においても，親会社であるY_2社の就業規則の適用について同意しているものと解されるから，Y_1社は，Y_2社の就業規則を適用して懲戒処分を行い得るものと解するのが相当である。
4 Xは，本件各懲戒処分は，出勤停止，役付罷免及び降格という何重もの不利益を科したものであって，Xの行為に比して過重な処分であると主張するが，Y_2社とY_1社は，出向元会社と出向先会社として，それぞれ異なる立場からXに対し本件各懲戒処分を行ったものであること，Y_1社のXに対する出勤停止処分についても，Xの言動を考慮して，冷却期間を置くという考えに基づいての処分であることに照らせば，Y_1社が出勤停止，役付罷免を，Y_2社が役付

罷免及び降格をXに付したことをもって，何重もの不利益を科したとか，Xの行為と比して過重な処分であるということはできない。

【問題の所在】

出向とは，労働者が使用者との雇用関係を維持しつつ，長期にわたって他企業の指揮命令に服して労働することであることから，労使間の権利義務は，その性質に従って出向元，出向先それぞれに分割されることとなる。そのため，労働者は出向元・出向先それぞれにいかなる義務を負うのか，また，出向元・出向先は労働者に対して，それぞれいかなる権利を得，義務を負うのかが問題となる。

本判決は，このうちの懲戒権限について判断したものであり，結論として，出向中の労働者に対し出向元・出向先それぞれが懲戒権限を持つと判示した点に重要な意義を有する。

【本判決のポイント】

1 出向期間中の労働関係

出向とは，出向労働者と出向元との雇用関係は維持されつつ，出向先の指揮命令に服して就労するものである。そのため，出向労働者と出向元との労働契約関係の一部が，出向先に分割・配分されていると解されており，そのことから，「二重の労働契約関係」があるとする見解が有力である。もっとも，「二重の労働契約関係」と言っても，出向先に対して労働契約上の地位確認をすることはできない（朽木合同輸送事件・名古屋高判昭和62・4・27労判498号36頁）。

出向元・出向先が労働者に対して，どのような権限を持つのかについては，原則として出向協定等に従って判断される。一般的に，労務提供に関する権限については，指揮命令権を持つ出向先が持つ。一方，出向元は，労務提供を前提としない部分についての権限を有することとなる（解雇権など労働契約に関する部分）。

また，労働基準法や労災保険法等の労働保護法上の使用者としての責任は，出向協定等に基づき，出向元・出向先がどのような権限を有しているのかによって判断される。一般的には，労働時間・休日など労務の提供を前提とする

ものについては，指揮命令権を有する出向先がその責任を負う。一方，解雇など労働契約上の地位の存否にかかわるものについては，出向元がその責任を負うこととなる。

2　出向元の懲戒権

出向先に指揮命令権が移転していることから，労働者は，出向先に対して労働義務を負う。それでは，出向先での労働者の非違行為に対して，出向元は，懲戒処分を行うことができるのであろうか。本判決は，**出向元であるY₂社は，労働者との雇用関係が継続していることから，自らの就業規則に基づいて同人に対し懲戒処分を行い得る**と判断している（判旨 2）。本件のように出向元と出向先との関係が密接な場合では，出向先での労働者の非違行為が，出向元・出向先間の関係の構築に影響を与え得るものであり，結果として出向元の企業秩序を侵害する場合が考えられる。そのため，本件判旨の立場は妥当なものであるといえよう。もっとも，懲戒処分の権利濫用判断の際には，労働者の非違行為が出向元の企業秩序に与える影響の程度が考慮されることとなる（労契15条）。

3　出向先の懲戒権

一般的に出向先は，出向協定等に基づき，出向労働者による非違行為に対して，懲戒権を有する。もっとも，労働者の地位の喪失をもたらす懲戒解雇については，出向元のみがその権限を有する。

本件では，就業規則をもたない出向先Y₁社が，出向元Y₂社の就業規則に基づいて懲戒処分を行っている。この点について本件では，①Y₁社がY₂社を母体として設立されたこと，②Y₂社の役員がY₁社の役員も兼任しており，Y₁社は，実質上Y₂社の子会社であること，③支店で勤務する従業員全員がY₂社からの出向労働者であることから，Xを含む従業員は，Y₁社においても，Y₂社の就業規則の適用について同意しているとして，Y₂社就業規則に基づくY₁社の懲戒権を肯定している（判旨 3）。本判決では，Y₁社とY₂社間の強度な一体性がその判断の背景に存在するものと思われるが，Y₂社就業規則の適用についての同意の判断においては，より慎重かつ具体的に検討すべきであろう。

4　出向元・出向先それぞれによる懲戒処分と二重処分の禁止

懲戒処分は，その制裁罰たる性格ゆえに，刑事法に類する規制に服する。このうち，同一非違行為について重ねて処分を行うことを二重処分といい，この

二重処分は禁止されている。本件のように、Xの非違行為に対してY₁社、Y₂社それぞれが懲戒処分を行うことは、この二重処分の禁止に反しないのであろうか。

本件では、Y₁社、Y₂社それぞれが出向元・出向先という異なる立場から、それぞれXに対し懲戒処分を行っており、その処分の重さを考慮しても二重処分の禁止には当たらないとしている（判旨4）。労働者の非違行為によって、出向元・出向先それぞれの企業秩序が侵害されるということを考慮すると、このような判断は妥当なものといえよう。もっとも、前述したように、懲戒処分の権利濫用判断の際には、労働者の非違行為がそれぞれの企業秩序にどのような影響を与えたのかという点が考慮されることとなる。

(天野　晋介)

(4) 転籍

043　三和機材事件
東京地決平成4・1・31　判時1416号130頁

【事案の概要】

1 Xは、工作用機械・資材の製作販売等を業とするY社で勤務する労働者である。また、Xは、Y社の従業員らで組織するB組合で11年余にわたって書記長の地位にある。

2 Y社は、オイルショックを契機とする建設業界の長期的不況の影響を受け、和議手続の申立を行い、経営再建を図ろうとした。そして、その一環として、Y社の営業部門を独立させA社を設立することとした。Y社は、就業規則上の出向規定を整備し、出向に転籍出向が含まれることを明らかにするとともに、「転籍出向者は、転籍出向時をもって会社を退職し、出向先会社に籍を置く」旨の規定を加えた。そして、従業員らに対する意見聴取を行った後、平成3年3月12日から4月17日までの間に、労働基準監督署に就業規則変更届けを提出した。従業員代表の意見は、「特にない」というものが多かったが、一部

```
S52      S54      S61      H3       H3       H3
・2月    ・10月   ・3/31   ・3/12   ・5/9    ・7/3
                           ～4/17
入社    B組合の   和議の    就業規則  転籍に   転籍命令・
        職長に   手続開始  変更の    ついての  懲戒解雇
        選出    の申立て   手続      内示
                                    ＼     ／
                              数回にわたる説明・説得
```

には，転籍規定の削除を求めるものもあった。変更された就業規則については後日，全従業員に配布された。

3 Y社は，平成3年5月9日に従業員に対して営業部門を分離独立させ，A社を設立したことを明らかにするとともに，営業部門に勤務する従業員全員を同年7月1日付けでA社へ転籍させる旨内示した。各所属長による説明もあり，Xを除く営業部員（B組合員2名を含む）はこれに同意した。

4 数回にわたる説明・説得にも関わらず，Xがこれに応じる様子は見られず，自分は組合書記長であり組合に任せているので返答はできないとの態度を崩さず，話し合いは平行線のまま終わった。結局，Y社はXの同意のないまま，同年7月3日，転籍命令を発したが，Xはこれに従わなかったことから，Y社は，就業規則の「業務上の指揮命令に違反したとき」に該当するとして，Xを懲戒解雇した。

5 そこで，Xは，本件転籍出向命令の無効と，この命令を拒否したことを理由とする解雇の無効を主張し，地位保全および賃金仮払いの仮処分を申し立てた。本決定は，結論として，Xの申立てを認容した。

【判旨】

1 出向規定が作られたのは，Xが会社に入社した14年後，本件転籍出向命令が発せられるわずか3か月前のことであり，しかもXは本件出向規定にはそれ

が発表された直後から反対していることが明らかであり，さらにXの職場の従業員代表の意見は「特にない」というものであったが，他の職場の従業員代表の意見の中には転籍出向の規定の削除を求めるという意見が複数存在していたことからすると，出向規定の内容がXはもちろん，その適用をうける全従業員の労働契約の内容となっていたとは到底解し難い。

2 転籍出向は出向前の使用者との間の従前の労働契約関係を解消し，出向先の使用者との間に新たな労働契約関係を生ぜしめるものであるから，それが民法625条1項にいう使用者による権利の第三者に対する譲渡に該当するかどうかはともかくとしても，労働者にとっては重大な利益が生ずる問題であることは否定し難く，したがって，一方的に使用者の意思のみによって転籍出向を命じ得るとすることは相当でない。

3 ただ，現代の企業社会においては，労働者側においても，労働契約における人的な関係を重視する考え方は希薄になりつつあり，賃金の高低等客観的な労働条件や使用者（企業）の経済力等のいわば物的な関係を重視する傾向が強まっていることも否定できず，また使用者側においても企業の系列化なくしては円滑な企業活動が困難になり，ひいては企業間の競争に敗れ存続自体が危うくなる場合も稀ではないことからすると，いかなる場合にも転籍出向を命じるには労働者の同意が必要であるとするのが妥当であるか否かについては疑問がないではない。しかしながら，希薄になりつつあるとはいえ労働契約における人的関係の重要性は否定することはできず，また契約締結の自由の存在を否定することができない以上，右のような諸事情の下にあってもなお，それが常に具体的同意でなければならないかどうかはともかく，少なくとも包括的同意もない場合にまで転籍出向を認めることは，いかに両者間の資本的・人的結びつきが強く，双方の労働条件に差異はないとしても，到底相当とは思われない。

4 本件の場合においては，両者の間には右物的な関係においても差異がないとまでは言い難いうえに，Xは本件転籍出向につき具体的同意はもちろん包括的な同意もしていなかった（判旨**1**）のであるから，右同意を得ないでした会社の本件転籍出向命令は無効という外はない。

043

【問題の所在】

　転籍とは，従来の使用者（転籍元）との労働契約関係（雇用関係）を終了させ，新たに別会社（転籍先）との労働契約関係に入ることをいう。従来の使用者との労働契約関係を終了させる点で，出向とは異なる。本判決は，使用者の転籍命令の可否についての判断を示したものであり，その点で重要な意義を有する。

【本判決のポイント】

1　使用者による転籍命令の可否

　転籍の法律構成としては，「地位譲渡型」と「合意解約型」が存在する。「地位譲渡型」とは，転籍元が転籍先に対して，当該労働者の使用者であるという地位を譲渡するものである。一方，「合意解約型」とは，労働者が，転籍元との労働契約を合意解約し，新たに転籍先との間で労働契約を締結するものである。前者の場合，民法625条1項が，「使用者は，労働者の承諾を得なければ，その権利を第三者に譲り渡すことができない」と規定していることから，転籍を行うためには，労働者の承諾（同意）が必要となる。一方，後者の場合は，転籍元との労働契約の合意解約，転籍先との新労働契約の締結双方について，労働者の同意が必要となる。このように，「地位譲渡型」であれ，「合意解約型」であれ，転籍を行うためには，労働者の同意が必要不可欠である。

　本判決はこの点，転籍の際の労働者の同意について，「民法625条1項にいう使用者による権利の第三者に対する譲渡に該当するかどうかはともかくとして」，換言すると，「地位譲渡型」の場合であれ，「合意解約型」の場合であれ，労働者の個別的・具体的同意なしに，使用者が一方的に転籍を命じることはできないと判断している（判旨2）。すなわち，転籍については，使用者の一方的な転籍命令権を否定し，転籍の都度，労働者の個別的・具体的同意を得ることを必要不可欠の要件としているのである。

2　包括的同意に基づく転籍命令の可能性

　もっとも，本判決は，「いかなる場合にも転籍出向を命じるには労働者の同意（個別的・具体的同意）が必要であるとするのが妥当であるか否かについては疑問がないではない」（判旨3）と述べており，包括的同意に基づく，使用者

の転籍命令権を肯定する余地を残している。確かに,「地位譲渡型」の法律構成を採るのであれば,民法625条1項のいう労働者の承諾（同意）を包括的同意で足りると解することも可能であろう（なお,本判決では,判旨1にあるように包括的同意すらも存在しないことに注意）。実際,入社面接時に将来的に転籍がありうる旨の説明を受け,それに対して異議を唱えなかった労働者に対する使用者の転籍命令について,「転属先の労働条件等から転属が著しく不利益であったり,同意の後の不利益な事情変更により当初の同意を根拠に転属を命ずることが不当と認められるなど特段の事情のない限り,入社の際の包括的同意を根拠に転属を命じうると解するのが相当である」とし,結論として,包括的同意を根拠に,使用者による転籍命令を有効と認めたものも存在する（日立精機事件・千葉地判昭和56・5・25労判372号49頁）。

しかしながら,出向と異なり,転籍は労働契約の相手方の変更をもたらすものであり,包括的同意から使用者の転籍命令権を肯定することは,労働者の契約上の地位を極めて不安定とするものである。したがって,転籍については,転籍の都度,労働者の個別的・具体的同意を得る必要があると解すべきであろう。

3 転籍後の労働条件

なお,本判決では,争われなかったが,仮に転籍が有効に行われた場合,転籍後の労働条件がどうなるかについては,「地位譲渡型」,「合意解約型」いずれの法律構成を採ったかによって,結論が異なる。

「地位譲渡型」の場合は,転籍元の労働条件が包括的に転籍先に譲渡されることとなる。したがって,転籍に伴う労働条件の不利益変更は原則として許されず,労働条件の変更については,転籍先企業において別途行う必要がある。そのため,例えば就業規則を変更する際には,労働契約法10条に基づく合理性審査がかかることとなる。

一方,「合意解約型」の場合,転籍先と新労働契約を締結する際に,労働者の合意を要することから,その際,転籍先から従前の条件と異なる労働条件を提示され,労働者がそれに合意した場合は,実質上,労働条件の変更が行われることとなる。

（天野　晋介）

（5） 休職

044　独立行政法人N事件
東京地判平成16・3・26　労判876号56頁

【事案の概要】

1　Xは昭和60年4月にKに雇用された。Kは平成12年4月にSに業務承継されたが，Sは本訴提起後の平成15年10月に解散し，Yがその権利義務を承継した。

2　Sの就業規則には，6か月を限度として必要と認める日または時間につき病気休暇を与えること（36条3号），36条3号に規定する病気休暇の期間を超えてなお長期の療養を要するときは2年6カ月を限度として休職させること（53

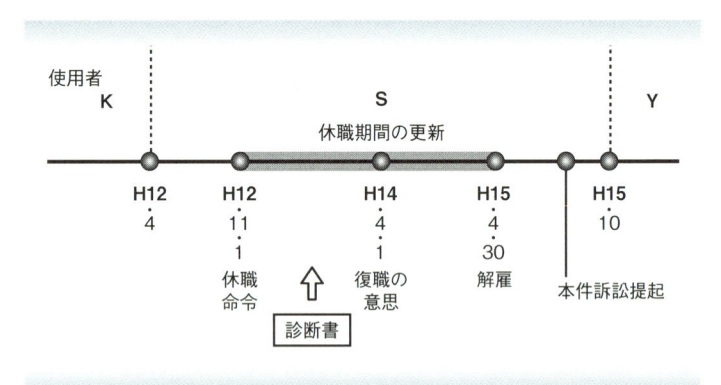

```
使用者
    K              S                       Y
    ●────┊─●───────●───────●──┊─●
   H12   H12     H14      H15    H15
    ・4   ・11    ・4       ・4    ・10
         1      1        30
       休職    復職の    解雇    本件訴訟提起
       命令    意思
            ⇧
          診断書
```
休職期間の更新

条4号・54条4号），休職期間が満了したとき職員を解雇することができること（59条5号）が定められていた。

3　Xは昭和60年10月以降数回にわたって病気休暇を取得していたが，平成12年4月にKがSに業務承継されると，解雇への不安から職務を遂行することができなくなり，再び欠勤や半日勤務の病気休暇を取得するようになった。こうした中，Xは，C医師が作成した「神経症による6カ月の休務加療が必要である」との診断書に基づき，Sから平成12年11月1日以降の休職を命じられた。

4　その後Xは，平成14年3月1日，C医師から交付された，現時点で当面業

務内容を考慮した上での通常勤務は可能である旨の診断書をSに提出し，同年4月1日以降の復職の意思を明らかにした。しかしSは，Xに対し，休職期間を同年5月31日まで更新する旨を命じた。その後もXは平成14年3月診断書と同内容の診断書をSに提出し，従前の職務への復職を求めたが，SはXに対し，休職期間の更新を命じた。そして，休職期間が満了する平成15年4月30日に，SはXを解雇する旨の意思表示を行った。

5 そこでXは，平成14年4月1日時点でXの休職事由は消滅しており，同時点での復職が認められるべきであるから，解雇は無効であるとして，Yに対して従業員たる地位の確認と未払い賃金の支払いを求めた。しかし，本判決は本件解雇の有効性を認め，Xの請求を棄却した。

【判旨】

1 本件においては，「就業規則53条4号，54条4号の休職命令は，解雇猶予のために設けられた制度と解される。したがって，当該休職命令を受けた者の復職が認められるためには，休職の原因となった傷病が治癒したことが必要であり，治癒があったといえるためには，原則として，従前の職務を通常の程度に行える健康状態に回復したことを要するというべきであるが，そうでないとしても，当該従業員の職種に限定がなく，他の軽易な職務であれば従事することができ，当該軽易な職務へ配置転換することが現実的に可能であったり，当初は軽易な職務に就かせれば，程なく従前の職務を通常に行うことができると予測できるといった場合には，復職を認めるのが相当である」。

2 本件では，休職後にSに提出された診断書において「現時点で当面業務内容を考慮した上での通常勤務は可能である」とされており，その趣旨についてC医師は，Xが休職前に休まずに従事していた時点の職務に復帰可能な状態になっていること，復職するにあたって適切な業務は，折衝，判断といった要素がない単純作業であること等を説明している。しかし，Sの業務においては，金融，財務，統計に係る知識，経験を駆使したある程度高度な判断が要求され，かつ，取引先である関係諸団体との折衝等を円滑に行う能力が求められているというべきであり，Xが，Sの職員が本来通常行うべき職務を遂行し得る状態にあるといえないことは明らかである。また，KないしSにおいて他の軽

微な職務に配転できる具体的可能性も存しない。

ところで，本件においては，Xは休職前に単純な機械的作業に従事していたが，Xはこの作業をこなすことも困難で，KないしSにおいて既に恒常的に業務上の支障が生じていたことからすると，「Xの復職に当たって検討すべき従前の職務について，Xが休職前に実際に担当していた職務を基準とするのは相当でなく，Sの職員が本来通常行うべき職務を基準とすべきである」。

また，C医師によれば，「Xが当初担当すべき業務量は，従前の半分程度であり，その期間として半年程度を要するというのであるが，半年という期間は，いかにも長く，半分程度の業務量ということからすれば，Xの休職が2年6か月と長期間に及んでいることを考慮したとしても，実質的な休職期間の延長というべき内容であって，しかも，半年後には十分に職務を行えるとの保障もなく，当初軽易な職務に就かせれば程なく従前の職務を通常に行うことができると予測できる場合とは解されない」。

以上によれば，Xは，平成14年3月31日の時点はもちろん平成15年4月30日の時点において，復職を認めるべき状況にまで回復していたということはできない。したがって，就業規則59条5号に基づくXの解雇は，解雇権を濫用したものということはできない。

【問題の所在】

業務外の傷病（私傷病）による欠勤が一定期間に及んだ場合に行われる傷病休職については，所定の休職期間中に回復し就労可能となれば復職するが，回復しなければ休職期間満了時に退職ないし解雇とされるのが通常である。本判決は，こうした解雇猶予機能をもつ傷病休職制度において，どの程度傷病が回復していれば復職を認めるべきであるかについて，傷病の「治癒」の概念との関係で重要な判示を行っている。

【本判決のポイント】

1 私傷病の「治癒」の意義

本判決は，本件の就業規則における傷病休職制度は，解雇猶予のために設けられたものであるとし，当該休職命令を受けた者の復職が認められるために

は，休職の原因となった傷病が治癒したことが必要であるとする。

問題はこの場合の「治癒」の意義である。この点について最高裁は，片山組事件（最一小判平成10・4・9判時1106号147頁☞**046**事件）において，債務の本旨にしたがった履行の提供があるか否かの判断に当たって，労働者の職種や業務内容が特定されていないときには，現に命じられた特定の業務について労務の提供が十全にはできないとしても，企業の規模や業種，労働者の配置等に照らして，当該労働者が配置される現実的可能性があると認められる他の業務の提供をすることができたか否かを検討すべきであると判示していた。

本判決は，この最高裁の考え方を，復職の要件たる「治癒」の意義にも及ぼしている。本判決によれば，傷病の「治癒」とは，原則として従前の職務を通常の程度に行える健康状態に回復したことを要するが，そこまで回復していなくとも，職種に限定がない従業員については，他の軽易な職務であれば従事することができ，当該軽易な職務へ配置転換することが現実的に可能であり，かつ，当初は軽易な職務に就かせれば，程なく従前の職務を通常に行うことができると予測できる場合には，復職を認めるのが相当である。本判決も指摘している通り，本件の傷病休職は解雇猶予の機能を果たすため，相当期間内の原職復帰が可能であり，本人に適した軽度の職務が存在するときは，使用者がその職務に配置すべき（信義則上の）義務を負うことを示したものと解される。ただし，職種の限定がある場合には，当該契約の範囲内で，より軽度の職務が用意できるかが審査されるにとどまると考えられる。

2　「従前の職務」の意義

本判決によれば，Xにとって，「治癒」の要件が満たされるかどうかの基準となる「従前の職務」は，Xが休職前に実際に担当していた職務（単純な機械的作業）を基準とするのは相当でなく，「職員が本来通常行うべき職務」を基準とすべきである。そして本件では，Sの職員は，金融，財務，統計に係る知識や経験を駆使したある程度高度な判断が要求され，かつ，取引先である関係諸団体との折衝等を円滑に行う能力が求められているが，Xはこのレベルまで回復していないことは明らかであり，また，KないしSにおいて他の軽微な職務に配転できる具体的可能性も存しないと判断している。

なお，本件のように職種に限定のない従業員については，傷病が完全に治癒

していない場合に配置されうる軽易な職務の範囲が比較的広範に認定されると考えられるが、本件では、Xは休職前に担当していた単純な機械的作業をこなすことも困難であり、KないしSにおいて既に恒常的に業務上の支障が生じていたことが考慮され、使用者がXに現実に用意しうるより軽易な職務は存在しなかったとされている。また、C医師の見解によれば、Xは半年間は従前の単純な機械作業の半分程度であれば従事できるが、本判決は、半年はあまりにも長く、当初軽易な職務に就かせれば程なく従前の職務を通常に行うことができるとも予測できないと判断している。

以上から、本判決は、最終的にXに復職可能性が認められないと判断し、休職期間満了後に行われた本件解雇は有効であると判示している。

(桑村　裕美子)

045　全日本空輸事件
東京地判平成11・2・15　労判760号46頁

【事案の概要】

1　Y社で機長資格操縦士として勤務していたXは、平成8年4月22日、Xと以前男女関係にあったY社の元客室乗務員のB女に対して、同年4月17日に傷害を負わせたとの被疑事実により逮捕された。本件事件についてXは、同月24日公訴提起され、同日罰金10万円の略式命令を受けて釈放された。Xは同年5月7日、略式命令に対して正式裁判の請求をし、本件刑事事件については、平成9年11月20日に無罪判決が

H8					H9	
4・17	4・22	4・24	4・25	5・20	11・20	11・28
本件傷害事件	X逮捕	罰金略式命令公訴起訴	乗務停止	無給の起訴休職命令	無罪判決	復職

出され，同判決はその後確定した。
2 Y社の就業規則には，社員が業務以外の事由で刑事上の訴追を受けたときは休職させることがあること（37条5号），休職者に対する賃金に関してはその都度決定すること（39条2項）が規定されていた。
3 Y社はXに対し，平成8年4月25日に乗務停止の措置をとり，本件刑事事件係属後の5月20日，Xが刑事訴追を受けたことを理由に就業規則37条5号および39条2項により無給の休職に付した（なお，本件刑事事件の無罪判決後，Y社は平成9年11月28日に本件休職処分を解き，Xを機長に復職させている）。
4 Xは，本件無給の起訴休職処分の無効確認および休職期間中の賃金等の支払いを求めて提訴した。これに対して本判決は，以下のように述べてXの請求をほぼ認容した。

【判旨】

1 Y社の就業規則における「起訴休職制度の趣旨は，刑事事件で起訴された従業員をそのまま就業させると，職務内容又は公訴事実の内容によっては，職場秩序が乱されたり，企業の社会的信用が害され，また，当該従業員の労務の継続的な給付や企業活動の円滑な遂行に障害が生ずることを避けることにあると認められる。したがって，従業員が起訴された事実のみで，形式的に起訴休職の規定の適用が認められるものではなく，職務の性質，公訴事実の内容，身柄拘束の有無など諸般の事情に照らし，起訴された従業員が引き続き就労することにより，Y社の対外的信用が失墜し，又は職場秩序の維持に障害が生ずるおそれがあるか，あるいは当該従業員の労務の継続的な給付や企業活動の円滑な遂行に障害が生ずるおそれがある場合でなければならず，また，休職によって被る従業員の不利益の程度が，起訴の対象となった事実が確定的に認められた場合に行われる可能性のある懲戒処分の内容と比較して明らかに均衡を欠く場合ではないことを要するというべきである」。
2 本件においてXは，本件休職処分がされた時点で身柄を拘束されておらず，公判期日への出頭も有給休暇の取得により十分に可能であったから，Xが労務を継続的に給付するにあたっての障害は存しない。また，Xは本件刑事事件への対応などで一定のストレスを感じている可能性もあるが，本件休職処分

の時点では，Xが逮捕されて略式命令を受けた日から約1か月経過しており，Xに生じている可能性のあるストレスが安全運行に影響を与える可能性も認められない。他方で，Y社の対外的信用の失墜のおそれについては，本件はY社の業務とは関係のない男女関係のもつれが原因で生じたものであり，マスコミも報道することが相当な公益にかかわる事件ではないと判断して報道しなかったものである。さらに，職場秩序に対する影響についても，客室乗務員は専門的職業意識に基づき自らの業務を遂行するもので，Y社の業務外の時間・場所で生じた，男女関係のもつれから生じた偶発的なトラブルによって，機長との信頼関係が維持不能な状況となるとはいえない。

3 そして，本件刑事事件が仮に有罪となった場合にXが付される可能性のある懲戒処分の内容も，解雇は濫用とされる可能性が高く，他の懲戒処分の内容も，降転職は賃金が支給され，出勤停止も1週間を限度としており，減給も賃金締切期間分の10分の1を超えないとされていることと比較して，無給の本件休職処分は著しく均衡を欠くものというべきである。

4 これらの事実を総合すれば，本件休職処分は無効であり，Xは民法536条2項により賃金請求権を失わない。

【問題の所在】

刑事事件について起訴された者について，その事件が裁判所に係属する期間または判決確定まで労務提供を禁止ないし免除する「起訴休職」については，就業規則において起訴された事実をもって休職とする旨の規定が置かれることが多い。しかし，起訴によって直ちに就労が不能となるわけではないため，こうした就業規則規定の適用を限定する必要があるのではないかが問題となる。本判決は，就業規則等に起訴の事実のみで休職を命じうる旨の定めがある場合に，当該規定を実際に適用しうるのはいかなる場合かについて，注目される判示を行っている。

【本判決のポイント】

1 起訴休職制度の趣旨

本判決はまず，Y社における起訴休職制度の趣旨について，刑事事件で起訴

された従業員をそのまま就業させると，職場秩序が乱されたり，企業の社会的信用が害され，また，当該従業員の労務の継続的な給付や企業活動の円滑な遂行に障害が生ずることを避けることにあるとする。そして，こうした制度趣旨を根拠に，就業規則の起訴休職規定が適用されるには，職務の性質，公訴事実の内容，身柄拘束の有無など諸般の事情に照らし，起訴された従業員が引き続き就労することにより，①Y社の対外的信用が失墜するおそれがあること，②職場秩序の維持に支障が生ずるおそれがあること，あるいは③当該従業員の労務の継続的な給付や企業活動の円滑な遂行に支障が生ずるおそれがあることが必要であるとしている。本判決は，従業員が起訴されたとしても直ちに就労が不可能になるわけではないことを考慮し，就業規則上の起訴休職規定の適用をより厳格にしようとしたものと考えられる。

この点本件においては，①本件事件はY社の業務とは関係のない男女関係のもつれから生じたものであり，マスコミ報道もなかったためY社の対外的信用の失墜はなかったこと，②男女関係のもつれから生じた偶発的なトラブルによって客室乗務員と機長の信頼関係が維持不能な状況となるとはいえないこと，③Xは本件休職処分の時点で身柄を拘束されておらず，継続的な労務提供に支障はなく，安全運行に影響を与える可能性もなかったことから，就業規則における起訴休職規定のXへの適用が否定されている。

2 懲戒処分との均衡

他方で，本判決は，起訴休職規定が適用されるためのもう1つの要件として，「休職によって被る従業員の不利益の程度が，起訴の対象となった事実が確定的に認められた場合に行われる可能性のある懲戒処分の内容と比較して明らかに均衡を欠く場合ではないことを要する」としている。起訴休職は企業外非行を対象とする点で懲戒処分と近似しているので，懲戒処分との均衡を要求したものといえる。本件では，1年6か月余りの無給の休職処分が問題となっているが，本件刑事事件が仮に有罪となった場合にXが付される可能性のある懲戒処分として，解雇は濫用とされる可能性が高く，このほか降職・出勤停止・減給と比較しても，本件休職処分は著しく均衡を欠くとされている。

以上から，**1**の判断とあわせて，本件休職処分は無効とされ，休職期間中のXの就労不能にはYに帰責性が認められ，Xは民法536条2項に基づき賃金請

求権を失わないとされている。

3 事後的に起訴休職の適用要件が満たされなくなった場合

なお，起訴休職処分が当初は上記**1**および**2**の要件を満たし，有効であると解される場合でも，休職期間の途中に保釈や1審での無罪判決などによってその要件が満たされなくなった場合には，休職事由が終了したものとして，使用者は復職措置をとらなければならない。本件においても，Xの1審無罪判決の確定後，Y社はXの起訴休職処分を解き，Xを復職させている。

（桑村　裕美子）

第9章 賃金

(1) 賃金請求権

046 片山組事件
最一小判平成10・4・9　労判736号15頁・判時1639号130頁

【事実の概要】

　土木建築会社Y社（被告・控訴人・被上告人）に昭和45年3月に雇用され，以来，建築工事現場における現場監督業務に従事してきたX（原告・被控訴人・上告人）は，平成2年夏に，バセドウ病に罹患している旨の診断を受け，以後通院して治療を受けたが，本件疾病の罹患をY社には告げずに平成3年2月まで現場監督業務を続けた。その後Xは，次の現場監督業務が生ずるまでの間の臨時的，一時的業務として，Y本社内の事務作業に従事した後，同年8月19日にY社から翌日から都営住宅の工事現場での現場監督業務に従事すべき旨の業務命令を受けた。その際，Xは，Y社に対して，バセドウ病に罹患しているため現場監督業務のうち現場作業に従事できない旨の申出をし，翌日工事現場に赴任した際にも現場責任者に対し，本件疾病のため現場作業に従事することができず，残業は午後5時から6時までの1時間に限り可能であり，日曜および休日の勤務は不可能である旨を申し出た。Y社は，Xが提出した診断書と病状を補足説明する書面を考慮した結果，Xが現場監督業務に従事することは不可能であり，Xの健康面・安全面でも問題を生ずると判断し，Xに同年9月30日付の指示書をもって，翌日から当分の間自

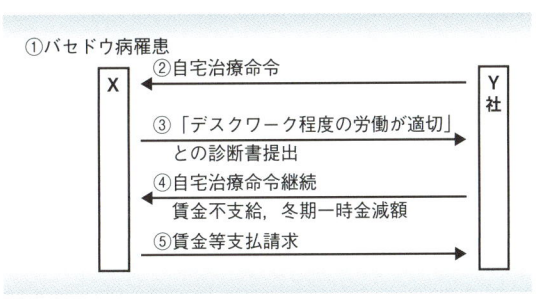

図：
① バセドウ病罹患
② 自宅治療命令（X←Y社）
③ 「デスクワーク程度の労働が適切」との診断書提出（X→Y社）
④ 自宅治療命令継続，賃金不支給，冬期一時金減額（X←Y社）
⑤ 賃金等支払請求（X→Y社）

宅で本件疾病を治療すべき旨の命令を発した。その後、Xは事務作業を行うことはできるとして「デスクワーク程度の労働が適切」との診断書を提出したが、Y社は当該診断書にXが現場監督業務に従事し得る旨の記載がないことから、本件自宅治療命令を平成4年2月5日に現場監督業務に復帰するまで持続した。この不就労期間については、Y社はXを欠勤扱いとして賃金を支給せず、平成3年の冬期一時金を減額支給した。これに対し、Xはこの間の賃金（月例賃金および冬期一時金の減額分）の支払を求めて訴えを提起した。

1審（東京地判平成5・9・21労判643号45頁）では、平成3年8月20日からXを現場監督業務に従事させていたこと、および、Y社は産業医等の専門家の判断を求める等の客観的な判断資料の収集に努めるべきでありこれを全くすることなくXの本件現場監督業務の就労を全面的に拒絶したことは些か軽率であったことからすると、Y社のXに対する本件現場監督業務の就労を全面的に拒絶したことは相当性を欠くとして民法536条2項の帰責事由を認め、Xの賃金請求を認容した。2審（東京高判平成7・3・16労判684号92頁）では、可能な部分の労務のみの提供は債務の本旨に従った履行の提供とはいえず、原則として、使用者は受領を拒否し、賃金支払債務を免れうるが、提供不能な労務の部分が契約上提供すべき労務の全部と対比して量的にも質的にも僅かであるか、または、当該労働者において提供可能な労務のみに従事させることが容易にできる事情があるなど、継続的契約関係にある使用者と労働者との間に適用されるべき信義則に照らし、使用者が当該可能な労務の提供を受領するのが相当であるときには、使用者は当該労務の受領をすべきであり、これを使用者が拒否したため、当該労働者が労務の提供をすることができず、その履行が不能になったとしても、労働者は賃金債権等を喪失しない（民536条2項）ところ、本件ではそのような事情が認められないとしてXの請求を棄却した。そこでXが上告した。

最高裁は、次のように判示して原判決を破棄し、差し戻した。

【判旨】

「**1** 労働者が職種や業務内容を特定せずに労働契約を締結した場合においては、現に就業を命じられた特定の業務について労務の提供が十全にはできない

としても，その能力，経験，地位，当該企業の規模，業種，当該企業における労働者の配置・異動の実情及び難易等に照らして当該労働者が配置される現実的可能性があると認められる他の業務について労務の提供をすることができ，かつ，その提供を申し出ているならば，なお債務の本旨に従った履行の提供があると解するのが相当である。そのように解さないと，同一の企業における同様の労働契約を締結した労働者の提供し得る労務の範囲に同様の身体的原因による制約が生じた場合に，その能力，経験，地位等にかかわりなく，現に就業を命じられている業務によって，労務の提供が債務の本旨に従ったものになるか否か，また，その結果，賃金請求権を取得するか否かが左右されることになり，不合理である。

2 前記事実関係によれば，Xは，Y社に雇用されて以来21年以上にわたり建築工事現場における現場監督業務に従事してきたものであるが，労働契約上その職種や業務内容が現場監督業務に限定されていたとは認定されておらず，また，……本件自宅治療命令を受けた当時，事務作業に係る労務の提供は可能であり，かつ，その提供を申し出ていたというべきである。そうすると，右事実から直ちにXが債務の本旨に従った労務の提供をしなかったものと断定することはできず，Xの能力，経験，地位，Y社の規模，業種，Y社における労働者の配置・異動の実情及び難易等に照らしてXが配置される現実的可能性があると認められる業務が他にあったかどうかを検討すべきである。そしてXはY社において現場監督業務に従事していた労働者が病気，けがなどにより当該業務に従事することができなくなったときに他の部署に配置転換された例があると主張しているが，その点についての認定判断はされていない。そうすると，これらの点について審理判断をしないまま，Xの労務の提供が債務の本旨に従ったものではないとした原審の前記判断は，XとY社の労働契約の解釈を誤った違法があるものといわなければならない。」

【問題の所在】

労働者が現実に労働義務を履行した場合には，通常，賃金請求権が発生する。これに対して，労働者が使用者から命じられた業務の遂行をできなくなった場合には，賃金請求権は発生しないであろうか。本判決は，いかなる場合

に，労働者により就労がなされなくても賃金請求権が認められるかに関して，重要な判断を行っている。

【本判決のポイント】
1 使用者の帰責事由による労務不能と賃金請求権

民法536条2項は，債権者（使用者）の「責めに帰すべき事由」によって履行不能となった場合には，債務者（労働者）は反対給付（賃金）を受ける権利を失わない，と規定している。したがって，使用者の帰責事由によって労働者による労務の履行が不能となった場合には，当該労働者は賃金請求権を有することになる。本判決もこの論理を前提とするものである。

2 債務の本旨に従った履行の提供

他方で労働者は，労働義務を，「債務の本旨に従って」履行しなければならない（民493条参照）。そして，使用者の帰責事由によって労働者が労務を履行することが不能となった（1参照）か否かを判断するうえで，労働者が債務の本旨に従った履行の提供を行っているか否かが考慮要素となる。そこでいかなる場合に，債務の本旨に従った履行の提供が行われたと評価できるかが問題となる。

この点につき，本判決は，①職種や業務内容を特定せずに労働契約が締結された場合には，使用者によって就業が命じられた特定の業務について労務の提供が十全にはできないとしても，②その能力，経験，地位，当該企業の規模，業種，当該企業における労働者の配置・異動の実情および難易等に照らして，当該労働者が配置される現実的可能性があると認められる他の業務について労務の提供をすることができ，かつ，③その提供を申し出ているならば，なお債務の本旨に従った履行の提供があると解するのが相当である，と判示している。そしてこのように解する理由として，本判決は，同一の企業における同様の労働契約を締結した労働者の締結し得る労務の範囲に同様の身体的原因による制約が生じた場合に，その能力，経験，地位等にかかわりなく，現に就業が命じられている業務によって，労務の提供が債務の本旨に従ったものになるか否か，また，その結果，賃金請求権を取得するか否かが左右されることになり，不合理であることを指摘している。**本判決は，職種や業務内容を特定しない**

労働契約が締結された場合について，上記①〜③の要件から示されるように，債務の本旨に従った履行の提供を特定業務に限らず広く捉えて賃金請求権の有無を判断する枠組みを示している。わが国においては職務内容を契約で明確にされていない場合が多く，このような場合には本判決の判断が参照されることになる。これに対し，職種や業務内容を特定した労働契約が締結された場合についても同様の判断が妥当するかは，本判決は明らかにしていない。また，本判決の意義と射程を考えるうえでは，本判決は，①労働者が傷病のために使用者の指定する業務を遂行できず（傷病労働者の問題），②使用者による労務受領拒絶のために賃金が支払われなかった（危険負担〔民536条2項〕の問題）ケースにつき，判示したものであることに留意する必要がある。

(小西　康之)

（2）退職金請求権

047　三晃社事件
最二小判昭和52・8・9　集民121号225頁・労経速958号25頁

【事実の概要】

　X社（原告・控訴人・被上告人）は，広告代理業等を営んでいる。Y（被告・被控訴人・上告人）は，昭和38年春頃にX社に入社し約10年間営業関係の仕事に携わり，係長待遇であったが正規の管理職の地位にはなかった。Yは，昭和48年7月20日にX社を退職し，自己都合退職乗率に基づき計算された退職金64万8,000円を受領した。

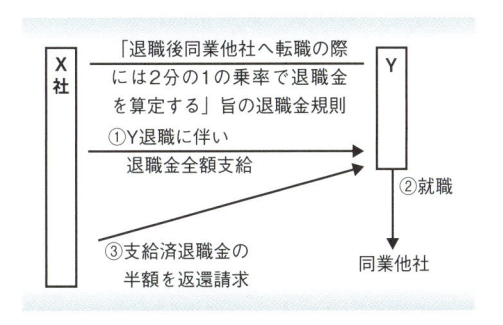

　X社の就業規則には，勤続3年以上の社員が退職したときは，退職金規則により全額使用者負担による退職金を支給する旨規定されていた。退職金規則

には，退職金は退職発令後本人より請求があった時から7日以内に支払う旨が規定され，同規則別紙退職事由別支給乗率表によると，退職後同業他社へ転職のときは自己都合の2分の1の乗率で退職金が計算されることになっていた。また，YはX社に入社するに際し，退職後X社と同一業種の他会社に服務し，あるいは自営するときには必ず事前にX社の承諾を得る旨誓約する誓約書を提出していた。Yは退職金を受領する際にも，今後同業他社に就職した場合は退職金規則の規定するところに従い受領した退職金の半額である32万4,000円をX社に返還する旨を約していた。

Yは，昭和48年7月20日ごろ同業他社から入社の誘いを受けて，同年8月9日に正式入社した。それを知ったX社は，支払済み退職金の半額に相当する32万4,000円の返還をYに求めた。

1審判決（名古屋地判昭和50・7・18労判233号48頁）は，「YとX社間には，Yが退職後同業他社に就職する場合には自己都合退職金の半額が不支給となる旨の契約があったことが認められる。右契約においては，競業を禁止する旨の明示的な文言は見当たらないが，退職金の半額を不支給にすることによって間接的に労働者に競業避止義務を課したものであることは否定できない。しかして，X社においては就業規則等により退職金の支給および支給基準が明確になっており，退職時にその額が確定することは明らかである。そうすると，労働者たるYが前記義務に違反した場合には退職時に退職金の半額を没収するという損害賠償の予定を約定したものと解することができる。かかる労働契約に関する賠償額予定の約定が労基法16条に違反し無効であることは明らかであるから，前記退職金規定のうちこの点に関する規定は，その合理性についての主張を検討するまでもなく，無効」であるとして，X社の請求を棄却した。

これに対し2審（名古屋高判昭和51・9・14労判262号41頁）は，X社が退職金の支給額に差異を設けることによって従業員の足止めを図ろうとする意図は看取し得るけれども，直ちに本件退職金規則が実質的に損害賠償の予定を定めたものとして労基法16条に違反するものとはいえないこと，また，本件退職金制度による支給実態にかんがみ，この程度の減額支給が従業員に対する強い足止めになるとも考えられないので，民法90条に違反するとも断定できないとして，X社の請求を認容した。これに対し，Yが上告した。

最高裁は，次のように判示して上告を棄却した。

【判旨】
「X社が営業担当社員に対し退職後の同業他社への就職をある程度の期間制限することをもつて直ちに社員の職業の自由等を不当に拘束するものとは認められず，したがつて，X社がその退職金規則において，右制限に反して同業他社に就職した退職社員に支給すべき退職金につき，その点を考慮して，支給額を一般の自己都合による退職の場合の半額と定めることも，本件退職金が功労報償的な性格を併せ有することにかんがみれば，合理性のない措置であるとすることはできない。すなわち，この場合の退職金の定めは，制限違反の就職をしたことにより勤務中の功労に対する評価が減殺されて，退職金の権利そのものが一般の自己都合による退職の場合の半額の限度においてしか発生しないこととする趣旨であると解すべきであるから，右の定めは，その退職金が労働基準法上の賃金にあたるとしても，所論の同法3条，16条，24条及び民法90条等の規定にはなんら違反するものではない。」

【問題の所在】
　退職金制度は就業規則等によって定められる（労基法89条3の2号参照）。この退職金については，①その性質，②退職金請求権の発生時期が問題となるほか，③就業規則や労使間の個別的な合意において，退職金の不支給や減額が定められることが多いところ，そのような約定が有効か否か，が問題となる。本判決はこれらについての判示を行っている。

【本判決のポイント】
1　退職金の性質
　退職金は，（経済的な意味における）賃金の後払い的な性格と功労報償的な性格を併有していると一般的には考えられている。
　本判決においても，**本件退職金は功労報償的な性格を併せ有する**と判断している。企業において制度化されている退職金は，賃金の後払い的性格と功労報償的な性格を併有すると評価される場合が多いと考えられるが，本判決は，おお

よそ一般に，退職金制度が両方の性格を有するとは述べていない。制度設計いかんによっては，賃金の後払い的な性格のみを有する退職金や功労報償的な性格のみを有する退職金も考えられうる。

2　退職金請求権の発生時期

退職金請求権については，退職金の賃金後払い的性格を重視し，勤続によって発生するものの，退職時までその支払が猶予されているとの考えがある。

これに対し，本判決は，同業他社に就職した退職社員に対する退職金を一般の自己都合による退職の場合の半額と定める当該会社の退職金規定によれば，制限違反の就職をしたことにより勤務中の功労に対する評価が減殺されて，**退職金の権利そのものが一般の自己都合による退職の場合の半額の限度でのみ発生する**とする趣旨であると判示している。ただし本判決は，本件の事実を前提として判断している（事例判断）ことから，本件のケースとは異なって設計されている退職金制度のもとでは，勤続によって退職金請求権が発生することも考えられうる。

3　退職金の不支給・減額と損害賠償の予定

労働基準法は，使用者が労働契約の不履行について違約金を定め，または損害賠償額を予定する契約をしてはならないと規定する（16条）。そこで，退職金を不支給・減額する旨の約定が労働基準法16条に違反しないかが問題となりうる。

この点につき本判決は，本件においては，当該会社が営業担当社員に対して退職後の同業他社への就職をある程度の期間制限することは直ちには社員の職業の自由等を不当に拘束するものとは認められないとしたうえで，**競業避止義務違反の場合には退職金の権利が自己都合退職の半額を限度として発生する趣旨であると考えられる本件退職金規定は，労基法16条に違反するものではない**と判示している。

4　退職金の不支給・減額と全額払い原則

労基法は，使用者は賃金を全額支払わなければならないことを定めている（全額払いの原則，24条1項）。**2**でみたように，退職金請求権が勤続によって発生していると考えられる場合には，退職時に支払うべき退職金を不支給または減額することは全額払い原則に反することになる。しかし本判決においては，本

件の事情のもとで，制限違反の就職したことにより自己都合退職の場合の半額相当額の退職金請求権が発生することを前提として，競業避止義務に違反した退職社員には自己都合退職の半額の退職金のみが支給されるとの約定は労働基準法24条に違反しないと判示している。

5　退職金の不支給・減額と公序良俗違反

　本判決は，同業他社に就職した退職社員の退職金を自己都合退職の場合に支給される退職金の半額とする規定につき，本件退職金が功労報償的な性格をも有することにかんがみて，合理性のない措置であるとすることはできないとして，民法90条の規定にはなんら違反しないと判示している。これに対して，本件と同じ広告代理業を営む会社における，退職後6カ月以内に同業他社に就職した場合には退職金を不支給とする規定は，退職従業員の職業選択の自由に重大な制限を加える結果となる極めて厳しいものであることを考慮すると，退職金の不支給が許容されるのは，退職従業員に当該会社に対する顕著な背信性がある場合に限るとした上で，退職従業員による退職金請求を認める裁判例がある（中部日本広告社事件・名古屋高判平成2・8・31労判569号37頁☞参考判例**048**事件）。また，退職後の競業避止義務が問題となった事案ではないが，鉄道会社の従業員が電車内での痴漢行為につき刑事処罰を受けたことを理由とする懲戒解雇は有効としつつも，賃金の後払い的要素の強い退職金について，その退職金全額を不支給とするには，それが当該労働者の勤続の功を抹消してしまうほどの重大な不信行為があることが必要であるとしたうえで，当該事案においては退職金を全額不支給にすべきではなく，本来の退職金の3割の支給がみとめられるべきとする裁判例がある（小田急電鉄事件・東京高判平成15・12・11労判867号5頁☞参考判例**049**事件）。

　　　　　　　　　　　　　　　　　　　　　　　　　　　（小西　康之）

参考判例

048 中部日本広告社事件
名古屋高判平成2・8・31　労判569号37頁・判時1368号130頁

【事実の概要】

　Xは，広告業を営むY社に昭和37年5月7日に雇用され，広告の受注等の業務に従事していたが，昭和61年2月末日にY社を依願退職し，その直後から案内広告の受注を主とする広告代理業を営んだ。

　XはY社に対し，退職金の支払を求めたところ，Y社は，同社の就業規則では，勤務3年以上の従業員が退職した場合には退職金を支給する旨規定されているが，その細則である退職手当支給規定には，「退職後6ヶ月以内に同業他社に就職した場合には退職金は支給されない」旨定められていることを理由として，Xに対して退職金を支給しなかった。

　そこでXはY社に対し，退職金の支払を求めた。

　1審判決（名古屋地裁平成元・6・26労判553号81頁）は，本件退職金の基本的性格は労働の対償であり，原則的に労基法の賃金に関する規定が及ぶと解されるところ，①本件不支給条項は，退職後の事情によって退職時までの労働の対償である退職金を労働者に取得させないものであり，実質的に労基法24条の定める賃金全額払の原則に反すること，②従前の勤務の影響力が強いと認められる一定期間，退職社員に競業避止義務を課すこと自体は必ずしも不合理とはいえないが，基本的性格が賃金であると認められる退職金の発生を全面的に競業避止にかからせることは，退職金の前記基本的性格および退職金には退職労働者の退職直後の生活を保証する役割が期待されていることのほか，競業禁止は職業選択の自由という基本的自由に関わる問題であることから，原則として許されないこと，③本件においては，退職金の不発生が一部に留まる場合または競業行為が不正な方法によってされるなど，不支給条項を有効と解することを相当とするに足りる事情は認められないこと，④XはY社から降格などかなり

苛酷な処遇を受けたことによって経済的に困窮し，かつ，心理的にも追い詰められた結果，退職を決心したものであり，Xの勤続年数は23年余に及び，退職後も広告業界以外に適当な職業を見出すことが困難な状態にあったため，広告代理業の自営を始めたものであること，を認めて，本件不支給条項は，XとY社間の労働契約を規制する効力を有しないとして，Xの退職金請求を認容した。この原判決に対し，Y社が控訴した。

　名古屋高裁は，以下のように判示して原判決を変更したが，退職金請求については１審の結論を維持した（あわせて提起された未払賃金請求につき原判決が変更された）。

【判旨】

1　「本件退職金の性格は，従業員が継続してした労働の対償であり，労働基準法にいう賃金の一種である」。

2　「本件不支給条項は，……Y社の就業規則を介してXとの労働契約の内容となっているものであり，この事実に，右判示（＝本件退職金制度に功労報償的な性格のあること）を併せ考えると，同条項がおよそ無効であるということはできず，同条項の働く場合には労働基準法24条の定める賃金全額払の原則の適用はないものというべきである。」

3　「しかしながら，本件退職金……が……継続した労働の対償である賃金の性質を有すること……，本件不支給条項が退職金の減額にとどまらず全額の不支給を定めたものであって，退職従業員の職業選択の自由に重大な制限を加える結果となる極めて厳しいものであることを考慮すると，本件不支給条項に基づいて，〔支給規定の原則による〕支給額を支給しないことが許容されるのは，同規定の表面上の文言にかかわらず，単に退職従業員が競業関係に立つ業務に６ヶ月以内に携わったというのみでは足りず，退職従業員に，前記のような労働の対償を失わせることが相当であると考えられるようなY社に対する顕著な背信性がある場合に限ると解するのが相当である。すなわち，退職従業員は，Y社に対し本件退職金の請求権を，右のような背信的事情の発生を解除条件として有することになるものと解される。いわば，このような限定を付されたものとして，本件不支給条項は有効であるというべきである……。このように解

することが、本件支給規定の中にあって本件不支給条項と同様に不支給を規定しているのが懲戒解雇の場合であることとも整合性を有するものと考えられる。そして、このような背信性の存在を判断するに当たっては、Y社にとっての本件不支給条項の必要性、退職従業員の退職に至る経緯、退職の目的、退職従業員が競業関係に立つ業務に従事したことによってY社の被った損害などの諸般の事情を総合的に考慮すべきである。」

4　「Xにおいては、自らの不相当な行為に起因するところがあるとはいえ、Y社から、一部違法な賃金削減を含む厳しい対応をされ、事実上、退職に追い込まれてY社を退職し、その生活のために、Y社と競業関係に立つ広告代理業を自営するに至ったものと判断され、退職に当たりY社に損害を与える目的があったなど、Xの退職時の事情として、特に非難されるべき事情があったと認定することは困難である。」

「Xが前記営業を始めたことによりY社が大きな影響を受けたとまでは認めることができない。

他に、Xの退職以後の行動で、前記のような背信性を満たすに十分なものを認めるに足りる証拠もない。」

「以上の判示によれば、Y社において、Xに本件不支給条項を適用することは許されないものといわねばならず、Xは、本件支給規定の原則に従って退職金請求権を有するものというべきである。」

（小西　康之）

参考判例

049　小田急電鉄事件
東京高判平成15・12・11　労判867号5頁・判時1853号145頁

【事実の概要】

　Y鉄道会社で特急の予約受付や国内旅行業務に従事していたXは、過去3度

にわたり痴漢行為で罰金刑に処せられていた。そのうち，平成12年5月の事件については，Y社内で賞罰委員会が開催され，Xの行為に対しては懲戒解雇に処すべきところではあるが，本人が深く反省していることやその行為が外部に発覚することがなかったこと等を考慮して，Y社はXを昇給停止および降職にとどめるとの処分をしていた。平成12年11月，Xは再度，別の鉄道会社の電車内で痴漢行為を行い，逮捕・起訴された（その後，懲役4月，執行猶予3年の有罪判決が確定）。Y社は，Xが起訴されたことをもって，Xを懲戒解雇した。なお，Xは勾留中，Y社の担当社員らの面会を受け，そこでは，Y社のいかなる処分についても一切弁明しない旨の「自認書」と題する書面に署名押印している。

　Y社には，初任給等を基礎として定められる退職金算定基礎額および勤続年数を基準として算出した退職金を支給する旨の退職金支給規則があるが，同規則の4条には，「懲戒解雇により退職するもの，または在職中懲戒解雇に該当する行為があって，処分決定以前に退職するものには，原則として，退職金は支給しない」旨規定されていた。Y社はこれに基づき，Xに対し退職金を支給しなかった。

　そこで，XはY社に対し，退職金相当額の支払いおよびこれに対する遅延損害金の支払いを求める訴えを提起した。1審（東京地判平成14・11・15労判844号38頁）では，Xの請求を棄却したため，Xは控訴した。

　東京高裁は，以下のように判示して原判決を変更した。

【判旨】

1　「上記のような退職金の支給制限規定は，一方で，退職金が功労報償的な性格を有することに由来するものである。しかし，他方，退職金は，賃金の後払い的な性格を有し，従業員の退職後の生活保障という意味合いをも有するものである。ことに，本件のように，退職金支給規則に基づき，給与及び勤続年数を基準として，支給条件が明確に規定されている場合には，その退職金は，賃金の後払い的な意味合いが強い。

　そして，その場合，従業員は，そのような退職金の受給を見込んで，それを前提にローンによる住宅の取得等の生活設計を立てている場合も多いと考えられる。それは必ずしも不合理な期待とはいえないのであるから，そのような期

待を剥奪するには，相当の合理的理由が必要とされる。そのような事情がない場合には，懲戒解雇の場合であっても，本件条項は全面的に適用されないというべきである。」

「そうすると，このような賃金の後払い的要素の強い退職金について，その退職金全額を不支給とするには，それが当該労働者の永年の勤続の功を抹消してしまうほどの重大な不信行為があることが必要である。ことに，それが，業務上の横領や背任など，会社に対する直接の背信行為とはいえない職務外の非違行為である場合には，それが会社の名誉信用を著しく害し，会社に無視しえないような現実的損害を生じさせるなど，上記のような犯罪行為に匹敵するような強度な背信性を有することが必要であると解される。

このような事情がないにもかかわらず，会社と直接関係のない非違行為を理由に，退職金の全額を不支給とすることは，経済的にみて過酷な処分というべきであり，不利益処分一般に要求される比例原則にも反すると考えられる。

なお，上記の点の判断に際しては，当該労働者の過去の功，すなわち，その勤務態度や服務実績等も考慮されるべきことはいうまでもない。」

「もっとも，退職金が功労報償的な性格を有するものであること，そして，その支給の可否については，会社の側に一定の合理的な裁量の余地があると考えられることからすれば，当該職務外の非違行為が，上記のような強度な背信性を有するとまではいえない場合であっても，常に退職金の全額を支給すべきであるとはいえない。

そうすると，このような場合には，当該不信行為の具体的内容と被解雇者の勤続の功などの個別的事情に応じ，退職金のうち，一定割合を支給すべきものである。本件条項は，このような趣旨を定めたものと解すべきであり，その限度で，合理性を持つと考えられる。」

2　「本件行為が悪質なものであり，決して犯情が軽微なものとはいえないこと，また，Xは，過去に3度にわたり，痴漢行為で検挙されたのみならず，本件行為の約半年前にも痴漢行為で逮捕され，罰金刑に処せられたこと，そして，その時には昇給停止及び降職という処分にとどめられ，引き続きY社における勤務を続けながら，やり直しの機会を与えられたにもかかわらず，さらに同種行為で検挙され，正式に起訴されるに至ったものであること，Xは，この

種の痴漢行為を率先して防止，撲滅すべき電鉄会社の社員であったこと……だけをみれば，本件では，Xの永年の勤続の功を抹消してしまうほどの重大な不信行為があったと評価する余地もないではない。」

「しかし，他方，本件行為及びXの過去の痴漢行為は，いずれも電車内での事件とはいえ，会社の業務自体とは関係なくなされた，Xの私生活上の行為である。」

「そして，これらについては，報道等によって，社外にその事実が明らかにされたわけではなく，Y社の社会的評価や信用の低下や毀損が現実に生じたわけではない。」

「過去に退職金の一部が支給された事例は，いずれも……業務上取り扱う金銭の着服という会社に対する直接の背信行為である。本件行為（は）会社に対する関係では，直ちに直接的な背信行為とまでは断定できない。」

「Xの功労という面を検討しても，その20年余の勤務態度が非常に真面目であ（り，）自己の職務上の能力を高める努力をしていた様子も窺われる。」

「このようにみてくると，本件行為が，……相当強度な背信性を持つ行為であるとまではいえないと考えられる。

そうすると，Y社は，本件条項に基づき，その退職金の全額について，支給を拒むことはできないというべきである。しかし，他方，上記のように，本件行為が職務外の行為であるとはいえ，会社及び従業員を挙げて痴漢撲滅に取り組んでいるY社にとって，相当の不信行為であることは否定できないのであるから，本件がその全額を支給すべき事案であるとは認めがたい。」

「そうすると，本件については，……本来支給されるべき退職金のうち，一定割合での支給が認められるべきである。

その具体的割合については，……本件行為の性格，内容や，本件懲戒解雇に至った経緯，また，Xの過去の勤務態度等の諸事情に加え，とりわけ，過去のY社における割合的な支給事例等をも考慮すれば，本来の退職金の支給額の３割である276万2,535円であるとするのが相当である。」

(小西　康之)

（3） 年俸制

050 日本システム開発研究所事件
東京高判平成20・4・9　労判959号6頁

【事案の概要】

1　X₁らは，Yに研究員として雇用され，期間の定めのない労働契約を締結した。

2　Yではいわゆる年俸制が導入されており，20年以上前から，就業規則によることなく，原則として満40歳以上の研究職員を対象に，個別の交渉によって賃金の年間総額と支払方法が決定されてきた。Yと労働者との年俸交渉は毎年6月に行われ，その年度（当年4月1日〜翌年3月31日）の年間の賃金総額と支払方法が決定されてきた。そして，ここで決定された賃金額および支払方法に基づき7月から新賃金が支給され，既に6月まで支給されてきた賃金と清算されるシステムとなっていた。

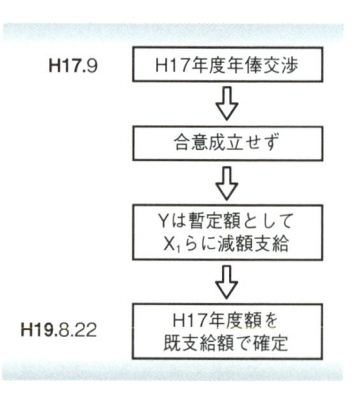

```
H17.9   → H17年度年俸交渉
        ↓
          合意成立せず
        ↓
          Yは暫定額として
          X₁らに減額支給
        ↓
H19.8.22  H17年度額を
          既支給額で確定
```

なお，年俸者の賃金の決定過程は次のとおりである。

〔1〕　例年5月中旬頃までに，個人業績評価を行う

〔2〕　〔1〕の個人業績評価と非年俸者についての給与改定基準表を参考にして，Yの役員が，交渉開始の目安となる提示額を計算する

〔3〕　毎年6月，役員2名（専務理事と常務理事）と労働者1名との個別交渉が，約30分から1時間ほどで行われる

〔4〕　交渉では，〔2〕の提示額を開始額として，前年度の成績や職務遂行状況，当該年度の成績見込みと期待する職務等を前提として，役員と労働者が協議し，最終的な合意額と支払方法を決定する。

3　ところが，平成15年度および16年度については，研究室長らが年俸者につ

いての個人業績評価の基礎となる資料の提出を拒んだため，Yは個人業績評価ができず，年俸者について平成14年度の給与のまま凍結して支給した。また，平成17年度には，Yの経営状況が悪化したため，Yは組織体制の変更や人件費を含む経費削減を行うこととし，同年7月には，非年俸者の夏期賞与は1カ月程度とし，年俸者とはこれを踏まえて年俸交渉を行うことが職員に通知された。

4 このような状況下で，Yは，平成17年9月9日から同月15日の間に，約30名の職員を対象に年俸交渉を実施したが，年俸者X_1らを含む7名の労働者は，Yの提示した額に同意しなかった。そこでYは，年俸額につき合意に達しなかった年俸者の給与を，Yにおいて暫定的に算定して支払うこととし，X_1らについては，平成17年度の年俸額を，前年度から100万〜450万程度減額して支給した。その後Yは，平成19年8月22日，年俸者X_1らに対し，平成17年度の年俸を既支給額どおりに確定する旨を通知した。

5 そこでX_1らは，Yが一方的にX_1らの賃金を減額支給したとして，前年度の年俸額との差額賃金の支払を求めて提訴した。1審判決は，年俸制は労使慣行として労働契約の内容になっていたとし，給与の減額については，就業規則の変更あるいは少なくとも労働者の同意が必要であるとし，X_1らとの関係では年俸額減額は有効性が認められないとした。その上で，本件の事実関係の下では，平成17年度および平成18年度は，年俸額が確定するまでは前年度実績による給与を支給すべきであるとした。本控訴審判決は，理由づけは異なるものの1審判決と同様の結論をとり，控訴を棄却している。

【判旨】

1 「Yにおける年俸制のように，期間の定めのない雇用契約における年俸制において，使用者と労働者との間で，新年度の賃金額についての合意が成立しない場合は，年俸額決定のための成果・業績評価基準，年俸額決定手続，減額の限界の有無，不服申立手続等が制度化されて就業規則等に明示され，かつ，その内容が公正な場合に限り，使用者に評価決定権があるというべきである。上記要件が満たされていない場合は，労働基準法15条，89条の趣旨に照らし，特別の事情が認められない限り，使用者に一方的な評価決定権はないと解する

のが相当である」。

2 本件では，Yにおいて年俸制が20年以上前から実施されていたが，年俸額決定のための成果・業績評価基準，減額の限界の有無，不服申立手続等については，これが制度化され，明確化されていたと認めるに足りる証拠はない。したがって，「本件においては，上記要件が満たされていないのであり，また，本件全証拠によっても，上記特別の事情を認めることはできないから，年俸額についての合意が成立しない場合に，Yが年俸額の決定権を有するということはできない。そうすると，本件においては，年俸について，使用者と労働者との間で合意が成立しなかった場合，使用者に一方的な年俸額決定権はなく，前年度の年俸額をもって，次年度の年俸額とせざるを得ないというべきである」。

3 「本件において，平成17年度及び平成18年度の年俸額について，各年度中に，Yと年俸者Xらとの間に合意が成立しなかったことは，当事者間に争いがない。したがって，平成17年度及び平成18年度の（平成17年4月1日から平成19年3月31日まで）の年俸額は，年俸者X₁らの主張のとおり，平成16年度の年俸額と同額に確定したものというべきであるから，Yは，……平成17年度及び平成18年度の賃金として，年俸者X₁らに対し，平成16年度の年俸額と同額の賃金支払義務を負うことになる」。

【問題の所在】

　賃金の額を年単位で決定する年俸制は，前年度の実績や目標達成度をもとに労使が交渉して毎年の賃金額を決定する，個別的・成果主義的色彩の強いものを純粋な形態としているが，労使で合意にいたらない場合に，年俸額がどのように決定されるかが問題となる。本判決は，①年俸額について労使合意が成立しないときに使用者の評価決定権限が肯定されるのはいかなる場合か，②使用者の一方的決定権限が否定された場合に最終的な年俸額はどのように決定されるかについて，注目すべき判示を行っている。

【本判決のポイント】

1 年俸額につき合意が成立しない場合の使用者の原文のママ的決定権限の有無

　年俸制において，毎年労使が交渉して賃金額を決定することが予定されてい

る場合に，労使で合意が成立しないときに使用者が一方的な評価決定権限を有するかについて，本判決は，「**年俸額決定のための成果・業績評価基準，年俸額決定手続，減額の限界の有無，不服申立手続等が制度化されて就業規則等に明示され，かつ，その内容が公正な場合に限り，使用者に評価決定権があ**」るとし，これらの要件を満たさない場合は，「特別の事情」が認められない限り，使用者に一方的な評価決定権はないとしている。そして本件では，年俸額決定のための成果・業績評価基準，減額の限界の有無，不服申立手続等が制度化され，明確化されていなかったとし，使用者に一方的な年俸額の決定権限はないと判断した。

年俸制の制度設計には様々なものがあり，合意が成立しないときには使用者が前年度の業績等を踏まえて最終的に年俸額を決定する旨を就業規則等に定めておくこともありうる。しかし，本判決を素直に読めば，使用者の一方的決定権限が発生するのは，そうした権限が単に就業規則等に規定されているだけでは足りず，①成果・業績評価基準，年俸額決定手続，減額の限界の有無，不服申立手続等が制度化されて明示され，かつ，②その内容が公正であることまで求められることになる。本判決は，こうした限定的な解釈を導くに当たり，労基法15条（労働条件明示義務）および89条〔〔賃金の決定方法の〕就業規則記載義務）の趣旨を指摘していることから，年俸制を実施する以上はその評価基準や不服申立制度等が就業規則等にできるだけ詳細に定められ，労働者に明示されていることが望ましいと考えているようである。

もっとも，こうした詳細な定めがなくとも，労使の個別合意で使用者の最終的決定権限が明確に定められた場合は，使用者は労働契約上そうした権限を付与されていると解さざるをえないと思われる。また，就業規則に使用者の最終的決定権限が明記されていれば，そうした制度も合理的なものとして労働契約の内容になり（労契7条），年俸額減額の効力は使用者の評価決定権限の濫用の有無で判断されると解する余地もある。本判決がこうした考え方を完全に排除するものであるか否かは，上記①②の要件を不要とする「特別の事情」として，判旨がいかなるケースを想定しているかによることになろう。

2 使用者の最終的決定権限が否定される場合の年俸額決定

使用者の最終的決定権限が否定される場合に年俸額がどのように決定される

かについて，本判決は，当該年度で交渉が調わなかったときは前年度の額で確定すると解さざるを得ないとしている。本判決はその積極的理由を述べていないが，Yではこれまでにも合意が成立しない場合に前年度額を凍結して支払ったことがあったという，本件事案を前提とした判断であると解される。したがって，事案によっては，年俸交渉において使用者がはじめに提示した額等，前年度額以外の金額で年俸額が確定される場合もありうると思われる。

(桑村　裕美子)

(4) 賃金の全額払い原則

051　日新製鋼事件
最二小判平成2・11・26　民集44巻8号1085頁・労判584号6頁

賃金債権の合意相殺

【事実の概要】

1 ZはY社に在職中，昭和56年7月20日にY社および訴外A銀行から，昭和58年4月26日にB労働金庫から，それぞれ87万円，263万円，200万円を借り入れた。上記各借入金については，いずれも，抵当権の設定はされず，低利かつ相当長期の分割返済の約定のもとに借り入れたものであり，Y社とA銀行からの借入金にはY社が利子の一部を負担していた。各借入金のうち，Y社からの借入金の返済については，給与等（毎月の給与および賞与）から所定の元利均等分割返済額を控除し，Zが退職する場合には退職金その他より融資残額の全額を直ちに返済する旨が約定され，A銀行・B労金からの借入金については，Y社がZの委任により給与

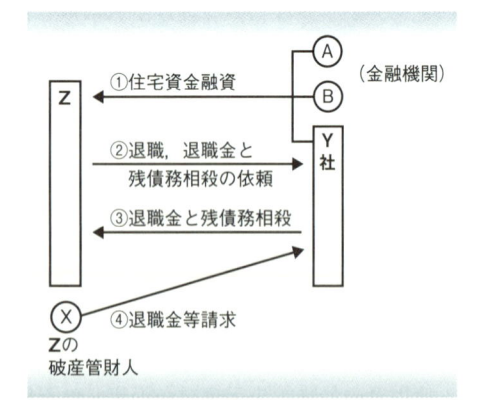

等から控除して支払い，退職等により従業員の資格を喪失した場合にはY社が残債務を一括して償還する旨が約定された。

2 Zは昭和49年ごろから，交際費等に充てるための借財を重ね，昭和58年9月頃には合計総額7,000万円余の負債に追われ，破産申立てをするほかない状態になったことからY社に対して，昭和58年9月7日に退職を申し出るとともに，前記各借入金の残債務を退職金等で返済する手続をとるよう依頼し，同年9月14日，その旨を記載した委任状を提出した。これを受けてY社はZの退職金等により各清算処理を行った。

Zは昭和58年10月19日破産宣告を受け，破産管財人に選任されたXは，Y社に対し上記退職金等の支払を求める訴えを提起した。

3 1審判決（大阪地判昭和61・3・31労判473号26頁）は，Zが完全に自由意思による同意のもとに行った本件清算処理は労働基準法24条の賃金全額払いの原則に違反せず有効としつつ，破産法上の理由によりXの請求を認容した。2審（大阪高判昭和62・9・29労判507号53頁）では，1審と同様に本件相殺は労基法24条に違反しないとしたが，1審で認められた破産法上の理由も存しないとしてXの請求を棄却した。そこでXが上告したのが本件である。

最高裁は，以下のように判示して上告を棄却した。

【判旨】

「労働基準法（昭和62年法律第99号による改正前のもの。以下同じ。）24条1項本文の定めるいわゆる賃金全額払の原則の趣旨とするところは，使用者が一方的に賃金を控除することを禁止し，もって労働者に賃金の全額を確実に受領させ，労働者の経済生活を脅かすことのないようにしてその保護を図ろうとするものというべきであるから，使用者が労働者に対して有する債権をもって労働者の賃金債権と相殺することを禁止する趣旨をも包含するものであるが，労働者がその自由な意思に基づき右相殺に同意した場合においては，右同意が労働者の自由な意思に基づいてされたものであると認めるに足りる合理的な理由が客観的に存在するときは，右同意を得てした相殺は右規定に違反するものとはいえないものと解するのが相当である（最高裁昭和44年（オ）第1073号同48年1月19日第二小法廷判決・民集27巻1号27頁参照）。もっとも，右全額払の原則の趣旨にかんが

みると，右同意が労働者の自由な意思に基づくものであるとの認定判断は，厳格かつ慎重に行われなければならないことはいうまでもないところである。」

「原審は，……右各清算処理につき，Y社が，前記各約定に基づきZの退職により同人に対して有するに至ったY社借入金の一括返済請求権及びA借入金とB借入金についてY社がその残債務の一括返済の委任を受けたことに基づく返済費用前払請求権（民法649条）と，Zの有する退職金及び給与等の支払請求権とを，Zの同意のもとに対当額で相殺した（以下，右相殺を「本件相殺」という。）ものであると判断しているのであって，右認定判断は，原判決挙示の証拠関係に照らし，正当として首肯することができ，その過程に所論の違法はない。」

「Zは，Y社の担当者に対し右各借入金の残債務を退職金等で返済する手続を執ってくれるように自発的に依頼しており，本件委任状の作成，提出の過程においても強要にわたるような事情は全くうかがえず，右各清算処理手続が終了した後においてもY社の担当者の求めに異議なく応じ，退職金計算書，給与等の領収書に署名押印をしているのであり，また，本件各借入金は，いずれも，借入れの際には抵当権の設定はされず，低利かつ相当長期の分割弁済の約定のもとにZが住宅資金として借り入れたものであり，特に，Y社借入金及びA借入金については，従業員の福利厚生の観点から利子の一部をY社が負担する等の措置が執られるなど，Zの利益になっており，同人においても，右各借入金の性質及び退職するときには退職金等によりその残債務を一括返済する旨の前記各約定を十分認識していたことがうかがえるのであって，右の諸点に照らすと，本件相殺におけるZの同意は，同人の自由な意思に基づいてされたものであると認めるに足りる合理的な理由が客観的に存在していたものというべきである。

してみると，右事実関係の下において，本件相殺が労働基準法24条1項本文に違反するものではないとした原審の判断は，正当として是認することができ，原判決に所論の違法はないものというべきである。」

【問題の所在】

労基法24条1項は，「賃金は，……労働者に，その全額を支払わなければならない」と定めている（全額払いの原則）。この全額払いの原則の例外として，

労基法は，法令に別段の定めがある場合または書面による労使協定が締結されている場合には，賃金の一部を控除して支払うことができると規定する（24条1項但書）。そこで，労基法24条1項但書の要件を満たすことなく使用者が労働者との合意に基づいて賃金債権を相殺することは，同法24条1項違反を成立させるかがが問題となる。本判決はこの点につき判断を行っている。

【本判例のポイント】
1　全額払い原則の趣旨
本判決は，**全額払い原則の趣旨は**，使用者が一方的に賃金を控除することを禁止し，もって**労働者の賃金の全額を確実に受領させ，労働者の経済生活を脅かすことのないようにしてその保護を図ろうとするものである**と判示している。

2　合意相殺と賃金全額払いの原則
判例においては，使用者による一方的な相殺は，全額払い原則を定めた労基法24条1項違反に該当すると判断されている（関西精機事件・最二小判昭和31年11月2日民集10巻11号1413頁）。本判決も，労基法24条1項本文の定める賃金全額払い原則の趣旨は，使用者が労働者に対して有する債権によって労働者の賃金債権と相殺することを禁止する趣旨をも包含するものであると判示している。

これに対し，相殺が労働者の同意を得て行われた場合について，本判決は，退職に際し労働者自らが退職金債権を放棄する旨の意思表示を自由な意思に基づいてした場合には全額払い原則によってその効力は否定されないと判示したシンガー・ソーイング・メシーン事件最高裁判決（最二小判昭和48・1・19民集27巻1号27頁☞**140**事件）を引用し，**労働者がその自由な意思に基づき相殺に同意した場合には，その同意が労働者の自由な意思に基づいてされたものであると認めるに足りる合理的な理由が客観的に存在するときは，その同意を得てした相殺は労基法24条1項の規定に違反するものとはいえない**と判示している。すなわち，労働者が自由意思によって相殺に同意していると評価できるか否かによって，全額払い原則違反の成立が左右されることを明らかにしている。使用者による一方的相殺は労基法24条1項違反を構成するのに対し，労働者の自由意思による合意がある場合には使用者によって相殺がなされる場合であっても同条項違反を構成しないとの判例の立場は，労基法の規制における労働者の個別同意による

適用除外の可能性についての議論を喚起している。

3　自由意思の判断

それではいかなる場合に，労働者がその自由意思に基づいて相殺に同意しているといえるであろうか。本判決はこの点についても判断しており，労働者の同意が当該労働者の自由な意思に基づいてされたものであると認めるに足りる合理的な理由が客観的に存在することを要するとし，さらに，前述の全額払い原則の趣旨にかんがみて，相殺の同意が労働者の自由な意思に基づくものであるとの認定判断は，厳格かつ慎重に行わなければならないと判示する。このように本判決は，**労働者の自由意思による相殺への同意という主観的要件につきそれを裏付ける合理的な理由の客観的に存在することが求められ，その認定は厳格・慎重に行われなければならないこと**を明らかにした。

4　具体的あてはめ

本件においては，Zが自発的に退職金等での債務の返済を依頼しており，強要されたとの事情は全くうかがえないこと，清算処理手続後においても自ら関係書類に署名押印していること，Zによる借入はZ本人の利益になっていたこと，借入金の性質や退職金による一括返済についての約定を十分認識しているという事情が認定されている。本判決は，これらの事情に照らして，本件相殺におけるZの同意は，同人の自由な意思に基づいてされたものであると認めるに足りる合理的な理由が客観的に存在していたものというべきであるとした。

（小西　康之）

052　北海道国際航空事件
最一小判平成15・12・18　労判866号15頁・判時1859号11頁

賃金減額への同意と賃金債権の放棄

【事案の概要】

1　Xは，北海道において航空運送業を営むY会社の社長付担当部長であり，賃金は年俸840万円（月額70万円の毎月25日払い）であった。Y会社は経営不振に

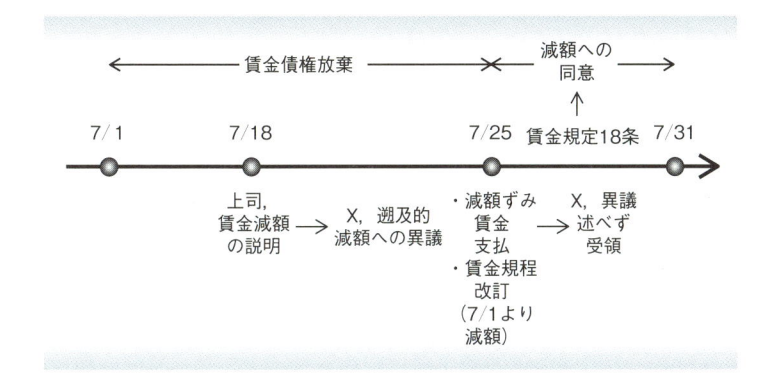

```
←―――― 賃金債権放棄 ――――→×―― 減額への ――→
                                     同意
 7/1         7/18              7/25  賃金規程18条 7/31
 ●――――――――――●―――――――→――●――――――――――●→
              上司,         ・減額ずみ      X,異議
              賃金減額  X,遡及的  賃金         述べず
              の説明  → 減額への  支払    →   受領
                      異議    ・賃金規程
                              改訂
                              (7/1より
                              減額)
```

陥り，役職者の賃金減額が不可避となったことから，Xの上司らは，平成13年7月18日，Xに対し，同月分から賃金を20％減額する旨の説明を行い理解を求めた。しかし，Xは，既に働いた分の賃金を減額することは許されないとして，数度にわたり異議を述べた。その後，Yは，7月25日に同月分の賃金として20％減額した56万円を支払ったが，Xは，異議を唱えることなくこれを受け取った。Xは，同年11月まで毎月56万円の賃金を異議なく受け取っていた。

2 Yは，7月25日までに，就業規則である賃金規程の附則を改正し，一定の役職者の年俸額を100分の30以内で減額し，これを同月1日から実施することとした。また，改正後の同規程の付属文書において，Xについては年俸額を20％減額する旨定めた。なお，賃金規程の18条には「月の途中において基本賃金を変更または指定した場合は，当月分の基本賃金は新旧いずれか高額の基本賃金を支払う」旨の規定がある。

3 Xに対しては，同年12月にさらなる賃金減額がなされたが，同人はそれについては特に異議を述べなかった。その後，Xは，Yに対し，平成13年7月から14年8月分までの減額分の賃金等の支払を請求した。1審判決は，Xは賃金減額に同意したと認められるとして，Xの請求を棄却し，2審判決もXの控訴を棄却したため，Xが上告した。本判決は以下のとおり判示して，原判決を変更し，請求を一部認容（平成13年7月分の賃金）した。

【判旨】

1 「原審は，Xが［平成13］年7月25日に同月1日以降の賃金減額に対する同意の意思表示をしたと認定したのであるが，この意思表示には，同月1日から24日までの既発生の賃金債権のうちその20％相当額を放棄する趣旨と，同月25日以降に発生する賃金債権を上記のとおり減額することに同意する趣旨が含まれることになる。しかしながら，上記のような同意の意思表示は，後者の同月25日以降の減額についてのみ効力を有し，前者の既発生の賃金債権を放棄する効力は有しないものと解するのが相当である。」

2 「すなわち，労働基準法24条1項に定める賃金全額払の原則の趣旨に照らせば，既発生の賃金債権を放棄する意思表示の効力を肯定するには，それが労働者の自由な意思に基づいてされたものであることが明確でなければならないと解すべきである……。……原審の認定した同意の意思表示は，かかる明確なものではなく，Xの自由な意思に基づいてされたものであると認めるに足りる合理的な理由が客観的に存在したということはできないから，既発生の賃金債権を放棄する意思表示としての効力を肯定することができない。したがって，Xは，平成13年7月1日から同月24日までの賃金について，従前どおり月額70万円の割合によりその支払を請求することができる。」

3 「なお，改正後の賃金規程においてはXの賃金を同月1日から20％減額する旨定められているが，改正後の賃金規程が同月24日以前に効力を生じていた事実は確定されておらず，具体的に発生した賃金請求権を事後に変更された就業規則の遡及適用により処分又は変更することは許されない……から，改正後の賃金規程に上記の定めがあることは，前記結論に影響を及ぼすものではない。」

4 「また，改正後の賃金規程は，上記のとおり平成13年7月25日から効力を生じたものというべきところ，その18条に「月の途中において基本賃金を変更または指定した場合は，当月分の基本賃金は新旧いずれか高額の基本賃金を支払う。」旨の規定が置かれている……。そして，上記のとおり，Xは，同日以降の賃金減額には同意しているのであるが，就業規則で定める基準に達しない労働条件を定める労働契約は，その部分については無効とされ，無効となった部分は，就業規則で定める基準によることとされている（労働基準法93条）ので

あるから，Xは，同日から同月31日までの賃金についても，結局，……より高額である従前の額の賃金……の支払を求めることができる。」

【問題の所在】
　賃金の減額は，労働条件の引下げの典型的な例であり，①就業規則や労働協約による賃金水準引下げの効力，②賃金減額をもたらす降格や配転命令の効力，③個別的な賃金引下げ措置に対する労働者の同意の存否・効力など，様々な法的問題をもたらす。また，④賃金債権の放棄も，賃金減額と同様の機能をもつので，その効力をどう判断するかが問題となる。本判決は，これらが交錯する問題についての法的規律のあり方を示す判決である。

【本判決のポイント】
1　賃金減額への同意と賃金債権の放棄
　本判決は，まず，Xが平成13年7月25日に，減額済みの同月分の賃金を異議を述べずに受領したことにつき，賃金支払期日前（7月1日から24日）の既発生の賃金債権については，賃金債権の放棄の意思表示があったと認定し，他方で，同月25日以降の未発生の賃金債権については，賃金減額への同意の意思表示があったと認定する。
　賃金債権の放棄と賃金減額への同意をいかに区別するかについてはこれまでほとんど議論がなされてこなかったが，本判決は，問題となる意思表示の時点で賃金債権が発生していたかどうかという観点から，既発生の賃金債権については放棄の問題とし，未発生の賃金債権については減額への同意の問題とする立場を示したものといえる。

2　賃金債権の放棄の効力発生要件
　次に，賃金債権の放棄に関しては，労基法24条1項の賃金全額払の原則との関係が問題となるが，最高裁はシンガー・ソーイング・メシーン事件（最二小判昭和48・1・19民集27巻1号27頁☞**140**事件）において，労働者による賃金債権の放棄の意思表示は，その自由な意思に基づいてなされたものであると認められる場合には有効であるとの立場を示した。その後，最高裁は，労働者の同意を得て行った賃金債権の相殺（合意相殺）に関わる日新製鋼事件（最二小判平成

2・11・26労判584号6頁☞**051**事件）において，「［労働者の同意の意思表示が］労働者の自由意思によりなされたと認めるに足りる合理的理由が客観的に存在すること」が要件となることを示している。

本判決は，本件においては，賃金債権放棄の意思表示がXの自由意思によりなされたと認めるに足りる合理的理由が客観的に存在したとはいえないとして，放棄の効力を否定する判断を示しているので，実質的には，前掲，日新製鋼事件判決の示した要件を適用し，賃金債権の放棄を有効と認めるためには，①単なる放棄の意思表示の存在のみならず，②それが労働者の自由意思によりなされたと認めるに足りる合理的理由が客観的に存在することが要件となるとしているとみられる。本件においては，Xは，すでに働いた部分の賃金を遡って減額することは許されない旨を上司に繰り返して述べており，このことから上記②の要件の該当性を否定していると思われる。

3　賃金減額への同意と就業規則の最低基準効

一方，本判決は，支払期日以後（7月25日以降31日まで）の未発生の賃金減額への同意については，労基法93条（現在は労働契約法12条）により，賃金規程18条における経過措置の定めが優先されるとして同意を無効とし，より高額である従前の賃金を支払うべきものとした。労働契約法12条は，就業規則の事業場における最低基準ルールとしての機能を反映した規定であり，本判決は，同条の適用のあり方を示した最高裁判決としての意義を有する。

なお，本件のように経過規定がない場合，賃金減額に対する労働者の同意（特に黙示の同意）をいかに認定するかが問題になりうる。従来の下級審裁判例では，賃金減額に対する黙示の同意の認定について，慎重な態度を示すものが少なくない。たとえば，減額された賃金を受領してから相当期間経ってから訴訟を提起しても黙示の承諾を認めない事例がみられる（ヤマゲンパッケージ事件・大阪地決平成9・11・4労判738号55頁，京都広告事件・大阪高判平成3・12・25労判621号80頁など）。また，賃金債権の放棄に関する最高裁の上記判断枠組みを借用し，減額への同意が労働者の自由意思によりなされたと認めるに足りる合理的理由が客観的に存在することを要するとした裁判例もある（更生会社三井埠頭事件・東京高判平成12・12・27労判809号82頁など）。

4 就業規則による発生ずみの権利の遡及的削減の可否

さらに，本判決は，具体的に発生ずみの賃金債権については事後的な就業規則の変更により削減することはできないとの一般論を示したうえ，本件賃金規程の変更は7月24日以前には効力を発生していなかったことから，24日以前の賃金債権（具体的に発生ずみの賃金債権という要件に該当する）には影響を与えないとも判断している（労働契約法10条の合理性を判断するまでもないとしたものといえる）。この点は既に先例があり（香港上海銀行事件・最一小判平成元・9・7労判546号7頁），労働協約による賃金減額の場合にも同様のことが妥当すると解されている（朝日火災海上保険事件・最三小判平成8・3・26労判691号16頁☞**118**事件参照）。

（山川　隆一）

（5）休業手当

053　ノース・ウエスト航空事件
最二小判昭和62・7・17　民集41巻5号1283頁・労判499号6頁

【事実の概要】

Y社は，民間定期航空運輸事業を営む米国法人で，東京，大坂，沖縄に営業所を有している。Xらは，Y社の沖縄営業所および大阪営業所に勤務しており，Z組合に所属していた。

Z組合は，Y社が訴外A社の労働者と自己の従業員を混用していたことに対して職業安定法44条違反であると主張し，Z組合の主張する方策の実施を要求した。これに対してY社は改善案を提示したが，Z組合は，当該改善案を承認せず，東京地区の組合員をもって，昭和49年11月1日からストライキを決行し，同組合員らは羽田空港内のY社の業務用機材を格納家屋に持ち去って，これらを占拠した。本件ストライキは同年12月15日まで続いた。このため，羽田空港における地上作業が困難となったため，Y社は運航スケジュー

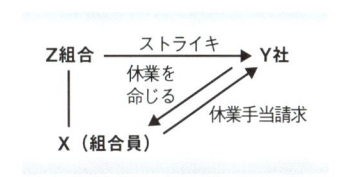

ルを変更せざるをえなくなり，その結果，ほとんどの便は沖縄および大阪を経由しなくなった。そこでY社はXらに対し，その就労を必要としなくなったとして休業を命じ，その間の賃金を支払わなかった。これに対しXらは，主位的請求として未払賃金の請求，予備的請求として休業手当の請求を求めて訴えを提起した。

1審（東京地判昭和55・2・18労判335号14頁）はXらのいずれの請求も棄却した。2審（東京高判昭和57・7・19労判390号36頁）は，「労働基準法第26条……の解釈としては使用者の責に帰すべき事由による休業の場合においては，使用者は休業期間中当該労働者に対し，賃金の支払いにかえて，その平均賃金の100分の60以上の手当を支払うべきことと定めたものというべきである」としたうえで，休業手当の請求のみを認容した。これに対して，XらおよびY社がともに上告した（1189号事件および1190号事件）。

最高裁は，休業手当請求に関する1189号事件について，以下のように判示して破棄自判した。

【判旨】

「労働基準法26条が『使用者の責に帰すべき事由』による休業の場合に使用者が平均賃金の6割以上の手当を労働者に支払うべき旨を規定し，その履行を強制する手段として附加金や罰金の制度が設けられている（同法114条，120条1号参照）のは，右のような事由による休業の場合に，使用者の負担において労働者の生活を右の限度で保障しようとする趣旨によるものであつて，同条項が民法536条2項の適用を排除するものではなく，当該休業の原因が民法536条2項の『債権者ノ責ニ帰スヘキ事由』に該当し，労働者が使用者に対する賃金請求権を失わない場合には，休業手当請求権と賃金請求権とは競合しうるものである……。

そこで，労働基準法26条の『使用者の責に帰すべき事由』と民法536条2項の『債権者ノ責ニ帰スヘキ事由』との異同，広狭が問題となる。休業手当の制度は，右のとおり労働者の生活保障という観点から設けられたものではあるが，賃金の全額においてその保障をするものではなく，しかも，その支払義務の有無を使用者の帰責事由の存否にかからしめていることからみて，労働契約

の一方当事者たる使用者の立場をも考慮すべきものとしていることは明らかである。そうすると，労働基準法26条の『使用者の責に帰すべき事由』の解釈適用に当たつては，いかなる事由による休業の場合に労働者の生活保障のために使用者に前記の限度での負担を要求するのが社会的に正当とされるかという考量を必要とするといわなければならない。このようにみると，右の『使用者の責に帰すべき事由』とは，取引における一般原則たる過失責任主義とは異なる観点をも踏まえた概念というべきであつて，民法536条2項の『債権者ノ責ニ帰スヘキ事由』よりも広く，使用者側に起因する経営，管理上の障害を含むものと解するのが相当である。」

「本件ストライキは，もつぱらXらの所属する本件組合が自らの主体的判断とその責任に基づいて行つたものとみるべきであつて，Y社側に起因する事象ということはできない。……そして，前記休業を命じた期間中飛行便がほとんど大阪及び沖縄を経由しなくなつたため，Y社は管理職でないXらの就労を必要としなくなつたというのであるから，その間Xらが労働をすることは社会通念上無価値となつたといわなければならない。そうすると，本件ストライキの結果Y社がXらに命じた休業は，Y社側に起因する経営，管理上の障害によるものということはできないから，Y社の責に帰すべき事由によるものということはできず，XらはY社に対し休業手当を請求することはできない。」

【問題の所在】

労基法26条は，「使用者の責に帰すべき事由による休業の場合においては，使用者は，休業期間中当該労働者に，その平均賃金の100分の60以上の手当を支払わなければならない」と規定する。他方で民法536条2項は，「債権者【編注：この場合，使用者】の責めに帰すべき事由によって債務を履行することができなくなったときは，債務者【編注：この場合，労働者】は，反対給付を受ける権利を失わない」と規定している。両規定はともに使用者に帰責事由が認められる場合について定めているため，両規定の適用関係や，それぞれが定める帰責事由の範囲について異同が問題となる。本判決は，この点について重要な判断を行っている。

053

【本判決のポイント】

1　労基法26条と民法536条2項の適用関係

　本判決は，労基法26条が「使用者の責に帰すべき事由」による休業の場合に，平均賃金の6割以上の手当を労働者に支払う旨を規定し，その履行を強制する手段として付加金や罰則の制度を設けていることの趣旨は，上記の「使用者の責に帰すべき事由」が認められる休業の場合に，使用者の負担において労働者の生活を上記の限度で保障することにあるとする。そして，労基法26条が定める「使用者の責に帰すべき事由」が認められる休業の原因が，同時に，民法536条2項の「債権者の責めに帰すべき事由」（本判決では，「債権者ノ責ニ帰スヘキ事由」）に該当する場合には，労働者は使用者に対して賃金請求権を失わず，休業手当請求権と賃金請求権は競業関係にあることを判示した。したがって，両方の事由が競合して認められる場合には，労働者は，いずれかを選択して請求することができる。

2　労基法26条の帰責事由と民法536条2項の帰責事由

　そこで次に問題となるのは，労基法26条の「使用者の責に帰すべき事由」と民法536条2項の「使用者の責めに帰すべき事由」との異同である。この点について本判決は，労基法26条の休業手当の制度が，賃金全額を保障するものではなく，その支払義務を使用者の帰責事由の存否にかからしめていることから，労働契約の一方当事者たる使用者の立場をも考慮しているものとしたうえで，労基法26条の「使用者の責に帰すべき事由」の解釈適用にあたっては，労働者の生活保障に配慮したうえで，いかなる事由による休業の場合に平均賃金の60％の限度での負担を使用者に要求するのが社会的に正当かを考慮しなければならないとする。そして，労基法26条の「使用者の責に帰すべき事由」とは，取引における一般原則たる過失責任主義とは異なる観点をも踏まえた概念であり，民法536条2項の「使用者の責めに帰すべき事由」よりも広く，使用者側に起因する経営，管理上の障害を含むものと解するのが相当である，と判示している。したがって例えば，不可抗力による場合など，使用者側に起因する経営，管理上の障害とはいえない場合には，労基法26条の「使用者の責めに帰すべき事由」は認められず（したがって，民法536条2項の「使用者の責めに帰すべき事由」にも該当しない），労働者に休業手当請求権（および賃金請求権）は認められない。

3 ストライキ不参加者の休業手当

　本件は，部分スト不参加者（自組合が行うストライキに参加しなかった者）の休業手当が問題となったケースである。本判決は，本件ストライキは，もっぱら当該労働者らの所属する組合が自らの主体的判断とその責任に基づいて行ったものとみるべきであって，使用者側に起因する事象ということはできず，また，当該労働者らが労働をすることは社会通念上無価値になったとしたうえで，本件ストライキの結果会社により命じられた休業は，使用者側に起因する経営，管理上の障害によるものということはできず，労基法26条の「使用者の責に帰すべき事由」は認められないとして，当該労働者による使用者への休業手当の請求を否定している。

　これに対して，一部ストへの不参加者（他組合が行うストライキに参加しなかった者）に休業手当請求権が認められるか否かについては，本判決では明らかにされていない。労働者の生活保障の観点を考慮すべきこと（**2**参照），一部ストは相対的には使用者寄りの事象であると評価しうることからすると，一部ストへの不参加者には休業手当請求権は認められることとなろう。

（小西　康之）

第10章 労働時間

(1) 労働時間の概念

054 三菱重工業(1次訴訟・会社側上告)事件
最一小判平成12・3・9　民集54巻3号801頁・労判778号11頁

【事案の概要】

1 Xらは、船舶等の製造・修理等を行うY社に雇用され、長崎造船所にて就業していた者である。Y社の就業規則によると、Xらの労働時間は午前8時から午後5時まで(うち休憩時間を正午から午後1時まで)、また始終業基準として、始業に間に合うように更衣等を完了して作業場に到着し所定の始業時刻に作業場において実作業を開始すること、終業に当たっては所定の終業時刻に実作業を終了し終業後に更衣等を行うことが定められており、さらに始終業の勤怠管理は、更衣を済ませ始業時に体操をすべく所定の場所にいるか否か、終業時に作業場にいるか否かを基準として行う旨定められていた。

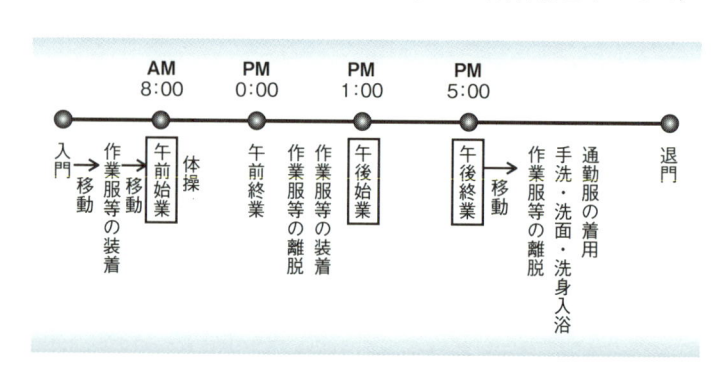

2 当時Xらは、Y社から、実作業に当たり作業服のほか所定の保護具、工具等の装着を義務づけられ、その装着を更衣所等において行うものとされ、これを怠ると、懲戒処分や就業拒否の対象となったり、成績考課に反映されて賃金の減少につながる場合もあった。またXらのうち造船現場作業従事者は、Y社

により副資材や消耗品等の受出しを行うことも義務づけられており，またXらのうち鋳物関係作業従事者は，粉じん防止のため，上長の指示により午前の始業時刻前に月数回の散水を行うことが義務づけられていた。

3 Xらは，午前の始業時刻前に①入退場門から事業所内に入って更衣所等まで移動し，②更衣所等において作業服および保護具等を装着して準備体操場まで移動し，③午前ないし午後の始業時刻前に副資材等の受出し等や午前の始業時刻前に散水を行い，また④午前の終業時刻後に作業場等から食堂等まで移動し，また現場控所等において作業服等の一部を脱離し，⑤午後の始業時刻前に食堂等から作業場等まで移動し，また離脱した作業服等を装着し，⑥午後の終業時刻後に作業場等から更衣所等にまで移動して作業服等を離脱し，⑦手洗い，洗面，洗身，入浴を行った後通勤服を着用し，⑧更衣所等から入退場門まで移動し事業場外に退出するという各行為を行ったが，これらはいずれも労働基準法上の労働時間に該当する旨主張してY社に対し割増賃金の支払を求めた。

4 1審および原審は，ともに上記のうち②③⑥については労働基準法上の労働時間と認められるとして，Xらの請求を一部認容した。これに対してY社が原審敗訴部分を不服として上告したのが本件である。本判決は以下のとおり判示して上告を棄却した。

【判旨】

1 「労働基準法……32条の労働時間（以下「労働基準法上の労働時間」という。）とは，労働者が使用者の指揮命令下に置かれている時間をいい，右の労働時間に該当するか否かは，労働者の行為が使用者の指揮命令下に置かれたものと評価することができるか否かにより客観的に定まるものであって，労働契約，就業規則，労働協約等の定めのいかんにより決定されるべきものではないと解するのが相当である」。

2 「労働者が，就業を命じられた業務の準備行為等を事業所内において行うことを使用者から義務付けられ，又はこれを余儀なくされたときは，当該行為を所定労働時間外において行うものとされている場合であっても，当該行為は，特段の事情のない限り，使用者の指揮命令下に置かれたものと評価するこ

とができ，当該行為に要した時間は，それが社会通念上必要と認められるものである限り，労働基準法上の労働時間に該当すると解される」。

3 「Xらは，Y社から，実作業に当たり，作業服及び保護具等の装着を義務付けられ，また，右装着を事業所内の所定の更衣所等において行うものとされていたというのであるから，右装着及び更衣所等から準備体操場までの移動は，Y社の指揮命令下に置かれたものと評価することができる。また，Xらの副資材等の受出し及び散水も同様である。さらに，Xらは，実作業の終了後も，更衣所等において作業服及び保護具等の脱離等を終えるまでは，いまだY社の指揮命令下に置かれているものと評価することができる」。

【問題の所在】

　労基法は，法定労働時間を1日8時間・週40時間と定めている（32条）。使用者が，労働者を法定労働時間を超えて働かせる場合には，法所定の例外の要件（33条・36条）を満たさなければならず，またこうした法定労働時間を超える労働にはその時間に比例した割増賃金を支払わなければならない（37条）。このような労働時間規制のもとで，労基法上どのような時間が労働時間と評価されることになるのかが問題となる。しかし，労基法はかかる労働時間に関する定義規定を置いていない。そのため従来から学説や下級審判例でこうした労基法上の労働時間をどのように判断すべきであるかということが問題となってきた。

　本判決は，労基法上の労働時間の判断枠組み等について最高裁として初めてその見解を示したものであり，労基法上の労働時間概念をめぐるリーディングケースとなっている。また本判決は本件で問題となった作業服等の着脱に要する時間等の労働時間性についても具体的に判断しており，こうした業務に付随する一定の諸活動時間についての労働時間性判断を一定程度容易にするものともなっている。

【本判決のポイント】

1　労基法上の労働時間の判断枠組み

　労基法上の労働時間をどのように判断すべきかについては，従来，①どのような時間であれ，一定の判断基準に従って客観的に判断されるべきであるとす

る考え方のほか，②明らかに「労働」と評価される中核的な時間については客観的に，それ以外の周辺的な時間については労働時間性の判断が困難であるために当事者の合意（就業規則，労働協約，労使慣行を含む）の内容いかんで労働時間性を判断すべきとする考え方もみられた。しかし②の考え方は，労働時間性の判断が明確・容易になりうる一方で，部分的にせよ当事者の合意によって労働時間の範囲を自由に決定できる余地を認める点で，法定労働時間規制の容易な潜脱につながる可能性もあり，また労基法のもつ強行法規性（13条参照）とは相容れない。そのため現在ではこの考え方は支持されていない。

　本判決も，労基法上の労働時間は「客観的に定まるものであって，労働契約，就業規則，労働協約等の定めのいかんにより決定されるべきものではない」と述べて②の考え方を否定した。すなわち，本判決によれば，労基法上の労働時間は，どのような時間であれ，当事者の合意いかんによらず，あくまで一定の判断基準に従って客観的に判断すべきである，ということになる。

2　労働時間性の具体的判断基準

　それでは具体的にどのような基準に従って客観的に判断するのか。本判決は労基法上の労働時間を「使用者の指揮命令下に置かれている時間」と定義づけており，これまでの行政解釈および学説上の通説が主張してきた定義を採用するに至っている。すなわち，この定義によれば，労基法上の労働時間は当該時間が使用者の指揮命令下に置かれているかによって客観的に判断されることとなる。

　もっともこのような立場に立つと，例えば，上司が休日に家の引越しの手伝いを部下に命じたといったように業務とは全く無関係のいわば私的行為時間と評価すべき時間であっても，それが使用者の指揮命令に基づいてなされている限りは，理論的には労働時間性を否定することが難しくなる。またそもそも労基法32条の文言（「使用者は……労働させてはならない」）によれば，労基法上の労働時間は，指揮命令性の有無（使用者によって労働「させ」られた時間といえるか）だけでなく，職務性（「労働」させられた時間といえるか）をも考慮すべきことになるとして，現在，学説では，労基法上の労働時間性を判断する際には指揮命令性に加えて，こうした職務性をも考慮すべきであるとする立場がかなり有力になってきている。この点，実は，本判決も，本件事案において具体的に労働時間性を判断する場面（判旨2）では，「業務の準備行為等」といった当該時間の

職務性を実質的に考慮しているように読める部分もあり，その立場は必ずしも明確ではない。ただもし仮に本判決が職務性をあわせて考慮して労働時間性を判断しているのであれば，本判決はそこで示された定義と具体的判断基準の間に微妙なズレを生じさせていることとなり，理論的にはなお詰められるべきところがあるといえよう。

3 業務の準備行為等の労働時間性の具体的判断

いずれにせよ，本判決によれば，純粋に業務とはいえない「業務の準備行為等」についても，少なくとも，それが事業所内で行われ，使用者によって「義務づけられ，又はこれを余儀なくされ」ている場合には，原則として労働時間と判断されることになる。本判決は本件事案にこの判断基準を具体的にあてはめて，結論として，午前の始業時刻前の更衣所等において作業服および保護具等を装着して準備体操場まで移動するまでの時間，午前ないし午後の始業時刻前の副資材等の受出し等や午前の始業時刻前の散水を行う時間，午後の終業時刻後に作業場等から更衣所等にまで移動して作業服等を離脱するまでの時間について労働時間性を肯定している。

（梶川　敦子）

055　大星ビル管理事件

最一小判平成14・2・28　民集56巻2号361頁・労判822号5頁

【事案の概要】

1　ビル管理業等を目的とするY社の従業員であるXらは，Y社が管理を受託した各ビルに配置され，ボイラー等の設備の運転操作・点検・整備，

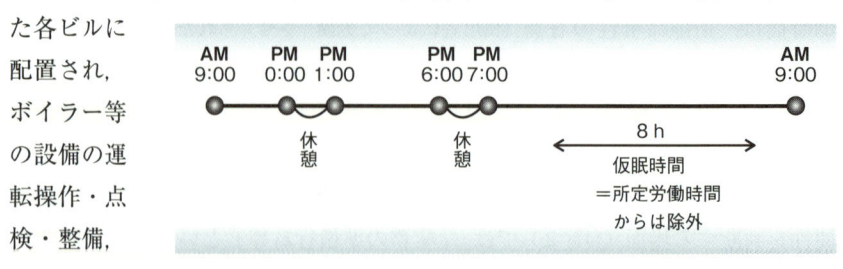

ビル内の巡回監視等の業務に従事していた。Xらは毎月数回，24時間勤務に就いていたが，その間，合計２時間の休憩時間のほか，連続８時間の「仮眠時間」が与えられていた。仮眠時間中，Xらはビルの仮眠室に待機し，警報が鳴る等した場合には直ちに対応して所定の作業を行うが，そのような事態が生じない限り，睡眠をとってよいとされていた。

2 Y社では，このような仮眠時間は所定労働時間に算入せず，また労働協約および就業規則に定める時間外勤務手当（125％）および深夜就業手当（30％）の支給対象ともしていなかった。ただしXらが24時間勤務に従事した場合，１回に泊り勤務手当（2,300円）が支給されることとなっており，また仮眠時間中に突発業務が発生した場合には，申請すればその時間については時間外勤務・深夜就業手当が支給される旨規定されていた。ちなみにXらの賃金は月給制であった。

3 Xらは，Y社に対し，本件仮眠時間は全体として労働時間に当たると主張して，これに対する時間外勤務手当および深夜就業手当の支払を請求した。１審はXらの請求を認容したが，原審は本件仮眠時間は労基法上の労働時間に当たると認めつつ，労働契約上これに対して時間外勤務手当や深夜就業手当を支給する合意はなかったとし，結論としては法定労働時間を超える部分および労基法上深夜労働に当たる部分についてのみ労基法37条による割増賃金の支払を命じた。これに対してXらとY社がともに上告した。本判決は以下のとおり判示して原判決を破棄し，本件における変形労働時間制の適用および割増賃金の計算についての除外賃金の導入に関してさらに審理するため，事件を原審に差し戻した。

【判旨】

1　「労基法32条の労働時間（以下「労基法上の労働時間」という。）とは，労働者が使用者の指揮命令下に置かれている時間をいい，実作業に従事していない仮眠時間（以下「不活動仮眠時間」という。）が労基法上の労働時間に該当するか否かは，労働者が不活動仮眠時間において使用者の指揮命令下に置かれていたものと評価することができるか否かにより客観的に定まるものというべきである」。

2　「不活動仮眠時間において，労働者が実作業に従事していないというだけ

では，使用者の指揮命令下から離脱しているということはできず，当該時間に労働者が労働から離れることを保障されていて初めて，労働者が使用者の指揮命令下に置かれていないものと評価することができる。したがって，不活動仮眠時間であっても労働からの解放が保障されていない場合には労基法上の労働時間に当たるというべきである。そして，当該時間において労働契約上の役務の提供が義務付けられていると評価される場合には，労働からの解放が保障されているとはいえず，労働者は使用者の指揮命令下に置かれているというのが相当である」。

3　本件では「本件仮眠時間中，労働契約に基づく義務として，仮眠室における待機と警報や電話等に対して直ちに相当の対応をすることを義務付けられているのであり，実作業への従事がその必要が生じた場合に限られるとしても，その必要が生じることが皆無に等しいなど実質的に上記のような義務付けがされていないと認めることができるような事情も存しないから，本件仮眠時間は全体として労働からの解放が保障されているとはいえず，労働契約上の役務の提供が義務付けられていると評価することができる。したがって，上告人らは，本件仮眠時間中は不活動仮眠時間も含めて被上告人の指揮命令下に置かれているものであり，本件仮眠時間は労基法上の労働時間に当たるというべきである」。

4　「労基法上の労働時間であるからといって，当然に労働契約所定の賃金請求権が発生するものではなく，当該労働契約において仮眠時間に対していかなる賃金を支払うものと合意されているかによって定まるものである」。本件における就業規則・労働協約の規定，Xらは月給制であること，不活動時間の労働密度をも勘案すれば，XとY社の労働契約においては，本件不活動仮眠時間に対しては泊り勤務手当以外には賃金を支給しないものとされていたと解釈するのが相当であり，「本件仮眠時間中の不活動仮眠時間について，労働契約の定めに基づいて既払の泊り勤務手当以上の賃金請求をすることはできない」が「本件仮眠時間が労基法上の労働時間と評価される以上，Y社は本件仮眠時間について労基法13条，37条に基づいて時間外割増賃金，深夜割増賃金を支払うべき義務がある」。

【問題の所在】

　労基法上，労働時間と評価される時間は必ずしも実際に作業に従事している時間に限られない。作業と作業の間に生じる待機時間（小売店の店員が顧客を待っている時間など）も労働時間と解されている。では警備員等に与えられる仮眠時間（仮眠室に待機し，警報が鳴るなどすれば所定の対応をするが，そうでなければ睡眠をとってよいとされている時間）はどうであろうか。本判決は仮眠時間の労働時間性が問題となった初めての最高裁判決であり，そこでは不活動時間の労働時間性の判断基準が示されるとともに，労基法上の労働時間と賃金請求権との関係についても言及されており，重要な判決となっている。

【本判決のポイント】

1　労基法上の労働時間の判断枠組み

　労基法上の労働時間をどのように判断すべきかについては，最高裁はすでに業務の準備行為等の労働時間性が問題となった三菱重工長崎造船所事件（最一小判平成12・3・9民集54巻3号801頁☞**054**事件）において，当事者の約定にかかわらず「使用者の指揮命令下に置かれている時間」か否かで客観的に判断するという判断枠組みを示していた。

　本判決はこれにつづく2件目の最高裁判決であるが，本判決および本判決以後に出された最高裁判決（大林ファシリティーズ（オークビルサービス）事件・最二小判平成19・10・19民集61巻7号2555頁）は三菱重工長崎造船所事件で示された判断枠組みを踏襲しており，**労基法上の労働時間は「使用者の指揮命令下に置かれている時間」か否かで客観的に判断する**という判例の立場はもはや確立した状況にあるといえよう。

2　仮眠時間の労働時間性の具体的判断

　本判決は，本件における不活動仮眠時間の労働時間性を判断するに当たり，「労働者が実作業に従事していないというだけでは，使用者の指揮命令下から離脱しているということはできず，当該時間に労働者が労働から離れることを保障されていて初めて，労働者が使用者の指揮命令下に置かれていないものと評価することができる」と述べたうえで，「当該時間において労働契約上の役務の提供が義務付けられていると評価される場合には，労働からの解放が保障

されているとはいえず，労働者は使用者の指揮命令下に置かれている」ものとして労働時間に該当するとの判断基準を示している。要するに実作業に従事していない時間であっても労働契約上の役務の提供が義務づけられていると評価できる場合には，労働からの解放が保障されておらず，使用者の指揮命令下に置かれているものとして労働時間に該当するということである。そして本件仮眠時間については，労働契約上①仮眠室での待機と警報等への対応が義務づけられていること，②実作業への従事の必要が生じることが皆無に等しいなど実質的に上記のような義務づけがなされていないという事情が存在しないことをもって，その労働時間性を肯定した。その後の裁判例の状況を加味しても，仮眠時間については，労働契約上警報等への対応とそのための仮眠室等での待機が義務づけられており，とくにそれが形式上のもので実質的に義務づけがなされていなかったといえる特段の事情が認められない限り，労働時間に当たると解されることになる。

3　労基法上の労働時間と賃金請求権

本判決によれば，労基法上の労働時間であっても，当然に労働契約所定の賃金請求権が発生するわけではなく，その時間につき，労働契約上いかなる賃金を請求できるかは，当該労働契約上の当事者の合意（労働契約）の内容によって決まることとなる。したがって本件不活動仮眠時間につき労働契約所定の時間外勤務手当・深夜就業手当の支給が認められるかはあくまで労働契約の解釈の問題となる。本件では泊り勤務手当の存在，仮眠時間の労働密度，賃金制度が月給制であったことが重視され，結論としては当該時間に対する労働契約上の時間外勤務手当・深夜就業手当請求権が否定された。もっとも，本件のように仮眠時間が労基法上の労働時間と判断され，その結果，合計の労働時間数が法定労働時間を超える場合には，使用者は労基法37条に基づき時間外労働（時間帯によってはさらに深夜労働）に対する割増賃金の支払を免れえない。したがって，上記のように労基法上の労働時間についてその時間に対する賃金請求権の内容が契約の解釈に委ねられるというのはあくまで法定労働時間に達するまでの（あるいは深夜労働に該当しない）時間であることには留意が必要である。

（梶川　敦子）

（2） 時間外労働義務

056　日立製作所武蔵工場事件
最三小判平成3・11・29　民集45巻8号1270頁・労判594号7頁

【事案の概要】

1　Xは，電気機器製造業を営むY社の従業員であり，同社M工場において，トランジスターの品質および歩留の向上を所管する部署に所属していたが，担当業務の一環として，生産したトランジスター中の良品の割合（「選別実績歩留」）を推定する作業があった。

2　昭和42年9月6日，Xの上司は，選別実績歩留がXの算出した推定値を下回っていたことにつきXに問い質したところ，同人が最新のデータを用いずに算出する手抜き作業を行ったことを認めたため，残業をして原因究明と歩留推定のやり直しを行うよう命じた。しかしXはこれを拒否し，「友人と会う約束がある」などと述べて退社した。Y社は，この残業拒否は懲戒事由（業務命令違反）に該当するとして，Xに対し出勤停止14日の処分を行った。

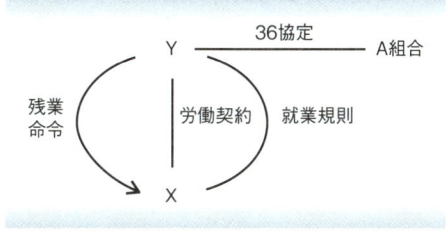

3　当時，Y社M工場には，業務上の都合によりやむを得ない場合には，Y社はA組合との協定により従業員に時間外労働をさせることができる旨の就業規則の定めがあり，かつ，Y社とM工場の従業員の過半数を組織するA組合との間には，いわゆる36協定が締結されていた。同協定は，時間外労働に関し，「会社は，1．納期に完納しないと重大な支障を起こすおそれのある場合，2．賃金締切日の切迫による賃金計算または棚卸し，研修，支払等に関する業務ならびにこれに関する業務，3．配管，配線工事のため所定時間内に作業することが困難な場合，4．設備機械類の移動，設置，修理等のため作業を急ぐ場合，5．生産目標達成のため必要のある場合，6．業務の内容によりやむを得ない場

合，7．そのほか前各号に準ずる理由のある場合は，実働時間を延長することがある。この場合延長時間は月40時間を越えないものとする」と規定している。

4 Y社は，その後，Xに始末書の提出を求めたが，同人は残業命令に従う義務はないと主張してこれに応じなかった。Xは，本件出勤停止処分以前にも，2回の出勤停止処分と1回の譴責処分を受けていたことから，Y社は，就業規則上の「しばしば懲戒，訓戒を受けたにもかかわらず，なお悔悟の見込みのないとき」という懲戒事由に当たるとして，同人を懲戒解雇した。

5 Xはこれに対し，本件懲戒解雇は無効であるとして，従業員たる地位の確認の訴えを提起した。1審判決は，36協定に加えて，就業規則や労働協約に個々の従業員が時間外労働をなす義務を負う旨の条項があれば，従業員は時間外労働義務を負うとしつつ，本件36協定の定めは，時間外労働の具体的理由や従事すべき時間等が明確でなく，かかる場合には時間外労働義務は発生しないと判示して，本件懲戒解雇を無効とした。しかし，2審判決は，労働者は，就業規則や労働協約の定めに基づき，36協定の定めるところにより時間外労働義務を負うとしたうえ，本件36協定のような概括的な時間外労働事由の定め方もやむを得ないとし，本件残業命令および懲戒解雇を有効と判断した。そこでXが上告したが，最高裁は以下のように判断して上告を棄却した。

【判旨】

1 「労働基準法……32条の労働時間を延長して労働させることにつき，使用者が，……いわゆる36協定……を締結し，これを所轄労働基準監督署長に届け出た場合において，使用者が当該事業場に使用される就業規則に当該36協定の範囲内で一定の業務上の事由があれば労働契約に定める労働時間を延長して労働者を労働させることができる旨定めているときは，当該就業規則の内容が合理的なものである限り，それが具体的労働契約の内容をなすから，右就業規則の適用を受ける労働者は，その定めるところに従い，労働契約に定める労働時間を超えて労働する義務を負うものと解する……」。

2 「本件の場合，……YのM工場における時間外労働の具体的内容は本件36協定によって定められているが，本件36協定は，……時間外労働を命ずるについ

て，その時間を限定し，かつ，前記1．ないし7．所定の事由を必要としているのであるから，結局，本件就業規則の規定は合理的なものというべきである。なお，右の事由のうち5．ないし7．所定の事由は，いささか概括的，網羅的であることは否定できないが，企業が需給関係に即応した生産計画を適正かつ円滑に実施する必要性は同法36条の予定するところと解される上，………Y社（M工場）の事業の内容，Xら労働者の担当する業務，具体的な作業の手順ないし経過等にかんがみると，右の5．ないし7．所定の事由が相当性を欠くということはできない」。

3 「そうすると，Yは，……本件36協定所定の事由が存在する場合にはXに時間外労働をするよう命ずることができたというべきところ，……［本件］残業命令は本件36協定の5．ないし7．所定の事由に該当するから，これによって，Xは，……時間外労働をする義務を負うに至ったといわざるをえない」。

4 「［上司］が［本件］残業命令を発したのはXのした手抜作業の結果を追完・補正するためであったこと等原審の確定した一切の事実関係を併せ考えると，右の残業命令に従わなかったXに対しYのした懲戒解雇が権利の濫用に該当するということもできない」。

【問題の所在】

労基法36条は，一定要件のもとに，使用者が労働者に対し法定時間外労働および法定休日労働をさせることができるとしているが，一般にこの規定は，同条に従って時間外労働等を行わせた場合には労基法違反が成立しないことを定めたにとどまると解されている。そこで，私法上，労働者の時間外労働義務はいかなる場合に発生するかが，時間外労働命令違反を理由とする懲戒処分の効力等をめぐり問題となる。

【本判例のポイント】

1 本判決の位置づけ

上記の問題については，これまで，裁判例・学説上，労働者の個別的同意を要するとする個別的同意説や，就業規則や労働協約における時間外労働を命じうる旨の包括的定めでも足りるとする包括的同意説など，様々な見解がみられ

た。

　本判決は，この点に関し，**就業規則における時間外労働義務を定める規定の内容が合理的なものである限り，その適用を受ける労働者は，その定めるところに従い，労働契約に定める労働時間を超えて労働する義務を負う**との一般論を示したものであり（判旨**1**），規定内容が概括的であってもやむを得ないとしている点で，基本的には包括的同意説に立ったものといえる。その理由づけとして，就業規則の内容が合理的なものである限り，それが具体的労働契約の内容をなすと述べられているので，本判決は，就業規則に関する判例法理を踏まえて，合理性を要件に契約上の拘束力を認めたものとみられる（労働契約法7条のもとでも同様に解することができよう）。以上は契約上の問題であり，労基法の上限を超える時間外労働（36協定の締結・届出を前提とする）であるか同法の範囲内の所定時間外労働（法内残業）であるかを問わず妥当するものである。

2　本件の具体的判断

　本件においては，時間外労働の具体的内容が36協定により定められていたことから，本判決は協定の内容を検討して，本件時間外労働命令で根拠とされた時間外労働の事由がいささか概括的，網羅的であることは否定できないとしつつ，結論的にはその合理性（ひいてはそれに依拠する就業規則上の根拠規定の合理性）を認めている（判旨**2**）。そのうえで本判決は，本件命令が協定の定める時間外労働の事由に該当するという判断を行い，Xの時間外労働義務を肯定している（判旨**3**）。

　なお，本件で注意すべきは，Xの懲戒解雇は，時間外労働の拒否を直接の理由としてなされたものではなく，従前の懲戒処分歴に加えて，本件時間外労働命令違反についての始末書を提出しなかった（始末書不提出が独立に懲戒事由になるかとの問題もある）ことなどからなされたという点である。本件では，時間外労働義務の存否とは別に，この懲戒解雇が懲戒権の濫用に当たるかも争われたが，本判決はこれを否定した（判旨**4**）。

3　過半数代表者の適格性と36協定の効力

　36協定は，それのみで時間外労働義務を発生させるものではないが，適法な36協定の締結・届出がなされていない場合には，法定労働時間を超える時間外労働命令は，労基法32条違反として無効になり，私法上の時間外労働義務も発生しない。

例えば，36協定の労働者側当事者が過半数代表者である場合，その選出は民主的方法によることが要件となり（労基則6条の2），これに反して締結された協定は無効となる（☞次の参考判例 **057** トーコロ事件参照）。

(山川　隆一)

> 参考判例

057　トーコロ事件
東京高判平成9・11・17　労判729号44頁・労経速1660号10頁

【事案の概要】

1　Xは，学校から受注する卒業アルバムの製作等を業とするY会社に雇用され，電算写植機のオペレーターとして勤務していた。Y会社は，平成3年11月から翌年1月の間に数回にわたりXに残業を求めたが，Xがこれに従わなかったので，1月31日に同人に対して残業命令を発した。しかし，Xはその後，眼精疲労である旨の診断書を提出して，定時に帰宅するようになった。そこでY会社は，2月20日，この行為は就業規則上の解雇事由である「職務上の指示命令に不当に反抗し，職場の規律を乱したとき」に該当するとして，Xを解雇した。

2　Y会社には，同社の役員も含めて，従業員全員で構成される「友の会」という親睦団体があり，Xもこれに加入していた。本件残業命令が発せられた当時，Y会社は，営業部の従業員であり「友の会」の代表者であるAを労働者側代表者として36協定を締結していたが，協定の締結に際し，従業員に同人による締結の適否を判断させるため社内報が配布されたり集会が開催されたりすることはなかった。

3　Xは，本件解雇は無効であるとして労働契約上の地位確認の訴えを提起し，1審判決（東京地判平成6・10・25労判662号43頁）は，上記36協定は親睦団体

の代表者が自動的に労働者側当事者となって締結されたものであり無効であるなどとして，請求をおおむね認容した。そこでYが控訴したが，本判決は以下のように判示して控訴を棄却した。

【判旨】
1 労基法36条における「「労働者の過半数を代表する者」は当該事業場の労働者により適法に選出されなければならないが，適法な選出といえるためには，当該事業場の労働者にとって，選出される者が労働者の過半数を代表して36協定を締結することの適否を判断する機会が与えられ，かつ，当該事業場の過半数の労働者がその候補者を支持していると認められる民主的な手続がとられていることが必要というべきである（昭和63年1月1日基発第1号参照）。」

2 Yは，「友の会」が労働組合の実質を備えていたことを根拠として，代表者であるAが「労働者の過半数を代表する者」であった旨主張するが，「「友の会」は，……役員を含めたYの全従業員によって構成され（規約1条），「会員相互の親睦と生活の向上，福利の増進を計り，融和団結の実をあげる」（規約2条）ことを目的とする親睦団体であるから，労働組合でないことは明らかであり，……Aが「友の会」の代表者として自動的に本件36協定を締結したにすぎないときには，……本件36協定は無効というべきである。」また，本件36協定の締結に際して，Aが「労働者の過半数を代表する者」として民主的に選出されたことを認めるに足りる証拠はない。

「以上によると，本件36協定が有効であるとは認められないから，その余の点について判断するまでもなく，それを前提とする本件残業命令も有効であるとは認められず，Xにこれに従う義務があったとはいえない。」

（なお，最二小判平成13・6・22労判808号11頁は，本判決の結論を支持し，Y会社の上告を棄却した）

（山川　隆一）

（3） 割増賃金の計算と支払

058　高知県観光事件
最二小判平成 6 ・ 6 ・13　労判653号12頁・判時1502号149頁

【事案の概要】

1　Xらはタクシー業を営むY社で乗務員として勤務してきた者である。Xらの勤務体制は全員が隔日勤務であって，所定労働時間は午前 8 時から翌日 2 時まで（うち休憩時間 2 時間）である。賃金は 1 か月の稼動に基づくタクシー料金の月間水揚高に歩合を乗じた額を翌月の 5 日に支払うという歩合給制になっていた。Xらが法定労働時間を超える労働を行った場合や深夜労働を行った場合でも，これ以外の賃金は支給されず，また歩合給のうちで，通常の労働時間の賃金に当たる部分と時間外・深夜労働に対する割増賃金に当たる部分とを判別することはできなかった。

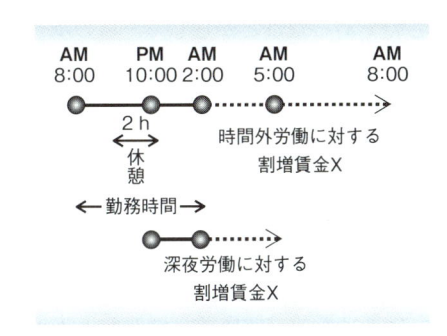

2　Xらは午前 2 時以降の時間外労働および午後10時から午前 5 時までの深夜労働に対する割増賃金が支払われていないと主張して，Y社に対し未払割増賃金の支払い等を求めた。 1 審は，Xらの歩合給のうち割増賃金部分がどの部分に当たるか確定できないから，歩合給にはすでに割増賃金分が含まれており割増賃金の不払いはないとするY社の主張は採用できないとして，Xらの請求を認容した。原審は，Xらが割増賃金を請求している時間のうち午前 2 時以降の就労についてはそもそもそれを労働時間とする慣行はなくその法的根拠を欠くゆえ，この時間帯についてはXらに割増賃金請求権は発生しないとして，この部分についての請求を棄却した。これに対し，Xらが上告したのが本件である。

　最高裁は，まず午前 2 時以降の就労についてはそれがXらとY社の間の労働

契約に基づく労務の提供として行われたものであること自体は当事者間で争いのない事実となっており，それゆえこの時間帯におけるXらの就労は法的根拠を欠く（労働契約に基づくものではない）ものとした原審の判断は弁論主義に反するものであり破棄を免れないとしたうえで，以下のように述べて，1審と同様，Xらの請求どおりの割増賃金額の支払をY社に命じた。

【判旨】

「Xらに支給された前記の歩合給の額が，Xらが時間外及び深夜の労働を行った場合においても増額されるものではなく，通常の労働時間の賃金に当たる部分と時間外及び深夜の割増賃金に当たる部分とを判別することもできないものであったことからして，この歩合給の支給によって，Xらに対して法37条の規定する時間外及び深夜の割増賃金が支払われたとすることは困難なものというべきであり，Y社は，Xらに対し，本件請求期間におけるXらの時間外及び深夜の労働について，法37条及び労働基準法施行規則19条1項6号の規定に従って計算した額の割増賃金を支払う義務があることになる」。

【問題の所在】

労基法37条は労働者に時間外・休日・深夜労働をさせた使用者に対してその時間数に応じた割増賃金を支払うことを義務づけている。その額は，時間外労働の場合では，「通常の労働時間の賃金（労基則19条参照）」×「時間外労働時間数」×「割増率」という計算方式に基づいて算出される。しかし賃金が労働時間の長さではなく成果に応じて支払われていたり，時間外労働時間数を確定することに困難を伴う勤務形態がとられているような場合などには，実際の時間外労働の有無やその時間数にかかわらず，定額の手当を支払ったり，あるいは割増賃金相当分を含め定額の総賃金で支払うといった取扱いがなされることがある。このような取扱いは法所定の計算方法によらないものであり，そのためこれによって使用者は労基法37条に基づく割増賃金支払義務を履行したといえるのかが問題となってくる。本判決はタクシー会社の乗務員の歩合給についてこの点が問題となり，最高裁が自らの見解を述べたものとして実務上かなり重要な判決となっている。

【本判決のポイント】
1 歩合給と割増賃金

　まずそもそも本件のような（完全）歩合給制の労働者にも労基法37条の適用が及ぶのかどうかが問題となりうるが，本判決は適用が及ぶことを当然の前提として本件における割増賃金の未払いの有無等について判断している。労基法も施行規則において割増賃金の算定基礎たる「通常の労働時間の賃金」を定めるにあたり歩合給制の場合におけるその計算方法を詳細に定めている（19条1項6号）。要するに歩合給制の労働者であっても労基法37条に基づき時間外・休日・深夜労働がなされればその時間数に応じた割増賃金の支払いが必要ということである。

2 法所定の計算方法以外の割増賃金の支払い

　本判決は，本件歩合給に関し，①**時間外・深夜労働によりその額が増加せず，また②通常の労働時間の賃金に対応する部分と割増賃金に対応する部分とを判別することもできない場合には，当該歩合給の支給によって割増賃金はすでに支払済みであるということはできず，歩合給とは別に法所定の計算方法に従って計算した割増賃金を支払う必要がある**と判断している。この判断を反対解釈すれば，①時間外・深夜労働により歩合給が増額される場合，または②歩合給のうち通常の労働時間の賃金部分と割増賃金部分との区別が可能である場合には，当該歩合給の支給により割増賃金はすでに支払済みであり，法所定の方法により計算した割増賃金を別途支払う必要はないということになりそうである。

　ここで確認すべきポイントは，第1に，**労基法37条に基づく割増賃金の支払は，必ずしも法所定の計算方法をそのまま用いなくてよい**ということである。その理由については本判決は明示的に述べているわけではないが，労基法37条は法所定の計算方法による額以上の割増賃金を支払うことを命じるのみであり，その額を上回っている限りは，法所定の計算方法によることまでもは必ずしも必要ないということであろう。このような解釈は従来から行政解釈および下級審判例でもなされてきたところであり，本件最高裁もこのような立場を支持したということになる。

　第2に，**歩合給のなかにすでに割増賃金分が含まれている**（それゆえ歩合給に加え割増賃金を別途支払う必要はない）**との主張が認められるためには，歩合給のうちどの**

部分が通常の労働時間の賃金部分と割増賃金部分に当たるかの区別がされている必要がある。前述のとおり使用者は法所定の計算方法によることなく割増賃金を支払うことも可能であるが，その場合，当該額が法所定の計算による割増賃金の額を上回っている必要がある。割増賃金に代えて定額の手当を支払う方法（定額手当制）においては，当該手当の額が法所定の計算方法による割増賃金の額を上回っているか否かのチェックが可能であるのに対し，本件のように割増賃金分を含めて総賃金で支払う方法（定額給制）においては，総賃金のうち通常の労働時間の賃金に当たる部分と割増賃金に当たる部分が区別されていなければ，そのようなチェックが不可能となり，割増賃金規制の容易な潜脱を許すことになりかねない。こうして定額給制の場合は割増賃金とそれ以外の賃金部分とが区別なされている必要があり，このような区別がなされていない本件においては歩合給に加えて別途割増賃金の支払が必要であるということになる。

なお本判決以前にもすでに最高裁は時間外労働に対する割増賃金を基本給に含めて取扱う労働契約上の合意について上記区分の要件が満たされていないとして割増賃金はいまだ不払いであると判断した原審の判断を維持するもの（小里機材事件・最一小判昭和63・7・14労判523号6頁）があり，また本判決以後に出された下級審裁判例では年俸制の労働者についても上記要件が適用されることが確認されている。

3 歩合給における割増賃金の計算方式

本件のように，歩合給に加えて法所定の計算方式に基づく割増賃金の支払が別途必要となる（なお仮に本件で割増賃金部分が明確に区分されていたとしてもそれが法所定の計算方法による割増賃金の額を下回る場合には差額分の支払が必要になろう）場合に，具体的な計算方式はどのようになるのか。

時間外労働の場合，割増率は25％（ただし平成20年労基法改正により時間外労働時間数が月60時間を超える部分については50％に引上げられると同時に，労使協定によりこの引上げ部分については有給の休暇を付与することをもって代替できるとする方式が導入されることになった（平成22年4月施行））であり，通常の労働者の場合，その割増賃金額は，通常の労働時間の賃金に時間外労働時間数を乗じた金額に125％を乗じて計算する。しかし，歩合給労働者の場合は，通常の労働時間の賃金（100％）部分はすでに基礎となる賃金総額の中に含まれていると解されている。した

がって通常の労働時間の賃金（労基則19条1項6号によればこれは賃金算定期間において歩合給制によって計算された賃金総額を当該算定期間における総労働時間で除した金額となる）に時間外労働時間数を乗じた金額の25％部分だけを支払えばよいと解されている（平6・3・31基発181号）。1審は基本的にこの計算方式に基づいて未払割増賃金額を算出しており，最高裁もこの方式を是認している。

（梶川　敦子）

（4）　変形労働時間制

059　JR西日本（広島支社）事件
広島高判平成14・6・25　労判835号43頁

【事案の概要】

1　鉄道会社であるY社の広島運転所では，1か月単位の変形労働時間制が採用されている。Y社の就業規則によれば，社員の勤務は所定の勤務種別の中から指定することとなっており，同運転所に勤務する乗務員であったX$_1$・X$_2$は，平成9年5月の勤務について，Y社から同年4月25日付けで，変形7形d勤務（地上勤務）とする指定を受けた。

2　もっともY社はこの勤務指定後にXらの勤務について変更を行ったため，Xらは当初の勤務指定とは異なる時間に乗務員業務に従事することがあった。ちなみに変更理由は，当初乗務員勤務に指定されていた社員が現場訓練に参加する必要が生じたことや年休申込が多発したというものであった

勤務変更例（X$_1$の場合）

	当初の勤務指定	変更後
7日	7時間45分（変形7d）	14時間48分（乗務員）
8日	7時間45分（変形7d）	0時間　　（乗務員）
9日	7時間45分（変形7d）	11時間12分（乗務員）
22日	7時間45分（変形7d）	13時間37分（乗務員）
23日	7時間45分（変形7d）	0時間　　（乗務員）
27日	7時間45分（変形7d）	15時間14分（乗務員）
28日	7時間45分（変形7d）	0時間　　（乗務員）

が，勤務変更時にXらに告知されていなかった。なおY社の就業規則には「業務上の必要がある場合には，指定した勤務を変更する」との規定が設けられていた（55条1項ただし書）。

3 Y社の賃金規程によれば「正規の勤務時間」外の労働に対して超過勤務手当を支給することになっている（114条1項本文）ところ，Xらは，上記勤務変更により変更後の勤務時間が変更前の勤務時間を超過した部分については超過勤務にあたるとして超過勤務手当（割増賃金）の支払いを請求した。原審はXらの請求を認めたため，Y社が控訴した。本判決は以下のとおり述べて原審の判断をほぼ維持した。

【判旨】

1　「1か月単位の変形労働時間制における「「特定」の要件を満たすためには，労働者の労働時間を早期に明らかにし，勤務の不均等配分が労働者の生活にいかなる影響を及ぼすかを明示して，労働者が労働時間外における生活設計をたてられるように配慮することが必要不可欠であり，そのためには，各日及び週における労働時間をできる限り具体的に特定することが必要であ」り，また「他の日及び週の労働時間をどれだけ減らして超過時間分を吸収するかを示す必要があるため，法定労働時間を超過する勤務時間のみならず，変形期間内の各日及び週の所定労働時間を全て特定する必要があ」る。

2　労基法が「1か月単位の変形労働時間制について勤務変更の許否に関する定めを置いていないのは，使用者が任意に勤務変更をなすことが許されないとの意味を有するに止まり」，変更の必要性の高い「公共性を有する事業を目的とする一定の事業場においては，……勤務指定前に予見することが不可能なやむを得ない事由が発生した場合につき，使用者が勤務指定を行った後もこれを変更しうるとする変更条項を就業規則等で定め，これを使用者の裁量に一定程度まで委ねたとしても，直ちに当該就業規則等の定めが同条の要求する「特定」の要件を満たさないとして違法となるものではないと解するのが相当である」。

もっとも「勤務変更は，業務上のやむを得ない必要がある場合に限定的かつ例外的措置として認められるにとどまるものと解するのが相当であり，使用者

は，就業規則等において勤務を変更し得る旨の変更条項を定めるに当たっては，……一旦特定された労働時間の変更が使用者の恣意によりみだりに変更されることを防止するとともに，労働者にどのような場合に勤務変更が行われるかを了知させるため，上記のような変更が許される例外的，限定的事由を具体的に記載し，その場合に限って勤務変更を行う旨定めることを要するものと解すべきであって，使用者が任意に勤務変更しうると解釈しうるような条項では，同条の要求する「特定」の要件を満たさないものとして無効であるというべきである」。

3 本件における変更条項は「一般的抽象的な規定」であり，「その解釈いかんによっては，Yが業務上の必要性さえあればほとんど任意に勤務変更をなすことも許容される余地があり，労働者にとって，いかなる場合に勤務変更命令が発せられるかを同条項から予測することは，著しく困難であるといわざるを得」ず，本件勤務変更条項は法が要求する勤務時間の「特定」の要件を満たさないものとして，その効力は認められず，本件勤務変更は「違法な就業規則の定めに基づくものとして，無効であると解する」。

4 以上から，本件においては，勤務変更前の勤務指定により「特定」された勤務時間が「正規の勤務時間」（Y社賃金規程114条1項）となり，勤務変更によって変更前の勤務時間より変更後の勤務時間が長くなった部分については「正規の勤務時間外」（同項）の時間外労働に該当し，超過勤務手当の対象となる」。なお「労基法32条の2との関係では1週又は1日の法定労働時間以内であるため本来は時間外労働にあたらない労働であっても，「特定」された勤務時間外の勤務である以上は，Y社賃金規程114条1項により，超過勤務手当の支給対象となるというべきである」。

【問題の所在】

　1か月単位の変形労働時間制においては，単位期間における各週・各日の所定労働時間を具体的に特定する必要があると解されている。この要件に関して問題となるのは，変形労働時間制度のもとで使用者がいったん特定した所定労働時間を業務の都合等により変更することが許されるのかである。本判決はこの点についての詳細かつ重要な判断を行っている。

【判決のポイント】

1 変形労働時間制のもとでの所定労働時間の特定

　1か月単位の変形労働時間制においては，単位期間における各週・各日の所定労働時間を具体的に特定する必要があると解されている（なお1年単位の変形労働時間制についても同様である）。本判決も，勤務時間の不均等を伴う変形労働時間制のもとで労働者が生活設計をたてられるように配慮すべく，できるだけ具体的に労働時間を特定すべきことを確認している。また本件では労働時間の特定は変形期間開始前に就業規則の定めに従い所定の勤務種別の中から勤務指定を行うという方法がとられていたが，本判決はこのような特定方法をとくに問題視していない。行政解釈でも，従来から就業規則で各週・各日の所定労働時間を具体的に記載することが困難な場合には，就業規則において各直勤務の始業・終業時刻等を定め，それに従って変形期間開始前に具体的に特定することで足りると解されてきたところであり，本判決もこのような行政解釈の考え方を踏襲しているといえよう。

2 変形労働時間制と労働時間の変更

　本件の最大の争点は変形労働時間制のもとで使用者がいったん特定した所定労働時間を変更することが許されるのかという点である。この点につき本判決は，勤務変更の必要性が高い公共性を有する事業を目的とする一定の事業場においては，勤務指定前に予見することが不可能なやむを得ない事由が発生した場合につき勤務指定の変更をなしうるとする変更条項を就業規則等で定め，これを使用者の裁量に一定程度まで委ねることは直ちに違法となるわけではないと述べ，勤務変更も全く許されないものではないことを確認している。そのうえで勤務変更が労働者の生活にもたらす影響・不利益にも配慮し，勤務変更はあくまで業務上のやむを得ない必要がある場合に限定的かつ例外的措置として認められるにすぎないとし，就業規則等に勤務変更条項を定める場合には，使用者の恣意的な変更を防止しつつ，労働者にどのような場合に勤務変更が行われるかを了知させるため，例外的，限定的事由を具体的に記載し，その場合に限って勤務変更を行う旨定める必要があるとする。そして本件における勤務変更条項は「一般的抽象的」にすぎず，上記の要件をみたさず無効であり，それゆえ変更条項に基づく労働時間の変更も無効であると結論づけている。

要するに，本判決によれば，少なくとも本件のように公共性を有する事業場においては，変形労働時間制のもとでもいったん特定した労働時間を変更することは一切許されないわけではないということであるが，変更が認められるためには，就業規則等における勤務変更条項には，業務上やむを得ない例外的・限定的事由が労働者が予測可能できるよう具体的に記載されていなければならず，かつその場合に限って勤務変更を行う旨定められている必要がある。したがってこのような要件を満たさない抽象的な変更条項であれば，かかる条項およびそれに基づく勤務変更は無効と判断される可能性が高いということになろう。

3　変形労働時間制と割増賃金

　本件のように一旦特定した所定労働時間の変更が認められない場合には，所定労働時間ははじめに特定したもののまま維持されることになる。したがってその所定労働時間を超えて労働させた場合，それが時間外労働に当たれば，労基法37条に基づき割増賃金の支払が必要となる。変形労働時間制度のもとで時間外労働として扱われるのは，①法定労働時間を超える所定労働時間が定められている日や週についてはその所定労働時間を超える時間，②法定労働時間の範囲内で所定労働時間が定められている日や週については法定労働時間を超える時間と解されており（ただし③法定労働時間を超えない部分についても，単位期間全体についてみれば法定労働時間の総枠を超える場合，その時間も時間外労働となると解されている）（本判決も判旨では省略したが同旨の判断をしている），所定労働時間を超える労働すべてが必ずしも時間外労働になるわけではない。ただし労基法上は時間外労働に当たらず割増賃金の支払を要しない時間であっても，就業規則等の規定を根拠に労働契約上その支払が必要となる場合もある。本件でも就業規則（賃金規程）に基づき所定労働時間を超える労働すべてについてY社に超過勤務手当の支払が命じられている。

　　　　　　　　　　　　　　　　　　　　　　　　　（梶川　敦子）

（5） 管理監督者

060　日本マクドナルド事件
東京地判平成20・1・28労判953号10頁・判時1998号149頁

【事案の概要】

1　Xは，ハンバーガー等の販売を目的とするY社に，昭和62年2月に社員として雇用された。Xの当初のランクは①マネージャートレーニーであったが，

```
Y社営業ラインの格付け
①マネージャートレーニー
②セカンドアシスタントマネージャー      ＋アルバイト（クルー，スウィングマネージャー）
③ファーストアシスタントマネージャー
④店長                                    店舗業務
⑤オペレーションコンサルタント（OC）
⑥オペレーションマネージャー
⑦営業部長
⑧営業推進本部長（代表取締役兼務）
```

その後，同年7月に②セカンドアシスタントマネージャーに，平成2年11月に③ファーストアシスタントマネージャーに，平成11年10月に④店長に昇格した。Y社では店長より上位の社員は277名，店長が1,715名，上記①～③ランクの社員は2,555名であった（平成19年9月時点）。

2　Y社では，店舗の営業時間帯に商品の製造，販売を総指揮するシフトマネージャーなる者を各営業時間帯に置く必要があるとされているが，これを担当できるのは，店舗業務従事者（上記①～④の社員のほかアルバイト従業員たるクルー，スウィングマネージャー）のうち，店長，アシスタントマネージャー，スウィングマネージャー等とされていた。そのためシフトマネージャーが確保できない営業時間帯には店長自らがこれを務める必要が生じ，Xも，60日以上の連続勤務を余儀なくされることがあったり，早朝や深夜の営業時間帯のシフトマネージャーを多数回務めなければならず，その結果，時間外労働が月100時

間を超える場合もあった。

3 Y社の就業規則では店長等を労働時間規制が適用除外される管理監督者（労基41条2号参照）に該当するとして，労働時間，休憩時間，休日，時間外・休日労働に対する割増賃金等に関する規定から適用除外していた。しかしXは，Y社における店長は管理監督者に該当しないとして，Y社に対し，過去2年分の未払割増賃金の支払等を求めた。本判決はXの請求を一部認容した。

【判旨】

1 「労働基準法が規定する……労働条件は，最低基準を定めたものである（同法1条2項）から，この規制の枠を超えて労働させる場合に同法所定の割増賃金を支払うべきことは，すべて労働者に共通する基本原則であるといえる」。

「しかるに管理監督者については，労働基準法の労働時間等に関する規定は適用されないが（同法41条2号），これは，管理監督者は，企業経営上の必要から，経営者との一体的な立場において，同法所定の労働時間等の枠を超えて事業活動することを要請されてもやむを得ないものといえるような重要な職務と権限を付与され，また，賃金等の待遇やその勤務態様において，他の一般労働者に比べて優遇措置が取られているので，労働時間等に関する規定の適用を除外されても，上記の基本原則に反するような事態が避けられ，当該労働者の保護に欠けるところがないという趣旨によるものであると解される。」

「したがって，Xが管理監督者に当たるといえるためには，店長の名称だけでなく，実質的に以上の法の趣旨を充足するような立場にあると認められるものでなければならず，具体的には，〔1〕職務内容，権限及び責任に照らし，労務管理を含め，企業全体の事業経営に関する重要事項にどのように関与しているか，〔2〕その勤務態様が労働時間等に対する規制になじまないものであるか否か，〔3〕給与（基本給，役付手当等）及び一時金において，管理監督者にふさわしい待遇がされているか否かなどの諸点から判断すべきである」。

2 「Y社における店長は，店舗の責任者として，アルバイト従業員の採用やその育成，従業員の勤務シフトの決定，販売促進活動の企画，実施等に関する権限を行使し，Y社の営業方針や営業戦略に即した店舗運営を遂行すべき立場にあるから，店舗運営において重要な職責を負っていることは明らかであるもの

の，店長の職務，権限は店舗内の事項に限られるのであって，企業経営上の必要から，経営者との一体的な立場において，労働基準法の労働時間等の枠を超えて事業活動することを要請されてもやむを得ないものといえような重要な職務と権限を付与されているとは認められない」。

3　「店長は，自らのスケジュールを決定する権限を有し，早退や遅刻に関して，上司……の許可を得る必要はないなど，形式的には労働時間に裁量があるといえるものの，実際には，店長として固有の業務を遂行するだけで相応の時間を要するうえ……店舗の各営業時間帯には必ずシフトマネージャーを置かなければならないというY社の勤務態勢上の必要性から，自らシフトマネージャーとして勤務することなどにより，法定労働時間を超える長時間の時間外労働を余儀なくされるのであるから，かかる勤務実態からすると，労働時間に関する自由裁量性があったとは認められない。」

4　「平成17年において，年間を通じて店長であった者の平均年収は707万184円……で，年間を通じてファーストアシスタントマネージャーであった者の平均年収は590万5,057円（時間外割増賃金を含む）であったと認められ，この金額からすると，管理監督者として扱われている店長と管理監督者として扱われていないファーストアシスタントマネージャーとの収入には，相応の差異が設けられているようにも見える。」しかし，4段階評価のうち最も下でまた店長全体の10パーセントに当たる「C評価の店長の年額賃金は579万2,000円であり，……下位の職位であるファーストアシスタントマネージャーの平均年収より低額であ」り，また「店長全体の40パーセントに当たるB評価の店長の年額賃金は，ファーストアシスタントマネージャーの平均年収を上回るものの，その差は年額で44万6,943円にとどまっている」。さらに「店長の週40時間を超える労働時間は，月平均39・28時間であり，ファーストアシスタントマネージャーの月平均38・65時間を超えていることが認められるところ，店長のかかる勤務実態を併せ考慮すると，上記検討した店長の賃金は，労働基準法の労働時間等の規定の適用を排除される管理監督者に対する待遇としては，十分であるといい難い」。

5　「以上によれば，Y社における店長は，その職務の内容，権限及び責任の観点からしても，その待遇の観点からしても，管理監督者に当たるとは認めら

れない。したがって，Xに対しては，時間外労働や休日労働に対する割増賃金が支払われるべきである。」

【問題の所在】

　労基法は「監督若しくは管理の地位にある者」（管理監督者）について労働時間，休憩，休日に関する規制を適用除外している（41条2号）。管理監督者の範囲は労使の合意（就業規則，労働協約などを含む）で自由に決められるものではなく，あくまで一定の判断基準に従って客観的に判断される。もっともその判断基準については労基法上特に明確にされているわけではなく（通達に定められるにとどまる），また監視・断続的労働者に対する適用除外（41条3号）とは異なり，管理監督者については事前の許可を受ける必要もないゆえ，本来管理監督者ではない者を管理監督者として扱っているケースも少なくない（いわゆる「名ばかり管理職」）。また事後的な訴訟においてその該当性が争われるケースも増加している（ちなみに圧倒的多数の裁判例でその該当性が否定されている）。本判決はファーストフード店の店長に関し管理監督者性が否定された1つの事例的判決にすぎない（ただし社会的には「名ばかり管理職」問題を象徴するものとしてかなり話題となった）が，判断基準等についてかなり詳細な判示を行っており，判例における具体的判断基準を把握するうえでは有用な判決といえる。

【本判決のポイント】

1 管理監督者の適用除外の趣旨と判断基準

　本判決によれば，管理監督者の適用除外の趣旨については，①経営者との一体的な立場にあるがゆえに労働時間規制の枠を超えて活動することを要請されてもやむを得ない企業経営上の必要性がある点および②賃金等の待遇やその勤務態様において他の一般労働者に比べて優遇措置が取られているゆえの要保護性が低いという点にあるとされ，それゆえ管理監督者性の判断は〔1〕職務内容，権限，責任において企業全体の事業運営に関する重要事項にどのように関与しているか，〔2〕その勤務態様が労働時間等に対する規制になじまないものであるか否か，〔3〕給与（基本給，役付手当等）および一時金において，管理監督者にふさわしい待遇がされているか否かなどの諸点から実質的に行うべき

であるとされる。いずれにせよ，**管理監督者性の判断は，肩書きではなく，基本的に〔1〕職務・権限面，〔2〕勤務態様面，〔3〕待遇面の3点をそれぞれ考慮して実質的に行う**，というのが裁判例の立場といえる。

2　本判決の具体的判断の特徴

具体的な判断についてみてみると，〔1〕経営者と一体的な立場というべき重要な職務と権限を有しているか否かについては，本件でXは店舗の責任者としてアルバイト従業員の採用等の権限をはじめ店舗運営における重要な責任を有するものの，店舗の運営を超えた企業全体の事業運営に関する権限を有していないとしてその要件充足が否定された。他の裁判例でもこの点はかなり厳格に解されており，結局，**管理監督者に該当するためには部下等の人事権限を有するだけでは足りず，企業全体の事業運営に関する重要な権限を有することまでもが求められる**，ということになる。

〔2〕勤務態様面については，本件ではXは自らのスケジュールを決定する権限を有し，早退や遅刻に関して上司の許可を得る必要がないなど形式的には労働時間の自由裁量性を有しているが，Y社の勤務体制上の理由（具体的にはシフトマネージャー設置の要請）により長時間労働を余儀なくされていたとして結論としてはその要件充足が否定された。他の裁判例をも加味してまとめると，**管理監督者に該当するためには労働時間についての裁量性を有していることが求められるが，その有無は形式面だけではなく，勤務体制や与えられていた業務量なども加味し実質的に判断される**，ということになりそうである。

〔3〕待遇面については，本件では店長ランクの従業員と直近下位のランクの従業員の平均年収の比較がなされ，低評価の店長の場合はその差が小さいもしくはより低くなることからその要件充足が否定された。従来の裁判例も加味すると，**管理監督者としてふさわしい処遇がなされていたかは，基本的に一般労働者に比べて基本給や手当，賞与等の面で優遇されていたかどうかなども考慮して判断される**，ということになりそうである。もっとも従来の裁判例では「当該労働者」ごとに他の労働者と比べて厚遇を受けているかが判断されており，理論的にも管理監督者性は当該労働者ごとに個別具体的判断されるべきであることからすると，本件でもXの個別具体的な待遇に照らしてこの点は判断されるべきであったともいえる（ただし従来の裁判例でも処遇がいくら高くともそれだけでは管

理監督者性は肯定されておらず、すでに〔1〕〔2〕の要件充足が否定されている本件においてはXが管理監督者に該当しないという結論自体はいずれにしても変わらなかったであろう）。

（梶川　敦子）

> 参考判例

061　ことぶき事件
最二小判平成21・12・18　労判1000号5頁・判時2068号159頁

【事案の概要】

1　Yは、美容院および理髪店を経営するX社に雇用された後、総店長の地位（代表取締役に次ぐナンバー2の地位）に就任し、X社の経営する店舗で理美容の業務および5つの店舗とその店長を統括する業務に従事していた。

2　Yは店舗の営業時間にあわせて、平日は午前10時（土・日曜日は午前9時）に出勤し、午後7時半に退社し、その間、顧客がいなければ自由に休憩時間を確保していた一方、顧客の都合により午後7時半以降にパーマ等を行うこともあった。また通常業務終了後午後9時頃から開催される店長会議に毎月出席していたが、Yに時間外手当が支払われることはなかった。ちなみにYの基本給は、平成16年3月当時、月額43万4,000円（ただし4月以降は1割減額）のほか、店長手当月額3万円が支給されており、いずれについても他の店長に比べて高額であった。

3　その後、YはX社を退社したが、X社から顧客の抜き行為等が不法行為に該当するとして損害賠償を求める訴訟を提起され、反訴として労基法37条に基づく時間外賃金（深夜割増賃金を含む）の支払を請求した。

　この反訴請求につき、1審（横浜地判平成20・3・27労判1000号17頁）は、Yの基本給額等を認定のうえ、時間外手当を支払っていないことを不当とする特段の事情があったとまでは認められないとしてYの請求を棄却し、また原審（東京

高判平成20・11・11労判1000号10頁）も，Yは労基法41条2号の管理監督者に該当するゆえ深夜割増賃金を含めて時間外賃金の支払請求には理由がないとして，Yの請求を棄却した。これに対しYが上告したところ，最高裁は，以下のとおり述べて，原判決の一部破棄・差戻しを命じた。

【判旨】
1　「労基法における労働時間に関する規定の多くは，その長さに関する規制について定めており，同法37条1項は，使用者が労働時間を延長した場合においては，延長された時間の労働について所定の割増賃金を支払わなければならないことなどを規定している。他方，同条3項は，使用者が原則として午後10時から午前5時までの間において労働させた場合においては，その時間の労働について所定の割増賃金を支払わなければならない旨を規定するが，同項は，労働が1日のうちのどのような時間帯に行われるかに着目して深夜労働に関し一定の規制をする点で，労働時間に関する労基法中の他の規定とはその趣旨目的を異にすると解され」，「また，労基法41条は，同法第4章，第6章及び第6章の2で定める労働時間，休憩及び休日に関する規定は，同条各号の一に該当する労働者については適用しないとし，これに該当する労働者として，同条2号は管理監督者等を，同条1号は同法別表第1第6号（林業を除く。）又は第7号に掲げる事業に従事する者を定めている。一方，同法第6章中の規定であって年少者に係る深夜業の規制について定める61条をみると，同条4項は，上記各事業については同条1項ないし3項の深夜業の規制に関する規定を適用しない旨別途規定している。こうした定めは，同法41条にいう「労働時間，休憩及び休日に関する規定」には，深夜業の規制に関する規定は含まれていないことを前提とするものと解される。以上によれば，労基法41条2号の規定によって同法37条3項の適用が除外されることはなく，管理監督者に該当する労働者は同項に基づく深夜割増賃金を請求することができるものと解するのが相当である」。
4　「もっとも，管理監督者に該当する労働者の所定賃金が労働協約，就業規則その他によって一定額の深夜割増賃金を含める趣旨で定められていることが明らかな場合には，その額の限度では当該労働者が深夜割増賃金の支払を受け

ることを認める必要はないところ，原審確定事実によれば，Y……の賃金は他の店長の1.5倍程度あったというのである。したがって，Yに対して支払われていたこれらの賃金の趣旨や労基法37条3項所定の方法により計算された深夜割増賃金の額について審理することなく，Yの深夜割増賃金請求権の有無について判断することはできないというべきである」。

(梶川　敦子)

第11章 休暇・休業・休職

(1) 年次有給休暇権の法的性質

062　白石営林署事件
最二小判昭和48・3・2　民集27巻2号191頁・労判171号16頁

【事案の概要】

　XはY（国）に林野庁一般職員として雇用され，白石営林署に勤務する職員である。昭和33年12月9日，Xは同月10・11日の2日間年次有給休暇（以下，年休）を請求する旨休暇簿に記載し，両日について出勤せず，気仙沼で全林野労働組合の拠点闘争に参加した。白石営林署長は上記年休の請求を承認せず欠勤として扱い，2日分の賃金を減額して支給した。

　そこで，Xは未払賃金の支払を求めて提訴した。1審，控訴審ともにXの請求を認容したため，Yが上告した。最高裁は以下のように述べて，全員一致で上告を棄却した。

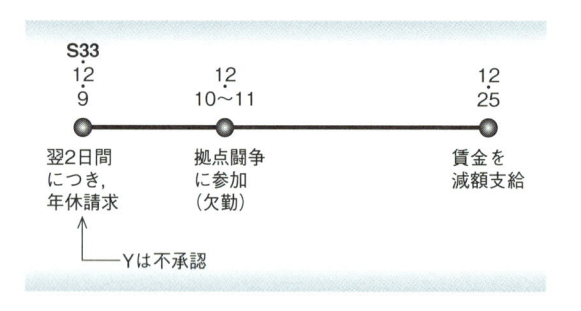

```
S33
12           12            12
 9          10〜11          25
 ●            ●             ●
翌2日間     拠点闘争        賃金を
につき，    に参加          減額支給
年休請求    （欠勤）
  ↑
  └─Yは不承認
```

【判旨】

1　「労基法39条1，2項の要件が充足されたときは，当該労働者は法律上当然に右各項所定日数の年次有給休暇の権利を取得し，使用者はこれを与える義務を負う」。

2　「労基法は同条3項〔現5項。以下本件判旨中，3項となっている部分につき同じ―筆者注〕において『請求』という語を用いているけれども，年次有給休暇の権

利は，……同条1，2項の要件が充足されることによつて法律上当然に労働者に生ずる権利であつて，労働者の請求をまつて始めて生ずるものではなく，また，同条3項にいう『請求』とは，休暇の時季にのみかかる文言であつて，その趣旨は，休暇の時季の『指定』にほかならない」。

3　「労働者がその有する休暇日数の範囲内で，具体的な休暇の始期と終期を特定して右の時季指定をしたときは，客観的に同条3項但書所定の事由が存在し，かつ，これを理由として使用者が時季変更権の行使をしないかぎり，右の指定によつて年次有給休暇が成立し，当該労働日における就労義務が消滅するものと解するのが相当である。すなわち，……休暇の時季指定の効果は，使用者の適法な時季変更権の行使を解除条件として発生するのであつて，年次休暇の成立要件として，労働者による『休暇の請求』や，これに対する使用者の『承認』の観念を容れる余地はないものといわなければならない。」

4　「年次休暇の利用目的は労基法の関知しないところであり，休暇をどのように利用するかは，使用者の干渉を許さない労働者の自由である，とするのが法の趣旨である」。

5　「いわゆる一斉休暇闘争とは，これを，労働者がその所属の事業場において，その業務の正常な運営の阻害を目的として，全員一斉に休暇届を提出して職場を放棄・離脱するものと解するときは，その実質は，年次休暇に名を藉りた同盟罷業にほかならない。したがつて，その形式いかんにかかわらず，本来の年次休暇権の行使ではないのであるから，これに対する使用者の時季変更権の行使もありえず，一斉休暇の名の下に同盟罷業に入つた労働者の全部について，賃金請求権が発生しないことになるのである。」「しかし，以上の見地は，当該労働者の所属する事業場においていわゆる一斉休暇闘争が行なわれた場合についてのみ妥当しうることであり，他の事業場における争議行為等に休暇中の労働者が参加したか否かは，なんら当該年次休暇の成否に影響するところはない。けだし，年次有給休暇の権利を取得した労働者が，その有する休暇日数の範囲内で休暇の時季指定をしたときは，使用者による適法な時季変更権の行使がないかぎり，指定された時季に年次休暇が成立するのであり，労基法39条3項但書にいう『事業の正常な運営を妨げる』か否かの判断は，当該労働者の所属する事業場を基準として決すべきものであるからである。」

6　「本件において……，X所属の事業場たる白石営林署において，問題の当日に休暇の時季指定をしたのはXほか一名があるのみで，Xが本件の年次休暇をとることによつて同署の事業の正常な運営に支障を与えるところもなく，したがつて使用者たる同営林署長に時季変更権がなかつた」。白石営林署の情況は上記の通りであり，「気仙沼営林署におけるXの行動のいかんは，本件年次休暇の成否になんら影響するところはない」。

【問題の所在】

労基法39条は，使用者に対し，一定の要件を満たす労働者への年休付与を義務づけており（1項），他方で，年休は労働者の請求する時季に与えなければならないとする（5項）。このように規定されている年休につき，その効果（年休日における就労義務の消滅と年休手当請求権の取得）はどのような行為により生じるのか。特に，労働者が年休を取得するには使用者の承認を要するのか。こうして，年休権の法的性質が問題となる。本判決は，この問題について，最高裁が初めて見解を示したものである。また，年休権の法的性質の問題を引き起こすきっかけとなったいわゆる一斉休暇闘争と年休権の関係についても判断を行っている。

【本判決のポイント】

1　年次有給休暇権の法的性質

本判決によれば，年休の権利は，労働者が6か月間継続勤務し，全労働日の8割以上出勤するという客観的要件が充足されたときは当然に発生する権利である（労働者の請求をまって生じる権利ではない）。そのうえで，労働者が年休の時期を特定して時季指定をしたときは，使用者が時季変更権を行使しない限り年休の効果が発生する（したがって，使用者の承認を要しない）と述べる。こうして，最高裁は，**年休の権利は，法所定の要件を充足したことにより当然に発生する年休権と，年休の目的物（具体的な時期）を特定する時季指定権という2つの権利から構成される（二分説）**ことを明らかにした。この立場は，その後の最高裁判決でも維持されており，確立した判例法理となっている（電電公社此花電報電話局事件・最一小判昭和57・3・18民集36巻3号366頁，電電公社近畿電通局事件・最一小判昭和62・

7・2労判504号10頁等)。

2　年休の使途・利用目的による制約

本判決は，年休の利用目的は使用者の干渉を許さない労働者の自由であると述べ(年休の自由利用の原則)，**年休の取得はその使途や利用目的によって制約を受けない**とする。判旨**3**で，年休の権利は使用者の適法な時季変更権の行使のないかぎり当然に生じるとしていることの論理的帰結である。こうして，労働者は年休を取得する際に使途や利用目的を開示する必要はなく，使途や利用目的を理由に年休の取得を妨げられることもない。ただし，「事業の正常な運営を妨げる」おそれがあることが予想される場合に，使用者が休暇を必要とする事情によっては時季変更権の行使を差し控えようとの考慮から労働者に年休の使途を尋ねることは差し支えない(前掲，電電公社此花電報電話局事件)。

3　一斉休暇闘争と年休取得

本判決は，まず，一斉休暇闘争を「労働者がその所属の事業場において，その業務の正常な運営の阻害を目的として，全員一斉に休暇届を提出して職場を放棄・離脱する」ことと定義する。そのうえで，**一斉休暇闘争の実質は同盟罷業(ストライキ)であるとして，年休権の行使とは認められない**とした(また，年休を争議行為に利用することも年休権の行使とは認められない〔津田沼電車区事件・最三小判平成3・11・19民集45巻8号1236頁〕)。ただし，その後の判例によれば，使用者の時季変更権の行使があればそれに従う休暇闘争は年休権の行使と認められるとされている(道立夕張南高校事件・最一小判昭和61・12・18判時1220号136頁)。このことからすれば，一斉休暇闘争が同盟罷業に当たるか否かは，年休権の行使が当初から時季変更権を無視しようとするものであったかどうかが決め手となる。

もっとも，このことは当該労働者の所属事業場において行われた場合についてのみ妥当することに留意されたい。本件のように，「他の事業場」における争議行為への参加目的による年休取得には，なお年休の自由利用の原則が妥当することになる。

(柴田　洋二郎)

（2） 年次有給休暇の時季変更権

063　時事通信社事件
最三小判平成4・6・23　民集46巻4号306頁・労判613号6頁

【事案の概要】

1　Xは，ニュースの提供を主たる業務目的とする通信社であるY社に雇用され，本社第一編集局社会部に勤務する記者であり，昭和53年4月からは科学技術庁の科学技術記者クラブに所属している。上記記者クラブは，昭和54年3月ころ以降は，Xの単独配置であった。

2　昭和55年6月23日，Xは社会部長Aに対し，口頭で，同年8月20日ころから約1か月間の年次有給休暇（以下，年休）を取って欧州を取材したい旨の申入れをし，同年6月30日，Aに対し，休暇および欠勤届（同年8月20日から9月20日まで。所定の休日等を除いた年休日数は24日）を提出し，年休の時季指定をした。

3　これに対し，Aは，取材報道に支障を来すおそれがあり，代替記者を配置する人員の余裕もないとの理由から，2週間ずつ2回に分けて休暇を取ってほしいとXに回答した。そして，同年7月16日付けで8月20日から9月3日までの休暇は認めるが，9月4日（年休の開始日が遅れた場合は，その日数分後の日）から同月20日までについては業務の正常な運営を妨げるものとして，時季変更権を行使した。

4　しかし，Xは上記時季変更権の行使を無視し，同年8月22日から9月20日までの間，欧州の取材旅行に出発して，その間の勤務に就かなかった。

5　そのため，同年10月3日，Y社は時季変更権を行使した期間中の欠勤を理由として，Xを懲戒処分（けん責処分）に処し，また，同年12月に支給した賞与についても，欠勤を理由に減額支給した。

6　そこで，Xは懲戒処分の無効確認と賞与減額分等の支払を求めて提訴した。1審はY社の時季変更権を適法なものとして，Xの請求を棄却したが，控訴審は逆にXの請求を認容したため，Y社が上告した。最高裁は，時季変更権の行使が違法なものであるとした控訴審の判断は是認することが以下のとお

り、できないとしたうえで、原判決を破棄し、原審に差し戻した。

```
S55
 6      6     7     8    9    9    10   12
 23    30    16    22    6   20     3   月
 ●      ●     ●     ●────●────●      ●    ●
口頭で 書面で 時季  欧州へ取材旅行（欠勤）  懲戒処分  賞与を
年休請求 年休請求 変更権                        減額
      （時季指定）を行使                        支給
```

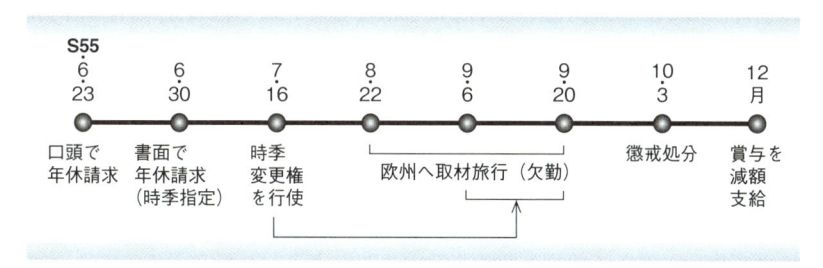

【判旨】

1 労基法39「条の趣旨は、使用者に対し、できる限り労働者が指定した時季に休暇を取得することができるように、状況に応じた配慮をすることを要請しているものと解すべきであって、そのような配慮をせずに時季変更権を行使することは、右の趣旨に反するものといわなければならない」。

2 「労働者が長期かつ連続の年次有給休暇を取得しようとする場合においては、それが長期のものであればあるほど、使用者において代替勤務者を確保することの困難さが増大するなど事業の正常な運営に支障を来す蓋然性が高くなり、使用者の業務計画、他の労働者の休暇予定等との事前の調整を図る必要が生ずるのが通常である。しかも、使用者にとっては、労働者が時季指定をした時点において、その長期休暇期間中の当該労働者の所属する事業場において予想される業務量の程度、代替勤務者確保の可能性の有無、同じ時季に休暇を指定する他の労働者の人数等の事業活動の正常な運営の確保にかかわる諸般の事情について、これを正確に予測することは困難であり、当該労働者の休暇の取得がもたらす事業運営への支障の有無、程度につき、蓋然性に基づく判断をせざるを得ないことを考えると、労働者が、右の調整を経ることなく、その有する年次有給休暇の日数の範囲内で始期と終期を特定して長期かつ連続の年次有給休暇の時季指定をした場合には、これに対する使用者の時季変更権の行使については、右休暇が事業運営にどのような支障をもたらすか、右休暇の時期、期間につきどの程度の修正、変更を行うかに関し、使用者にある程度の裁量的判断の余地を認めざるを得ない。もとより、使用者の時季変更権の行使に関す

る右裁量的判断は、労働者の年次有給休暇の権利を保障している労働基準法39条の趣旨に沿う、合理的なものでなければならないのであって、右裁量的判断が、同条の趣旨に反し、使用者が労働者に休暇を取得させるための状況に応じた配慮を欠くなど不合理であると認められるときは、同条3項〔現5項。以下本件判旨中、3項となっている部分につき同じ―筆者注〕ただし書所定の時季変更権行使の要件を欠くものとして、その行使を違法と判断すべきである。」

3 本件をみるに、①Xの担当職務には専門的知識を要し、「社会部の中からXの担当職務を支障なく代替し得る勤務者を見いだし、長期にわたってこれを確保することは相当に困難である」こと、②Xが「単独配置されていることは、異例の人員配置ではなく、……企業経営上のやむを得ない理由によるものであ」ること、③「Xは、右休暇の時期及び期間について、Y社との十分な調整を経ないで本件休暇の時季指定を行った」こと、④Y社は、理由を挙げてXに2週間ずつ2回に分けて休暇を取ってほしいと回答し、休暇の後半部分についてのみ時季変更権を行使しており、「当時の状況の下で、Xの本件時季指定に対する相当の配慮をしている」ことから、「休暇の一部について本件時季変更権を行使したことは、その裁量的判断が、労働基準法39条の趣旨に反する不合理なものであるとはいえず、同条3項ただし書所定の要件を充足するものというべきであるから、これを適法なものと解するのが相当である。」

【問題の所在】

労基法39条5項ただし書によれば、使用者は、労働者により「請求された時季に有給休暇を与えることが事業の正常な運営を妨げる場合においては、他の時季にこれを与えることができる。」この使用者の権利は時季変更権と呼ばれるが、この権利を適法に行使するための要件である「事業の正常な運営を妨げる場合」とは、どのような場合をいうのか。また、わが国では、年休は1日あるいは数日単位のコマ切れ取得（以下、短期休暇）が一般的であり、従来の裁判例も短期休暇における時季変更権行使の適法性が中心的な問題となってきた。これに対し、本判決は、長期休暇に対する時季変更権行使の適法性の問題について最高裁が初めて判断を示したものである。

【本判決のポイント】
1　時季変更権の行使
　「事業の正常な運営を妨げる場合」といえるためには，①年休当日に業務に支障が生じることが客観的に予測できることに加えて，②使用者が状況に応じた配慮をしていることも必要となる（本判決以前の最高裁判決として，弘前電報電話局事件・最二小判昭和62・7・10民集41巻5号1229頁，横手統制電話中継所事件・最三小判昭和62・9・22労判503号6頁も参照）。このうち，「状況に応じた配慮」の内容として，職務の専門性や代替要員確保の可能性，そのための努力等を挙げることができる。また，恒常的な人員不足から代替要員の確保が常時困難である場合など，そもそも人員配置が適正でないというような場合には，このような配慮がされていないとして，時季変更権の行使は違法とされうる。この点，Xが単独配置だったことについて，原審判決は不適正な人事配置であるとしたのに対し，本判決は，当時のY社の実態や企業経営上の理由を考慮し，必ずしも不適正とはいえないと判断している。他方で，相当な配慮の結果，なお代替要員の確保が困難である場合には，適法に時季変更権を行使することができる（電電公社関東電気通信局事件・最三小判平成元・7・4民集43巻7号767頁）。

2　長期休暇の請求に対する時季変更権の行使
　本判決は，長期休暇を取得しようとする場合について，短期休暇を取得しようとする場合における時季変更権の行使にはみられなかった新たな枠組みを設定している。すなわち，①長期休暇の取得は，事業の正常な運営に支障を来す蓋然性が高くなるため，使用者の業務計画，他の労働者の休暇予定等との「事前の調整」が必要であること，②労働者が「事前の調整」を行わなかった場合には，業務上の支障を予測することが困難であるから，時季変更権の行使（休暇の時期・期間の修正や変更の程度）について使用者に裁量的判断を認めざるを得ないことである。こうして，本判決により，労働者の長期休暇の時季指定が事前の調整を経ずに行われた場合，使用者に特別な裁量の余地が認められることになる。もっとも，使用者の裁量的判断は労働基準法39条の趣旨に沿う，合理的なものでなければならず，年休取得のための状況に応じた配慮を欠くなど不合理なものであってはならない。本件では，XがY社と十分な調整を行っておらず，Y社が相当の配慮をしており，業務上の支障についての判断が不合理でなかったとして，その時

季変更権の行使を適法とした。

（柴田　洋二郎）

（3）　計画年休

064　三菱重工業長崎造船所事件
福岡高判平成 6・3・24　労民集45巻 1・2 号123頁

【事案の概要】

1　Xらは，船舶，原動機，兵器等の製造・修理等を業とするY社の長崎造船所に勤務する従業員である。Y社長崎造船所には 3 つの労働組合が存在し，同事業所の従業員約98％を組織するA組合があるが，Xらはいずれも少数組合であるB組合に加入している。

2　Y社は，昭和59年以来，夏季連続休暇を実施する一環として，有給休暇の一斉取得の措置をとってきたが，これに反対するB組合の組合員らはこの措置の対象外としていた。しかし，昭和63年の改正労基法施行により，同法39条 5 項（当時。現 6 項）に定める計画年休としてこれを実施するならば，反対する者をも拘束して有給休暇の一斉取得の措置をとることが可能になったと考えた。

3　そこで，Y社は，年次有給休暇の一斉取得日を労基法の計画年休制度として実施することを検討し，昭和63年12月に長崎造船所の各組合に対して，平成元年 7 月25・26日を計画年休としたい旨の提案を行った。この提案に対し，B組合とは合意に至らなかったが，A組合との間では平成元年 7 月25・26日を計画年休とし，各人の保有する年休のうち 2 日を年初に計画年休に充当することを内容とする労使協定の締結に至った。Y社は，計画年休についてB組合およびXらに通知したうえで，A組合との労使協定締結後，就業規則に計画年休に関する規定を新設した。その際，労基法に定める手続的要件（意見聴取，届出，周知）を満たしている。そして，Y社は，上記労使協定に従い，平成元年 7 月25・26日を計画年休として実施した。

4　Xらは，計画年休の効力はそれに反対したXらには及ばないこと，計画年

休の内容・手続が労基法の趣旨に反し不合理であるから違法・無効であること等を主張して，計画年休がなかったものとして計算した年休の残存日数の確認を求める訴えを提起した。原審は請求を棄却したため，Xらが控訴した。控訴審は，下記のとおり原審判決を大幅に引用したうえで，控訴を棄却した。

5 なお，Y社では，年次有給休暇の一斉取得の実施以前の年休取得率と比べ，年次有給休暇の一斉取得の実施以後，さらには計画年休の実施以後も年休取得率は回復していない。また，計画年休は，予め業務上必要とされる労働者を適用除外し，計画年休当日，業務上必要とされる労働者を適用解除とする措置もなされており，長崎造船所の従業員の約3割が計画年休の適用から排除されている。

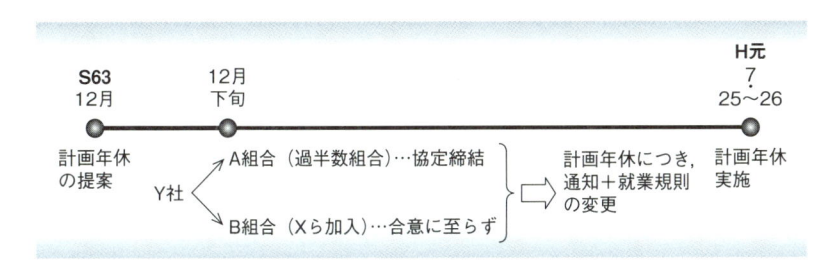

```
S63        12月下旬                                    H元
12月                                                  7.25～26
●──────────●─────────────────────────●
計画年休    A組合（過半数組合）…協定締結   計画年休につき、    計画年休
の提案   Y社〈                          通知＋就業規則   実施
         B組合（Xら加入）…合意に至らず    の変更
```

【判旨】

1 「計画年休制度が設けられた趣旨は，……労働者が事業の繁忙や職場の他の労働者への業務のしわよせ等を気兼ねすることなく年休を取得することを可能にすること，及び，休暇の本来の姿である連続・長期の年休の取得を可能にすることによって，年休の取得率を向上させ，労働時間の短縮と余暇の活用を推進しようとしたことにある。そこで，法〔労基法―筆者注〕は，……書面による労使協定に基づく計画的付与の制度を新設し，この計画的付与については，これに反対する労働者をも拘束する効果を認め，集団的統一的な取扱いを許すことによって，労使協定による年休の計画的消化を促進しようとしたものであると解される。」「したがって，……一旦右労使協定により年休の取得時季が集団的統一的に特定されると，その日数について個々の労働者の時季指定権及び使用者の時季変更権は，共に，当然に排除され，その効果は，当該協定により

適用対象とされた事業場の全労働者に及ぶと解すべきである。」

2 労基法が労使「協定による計画年休を定めたのは、労働組合と使用者との協議を経ることによって、当該事業場の労働者と使用者の実情に応じた適切な協定が定められることを期待してのことであり、反面、その協定に至る手続の公正さや内容的な合理性は、法所定の要件に反しない限り、原則としては、労働組合と使用者との自主的かつ対等な協議によって担保されるべきものとして、双方の協議にゆだねられたものと解するのが相当である。」「そうすると、本件計画年休が、その手続・内容において、……改正労基法の趣旨に沿わず不合理であったとしても、そのことのみによって本件計画年休の効力が左右されるものではない。」しかし、「過半数組合との協定による計画年休において、これに反対する労働組合があるような場合には、当該組合の各組合員を右協定に拘束することが著しく不合理となるような特別の事情が認められる場合や、右協定の内容自体が著しく不公正であって、これを少数者に及ぼすことが計画年休制度の趣旨を没却するといったような場合には、右計画年休による時季の集団的統一的特定の効果は、これらの者に及ばないと解すべき場合が考えられなくもない。」

3 本件計画年休は、手続も適正で、内容も労基法の趣旨に則ったものであり、Xらについて特別の事情があるとは認められない以上、計画年休に反対するXらに対しても、その効力を有するものというべきである。

【問題の所在】

従来、年休の付与方法は、労働者が年休を取得する時季を決定する（自由年休）というものであったが、年休の取得率が低いことが問題となっていた。そこで、昭和62年の労基法改正により、計画年休制度が導入されることになった（労基39条6項）。これは、使用者は、事業場の過半数代表との労使協定により、年休を与える時季に関する定めをしたときは、その定めにより年休を与えることができるというものである。これにより、計画的な年休取得が促されることになるが、他方で、労働者は個人が希望する時季に取得できる年休を一部失うことになる。それでは、年休日を特定する労使協定の効力は、当該特定日に年休を取得することに反対する労働者にまで及ぶのだろうか。本件は、計画年休

制度についての初めての裁判例であり，①計画年休制度に関する労使協定（計画年休協定）の法的効力，②過半数組合の締結した計画年休協定の少数組合員への適用の有無について判断を行っている。

【本判決のポイント】
1 計画年休協定の法的効力
　計画年休協定により，計画年休という形で年休を付与しても，労基法39条5項違反として処罰されない（免罰的効力）とともに，計画年休という形での年休付与が有効となる効果（労基法13条の強行的効力・直律的効力の解除）を生じる。

　本判決は，さらに，計画年休協定により年休日が集団的に特定された場合には，その日数について労働者の時季指定権と使用者の時季変更権は当然に排除され，その効果は当該協定により適用対象とされた全ての労働者に及ぶとした。つまり，計画年休協定により年休日が具体的に定められた場合には，それに反対する労働者との関係でも年休日となる（協定自体が私法的効力を有する）。こうして，計画年休の実施にあたって労働者の個別的同意は必要なく，また，反対する労働者がその日を年休日とせずに別の日を年休日と指定しても，使用者はこれに応じる必要はない。

2 計画年休協定の拘束力の例外
　本判決は，協定に至る手続的公正性や内容的合理性は，法所定の要件に反しない限り，労働組合と使用者との自主的で対等な協議によって担保されるべきものとする。ここで法所定の要件とは，①過半数代表との書面による協定，②当該協定に年休を与える時季に関する定めをすること，③年休日数のうち5日を超える部分を対象にすることである（労基39条6項）。そして，計画年休の手続・内容が不合理であったとしても，そのことのみによって計画年休の効力が左右されるものではないとする。

　しかし他方で，協定の拘束力に例外がありうることを認めている。本判決によれば，過半数組合との計画年休協定に反対する労働組合の組合員を当該協定に拘束することが著しく不合理となるような特別の事情がある場合や，協定の内容自体が著しく不公正な場合には，協定の拘束力は反対する者に及ばないことがありうるとする。

本件では、計画年休の実施によって必ずしも年休取得率が向上したわけではなく、また、長崎造船所の従業員の約3割が業務上の都合から計画年休の適用から排除されていたが、計画年休をXらに及ぼすことが著しく不合理となるような特別の事情もなく、協定の内容が著しく不公正な場合にも該当しないと判断した。

(柴田　洋二郎)

(4) 休業等を取得した者に対する不利益取扱い

065　東朋学園事件
最一小判平成15・12・4　労判862号14頁・判時1847号141頁

【事案の概要】

1　Xは、私立専修学校等を設置する学校法人Yに事務職員として勤務する女性である。Xは、平成6年7月8日に出産し、翌日から8週間、産後休業を取得した。その後、Xは、Yの育児休職規程（Yは、就業規則として職員就業規則、給与規程、育児休職規程を定めている）に基づいて勤務時間の短縮を請求し、同年10月6日から翌年7月8日まで、1日につき1時間15分の勤務時間短縮措置を受けた。

2　Yの給与規程では、賞与は毎年6月と12月に支給すると定めたうえで、当該賞与の支給対象期間の出勤率が90％以上の者に支給し（以下、本件90％条項）、支給日、支給の詳細については、その都度回覧で知らせるとしていた。これに基づき、Yは、平成6年11月29日付回覧文書で、平成6年度期末賞与について12月16日に支給するとしたうえで、支給計算式を「（基本給×4.0）＋職階手当＋（家族手当×2）－（基本給÷20）×欠勤日数」とし、①産後休暇を欠勤日数に加算することを規定した。また、平成7年6月8日付回覧文書で、平成7年度夏期賞与について6月29日に支給するとしたうえで、支給計算式を「（基本給×3.0）＋職階手当－（基本給÷20）×欠勤日数」とし、②勤務時間短縮措置を受けた場合には、短縮した分の総時間数を7時間45分（7.75）で除して欠勤日数

に加算することを規定した（以下，①②を本件各除外条項）。本件各除外条項により，Xは出勤率が90％に満たなかったため，平成6年度期末賞与および平成7年度夏期賞与は支給されなかった。

3 そこで，Xは賞与額等の請求をした。1審・控訴審とも，本件90％条項のうち回覧文書に定める本件各除外条項は，労基法65条，67条，育児休業法（育休法）10条（現育児介護休業法〔育介法〕23条1項。以下同じ）の趣旨に反し，公序良俗に違反するから無効であると判断して，Xの請求を認容し，賞与の全額支給を命じた。これに対して，Yが上告した。最高裁は以下のとおり判示して，本件90％条項の趣旨・目的は一応の経済的合理性を有することと，本件90％条項のうち回覧文書に定める本件各除外条項は，上記各法規定の趣旨に反し，公序良俗に違反するから無効であることについて是認したが，賞与の全額支給を命じた判断は是認することができないとしたうえで，原判決を破棄し，原審に差し戻した。

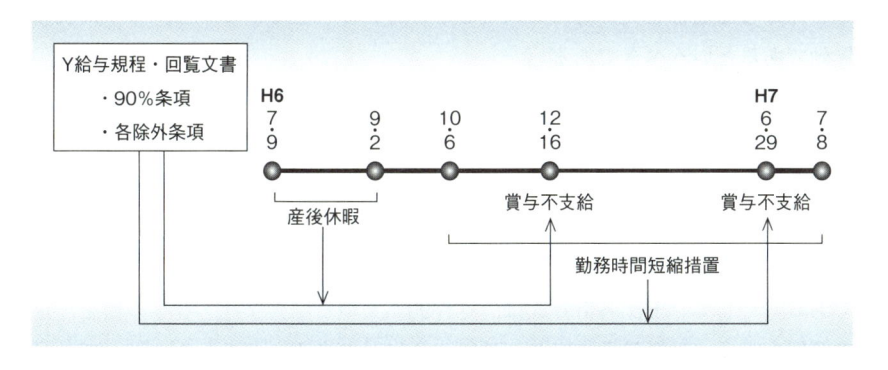

【判旨】

1 労基法や育休法の定めからすれば，「産前産後休業を取得し，又は勤務時間の短縮措置を受けた労働者は，その間就労していないのであるから，労使間に特段の合意がない限り，その不就労期間に対応する賃金請求権を有しておらず，当該不就労期間を出勤として取り扱うかどうかは原則として労使間の合意にゆだねられているというべきである。」

2 「本件各回覧文書によって具体化された本件90％条項は，……労働基準法

65条及び育児休業法10条の趣旨に照らすと，これにより上記権利等の行使を抑制し，ひいては労働基準法等が上記権利等を保障した趣旨を実質的に失わせるものと認められる場合に限り，公序に反するものとして無効となると解するのが相当である」。①本件90％条項は，出勤率が90％未満の場合には，一切賞与が支給されないという不利益を被らせるものであり，②Yの従業員の年間総収入額に占める賞与の比重は相当大きいことから賞与が不支給となる者の受ける経済的不利益は大きく，③従業員が産前産後休業を取得し，または勤務時間短縮措置を受けた場合には，それだけで本件90％条項に該当し，賞与が不支給となる可能性が高いため，「本件90％条項の制度の下では，……権利等の行使に対する事実上の抑止力は相当強いものとみるのが相当である。そうすると，本件90％条項のうち，出勤すべき日数に産前産後休業の日数を算入し，出勤した日数に産前産後休業の日数及び勤務時間短縮措置による短縮時間分を含めないものとしている部分は，上記権利等の行使を抑制し，労働基準法等が上記権利等を保障した趣旨を実質的に失わせるものというべきであるから，公序に反し無効であるというべきである。」

3　「本件90％条項のうち，出勤すべき日数に産前産後休業の日数を算入し，出勤した日数に産前産後休業の日数及び勤務時間短縮措置による短縮時間分を含めないものとしている部分が無効であるとしても，上記各計算式の適用に当たっては，産前産後休業の日数及び勤務時間短縮措置による短縮時間分は，本件各回覧文書の定めるところに従って欠勤として減額の対象となるというべきである。そして，上記各計算式は，本件90％条項とは異なり，賞与の額を一定の範囲内でその欠勤日数に応じて減額するにとどまるものであり，加えて，産前産後休業を取得し，又は育児のための勤務時間短縮措置を受けた労働者は，法律上，上記不就労期間に対応する賃金請求権を有しておらず，Yの就業規則においても，上記不就労期間は無給とされているのであるから，本件各除外条項は，労働者の上記権利等の行使を抑制し，労働基準法等が上記権利等を保障した趣旨を実質的に失わせるものとまでは認められず，これをもって直ちに公序に反し無効なものということはできない。」

4　「ところが，原審は，……本件各除外条項が公序に反する理由については，具体的に示さないまま，直ちに本件各除外条項がない状態に復するとして，上

記各計算式を適用せず，Yの本件各賞与全額の支払義務を肯定した。この原審の判断には，判決に影響を及ぼすことが明らかな法令の違反があ」る。

【問題の所在】
　本件では，①労基法に基づく産後休業の取得と，②育介法に基づく勤務時間の短縮措置を受けたことを理由とする不利益取扱い（賞与支給に際し欠勤扱いすること）の可否が問題となっている。労働法上保障されている権利の行使を理由とする不利益取扱いについて，いかなる不利益取扱いがどのような範囲で禁止されるのだろうか。

【本判決のポイント】
1　休業等の取得による不就労期間における賃金請求権
　年休と異なり，産前産後休業期間中および育介法に基づく勤務時間短縮措置を受けている期間中の賃金については，法令上の規定はなく，法的には有給であることは保障されていないため，労使間の合意にゆだねられている。そして，特段の合意がない場合には無給とすることもできる。
2　法の保障する休業等の取得を理由とする不利益取扱い
　休業等の取得による不就労期間中の賃金の取扱いについて，労使間の合意が基本であるとしても，法律上保障された権利の行使を抑制し，法が当該権利を保障した趣旨を実質的に失わせるほど労働者の被る不利益が重大である場合には，不利益取扱いが公序に反し無効となる。これまでの最高裁判決では，精皆勤手当の支給に際し生理日の休暇（労基68条）を欠勤扱いすること（エヌ・ビー・シー工業事件・最三小判昭和60・7・16民集39巻5号1023頁〔適法〕），皆勤手当の支給に際し年休取得日を欠勤扱いすること（沼津交通事件・最二小判平成5・6・25民集47巻6号4585頁〔適法〕），出勤率を昇給の要件とし，年休，産前産後休業，労災による休業等を欠勤扱いすること（日本シェーリング事件・最一小判平成元・12・14民集43巻12号1895頁〔違法〕）が問題となっており，本判決では，賞与の支給に際し産後休業および勤務時間短縮措置を欠勤扱いすることが問題となっている。いずれの判決においても，法が当該権利を保障した趣旨を実質的に失わせるものであるかどうかが判断基準となっている（失わせるものである場合には，公序に反し無効）。

ただし，問題となっている権利や不利益の内容は事案ごとに異なる。一方で当該権利の趣旨や法的性格，他方で具体的な不利益の大きさ（手当等の金額，要件充足の難易等）という両者を考慮して，権利行使を抑制する大きさから判断が行われることになる。

3 許容される不利益取扱い

最高裁は，賞与の全額不支給は公序違反となるが，**欠勤日数（産後休業および勤務時間短縮措置）に応じて賞与額を減額することは許容される**とする。産後休業および勤務時間短縮措置は，法律上もYの就業規則上も賃金請求権が認められていないことからすれば，賞与額の算定に際し欠勤扱いすることにより法が当該権利を保障した趣旨を実質的に失わせるものであるとまでは認められない。差戻審（東京高判平成18・4・19労判917号40頁）は，平成6年度期末賞与については欠勤日数に応じた賞与額の減額を認めた。他方で，平成7年度夏期賞与については本件各除外条項の②を盛り込んだ時期に信義則違反があったとして，当該条項を適用して賞与額を減額することを認めなかった。

4 現行法上の不利益取扱禁止規定との関係

男女雇用機会均等法（均等法）改正（2006年），育介法改正（2009年）により，産前産後休業および勤務時間短縮措置の申し出や取得・利用を理由とする不利益取扱いを禁止する規定がおかれた（均等9条3項，育介23条の2）。したがって，本件のように，賞与の支給要件としての出勤率の算定にあたり，産後休業および勤務時間短縮措置を欠勤扱いすることは，現在ではこれらの法律により違法とされうる。もっとも，疾病等の他の理由による休業も同様の扱いとされている場合には，不就労を理由とする取扱いであって，産後休業および勤務時間短縮措置を理由とする不利益取扱いには当たらない。そうした場合，なお権利行使の抑制力の強さから公序違反の問題を検討することになろう。

他方で，これら休業および措置は有給であることが法的に保障されていないため，これらの期間を賞与額の算定に当たり欠勤とし，比例的に賞与額を減額する取扱いは，必ずしも法の禁止する不利益取扱いに当たるわけではない（ただし，これらの期間を超えた減額を行うことや，減額に当たりこれらの期間を疾病等の他の理由による休業よりも不利に扱うことは禁止される）。

（柴田　洋二郎）

第12章 懲戒

（1） 懲戒処分の根拠

066 フジ興産事件
最二小判平成15・10・10　労判861号5頁・判時1840号144頁

【事案の概要】

1 Y社は，化学プラント・産業機械プラントの設計，施工を目的とする会社であり，大阪市西区に本社を置くほか，門真市に設計請負部門（以下，センター）を開設していた。センターには，センター長のもとに設計者が勤務しており，平成6年当時のセンター長はY_1であった。Xは，平成5年2月，Y社に雇用され，センターにおいて設計業務に従事していた。

2 Y社は，昭和61年8月，労働者代表の同意を得た上で，就業規則（以下，旧就業規則）を作成し，同年10月，大阪西労働基準監督署に届け出た。旧就業規則は，懲戒解雇事由を定め，所定の事由があった場合に懲戒解雇をすることができる旨を定めていた。Xは，Y_1に対して，センターに勤務する労働者に適用される就業規則について質問したが，その際，旧就業規則はセンターに備え付けられておらず，Y_1は，Xに対して，旧就業規則は本社に置いてあるので見ることができる旨を告げた。

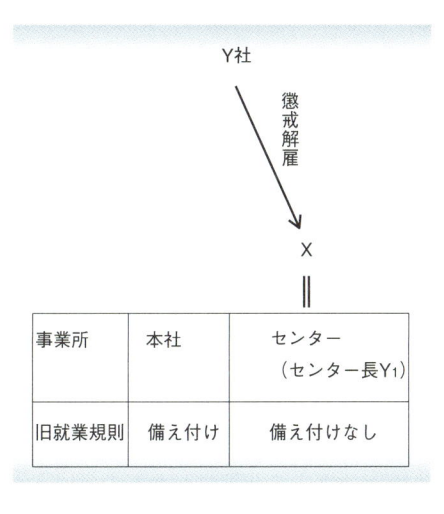

3 Y社は，平成6年4月，旧就業規則を変更した就業規則（以下，新就業規則）

事業所	本社	センター（センター長Y_1）
旧就業規則	備え付け	備え付けなし

Y社 →懲戒解雇→ X

を実施することとし，平成6年6月2日に労働者代表の同意を得たうえで，同年同月8日に大阪西労働基準監督署長に届け出た。新就業規則は，懲戒解雇事由を定め，所定の事由があった場合に懲戒解雇をすることができる旨を定めている。

4 Y社は，平成6年6月15日，新就業規則の懲戒解雇に関する規定を適用してXを懲戒解雇した。その理由は，Xが平成5年9月から平成6年5月30日までの間，得意先の担当者らの要望に十分応じず，トラブルを発生させたり，Y_1の指示に対して反抗的な態度をとり，Y_1に対して暴言を吐くなどして職場の秩序を乱したりしたなどというものであった。

5 これに対して，Xは，①Y社に対して，懲戒解雇は無効であるとして，従業員たる地位の確認，未払い賃金等の支払ならびに懲戒解雇が不当解雇であるとして不法行為に基づき慰謝料の支払等を求め，②Y_1のほか，Y社の代表取締役および取締役に対し，Xに対する不当解雇の決定に携わったとして，民法709条ないし商法266の3（現・会社法429条）に基づき損害賠償等を求めた。

6 1審は，Xの言動は，懲戒解雇事由に該当し，解雇はやむを得ないとし，また，Y社が示す就業規則がセンターには効力がなく本社でのみ効力を有するとは認められないとして，従業員たる地位の確認等のXの各請求を棄却した。これに対してXが控訴したところ，原審は，①Y社が新就業規則について労働者代表の同意を得たのは平成6年6月2日であり，それまでに新就業規則がY社の労働者に周知されていたと認めるべき証拠はないから，Xの平成6年6月2日以前の行為については，旧就業規則における懲戒解雇事由が存するか否かが検討されるべきであるとし，②Xがセンターに勤務中，旧就業規則がセンターに備え付けられていなかったとしても，そのことから，旧就業規則がセンター勤務の労働者に効力を有しないと解することはできず，③Xには旧就業規則所定の懲戒解雇事由があり，新就業規則は，旧就業規則の懲戒事由を取り込んだ上，さらに詳細にしたものということができるから，本件懲戒解雇は有効である，と判示した。しかし，最高裁は，次のように説示して，原判決を破棄し，原審に差し戻した。

【判旨】

1 原審の判断のうち，旧就業規則がセンターに備え付けられていなかったとしても，そのことから，旧就業規則がセンター勤務の労働者に効力を有しないと解することはできないとする部分は，是認することができない。その理由は，次のとおりである。

2 「使用者が労働者を懲戒するには，あらかじめ就業規則において懲戒の種別及び事由を定めておくことを要する。そして，就業規則が法的規範としての性質を有するものとして，拘束力を生ずるためには，その内容を適用を受ける事業場の労働者に周知させる手続が採られていることを要するものというべきである。」

3 「原審は，Y社が，労働者代表の同意を得て旧就業規則を制定し，これを大阪西労働基準監督署長に届け出た事実を確定したのみで，その内容をセンター勤務の労働者に周知させる手続が採られていることを認定しないまま，旧就業規則に法的規範としての効力を肯定し，本件懲戒解雇が有効であると判断している。原審のこの判断には，審理不尽の結果，法令の適用を誤った違法があり，その違法が判決に影響を及ぼすことは明らかである。論旨は理由がある。」

【問題の所在】

契約の一般原則によれば，契約の一方当事者が契約に違反した場合，他方当事者は，損害賠償請求や契約の解除を行うことができる。しかし，労働契約に違反した労働者に対して使用者が行使する懲戒処分は，こうした制裁手段ではない。そのため，どのような根拠に基づいて使用者が懲戒権を行使しうるのかという点が問題となる。

【本判決のポイント】

1 懲戒権の法的根拠

使用者の懲戒権は，いかなる法的根拠によって基礎付けられるのか。この点について，関西電力事件（☞参考判例**067**）は，労働者は労働契約を締結することによって企業秩序遵守義務を負い，使用者は，労働者の企業秩序違反行為

に基づいて懲戒権を行使することができるとして，とくに個別契約や就業規則に定めがなくても使用者の懲戒権が根拠付けられることを示唆した。これは，懲戒権は労働契約に内在しているのであって，特別な法的根拠は必要とされないということであろう。

これに対して，本判決では，**使用者が労働者を懲戒するには，あらかじめ就業規則において懲戒の種別および事由を定めておくことを要する**という判断が下されている。こうした考え方は，上記の関西電力事件判決と異なり，懲戒権は就業規則の規定によって初めて法的に根拠付けられるとする立場と親和的である。もちろん，これらの裁判例が相互に排他的で対立する関係に立つのか，あるいは，整合的に解釈することができるのか否かについては判然としない。懲戒権が労働契約の締結に伴って当然に生じると解したとしても，その行使につき，就業規則に懲戒の種別と事由を定めておくことが必要である，という理解も成り立つからである。しかし本判決には，懲戒処分を行う場合には就業規則にあらかじめ懲戒の種別と事由を定めることが極めて重要である点が明らかにされた意義がある。

なお，労働契約法15条では，「使用者が労働者を懲戒することができる場合において，当該懲戒が，当該懲戒に係る労働者の行為の性質及び態様その他の事情に照らして，客観的に合理的な理由を欠き，社会通念上相当であると認められない場合は，その権利を濫用したものとして，当該懲戒は，無効とする」と定められている。また，労基法89条9号では，制裁の定めをする場合には，その種類及び程度に関する事項を規定する必要があるとされている。しかし，いずれにしても，懲戒処分がどのような根拠に基づいて行われるのかについては言及されていない。

2 就業規則の効力発生要件

本判決は，懲戒処分を行使するには就業規則にあらかじめ懲戒の種類と事由を規定する必要があるとした上で，さらに，**就業規則が効力（拘束力）を生ずるためには，その内容を適用を受ける事業場の労働者に周知させる手続が採られていることを要する**とした（本件では，旧就業規則をXの所属事業場であるセンターで周知していたかどうかが問題となる）。

労基法106条によれば，使用者は，就業規則を「常時各作業場の見やすい場

所へ掲示し，又は備え付けること，書面を交付することその他の厚生労働省令で定める方法によって労働者に周知させなければならない」とされている。しかし，こうした労基法上の定めに拘泥することなく，実質的に就業規則を労働者に周知させていれば足りるという見方もでき，本判決が求める周知手続きが具体的にどのような手続きを指すのかという点については必ずしも明らかではない（本件ではセンターでの周知がなされていないことは認定されているので，それ以外の周知の有無につき差戻審で判断されることになる）。また，労働契約法7条では，労働契約を締結する場合において，就業規則を労働者に「周知させていた」場合には，労働契約の内容は，その就業規則で定める労働条件によるものとすると規定されており，これによれば，採用時に周知されていなかった就業規則が事後的に周知されても，労働契約内容とならないこととなり，こうした点をどのように解するのかも問題となる。以上に加えて，就業規則の効力発生要件としての周知手続きについては，労働者に有利な規定，例えば退職金規程などにも適用されるのかという点も問われる。使用者が周知手続きを怠ったことに基づいて，労働者の退職金請求が排除されるという結論はおよそ妥当ではないといえるからである。このように，就業規則の効力発生要件として周知手続きについては問題点が多く含まれており，その具体的内容については，明確にされていないところがある。

(石田　信平)

参考判例

067 関西電力事件
最一小判昭和58・9・8　労判415号29頁・判時1094号121頁

【事実】

1　Xは，昭和30年4月に定期採用者としてY社に雇用され，その後，技術者として勤務し，Y社の従業員によって組織される労働組合に所属していた者で

ある。

2 Xは，昭和34年，組合の機関である本部委員会の本部委員に就任したのをはじめとして，いくつかの組合の役員を歴任してY社の意図する労使協調路線を批判し，組合の階級的強化を目指して活動してきた。しかし，Xは，昭和42年の役員選挙に落選し，その後，組合の会社に対する協調的な姿勢についてひどく批判的であった。

3 Xは，昭和44年元旦に，勤務時間外に，会社を誹謗・中傷する内容を含むビラをY社社宅に配布したところ，これに対してY社がXを譴責の処分としたために，Xが当該譴責処分の無効の確認を求めたところ，本判決は，以下のように判示して，Xの請求を棄却した原判決を支持した。

【判旨】

1「労働者は，労働契約を締結して雇用されることによって，使用者に対して労務提供義務を負うとともに，企業秩序を遵守すべき義務を負い，使用者は，広く企業秩序を維持し，もって企業の円滑な運営を図るために，その雇用する労働者の企業秩序違反行為を理由として，当該労働者に対し，一種の制裁罰である懲戒を課することができるものであるところ，右企業秩序は，通常，労働者の職場内又は職務遂行に関係のある行為を規制することにより維持しうるのであるが，職場外でされた職務遂行に関係のない労働者の行為であっても，企業の円滑な運営に支障を来すおそれがあるなど企業秩序に関係を有するものもあるのであるから，使用者は，企業秩序の維持確保のために，そのような行為をも規制の対象とし，これを理由として労働者に懲戒を課することも許されるのであり……右のような場合を除き，労働者は，その職場外における職務遂行に関係のない行為について，使用者による規制を受けるべきいわれはないものと解するのが相当である。」

2「これを本件についてみるのに，右ビラの内容が大部分事実に基づかず，又は事実を誇張歪曲してY社を非難攻撃し，全体としてこれを中傷誹謗するものであり，右ビラの配布により労働者の会社に対する不信感を醸成して企業秩序を乱し，又はそのおそれがあったものとした原審の認定判断は，原判決挙示の証拠関係に照らし，是認することができないではなく，その過程に所論の違

法があるものとすることはできない。そして，原審の右認定判断に基づき，上に述べ〔てき〕たところに照らせば，Xによる本件ビラの配布は，就業時間外に職場外であるY社の従業員社宅において職務遂行に関係なく行われたものではあるが，前記就業規則所定の懲戒事由にあたると解することができ，これを理由としてXに対して懲戒として譴責を課したことは懲戒権に認められる裁量権の範囲を超えるものとは認められないというべきであり，これと同旨の原審の判断は正当である。」

(石田　信平)

(2) 企業外非行

068　横浜ゴム事件
最三小判昭和45・7・28　民集24巻7号1220頁・判時603号95頁

【事案の概要】

1　ゴム製品の製造販売等を営むY社は，東京港区に本社を置き，平塚市の平塚製造所をはじめ，十数カ所に工場，支店等の事業所を有していた。Y社は，昭和39年下期以降，経営状態を著しく悪化させ，そのために，昭和40年頃から，その経営の成行につき，一般から懸念され，平塚製造所閉鎖の噂も飛び交っていたところ，平塚製造所内で従業員相互間に暴力沙汰が相次いだので，企業経営上，地域住民の企業に対する信頼を保持するためにも，職場規律を確保し，かつ従業員の作業意欲を高揚する必要に迫られていた。そのため，Y社は，平塚製造

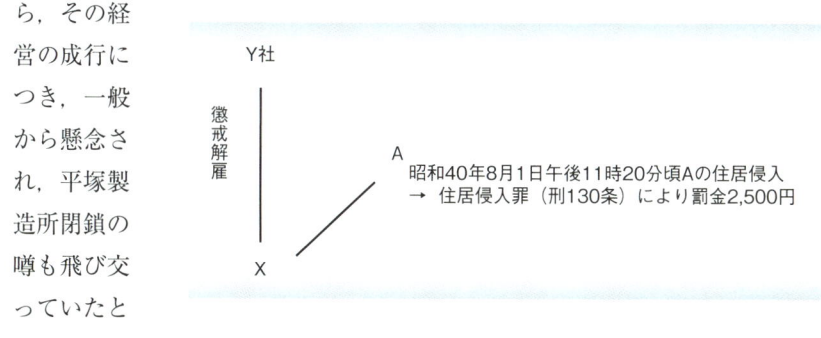

Y社
　　↓懲戒解雇　　A
　　　　　　　　昭和40年8月1日午後11時20分頃Aの住居侵入
　　　　　　　　→ 住居侵入罪（刑130条）により罰金2,500円
X

所その他の各事業所において，従業員に対し職場諸規則の遵守，信賞必罰の趣旨を強調していた。

2 昭和25年11月にY社に雇用され，平塚製造所タイヤ工場製造課において作業員として勤務していたXは，昭和40年8月1日午後11時20分頃，平塚市にある訴外Aの住居内に故なく入り込み，平塚簡易裁判所において住居侵入罪（刑130条）により罰金2,500円に処せられた。

3 そこで，Y社は，Y社の従業員賞罰規定に定める懲戒解雇事由「不正不義の行為を犯し，会社の体面を著しく汚した者」（16条8号）に該当するとして，昭和40年9月17日にXに対して懲戒解雇する旨の意思表示をした。これに対して，Xは，上記行為が懲戒解雇事由に該当しないとして，Y社に対して雇用契約に基づく権利を有することの確認ならびに解雇の日の翌日以降の賃金の支払を求めて訴えを提起した。

4 1審では，私生活において犯行をなしたXを企業外に排除しなければ，Y社の就業に関する規律が維持されないものではなく，社会通念上，Xとの雇用の継続をY社に期待し難い事態が生じたということはできないから，懲戒解雇は無効であるとしてXの請求が認容され，原審においても，1審の判断が維持された。Y社はこれに対して上告したが，最高裁も，以下のように判示して，上告を棄却した。

【判旨】

「原判決によれば，Y社は，XがY社の従業員賞罰規則16条8号にいう『不正不義の行為を犯し，会社の体面を著しく汚した者』に該当することを理由として，同人を懲戒解雇にしたというのである。そこで，原審が認定した事実関係のもとにおいて，Xが右懲戒解雇の事由に該当するかどうかについて按ずるに，Xがその責任を問われた事由は，Xが昭和40年8月1日午後11時20分頃他人の居宅に故なく入り込み，これがため住居侵入罪として処罰されるにいたったことにあるが，右犯行の時刻その他原判示の態様によれば，それは，恥ずべき性質の事柄であって，当時Y社において，企業運営の刷新を図るため，従業員に対し，職場諸規則の厳守，信賞必罰の趣旨を強調していた際であるにもかかわらず，かような犯行が行なわれ，Xの逮捕の事実が数日を出ないうちに噂

となって広まったことをあわせ考えると，Y社が，Xの責任を軽視することができないとして懲戒解雇の措置に出たことに，無理からぬ点がないではない。しかし，翻って，右賞罰規則の規定の趣旨とするところに照らして考えるに，問題となるXの右行為は，会社の組織，業務等に関係のないいわば私生活の範囲内で行なわれたものであること，Xの受けた刑罰が罰金2,500円の程度に止まったこと，Y社におけるXの職務上の地位も蒸熱作業担当の工員ということで指導的なものでないことなど原判示の諸事情を勘案すれば，Xの右行為が，Y社の体面を著しく汚したとまで評価するのは，当たらないというのほかはない。それゆえ，原判決に所論の違法はなく，論旨は，採用することができない。」

【問題の所在】

　労働者は，労務を提供している間は使用者の利益に配慮する義務を当然に負うが，勤務時間外についてまでそのような配慮をしなければならないのか。労働契約を締結したからといって，労働者は，使用者の全面的な支配に服するわけではなく，私生活上の自由についてはもとより確保されなければならない。しかし，労働者の私生活上の行為が企業利益に対する具体的な侵害を引き起こした場合には，懲戒処分の適用が問題となる。こうした労働者の私生活上の行為としては，二重就業，政治的活動，同僚間の不倫といった情交行為，犯罪行為などが考えられるが，このうち本判決は，勤務時間外の犯罪行為に基づく懲戒解雇の効力について説示したものである。そもそも労働者の私生活上の行為は懲戒処分の対象となりうるのか，対象になるとした場合にはどのような基準で懲戒処分の効力を判断すべきか，という点が問題となる。

【本判決のポイント】

1　私生活上の行為を懲戒処分の対象に含めることができるのか

　勤務時間外の労働者の行為については就業規則の効力が及ばないのであって，制裁としての懲戒処分を行うことができず，信頼関係破壊の観点から普通解雇が問題になるに過ぎないと考えることもできる。しかし，本判決は，労働者の私生活上の行為を懲戒処分の対象とすることができることを前提としてい

る。この点については，その後の裁判例も，「営利を目的とする会社がその名誉，信用その他相当の社会的評価を維持することは，会社の存立ないし事業の運営にとって不可欠であるから，会社の社会的評価に重大な悪影響を与えるような従業員の行為については，それが職務遂行と直接関係のない私生活上で行われたものであっても，これに対して会社の規制を及ぼしうることは当然認められなければならない」(日本鋼管事件・最二小判昭和49・3・15民集28巻2号265頁) と判示している。

2 懲戒処分の効力

本判決は，①当該犯罪行為が私生活の範囲内で行われたこと，②刑罰が罰金2,500円の程度であったこと，③労働者の職務上の地位も指導的なものでないことを勘案して，労働者の私生活上の行為に関する懲戒事由の該当性を厳格に判断し，本件行為について，懲戒事由である「不正不義の行為を犯し，会社の体面を著しく汚した」行為には該当しないとした。

米軍基地拡張を阻止する反対運動の中で逮捕・起訴された鉄鋼会社の労働者に対する懲戒解雇が問題となった上記日本鋼管事件も，一方では，私生活上の非違行為を懲戒処分の対象に含めつつ，他方において，「不名誉な行為をして会社の体面を著しく汚したとき」に該当するというためには，必ずしも具体的な業務阻害の結果や取引上の不利益の発生を必要とするものではないが，(1)当該行為の性質，情状のほか，(2)会社の事業の種類・態様・規模，(3)会社の経済界に占める地位，(4)経営方針およびその従業員の会社における地位・職種等諸般の事情から総合的に判断して，会社の社会的評価に及ぼす悪影響が相当重大であると客観的に評価される場合でなければならないとして懲戒事由の該当性を厳格に審査し，懲戒解雇の効力を否定している。

もっとも，労働者の職務が公的な性質を帯びる場合や労働者の犯した犯罪が職務内容と抵触する場合については，労働者の勤務時間外の犯罪行為に関する懲戒処分の効力が広く認められる傾向にあるといえよう。この点については，例えば，公務執行妨害罪の有罪判決を受けたことを理由になされた懲戒免職処分の効力が争われた国鉄中国支社事件(最一小判昭和49・2・28民集28巻1号66頁)において，「極めて高度の公共性を有する公法上の法人であって，公共の利益と密接な関係を有する事業の運営を目的とする企業体においては」，「一般私企

業の従業員と比較して，より広い，かつ，より厳しい規制がなされうる合理的な理由があるものと考えられる」と説示されている。

（石田　信平）

（3）　経歴詐称

069　炭研精工事件
最一小判平成3・9・19　労判615号16頁・労経速1443号27頁

【事案の概要】

1　Xは，昭和47年3月に福岡県の高校を卒業後，昭和48年4月，福岡大学商学部第二部商学科に入学したが，昭和52年9月14日付で同大学を除籍されて中退した。

2　Xは，昭和52年5月，成田空港反対闘争に参加したことに関連して，逮捕，勾留された後，起訴され〔事件Ⅰ〕，昭和56年1月22日，公務執行妨害等によって懲役1年6月の（執行猶予4年）の刑に処された（判決確定）。また，Xは，

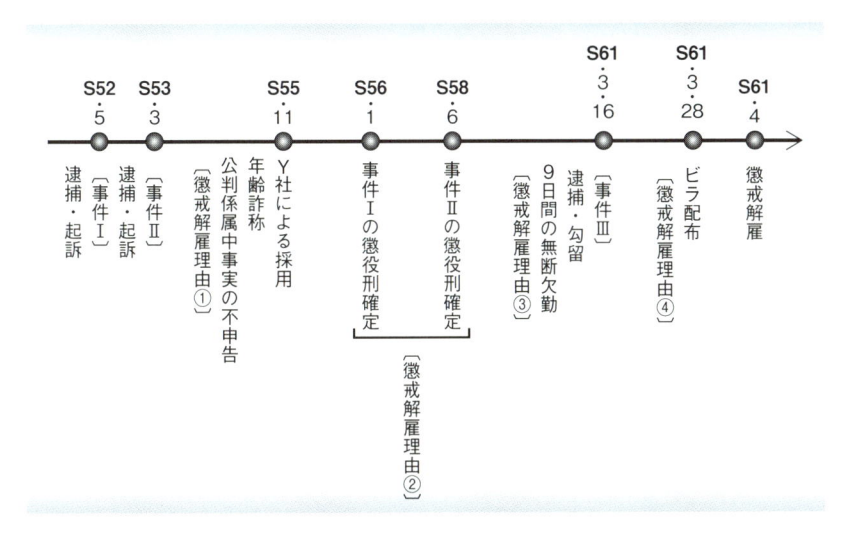

年表：
- S52・5　逮捕・起訴〔事件Ⅰ〕
- S53・3　逮捕・起訴〔事件Ⅱ〕〔懲戒解雇理由①〕
- S55・11　年齢詐称 公判係属中事実の不申告 Y社による採用
- S56・1　事件Ⅰの懲役刑確定
- S58・6　事件Ⅱの懲役刑確定 〔懲戒解雇理由②〕
- S61・3・16　逮捕・勾留 9日間の無断欠勤〔懲戒解雇理由③〕
- S61・3・28　〔事件Ⅲ〕ビラ配布〔懲戒解雇理由④〕
- S61・4　懲戒解雇

昭和53年3月，成田空港開港阻止闘争に参加したことに関連して，逮捕，勾留された後，起訴され〔事件Ⅱ〕，昭和58年6月20日，公務執行妨害罪等によって懲役2年（執行猶予4年）の刑に処された（判決確定）。

3 Xは，昭和55年11月，高卒者または中卒者を対象とするプレス工等のY社の求人に応募して採用された。しかし，Y社による採用面接の際，Xは，最終学歴欄に福岡大学中退の事実や上記犯罪の事実を記載しない履歴書をY社に提出し，面接の際にも上記事実を述べることはなかった（その当時，上記刑事事件の公判係属中であり，Xは保釈中であった）。Y社代表者の「賞罰はないね」との質問に対しても，Xは，そのとおりである，と答えた。

4 Xは，昭和61年3月16日，いわゆるデモ行進に参加したが，その際，公務執行妨害罪で逮捕され，その後，同月27日まで勾留された〔事件Ⅲ〕。その際，Xと接見した弁護士が，逮捕されたため出勤不能である旨の休暇届をXの代理人としてY社に提出した。これに対して，Y社は，正当な欠勤とは認められない旨の内容証明郵便をXの自宅宛に送付するとともに，改めてXの経歴を調査したところ，Xが大学を中退していたこと，入社後2回にわたり懲役刑に処せられていたこと等が判明した。Xは，昭和61年3月28日には出勤し，同月16日に逮捕された件について釈明すること等を内容とするビラをY社の許可なく同社内で従業員に配布した。

5 これに対して，Y社は，①採用に際して，学歴を詐称したことならびに上記刑事事件について公判中であった事実を申告しなかったこと，②上記刑事事件について懲役刑に処せられたこと，③3月17日から同月27日まで無断欠勤したこと，④無許可で会社構内でビラを配布したことに基づいて，Xを懲戒解雇した（なお，②については懲戒解雇通告の際には明示されておらず，本訴において主張されたものである）。そこでXは，Y社による懲戒解雇が無効であるとして，雇用契約上の権利を有することの確認等を求めた。1審判決では，①，②について懲戒解雇事由該当性が認められて懲戒解雇の効力が肯定され，原審では，①のうち公判中の事実を申告しなかったことについての懲戒解雇事由該当性が否定されたが，その他については一審の判断が維持された。最高裁では，以下のように原審の判断を維持し，Xの上告を棄却した。

【判旨】

「原審の適法に確定した事実関係の下において，本件解雇を有効とした原審の判断は，正当として是認することができ，原判決に所論の違法はない。

(原審の判旨)

1　「雇用関係は，労働力の給付を中核としながらも，労働者と使用者との相互の信頼関係に基礎を置く継続的な契約関係であるということができるから，使用者が，雇用契約の締結に先立ち，雇用しようとする労働者に対し，その労働力評価に直接関わる事項ばかりでなく，当該企業あるいは職場への適応性，貢献意欲，企業の信用の保持等企業秩序の維持に関係する事項についても必要かつ合理的な範囲内で申告を求めた場合には，労働者は，信義則上，真実を告知すべき義務を負うというべきである。……最終学歴は，〔本件の〕事情の下では，単にXの労働力評価に関わるだけではなく，Y社の企業秩序の維持にも関係する事項であることは明らかであるから，Xは，これについて真実を申告すべき義務を有していたということができる。」

2　「雇用しようとする労働者が刑事裁判の公判係属中であって，保釈中であるという場合には，保釈が取り消され，あるいは実刑判決を受けて収監されるなどのため勤務することができなくなる蓋然性の有無，公判に出頭することによって欠勤等の影響が生ずるか否か等を判断することは，当該労働者の労働力を評価し，雇用するか否かを決する上で重要な要素となることは明らかである。しかしながら，履歴書の賞罰欄にいわゆる罰とは，一般的には確定した有罪判決をいうものと解すべきであり，公判係属中の事件についてはいまだ判決が言い渡されていないことは明らかであるから，XがY社の採用面接に際し，賞罰がないと答えたことは事実に反するものではなく，Xが，採用面接にあたり，公判係属の事実について具体的に質問を受けたこともないのであるから，Xが自ら公判係属の事実について積極的に申告すべき義務があったということも相当とはいえない。したがって，Xが，大学中退の学歴であることを秘匿して，Y社に雇用されたことは，就業規則38条4号の『……経歴をいつわり……雇入れられたとき』に当たるというべきであるが，公判係属中であることを告げなかった点は同号に該当しないというべきである。」

3 Xの休暇届の提出は有効な欠勤届と認められること，Y社ではビラの配布についてこれを禁止ないし許可を要する旨の明文の規定を置いていないことからすると，これらに関する懲戒事由該当性は認められない。

4 Xの「犯罪行為が入社前であることを考慮しても……2回にわたって懲役刑に処せられたXを雇用し続けることは，Y社の社会的信用を害し，他の従業員にも悪影響を及ぼす恐れがある」から懲戒事由該当性が認められる。なお，Y社は，本件解雇の際には，解雇理由として「禁こ以上の刑に処せられたとき」（就業規則38条12号）を挙げていないが，Y社が本件解雇当時，2回にわたり懲役刑に処せられたことを認識しかつ重要視していたのであり，このことはXにおいても充分に知りえたものであることが明らかであって，たまたま懲戒解雇の意思表示の際に上記就業規則の規定が脱落していたからといって，Y社が上記事実を本訴において主張できなくなるとは解されない。

5 「これらの事情を考慮すると，XのY社における地位や職務内容を斟酌しても，なお，Xには懲戒解雇の事由があり，これによりY社がXを懲戒解雇したことは相当であったというべきであるから，懲戒解雇が社会通念上著しく妥当を欠き，裁量権を濫用したということはできず，解雇権濫用の主張は採用することができない。」

【問題の所在】

使用者は採用の際に応募者を採用するか否かを判断するために，一定の事項についての質問を行うことができる。しかし，その質問に対して当該応募者が虚偽の内容を申告していたことが採用後に発覚したとき，当該経歴詐称を理由として当該労働者を懲戒処分に付することができるのかが問題となる。本件では，学歴，公判係属中であることについての経歴詐称が懲戒解雇事由に該当するのかが問われている。

【判決のポイント】

1 使用者の質問と労働者の真実告知義務

使用者は，採用に際して，応募者の職務の適格性や人格などの情報を確認するために，応募者に質問を行う。契約の自由（採用の自由）が認められている以

上，こうした質問によって，使用者が自らが欲する応募者と労働契約を締結しようとすることは，いわば，当然の行動であるが，その際，労働者は使用者のどのような質問にも真実を告知する義務を負うのかという点が問題となる。

この点について，原判決は，**労働者は，採用に際して，労働者の労働力評価に直接関わる事項ばかりでなく，当該企業あるいは職場への適応性，貢献意欲，企業の信用の保持等企業秩序の維持に関係する事項についても必要かつ合理的な範囲内で申告を求められた場合には，信義則上，真実を告知すべき義務を負う**というべきであると判示した。労働者のプライバシー保護を強調すると，使用者の質問に対する真実告知義務はあくまで労働力を直接関わる事項に限定されると考えることもできる。しかし，本判決は，雇用関係が労働者と使用者の相互の信頼関係に基礎を置く継続的な契約関係であることを指摘して，労働力評価に直接関係しない事項の質問についても，必要かつ合理的な範囲で労働者は真実告知義務を負うとした。

本判決は，具体的には，最終学歴，公判係属中であるという事実について質問を受けた場合，労働者は，それについて真実を告知する義務を負うとする。とくに，学歴を低く詐称する場合も，懲戒解雇事由に該当するという判断が注目される。また，経歴詐称が労働契約の取消ではなくて，懲戒処分の問題として処理されていることも指摘しておく必要があろう。もっとも，本判決は，公判係属中の事実については，労働者は使用者から質問を受けたとはいえず，それについては，真実を告知すべき義務を負うものではないとした。

2　使用者の質問の限界

使用者による質問の「合理的な範囲内」に関する判断基準は，本判決では説示されていないが，たとえば，思想・信条に関する質問を許容する例（☞三菱樹脂事件 **028** 事件参照）や年齢の詐称を理由とした懲戒解雇の効力を認める例（☞山口観光事件 **071** 事件参照）がある。

もっとも，例えば，思想信条に関する質問については，今日では応募者のプライバシー権を尊重する趨勢が強くなっており，必ずしも合理的な範囲ではないと判断される可能性がある。また，2007年改正の雇用対策法では，募集・採用について，年齢に関わりなく均等な機会を付与すべき義務が規定され（同法10条，例外事由については雇用対策法施行規則1条の3），これによれば，採用の際の

年齢詐称を理由とする懲戒解雇の効力が否定されるという見方が生じる可能性がある。また，職安法5条の4では，「業務の目的の達成に必要な範囲内」で求職者の個人情報を収集しなければならないことが規定されている。このようにみると，使用者の質問の合理的な範囲は，次第に限定されてきているとみることができよう。

(石田　信平)

（4）　内部告発

070　大阪いずみ市民生協事件
大阪地堺支判平成15・6・18　労判855号22頁・判タ1136号265頁

【事案の概要】

1　大阪いずみ市民生活協同組合（以下「いずみ生協」）は，消費生活協同組合法に基づき設立された生活協同組合であり，組合員の出資を得て，物資の共同購入や生活および文化の向上を図る等の目的を有する。Y_1は，昭和49年の創立時から一貫して常勤理事の筆頭として，いずみ生協の事業，経営，組織，運動の総責任者の地位にあった。また，Y_2は，代表権を持つ専務理事として，事実上，Y_1に次ぐ地位に就いていた。

2　いずみ生協の総代会は，毎年5月に開催されるいずみ生協の最高議決機関であり，組合員約500人の1人の割合で，組合員による選挙によって選出された組合員の代表である総代によって議決が行われる。いずみ生協の職員であるX_1，X_2，X_3は，平成9年5月20日開催予定の総代会の直前である同月15日，いずみ生協の総代（552名）の大半（約530名），その他生協関係者らに対して，「いずみは何のため，誰のための組織　その組合員への背信行為の実態」と題する文書（以下，本件内部告発文書）を匿名で送付した。本件内部告発文書は，いずみ生協の再生のために，いずみ生協と組合員の財産を私物化しているY_1と，そうした不正行為を許容して事実を隠蔽しているY_2らの役員を解任すること等を要求するものであった。

3 そこで，いずみ生協の人事担当役員であったZは，Xらに対して事情聴取を行ったうえで，Xらに対して出勤停止および自宅待機を命じた。さらに，Y₂は，いずみ生協の専務理事として，虚偽の風説流布等を理由として，X₁およびX₂を懲戒解雇する旨の意思表示をした。また，いずみ生協は，平成10年8月17日，X₃に対して，出勤停止および自宅待機を解除し，Y₂付けの役員スタッフへの異動を命じた。これに対して，Xらは上記懲戒解雇が無効であるとして，地位保全の仮処分を申請したところ，これが容認されたため，いずみ生協は，解雇を撤回して，両者を職場に復帰させた。本件は，Xらが，Yらによる不当な懲戒解雇，自宅待機命令，配転命令によって精神的損害を被ったとして，Yらに対して，不法行為に基づく損害賠償請求を求めた事案であり，本判決は以下のように判示して，Yらの不法行為責任を認めた。

【判旨】

1「本件のようないわゆる内部告発においては，これが虚偽事実により占められているなど，その内容が不当である場合には，内部告発の対象となった組織体等の名誉，信用等に大きな打撃を与える危険性がある一方，これが真実を含む場合には，そうした組織体等の運営方法等の改善の契機ともなりうるものであること，内部告発を行う者の人格権ないしは人格的利益や表現の自由等との調整の必要も存することなどからすれば，内部告発の内容の根幹的部分が真実ないしは内部告発者において真実と信じるについて相当な理由があるか，内部告発の目的が公益性を有するか，内部告発の内容自体の当該組織体等にとっての重要性，内部告発の手段・方法の相当性等を総合的に考慮して，当該内部告発が正当と認められた場合には，当該組織体等としては，内部告発者に対し，当該内部告発により，仮に名誉，信用等を毀損されたとしても，これを理由として懲戒解雇することは許されないものと解するのが相当である。」

2 Y₁に背任，横領があったものと信じるについてXらに相当の理由があったと解すべきであり，また，本件内部告発の目的についても，専ら公共性の高いいずみ生協における不正の打破や運営等の改善にあったものと推認される。

3 内部告発の手段・方法に関しては，本件内部告発文書が匿名であって，一方的に被告発者が名誉や信用等に回復不可能な損害を被る危険性があるもの

の，氏名を明らかにして告発を行えば，Yらによる弾圧や処分を受けることが容易に想像されること等からやむを得ないというべきである。また，総代会の直前になって総代等に対して郵送されたことで，総代会が混乱する危険があったことも否定できないが，業務執行権を有するYらに不正の是正を期待できない以上，いずみ生協内部の最高議決機関である総代会に問題提起をするのは当然である。さらに，本件内部告発が，Xらによって業務中に無断で持ち出された内部資料をもとに行われた点に相当性を欠く面があるけれども，「内部告発において用いられた一手段が不相当であったとしても，場合により個別の行為について何らかの処分に問われることは格別，本件内部告発全体が直ちに不相当なものになると解すべきではなく，本件内部告発の目的や，内容，とられた種々の手段等を総合的に判断してそれが正当かどうかを判断すべきである。」そして，本件のような内部告発を行うためには，内部文書を無断で複写して持ち出す行為が不可欠である一方で，「持ち出した文書の財産的価値自体はさほど高いものではなく，しかも，原本自体を取得するものではないから，いずみ生協に直ちに被害を及ぼすものでもない。したがって，いずみ生協を害する目的で用いたり，不用意にその内容を漏洩したりしない限りは，いずみ生協に受忍できない損害を与えるとも言い難いから，そうしたものでない限りは，本件内部告発自体を不相当とまでは言えないものと解すべきである。」

4 以上により，「本件内部告発は，正当なものであったと認めるべきであ」り，Xらに対する懲戒解雇，出勤停止，自宅待機，配転命令は，正当な内部告発への報復を目的としたもので，職業生活上の利益を侵害する不法行為と認められるのであって，Yらは，これらについて不法行為責任を免れないというべきである。

【問題の所在】

　企業の不正行為を外部に告発する労働者の行為は，企業に対する誠実義務違反や秘密保持義務違反に該当し，懲戒処分の対象となる。こうした告発は，企業に損害を与える行為であり，場合によっては，企業倒産に至るような状況を作り出すからである。しかし，企業の不正行為を外部に告発する労働者の行為は，消費者利益や株主利益の確保に資する側面があるとともに，当該企業に

とっても長期的にみれば利益をもたらす可能性もある。さらには，告発行為は，労働者の表現の自由として，保護の対象の含まれうるものでもある。企業の不正行為を告発したことを理由として，当該労働者に対して不利益な処分を課す場合には，告発行為が持つ企業利益侵害の側面と上記のような側面をどのように考慮するのかが問題になる。本判決は，こうした問題に関する明確な基準を示したものである。

　なお，労働者の公益通報が有する社会的利益の側面に鑑みて，公益通報を行った労働者に対する使用者の不利益取扱いを禁止した公益通報者保護法が平成16年に制定されている。同法は，使用者の不利益取扱いが無効となる基準を詳細に示しているが（公益通報者保護法3条），通報対象事実を限定しており（同法2条3項），その保護が及ばないケースも考えられる。その意味で，本判決が示した基準の重要性は失われていないといえる。

【判決のポイント】
1　内部告発の正当性とその判断基準
　本判決は，組織体等の運営方法等の改善の契機と内部告発者の人格権・表現の自由をふまえて，内部告発の正当性につき，**(1) 内部告発の内容の根幹的部分が真実であるかないしは内部告発者において真実と信じる相当な理由が存在するか，(2) 目的に公益性があるか，(3) 内部告発の手段・方法の相当性等を総合的に考慮する**という基準を示した。もっとも，これらの3つの要素は，いずれかが欠ければ正当性が認められないというものではない。本判決は，内部告発の手段に相当性が欠けるところがあるとしながらも，それによって「本件内部告発全体が直ちに不相当なものになると解すべきではなく，本件内部告発の目的や，内容，とられた種々の手段等を総合的に判断してそれが正当かどうかを判断すべきである」としている。

2　手段の相当性
　内部告発の正当性については，上記の三要素のうち，とくに手段・方法の相当性が問題となる。本判決では，①内部告発を匿名で行っている点，②いずみ生協内部の最高議決機関である総代会に問題提起をした点，③資料が業務中に無断で持ち出された点が検討されているが，まず①匿名の内部告発に関して

は，氏名を明らかにするとYらによる弾圧や処分を受けることが容易に想像されること等からやむを得ないというべきであるとされた。

②いずみ生協の総代らに対して総代会の直前に送付したことについては，業務執行権を有するYらに不正の是正を期待できない以上，いずみ生協内部の最高議決機関である総代会に問題提起をするのは当然であると判示されている。不正行為の通報先が企業内部ではなく，総代会という企業外部の機関であることについては，労働契約に基づく信頼関係維持の観点から，企業内部に不正行為を告発し，企業内部での不正行為を是正する努力がまず要求されるのではないかという点が問われる。しかし，本判決では，企業による内部是正の期待可能性が低いところでは，こうした内部での是正努力は求められないとされたのである。

さらに，③業務中に無断で資料を持ち出した原告Xらの行為について，本判決は，不相当な面があるとしながら，本件のような内部告発を行うためには，内部文書を無断で複写して持ち出す行為が不可欠である一方で，持ち出した文書の財産的価値自体はさほど高くなく，しかも，原本自体の取得ではないから，いずみ生協に直ちに被害を及ぼすものでもない，とした。

このように，内部告発の方法・手段について，本判決は，内部是正の不存在，匿名による通報，情報取得の不正さを考慮しながらも，報復の可能性や不正是正の期待可能性，いずみ生協に与える損害の程度を勘案して内部告発の正当性を認めた。

（石田　信平）

（5）懲戒の手続・方法

071　山口観光事件
最一小判平成8・9・26　労判708号31頁・判時1582号131頁

【事案の概要】

1　Y社は，ホテル・公衆浴場の経営などを目的とする会社であり，Xは，平

成3年11月，Y社との間で契約を締結し，Y社の経営する店舗において，マッサージの業務に従事していた。

2 Xは，平成5年8月31日，Y社に電話で，翌日から2日間休みたい，と申し出て休暇を請求したところ，Y社の代表者は，「こっちは，ローテーションを組んでやっている。勝手に休まれたのでは，仕事にならない。お前みたいな者は，もう必要がないので辞めてくれ。明日から来なくてよい。」と述べて，Xを懲戒解雇する意思表示を行った（以下，解雇Ⅰ）。Xは，これに対して，同年10月1日，内容証明郵便によりY社に原職復帰を求めたが，Y社によって拒否された。

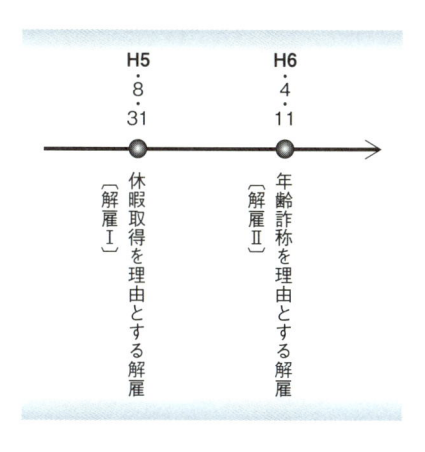

```
        H5            H6
        ・            ・
        8            4
        ・            ・
        31           11
────────●────────────●────────→
      休暇取得を        年齢詐称を
      理由とする        理由とする
      解雇            解雇
      〔解雇Ⅰ〕         〔解雇Ⅱ〕
```

3 Xは，Y社に対して地位保全の仮処分を申し立てたところ，Y社は，平成6年4月11日，仮処分事件答弁書において，平成5年8月31日付けの解雇が無効な場合には，Xが採用の際に57歳であるにもかかわらず45歳であると生年月日を偽った履歴書を提出したことを理由とする懲戒解雇の意思表示（予備的解雇，以下，解雇Ⅱ）を行った。

4 本件は，Xが，解雇Ⅰ，解雇Ⅱのいずれについても解雇権の濫用に当たり無効であると主張して，解雇後の賃金の支払を請求した事案である。なお，Xは平成6年7月で60歳となりY社の就業規則によれば定年退職となる。1審および原審では，解雇Ⅰについて，本件事案のもとでは，XがY社代表者の出勤命令に応じて出勤しなかったとしても，これを理由に懲戒解雇することは許されず，さらに，Xが履歴書に虚偽の生年月日を記載したとしても，Y社が当該虚偽記載の事実を知ったのは解雇Ⅰの後であるから，これを理由に解雇Ⅰを基礎付けることはできないと説示された。しかし，解雇Ⅱについて，1審および原審では，履歴書の虚偽記載によってY社の企業秩序が著しく侵害されたために，懲戒解雇は有効であるとされ，Xは，解雇Ⅱまでの賃金等の支払のみを請求することができると判示された。Y社は，これに対して上告したが，最高

裁は，以下のように判示し，上告を棄却した。

【判旨】

「所論は，Xの年齢詐称の事実を本件解雇の理由として主張することはできないとした原審の判断は，懲戒権の行使に関する法律解釈を誤るものであると主張する。しかしながら，使用者が労働者に対して行う懲戒は，労働者の企業秩序違反行為を理由として，一種の秩序罰を課するものであるから，具体的な懲戒の適否は，その理由とされた非違行為との関係において判断されるべきものである。したがって，懲戒当時に使用者が認識していなかった非違行為は，特段の事情のない限り，当該懲戒の理由とされたものでないことが明らかであるから，その存在をもって当該懲戒の有効性を根拠付けることはできないものというべきである。これを本件についてみるに，原審の適法に確定したところによれば，本件懲戒解雇は，Xが休暇を請求したことやその際の応接態度等を理由としてされたものであって，本件懲戒解雇当時，Y社において，Xの年齢詐称の事実を認識していなかったというのであるから，右年齢詐称をもって本件懲戒解雇の有効性を根拠付けることはできない。これと同旨の原審の前記判断は，正当として是認することができ，その過程に所論の違法はなく，右判断は，所論引用の判例に抵触するものではない。論旨は採用することができない。」

【問題の所在】

使用者が懲戒処分を行うには，就業規則に記載されている懲戒事由に該当する労働者の非違行為が必要となるが，懲戒処分を行った後で，懲戒処分時に使用者が認識していなかった事情を事後的に追加することができるのかが問題となる。懲戒処分をめぐる紛争の過程において，事後的に労働者の新たな非違行為が発見されることもある。本判決は，こうした問題に関する基準を示したものである。

【本判決のポイント】
1 追加主張の可否と根拠

　本判決は，懲戒処分が労働者の企業秩序違反行為に対する秩序罰であり，具体的な懲戒の適否は，その理由とされた非違行為との関係において判断されるべきであるから，特段の事情がない限り，使用者は懲戒処分時に認識していなかった事情を追加的に主張できないことを明らかにしたものである。それまでの下級審では，事後的な追加を認めた例も散見されたが，本判決は，こうした追加を否定する原則を確立した最高裁判決としての意義がある。

　本判決は，秩序罰である「懲戒の適否は，その理由とされた非違行為との関係において判断されるべき」という理由付けから，上記の結論を導いている。懲戒処分は，労働者の非違行為に対する秩序罰であり，あくまで懲戒権行使時に認識した具体的な事実に基づいて行われるべきであるというのであろう。しかし，懲戒処分について刑事法が類推適用されている状況を考慮すると，被告人の防御の範囲を明確化する観点から，起訴状には訴因が明示された公訴事実を記載しなければならず（刑訴256条2項・3項），訴因の変更は公訴事実の同一性を阻害しない範囲で行われなければならない（刑訴312条1項）という刑事訴訟法の影響があるとみることもできる。

　ただ，本判決は，使用者が懲戒権行使時に認識していなかった事情の追加的主張を否定したのであって，認識していたものの，たまたま欠落した懲戒理由に関する追加的主張を否定したものとまではいえない。この点については，労働者および使用者が懲戒権行使時に認識していた理由が，たまたま懲戒解雇の意思表示の際に脱落していたからといって，使用者が当該懲戒理由を本訴において主張できなくなるとは解されないとする例がある（☞炭研精工事件 **069** 事件参照）。

2 特段の事情がある場合

　事後的に認識された事情に関する追加的主張を排除することは，事後的に認識された当該事情については，別個の懲戒処分がなされるべきであることを意味する。しかし，紛争の効率的な解決を行うためには，1個の懲戒処分紛争においてこうした追加的事情の判断を行うことが求められる場合もあろう。本判決がかかる観点に立っているのかについては明らかではないが，いずれにして

も,「特段の事情」がある場合には追加的主張が認められることを示唆している。

「特段の事情」が認められるのは,どのような場合か。本判決は,この点についても明確な説示を行っていない。しかし,当該懲戒処分を根拠付ける事実に包摂されるような事情は,労働者の防御の範囲を逸脱するものではなく,追加的主張が認められる特段の事情の１つになると考えられよう。なお,公務員の懲戒処分については,処分を行う者は,その職員に対し,その処分の際,処分の事由を記載した説明書を交付しなければならないが(国公法89条１項),この点について,処分説明書記載の処分事由と密接な関連関係にあると認められるものについては,事後的な追加的主張が認められるとする裁判例がある(山口県教委(停職処分)事件・最三小昭和59・12・18労判443号16頁)。

3　年齢詐称に基づく懲戒処分

本判決の主要な論点は,懲戒処分を基礎付ける事実の追加的主張の可否であるものの,採用時の年齢詐称に基づく懲戒解雇を有効とした原審を維持している点にも特徴がある。使用者は,採用の際,労働力の評価に直接関わる事項だけではなく,当該企業あるいは職場への適応性,貢献意欲,企業の信用の保持等企業秩序の維持に関係する事項についても必要かつ合理的な範囲内で申告を求めることができ,その場合,労働者は,信義則上,真実を告知すべき義務を負う(☞炭研精工事件 **069** 事件参照)ところ,労働者の年齢についてはどのように考えられるのか。この点に関して,原審は,年齢詐称が企業秩序を著しく侵害したとして懲戒解雇の効力を認めている。しかし,近時,募集・採用について,年齢に関わりなく均等な機会を付与すべき義務が規定されたことも考慮すると(雇用対策法10条),年齢詐称に基づく懲戒解雇の効力が否定的に解される可能性もある。

（石田　信平）

（6） 懲戒権の濫用

072　ネスレ日本事件
最二小判平成18・10・6　労判925号11頁・判時1954号151頁

【事案の概要】

1　Y社には、同社の従業員で組織される労働組合が存在していたが、内部紛争の結果、2つの組合（以下、第1組合、第2組合）に分裂した。このうち、第1組合は、Y社と対立していた。X_1、X_2は、Y社に雇用され、霞ヶ浦工場に勤務しており、それぞれ、第1組合霞ヶ浦支部の役員を務めていた。X_2は、平成5年6月9日、始業時刻が経過した後に、当時の上司であったT課長代理に対して、欠勤する旨の連絡をし、翌日、前日の欠勤を年次有給休暇に振り替えるように求めたが、T課長代理によって拒否されて無断欠勤扱いとされたために、賃金の一部がカットされた（本件賃金カット）。これに対して、第1組合は、X_2の欠勤を年次有給休暇に振り替えなかったことを第1組合に対する攻撃と捉えて、T課長代理に対する度重なる抗議行動に訴えた。

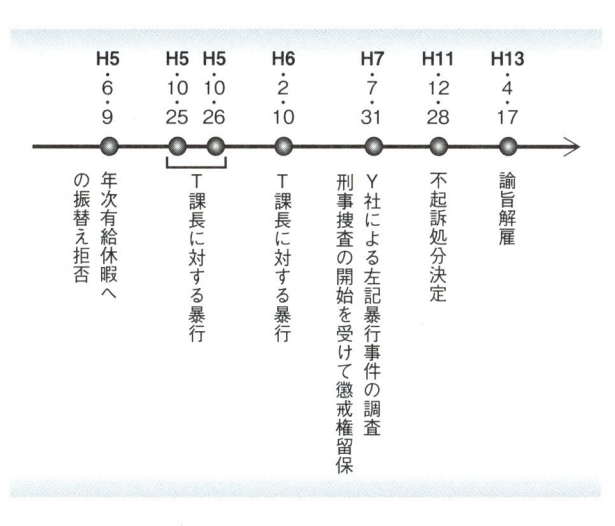

2　平成5年10月25日、X_1は、T課長代理に対し、「おい、X_2の有休はどうなんだ。」と大声で怒鳴った上、T課長代理に暴行を加えた。その際、X_2もX_1に加勢した（10月25日事件）。同年10月26日にも、Xらは、T課長代理に暴行を加え

（10月26日事件），そのため，T課長代理は，けい部捻挫，右小指挫傷，左ひざ挫傷の傷害を負った。平成6年2月7日および8日，X_2 は，風邪を理由に欠勤したが，T課長代理が同月8日の欠勤を年次有給休暇に振り替えることを認めなかったことからT課長代理に強く反発し，T課長代理に暴行を行った（2月10日事件）。

3 Y社は，上記各事件について調査を行い，平成7年7月31日，Xらに対し，上記各事件を掲載した上で，猛省を促すとともに懲戒処分等を含む責任追及の権利を留保する旨を記載した通告書を送付したが，T課長代理が10月26日事件および2月10日事件について，警察署および地検に被害届や告訴状を提出していたことから，これらの捜査の結果を待ってY社としての処分を検討することとした。

4 地検は，平成11年12月28日，Xらにつき不起訴処分としたため，Y社は，Xらに対する処分の検討を行い，平成13年4月17日，Xらに対して，同月25日までに退職願が提出されたときは自己都合退職の例により退職金を全額支給するが，そうでない場合には，同月26日付けで懲戒解雇する旨の諭旨退職処分を行い，Xらが期日までに退職願を提出しなかったので，同月27日，同月26日付けで懲戒解雇となった旨を通知した。これに対して，Xらは，上記懲戒解雇が無効であるとして労働契約上の地位の確認等を求めて訴えを提起した。

5 1審では，Xらに対する諭旨退職処分は，その主たる理由である2つの傷害事件（平成5年10月ないし平成6年2月）から極めて長い年月を経て処分が決せられた経緯に不自然，不合理な点があり，懲戒権の濫用に当たるとして，Xらの請求がほぼ認容された。これに対して，原審では，本件諭旨退職処分と上記各事件から相当な期間が存在しているが，これは，Y社が捜査の結果を待っていたためであって，いたずらに懲戒処分をしないままに放置していたわけではなく，懲戒権の濫用ということはできないと判示された。しかし，最高裁は，次のような判断により原判決を破棄し，1審判決を正当であるとした。

【判旨】

1 「使用者の懲戒権の行使は，企業秩序維持の観点から労働契約関係に基づく使用者の権能として行われるものであるが，就業規則所定の懲戒事由に該当

する事実が存在する場合であっても，当該具体的事情の下において，それが客観的に合理的な理由を欠き，社会通念上相当なものとして是認することができないときには，権利の濫用として無効になると解するのが相当である。」

2 「本件諭旨退職処分は本件各事件から7年以上が経過した後にされたものであるところ，Y社においては，T課長代理が10月26日事件及び2月10日事件について警察及び検察庁に被害届や告訴状を提出していたことからこれらの捜査の結果を待って処分を検討することとしたというのである。しかしながら，本件各事件は職場で就業時間中に管理職に対して行われた暴行事件であり，被害者である管理職以外にも目撃者が存在したのであるから，上記の捜査の結果を待たずともY社においてXらに対する処分を決めることは十分に可能であったものと考えられ，本件において上記のように長期間にわたって懲戒権の行使を留保する合理的な理由は見いだし難い。しかも，使用者が従業員の非違行為について捜査の結果を待ってその処分を検討することとした場合においてその捜査の結果が不起訴処分となったときには，使用者においても懲戒解雇処分のような重い懲戒処分は行わないこととするのが通常の対応と考えられるところ，上記の捜査の結果が不起訴処分となったにもかかわらず，Y社がXらに対し実質的には懲戒解雇処分に等しい本件諭旨退職処分のような重い懲戒処分を行うことは，その対応に一貫性を欠くものといわざるを得ない。」

3 「本件各事件以降期間の経過とともに職場における秩序は徐々に回復したことがうかがえ，少なくとも本件諭旨退職処分がされた時点においては，企業秩序維持の観点からXらに対し懲戒解雇処分ないし諭旨退職処分のような重い懲戒処分を行うことを必要とするような状況にはなかったものということができる。」

4 「以上の諸点にかんがみると，本件各事件から7年以上経過した後にされた本件諭旨退職処分は，原審が事実を確定していない本件各事件以外の懲戒解雇事由についてY社が主張するとおりの事実が存在すると仮定しても，処分時点において企業秩序維持の観点からそのような重い懲戒処分を必要とする客観的に合理的な理由を欠くものといわざるを得ず，社会通念上相当なものとして是認することはできない。そうすると，本件諭旨退職処分は権利の濫用として無効というべきであり，本件諭旨退職処分による懲戒解雇はその効力を生じな

いというべきである。」

【問題の所在】
　企業秩序を具体的に侵害する労働者の非違行為は，懲戒処分の対象となる。しかし，労働者の非違行為が，懲戒処分の対象とされると同時に，国家秩序に反する行為として刑事罰の対象になることもある。使用者の懲戒処分と国家の刑罰権の行使はもちろん別個のものであるが，当該行為に関する刑事捜査の結果が判明するまで懲戒処分の行使が留保されることがあり，こうしたケースでは，起訴・不起訴処分の結果と懲戒処分の行使が，いかなる関係に立つのかという点が問われる。懲戒処分の行使を控えたことによる期間の経過が，懲戒処分の効力にいかなる影響を及ぼすのかという点も問題となる。本判決は，これらの問題について初めて詳細な検討を行ったものである。

【判決のポイント】
1　懲戒権の法的根拠と要件
　本判決は，まず，懲戒権の法的根拠・要件について，**懲戒権の行使は労働契約関係に基づく使用者の権能として行われるものであるが，懲戒事由に該当する事実が存在したとしても，具体的事情の下において客観的合理的理由を欠き，社会通念上相当なものとして是認することができない場合には，権利の濫用として無効になる**と説示する。使用者の懲戒権の根拠が労働契約に内在するものであるのかどうかについては従来から議論があり，「労働契約関係に基づく使用者の権能」という判示の意味は必ずしも明確ではないが（ただし，フジ興産事件最判（☞**066**事件）では，懲戒権の行使に就業規則上の根拠が必要であるとされている），本判決は，使用者の懲戒権の行使について，①懲戒事由に該当すること，②具体的事情の下において権利濫用にならないこと，この2つの審査を行うことを明らかにした。本判決の示した判断枠組みは，平成19年制定の労働契約法において明文化されている（労契15条）。

2　懲戒権行使の長期間にわたる留保
　本判決は，捜査の結果を待って処分を行うために長期間懲戒権の行使を留保したとするY社の主張に対して，（1）本件懲戒事由となった暴行事件につい

て被害者以外にも目撃者が存在したのであるから捜査の結果を待つ必要性が低いこと，（２）捜査の結果を待った以上，不起訴処分という捜査の結果を踏まえて懲戒解雇処分という重い処分を行わないのが通常の対応であること，（３）本件各事件以降期間の経過とともに職場における秩序が徐々に回復したといえることからみて，Y社の懲戒解雇処分が権利濫用に当たると説示する。（１）事実関係が明らかである場合には，懲戒権の行使を留保する合理性理由がないこと，（２）捜査の結果を踏まえて懲戒処分を行うこととした場合には，捜査の結果と懲戒処分との間に整合性が存在しなければならないこと，（３）時間の経過とともに企業秩序が回復したこと，これらの３つの事情を勘案して，本判決は懲戒処分の効力を否定したのである。

（１）　捜査の結果を待つ合理性について

事実関係が明らかである場合には捜査の結果を待つ合理性に乏しい，とする本判決の説示の射程は明らかではないが，その背景には，事実関係が明らかであれば，使用者は，国家の刑罰権とは区別される懲戒権を捜査の結果とは関係なく行使できるという点があると考えられよう。そのため，事実関係が判然としない状況において捜査の結果を待つという使用者の選択が上記説示によって否定されたとは解されない。そもそも，使用者には，事実関係の捜査権限が与えられていないからである。

（２）　捜査の結果と懲戒処分の整合性

一方，本判決は，捜査の結果を待った以上，捜査の結果と懲戒処分の程度の整合性を図ることを使用者に求める。不起訴処分となったにもかかわらず実質的には懲戒解雇に等しい諭旨退職処分を行うことは，その対応に一貫性を欠くというのである。この点については，事実関係が明らかであるにもかかわらず捜査の結果を待った場合には，捜査の結果と懲戒処分の整合性を図ることが使用者の意思であるという見方もできよう。

（３）　時間の経過による企業秩序の回復

本判決が本件懲戒解雇を権利濫用とした３つ目の理由は，時間の経過にともなって企業秩序が徐々に回復したことである。ただ，時間の経過に基づく企業秩序の回復については，具体的な事案に応じて相対的に判断されるべきものでもある。たとえば，捜査機関による事実関係の解明を待つために懲戒権が留保

された場合に，時間の経過自体によって企業秩序が徐々に回復し，これにより使用者の懲戒権行使が否定されるとは解されない。また，事実関係は明らかであるが起訴処分か不起訴処分かを見定めるために懲戒権が留保された場合にも，時間の経過によって企業秩序が徐々に回復するとみることもできない。その意味で，本判決の説示は，合理的な理由がないなかで長期間にわたって懲戒権を留保したという場合に限定されるといえよう。

　　　　　　　　　　　　　　　　　　　　　　　　（石田　信平）

第13章　労働災害の補償

（1）過労による脳・心臓疾患の業務起因性

073　横浜南労基署長（東京海上横浜支店）事件
最一小判平成12・7・17　労判785号143頁・判時1723号132頁

【事案の概要】

1　銀行の支店長付き運転手であるX（当時54歳）は，昭和59年5月11日早朝，支店長を迎えに行くために自動車を運転していたところ，くも膜下出血を発症した。

2　Xの業務は，支店長の乗車する自動車の運転という性質上，精神的緊張を伴ううえに，支店長の業務の都合に合わせて行われる不規則なものであり，拘束時間も早朝から深夜にまで長時間に及んでいた。とくに，前記くも膜下出血を発症する前の約半年間の業務については，1日の平均時間外労働（深夜労働を含む）が7時間を上回っており，1日の平均走行距離もかなり長かった。発症前の4月下旬から5月初旬にかけて，断続的に6日間の休みがあったものの，発症前日は，午後11時ごろまで車の修理を行い，わずか3時間30分程度の睡眠の後，午前5時ごろには当日の業務を開始した。

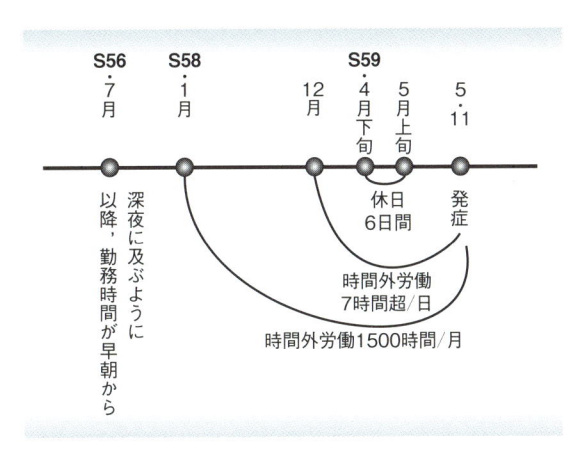

3　他方で，Xは，くも膜下出血を引き起こしうる疾患（脳動脈りゅう）をもと

もと有していた蓋然性が高く、また高血圧症も進行していた。ただし、血圧は正常と高血圧との境界領域にあり、治療を要しない程度のものであった。なお、Xには、健康に悪影響を及ぼすような嗜好（飲酒、喫煙等）はなかった。

4 Xは、前記くも膜下出血のため休業し、Y（横浜南労基署長）に対して休業補償の請求を行ったが、同疾病が業務上疾病とは認められないとして不支給とされたことから、その取消を求めた。1審判決が、Xの発症したくも膜下出血は業務上の疾病に当たるとしてXの請求を認めたのに対して、原審は、業務に起因するものとは認められないとして、1審判決を取消したため、Xが上告した。最高裁は、以下のように、Xのくも膜下出血の発症が業務上の疾病に当たるとして、原判決を破棄し、Yの控訴を棄却した。

【判旨】

「Xの基礎疾患の内容、程度、Xが本件くも膜下出血発症前に従事していた業務の内容、態様、遂行状況等に加えて、脳動脈りゅうの血管病変は慢性の高血圧症、動脈硬化により増悪するものと考えられており、慢性の疲労や過度のストレスの持続が慢性の高血圧症、動脈硬化の原因の一つとなり得るものであることを併せ考えれば、Xの右基礎疾患が右発症当時その自然の経過によって一過性の血圧上昇があれば直ちに破裂を来す程度にまで増悪していたとみることは困難というべきであり、他に確たる増悪要因を見いだせない本件においては、Xが右発症前に従事した業務による過重な精神的、身体的負荷がXの右基礎疾患をその自然の経過を越えて増悪させ、右発症に至ったものとみるのが相当であって、その間に相当因果関係の存在を肯定することができる。したがって、Xの発症した本件くも膜下出血は労働基準法施行規則35条、別表第1号の2第9号にいう『その他業務に起因することの明らかな疾病』に該当するというべきである。」

【問題の所在】

一般に職業病は、その発症と業務との因果関係を立証することが難しい。というのも、時間的・場所的に発生の特定が容易な災害等を介する災害性の傷病等（負傷および事故等に起因して発生する疾病）と異なり、発症までの期間に様々な

原因が複合的に影響しあうことが多いためである。こうした事情を考慮して，労働基準法施行規則別表1の2は，一定の疾病に関して，当該疾病と業務等の状況を列挙したうえで，その業務との因果関係を推定する仕組みをとっている。もっとも，労働者災害補償保険法（以下，「労災保険法」）の対象となるのは，こうした疾病に限られない。別表1の2第9号にいう「その他業務に起因することが明らかな疾病」もまた，業務上のものと認められる。ただし，第9号の疾病については，原則に戻って，因果関係の立証が必要になる。このような疾病として近年問題になってきたのが，脳・心臓疾患であった。本判決は，当時の行政解釈では扱いが明らかでなかった慢性的疲労の蓄積を，脳・心臓疾患の業務上認定においてどのように評価するかについて重要な判断を示している。

【本判決のポイント】

1　脳・心臓疾患の業務上認定と慢性的疲労の蓄積

本件で問題となった労災保険法の休業補償給付は，「労働者が業務上負傷し，又は疾病にかかつた場合」に支給される（労災保険法12条の8第2項，労基76条1項・75条）。負傷や疾病が「業務上」のものであるとは，業務が原因となったということである。つまり，業務と傷病との間に，一定の因果関係が要求される。この因果関係のことを相当因果関係または業務起因性という。

ただし，脳・心臓疾患の業務上認定の判断には難しい問題がある（本件当時労働基準法施行規則別表1の2第9号にいう「その他業務に起因することが明らかな疾病」に該当するか否かの問題であったが，現在では別表が改正され第8号該当性の問題となる）。というのも，脳・心臓疾患は，複数の原因（例えば，過重労働や長時間労働等による疲労・ストレス，加齢，高血圧などの素因・基礎疾患，喫煙・禁煙の習慣，食生活，気候条件等）が長期間にわたり複合的に関係して発症することが多く，そのメカニズムが必ずしも明らかでないためである。

こうした業務上認定の判断の難しさもあり，脳・心臓疾患については，行政により一定の基準が示されている。本件事件当時の脳・心臓疾患に関する認定基準（平成7・2・1基発30号，平成8・1・22基発30号，以下「7年基準」）によれば，脳・心臓疾患が業務上のものと認められるには，次の2つの要件を満たすことが必要であった。つまり，①（1）業務に関連する異常な出来事に遭遇したこ

と，または，(2) 日常業務に比較して特に過重な業務に就労したことにより，業務による明らかな過重負荷を発症前に受けたこと，および，②過重負荷を受けてから症状の出現までの時間的経過が医学上妥当なものであること（原則として，発症当日・前日あるいは1週間以内の過重負荷を中心にみる），である。このように，7年基準は，発症前の比較的短期間を過重負荷の評価期間として重視するものだったといえる。

　これに対して，本件の場合は，このような短期間の過重負荷だけでなく，慢性的な疲労の蓄積やストレスの持続が問題となった。この点について，本判決は，「慢性の疲労や過度のストレスの持続が慢性の高血圧症，動脈硬化の原因の一つとなり得る」として，**相当長期間（本件の場合，本件くも膜下出血発症までの約1年5か月間，とりわけ発症前6か月間を検討）の慢性疲労や過度のストレスの持続が認められる場合にも，脳・心臓疾患を業務上のものと肯定しうるとした**（なお，本判決を受けて，脳・心臓疾患の業務上認定に関する新認定基準（平成13・12・12基発1063号）が作成された）。

2　原因の競合

　本件くも膜下出血の発症の原因としては，過重業務のほかに，労働者A自身の基礎疾患（脳動脈りゅう）が考えられる事案であった。

　このような原因の競合をどのように評価するかについては，相対的有力原因説（業務が傷病等を引き起こした原因のうちで相対的に有力なものでなければならない）と共働原因説（業務が相対的に有力な原因であったことまでは必要なく，他の原因と共働で傷病等を発生させたと認められれば足りる）との対立がある。もっとも，様々な原因の寄与の度合いを割合的に把握することが事実上困難である以上，相対的に有力であることを重視するか否かの点は，実際の判断で生かせないことも多い。このため，具体的な判断の場面では，いずれの説に依っても大差ないとの考え方もある。そのためか，これまでの最高裁判決では，相対的有力原因説または共働原因説といった一般論を説示したものはない。

　この点，本判決もまた，**いずれの説をとるかにつき触れることなく，業務が労働者の基礎疾患をその自然の経過を越えて増悪させ，発症にいたらせたとみるのが相当かどうかによって，相当因果関係の有無を判断する**としている。本件では，(1) Xの運転業務の労働密度は低くないうえ，発症の半年前から1日平均の

時間外労働が7時間を上回り，慢性的な疲労をもたらしていたこと，および，（2）発症前日から当日にかけての業務がXにかなりの精神的・身体的負担を与えたと考えられるのに対し，（3）Xの基礎疾患は一過性の血圧上昇があれば直ちに破裂を来す程度にまで増悪していたとはみられないことから，Xの業務以外に確たる増悪要因を見いだせないとして，業務と本件くも膜下出血発症との相当因果関係を肯定した。

(中益　陽子)

（2）過労自殺と安全配慮義務

074　電通事件
最二小判平成12・3・24　民集54巻3号1155頁・労判779号13頁

【事案の概要】

1　Aは，大学卒業後の平成2年4月，大手広告代理店であるY社に入社し，同年6月からラジオ関係部署に配属された。同部署は，長時間の残業が常態化

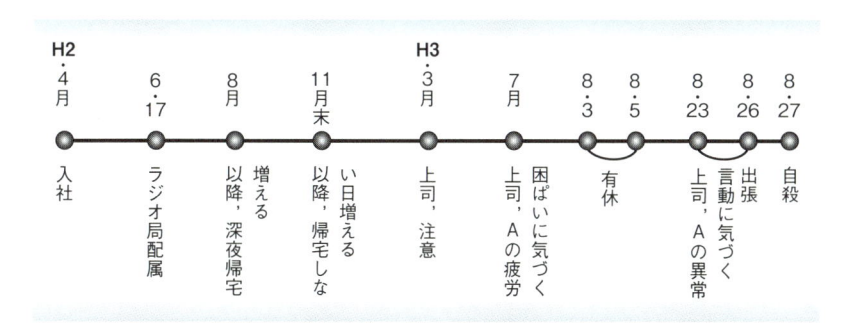

H2.4月	6.17	8月	11月末	H3.3月	7月	8.3	8.5	8.23	8.26	8.27
入社	ラジオ局配属	増える以降・深夜帰宅	い日増える以降・帰宅しな	上司・注意	困ぱいに気づく上司，Aの疲労	有休		上司，Aの異常	出張言動に気づく	自殺

しており，さらにそれが悪化する傾向にあった。Aの残業時間は36協定の上限を超え，深夜の帰宅が日常化し，徹夜をすることも少なくなかった。Aの上司らは，このようなAの状況を認識していたが，帰宅してきちんと睡眠をとり，それで業務が終らないのであれば翌朝早く出勤して行うようにと，平成3年3

月ごろに指導しただけであった。Aは，同年7月には，業務の遂行とそれによる睡眠不足の結果，心身ともに疲労困ぱいの状態となり，遅くとも同年8月上旬ごろうつ病に罹患した。Aの上司は，Aの健康状態やうつ病によるとみられる異常言動にも気付いていた。Aは，同月27日午前6時ごろ，出張から帰宅した後，自宅の風呂場で自殺した。Aと同居していた父母のX_1・X_2は，Y社に対して，不法行為または安全配慮義務違反を理由に，2億2,200万円の損害賠償を求めて訴えを提起した。

2 1審は，Aの上司が，Aの労働時間軽減の具体的措置を取らなかったことにつき過失があるとして，約1億2,600万円の賠償をY社に命じたのに対し，原審は，損害額の算定につき，A側の事情（Aにうつ病親和性ないし病前性格があったこと，Aと同居するX_1らがAの自殺等を予見しえたこと等）も考慮すべきとして，弁護士費用以外の損害額のうち7割（約8,900万円）の限度でX_1らの不法行為に基づく請求を認容した。これに対して，X_1ら，Y社ともに上告。本判決は，以下のとおり判示して，X_1らの敗訴部分につき原判決を破棄差戻しとした。

【判旨】

1 労働基準法が労働時間に関する制限を定め，また，労働安全衛生法が事業者に対し労働者の健康に配慮して労働者の従事する作業を適切に管理するように努めるべき旨を定めていること等からすれば，「使用者は，その雇用する労働者に従事させる業務を定めてこれを管理するに際し，業務の遂行に伴う疲労や心理的負担等が過度に蓄積して労働者の心身の健康を損なうことがないよう注意する義務を負うと解するのが相当であり，使用者に代わって労働者に対し業務上の指揮監督を行う権限を有する者は，使用者の右注意義務の内容に従って，その権限を行使すべきである。」

2 Aの性格等を理由とする減額について，「企業等に雇用される労働者の性格が多様のものであることはいうまでもないところ，ある業務に従事する特定の労働者の性格が同種の業務に従事する労働者の個性の多様さとして通常想定される範囲を外れるものでない限り，その性格及びこれに基づく業務遂行の態様等が業務の過重負担に起因して当該労働者に生じた損害の発生又は拡大に寄与したとしても，そのような事態は使用者として予想すべきものということが

できる。しかも，使用者又はこれに代わって労働者に対し業務上の指揮監督を行う者は，各労働者がその従事すべき義務に適するか否かを判断して，その配置先，遂行すべき業務の内容等を定めるのであり，その際に，各労働者の性格をも考慮することができるのである。したがって，労働者の性格が前記の範囲を外れるものでない場合には，裁判所は，業務の負担が過重であることを原因とする損害賠償請求において使用者の賠償すべき額を決定するに当たり，その性格及びこれに基づく業務遂行の様態等を，心因的要因としてしんしゃくすることはできないというべきである。」

【問題の所在】

本判決は，過労自殺に関する初の最高裁判決として，非常に注目を集めた。①過労自殺のようなケースにおいて，使用者が労働者の心身の安全に関していかなる義務を負っていたと解されるか，②この使用者の義務違反と精神疾患の発症や過労自殺との因果関係をどのように考えるか，③自殺者の心因的要因が損害賠償額の減額理由となるか，などの点につき重要な判断を示している。

【本判決のポイント】

1 労災民事訴訟と安全配慮義務

使用者が労働者の心身の安全に関して負う義務については，本判決前にすでに，公務員の事故について争われた自衛隊車両整備工場事件（最三小判昭和50・2・25民集29巻2号143頁☞参考判例 **075** 事件）を契機として，いわゆる「安全配慮義務」に関する判例法理が確立していた。本判決は，この安全配慮義務類似の義務を，不法行為上（民715条）の注意義務として認め，使用者に課した点に1つの特徴がある。

もともと，労働に関連して損害を被った場合の使用者に対する損害賠償請求の方法としては，不法行為責任の追及によるのが常であった。しかしながら，この場合，原告たる労働者・遺族は，使用者の故意・過失を証明する必要がある。この証明にはしばしば困難が伴うため，立証負担緩和の観点から，債務不履行責任の追及が試みられるようになった。というのも，債務不履行構成であれば，「責めに帰すべき事由」のないことを，債務者たる使用者が証明する責

任を負うと考えられたためである。

　この安全配慮義務をいち早く認めたのが前掲，自衛隊車両整備工場事件であった。最高裁によれば，安全配慮義務は，「ある法律関係に基づいて特別な社会的接触の関係に入った当事者間において，当該法律関係の付随義務として…信義則上負う義務」であり，この点が，債務不履行として扱う根拠となっている。こうした安全配慮義務の法理は，後に，私企業の雇用関係や在学関係，売買契約などでも確認され，労働契約に関しては法律で明文化されるに至っている（労契5条）。安全配慮義務の内容は，その適用領域が広範に及ぶためごく抽象的になるが，相手方の生命・健康等の安全を配慮すべき義務，ということになろう。

2　債務不履行構成と不法行為構成

　安全配慮義務の一般的内容は，上記の通り，判例や法律で明らかにされているものの，その具体的内容は，労働者の職種や地位，安全配慮義務が問題となる具体的状況によって異なる（川義事件・最三小判昭和59・4・10民集38巻6号557頁）。この点，行為債務である安全配慮義務は，引渡債務と異なり，雇用契約から直接に「債務の本旨」を確定できる場合が少ないことに注意が必要である。その一方で，原告たる労働者・遺族は，使用者が具体的にどのような債務を負うのかを明らかにする必要があるため（最二小判昭和56・2・16民集35巻1号56頁），債務不履行責任の追及においても，労働者・遺族が重い立証責任を負うことには変わりがない。

　また，契約から直接に安全配慮義務の内容を導きづらい以上，その内容の特定は，関連する法令の内容（労働安全衛生法や労働基準法等の義務）や生命・身体等に対する危険の度合い等を手がかりに，規範的に行っていくことになる。このようなプロセスは，不法行為の判断過程に近いといわれている。これは，本判決前の下級審判例においてすでに説示されていた安全配慮義務の内容が，債務不履行構成ではなく不法行為構成を採用した本判決において，使用者に課された注意義務の内容に類似していることからもうかがえよう。

　このほか，債務不履行責任による損害賠償請求は，時効の点（☞参考判例**075**事件。民167条と724条を比較せよ）では明らかに利点があるものの，遅延損害金（債務不履行では請求によって初めて遅滞に陥るのに対し，不法行為では損害の発生と同

時かつ催告なくして遅滞に陥る）など，不法行為よりも不利な点もある。このように，時効の点を除けば，債務不履行構成がとくに有利ともいえないとの理解が，現在では一般的である。

3　過労自殺と安全配慮義務

上記の通り，本判決は，安全配慮義務類似の注意義務を使用者に課している。つまり，**使用者は，その雇用する労働者に従事させる業務を定めてこれを管理するに際し，業務の遂行に伴う疲労や心理的負担等が過度に蓄積して労働者の心身の健康を損なうことがないよう注意する義務を負う**とし，具体的には，Y社の代理監督者が，Aの業務上の負担を軽減させる措置を取るべきだったとした。注意義務の具体的内容がこのようなものだとすると，注意義務違反とAの自殺との間の因果関係の問題は，Aが遂行していた業務（Y社によって軽減されなかった業務上の負担）がAの自殺を招来したかどうかということと同視できる。

この業務とうつ病発症や過労自殺との因果関係を認めうるかについては，Aの死亡当時，かなりの困難があるとみられた。というのも，とくにうつ病の発症のメカニズムが必ずしも明らかでなく，労働者の性格等が主たる原因との考えも根強かったためである。

この点，本判決は，長時間労働が労働者の心身の健康を害しやすく，また，うつ病に罹患した者が健康な者と比較して自殺を図ることが多い等の知見を採用して，最高裁としては初めて，業務とうつ病との因果関係，そしてうつ病と自殺との因果関係を肯定した原判決の判断を正当とした。

4　被害者の性格等を理由とする損害賠償額の減額

一方，被害者の性格等については，民法722条2項の類推適用により一定の限度で斟酌しうるとしながらも，**労働者の性格が前記の範囲を外れるものでない場合には，裁判所は，業務の負担が過重であることを原因とする損害賠償請求において使用者の賠償すべき額を決定するに当たり，その性格およびこれに基づく業務遂行の様態等を，心因的要因としてしんしゃくすることはできない**として，本件ではAの性格を斟酌することを認めなかった。Aの性格が労働者の個性として通常想定される範囲を超えないということに加えて，使用者が労働者の性格を考慮して配置等をなしうることも理由とされている。つまり，この程度の労働者の性格は，使用者が予想でき，また，業務上コントロールもできる問題である

から，損害を公平に分担させるという損害賠償法の理念に照らせば，使用者側が負担すべきリスクと評価されたといえよう。

(中益　陽子)

参考判例

075 自衛隊八戸車両整備工場事件
最三小判昭和50・2・25　民集29巻2号143頁・判時767号11頁

【事案の概要】

1 自衛隊員であったAは，昭和40年7月13日，隊内の車両整備工場で車両整備中に，訴外Bが運転する大型自動車に轢かれて死亡した。Aの父母であるX_1，X_2は，国家公務員災害補償法15条による補償金約80万円を受領したものの，Y（国）に対して損害賠償請求ができることは知らなかった。その約4年後，Yに対する損害賠償請求が可能なことを知ったX_1らは，Yを相手取って，自動車損害賠償保障法3条に基づき，Aの逸失利益相当額および慰謝料を損害賠償として請求する訴えを提起した。

2 1審は，本件訴訟提起時にはすでに，不法行為に基づく損害賠償請求権が3年の消滅時効により消滅している（自賠法4条，民724条）として，X_1らの請求を棄却した。そこで，X_1らは，Yが，使用者として自衛隊員の生命に危険が生じないよう注意する義務等を負っており，その債務不履行による損害賠償責任があるとの主張等を付加して控訴した。しかし，原審は，AとYとの関係が特別権力関係であることを理由に，X_1の訴えを退けて控訴を棄却したため，X_1らが上告した。最高裁は，以下のように判示して，原判決を破棄し，原審に差し戻した。

【判旨】

「国は，公務員に対し，国が公務遂行のために設置すべき場所，施設もしく

は器具等の設置管理又は公務員が国もしくは上司の指示のもとに遂行する公務の管理にあたつて、公務員の生命及び健康等を危険から保護するよう配慮すべき義務（以下『安全配慮義務』という。）を負つているものと解すべきである。もとより、右の安全配慮義務の具体的内容は、公務員の職種、地位及び安全配慮義務が問題となる当該具体的状況等によって異なるべきもの」である。

「安全配慮義務は、ある法律関係に基づいて特別な社会的接触の関係に入った当事者間において、当該法律関係の付随義務として当事者の一方又は双方が相手方に対して信義則上負う義務として一般的に認められるべきものであつて、国と公務員との間においても別個に解すべき論拠はな」い。

（中益　陽子）

（3）下請労働者の労働災害

076　大石塗装・鹿島建設事件
福岡高判昭和51・7・14　民集34巻7号906頁・労旬943号69頁

【事案の概要】

1　Aは、訴外B社工事現場において、地上31mの鉄骨塗装作業に従事中、地上に墜落し死亡した。Aの父母であるX_1およびX_2、ならびに、Aの弟妹であるX_3〜X_7は、Aを雇用していたY_1社、および鉄骨塗装業工事をY_1に下請けしていたY_2社に対して、Aの死亡に関し、債務不履行または不法行為に基づく損害賠償を請求した。

```
                  請負契約
Y_2（注文者）──────── Y_1（請負人・Aの使用者）
                                │雇用契約
                                │
                          A（Y_1の労働者）
```

2　1審は、Y_1については雇用契約の内容として、Y_2についてはY_1との下請契約の内容として、それぞれAに対して「安全保証義務」を負うことを認めた。ただし、Aが命綱を自ら外していたと推知されることから、Aの墜落は、もっぱら禁止行為を無視したAの過失によるものとし

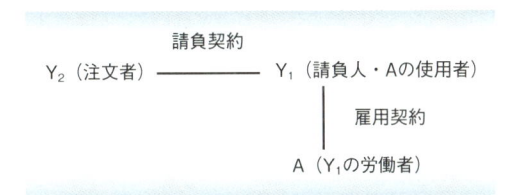

て，Y_1およびY_2の債務不履行責任および不法行為責任を否定し，X_1〜X_7の請求を棄却したため，X_1らが控訴した。福岡高裁は，下記のとおり述べて，X_1およびX_2の請求を一部認容した。

【判旨】

「使用者の前記安全保証義務は独り雇傭契約にのみ存するものではなく，仮令それが部分的にせよ事実上雇傭契約に類似する使用従属の関係が存する場合，即ち労働者が，法形式としては請負人（下請負人）と雇傭契約を締結したにすぎず，注文者（元請負人）とは直接の雇傭契約を締結したものではないとしても，注文者，請負人間の請負契約を媒介として事実上，注文者から，作業につき，場所，設備，器具類の提供を受け，且つ注文者から直接指揮命令を受け，請負人が組織的，外形的に注文者の一部分の如き密接な関係を有し，請負人の工事実施については両社が共同してその安全管理に当り，請負人の労働者の安全確保のためには，注文者の協力並びに指揮監督が不可欠と考えられ，実質上請負人の被用者たる労働者と注文者との間に，使用者，被使用者の関係と同視できるような経済的，社会的関係が認められる場合には注文者は請負人の被用者たる労働者に対しても請負人の雇傭契約上の安全保証義務と同一内容の義務を負担するものと考えるのが相当である。」

【問題の所在】

使用者の債務不履行責任を追及するためのものとして発展してきた安全配慮義務の法理は，その適用に当たり債権債務関係が存在することを前提としている。これに対して，注文者（元請企業）と請負人（下請企業）の労働者との間には，雇用関係や契約関係がない。したがって，形式的に見れば，安全配慮義務違反のような債務不履行責任を問うことはできないはずである。しかしながら，実態として，注文者が，請負人の労働者を自らの労働者のように使用している場合がある。このようなときに，注文者が請負人の労働者に対して，安全配慮義務を負う余地があるのかどうかが問題となったのが本判決である。

【本判決のポイント】

1　労働者に対する請負人の安全配慮義務

　最高裁は，国が公務員の心身の安全に対していかなる義務を負うかについて争われた自衛隊車両整備工場事件（最三小判昭和50・2・25民集29巻2号143頁☞参考判例 **075**）において，安全配慮義務を，「ある法律関係に基づいて特別な社会的接触の関係に入った当事者間」に生じるものと解している。こうした一般的な内容を与えられたことから，安全配慮義務は，公務員の労働関係にとどまらず，私企業の労働関係，そして在学関係のような労働関係以外の領域でも，幅広く認められてきた。本判決は，注文者と請負人の労働者との関係についても，安全配慮義務（本判決では「安全保証義務」と呼ばれる）と同一内容の義務を認めうるとした点が注目される。

　この点，使用者と労働者という単純な二者構造の雇用関係の場合と比べて，請負関係における安全配慮義務の問題が特殊なのは，労働者の使用者のみならず，使用者以外の第三者が労働者に対して安全配慮義務を負うかが問題になるという点である。請負に関する法律関係をみると（前掲図を参照），①請負人とその労働者との間には雇用契約が存在し，また，②請負人と注文者との間には請負契約が存在するのに対し，③注文者と請負人の労働者との間には，基本的には雇用関係や契約関係がないというのが一般的な考え方である。

　この場合，①の雇用契約の当事者間で，使用者がその労働者に対して安全配慮義務を負うことは，最高裁でも確認されている（川義事件・最三小判昭和59・4・10民集38巻6号557頁）。本判決でも，労働者が使用者の指定する場所において，その提供する設備，機械，器具等を用いて稼働する場合，これら設備等から生ずる労働災害全般を防止し，労働者を完全に就労せしむべき安全保証義務を負うとして，使用者たる請負人が，その労働者に対して安全配慮義務を負うことを認めている。

2　労働者に対する注文者の安全配慮義務

　これに対して，③の注文者と請負人の労働者との間には，前述の通り，雇用関係や契約関係がない。注文者は，請負人の労働者ではなく，請負人とだけ契約を締結しているのであるから，原則としては，契約の相手方である請負人に対して，締結した請負契約に基づいた義務のみを負うはずである（債権の相対

性)。また，請負人の労働者やその遺族としては，注文者に対し，労災が生じたことに関して不法行為責任の追及が可能である。時効以外の点で債務不履行構成と不法行為構成の差があまりないと考えられることからすれば（☞**074**事件の解説参照），注文者との関係であえて安全配慮義務を認める必要はないとの立論もありえないではない。

しかしながら，本判決は，**注文者もまた，請負人の労働者に対して，請負人の労働者と注文者との間に，雇用関係と同視できるような経済的，社会的関係が実質的に認められる場合，安全配慮義務を負うことがある**とする。

具体的には，（1）注文者と請負人間の請負契約を媒介として，労働者が注文者から作業に関する場所や設備，器具類の事実上の提供と直接的な指揮監督を受けていること，（2）請負人が組織的・外形的に注文者の一部門のような密接な関係を有しており，請負人の工事実施について注文者と共同してその安全管理に当たっていること，（3）請負人の労働者の安全確保のために，注文者の協力や指揮監督が不可欠と考えられること，などの事情によって，注文者が請負人の労働者との関係で安全配慮義務と同一内容の義務を負うかどうかを判断する。つまり，注文者は，請負人の労働者に対して債務を負わないのが原則ではあるが，注文者と請負人の労働者との関係が，雇用関係のような実質をもつ場合に限り，自衛隊車両整備工場事件の最高裁がいう「特別な社会的接触の関係」にあると評価され，安全配慮義務と同一内容の義務を負う，と解すことになろう。このような場合には，相手方の心身につきその安全に配慮ないしこれを保証すべきことに関して，雇用関係と別に解する必要はない，との趣旨と考えられる。

本判決の論旨は，最高裁でも確認されている（三菱重工事件・最一小判平成3・4・11判時1319号3頁。なお，本判決の上告審である最一小判昭和55・12・18民集34巻7号888頁では，安全保証義務ないし安全配慮義務の存否につきY側の上告がなかったため争点となっていない）。ただし，最高裁が考慮したのは，上記（1）から（3）のうち，とくに（1）に相当する事情である。つまり，請負人の労働者が注文者の管理する設備や工具等を用い，事実上注文者の指揮監督を受けて稼働し，作業内容も注文者の労働者とほとんど同じであった点をとくに斟酌して，注文者と請負人の労働者との間に「特別な社会的接触の関係」があったとしている。

なお，注文者と請負人の労働者との関係の実質が，客観的にみて労働契約法の適用を受けるべきものと評価されるときには，注文者の安全配慮義務は，同法5条を根拠にすることになる。労働契約法上の「労働者」は，労基法上の「労働者」の概念と基本的に同義と解されるので，注文者との関係で，請負人の労働者に「使用」性と「賃金」性（労基9条）の2点が認められるか否かによって，当該労働者に対する注文者の安全配慮義務の存否を判断することになろう。

(中益　陽子)

（4）労働災害保険と損害賠償の調整

077　東都観光バス事件
最三小判昭和58・4・19　民集37巻3号888頁・労判413号67頁

【事案の概要】

1　Y社にバスの運転手として雇われていたXは，昭和47年10月22日，Yの従業員であるAの運転するバスを誘導しようとした際に，Aの過失により足を轢かれ負傷した。Xは病院にて治療を受けたが，障害等級第14級に該当する後遺症が残った。バスの運転には別段の支障がなかったため，Xは，昭和48年6月からYに復職したが，その後，昭和49年9月にYを退職し，B社での運転手兼

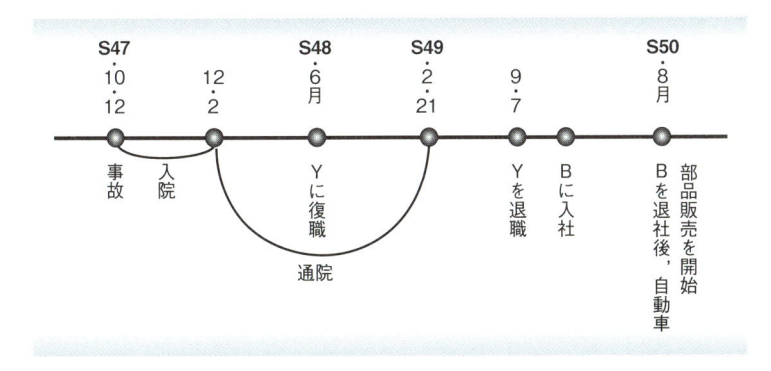

S47		S48	S49			S50
10・12	12・2	6月	2・21	9・7		8月
事故	入院	Yに復職	通院	Yを退職	Bに入社	Bを退社後，自動車部品販売を開始

業務係を経て（足関節の激痛のため退職），昭和50年8月に自動車部品販売業を開始している。

2 Xは，前記負傷に関連して，①労災保険から後遺症に対して障害一時金14万100円，②休業補償金33万9,600円，③Yの共済会から休業補償金15万8,815円，④YからXの復職前の賞与として10万2,000円，⑤Yからの見舞金5万円，⑥Aからの見舞金7万円を受領した。

3 Xは，昭和50年1月に，Yを相手に，不法行為に基づき①後遺症による逸失利益（394万8,000円），事故による慰謝料（160万円）および弁護士費用（37万円）から労災保険による障害者補償一時金を控除した額の賠償を求めて訴えを提起した。1審は，Yの使用者責任を認め，補塡されるべき損害として，慰謝料200万円（後遺症による稼働能力への影響も考慮）と弁護士費用から，Xが受領した⑥Aの見舞金を控除し，合計212万円の支払を命じた。これに対し，原審もまた，Yの使用者責任を肯定したが，同時にYからの過失相殺の主張も認めて，慰謝料200万円を160万円に減じ，ここからさらにXが受領した給付等で休業損害（付添費用を含む）に充てられた分（②，③，④，⑤）のうち過失割合に当たる20％分と，①と⑥とを，損害からの塡補分として控除したうえで，弁護士費用（18万円）を加えた額のみ（約144万円）を損害として認めたため，Xが上告した。最高裁は，次のように述べ，Xの敗訴部分につき原判決を破棄差戻しとした。

【判旨】

「労働者に対する災害補償は，労働者の被つた財産上の損害の塡補のためにのみされるものであつて，精神上の損害の塡補の目的をも含むものではないから（最高裁昭和35年(オ)第381号同37年4月26日第一小法廷判決・民集16巻4号975頁，同昭和38年(オ)第1035号同41年12月1日第一小法廷判決・民集20巻10号2017頁参照），前記上告人が受領した労災保険による障害補償一時金及び休業補償金のごときは上告人の財産上の損害の賠償請求権にのみ充てられるべき筋合のものであつて，上告人の慰藉料請求権には及ばないものというべきであり，従つて上告人が右各補償金を受領したからといつてその全部ないし一部を上告人の被つた精神上の損害を塡補すべきものとして認められた慰藉料から控除することは許されないというべきである。」

【問題の所在】

　労働者が労働災害に遭った場合，当該被災労働者やその遺族（以下，「被災労働者等」とする）は，労働基準法上の災害補償または労災保険法上の保険給付を請求することができる。他方で，当該労働災害に関して民法上の要件（不法行為や安全配慮義務違反等）を満たすときには，被災労働者等は，事故を発生させた加害者たる使用者または第三者に対して，損害賠償を請求することもできる。この場合，被災労働者等がもつ災害補償ないし労災保険給付請求権と，民法上の損害賠償請求権とが競合することになる。両請求権がいずれも，被災労働者等の損害を填補する機能を果たすことからすれば，被災労働者等の二重の損害填補を避けるために，これらの請求権をどのように調整すべきかという問題が生じる。

　本判決は，使用者行為災害（被災した労働者と労災保険関係にある使用者が損害賠償責任を負うべき災害）における労災保険法上の障害補償一時金・休業補償金と慰謝料との調整の関係について判示したものである。

【本判決のポイント】

1　労災保険給付と慰謝料

　使用者は，労働基準法の定める労災補償を行った場合，「同一の事由」については，補償をした価額の限度で民法上の損害賠償責任を免れるとされている（労基84条2項）。これに対して，労災保険法では，労基法84条2項に相当する規定が存在しなかったため（なお，年金に関しては，現在は労災保険法64条がある），労災保険法に基づいて保険給付が支給された場合に，使用者が被災労働者等に対して負う損害賠償責任がどうなるかが問題であった。最高裁は，この点に関して，労災保険法により労災保険給付がなされるべき場合は，使用者が労基法上の補償の責任を免れることから（労基84条1項），被災労働者等に労災保険給付が行われた場合にも，労基法84条2項を類推適用して，労働法上の災害補償が行われた場合と同様に，同一の事由につき民法上の損害賠償責任が減免されることを認めている（青木鉛鉄事件・最二小判昭和62・7・10民集41巻5号1202頁）。また，「同一の事由」とは，保険給付の対象となる損害と民法上の損害賠償の対象となる損害が，同性質のものを意味すると解されている（前掲・青木鉛鉄事件）。

この点，労災保険給付は，被災労働者の被った一定の財産的損害（主として，被災労働者等の逸失利益）を塡補する機能を果たすことから，逸失利益等と「同一の事由」の関係に立ち，相互の調整が必要となる。これに対して，労災保険給付には精神的損害（慰謝料）を慰謝する性質はないとの考え方が一般的である。そのため，**被災労働者等が労災保険給付を受領した場合であっても，使用者はなお，被災労働者等に対して精神的損害（慰謝料）を塡補すべきことになる**（労災保険法による遺族補償金と慰謝料との関係について，山崎鉱業所事件・最一小判昭和37・4・26民集16巻4号975頁）。

　本判決もまた，損害として認定された慰謝料額からすでに受領した労災保険の障害補償一時金および休業補償給付を控除することは許されないとして，これまでの最高裁と同様の立場を取った。

　本判決で問題となった労災保険給付のうち，障害補償一時金は，障害が残ったために労働能力が減少したことに対する補償としての性格を有する。また，休業補償金は，休業中に受けられなかった賃金の代わりとして，平均賃金の60％を支給するものである。一方，慰謝料については，その算定に際して障害を原因とする稼働能力の減少を考慮した場合には（例えば，本件1審判決は，Xの後遺症の程度が低いとして，後遺症を原因とする逸失利益を認めない代わりに，慰謝料算定の際に後遺症の存在を考慮要素とした），障害補償一時金との調整が問題となろうが，本判決は，慰謝料に関してそのような要素を考慮していない。このように，障害補償一時金や休業補償金を財産上の損害を塡補すべきものと捉え，慰謝料算定に当たり後遺症による労働能力の減少を考慮しない以上，慰謝料からこれらの労災保険給付を控除できないという結論は当然の帰結であろう。

2　一括請求との関係

　本判決の結論は，いわゆる一括請求ないし包括請求（財産的損害を含めた意味でする慰謝料請求）の場合には射程外と考えられる。これは，一括請求した場合には，慰謝料の中に逸失利益も含まれているため，そこからすでに受けた労災保険給付を控除しなければ，被災労働者等に対して二重の損害塡補がなされることになるためである（日本化学工業事件・東京地判昭和56・9・28判時1017号34頁等）。

（中益　陽子）

第14章 解雇

（1） 就業規則所定の解雇事由の意義

078 寿建築研究所事件
東京高判昭和53・6・20　労判309号50頁・判時902号114頁

【事実の概要】

1 Xは昭和46年10月にY社に雇用され，建築設計業務に従事していた。①昭和47年1月，残業命令をめぐって上司と口論となり，②同年6月20日頃と③26日にも，上司と口論するなどした。Y社は，①ないし③について，反抗的，非

S46.10	S47.1	S47.6	S47.7.1	S47.7–S48.1	S48.4.7
入社	上司と口論	上司と2度口論	第1次解雇	9回の団交 事務所内で暴行	第2次解雇

協力的で企業秩序を乱し，円滑な業務運営を妨げることを理由として，同年7月1日，Xに対し解雇する旨の意思表示をした（1次解雇）。Y社の就業規則30条では，解雇事由として「1　精神若しくは身体に障害があるとき，又は傷病のため勤務に堪えないとき。2　業務に誠意なく技能不良なるもの。3　会社の命令に反し，業務遂行上支障を生ずる行為をしたとき。」と定めていた。

2 Xは，合同労組であるA労組の組合員であり，昭和47年7月7日，A労組の支援のもとに，解雇撤回を求めて，Y社に団体交渉を申し入れ，同月14日と26日，8月2日に団交が行われたが，解決に至らず，同月7日，Xは，東京地裁に雇用契約上の地位の確認を求める本件仮処分を申請した。その後，昭和48年1月にかけて6回にわたり1次解雇撤回をめぐる団交が開かれたが，双方の主張は平行線に終始した。また，Xは，Y社の通告を無視して事務所内に立ち

入り，Y社の職制に対する暴行，業務妨害等の行為を繰り返したため，同年4月7日，Y社は，就業規則30条2号・3号に基づき，予備的に，同年5月7日をもってXを解雇する旨の意思表示をした（2次解雇）。

3 原審は，解雇理由①ないし③はいずれも首肯しがたいとして，1次解雇は無効としたものの，2次解雇は有効と判断した。控訴審は，次のとおり，原審の判断を維持した。

【判旨】
1 「当裁判所も，Xに対する1次解雇は無効であると判断する。」なお，Y社は，「就業規則を制定することによって自ら解雇権行使を就業規則所定の理由がある場合にのみ限定したものであり，したがって，そのいずれの場合にも該当しないことを理由としてなされた解雇は，たとえ民法627条等所定の解雇事由が存する場合においても，無効であると解すべきである。」
2 「Xの度重なるY社事務所への立入りと会社職制に対する数々の暴行，業務妨害等の行為は，Y社の就業規則30条3号所定の解雇理由……に該当するものといわざるを得ない。……それ故，予備的解雇は有効であ」る。

【問題の所在】
　労基法89条3号は，就業規則の絶対的必要記載事項として「退職に関する事項（解雇の事由を含む。）」を挙げており，使用者は，解雇事由を就業規則に定めなければならない。ここで，就業規則に列挙された解雇事由の記載は，例示列挙なのか，限定列挙なのかについて，学説・判例上，見解が分かれている。

【本判決のポイント】
1　限定列挙説
　限定列挙説によれば，使用者自らが，解雇事由を就業規則に列挙したものに限定したとされ，記載事項以外では，解雇ができない。本判決によれば，「解雇権行使を就業規則所定の理由がある場合にのみ限定した」として，就業規則の解雇事由がない場合には，そもそも解雇権が行使できないものと解される。また，右事由がない場合でも，解雇権の行使はできるが，「客観的に合理的な理由」（労

契16条）がないために，解雇が無効となるとも解釈できる。

2 例示列挙説

これに対して，例示列挙説は，就業規則所定の解雇事由に該当する事実が存在しなくても，客観的に合理的な理由があって解雇権の濫用にあたらない限り，解雇できるとされる（例えば，ナショナル・ウエストミンスター銀行（第3次）事件・東京地決平成12・1・21労判782号23頁など）。限定列挙説は，平成15年の労基法改正において旧18条の2（現労契16条）で解雇権濫用法理が明文化されると同時に，「解雇の事由」が就業規則の必要記載事項とされたこと（労基89条3号）と整合的である。しかし，解雇権濫用法理は労基法上の規定ではなくなり，労契法16条所定の「客観的に合理的理由」がある場合には解雇（権の行使）が認められていると解することも可能であり，解雇権自体を縛る意味での限定列挙ではないとの解釈も成り立ちうる。

実務上は，就業規則上，いくつかの解雇事由が列挙された後，「その他前各号に掲げる事由に準ずる事由」といった包括条項を置くのが通例であり，いずれの説に立っても大きな差はないといわれる。

3 特段の事由

そもそも常時10人未満の労働者しか使用しない場合，使用者には就業規則作成義務がない。そのような場合，労働契約や労働協約に解雇事由を定めていなければもはや解雇はできないと解すべきか。

この点につき，サン石油（視力障害者解雇）事件（札幌高判平成18・5・11労判938号68頁，最三小決平成18・10・24棄却・不受理）では，「就業規則において普通解雇事由が列挙されている場合，当該解雇事由に該当する事実がないのに解雇がなされたとすれば，その解雇は，特段の事情のない限り，客観的に合理的な理由を欠き，社会通念上相当であると認められない」と判示して，特段の事情がある場合には，列挙されていない事由による解雇も認める余地を残している。したがって，同判決は例示列挙説に立ちつつ，それ以外の事由による場合には，厳格に解雇の有効性を判断するものとみることができる。

もっとも，使用者は，就業規則の作成義務を負い，またその義務がない場合でも（常時10人未満しか使用しない），一方的に就業規則を作成することができることからすると（その内容の合理性が求められる），解雇事由を十分整備しなかっ

たことのリスクは負うべきであるから,「特段の事情」については容易には認めるべきではない。

(山下　昇)

（２）　解雇権の濫用──その判断基準

079　高知放送事件
最二小判昭和52・1・31　労判268号17頁

【事実の概要】

1　Xは，テレビ・ラジオの放送事業を営むY社の編成局報道部勤務のアナウンサーであった。午前6時からの定時ラジオニュースの放送に当たって，ファックス担当者は午前5時までに起床しニュース素材等を整理し，アナウン

S42.2.23	S42.3.8	S42.3.14	S42.3.20	S42.4.22
第1事故	第2事故	始末書提出	始末書再提出	本件解雇

サーは午前5時30分頃までに起床するよう指示されており，通常，ファックス担当者がアナウンサーを起こすことになっていた。

2　Xは，昭和42年2月22日から翌23日にかけてファックス担当者Aと宿直勤務に従事したが，23日午前6時20分頃まで仮眠していたため，同日午前6時から10分間放送されるべき定時ラジオニュースを全く放送することができなかった（第1事故）。同年3月7日から8日にかけて，ファックス担当者Bと宿直勤務に従事したが，寝過ごしたため，8日午前6時からの定時ラジオニュースを約5分間放送することができなかった（第2事故）。

3　Xは，第2事故について上司に報告せず，後日これを知ったC部長から事故報告書の提出を求められ，同月14日，事実と異なる報告書を提出し，同部長

の要求に応じて、同月20日、D放送本部長に始末書を提出したが、書き直しを命じられた。

4 Yの就業規則15条は、普通解雇事由として「1　精神または身体の障害により業務に耐えられないとき。2　天災事変その他已むをえない事由のため事業の継続が不可能となったとき。3　その他、前各号に準ずる程度の已むをえない事由があるとき。」と定めていた。Y社は、Xの行為は就業規則所定の懲戒事由に該当するので懲戒解雇とすべきであるとも考えたが、再就職などXの将来を考慮して、普通解雇に処した（本件解雇）。Bは、第2事故に関して、けん責処分に処せられている。

5 そこで、Xは、本件解雇は無効であるとして、従業員の地位にあることの確認等を求めて提訴した（既に仮処分請求で最高裁においてXの請求が認められていた）。1審・2審ともにXの請求を認め、最高裁も、次のように述べて解雇を無効と判断した。

【判旨】

1「右事実によれば、Xの前記行為は、就業規則15条3号の普通解雇事由にも該当するものというべきである」が、「普通解雇事由がある場合においても、使用者は常に解雇しうるものではなく、当該具体的な事情のもとにおいて、解雇に処することが著しく不合理であり、社会通念上相当なものとして是認することができないときには、当該解雇の意思表示は、解雇権の濫用として無効になるものというべきである。」

2「本件においては、Xの起こした第1、第2事故は、定時放送を使命とするY社の対外的信用を著しく失墜するものであり、また、Xが寝過しという同一態様に基づき特に2週間内に2度も同様の事故を起こしたことは、アナウンサーとしての責任感に欠け、更に、第2事故直後においては卒直に自己の非を認めなかった等の点を考慮すると、Xに非がないということはできないが、他面、……本件事故は、いずれもXの寝過しという過失行為によって発生したものであって、悪意ないし故意によるものではなく、また、……本件第1、第2事故ともファックス担当者においても寝過し、定時にXを起こしてニュース原稿を手交しなかったのであり、事故発生につきXのみを責めるのは酷であるこ

と，Xは，第1事故については直ちに謝罪し，第2事故については起床後一刻も早くスタジオ入りすべく努力したこと，第1，第2事故とも寝過しによる放送の空白時間はさほど長時間とはいえないこと，Y社において早朝のニュース放送の万全を期すべき何らの措置も講じていなかったこと，……Xはこれまで放送事故歴がなく，平素の勤務成績も別段悪くないこと，第2事故のファックス担当者Bはけん責処分に処せられたにすぎないこと，Y社においては従前放送事故を理由に解雇された事例はなかったこと，……等の事実があるというのであって，右のような事情のもとにおいて，Xに対し解雇をもってのぞむことは，いささか苛酷にすぎ，合理性を欠くうらみなしとせず，必ずしも社会的に相当なものとして是認することはできないと考えられる余地がある。したがって，本件解雇の意思表示を解雇権の濫用として無効とした原審の判断は，結局，正当と認められる。」

【問題の所在】

解雇は，労働者にとって経済的基盤の喪失などの重大な不利益をもたらす。民法627条1項によれば，期間の定めのない労働契約は，いつでも解約の申し入れをすることができるとされ，その理由について特段の制限はない（使用者の解雇の自由）。また，労基法3条（国籍・信条または社会的身分を理由とする解雇の禁止），同法19条（産前産後休業・業務災害の場合の解雇制限），同法104条2項（監督機関に対する申告を理由とする解雇の禁止），労組法7条1号（不当労働行為としての解雇の禁止），男女雇用機会均等法（女性に対する差別的解雇）などで，特定の理由に基づく解雇が禁止されているものの，それ以外の理由については，平成15年の労基法改正により18条の2（現在の労働契約法16条）が設けられるまで，明文上の一般的制限規定がなかった。そこで，法律もしくは就業規則等において特に禁止されない限り，解雇は自由でよいのかという問題があった。

【本判決のポイント】

1　解雇権の濫用

本判決以前に，日本食塩製造事件（最二小判昭和50・4・25民集29巻4号456頁☞**104**事件）が，「使用者の解雇権の行使も，それが客観的に合理的な理由を欠

き社会通念上相当として是認することができない場合には，権利の濫用として無効になる」との判断を示していたが，同事件は，違法な除名を理由とするユニオン・ショップ協定に基づく解雇に関するもので，客観的合理的理由を欠くことが明らかなものであった。

本判決は，**普通解雇事由がある場合にも，解雇は社会通念上相当なものでなければならないとした上で，形式的に就業規則所定の解雇事由に該当するだけでは足りず，具体的事情の下において，「解雇をもつてのぞむことは，いささか過酷にすぎ」るなど，「解雇に処することが著しく不合理」である場合には，解雇は社会通念上相当なものとはいえず，解雇権の行使は権利濫用になることを明確に示した。**

一般に，解雇の理由は，①労働者の非違行為を理由とするもの，②労働者の病気・障害または職務能力・適格性の欠如を理由とするもの，③使用者の経営上の障害を理由とするもの（☞**081**コマキ事件参照）がある。

2　労働者の非違行為を理由とする解雇

本判決は，上記①に関するものであるが，解雇理由の存在を認めつつも，**本件の具体的事情における労働者に有利な諸事情（他者・過去の処分との均衡，労働者の平素の勤務状況，使用者の事故防止措置の不十分さなど）を考慮して，本解雇は社会通念上相当なものとはいえないと判断しており，解雇の合理性判断は，相当に厳格である。**他方で，敬愛学園事件（最一小判平成6・9・8労判657号12頁）では，私立高校の教師が学校の教育・運営の根幹に関わる事項に関して中傷ひぼうしたことおよび平素の勤務状況に問題があったことを理由として解雇した事案について，「労働契約上の信頼関係を著しく損なうものであることが明らかである」として解雇を有効としている。

3　労働者の能力・適格性の欠如を理由とする解雇

次に，②の職務能力等を理由とする場合，特定の地位や能力を前提としないケースとして，セガ・エンタープライゼス事件（東京地決平成11・10・15労判770号34頁）では，「平均的な水準に達していないというだけでは不十分であり，著しく労働能率が劣り，しかも向上の見込みがないときでなければならない」と判断している。使用者としては，能力向上の見込みの有無に関して，教育訓練の機会を確保したり，他の業務での勤務を検討したりすることなどが求められる。これに対して，特定の地位や能力を前提とする場合，当該地位・能力に要

求された業務を履行できるか否かで判断される（フォード自動車（日本）事件・東京高判昭和59・3・30労判437号41頁☞参考判例**080**事件，北海道龍谷学園事件・札幌高判平成11・7・9労判764号17頁など）。もちろん，こうした地位や能力の特定について，使用者は，契約締結時等において十分に説明し（労契4条），当事者間で明確に合意すべきである。また，近時の最高裁判決（小野リース事件・最三小判平成22・5・25労経速2078号3頁）では，幹部従業員（統轄事業部長兼取締役）に対する普通解雇について，飲酒癖や勤務態度の問題点が「正常な職場機能，秩序を乱す程度のものであり，……勤務態度を改める見込みも乏しかった」として，解雇事由に該当し，「懲戒処分などの解雇以外の方法をとることなくされたとしても」著しく相当性を欠くとはいえないとされている。

　なお，期間の定めのある労働契約において，契約期間途中での解雇は，やむを得ない事由がある場合でなければ認められない（労契17条）。一般に，この「やむを得ない事由」は，「客観的合理的理由」（労契16条）よりも限定された事由と解される（平成20年1月23日基発第0123004号「労働契約法の施行について」，プレミアライン事件・宇都宮地栃木支決平成21・4・28労判982号5頁）。

4　解雇権濫用の法的効果

　また，**本件決は，解雇権濫用の法的効果として，解雇は「無効になる」**ことも示している。このほか，不法行為に基づく損害賠償請求もありうる（わいわいランド事件☞**084**事件参照）。

（山下　昇）

参考判例

080　フォード自動車（日本）事件
東京高判昭和59・3・30　労判437号41頁・労民集35巻2号140頁

【事実の概要】

1　Y社は，完成自動車の輸入・販売等を業とする従業員約280名の株式会社

である。Xは，昭和51年9月13日，Y社の人事本部長として中途雇用された者であり，Y社の組織上社長に次ぐ最上級管理職4名中の1名の地位にあった。

2 Xの指導担当者であるAは，Xに対して，人事の分野に注意・努力を集中すべきこと，課せられた事務は自ら処理して能力を実証すべきこと，連絡文書は自ら起案・作成すべきことを要望していた。ところがXには，自己の仕事を部下に委譲し，文書の起案等も自ら当たらないなど，改善がみられなかった。また，給与職の職務の調査につき，55の職について担当者との面接，調査，これに基づいた最終的分析等のリポート作成の作業を求められていたにもかかわらず，3か月経過後においても5名の者に面接しただけであった。さらに，Xは，人事本部長として工場部門の人員整理を実施し，計画どおり達成したものの，人員の配転に当たり，アジア太平洋地域本部の事前承認を必要とするところ，部下であるB労務部長とC人事部長の助言を無視して，同本部の承認を得る前に実施するという規則に違反し，結局，同本部の承認が得られなかった。

3 Y社は，昭和52年7月28日付書面にて，Xに対し，就業規則32条1項（ト）「業務の履行又は能率が極めて悪く，引き続き勤務が不適当と認められる場合」等に該当する事由があることを理由に，同年8月末日をもって解雇する旨の意思表示（本件解雇）をした。

4 原審は，本件解雇を有効と判断したため，Xが控訴し，さらに，予備的請求として，人事本部長として不適格としても，Y社には配転命令権があることから，Xが人事本部長以外の職務上の地位ないし職種について適格性を有していれば，配転等の人事異動を行うべきであり，Xは一般従業員として，十分な適格性を有するから，Y社主張の解雇事由は，一般従業員としてのXを解雇する事由にはあたらないとの主張を追加した。これに対して控訴審は，以下のとおり原審判決を引用しつつ，原審を支持した。

【判旨】

1 「人事本部長という職務上の地位を特定した雇用契約であって，Xに特段の能力の存在を期待して中途採用したという本件契約の特殊性に鑑み，……Xの勤務態度は，Y社のきたした人事本部長としては規則（ト）」に該当すると解するのが相当である。

2 「本件契約が……人事本部長という地位を特定した雇用契約であるところからすると，Y社としてはXを他の職種及び人事の分野においても人事本部長より下位の職位に配置換えをしなければならないものではなく，また，業務の履行又は能率が極めて悪いといえるか否かの判断も，およそ「一般の従業員として」業務の履行又は能率が極めて悪いか否かまでを判断するものではなく，人事本部長という地位に要求された業務の履行又は能率がどうかという基準で規則（ト）に該当するか否かを検討すれば足りる」。

3 「本件雇用契約は，……人事本部長という地位を特定した契約であって，……Y社はXを人事本部長として不適格と判断した場合に，あらためて……異なる職位・職種への適格性を判定し，当該部署への配置転換等を命ずべき義務を負うものではないと解するのが相当であ」り，「Xの予備的請求は……失当というべきである。」

（山下　昇）

（3） 整理解雇

081　コマキ事件
東京地決平成18・1・13　判時1935号168頁

【事実の概要】

1 Y社は，クレーン等の有償貸渡事業等（オペレータ付きでクレーンをリースする事業）であり，訴外K社が，平成17年4月1日に社名をR社に変更し，R社から分社して新設した会社である（R社は，K社の負債の清算会社となった）。Xら15名は

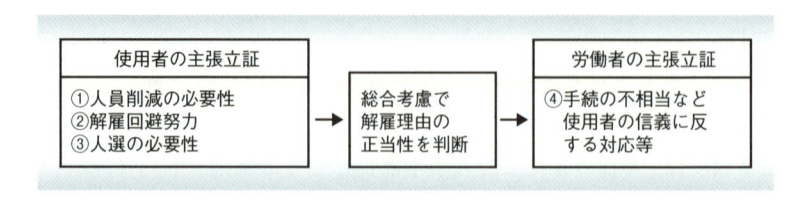

使用者の主張立証		労働者の主張立証
①人員削減の必要性 ②解雇回避の努力 ③人選の必要性	総合考慮で 解雇理由の 正当性を判断 →	④手続の不相当など 使用者の信義に反 する対応等

もともとK社の従業員であり，Y社の新設に伴いY社の従業員となり，U組合に所属している。

2 平成11年6月ころ，K社は資金繰りが困難であるとして，U組合に，30％の賃金カットを要請し，U組合もこれを受諾し，賃金カットは平成16年10月まで続いた。同年11月25日，K社とU組合は，前述の賃金カットの廃止と新賃金体系の実施，役員報酬の30％カット，経営陣の退陣を前提に平成17年3月末日を期限とした新会社の設立と新経営者探しなどの内容を含む労使協定を締結した（以下，本件労使協定という）。

3 平成17年4月から5月にかけて，Y社とU組合との間で団交および団交の事前交渉が数回にわたって行われたが，分社方針や新経営者探しの進捗状況などについて，交渉は進捗しなかった。Y社は，同年7月14日，従業員に対して，不採算車両の売却，従業員28名の希望退職募集（募集期間同月18日から22日，特別退職金60万円），賃金体系の変更，役員全員の辞任などを提案した。希望退職応募者は1名で，結局，同月25日，Y社は，現業部門32名のうちXら15名（いずれもU組合の組合員）に対し，整理解雇することを通知した（以下，本件整理解雇という）。これに対し，Xらが解雇の無効を主張して賃金の仮払い仮処分を申し立てたところ，本判決は申立てを一部認容した。

【判旨】

1 「整理解雇が有効か否かを判断するに当たっては，人員削減の必要性，解雇回避努力，人選の合理性，手続の相当性の4要素を考慮するのが相当である。被申請人である使用者は，人削減の必要性，解雇回避努力，人選の合理性の3要素についてその存在を主張立証する責任があり，これらの3要素を総合して整理解雇が正当であるとの結論に達した場合には，次に，申請人である従業員が，手続の不相当性等使用者の信義に反する対応等について主張立証する責任があることになり，これが立証できた場合には先に判断した整理解雇に正当性があることの判断が覆ることになると解するのが相当である」。

2 Yは平成17年4月1日の新設「段階では負債もなかったと思料される。……現場で働く人員を半分にしながら非現業部門をそのまま維持するというのは不自然であること，本件整理解雇は会社新設から僅か4か月での大量の解雇

であること，……平成17年4月1日以降のYの経営状況を示すと思われる……資金繰実績表……だけから人員削減が必要であると評価することは困難であること等を考慮すると，Yにおいては，未だ，人員削減の必要があるとの疎明はされていない」。

3　「整理解雇における使用者に求められる解雇回避努力とは，経営上，業務上の理由により剰員が生じることによって人員削減の必要性が認められたとしても，当該労働者を他部署へ再配置するなど，当該労働者の雇用と生活を維持するための具体的な措置をいうのであり，原則として，当該労働者の解雇の必要性を判断する時点で要求される措置であると解するのが相当である。」平成16年11月25日の本件労使協定で予定されていた措置は，「本件整理解雇の必要性を判断する時点で要求される措置とは言い難」く，希望退職募集も「募集期間は僅か5日間と短く，募集条件も……必ずしも十分な条件とは言い難い」。「以上によれば，本件整理解雇についてYがとった解雇回避手段は必ずしも十分なものであったということは困難である。」

4　「Yの掲げる勤務協力度・貢献度についての評価基準は，いずれも抽象的なものであり，しかも評価者の主観に依拠する部分が多く，……客観的合理性を持ったものということは困難であ」り，他の基準も客観的・合理的なものということはできず，「Yが本件整理解雇に当たって採用した基準及びその適用には，客観的・合理的理由を見出し難く，整理解雇の人選に合理性があるとの疎明は未だされていないというべきである。」

5　「本件整理解雇には，……いずれの要素についても疎明がされていないというべきであり，本件整理解雇は有効ということはできない。」

【問題の所在】

　整理解雇とは，企業が経営上必要とされる人員削減のために行う解雇であり，労働者に何ら帰責事由がないにもかかわらず解雇されることから，解雇権濫用法理の適用において，より厳格に判断すべきものと考えられている。そこで，具体的にどのようにして整理解雇の有効性を判断すべきかが問題となる。

【本判決のポイント】
1 整理解雇の有効性の判断枠組と立証責任
　すでに，東洋酸素事件（東京高判昭和54・10・29判時498号111頁）をはじめとする下級審判決において，整理解雇の有効性について，①人員削減の必要性，②解雇回避努力，③人選の合理性，④手続の妥当性の４つの基準により判断する枠組はほぼ定着しているといってよい。こうした４つの基準について，全ての基準を満たさなければ解雇を有効としない要件説もあるが（三田尻女子高校事件・山口地決平成12・2・28労判807号79頁），各基準の総合考慮により有効性を判断する要素説に立つ裁判例が多い（前掲，ナショナル・ウエストミンスター銀行（第３次）事件など）。
　また，前掲東洋酸素事件は，「やむを得ない事業の都合」によるものといえるか（解雇理由が存在するか）について，①②③の「要件を充足することを要し，特段の事情のない限り，それをもつて足りるものと解するのが相当である」と判断したうえで，「解雇がその手続上信義則に反し，解雇権の濫用にわたると認められるとき等においては」解雇の効力が否定されるべきとしている。つまり，同判決は，解雇理由の存否について①②③の要件で判断し，④の手続も効力要件となると解している。本判決は，①人員削減の必要性，②解雇回避努力，③人選の合理性による解雇理由の存在については使用者が立証責任を負い，④手続の妥当性については労働者が立証責任を負うと判示した。解雇理由の存否と手続の妥当性に分ける前掲東洋酸素事件の判断枠組を踏襲しつつも，①②③を要素として総合考慮する点に特徴がある。このような理解に立つとしても，④手続の妥当性については，解雇の効力を否定する独立した要件と解される。

2 人員削減の必要性
　人員削減の必要性については，必ずしも倒産が必至の状態であることまでは要せず，例えば，経営の効率化を図るため，不採算部門を廃止するなどの経営上やむを得ない事情がある場合には，使用者の経営上の判断が尊重される傾向にある（前掲，ナショナル・ウエストミンスター銀行（第３次）事件など）。

3 解雇回避努力
　解雇回避努力については，通常，新規採用の停止，配転，出向，一時帰休，希望退職の募集，役員報酬のカット等の手段によってできるだけ解雇を回避することが使用者に求められる。また，解雇を前提として，当面の生活の維持及

び再就職の便宜のために相応の配慮を行い，かつ労働契約を解消せざるを得ない理由についても繰り返し説明するなど，誠意を持った対応をしていることも考慮されることがある。本件では，希望退職募集の条件が不十分であったことなどから，解雇回避手段は必ずしも十分なものではなかったとされている。

4 人選の合理性

人選の合理性については，使用者の恣意を排除する客観的で合理的な基準を設定し，これを公正に運用することが求められる。年齢については，「53歳以上」という基準が「恣意の入らない客観的基準として，合理性を有する」とするものもある（三井石炭鉱業事件・福岡地判平成4・11・25労判621号33頁）。他方，「勤務協力度・貢献度」（本件）や「協調性」などは抽象的で客観性を欠く恣意的な基準として合理性を否定されうる。

5 手続の妥当性

手続の妥当性について，本判決のように独立した要件と解するなら，労働協約や就業規則所定の手続に反する場合だけでなく，解雇に至る手続が信義則に反する場合には，解雇の効力発生を妨げる事由となる（前掲，東洋酸素事件も同旨）。ただし，このように解すると，解雇の効力を否定する程度の手続違反の重大性を求めることになり（それほど重大ではない場合に，その一事をもって効力を否定することまではできない），労働者側の立証責任が重くなる可能性がある。

（山下　昇）

（4）予告を欠く解雇

082　細谷服装事件
最二小判昭和35・3・11　民集14巻3号403頁・判時218号6頁

【事実の概要】

1 Y社は服装の製作修理を業とする会社であり，Xは，昭和24年4月1日，賃金1か月1万円，支払期日毎月末日の約束でY社に雇用され，同日よりY社の一般庶務，帳簿記載等の労務に従事していた。Y社は，同年8月4日，Xに

S24.4.1	S24.8.4		S26.3.19	
入社	本件解雇	Xが提訴	Yが予告手当相当額支払	S26.3.19までの賃金等の求めXが控訴

対し解雇予告手当を支給することなく一方的に解雇の通告をした。Y社の就業規則では，月給を支給される従業員が月の中途に退職する場合その月分全額の賃金を支払う旨規定されていたことから，Xは8月分の未払い賃金等の支払を求めて提訴した。

2 Y社は，昭和26年3月19日に至り，遡って昭和24年8月分の賃金1万円，予告手当1万円および遅延利息を支払ったことから，1審判決は，Xの請求を棄却した。Xはこれを不服とし，労基法20条の解雇予告手当の支払がない場合には，解雇の効力は生じないとして，昭和26年3月19日までは引き続き従業員たる地位にあったとして，同月分までの未払賃金および解雇予告手当と同額の付加金（労基114条）の支払を求めて控訴した。2審判決は，予告手当の支払をせずになした解雇の意思表示は，これにより即時解雇としての効力を生じえないけれども，即得の解雇が認められない以上解雇する意思がないというのでない限り，30日の期間経過を俟ってその効力を生ずるとして，昭和24年9月3日の経過とともに解雇の効力が生じたと判断した。そして，すでに，8月分の賃金のほかに，1か月分の賃金（解雇予告手当相当）が支払われ，すでに同年9月分までの賃金は完済されているとして，Xの控訴を棄却した。そこで，Xが上告したのが本件である。本判決は次のとおり判示して上告を棄却した。

【判旨】

1 「使用者が労働基準法20条所定の予告期間をおかず，または予告手当の支払をしないで労働者に解雇の通知をした場合，その通知は即時解雇としては効力を生じないが，使用者が即時解雇を固執する趣旨でない限り，通知後同条所定の30日の期間を経過するか，または通知の後に同条所定の予告手当の支払をしたときは，そのいずれかのときから解雇の効力を生ずるものと解すべきである」。

2　「労働基準法114条の附加金支払義務は，使用者が予告手当等を支払わない場合に，当然発生するものではなく，労働者の請求により裁判所がその支払を命ずることによって，初めて発生するものと解すべきであるから，使用者に労働基準法20条の違反があつても，既に予告手当に相当する金額の支払を完了し使用者の義務違反の状況が消滅した後においては，労働者は同条による附加金請求の申立をすることができない」。

【問題の所在】

　労基法20条1項は，使用者が労働者を解雇しようとするときは，同項但書所定の除外事由（やむを得ない事由のために事業の継続が不可能となった場合または労働者の責めに帰すべき事由に基づく場合）に該当し，行政官庁の認定を受けた場合（同条3項）を除き，30日前の予告か30日分以上の平均賃金の支払が義務付けられている。これに違反した場合，使用者には同法114条（付加金）および119条（罰則）が適用される。しかし，使用者が，解雇予告（同手当の支払）および除外事由該当の主張もしないまま，労働者を一方的に解雇した場合，その解雇の民事的な効力が問題となる。

【本判決のポイント】

1　相対的無効説

　これについては，絶対的無効説（労基法20条1項違反の解雇は，強行規定違反として無効），有効説（解雇は有効であり，解雇予告手当および付加金の請求は可能）が主張された。しかし，絶対的無効説では，同条違反の付加金の請求は理論的にありえず，同条に関する付加金の規定の意味がなくなるとの批判が，有効説には，解雇予告に関する規定の強行性を否定する解釈であるとの批判がなされた。

　そこで，本判決のとる**相対的無効説によれば，使用者が即時解雇に固執する趣旨でない限り，30日の経過（賃金請求は可能）もしくは解雇予告手当の支払をもって解雇の効力が生じる**とされる。その後の下級審でも，この説をとる裁判例が比較的多い（アクティス英会話スクール事件・大阪地判平成5・9・27労判646号55頁など）。

2　選択権説

　しかしながら，相対的無効説に対しては，使用者が事後的に解雇予告手当の

支払をすれば、解雇は有効となるため、解雇の効力を使用者の意思（選択）に委ねることになること、付加金が機能する余地がないこと、また、「固執する趣旨」か否かの判断も容易ではないことなどから、適切ではないとの批判がある。そこで、労働者が、相当の期間内において、解雇の無効を主張するか、その効力を争わず予告手当の支払を請求するかの選択権を有するとする選択権説が有力に主張されるようになった。選択権説は、前記各説の難点を克服するものであり、この説に立つ裁判例もある（セキレイ事件・東京地判平成4・1・21労判605号91頁など）。ただし、解雇の効力発生が労働者の選択権行使まで確定しないという問題および選択権の行使まで認められる相当の期間をどのように考えるかという問題を残している（労基法115条より解雇予告手当の請求は2年間の時効に服するとの見解がある）。

3 付加金の支払義務

本判決は、**付加金の支払義務は、手当の支払義務違反により当然発生するのではなく、裁判所の支払命令によって発生する**との判断を示している。また、付加金に対する遅延損害金は、判決確定後において、民法所定年5分の割合により支払いを請求できる（江東ダイハツ事件・最一小判昭和50・7・17労判234号17頁）。

（山下　昇）

（5） 違法解雇期間中の賃金と中間収入

083　あけぼのタクシー事件
最一小判昭和62・4・2　労判506号20頁・判時1244号126頁

【事実の概要】

1 Y社は旅客運送事業を営む会社であり、X_1・X_2は、Y社にタクシー乗務員として雇用されていた者であり、会社に勤務するタクシー乗務員で組織するA労組に所属し、X_1が執行委員長、X_2は書記長の地位にあった。賃金は月給制（当月1日から末日）で、夏期（対象：12月1日〜翌年5月31日）・冬期（対象：6月1日〜11月30日）一時金が支給されていた。

【X₁の遡及払い賃金額】

時点	S51.6.1	S51.8.21	S51.9.1	S53.1.31	S53.2.10	S53.2.28	S53.3.13
賃金		②43,728円	(2,095,012円) [①123,236円×17]		(44,012円)	(79,223円)	(51,679円)
			③2,139,024円			④130,902円	
賞与	(⑤77,564円)		(⑥425,873円)			(⑦19,255円)	
	⑧522,692円						
中間収入			⑨2,499,428円				

平均賃金額：⑨123,236円
絶対保障額：⑩1,283,414円 [2,139,024円×0.6]
控除可能額：⑪855,609円 [2,139,024円×0.4]
※ 下線部の金額は平均賃金を日割りで計算した額

2 A組合は，昭和51年8月7，8日の両日，H駅構内において，タクシー運転手らに対して，Y社の行った不当な行為等を記載したビラを配布するなどした。Y社は，Xらに対して，同月21日，懲戒解雇の意思表示をした（本件解雇）。Xらは，同年9月1日より昭和53年2月10日まで別会社でタクシー運転手として就労し収入を得た。

3 Y社とA組合の労使関係は必ずしも円滑はいえず，本件解雇以前にも，不当労働行為と疑われるような組合員に対する差別的取り扱いがあったほか，本件解雇当時，A組合執行部は，執行委員の3名が1か月の出勤停止に付されていたことなどから，Xらは，本件解雇につき福岡地方労働委員会（地労委）に救済を申し立てた。地労委は，職場復帰等を内容とする救済命令を発し，同救済命令に対する裁判所の緊急命令により，Xは昭和53年3月14日からY社に復帰した。

4 Xらは，雇用契約上の地位の確認と本件解雇日から職場復帰までの賃金を請求した。1審（福岡地判昭和56・3・31判時1244号130頁）・2審（福岡高判昭和58・10・31判時1244号128頁）とも，本件解雇は不当労働行為に該当するものとして無効と判断した。他方，解雇期間中の中間収入の控除について，1審が一時金全額を損益相殺の対象としたのに対して，2審は一時金を控除の対象としないと判断したため，Y社が上告した。最高裁は，解雇についてY社の上告を棄却

し，中間収入について，以下のとおり判示して2審判決を破棄・差戻した。

【判旨】

「使用者の責めに帰すべき事由によって解雇された労働者が解雇期間中に他の職に就いて利益を得たときは，使用者は，右労働者に解雇期間中の賃金を支払うに当たり右利益（以下「中間利益」という。）の額を賃金額から控除することができるが，右賃金額のうち労働基準法12条1項所定の平均賃金の6割に達するまでの部分については利益控除の対象とすることが禁止されているものと解するのが相当である（最高裁昭和36年（オ）第190号同37年7月20日第二小法廷判決・民集16巻8号1656頁参照）。したがって，使用者が労働者に対して有する解雇期間中の賃金支払債務のうち平均賃金額の6割を超える部分から当該賃金の支給対象期間と時期的に対応する期間内に得た中間利益の額を控除することは許されるものと解すべきであり，右利益の額が平均賃金額の4割を超える場合には，更に平均賃金算定の基礎に算入されない賃金（労働基準法12条4項所定の賃金）の全額を対象として利益額を控除することが許されるものと解せられる。そして，右のとおり，賃金から控除し得る中間利益は，その利益の発生した期間が右賃金の支給の対象となる期間と時期的に対応するものであることを要し，ある期間を対象として支給される賃金からそれとは時期的に異なる期間内に得た利益を控除することは許されないものと解すべきである。」

【問題の所在】

解雇が無効と判断された場合，民法の規定によれば，違法解雇期間中の不就労は，債権者（使用者）の責めに帰すべき事由による履行不能とされ，労働者は反対給付である（未払）賃金の支払を求めることができる（民536条2項）。ただし，解雇期間中に他の企業や自営業で稼働し利益（中間収入）を得たときは，使用者に償還しなければならない（同項第2文）。他方で，労基法26条では，使用者の責に帰すべき事由による休業の場合，平均賃金の6割の支払を保障しており，また，同法24条1項では，賃金全額払の原則が定められている。そこで，a. 中間収入は「償還」の対象となるか，b. 使用者は「償還」の方法として，賃金からの「控除」をなしうるか，c.「控除」の限界はどの程度かとい

う問題が生じる。

【判決のポイント】
1 中間収入の控除とその範囲

最高裁（米軍山田部隊事件・最二小判昭和37・7・20民集16巻8号1656頁）は，上記a.について，中間収入が副業的なものであって解雇がなくても当然に取得しうる等特段の事情がない限り，償還の対象となり，b.について，使用者は，決裁手続を簡便にならしめるため，償還利益の額をあらかじめ賃金額から控除することができ（相殺しても賃金全額払の原則に違反せず，別訴の償還請求は必要ない），c.について，労基法26条が適用されることから，解雇期間中の平均賃金の6割までの部分は控除できない（平均賃金の4割までは控除できる）と判断している。

さらに，本判決は，控除の範囲について，中間収入の額が平均賃金の4割を超える場合には，平均賃金の算定基礎に算入されない賃金（労基法12条4項：臨時に支払われた賃金や3か月を超える期間ごとに支払われる賃金等）の全額を対象として収入額を控除することができるが，賃金から控除しうる中間収入は，その利益の発生した期間が，賃金の支給対象となる期間と時期的に対応するものであることを要すると判断した。

2 具体的な適用

本件のX₁についてみると，1審は，未払い賃金（一時金を除く）のうち②と④は中間収入と時期的対応がなく控除対象とはならないとした。③については時期的対応があるため，その6割が絶対保障額（⑩）となり，②＋④＋⑩＝⑫145万8,044円の支払が確定する。次に，平均賃金の算定基礎に算入されない一時金の取扱いについて，1審は全額を控除対象とし，⑨中間収入から③の4割の控除可能額（⑪）を控除し，その残額（⑨－⑪＝164万3,819円）について平均賃金に算入されない一時金全額を対象として控除した。（⑨－⑪）≧⑧であったため一時金全額が控除され，結局，⑫の額が認められたが，一時金の請求は棄却された。

これに対して，2審は，「中間利益の控除が許されるのは平均賃金算定の基礎になる賃金のみであり平均賃金算定の基礎に算入されない本件一時金は利益控除の対象にならない」として，⑫＋⑧＝198万736円を認容したところ，最

高裁は前述の通り判断し，破棄差戻しとなった。

そして，差戻審（福岡高判昭和63・10・26判時1332号142頁）では，1審で棄却された一時金の支払に関して，中間収入と時期的に対応しない部分については，賞与査定期間日数を基礎として日割計算を行い，控除後の残額（⑨−⑪）と時期的に対応する一時金（⑥）全額が控除されるが，⑤と⑦については，その対象とならないとした。本件において，結論としては，②＋⑩＋④＋⑤＋⑦が認められている（なお，昭和53年夏期賞与については，既にY社から⑦以上の額が支払われていたため弁済済みとして，⑤のみ容認された）。

（山下　昇）

（6）違法解雇の救済方法

084　わいわいランド事件
大阪高判平成13・3・6　労判818号73頁

【事実の概要】

1　Y社は，小規模な無認可保育所を経営しており，Fはその代表取締役であった。Xは，平成10年9月頃，K幼稚園に勤務し，手取月額25万7,138円の賃金を得ていた。

H8.11.2	H11.3.27	H11.3.30	H11.3.30	H11.4.6
Y社で勤務条件の提示を受け，Xは概ね承諾	雇入通知書受領4.5からの勤務の意思を伝える	勤務していたK幼稚園を退職	Z社との業務委託の交渉打ち切り	本件解雇

2　Fは，同年10月5日，補助参加人Z社の常務取締役から，Z社の従業員の福利厚生施設である保育ルームについて業務委託の話があった。同年11月2日，Xは，Fの求めでY社の事務所を訪れたところ，Fから保育ルームでの勤務について勤務時間と月給の勤務条件の提示を受け，これを概ね承諾した。同月初

旬，XはK幼稚園に退職の意向を伝えた。

3 平成11年2月22日，XはY社の事務所を訪れ，保育ルームの資料，Y社の業務内容に関する資料を受け取った。同年3月27日，XがY社の事務所を訪れたとき，Fは，「雇用期間　期間の定めなし。仕事内容　保母及びトレーナー。始業終業時刻　8：30～午18：00，賃金　基本賃金10万円，諸手当14万円」などの記載のある雇入通知表および同年4月の予定表を渡された。Xは，その際，4月5日から勤務すると伝え，Fの承諾を得，翌28日のY社の園長会議にも出席した。Xは，同年3月30日にK幼稚園を退職した。

4 FはZ社との委託契約が成立するものと考えていたが，同年3月30日，Z社から交渉の打ち切りが伝えられた。同年4月6日，XがY社の事務所に行ったところ，Fから「Z社から断られたので，申し訳ないがこの話はなかったことにして下さい」といわれ，結局，XはY社の保育所で勤務せずに終わった。

5 Xは，本件解雇は解雇権の濫用で不法行為であり，かつ雇用契約上の信義則に反するものであるとして損害賠償を求めた。原審（大阪地判平成12・6・30労判793号49頁）は，XとY社の間の雇用契約の成立を認めたうえで，本件解雇は，解雇権の濫用にあたると判断した。そして，Xが復職を望まなかったことから，解雇の効力を否定しなかったものとして，賃金請求権を否定し，解雇予告手当（24万円），不法行為に基づく慰謝料30万円と弁護士費用7万円等のみ認容したため，X・Y社双方が控訴した本判決は，Y社の控訴に基づき，以下のとおり本件解雇を有効としつつ，説明義務違反を理由とする損害賠償請求（予備的請求）等を一部認容した。

【判旨】

1　「本件解雇は，予定していたZ社の保育所における業務をY社が委託を受けることができなくなったという客観的な事実を理由とするものである。Xもそこを職場とすることを予定して雇用契約を結んだものである。したがって，本件解雇は，やむをえないものであって，権利の濫用や信義則に違反するとはいえない。」

2　「雇用によって被用者が得る賃金は生活の糧であることが通常であることにもかんがみると，Fは，Xらの信頼に答えて，自らが示した雇用条件をもっ

てXらの雇用を実現し雇用を続けることができるよう配慮すべき信義則上の注意義務があったというべきである。また，副次的にはXらがFを信頼したことによって発生することのある損害を抑止するために，雇用の実現，継続に関係する客観的な事情を説明する義務もあったということができ……Fの一連の行為は，全体としてこれをみると，Xらが雇用の場を得て賃金を得ることができた法的地位を違法に侵害した不法行為に当たるというべきである。」

3 雇用保険の最低被保険者期間が6か月であることなどにかんがみると，「XがY社の不法行為によってY社から賃金を得ることができなかった期間のうち5か月分（Xは前示のとおり平成11年4月分の賃金の支払を受けることができるから，これとあわせて6か月分となる。）を不法行為と相当因果関係に立つと認めるのが相当であ」り，X「が受けた精神的な苦痛は著しく大きいことが容易に推認され」，「雇用契約を結びながら，解雇される憂き目にあったことをあわせると，その慰藉料額は50万円とするのが相当であ」り，「弁護士費用損害を20万円と算定するのが相当である。」

【問題の所在】
　労契法16条は，解雇権濫用の法的帰結として，当該解雇が無効になると定めているが，解雇権を濫用した解雇が，不法行為の要件を満たす場合には，損害賠償による金銭的な救済も可能である。被解雇者が労働契約上の地位の確認（解雇の無効）を求める場合，同時に，解雇期間中の賃金請求を行うことになるが（あわせて違法な解雇による慰謝料請求を行う場合もある），復職を望まず，労働契約上の地位の確認を請求せずに不法行為に基づく損害賠償を求める場合，不法行為の成否およびその賠償額をどのように判断するかが問題となる。

【本判決のポイント】
1 不法行為としての解雇
　本判決は，本件解雇について，「やむを得ないものであって，権利の濫用や信義則に違反するとはいえない」として，結論として不法行為の成立を否定しているが，原審判決は，「Y社において解雇事由とした事情が生じてからの解雇回避の努力を全くせずに解雇を告知したこと，その告知に至る対応の手続を

併せ考慮するときは，これを不法行為ということができ」ると判断している。また，同様に，違法解雇について不法行為に基づく損害賠償を認めるものとして，O法律事務所事件（名古屋高判平成17・2・23労判909号67頁，最一小決平成17・6・30上告不受理），S社（派遣添乗員）事件（東京地判平成17・1・25労判892号42頁），東京セクハラ（M商事）事件（東京地判平成11・3・12労判760号23頁），吉村など事件（東京地判平成4・9・28労判617号31頁）などがある。

違法な解雇は，使用者の故意・過失により，労働者の雇用を保持する利益などを侵害するものとして，不法行為に基づく損害賠償責任を発生させうる。また，違法解雇だけでなく，退職を余儀なくさせるような場合にも，同様の不法行為責任を生じさせうる（京都セクシュアル・ハラスメント（呉服販売会社）事件・京都地判平成9・4・17労判716号49頁，エフピコ事件・水戸地下妻支判平成11・6・15労判763号7頁）。

本判決は，「雇用を実現し雇用を続けることができるよう配慮すべき信義則上の注意義務」や「雇用の実現，継続に関係する客観的な事情を説明する義務」に違反し，「雇用の場を得て賃金を得ることができた法的地位を違法に侵害した」ものとして，解雇は有効としつつも，不法行為の成立を認めている。ここでの被侵害利益は雇用により得られるはずの賃金相当額と解される。

2　損害の内容

逸失利益が，賃金相当額についてどの程度認められるかも問題となる。原審判決は，「解雇権の行使が濫用であるといえる場合であっても，労働者がその効力を否定しない……場合，その解雇の意思表示は有効なものと扱われることになる」として，賃金相当額の請求を棄却した（慰謝料50万円は認めた）。同様の判断をしたものとして，前掲吉村ほか事件がある（慰謝料40万円を認容）。

他方で，本判決は，再就職に要する期間を考慮して（雇用保険の被保険者期間），6か月分（うち1か月分は既払い）の賃金相当額を認めている。同様に，前掲東京セクハラ（M商事）事件と前掲エフピコ事件では，6か月分の賃金相当額，前掲S社（派遣添乗員）事件では，1年分の賃金相当額，前掲O法律事務所事件では，3か月分の賃金相当額が認められており，認められる期間については明確な基準がない。

そして，本判決は，Y社での賃金を基準として算定しているが，解雇が有効である以上，Y社での賃金を基準として財産的損害を算定することには合理性

がないようにも思われる（原審のように解雇が違法であることを前提とする場合は別である）。本件の場合，XはFの説明を信じてK幼稚園での雇用を失ったのであるから，「雇用の場を得て賃金を得ることができた法的地位」の侵害による財産的損害は，K幼稚園の給与25万7,138円を基礎とすべきであろう。

（山下　昇）

（7）　変更解約告知

085　スカンジナビア航空事件
東京地決平成7・4・13　労判675号13頁・判時1526号35頁

【事実の概要】

1　外国株式会社であるY社は，他の外国航空会社2社とともにコンソーシアム契約（企業結合契約）に基づきA社を設立しているが，日本においてはA社が活動することが法律上困難であるため，Y社がA社従業員と雇用契約を締結している。Xら25名は，いずれもY社に雇用されていた地上職員および客室乗務員であり，雇用契約において業務内容および勤務地を特定されていた。

2　A社は，航空部門の収益が赤字に転落したため経営合理化を進め，希望退職者募集を行い，経費削減も行った。しかし，効果が芳しくなかったために，日本支社の経費の大幅削減を目的として，人件費等の削減に着手することとなった。

①早期退職募集および再雇用の提案
②個別に新労働条件指示
③拒否
④解雇
⑤地位確認等請求

X₁ら　　Y社（A社）

3　A社は，Xらの所属する労働組合に対し，早期退職募集と再雇用の提案を行い，早期退職の募集を行うに当たって，通常の規定退職金に早期退職割増金を支給することとし，また退職金制度の変更，労働時間の変更などを内容とする労働条件を提示した。さらに，その後の団体交渉において，

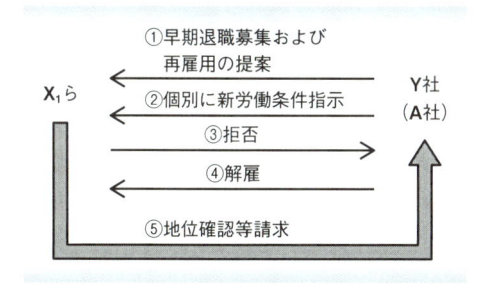

085

　A社は，再雇用後の新労働条件について，1年間の有期契約化，年俸制の導入等を提示した。これにより，全従業員140名のうち115名が早期退職に応じた。A社は，早期退職に応じないXらに対して再度早期退職への応募を促すとともに，Xらのうち，再雇用の可能性ある者（18名）に対し，個別に新ポジションおよび賃金を明示し，同時に，解雇予告の意思表示をした。しかし，ポジションおよび賃金を提示された者のうち9名（X_1ら）と，提示されていない者7名（X_2ら）はこれに応募しなかった。本件は，X_1らおよびX_2らが，本件解雇が無効であるとして，従業員としての地位の保全と賃金仮払を求めた事案であり，本決定は以下のとおり判示して申立てを却下した。なお，X_2らについては整理解雇の法理が適用されているので，以後の紹介・検討を割愛する。

【決定要旨】

1 X_1らに対する「この解雇の意思表示は，要するに，雇用契約で特定された職種等の労働条件を変更するための解約，換言すれば新契約締結の申込みをともなった従来の雇用契約の解約であって，いわゆる変更解約告知といわれるものである」。

2 「会社とX_1ら従業員との間の雇用契約においては，職務及び勤務場所が特定されており，また，賃金及び労働時間等が重要な雇用条件となっていたのであるから，本件合理化案の実施により各人の職務，勤務場所，賃金及び労働時間等の変更を行うためには，これらの点についてX_1らの同意を得ることが必要であり，これが得られない以上，一方的にこれらを不利益に変更することはできない事情にあった」。

3 「しかしながら，労働者の職務，勤務場所，賃金及び労働時間等の労働条件の変更が会社業務の運営にとって必要不可欠であり，その必要性が労働条件の変更によって労働者が受ける不利益を上回っていて，労働条件の変更をともなう新契約締結の申込みがそれに応じない場合の解雇を正当化するに足るやむを得ないものと認められ，かつ，解雇を回避するための努力が十分に尽くされているときは，会社は新契約締結の申込みに応じない労働者を解雇することができるものと解するのが相当である」。

4 本件の事情の下では，賃金，退職金，労働時間のいずれについても，変更

には高度の必要性が認められ，X₁らの受ける不利益は，変更の必要性を上回るものとは認められない。また，再雇用の申入れをしなかったX₁らを解雇することはやむを得ないものであり，かつ，解雇を回避するための努力が十分に尽くされていたものと認められる。したがって，本件解約告知は有効であると解するのが相当であり，X₁らに対する解雇は有効である。

【問題の所在】

労働契約の内容である労働条件は，労使双方の合意によって変更しうる（労契8条）。しかし，この合意が成立しない場合に，使用者が解雇という手段を用いて労働条件の変更を実現しようとすることが考えられる。これを，変更解約告知という。本判決はこの変更解約告知に対する法的評価と変更解約告知の有効要件について判示するものである。

【本判決のポイント】
1 変更解約告知の定義

変更解約告知という用語は，ドイツにおいて労働契約上特定された労働条件変更手段として用いられるÄnderungskündigungの訳語である。この変更解約告知は，使用者が，労働者に対して新たな労働条件変更の受け入れか解雇かを選択させるものであり，その態様には，使用者が解雇の意思表示をするとともに，新たな労働条件での契約締結を申し込むもの，使用者が労働条件の変更を申し込み，これが受け入れられない場合に労働契約の解約を行うもの等がある。どちらにしても労働者が労働条件変更を拒否することが，解雇に結び付くという構造を持つ。

本判決は，「雇用契約で特定された職種等の労働条件を変更するための解約」であり，「新契約締結の申込みをともなった従来の雇用契約の解約」を，変更解約告知と評価している。この定義によれば，変更解約告知とされるためには，新契約における労働条件が確定されて申し込まれていることが必須になる。労働条件が明示され，その条件で雇用されることが保障されていなければ，労働者は新たな労働条件を受諾するか否かの選択ができず，その状況で労働者の解雇が行われても，それを変更のための解約とは評価し得ないからであ

る。このことが，通常の解雇と変更解約告知の相違の核心部分であるといえる。

本件において，X_1らに対する解雇のみが変更解約告知として評価されているが，それはX_2らとは異なり，X_1らに対しては新たな労働条件が明示され，X_1らの選択により雇用継続が可能であったからである。

2 変更解約告知の法的評価

労働条件の変更申込みと解雇が結び付けてなされることそれ自体は，特に法的な制約はなく，実際上行いうる。問題は，これを法的にどのように評価し，労働条件変更法理，ないし解雇法理の中に位置づけるかという点にある。

変更解約告知は，労働条件の変更という側面と，解雇という側面を持つ。そのため，労働条件変更の側面に着目すれば，労働条件変更の申入れを解雇の合理性判断において考慮し，通常の解雇の場合よりもその要件を緩やかに判断すべきだと考えうる。この立場によれば，変更解約告知という概念を用いることは，解雇の合理性判断に際して大きな意味を持つことになる。

他方，解雇の側面に着目すれば，労働者の責めに帰すべき事由に当たらない解雇については，すでに整理解雇の法理があるから，そこで労働条件変更の手段としての解雇という特質を考慮すれば足りると解することもできる。この立場によれば，変更解約告知の議論は整理解雇法理の要件論に収斂させることが可能となるため，変更解約告知という概念を用いることの意義は希薄になる。

3 変更解約告知の要件

上述した議論は，変更解約告知の要件に，労働条件変更の側面をどこまで取り入れていくか，と捉えなおすことも可能であろう。

本判決は，**変更解約告知の要件は，①労働条件の変更が不可欠であること，②その必要性が労働者の受ける不利益を上回っていること，③労働条件の変更をともなう新契約締結の申込みが，それに応じない場合の解雇を正当化するに足りるやむを得ないものと認められること，④解雇を回避するための努力が十分に尽くされていること**，という4点であるとする。

①，②は，ほぼ労働条件変更の合理性審査であり，本判決が変更解約告知に現在の整理解雇法理（①については労働条件変更の必要性ではなく人員削減の必要性と定式化される）とは異なる独自の意義を見出し，要件化していることがうかがえる。また，利益衡量を用いるという点で，事案ごとの柔軟な処理を可能にす

る。他方，③，④は，変更解約告知が解雇であるという視点からの要件であり，解雇を行う場合には他の手段により回避できないかを考慮すべきであるという発想（最後の手段の原則とも呼ばれる）がここでも示されている。したがって，本判決は，端的に合理的な労働条件変更を拒否する労働者の解雇がすべて有効である，ということを示しているわけではない。

4　変更解約告知の射程

　変更解約告知に肯定的な見解に立っても，その適用場面を，就業規則の不利益変更（労契10条）で対応できない，ないし対応すべきでない個別労働条件に限定すべきかという議論がある。例えば契約上職種・勤務地が限定されている場合などが，変更解約告知を用いるべき典型ということになるが，事業場全体で賃下げをする場合などは，変更解約告知の射程外ではないかという問題である。本件は，職務・勤務場所が契約上特定されていたこと，無期契約から有期契約への転換がなされていることなど，就業規則変更の射程内にあるといえるかどうかは極めて疑わしい労働条件変更が混在しており，判旨も格別検討していない。

　このように，本判決は変更解約告知という概念を正面から認めた上で，独自の要件を設定した。しかし，これに反対する裁判例もあることに留意すべきである（大阪労働衛生センター第一病院事件・大阪地判平成10・8・31労判751号38頁☞**086**事件）。

（篠原　信貴）

086　大阪労働衛生センター第一病院事件
大阪地判平成10・8・31　労判751号38頁・判タ1000号281頁

【事実の概要】

1　Yは，病院を経営する財団法人である。Xは，昭和47年以降，Yの心療内科で医局員として雇用され，現在まで患者のカウンセリング等の業務に従事している者である。

2　Xは，週3日の隔日勤務であったが，賃金などの労働条件は，勤務形態が週3日と限定されない他の常勤従業員に準じた取扱いを受けていた。Yは，平成5年ころから，Xに対し，従前どおりの処遇の維持を求めるのであれば毎日勤務（もしくは週4日）の常勤に移行すべきこと，あくまで隔日勤務に固執するならば他のパートタイム従業員と同等の処遇を受け入れるべきことを申し入れた。また，昇給を停止し，賞与の半額支給などを行った。Xは，平成6年2月25日，Yの申入れを拒絶する意思を明らかにした。そのため，Yは，平成6年3月30日付けでXを解雇した。

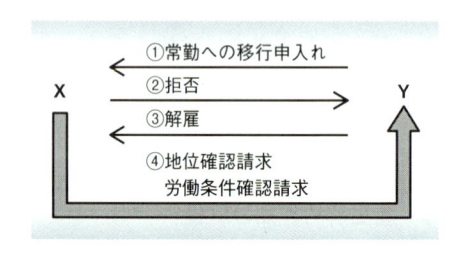

3　Xは，地位確認，労働条件の確認ならびに賃金支払等を求めて訴訟を提起した。これに対してYは，XがYの提示した新たな労働条件を拒絶し，従前どおりの勤務形態および処遇に固執したためやむなく解雇に至ったものであり，本件解雇はいわゆる変更解約告知として有効になされたと主張した（退職金等の確認の利益については省略）。本判決はXの請求を一部認容した。

【判旨】

1　「講学上いわゆる変更解約告知といわれるものは，その実質は，新たな労働条件による再雇用の申出をともなった雇用契約解約の意思表示であり，労働条件変更のために行われる解雇であるが，労働条件変更については，就業規則の変更によってされるべきものであり，そのような方式が定着しているといってよい。これとは別に，変更解約告知なるものを認めるとすれば，使用者は新たな労働条件変更の手段を得ることになるが，一方，労働者は，新しい労働条件に応じない限り，解雇を余儀なくされ，厳しい選択を迫られることになるのであって，しかも，再雇用の申出が伴うということで解雇の要件が緩やかに判断されることになれば，解雇という手段に相当性を必要とするとしても，労働者は非常に不利な立場に置かれることになる。してみれば，ドイツ法と異なって明文のない我国においては，労働条件の変更ないし解雇に変更解約告知とい

う独立の類型を設けることは相当でないというべきである。そして，本件解雇の意思表示が使用者の経済的必要性を主とするものである以上，その実質は整理解雇にほかならないのであるから，整理解雇と同様の厳格な要件が必要であると解される」。

2 Yは，本件解雇当時，Yの経営は極めて苦しい状況にあり，人件費の負担の大きいことが経営悪化の重要な要因であり，その中で優遇を受けているXの扱いを変更する必要が生じた旨主張しているが，Yの経営は，平成4年3月期を底に再建策が軌道に乗り，その経営収支は相当程度改善されていた。Xの解雇当時の基本給は月額18万円台であって，「その職種に照らせば，勤務日数が限定されていることを考慮しても，さほど高額とはいえないものであり，Xのように勤務形態が週3日に限定された従業員は臨時雇用の従業員以外になかったことでもあり，Yの経営状態がXの雇用条件を変更しなければならないような状況にあったとは認められないところである」。

3 「Yは，Xが常勤従業員に比して優遇を受けているのでこれを是正する必要があった旨主張するが，勤務形態が週3日に限定されている点はこれを優遇されているといっていいかもしれないが……，その賃金が高額であるといったこともないし，他の従業員のXに対する不満によってYの業務が阻害されているといった事実も認められないところである」。

4 「以上によれば，Xを解雇しなければならないような経営上の必要性は何ら認められないから，それにもかかわらず，労働条件の変更に応じないことのみを理由にXを解雇することは，合理的な理由を欠くものであり，社会通念上相当なものとしてこれを是認することはできない。したがって，Yによる本件解雇の意思表示は，解雇権の濫用として無効である」。

【問題の所在】

本件は，スカンジナビア航空事件（東京地決平7・4・13労民集46巻2号720頁☞085事件）とは対照的に，変更解約告知という独立の労働条件変更ないし解雇類型を設けることを否定し，整理解雇法理で処理すべきだとした事案である。特に，変更解約告知の意義について重要な判示を行っている。

【本判決のポイント】

1 変更解約告知と労働条件変更法理

　判旨**1**は，変更解約告知を，労働条件変更のために行われる解雇であり，「新たな労働条件による再雇用の申出をともなった雇用契約解約の意思表示」と定義する。その上で，「労働条件の変更ないし解雇に変更解約告知という独立の類型を設けることは相当でない」と述べる。そして，その理由の1つに，就業規則変更法理の存在を挙げる。もちろん，就業規則の変更は，個別特約などにつき限界があるから，すべての労働条件変更が就業規則変更で対応できるわけではない（労契10条）。しかし，本判決の立場によれば，少なくとも就業規則の変更で対応可能であるときは，より穏当な手段である就業規則の変更によるべきであり，ここで解雇の側面を持つ変更解約告知を用いることは，妥当性を欠くと評価されることになろう。また，配転などの方法により対処可能な場合も，同様に変更解約告知を用いることに否定的な評価が下されよう。

2 変更解約告知と留保付き承諾

　さらに，本判決は変更解約告知が，労働条件の変更か解雇かという二者択一を迫るものであり，これが労働者にとって厳しい選択であると指摘する。

　この二者択一は，合理性さえあれば結果が強要されることになる就業規則の変更や解雇法理に比して，労働者の事前選択を保障するという意味で，自己決定という観点からむしろ望ましいとの評価もある。しかし，変更解約告知は，解雇の威嚇力をもって労働者の選択を迫るという性質を持つから，実際にどこまで労働者の自己決定が保障されるかは疑問である。特に，労働者が，変更解約告知により提示された労働条件変更が不当であると考えるときに，労働条件変更を拒否して一旦解雇されてから，解雇の効力を裁判で争うしか道がないとすれば，労働者の負担は大きいものとなる。

　この点，ドイツでは，立法上留保付き承諾が認められており，労働条件変更の相当性に異議を留めつつ承諾し，変更された労働条件で就労しつつ，事後的に変更の相当性を裁判上争うことが可能である。しかし，日本においては民法528条により，申込みに条件を付しての承諾は，申込みの拒絶であり，新たな申込みとみなされる（日本ヒルトンホテル事件・東京高判平成14・11・26労判843号20頁）。そのため，労働者が労働条件変更を拒否することは，解雇に直結する。

解釈上これを乗り越える試みがなされているが，留保付き承諾が認められない限り，変更解約告知が本判決の指摘する厳しい選択を迫るものであることは否定できない。

3　変更解約告知と解雇法理

判旨**1**は，変更解約告知に独自の意義を認めず，**労働条件変更のために行われる解雇であっても，使用者の経営的必要性を主とするものである以上，その実質は整理解雇にほかならないのであるから，整理解雇と同様の厳格な要件が必要である**と一般論を展開する。しかし，整理解雇法理による処理を行うとしても，いわゆる四要件における解雇回避努力義務の一環として，使用者による労働条件変更申入れの事実を考慮すべきか，より積極的に整理解雇法理の要件の組み換えを図るべきか，すなわち変更の必要性と労働者の受ける不利益との比較衡量及び解雇の相当性（解雇回避努力義務）などを要件化すべきかという問題がある。整理解雇の法理をある程度柔軟に理解すれば，四要件（要素）の中に労働条件変更の申込みという事実を組み入れられようが，その適用範囲を厳格に理解するのであれば，もはや四要件で対処しえなくなってこよう。

判旨**2**および**3**では，具体的な規範のあてはめにおいて，整理解雇法理に典型的である四要件（要素）の審査とは乖離が見られる。判旨**2**は，Yの経営状態について検討を加えているが，これは整理解雇法理における人員整理の必要性を検討しているのではなく，労働条件変更の必要性についての検討である。判旨**3**も同様であり，このことから，本判決は，一般論としては変更解約告知の意義を否定し，整理解雇と同様に厳格な要件を求めつつも，本事件を一般的な整理解雇事案と区別して処理を図っていることがうかがえる。

このように，変更解約告知は，判例上確立した法理ではない。しかし，従来の労働条件変更，ないし解雇の法理で完全に対応できない問題であることも事実であり，今後の事案の蓄積が待たれる。労働条件の個別化に伴い，ますます重要視されていくことには疑いない。

（篠原　信貴）

第15章 退職

（1） 退職の意思表示の撤回

087 大隈鐵工所事件
最三小判昭和62・9・18　労判504号6頁・労経速1301号3頁

【事実の概要】

1　Xは、Y社入社後、同期入社のAと共に、会社内において民青の同盟員拡大等の非公然活動に従事していた。入社半年後、Aが失踪し、寮のAの部屋からXの氏名が記載されたノートとともに民青活動資料が発見された。Xは、Y社の人事担当者からAの失踪に関し事情聴取を受けたが、Aの失踪について心当たりはない旨答え、民青活動に関することは何も話さなかった。

2　しかし、失踪から3日目にY社は、XがAの失踪当日にA宅を訪問していた事実を突き止めた。そして、これをXが当初否定していたこと等について謝罪を文書化することを求め、Aの失踪とは無関係であること等を記載させ、さらに「詫び書きの内容に偽りがあったことがわかった場合は会社の処分を受ける前に、潔く自分から身を引きたい」旨を書き加えさせた。

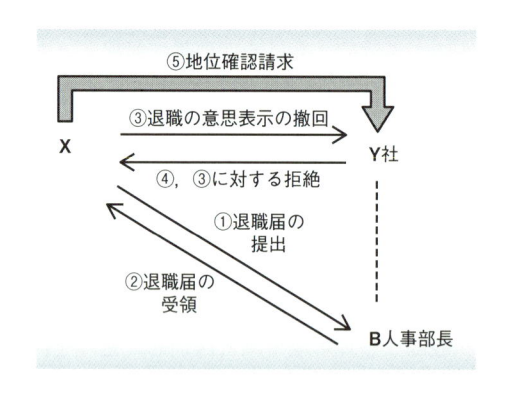

3　さらにその翌日、Y社の人事管理の最高責任者であるB人事部長が、Aの民青資料をXに示し、この中からAの手掛りが出てこないか見てくれと申し向けたところ、Xは、茫然自失の状態で暫時沈黙していたが、突然「私は退職します。私はA君の失踪と全然関係ありません。」と申し出た。B部長は、民青の

同盟員であることを理由に退職する必要はない旨を告げてXを慰留したが，Xがこれを聞き入れなかったので，退職届を取り寄せXに交付した。Xは，その場で必要事項を記入して署名拇印した上これをB部長に提出し，同部長はこれを受け取った。

4 翌朝，Xは，退職の意思表示を撤回する旨Y社に申し出たが，Y社がこれを拒絶した。そのため，Xは労働契約上の地位確認を求めて提訴した。1審は，Xは詫び書きの文言どおりに責任を取らざるを得ないとの考えに基づいて退職の意思表示をしたものであるが，Xが単にAと民青活動を共にしていたという事実のみの秘匿は，当該詫び書きにいう偽りに該当しないとして，Xの退職の意思表示には，動機の錯誤（民95条）があるから無効であると判示した。原審は，退職届の提出は，民青同盟員であることがY社に知られたことによる心理的衝撃と，社内における将来の地位の希望喪失によるもので，動機の錯誤ではないとした。しかし，当該退職届の提出を，雇用契約の合意解約の申入れであると構成しつつ，Y社から退職の辞令等を交付するなど明示的に解約承諾の意思表示をしたとの主張立証がなく，また筆記試験や人事部長を含めた四者による面接等によって決定される採用手続きと対比すると，B部長がXの退職届を受理したことをもって，本件雇用契約の解約申入れに対する承諾があったものとは解されないとし，Xによる合意解約の申込みの撤回が認められると判示した。これに対してY社が上告したが，最高裁は以下のように述べて原判決を破棄，差戻しとした。

【判旨】

1「私企業における労働者からの雇用契約の合意解約申込に対する使用者の承諾の意思表示は，就業規則等に特段の定めがない限り，辞令書の交付等一定の方式によらなければならないというものではない」。

2 原審は，入社決定手続きと対比させ，解約申込の承諾手続きにつきB部長個人での退職届の即時受理をY社の承諾の意思表示とは解せないとするが，労働者の新規採用は，その者の経歴，学識，技能あるいは性格等について十分な知識がない状態において，有用と思われる人物を選択するものであるから，B部長に採用の決定権を与えることは必ずしも適当でないとの配慮に基づくもの

であると解せられるのに対し,「労働者の退職願に対する承認はこれと異なり,採用後の当該労働者の能力,人物,実績等について掌握し得る立場にある人事部長に退職承認についての利害得失を判断させ,単独でこれを決定する権限を与えることとすることも,経験則上何ら不合理なことではない」。したがって,「Xの採用の際の手続から推し量り,退職願の承認について人事部長の意思のみによってY社の意思が形成されたと解することはできないとした原審の認定判断は,経験則に反するものというほかはない」。

3 Y社の退職願における決済欄は人事部長の決裁をもって最終のものとしていることが記載上明らかであり,職務権限規程においても,従業員の退職願いに対する承認は,社長,副社長,専務,関係取締役との事前協議なく人事部長が単独で決定し得る規程の存在がうかがわれる。B部長にXの退職願に対する退職承認の決定権があるならば,「B部長がXの退職届を受理したことをもって本件雇用契約の解約申込に対するY社の即時承諾の意思表示がされたものというべく,これによって本件雇用契約の合意解約が成立したものと解するのがむしろ当然である」。

【問題の所在】

労働者が退職する意思を表明した後に,翻意し,その撤回をするに至った場合,その可否が問題となる。時として労働者は確定的な退職の意思を固めないまま退職の意思表示をなすことがあるから,その撤回を認めないことは,労働者にとって重大な不利益となりうるのである。

本判決は,合意解約の成立要件について,とりわけ使用者の承諾がどの時点でなされたかという点につき,重要な判示を行っている。

【判断のポイント】

1　合意解約の申込みと一方的解約

労働者側から退職する意思表示が行われた場合には,法的にはそれが一方的解約の意思表示である辞職の意思と解される場合と,合意解約の意思表示と解される場合がある。労働者の意思表示が,一方的解約の意思表示であれば,2週間の予告期間が必要であり,また使用者の承諾を要することなく解約の効果

が生じるが，意思表示の到達後はその撤回は不可能である（民627条1項）。これに対して合意解約の申込みであれば，2週間という予告期間は不要であり，また解約の効果は，相手方たる使用者に申込みが到達し，これに対する承諾があって初めて生じることとなる。そのため，承諾により合意解約が成立する前であれば，その撤回は可能である。

2 労働者の退職の意思表示

労働者の退職の意思表示が，法的にみて一方的解約の意思表示と合意解約の申込みのどちらの意味を有するものであるかは，事実認定の問題である。ただし，どちらの意思表示にせよ，心裡留保や錯誤などの瑕疵があれば，無効となり，または取り消しうる。本件において，1審は労働者の意思表示につき動機の錯誤を認めたため，労働者の退職の意思表示が，一方的解約の意思表示か合意解約の申込みかという判断を必要としなかった。

これに対して原審は，錯誤の成立を否定し，労働者の退職の意思表示を合意解約の申込みと解した。そのため，本判決では合意解約の申込み後の撤回の可否が争点となった。なお，一般に判例は，こうした労働者による退職の申込みを，合意解約の申込みと構成する傾向にある。労働者による退職の意思表示の撤回の可能性を留保すべきとの観点から，労働者保護を考慮したものと考えられる。

3 使用者による承諾の意思表示

使用者の承諾につき，公務員関係では，退職願の提出者に対し免職辞令の交付があるまでは，原則として撤回を認めるとの判例がある（丸森町教育委員会事件・最二小判昭和34・6・26民集13巻6号846頁）。これに対して本判決は，**私企業における使用者の承諾の様式は，就業規則等に特段の定めがない限り，辞令書の交付等一定の方式によらなければならないというものではない**と述べる。契約法の原則からは当然であるが，私企業においては様々な内部手続きを定めていようから，使用者の承諾がどの時点であったのかという判断は，諸般の事情を考慮して決すべきものとなる。特に承諾権限を持つ者が，具体的に誰かという点が焦点となってこよう。

この点，本判決は，採用手続きとの対比から人事部長の承諾では足りないとの原審判断を覆し，Y社における従前の取扱いや職務権限規程の存在等から，

人事部長に承諾権限があり、同部長が退職届を受理したことをもって、合意解約が成立している可能性を強く示唆する。本判決によれば、**退職については採用手続きとは異なり、退職承認の最終決済権限がある者が単独で使用者として労働者の合意解約の申込みに対して承諾しうる**ということになる。

4　退職の意思表示の撤回

こうして、労働者による合意解約の申込み後の撤回は、使用者による承認があるまでは可能であるが、一旦使用者から承諾がなされれば、就業規則等で特段の規定がないかぎりは不可能となる。なお、使用者から合意解約の申込みをなすことは可能である。もっとも、これに応じた労働者による退職の意思表示は合意解約の承諾となるから、労働者が後に退職の意思表示を撤回する余地がなくなる。合意解約は解雇規制の潜脱として用いられる危険性もあることから、使用者による合意解約を求める言動につき、合意解約の申込みの誘引との区別は慎重になされるべきである。

（篠原　信貴）

（2）早期退職と割増退職金

088　神奈川信用農業協同組合事件
最一小判平成19・1・18　労判931号5頁・判時1980号155頁

【事案の概要】

1　Xら2名は、信用農業協同組合であるYの従業員である。Yは、定年を60歳と定めていたが、本人が希望により定年前の退職を希望すれば、「選択定年制実施要項」により定年扱いとし、割増退職金を支払うこととしていた（以下、「本件選択定年

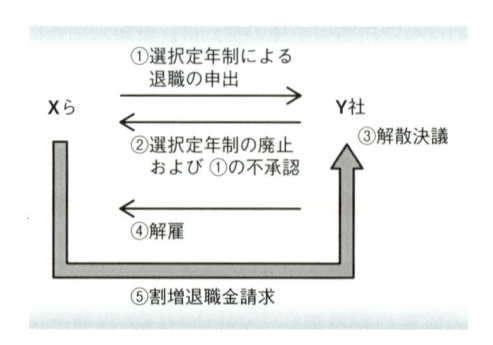

制」という)。

2 「選択定年制実施要項」によれば、本件選択定年制の「対象者は、退職時点において48才以上の職員でかつ勤続年数15年以上の職員のうち、……この制度による退職を選択し、Yが認めたものとする」とされていた。Yが本件選択定年制を設けた趣旨は、組織の活性化、従業員の転身の支援および経費の削減にある一方で、事業上失うことのできない人材の流出を防ぐことができるようにYの承認が必要とされている。

3 Xらは、それぞれ本件定年制により、昭和13年7月18日および同年9月11日に、昭和14年3月31日付けで退職することを希望する旨の申出を行った。Yは、昭和13年8月、経営悪化から事業譲渡および解散が不可避になったと判断し、本件選択定年制を廃止することとし、平成13年9月4日から7日にかけて、Xら有資格者全員に対し、本件選択定年制による退職の申出については、すでにされているものも今後されるものも承認しない旨説明を行った。Yは、平成14年1月23日の総会において、同年4月1日限りその事業の全部を神奈川県信用農業協同組合連合会等に譲り渡して解散することを決議し、同年3月31日、全従業員を解雇した。

4 Xらは、本件選択定年制により退職したものと取り扱われるべきであると主張し、割増退職金の支払いを求めて提訴した。1審および原審が請求を認容したため、Yが上告した。最高裁は以下のように述べて、原判決を破棄し、1審判決を取消したうえ、請求を棄却した。

【判旨】

1 「本件選択定年制による退職は、従業員がする各個の申出に対し、Yがそれを承認することによって、所定の日限りの雇用契約の終了や割増退職金債権の発生という効果が生ずるものとされており、Yがその承認をするかどうかに関し、Yの就業規則及びこれを受けて定められた本件要項において特段の制限は設けられていないことが明らかである。もともと、本件選択定年制による退職に伴う割増退職金は、従業員の申出とYの承認とを前提に、早期の退職の代償として特別の利益を付与するものであるところ、本件選択定年制による退職の申出に対し承認がされなかったとしても、その申出をした従業員は、上記の

特別の利益を付与されることこそないものの，本件選択定年制によらない退職を申し出るなどすることは何ら妨げられていないのであり，その退職の自由を制限されるものではない。したがって，従業員がした本件選択定年制による退職の申出に対してYが承認をしなければ，割増退職金債権の発生を伴う退職の効果が生ずる余地はない」。

2　「なお……，Yが，本件選択定年制による退職の申出に対し，Xらがしたものを含め，すべて承認をしないこととしたのは，経営悪化から事業譲渡及び解散が不可避となったとの判断の下に，事業を譲渡する前に退職者の増加によりその継続が困難になる事態を防ぐためであったというのであるから，その理由が不十分であるというべきものではない」。

3　「そうすると，本件選択定年制による退職の申出に対する承認がされなかったXらについて，上記退職の効果が生ずるものではないこととなる」。

【問題の所在】

1　本件選択定年制は，早期に自主退職する者に対して割増退職金を支給する制度であり，一般に早期退職者優遇制度ともよばれる制度の一種である。企業がそのような制度を設けることは自由であり，またその制度設計は企業ごとに異なるが，多くの場合，労働者による早期退職者優遇制度に基づく退職の申出に対し，使用者の承認が必要であると定められる。そこで，早期退職者優遇制度の適用に使用者の承認を要件とすることは可能であるか，また，使用者が承認しないことにつき合理的な理由が必要かという問題が生ずる。本判決は，事例判断ではあるものの，これらの点につき最高裁の見解を明らかにしたものである。

【本判決のポイント】

1　合意解約

早期退職者優遇制度は，合意解約と割増退職金の支給が一体となったものであるが，この合意解約はどの段階で成立するのだろうか。一般に，早期退職者優遇制度は，早期退職者の募集に労働者が応募し，これを使用者が承諾するという制度設計がされている。ここで，早期退職者の募集を合意解約の申込みと

捉えれば，労働者による応募は，これに対する承諾となるから，この段階で合意解約が成立していると考えられる。しかし，本判決は「本件選択定年制による退職は，従業員がする各個の申出に対し，Yがそれを承認することによって，所定の日限りの雇用契約の終了や割増退職金債権の発生という効果が生ずるもの」としているから，早期退職者の募集を申込みの誘引，労働者の応募を申込みと捉え，これに対する使用者の承認をもって，合意解約の承諾があり，制度が適用されると解している。使用者の承認を同制度適用の要件とするものといえる。

2 使用者の承認

　本判決のように考えると，使用者がその承認を恣意的に行った場合につき，検討を要しよう。まず，労働者は使用者の承認がない限り早期退職者優遇制度に基づく退職ができず，割増退職金が支給されない。そのため，使用者が承認しないことは労働者の退職の自由を事実上制約するものであるとして，あるいは労働者の平等取扱い原則の観点から，使用者の承認を制度適用の要件と解すること自体への批判がありうる。制度適用の可否を，使用者による任意の承認にかからしめることが公序違反に当たる，との構成が考えられよう。この点につき，本判決は，使用者による承認を制度適用の要件と解しても，選択定年制によらない退職は可能であるから，退職の自由を侵害しないと判示している。やや形式的な判断であるが，そもそも早期優遇退職制度は，通常の退職制度に加えて複線的に構築された制度であり，また早期退職する労働者に対する優遇措置であるから，その適用に制限があるとしても，労働者の退職の自由を侵害することはありえないという理解であろう。

3 承認の裁量

　次に，使用者の承認を要件と認めるとしても，すなわち，使用者が承認するか否かにつき一定の裁量を認めたとしても，不承認が使用者の裁量の範囲を逸脱するような場合には，労働者の申込みどおりに制度適用の効果が生ずると解することが可能かという問題がある。原審は，早期退職者優遇制度における使用者による承認の趣旨・目的から，裁量権の行使が不合理である場合には，申込みどおりに制度適用の効果を認めると判示した。

　この点，本判決は，判旨**1**で制度上Yの承認に特段の制限が設けられてい

ないと指摘し，**Yの承認がない限り，割増退職金の発生を伴う退職の効果が生じる余地はない**とする。早期退職優遇制度はあくまで優遇制度であるとの認識や，Yの承認を合意解約の承諾と構成する以上は，これがなければ法的に合意解約の効果が生じると解することは困難であるとの理解を前提に，早期退職優遇制度に使用者の裁量権を限定するような一般的な制約根拠を認めず，裁量の逸脱による合意解約の成立に否定的な立場をとったものといえる。

4 救済の可能性

他方，制度上，使用者の承諾について一定の制約が課されている場合や，具体的状況において制度適用についての黙示の合意が成立していると認められるケースでは，使用者が制度適用を拒否しても，労働者による割増退職金の支払請求が許容される余地もありえよう。裁判例においても，競業会社へ転職する場合には，早期退職優遇制度の適用除外とし，競業会社に当たるかどうかの判断は使用者が個別に行うと定めていたケースにおいて，「これは適用除外の範囲について，考慮事項を例示した上，合理的に個別判断する趣旨から定められたもの」と解し，「競業」の解釈および適用につき使用者の裁量権を認めた上で，使用者が「申請対象者に適用を認めないことが信義に反すると認められる特別の事情がある場合には，信義則上，適用申請の承認を拒否することは許されない」と判示したものがある（富士通〔退職金特別加算金〕事件・東京地判平成17・10・3労判907号16頁——ただし，競業会社への転職を理由に，結論としては承認義務を否定している）。また，使用者が承諾の条件を明示せずに希望退職者を募集し，申込みを受理した上，不承諾の意思を告知することなく退職の手続きを進めていたケースにおいて，早期退職者優遇制度の適用を承諾したものと推認するのが相当であるとして，割増退職金の請求を認めたもの（アジアエレクトロニクス事件・東京地判平成14・10・29労判839号17頁）がある。

（篠原　信貴）

（３）退職後の競業避止義務

089　ヤマダ電機事件
東京地判平成19・4・24　労判942号39頁・労経速1977号3頁

【事実の概要】

1 X社は，家電量販店チェーンを全国的に展開する株式会社であり，YはX社の元従業員であって，在職中は地区部長・店長等を勤めていた者である。

2 X社では，一定以上の地位にある従業員が退職する場合には「最低1年間は同業種（同業者），競合する個人・企業・団体への転職は絶対に致しません」（以下「本件競業避止条項」という）等と記載した役職者誓約書を提出させることとしていた。当該誓約書には，違反する行為があった場合には退職金を半額に減額するとともに，直近の給与6か月分に対する法的措置を講じられても異議を申し立てない旨，記載されていた。平成16年12月頃，待遇等に不満を抱いたYは，X社を退職することを決意し，XのライバルÂ会社であるA社の取締役と転職についての相談を行った。その結果，YはX社とのトラブルを避けるため，1年間は派遣会社C社を介してB社（A社の子会社）で就労し，その後A社の正社員となることにした。Yは，平成17年3月20日に本件誓約書を提出し，同年4月15日にX社を退職，翌日16日からC社の派遣としてB社での就労を開始した。Yには，X社の退職金規定に基づく退職金が支給された。

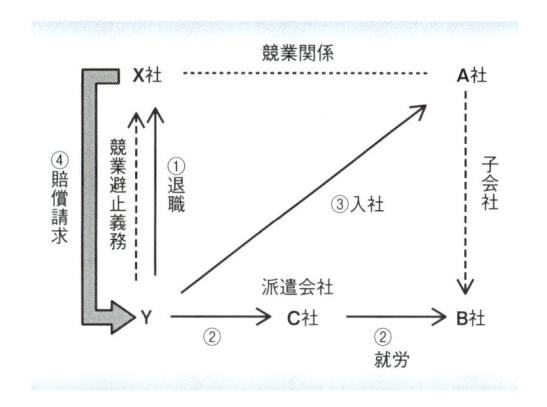

3 その後，X社の関係者は，Yおよびその他数名の元従業員がA社に移籍したとの情報を得て，A社にその旨を問い合わせた。XA間で会談が持たれた際，

089

X社代表者がYについては許すとの発言をしたため，Yは自らの転職をX社が承諾したものと考え，同年6月1日，A社に入社した。

4 本件は，X社がYに対し，本件競業避止条項違反の債務不履行を理由に損害賠償を求めた事案である。裁判所は次のように述べてYの競業避止義務違反を認め，損害賠償の支払を命じた。

【判旨】

1 A社は，本件競業避止条項にいう同業他社に当たり，YがA社に入社したことは本件競業避止条項に違反する。また，B社は，A社の「子会社であって役員も共通するなどA社と密接な関係にあるのであって，実質的にはその一部門とみることが可能であるから，本件競業避止条項にいう同業者に当たると解すべきである」。

「Yは，B社に派遣されることを前提に人材派遣会社に登録した上で，実際に派遣社員として稼動したのであるから，その行為は本件競業避止条項にいう『転職』に当たる」から，「YがX社を退職した翌日からB社で稼動したことも，本件競業避止条項に違反する」。

2 「会社の従業員は，元来，職業選択の自由を保障され，退職後は競業避止義務を負わないものであるから，退職後の転職を禁止する本件競業避止条項は，その目的，在職中のYの地位，転職が禁止される範囲，代償措置の有無等に照らし，転職を禁止することに合理性があると認められないときは，公序良俗に反するものとして有効性が否定されると考えられる」。

3 Yは，X社における販売方法，人事管理の在り方を熟知し，また全社的な営業方針，経営戦略等を知ることができたと認められ，このような知識・経験を有する従業員が，X社を退職した後に直ちに直接の競争相手となる会社に転職した場合には，X社が相対的に不利益を受けることが容易に予想されるから，「これを未然に防ぐことを目的として，Yのような地位にあった従業員に対して競業避止義務を課することは不合理でないと解される」。

本件競業避止条項の対象となる同業者の範囲は，家電量販店チェーンを展開するX社の業務内容と同種の家電量販店に限定されると解釈することができる。また，退職後1年という期間は，X社が本件競業避止条項を設けた目的に

照らし，不相当に長いものではない。さらに，本件競業避止条項に地理的制限がないことも，X社が全国展開する会社であることからすると，過度に広範であるということもない。

他方，代償措置については，役職者誓約書の提出を求められる従業員に対し，それ以外の従業員に比して高額の基本給，諸手当等を給付していることは認められるものの，これが不利益を補償するに足りるとの十分な立証があるとはいいがたい。しかし，「代償措置に不十分なところがあるとしても，この点は違反があった場合の損害額の算定に当たり考慮することができるから，このことをもって本件競業避止条項の有効性が失われることはない」。

4 本件においては，退職金については半額，給与については1か月分相当額の限度で，これを違約金とすることに合理性がある。そうすると，本件における違約金額は，合計約143万円に当たると解するのが相当である。

【問題の所在】

営業秘密やノウハウの暴露を防止する目的で，退職後の労働者に対し，競業避止義務が設定されることがある。競業避止義務は労働者の競業会社での就労そのものを阻止できることにより，使用者にとって情報漏えいを防ぐために有益な手段であるが，労働者の職業選択の自由を直接制約することになるので，その有効要件が問題となる。

本判決は，①競業避止条項の有効性判断の枠組み，②要素ごとの具体的判断基準等について述べたものである。

【本判決のポイント】

1 法的根拠

労働者はその在職中，信義則上の義務として，競業避止義務（誠実義務，労契3条4項）を負う。これに対して，労働者の退職後は，原則として労働契約の終了と同時にその義務も消滅する以上，当事者の合意等の明示の根拠をもって（就業規則については争いがある），競業避止義務を定めることが必要となる。本件においては，役員誓約書の提出がこの合意に当たり，競業避止義務の根拠となる。

2 有効性

本判決は，退職後の競業避止義務を含めた合意は，合理性が否定されるときは公序良俗違反として無効になると述べ，その判断要素として，競業避止義務設定の「目的，在職中のYの地位，転職が禁止される範囲，代償措置の有無等」を挙げる。これまでの裁判例が構築してきた判断枠組みを踏襲したものである（フォセコ・ジャパン事件・奈良地判昭45・10・23判時624号78頁）。先例を踏まえて一般化すれば，競業避止条項が合理性を欠くものとして公序良俗違反となるか否かは，①競業避止義務設定目的の正当性，②競業避止義務を課される労働者の地位の高さ・職務内容，③競業制限の対象職種・期間・地域，④代償の有無・内容の４点により判断されると整理できる。

なお，裁判例には，当事者の設定した競業避止条項が過度に広範にわたるため，文言通りの効力を認め難い場合，競業避止義務そのものを公序違反として無効とする立場と，競業避止条項を合理的な範囲に限定的に解釈し，その範囲内においてのみ競業避止条項の有効性を認める立場がある。本判決が競業避止義務の範囲等について限定している部分（後述）は，通常の契約解釈によるものであるから，ここでは前者の立場に立っているものと考えられる。

3 判断要素

個別の判断要素について検討する。競業避止義務の設定自体は，不正競争防止法上の営業秘密とまではいえない営業上のノウハウ等を秘匿する目的でも許容されており，一般的に，目的の正当性は，ある程度広範に認められている。本判決では，人事管理の在り方や経営戦略等の知識を有する従業員が競業他社に転職することを防ぐという点が競業避止条項の目的とされている。また，これに関連し，特に守るべきノウハウ等に触れる機会のない職務の労働者であれば，競業避止義務の設定が不合理なものとされる。本判決では，Yは相当程度高位の労働者であり，裁判所がこれを考慮していることがうかがえる。

次に，制限の範囲であるが，競業避止義務はその目的を逸脱する範囲まで過度に労働者を拘束してはならないから，その範囲が限定される必要があり，また労働者の萎縮効果が生じうることから，その範囲は明確であることが求められる。本判決は，競業制限の対象に関して誓約書文言の曖昧さを指摘した上で，これを全国展開される家電量販店チェーンと解し，また地理的制限を設け

ないことから，過度に広範なものとはいえないと判示する。期間については，これを5年と定めたことが不当に長いと判示された例があるが，本件では1年と比較的短期間であることから，長期的拘束とはいえないとされている。

代償措置については，これを競業避止義務設定の有効要件とする立場がある。この立場によれば，在職中の労働の対価と区別された競業避止義務設定のための特別の対価が必要となり，対価が存在しないかあるいは著しく低額である場合には，その合理性が否定される。これに対し，本判決は，代償が不十分であっても損害賠償額で考慮すればよいと述べる等，あくまで代償を合理性の一要素と解している。

なお，競業避止義務が有効な場合の効果として，損害賠償請求の他，退職金の不支給・減額，競業の差止請求が考えられる。退職金の不支給・減額については一般に，労働者の長期間にわたる功労を抹消するほどの背信性が求められるため，競業避止義務違反により直ちに退職金の不支給・減額が有効になるわけではない（☞**047**事件）。本判決は，誓約書につき競業避止義務違反により功労が減殺され，退職金が半額の限度でしか発生しない趣旨であると解し，これに相当する損害賠償請求を認容した。また競業の差止めについては，「競業行為により使用者が営業上の利益を現に侵害され，又は侵害される具体的なおそれがある」場合にのみ認めるとする裁判例（東京リーガルマインド事件・東京地決平成7・10・16労判690号75頁）がある。

（篠原　信貴）

（4） 従業員引抜きの適法性

090　ラクソン事件
東京地判平成3・2・25　労判588号74頁・判時1399号69頁

【事案の概要】

1　X社は英会話教室を経営する会社である。Y_1は，X社の取締役兼営業本部長の地位にあったが昭和60年12月に取締役を辞任した者である。Y_2は，英語

教材販売を業とする会社である。

2 X社では，昭和60年後半頃には給与支払の遅延，営業経費の清算の遅れなどが生じ，Y_1が立替えを余儀なくされることとなった。Y_1は，自ら事業部（以下，「Y_1組織」という）を率いていたが，X社の経営への不安や不満を抱き，同年12月に取締役を辞任した。その後Y_1は昭和61年1月上旬頃からY_2の役員と接触を持ち，Y_1およびY_1組織の移籍の段取りを協議し，またY_1組織の者に対し，X社の経営状況を漏示するなどしてY_2への移籍への説得を行った。そして同年2月24日早朝，あらかじめ確保しておいた移籍後の営業所にY_1組織の備品を密かに運搬し，同日から25日にかけて，Y_1組織の慰安旅行という名目で部下らをホテルに連れ出し，Y_2の役員と共に移籍の説得を行った。その結果，Y_1組織の者ら22名が26日からY_2社のセールスマンとして営業を開始した。昭和61年初頭時点でY_1が率いる事業部は，X社全体の売上げの80％を占めるまでになっていたため，同年2月のX社の売上高は約5,000万円であったのに対し，Y_1組織移籍後の3月には約1,200万円と落ち込んだ。

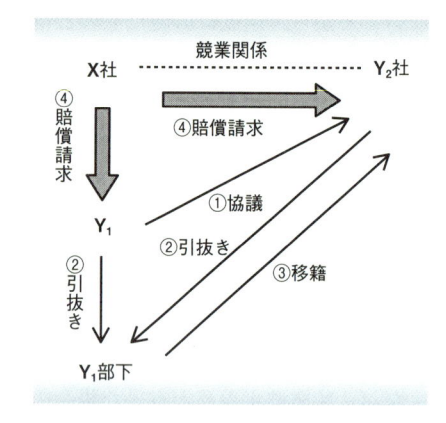

3 X社は，Y_1に対し，主位的に取締役の忠実義務違反，予備的に雇用契約上の債務不履行もしくは不法行為に基づく損害賠償を，Y_2に対し不法行為に基づく損害賠償を請求し，裁判所は以下のように述べてこれら請求（Y_1については予備的請求）を一部認容した。なお，Y_1はX社に対し，在職中に立て替えた経費の支払を求めて反訴を提起し概ね認容されているが，この点は省略する。

【判旨】

一 Y_1の責任

1「およそ会社の従業員は，使用者に対して，雇用契約に付随する信義則上の義務として，就業規則を遵守するなど労働契約上の債務を忠実に履行し，使用者の正当な利益を不当に侵害してはならない義務（以下「雇用契約上の誠実義

務」という。）を負い，従業員が右義務に違反した結果使用者に損害を与えた場合は，右損害を賠償すべき責任を負うというべきである」。

2 「企業間における従業員の引抜行為の是非の問題は，個人の転職の自由の保障と企業の利益の保護という二つの要請をいかに調整するかという問題でもあるが，個人の転職の自由は最大限に保障されなければならないから，従業員の引抜行為のうち単なる転職の勧誘に留まるものは違法とはいえず，したがって，右転職の勧誘が引き抜かれる側の会社の幹部従業員によって行われたとしても，右行為を直ちに雇用契約上の誠実義務に違反した行為と評価することはできない」が，「その場合でも，退職時期を考慮し，あるいは事前の予告を行う等，会社の正当な利益を侵害しないよう配慮すべきであり」，「これをしないばかりか会社に内密に移籍の計画を立て一斉，かつ，大量に従業員を引き抜く等，その引抜きが単なる転職の勧誘の域を越え，社会的相当性を逸脱し極めて背信的方法で行われた場合には，それを実行した会社の幹部従業員は雇用契約上の誠実義務に違反したものとして，債務不履行あるいは不法行為責任を負うというべきである。そして，社会的相当性を逸脱した引抜行為であるか否かは，転職する従業員のその会社に占める地位，会社内部における待遇及び人数，従業員の転職が会社に及ぼす影響，転職の勧誘に用いた方法（退職時期の予告の有無，秘密性，計画性等）等諸般の事情を総合考慮して判断すべきである」。

3 本件Y_1の行為の態様は「計画的かつ極めて背信的であったといわねばなら」ず，そのセールスマンらに対する移籍の説得は，「もはや適法な転職の勧誘に留まらず，社会的相当性を逸脱した違法な引抜行為であり，不法行為に該当すると評価せざるを得ない」。よって，Y_1は，「X社との雇用契約上の誠実義務に違反したものとして，本件引抜行為によってX社が被った損害を賠償する義務を負うというべきである」。

二　Y_2の責任

1 「ある企業が競争企業の従業員に自社への転職を勧誘する場合，単なる転職の勧誘を越えて社会的相当性を逸脱した方法で従業員を引き抜いた場合には，その企業は雇用契約上の債権を侵害したものとして，不法行為として右引抜行為によって競争企業が受けた損害を賠償する責任があるものというべきである」。

2 本件Y₂の行為は,「単なる転職の勧誘を越えて社会的相当性を逸脱した引抜行為であるといわざるを得」ず,Y₂は,X社と本件セールスマンらとの契約上の債権を侵害したものとして,Y₁と共同して本件引抜行為によってX社が被った損害を賠償する責任があるというべきである。

【問題の所在】
　労働者が退職し他の会社で働くことは基本的に自由であるから,労働者が他の労働者に対し転職の勧誘を行うことも,一般的には許容される。しかし,引抜きの態様によっては,旧使用者にとって大きな打撃となりうる。そこで裁判所は,一定の場合には引抜行為を違法と評価している。本判決は,引抜行為を行った者が,引抜き対象となった会社の幹部従業員であって,在職中ないしそれと限りなく近接した状況で自らの部下を引き連れて,新会社へ移籍を行った事案であり,引抜行為の違法性判断の枠組みを示したリーディング・ケースである。

【本判決のポイント】
1 労働者の誠実義務
　労働者は労働契約における信義則上の義務として,使用者に対し誠実義務を負うと解されている（労契3条4項）。この誠実義務は社外における労働者の言動等まで広範囲に及ぶもので,本判決はこれを引抜行為に対する損害賠償請求の根拠としている。一般に,誠実義務から在職中の競業避止義務が当然に導かれると解されており,例えば在職中に競業会社を設立するなどの行為は,この競業避止義務違反とされる。本判決のいう誠実義務とは,実質的にはこの競業避止義務を意味していよう。

2 引抜行為の違法性
　本判決は,引抜行為の違法性は転職の自由と企業利益との利益調整の問題であると捉える。その上で,単なる転職の勧誘は誠実義務に反しないが,その引抜きが単なる転職の勧誘の域を越え,社会的相当性を逸脱し極めて背信的方法で行われた場合には,誠実義務違反として,債務不履行ないし不法行為責任が生ずるとする。

引抜行為は，これに応じて転職する労働者にとっては退職の問題，ひいては職業選択の自由の問題であり，引抜きを行う側にとっては，職業活動ないし営業の自由の問題である。労働者に対し待遇等で好条件を示し，転職の勧誘を行うこと，またこれに応じて労働者が転職することそれ自体は，資本主義下における正当な経済活動であって，労働市場における競争行為であるから，単純に引抜行為をすべて誠実義務違反と構成できないのは当然である。本判決が，労働者の転職の自由を最大限に保障しなければならないと述べて，引抜行為が違法と評価される場合があることを認めつつ，これを「社会的相当性を逸脱する極めて背信的」な方法で行われた場合に限っていることも，こうした理解を背景にするものといえよう。

3　社会的相当性

社会的相当性の逸脱の有無の判断については，転職する従業員の地位・待遇・人数，転職が会社に及ぼす損害，引抜きの方法・態様（退職時期の予告の有無，秘密性，計画性）等諸般の事情を総合考慮するとされている。すなわち，通常の転職活動における情報共有等のレベルを超えて，従業員が集団で一斉に退職することで，これまで勤務してきた会社にダメージを与え，これをもって新たな会社を設立あるいは移籍し，場合によってはそのまま顧客等を奪取しようとする行為を，正当な経済活動の範囲を超えたものとして債務不履行ないし不法行為として違法と評価するということである。本件においては，Y_1 が幹部社員であったこと，相当数の従業員が予告なく一斉に移籍したこと，引抜行為が計画的・密行的に行われたこと等から，誠実義務違反が認められている。

なお，引抜行為の違法性が認められれば，相当因果関係の範囲内で損害賠償責任が生ずるが，現実に損害額がどこまで立証できるかという問題は残る。そのため，企業実務上は，退職金の不支給・減額という措置がとられることがある。判例は，退職金が賃金の後払い的性格をも有していることから，その不支給・減額には，これまでの功労を抹消するほどの背信性が求められるとしているが，この場合には，引抜行為の背信性は，退職金の不支給・減額の際に求められる背信性の範囲と重なることになる。

4　引抜会社の責任

本判決は雇用契約上の債権侵害と構成し，Y_2 の賠償責任も肯定している。

090

　本件では，Y_2 が Y_1 の計画に積極的に加担していることが，不法行為責任を認める決め手になったものと考えられる。

〔篠原　信貴〕

第16章　企業組織の変動

(1)　会社解散

091　第一交通産業（佐野第一交通）事件
大阪高決平成17・3・30　労判896号64頁

【事案の概要】

1　XらはタクシーA社に雇用されていたタクシー乗務員であり，B労働組合の組合員である。Y社はA社の全株式を保有する親会社で，A社の他にも多くのタクシー会社を傘下に収め，全国グループを展開している。

2　Y社は子会社に自社の取締役等を役員として派遣し，子会社の給与水準その他の労働条件，資産運用方針等の基本的な部分も決定していた。子会社の経理事務もY社が一括して統一的に行っていたが，財産の混同はなかった。

3　Y社はA社の経営再建をはかり，その一環として賃金体系が変更された（新賃金体系）。同じ頃，会社再建に協力する従業員団体（交友会）が発足し，A社がB労組を脱退して交友会に加入した者に「協力金」を支給するなどした結果，B組合員は大幅に減少した。その後，新賃金体系は裁判で無効と判断されたが，Y社はB組合との間に賃金体系変更の合意が成立しない時はA社に対する援助を中止し，別の子会社をA社の事業区域に進出させる方針に転換した。

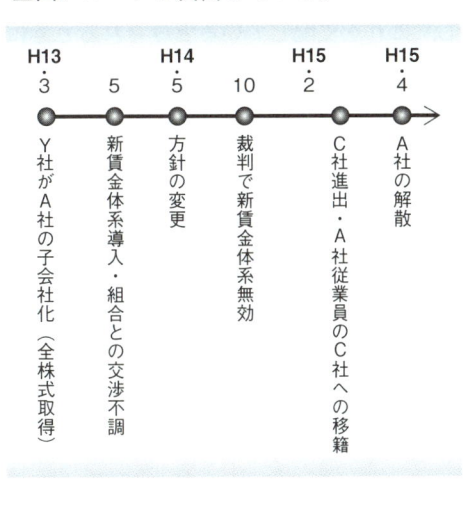

H13.3	H14.5	H14.5	H14.10	H15.2	H15.4
Y社がA社の子会社化（全株式取得）	新賃金体系導入・組合との交渉不調	方針の変更	裁判で新賃金体系無効	C社進出・A社従業員のC社への移籍	A社の解散

4 賃金体系の交渉決裂後，Y社の別の子会社C社がA社の事業区域に営業所を開設した。この営業所の従業員はいずれも交友会員がA社から移籍したもので，A社にはXらを含むB組合員のみが残った。A社は株主総会で解散が決議され，A社従業員全員が解雇された。

5 XらはY社に対して雇用契約上の権利の確認および賃金仮払いを求める申し立てをした。原原審，原審は賃金仮払いのみを認め，その他の申立ては却下した。本決定は次のように判断し，原決定を取消した。

【判旨】

1 「親会社が子会社を支配し，両社間で財産と業務が混同されてその事業が実質上同一視され，子会社を親会社の一営業部門と解すべきような状態にある場合には，子会社の法人格は形骸化している」。そのような事例において，「親会社が子会社の従業員の賃金その他の労働条件や人事に具体的な影響力を行使し，これを支配しているとみられるときには，……（子会社の解散は）1つの営業所が閉鎖されたことと同視すべきであ」り，解雇された子会社の従業員は，親会社に直接，継続的，包括的な雇用契約上の権利を主張できる。

2 法人格の形骸化までは至らないまでも，「親会社の子会社に対する支配の程度が一定以上に達していて，その支配力を利用することにより，子会社に存する組合を壊滅させる等不当な目的を達するため，その手段として子会社が解散されたものであるなど，法人格が違法に濫用された場合には，」法の根元にあるフェアネスの精神にかんがみて，「親会社は，子会社との法人格の別異を主張することが許されず，解散した子会社の従業員に対し責任を負う」。

3 親会社は，未払い賃金等既存の債務については，公平の観点からみて，濫用の程度が比較的低い場合でも雇用契約上の責任が認められる。

4 子会社解散が真実解散の場合は，その目的，動機にかかわらず，従前の事業が消滅しているため，子会社の従業員は労働を提供することができないので，親会社は将来に向けて雇用契約の主体としての責任を負わない。一方，子会社解散が偽装であり，親会社や別法人の下で事業が継続ないし再開された場合，当該事業体における就労が可能であるから，雇用契約は当該事業体との間に存続する。親会社は，自ら事業を復活させた場合や事業を運営する子会社と

その法人格が同一視される場合には，雇用主として，子会社の従業員に対し，将来に向けて継続的，包括的な責任を負う。

5 解雇権は濫用されてはならず，親会社が，労働組合消滅等「不当な目的を達するために，子会社に対する支配的な地位を利用してこれを解散し，子会社の労働者の雇用機会を喪失させたときには，」その解散が真実か偽装かにかかわらず，「その行為は不法行為に該当し，親会社は，子会社とともに，雇用機会喪失等によって子会社の労働者に生じた損害を賠償すべき責任を負う」。

6 本件では，Y社はB労組を排除するという違法な目的でA社を解散したもので，A社の事業はC社の下で継続しているが，C社の法人格は形骸化しているとはいえないから，A社は不法行為責任のみを負う。

【問題の所在】

　株式保有等を通じて形成される親子会社関係においては，もっぱら親会社が子会社の経営に関する重要事項を事実上決定し，子会社は自らの存続についてすら決定権を持たないことも少なくない。親会社の意向により子会社が解散すれば，子会社の労働者は解雇される。このとき，労働者が解雇の責任を問いうるのは，原則として雇用契約の相手方である子会社のみである。その一方で，事実上の決定権者である親会社は，形式上は子会社とは法人格を異にするため，解散にともなう解雇につき責任を問われることはない。ただし，実質上は子会社が親会社の一部門にすぎない（法人格の形骸化）場合，子会社内の労働組合壊滅等の違法な目的のために会社解散が実施された（法人格の濫用）場合などにおいては，法人格否認の法理が適用され，親会社にも使用者としての責任が認められる。本決定は，法人格否認の法理が適用される事例において，親会社が子会社の労働者に対し，①いかなる場合に②どのような責任を負うかについて判断を示している。

【判決のポイント】

1　法人格否認の法理の適用要件

　これまでの裁判例でも，親会社による子会社解散につき，法人格否認の法理の適用の有無が争われた事例は少なからずある。

法人格否認の法理が適用されるためには，上述のように法人格の形骸化または法人格濫用があったことが必要である。法人格の形骸化を認めるには，事業内容，財産関係や取引関係などのほか，役員や本社所在地，財務会計等，事業運営の多くの要素で親子会社間に実質的な同一性が認められなければならない。一方，法人格濫用は，親会社が子会社に対して支配的地位にあり，かつ違法または不当な目的のために子会社の法人格を利用したことが要件とされる。本決定は，法人格の形骸化が認められる場合，および法人格の濫用があった場合には親会社は法人の別異を主張することは許されないとしており，それぞれの要件についても，これまでの裁判例と同様の立場に立っているといえる。

2　法人格否認の法理の適用の効果

法人格否認の法理が適用される場合，親会社にはどのような責任が課せられるのか。これまでの裁判例では，未払い賃金や退職金などの労働債権の支払義務を認めたものが多い。

ところで本件のような事例では，労働契約の主体であった子会社は消滅しており，解雇が違法と判断されても，労働者の原職復帰は不可能である。そこで，親会社には債権の弁済責任だけでなく，子会社労働者の使用者として雇用責任を問いうるかが問題となる。これまでの裁判例では親会社に雇用責任を認めたものは少ない（認めた事例として，徳島船井電機事件・徳島地判昭和50・7・23労判232号24頁，中本商事事件・神戸地判昭和54・9・21労判328号47頁）。

本決定は，親会社の責任の内容について，法人格の形骸化事例と法人格濫用事例とに分ける枠組みを示している。まず，子会社の法人格が形骸化しているものについては，親会社に包括的，継続的な雇用契約上の責任が認められると判断している。そして，法人格が濫用された事例については，未払い賃金等の労働債権の弁済義務は，濫用の程度が低くても親会社にも責任を認めうるとする。それと同時に，子会社解散が偽装である場合には，解散子会社の事業を継続している事業体が雇用契約の主体となるとしている。したがって，事業を継続しているのが親会社ならば親会社が，親会社とは別法人ならばその法人が，その法人の法人格が親会社との関係において形骸化しているならば親会社が，子会社労働者の使用者となる。このように，**法人格否認の法理の効果として，親会社が雇用契約上の使用者として認められうる**という立場を採っている点は，本

決定の特徴である。

もっとも，本決定も法人格否認の法理の適用がある場合はすべて，親会社と子会社労働者との間に雇用関係を認めているわけではなく，**子会社解散が真実の場合は，親会社は未払い賃金等の支払い義務のみを負うとしている。**

（藤本　真理）

（2）　事業譲渡（営業譲渡）

092　勝英自動車学校（大船自動車興業）事件
東京高判平成17・5・31　労判898号16頁

【事案の概要】

1　自動車学校を運営するO社は，自動車学校入校生の減少，従業員の高齢化による人件費の上昇等が原因で経営が悪化していた。そのため，同社の親会社P社の社長は同社を手放したいと考えるようになった。それを聞いたY₁社社長のY₂は，O自動車学校の経営再建は可能であると考え，P社からO社の全株式を譲り受けて経営を引き継いだ（本件買収）。

2　本件買収の翌日，本件買収とそれにともなう経営者交代の事実が従業員に告知された。同日以降，O自動車学校では新経営陣と従業員との面談が行われ，賃金体系を変更する予定であること等新しい経営姿勢の説明，協力要請が行われた。

3　その直後Y₂は，O社の営業をY₁社が譲り受け，O社は解散することを決めた。O社従業員には，従業員全員がいったん退職し，退職金を支払った上で再雇用したいので，退職届を提出してもらいたいこと，およびO自動車学校の名称変更や営業時間延長等の方針が伝えられた。さらに数日後に，退職届を提出した者は正社

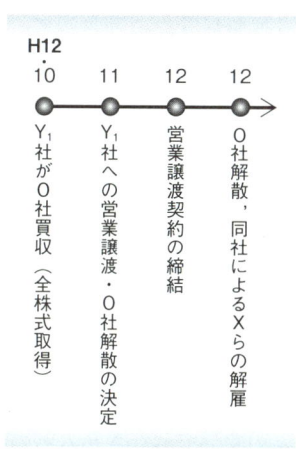

員として，退職しないものについては解雇した後嘱託または契約社員として雇用する旨が告知された。

4 O社とY₁社は，O社の解散が株主総会で議決された日に営業譲渡契約を締結した（本件営業譲渡）。同契約4条において，Y₁社はO社の従業員の雇用を引き継がないが，O社従業員でY₁社での再就職を希望し，その旨をO社を通じて通知した者については雇用することが定められた。

5 労働組合員であるXらは，組合の方針に従って退職届を提出しなかった。退職届を提出した従業員は組合員も含め全員Y₁社に再雇用されたが，XらはO社から解散を理由に解雇され，Y₁社に再雇用されなかった。XらがY₁社との雇用関係の確認を求めて提訴。原審はXらの労働契約はY₁社に承継されたとして，Xらの請求を認容した。Y₁社が控訴したが，本判決は次のように地裁の判断を維持し，控訴を棄却した。

【判旨】

1 O社の解散は偽装解散ではなく有効であり，解散を理由とする解雇は有効であるが，O社とY₁社との間で，本件営業譲渡契約の締結時までに，「ⅰ O社と従業員との労働契約を，……（自動車学校事業に）従業員をそのまま従事させるため，Y₁社との関係で移行させること，ⅱ ただし，……（労働条件の引下げに）異議のある同会社の従業員については上記移行を個別に排除する，ⅲ この目的を達成する手段としてO社の従業員全員に退職届を提出させ，退職届を提出した者をY₁社が再雇用するという形式を採るものとし，退職届を提出しない従業員に対しては，O社において会社解散を理由とする解雇に付するという合意がされたと認められる」。このような目的での解雇は「客観的に合理的な理由を欠き社会通念上相当として是認できないから，解雇権の濫用として無効であ」り，またこの目的に符合を合わせた本件営業譲渡契約4条も民法90条に違反して無効になる。結局，上記合意は，O社の従業員の労働契約をY社との関係で移行させるとの原則部分のみが有効なものとして残存する。

2 本件解雇が無効になることにより，本件営業譲渡の発効日をもって，Xらの労働契約の当事者としての地位がYに承継される。YはXらの就労を拒否しているのであるから，債権者の責めに帰すべき事由により債務の履行が不能で

ある場合に該当し，XらはYに対し賃金請求権を有する。

【問題の所在】

事業譲渡（営業譲渡）では，譲渡される営業にかかる債権債務の取扱いについて法律上特に定めがなく，譲渡当事者は承継される債権債務の範囲を自由に定めることができる。事業譲渡において労働契約が譲受人に承継されるには，譲渡当事者間で譲渡人の従業員の雇用関係を譲受人が承継する旨の合意が成立し，かつ個別労働者が自らの雇用関係の承継に同意することが必要である。そのため，労働者は譲受会社への承継を拒否できるが，本件のように譲渡当事者間で雇用関係不承継の明示の合意がある場合，譲受人との雇用関係を当然には主張できない。しかし，雇用関係不承継の合意の目的が，譲渡人による解雇と譲受人による新規採用を通じて特定の労働者を排除して事業を継続することにあり，譲受人が実際には特定の労働者以外は皆採用している場合はどうか。本判決は，①特定労働者を排除する合意は認められるのか，②排除された労働者の雇用契約はどうなるのかを判断したものである。

【本判決のポイント】

1 雇用関係不承継の合意の有効性

事業譲渡における特定労働者の承継排除の問題は，過去にも多くの裁判例があり，さまざまな理論構成が試みられている。例えば，譲渡当事者の意思解釈として雇用契約承継の黙示の合意を認める手法がある。しかし，雇用契約の取扱いについて特に譲渡契約に定めがない場合はともかく，本件のように雇用契約不承継の明示の合意がある事例では，黙示の合意を推認することは困難である。そして，前述のとおり雇用関係の承継の有無は譲渡当事者が自由に定めることができ，譲受人は承継した営業に必要な人員を新規採用する場合は，広範な採用の自由を有する。事業譲渡契約上雇用関係を承継しない旨の明示の合意がある場合，不採用という形で承継排除された労働者は，譲受人に雇用契約上の地位を主張することが難しくなる。

本判決は，雇用関係不承継の明示的合意が特定労働者を承継から排除するための方策である場合は，事業譲渡契約の当該部分のみが公序良俗に反して無効となると

判示しており，こうした問題に正面からこたえるものということができよう。譲渡当事者間で本件に類似の合意がなされ，組合員のみが不採用となった事例において，かかる合意は組合員の排除を目的とするもので，組合員のみ不採用としたことは解雇に等しいとしたもの（青山会事件・東京高判平14・2・27労判824号17頁☞参考判例**128**事件）もあるが，これは不当労働行為の事例である。本判決は雇用関係不承継の明示的合意が存する場合の承継排除について，より一般的な論理を展開したものといえる。

ただし，本判決も，譲渡当事者の意思解釈により雇用契約承継の合意を認める手法であることにはかわりない。まず，本件においては譲渡当事者間で「従業員との労働契約をY_1社との関係で移行させる」旨の合意があり，それが原則であるとの意思解釈を前提に，雇用関係不承継の合意の効力を公序違反で無効と判断しているからである。

特定労働者の承継排除の目的を公序違反に問うならば，その公序の内容が問題となる。しかし，本判決では解雇法理との関連は示されてはいるものの，必ずしも明確にはされていない。そのため，どのような事案であれば雇用契約不承継の明示の合意が否定されるのかは不明確である。参考判例では，一般論として組合員の排除（不当労働行為）を目的とする合意は公序違反となるとしているが，当該事案での労働契約不承継の合意にそのような目的はないとしている。

2　承継排除された労働者の救済と射程

本判決は，本件譲渡契約のうち雇用関係不承継の合意部分が無効となった結果，Xらの雇用契約関係は，本件営業譲渡の発効日をもって，Y_1社に承継されたと判断している。この判断は，**1**で述べたように譲渡当事者間で原則として雇用関係を承継する合意があったと認められることが前提になっている。

ところで，労働契約不承継の明示の合意の効力と労働契約承継の合意の存否は別問題であり，常に雇用関係承継の合意が存在するとは限らない。例えば，事業譲渡を機に大幅な人員削減することを合意し，譲受人が譲渡人の従業員のごく一部だけを採用し，多数は不採用とした場合，雇用関係を承継する旨の合意の存在を導くのは難しくなる（目的が違法であるとして不法行為の損害賠償を認める可能性はある）。事業譲渡においては，債権債務は譲渡当事者の合意なくして

譲受人に承継されない以上，雇用関係の承継を認めるにも限界がある。なお，事業譲渡の実態によっては，事業譲渡が法人格の濫用であるとして法人格否認の法理を適用し，雇用関係の承継を認める構成も考えられる。しかし，参考判例で財産や経営担当者の相違を理由に実質的同一性が否定されていることにも表れているように，その射程はより狭いと考えられる。

(藤本　真理)

参考判例

093　東京日新学園事件
東京高判平成17・7・13　労判899号19頁・労経速1913号3頁

【事案の概要】

1　Yは訴外A学園に教員として雇用されていた者であり，個人で労働組合に加入していた。X学園はA学園の経営破たん後，その事業の一部を引き取るべく設立された学校法人である。

2　A学園はかつて拡大路線を採っていたが，その後生徒数の減少などにより経営が悪化し，莫大な債務超過に陥った。再建案を検討した結果，いったんは訴外B学園に一部校舎を売却して学校を存続させ，教職員の一部をB学園が新規採用することになったが，B学園は学校事業の承継から撤退した。

3　A学園の経営者は廃校を免れるべく，知人に働きかけて新たな学校法人X学園設立のための発起人会を設置し，行政手続にも着手した。A学園とX学園発起人会の間では，A学園の財産や教職員の採用方法について協議がなされ，教職員はA学園が退職させ，退職金を支払うこと，X学園はA学園の退職者から運営に必要な教職員を採用すること等が合意された。8月31日には，A学園の教職員に9月30日付での解雇の予告通知がなされた。

4　9月上旬，X学園はA学園の教職員への面接を行い，希望者183名中154名を採用することとしたが，Yや組合活動を行っていた2名は採用されなかっ

た。選考担当者は，Yら3名がA学園勤務中に格別の問題を起こしたことがないこと，Y以外の組合活動を知っていた。Yら3名はX学園による不採用は不当労働行為として地方労働委員会に救済を申し立てた。

5 X学園はYとの間の雇用関係不存在の確認を，Yは自らの労働契約はX学園に承継されたとしてX学園に対して給与等の支払を求める民事訴訟を提起した。1審は，X学園の請求を棄却し，Yの請求については，一部認容し給与等の支払と不法行為に基づく損害賠償を命じたため，X学園が控訴した。本判決は次のように判断し，原判決を取り消した。

【判旨】

1 A学園とX学園との間には，カリキュラムや教職員の顔ぶれなどに継続性が認められるが，主たる事務所の所在地を異にし，理事の構成も全く異なる上，A学園が運営していた学校の一部は廃校となっている。X学園とA学園との間に「法的に教職員の雇用関係の承継を基礎づけ得るような実質的な同一性があるものと評価することはできない。」

2 旧法人解散と新法人設立が，労働組合の壊滅や特定労働者の排除を目的としているなど，法人格の濫用が認められる場合には，「法人格否認の法理の適用により，新旧法人の同一性を認めて，旧法人のした解雇を無効とし，新法人に雇用契約関係の承継を認めることがあると考えられる。」本件では，A学園解散とX学園の設立には学校存続という目的があり，違法不当な目的があったとは認められず，X学園に雇用契約は承継されない。

3 A学園からX学園への事業引継ぎが営業譲渡に類似するものだとしても，雇用契約関係の承継の有無は「譲渡契約当事者の合意により自由に定められるべきものであり，営業譲渡の性質として雇用契約関係が当然に譲受人に承継されることになるものと解することはできない。」A学園とX学園との間には，雇用契約関係を承継しない旨の合意があったことは明らかである。雇用関係不承継の合意が，組合排除等の目的でなされた場合は，「公序（憲法28条，労働組合法7条）に反し，無効であるというべきである」が，本件においてはそのような無効事由は認められない。

（藤本　真理）

（3） 会社分割と労働契約承継法

094　日本アイ・ビー・エム事件
最二小判平成22・7・12　労判1010号5頁

【事案の概要】

1　Y社はコンピューター製造・販売，システム開発等を行う会社である。XらはY社のHDD製造部門の従業員であり，A労働組合の組合員である。Y社は同業のB社とHDD事業に特化した合弁会社を設立することで合意した。Y社はHDD事業部門を会社分割して新設会社C社とし（本件会社分割），その全株式を合弁会社に譲渡し，B社のHDD事業部門もC社に吸収分割された。

2　会社分割においては承継営業に主として従事し，分割計画書に記載された従業員の労働契約は当該労働者の同意なく承継会社に承継される（労働契約承継法3条）。ただし，旧商法等改正法附則5条が承継営業に従事する個別労働者との協議のあり方（5条協議）について，労働契約承継法7条が過半数代表者との協議（7条措置）について定めている。また，5条協議，7条措置で分割会社が説明すべき内容等については，労働契約承継法の指針（平12労告127号，平18労告343号による改正前のもの，以下指針）に定めがある。

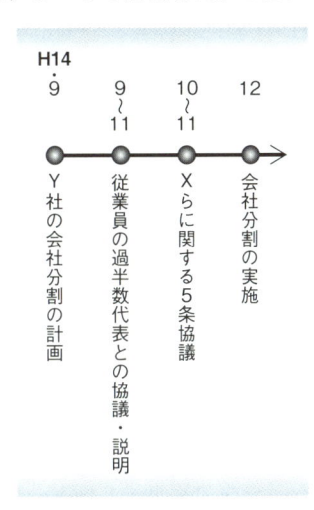

H14
9／9〜11／10〜11／12
Y社の会社分割の計画／従業員の過半数代表との協議・説明／Xらに関する5条協議／会社分割の実施

3　Y社はHDD事業部門の従業員に対し，本件会社分割とそれにともなう従業員の移籍，新設会社での労働条件などをイントラネット上で通知し，あわせて質問受付窓口を設置，FAQ（よくある質問とその答え）を掲載した。FAQには，異動対象となる「主として従事する社員」は分割計画書等作成時点において承継される営業に専ら従事している労働者であり，他の営業にも従事している場合には各営業に従事する時間，果たしている役割等を総合的に判断して「主と

して」従事する労働者か否かを決定することになると記載していた。また，Y社は事業所の従業員代表を集めて代表者協議を開催し，本件会社分割の説明と質疑応答を行った。そこでY社は，分割後の承継会社の業績によっては賃金の引き下げもありうること，従業員代表の役割の1つは事業所において事業再編への従業員の理解を深めるやりとりをすること等と言及した。代表者協議後，Xらが属する事業所の事業所代表は数度にわたりY社との間で書面による質疑応答を行った。

4 A組合はY社に対し，組合員であるXらについては同組合が5条協議の代理人として委任を受けたことを伝えた。Y社とA組合との間では4度にわたり5条協議が実施され，承継後の労働条件等について質疑応答が行われた。

5 Y社は本件会社分割を実施した。Xらは承継営業に従事する従業員であるとして，その雇用契約はC社への承継の対象とされた。

6 Xらは，自分たちには労働契約承継拒否の権利がある，本件会社分割は権利濫用・脱法行為等に当たり無効であるとしてY社との雇用関係上の地位確認と不法行為の慰謝料を請求した。原原審および原審がXらの請求を棄却したため，Xらは上告した。本判決は次のように判断し，Xらの上告を棄却した。

【判旨】

1 5条協議が分割会社に求められている趣旨は，「承継のいかんが労働者の地位に重大な変更をもたらしうるものであることから，分割会社が分割計画書を作成して個々の労働者の労働契約の承継について決定するに先立ち，承継される営業に従事する個々の労働者との間で協議を行わせ，当該労働者の希望等をも踏まえつつ分割会社に承継の判断をさせることによって労働者の保護を図ろうとする」ことであると解される。

2 承継法3条は「適正に5条協議が行われ当該労働者の保護が図られていることを当然の前提としているものと解される。」5条協議が定められた趣旨に照らすと，同協議が「全く行われなかった時には，当該労働者は承継法3条の定める労働契約承継の効力を争うことができるものと解するのが相当である。」また，5条協議の内容が著しく不十分であるため，5条協議を求めた趣旨に反することが明らかな場合も，5条協議違反があったと評価してよく，労働契約

承継の効力を争うことができる。

3 他方，7条措置については，分割会社に対して努力義務を課したものと解され，これに違反したこと自体は労働契約承継の効力を左右する事由にはならない。7条措置において十分な情報提供がなされなかったがために5条協議がその実質を欠くことになったといった特段の事情がある場合に，5条協議義務違反の有無を判断する一事情として7条措置の如何が問題になるにとどまる。

4 個別の事案において行われた7条措置や5条協議が法の求める趣旨を満たすか否かを判断するに当たっては，それが指針に沿って行われたものであるか否かも十分に考慮されるべきである。

5 本件においては，5条協議が不十分であるとはいえず，Xらの請求は認められない。

【問題の所在】

会社分割では，分割計画書上に承継対象として記載された権利義務関係が包括的に分割先の会社に承継される。労働契約も同様に扱われるが，労働契約承継法により，分割の対象とされる営業（承継営業）に主として従事する労働者で分割契約等に労働契約承継の定めがない場合と，主として従事する労働者でない者が分割契約等で承継対象とされていた場合に限り，労働者の異議申立権が認められている。この労働者の異議申立権は労働者が自らの職務から切り離されることで生じうる不利益を防止するために導入されたものである。しかし，経営リスクの高い事業の切り離しにともなう雇用継続への不安など，労働者の不利益には職務の主・従とは無関係に発生するものもある。本件は，まさに承継営業に主として従事しており，承継を拒否できない労働者が，自らの雇用契約の新設会社への不承継を訴えた事例である。

【本判決のポイント】

1 分割無効による労働契約承継拒否

前述のように，本件の原告らには異議申立権がない。そこで，Xらは個々の労働者や従業員の過半数代表者との協議という手続の不備により会社分割そのものが無効であると主張した。分割会社が事前に労働者個人や過半数代表者と

協議すべき内容については，旧商法および労働契約承継法に定めがある。過半数代表者とは承継対象となる労働者の範囲や承継の方法について「労働者の理解と協力を得る」よう協議することが求められ（7条措置），労働者個人とは承継営業に主として従事する者か否かの基準，分割後の就業等について説明し，本人の希望を聴取し，協議すべきこととされている（5条協議）。そして，行政解釈指針では，5条協議が全く行われなかった場合または実質的にそれと同視しうる場合には，同条違反が会社分割の無効の原因になりうるとされている。

本判決は，5条協議違反を理由に，労働者は，会社分割無効の訴えによらず，分割会社に対する地位確認の訴えにより労働契約承継を拒否することができるとしている。他方，7条措置は努力義務であり，5条協議違反の有無の判断の一要素にとどまると判示している。

2 求められる協議の内容

それでは，どのような内容の協議があれば法の要請する手続として足り，どのような事実があれば，協議が「全く行われなかった場合または協議の内容が著しく不十分であるため5条協議を求めた趣旨に反する場合」に該当するのか。本判決は，指針に沿った協議内容であるかを考慮要素としている。

本判決は，5条協議については，その趣旨を「労働者の希望等をも踏まえつつ……判断させる」ことで労働者保護を図ると解釈を示しているが，本件でXらの希望をY社が酌まなかったことについては問題視していない。結局，法の趣旨にかなう協議というためには，労働者への説明と意見聴取があれば足りると判断しているものと考えられる。本件では複数回の協議が重ねられ，情報提供もある程度なされていたため，本件の結論としては妥当かもしれない。

本判決に従えば会社分割時に使用者に課せられた協議手続は，協議の結果によらず，情報提供と意見聴取のみ行えば足りることになる。確かに，承継対象は分割当事者が決するものであり，法律上も労働者との合意の成立が要求されていない以上，協議の結果は不問に付されるであろう。一方，協議がどれほどの実質を有していたかは，手続履行の有無の判断を左右しうる。どの程度の内容と頻度で協議が行われれば手続を履行したといえるのか，分割会社の協議における態度は考慮されるのかなど，今後の議論が待たれるところである。

（藤本　真理）

第17章　非典型雇用

（１）　期間雇用労働者の雇止め

095　日立メディコ事件
最一小判昭和61・12・4　労判486号6頁・判時1221号134頁

【事案の概要】

1　Xは，当初20日間の期間を定めてY社の柏工場に雇用され，その後期間2か月の労働契約が5回更新されて昭和46年10月20日に至った臨時員である。柏工場の臨時員制度は，景気変動に伴う受注の変動に応じて雇用量の調整を図る目的で設けられたものであり，臨時員の採用に当たっては，学科試験や技能試験などは行わず，面接において健康状態，経歴，趣味，家族構成などを尋ねるのみで採用を決定するという簡易な方法がとられていた。

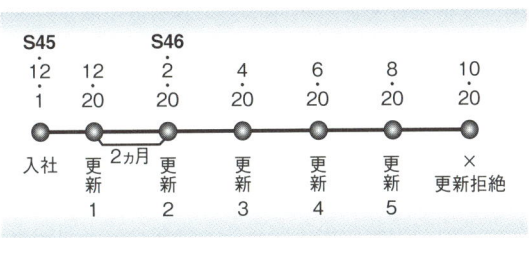

```
S45            S46
12  12    2     4     6     8    10
・1 ・20  ・20  ・20  ・20  ・20  ・20
●───●────●─────●─────●─────●─────●
入社 更新  更新  更新  更新  更新  ×
    　2ヵ月
     1    2     3     4     5   更新拒絶
```

2　柏工場においては，臨時員に対し，一般的には前作業的要素の作業，単純な作業，精度がさほど重要視されていない作業に従事させる方針をとっており，Xも比較的簡易な作業に従事していた。Y社は，臨時員の契約更新に当たっては，更新期間の約1週間前に本人の意思を確認し，当初作成の労働契約書の「雇用期間」欄に順次雇用期間を記入し，臨時員の印を押捺させていた。もっとも，Xが属する機械組においては，本人の意思が確認されたときは，給料の受領のために預かっている印章を庶務係が本人に代わって押捺していた。

3　Y社は，柏工場で不況の影響による受注の伸び悩みで在庫が過大となり，労働力が過剰な状態となっているとして，昭和46年下期に同工場で100人の人員削減を行うことを決定し，その一環としてXら14名の臨時員を同年10月20日

の期間満了日で雇止めとすることとした。パートタイマーの雇止め，販売部門への異動，出向者の復帰などの人員削減措置も併せて講じられた。

4 これに対しXはY社に対し労働契約の存在確認と賃金の支払を求めた。1審判決は，契約更新時の手続などからすれば本件労働契約にはそもそも期間の定めがなかったのであり，本件雇止めは解雇に該当すると認定した。その上で，Y社にXらを解雇すべき業務上の必要性があったとはいえないとして，Xの主張を認容した。しかし原審では逆にY社が全面的に勝訴したため，Xが上告した。最高裁は以下のように高裁の判断を要約しつつ原審を維持した。

【判旨】

1　「5回にわたる契約の更新によって，本件労働契約が期間の定めのない契約に転化したり，あるいはXとY社との間に期間の定めのない労働契約が存在する場合と実質的に異ならない関係が生じたということもできない」。

2　「柏工場の臨時員は，季節的労務や特定物の製作のような臨時的作業のために雇用されるものではなく，その雇用関係はある程度の継続が期待されていたものであり，Xとの間においても5回にわたり契約が更新されているのであるから，このような労働者を契約期間満了によって雇止めにするに当たっては，解雇に関する法理が類推され，解雇であれば解雇権の濫用，信義則違反又は不当労働行為などに該当して解雇無効とされるような事実関係の下に使用者が新契約を締結しなかったとするならば，期間満了後における使用者と労働者間の法律関係は従前の労働契約が更新されたのと同様の法律関係となる」。

3　「しかし，右臨時員の雇用関係は比較的簡易な採用手続で締結された短期的有期契約を前提とするものである以上，雇止めの効力を判断すべき基準は，いわゆる終身雇用の期待の下に期間の定めのない労働契約を締結しているいわゆる本工を解雇する場合とはおのずから合理的な差異があるべきである。」

4　「独立採算制がとられているY社の柏工場において，事業上やむを得ない理由により人員削減をする必要があり，その余剰人員を他の事業部門へ配置転換する余地もなく，臨時員全員の雇止めが必要であると判断される場合には，これに先立ち，期間の定めなく雇用されている従業員につき希望退職者募集の方法による人員削減を図らなかったとしても，それをもって不当，不合理であ

るということはできず，右希望退職者の募集に先立ち臨時員の雇止めが行われてもやむを得ない」。

5　「Y社においては柏工場を1つの事業部門として独立採算制をとっていたことが認められるから，同工場を経営上の単位として人員削減の要否を判断することが不合理とはいえず，本件雇止めが行われた昭和46年10月の時点において，柏工場における臨時員の雇止めを事業上やむを得ないとしたY社の判断に合理性に欠ける点は見当たらず，右判断に基づきXに対してされた本件雇止めについては，当時のY社のXに対する対応等を考慮に入れても，これを権利の濫用，信義則違反と断ずることができない」。

【問題の所在】

　民法上の原則からすれば，期間の定めがある契約の期間が経過した場合，両当事者がその更新を合意しないかぎり，契約は当然に終了する。しかし，期間の定めのある労働契約に関しては，その期間満了による終了（雇止め）が労働者の意に反する場合に，上記の原則を修正するルールが判例上確立している。本判決は，結論としては雇止めを有効と判断したが，①いかなる場合に使用者による雇止めが制限されるのか，②雇止めが違法とされた場合にどのような法的効果が生じるのか，③雇止めと正規従業員の解雇とではその有効性の判断基準はどのように異なるのか，などについて重要な判示を行っている。

【本判決のポイント】

1　雇止め保護法理の拡張

　雇止めに関しては，すでに本判決以前から，期間の定めのある労働契約であっても，それが「期間の満了毎に当然更新を重ねてあたかも期間の定めのない契約と実質的に異ならない状態」で存在している場合には，雇止めの意思表示は実質的に解雇の意思表示に当たり，その効力の判断に際しては解雇に関する法理が類推される，という重要な判例法理が確立していた（東芝柳町工場事件・最一小判昭和49・7・22民集28巻5号927頁）。

　本判決は，期間の定めのある労働契約が「期間の定めのない契約と実質的に異ならない状態」になっているとまでは言えない場合であっても，一定の場合

にはなお雇止めが制限されると述べている。東芝柳町工場事件判決の示した雇止め保護法理の範囲をさらに拡大した重要な判決といえる。その後の下級審判断も加味してこのルールを定式化すると，有期契約であっても，その**更新が合理的に期待されていたといえる場合には，解雇の法理が類推適用され，客観的に合理的で社会的に相当な理由が要求される**，ということになる。

　本件では，本工と比較すると臨時員の採用手続は簡易でその業務内容も補助的なものであり，契約更新の手続もその都度一応なされていたため，「期間の定めのない契約と実質的に異ならない状態」が生じているとまでは言えないが，季節的・臨時的な作業のための雇用ではなく，契約更新も5回なされたという事情などから，雇用継続について「ある程度の」（合理的な）期待が生じていたという判断がなされた。

2　違法な雇止めの法的効果

　本判決によれば，解雇法理が類推適用され，**雇止めが違法であると評価された場合，期間満了後における使用者と労働者間の法律関係は従前の労働契約が更新されたのと同様の法律関係となる**。つまり，本件のように期間2か月の契約であれば，同じ2か月の契約としての更新がなされたことになる。理論的には，雇止めが違法となったことにより労働契約に付されていた期間の定めが無効となり，期間の定めのない労働契約が存続する，と考える余地もなくはない。しかし最高裁はそのような見解を採用せず，期間の定めのある契約がいわば法定更新されるという立場に立った。

3　雇止め保護法理の限界

　他方で最高裁は，**期間雇用労働者の雇止めの是非を判断する基準は，正社員の解雇の場合の判断基準とは異なる**と述べ，雇止め保護法理の限界もまた同時に明らかにした。要するに，一般的にいえば，雇止めはまったく自由にできるわけではないが，正社員の解雇よりは緩やかな基準で認められるということである。本判決でも，Y社柏工場が独立採算制を取っているという事情の下，臨時員全員の雇止めを決定する前に正社員の希望退職者募集による人員削減を図らなかったことが不当，不合理とはいえない，とされた。仮にこれが正社員の場合であれば，他工場への配転や希望退職の募集などの解雇回避措置をまったく検討せず，いきなり整理解雇を決定することは許容されない可能性が高い。

4 反復・更新の有無

東芝柳町工場事件では、期間2か月の短期契約が最高で23回更新された労働者の雇止めが問題となった。また本判決も、2か月契約がすでに5回更新されていたケースである。しかし雇止めに対する保護は、契約の反復・更新が何度もなされているケースにのみ限定されるわけではない。たとえ**初回の契約更新時であっても、その時点での契約更新が合理的に期待されていたといえるような事情が存するのであれば、なお雇止め法理の保護は及ぶ**と考えられる。実際、下級審裁判例の中には、初回の契約更新時における雇止めであっても、雇用期間についての実質が期間の定めのない雇用契約に類似しているので、労働者が契約期間満了後も雇用継続を期待することに合理性がある、として、使用者の更新拒絶を信義則違反であるとしたものがある（龍神タクシー事件・大阪高判平成3・1・16労判581号36頁☞次の参考判例 **096** 事件）。

（森戸　英幸）

参考判例

096　龍神タクシー事件
大阪高判平成3・1・16　労判581号36頁・労旬1262号51頁

【事案の概要】

1 Xは、平成元年1月22日にタクシー会社であるY社に臨時雇運転手として雇用され、その際Y社との間で契約期間を平成元年1月22日から平成2年1月20日までとする記載のある契約書を交わした。

2 契約書上の契約期間は1年であったが、昭和54年の臨時雇運転手制度導入以降、自己都合による退職者を除き、臨時雇運転手の契約がY社側の拒絶で更新されなかったという例はなかった。契約更新時には改めて契約書が取り交わされていたが、必ずしも契約期間満了の都度直ちに新契約締結の手続がとられていたわけではなかった。またXの採用時にも、Y社から1年限りで辞めても

らう旨の話はなかった。Xは，Y社の臨時雇運転手が皆自動的に契約を更新されていることを知っており，自分の場合も当然契約が更新され継続して雇用されるものと考えて就労していた。

3 本雇運転手（正社員）に欠員が生じた場合には，臨時雇運転手で希望する者の中から一定の条件を満たす者が本雇運転手に登用されることになっていた。昭和54年以降，Y社で直接本雇運転手として採用された運転手は存在しない。

4 Y社は，契約書上の契約満了日である平成2年1月20日に，Xに対し契約の更新を拒絶する旨の意思表示をした。そこでXがY社の従業員たる地位の保全と賃金仮払いの仮処分を申請したところ，本判決は以下のように判示してXの申請を認容した。

【判旨】

1 「本件雇用契約は……期間の定めのあるものであって，これを期間の定めのない雇用契約であると認めることはできないが，……Y社における臨時雇運転手にかかる雇用契約の実態に関する諸般の事情……に照らせば，その雇用期間についての実質は期間の定めのない雇用契約に類似するものであって，Xにおいて，右契約期間満了後もY社がXの雇用を継続するものと期待することに合理性を肯認することができるものというべきであり，このような本件雇用契約の実質に鑑みれば，……臨時雇運転手制度の趣旨，目的に照らして，従前の取扱いを変更して契約の更新を拒絶することが相当と認められるような特段の事情が存しないかぎり，Y社において，期間満了を理由として本件雇用契約の更新を拒絶することは，信義則に照らし許されない」。

2 「臨時雇運転手制度の趣旨，目的に照らし，Y社において従前の取扱いを変更して本件雇用契約の更新を拒絶することが相当と認められるような特段の事情を一応認めるに足りる疎明はない。……本件更新拒絶は，信義則に照らし許されないものというほかなく，Xの就労期間が一年にすぎず過去に契約の更新を受けたことがないとの点は，右の判断を左右するに足るものではない。」

（森戸　英幸）

（2） パート労働者と正社員との均等待遇

097　丸子警報器事件
長野地上田支部判平成8・3・15　労判690号32頁・判タ905号276頁

【事案の概要】

1　Xら（28名）は、いずれもY社の臨時社員であり、原則として雇用期間を2か月とする雇用契約の更新を繰り返しながら、最長で25年を超え継続勤務しており、これまでY社が更新拒絶をしたことはなかった。Xらの就業時間、勤務

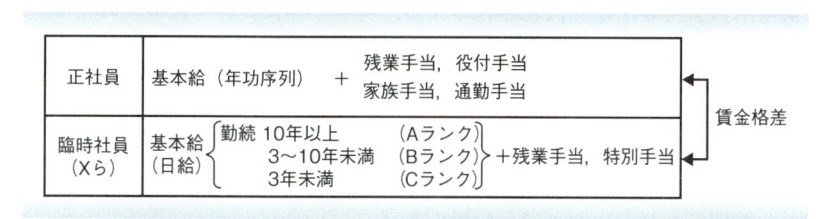

正社員	基本給（年功序列） ＋ 残業手当, 役付手当 家族手当, 通勤手当	賃金格差
臨時社員（Xら）	基本給（日給）{ 勤続 10年以上（Aランク）／ 3〜10年未満（Bランク）／ 3年未満（Cランク） } ＋残業手当, 特別手当	

日数は、就業時間の最後の15分間が残業扱いとなる以外は正社員と同じであり、QCサークル活動への参加も正社員と同様であった。Xらの多くは女性正社員と同じ組立ラインに配属され、同様の仕事に従事していた。その一方で、Xら臨時社員には正社員よりも不利な賃金体系が適用されていた。

2　Y社では、女性社員が主として組立ラインの仕事、男性社員がそれ以外の仕事という構造となっていた。Y社では、昭和42年頃から女性臨時社員の採用が急増し、その頃増設された組立ラインでは、女性の正社員と臨時社員が混在して就業するようになった。ただし、臨時社員は正社員の補佐的、準備的な仕事を担当していた。

3　昭和50年以降、女性正社員は受付ないし社長秘書としての例外的な場合しか採用されず、組立ラインに就くことはなくなった。そのような状況下で、臨時社員の職務内容はかつての補佐的、準備的なものから、もともと女性正社員が行っていたのと同様のものになり、女性正社員の減少により、臨時社員が組立ラインでの中心として働くようになった。

097

4 以上の事実関係の下で，臨時社員として働くXらは，不当な賃金差別により損害を受けたとして不法行為に基づく損害賠償を請求した。

本判決は，以下のとおり，Xらに対する賃金格差につき，同一（価値）労働同一賃金原則の根底にある均等待遇の理念に違反する格差であることを認め，女性正社員の賃金の8割に満たない部分の格差を公序良俗違反として違法と判断し，Xらの請求を一部認容した。

【判旨】

1　「労働基準法3条及び4条は，いずれも雇入れ後の労働条件についての差別を禁止するものであり，雇い入れの自由を制限するものではない……。……男女雇用機会均等法が立法化されるなど，男女平等については雇入れについても法的な規制をすることが要請されつつあると見られるが，募集・採用については未だ事業主の努力義務を定めたに留まるものと理解され，これに反することが直ちに違法であると言うことはできないのであり，未だ社会的な情勢も現在と異なる昭和43年当時であれば，なおさら雇入れにおける男女平等が公序良俗として要請されていたとは言い難い。

……単純な採用差別ではなく，採用することを前提としたその後の待遇の差別であると見る余地がありそうにも考えられる。しかし，……異なった採用手続で個別に雇用契約を結んでいる以上契約締結の自由の範囲内であると言わざるを得ない」。

2　「……労働基準法3条に定める社会的身分とは，生来的なものにせよ，後天的なものにせよ，自己の意思によって逃れることのできない社会的な分類を指すものであり，「正社員」「臨時社員」の区別は，雇用契約の内容の差異から生じる契約上の地位であるから，同条に定める身分には該当しない」。

3　「同一（価値）労働同一賃金原則が，労働関係を規律する一般的な法規範として存在していると認めることはできない。

すなわち，使用者が雇用契約においてどのように賃金を定めるかは，基本的には契約自由の原則が支配する領域であり，労働者と使用者との力関係の差に着目して労働者保護のために立法化された各種労働法規上の規制を見ても，労働基準法3条，4条のような差別禁止規定や賃金の最低額を保障する最低賃金

法は存在するものの，同一（価値）労働同一賃金原則についてこれを明言する実定法の規定は未だ存在しない。……多くの企業においては，年功序列による賃金体系を基本とし，……同一（価値）労働に単純に同一賃金を支給してきたわけではないし，……その労働価値が同一であるか否かを客観性をもって評価判定することは，人の労働というものの性質上著しい困難を伴うことは明らかである。……要するに，この同一（価値）労働同一賃金の原則は，……これに反する賃金格差が直ちに違法となるという意味での公序とみなすことはできない」。

4 「労働基準法3条，4条のような差別禁止規定は，直接的には社会的身分や性による差別を禁止しているものではあるが，その根底には，およそ人はその労働に対し等しく報われなければならないという均等待遇の理念が存在していると解される。……同一（価値）労働同一賃金の原則の基礎にある均等待遇の理念は，賃金格差の違法性判断において，一つの重要な判断要素として考慮されるべきものであって，その理念に反する賃金格差は，使用者に許された裁量の範囲を逸脱したものとして，公序良俗違反の違法を招来する場合がある」。

5 「Y社においては，一定年月以上勤務した臨時社員には正社員となる途を用意するか，……同一労働に従事させる以上は正社員に準じた年功序列制の賃金体系を設ける必要があったと言うべきである。しかるに，Xらを臨時社員として採用したままこれを固定化し，……女性正社員との顕著な賃金格差を維持拡大しつつ長期間の雇用を継続したことは，前述した同一（価値）労働同一賃金の原則の根底にある均等待遇の理念に違反する格差であり，単に妥当性を欠くというにとどまらず公序良俗違反として違法となる」。

6 「もっとも，均等待遇の理念も抽象的なものであって，均等に扱うための前提となる諸要素の判断に幅がある以上は，その幅の範囲内における待遇の差に使用者側の裁量も認めざるを得ないところである。したがって，……Xら臨時社員と女性正社員の賃金格差がすべて違法となるというものではない。……本件に現れた一切の事情に加え，……賃金格差を正当化する事情を何ら主張立証していないことも考慮すれば，Xらの賃金が，同じ勤務年数の女性正社員の8割以下となるときは，許容される賃金格差の範囲を明らかに越え，その限度においてY社の裁量が公序良俗違反として違法となる」。

097

【問題の所在】

　パートタイム労働者や有期雇用労働者などのいわゆる非正規労働者は，正社員よりも低い賃金で雇用されるのが一般的であり，その間の格差に対する法的救済の可否やその範囲をめぐっては活発な議論がなされてきた。

　本判決は，現行のパートタイム労働法などによる規制がなされる以前の状況下で，「同一（価値）労働同一賃金原則の根底にある均等待遇の理念」を根拠として，いわゆる「擬似パート」（フルタイムパート）である臨時社員と正社員との賃金格差を違法と結論づけた。本判決で示された斬新な判断は，この問題に対するその後の議論に大きな影響を及ぼした。

【本判決のポイント】

1　男女差別の成否

　男性については未婚・既婚を問わず正社員として採用し，女性については未婚者を正社員，既婚者を臨時社員として採用し，Ｘら臨時社員をその地位に留めて低い賃金を支払っていることは，労基法4条で禁止される男女差別であるとのＸらの主張に対して，本判決では，Ｘらの採用時に労基法3条，4条で禁止する差別が認められる可能性があるとしても，これを違法な差別ということはできないと結論づけた。その論拠は，**労基法3条，4条は，雇入れ後の労働条件についての差別を禁止するものであり，雇入れの自由を制限するものではない**，というものである。このような労基法3条，4条の解釈は，判例に依ったものである。また，本判決では，採用後の処遇についても，正社員と臨時社員とは前提となる雇用契約が異なること等を理由に，男女差別の成立を否定した。

2　「パート」は「社会的身分」か

　臨時社員や正社員という契約上の地位は，労基法3条にいう「社会的身分」に該当するか否かにつき，本判決は，ここでいう「**社会的身分**」とは，**生来的なものにせよ，後天的なものにせよ，自己の意思によって逃れることのできない社会的な分類を指すので，契約上の地位はこれに含まれない**と判示した。これは通説的な見解に沿った判断である。

3　同一（価値）労働同一賃金原則と均等待遇の理念

「同一（価値）労働同一賃金原則」は，非正規労働者に対する賃金格差の法的救

済を肯定する根拠となりうるものであるが、裁判例は同原則を公序と解することに否定的である。本判決も、同原則を「これに反する賃金格差が直ちに違法となるという意味での公序」ではないと判示した。

本判決の斬新なところは、同原則の基礎にある**均等待遇の理念は、賃金格差の違法性判断において重要な判断要素として考慮されるべきものであり、その理念に反する格差は公序良俗違反となり得る**と判示した点にある。ただし、均等待遇については使用者の裁量を認めざるを得ないとして、賃金格差がすべて違法となるのではないとの判断も同時に示した。そして、本件事情の下で、同じ勤続年数の女性正社員の賃金の8割に満たない分の格差が公序良俗違反となると結論づけた。本判決で示された、均等待遇の理念違反による公序良俗違反が成立するのは、職務内容、勤務時間、その他の点でもほとんど正社員と変わるところのない非正社員について顕著な賃金格差がある場合に限られると考えられることから、その射程範囲は狭い。しかし、本判決で示された考え方は、平成19年のパートタイム労働法改正などに活かされつつある。

（渡邊　絹子）

（3）　派遣労働者

098　三都企画建設事件
大阪地判平成18・1・6　労判913号49頁

【事案の概要】

1　一級建築施工管理技士等の資格を持ち、土木工事の管理監督業務に従事してきたXは、土木建築工事の設計監理に関わる労働者を派遣する業務を目的として設立されたY社に派遣社員として登録した。

2　Xは、平成15年1月20から同年3月末まで、A設計に派遣され、同社が請け負った和歌山市の工事の施工管理に従事した。引き続き、Xは、同年4月5日から同年7月末日までの予定でB設計が請け負った播磨町の工事の施工管理に従事することとなり、同社に派遣された。しかし、B設計はXの仕事ぶりに

満足せず，Y社に対して派遣社員の交代を要請した。そのためY社は，同年5月6日，Xに派遣先での就労を中止するよう指示し，Xの後任としてCを派遣した。Y社は，B設計からの交代要請について，Xがパソコンを持参しなかったこと以外の理由を確認することはしなかった。なお，Cは派遣後に，Xがそれまでに提出した業務報告書の手書き部分をパソコンで書き換える作業を行った。

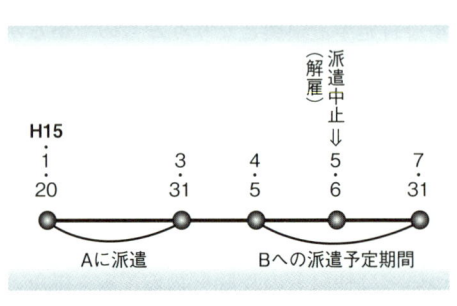

3 その後Xは，新たな派遣先を紹介されないままY社を解雇されることとなった。そこでXは，主位的に，解雇は無効であるとして，B設計に当初の予定通り派遣された場合の賃金全額を請求し，予備的に，B設計において就労しなかった期間について，労基法26条に基づく休業手当の支払等を求めた。

4 なお，Y社は労働者派遣法5条1項の許可を得ていなかったため，適法な労働者派遣会社ではなかったが，本判決は，XとY社との間に指揮命令服従関係がなかったと認められることから，Xの従事した業務につき締結されたY社とA設計およびB設計との間の各契約が，労働者派遣契約である（Xが主張しYも争っていない）という前提で検討を行い，Xの請求を一部認容した。

【判旨】

1 「Xの勤務状況が，Y社と派遣先との間の派遣契約に照らして，債務不履行（不完全履行）となる場合は，派遣先は，Y社に対して，Xの交代を要求することができ（完全履行の請求），これにY社が応じない場合は，派遣契約を解除することができる。このように派遣契約上の債務不履行があり，派遣先から交代要請があった場合は，派遣期間の途中であっても，Xとしては交代を余儀なくされ，Xの派遣期間は終了することとなり，そのことによって，派遣元との雇用契約も一旦終了し，残期間の給与を請求することはできないと解するべきである。

一方，Xの勤務状況が，Y社と派遣先との間の派遣契約に照らして，債務不

履行（不完全履行）といえない場合は，派遣先は，Y社に対して，Xの交代を要求したり，Y社がこれに応じないことを理由に，派遣契約を解除することはできない。この場合，派遣先がXの交代を求め，Xの就労を拒否したとしても，債務不履行でない限り，Y社が派遣先に対する派遣代金の請求権を失うことはないと解する」。

2　「B設計から，Xを交代させるよう要請があったこと自体は，Xの勤務状況に不完全履行の存したことを推定させる事情といわなくてはならない。しかし，……Xを交代させた後，Cが行った修正作業がB設計とY社との間の労働者派遣契約に定められた義務であったとは認められない。また，……Y社代表者は，交代要請の理由をB設計や播磨町に確認しておらず，その実際の理由は不明といわざるを得ず，Xの勤務状況が，B設計とY社との間の労働者派遣契約の債務不履行に該当するかどうかは不明といわざるを得ない。……播磨町における担当者……も，パソコンが苦手であり，Xに…業務をいろいろと頼もうとしたが，これに応じられそうになかったため，Xの交代を要請しただけである可能性も否定できない。

　以上によると，Xの勤務状況が，Y社と派遣先との間の労働者派遣契約上の債務不履行事由に該当するとはいえない」。

3　「Y社としては，派遣先から，Xの勤務状況が，Y社と派遣先との労働者派遣契約上の債務不履行事由に該当すると主張して，Xの就労を拒絶し，その交代を要請されたとしても，Xの勤務状況について，これをよく知る立場になく（その情報は，派遣先企業とXが有していることになる。），派遣先の主張を争うことは極めて困難というべきである（派遣先やXから，Y社にとって有利な情報を得ることは極めて困難と思われる。）。このような状況下において，派遣先からXの就労を拒絶された場合，Y社としては，乏しい資料しかないにもかかわらず，派遣先によるXの交代要請を拒絶し，債務不履行事由の存在を争って，派遣代金の請求をするか否かを判断することもまた困難というべきである。そうすると，Y社が，派遣先との間で，債務不履行事由の存否を争わず，Xの交代要請に応じたことによって，Xの就労が履行不能となった場合，特段の事情のない限り，XのY社に対する賃金請求権（本件では，平成15年5月7日以降の賃金請求権）は消滅するというべきである（民法536条2項の適用はないと考える。）。

一方，Y社の判断により，派遣先との紛争を回避し，派遣先からのXの就労拒絶を受け入れたことにより，派遣先におけるXの就労が不可能となった場合は，Xの勤務状況から，Y社と派遣先との労働者派遣契約上の債務不履行事由が存在するといえる場合を除き，労働基準法26条にいう「使用者の責に帰すべき事由による休業」に該当し，Xは，Y社に対し，休業手当の支給を求めることができると考える」。

【問題の所在】
　労働者派遣中に，労働者派遣契約が中途解約されたり，派遣労働者の交代がなされると，当該派遣労働者は就労する派遣先を失い，就労できなくなるのが通常である（派遣就労の打ち切り）。このような場合，①派遣労働者と派遣元との間の派遣労働契約はどうなるのか，②派遣労働契約が存続する場合，派遣労働者は，派遣先がないことで就労できない期間の賃金や休業手当を請求することができるのかが問題となる。
　本判決は，派遣先から派遣労働者の交代を要請された結果，就労先を失った派遣労働者に関して，当該派遣労働契約が存続していることを前提に，就労していない期間の賃金請求権を否定しつつ，休業手当請求権のみを認めた。

【本判決のポイント】
1　期間途中での派遣就労の打ち切りと派遣労働契約の帰趨
　派遣先から派遣労働者の交代要請があった場合，派遣元は労働者派遣契約の解除をおそれて，当該派遣労働者の勤務状況に問題があるかどうか（労働者派遣契約上の債務不履行事由の存否）を争わず，当該派遣労働者を交代させるのが通常である。本判決は，派遣労働者の勤務状況に労働者派遣契約上の債務不履行事由はないと認定した上で判断していることから必ずしも明らかではないが，**労働者派遣契約上の債務不履行事由の存否が不明である場合は，派遣就労が打ち切られても，派遣元と派遣労働者間の労働契約が直ちに終了したということはできず，定められた期間までは存続する**と解しているようである。
　労働者派遣のうち，本件のような「登録型派遣」では，労働者派遣契約の期間に合わせて派遣労働契約が締結されるのが一般的であり，派遣就労の打ち切

りは派遣労働契約の解約に直結しやすい。しかし，この場合の派遣労働契約は有期労働契約であることから，「派遣就労の打ち切り」が，有期労働契約における期間途中の解雇について求められる「やむを得ない事由」に該当するといえるのかが判断される必要がある。

本判決では，派遣労働者に労働者派遣契約上の債務不履行事由がある場合は，派遣就労の打ち切りによって派遣元との労働契約も一旦終了すると判示されている。この判示によれば，派遣就労の打ち切りに関して派遣労働者の帰責事由が認められる場合には，派遣就労の打ち切りに伴う派遣労働契約の終了が肯定されると考えられる。ただし，本判決では労働者派遣契約上の債務不履行事由の存否を問題にしており，派遣労働契約上のそれではない点で問題があろう。

2 就労不能期間の賃金請求権と休業手当

派遣労働契約が存続している場合，派遣就労の打ち切りによって就労できない期間の賃金支払いがどうなるかが，次の問題となる。この場合，派遣労働者が就労できないこと（派遣就労の打ち切り）について，使用者である派遣元の帰責事由が認められるか否かが検討される。

本判決によれば，派遣元が派遣先の交代要請に応じて派遣労働者の就労を打ち切った場合，特段の事情のない限り，派遣元に民法536条2項の帰責事由は認められないが，当該派遣労働者に問題がない以上は，労基法26条の帰責事由は認められる。すなわち，派遣労働者は，原則として民法536条2項に基づき賃金全額を請求することはできないが，労基法26条に基づく休業手当を請求することはできることになる（賃金請求を認めた事例として，浜野マネキン紹介所事件・東京地判平成20・9・9労経速2025号21頁がある）。

（渡邊　絹子）

099 伊予銀行・いよぎんスタッフサービス事件

高松高判平成18・5・18　労判921号33頁・労経速2047号3頁

【事案の概要】

1　昭和62年2月、XはA社に派遣労働者として雇用され、派遣先のY_1銀行問屋町支店での就労を開始し、同年5月から石井支店に勤務した。その後、A社の人材派遣事業部門がY_2社に営業譲渡されたことから、平成元年12月1日以降、XはY_2社を派遣元とする派遣労働者としてY_1銀行で就労した。

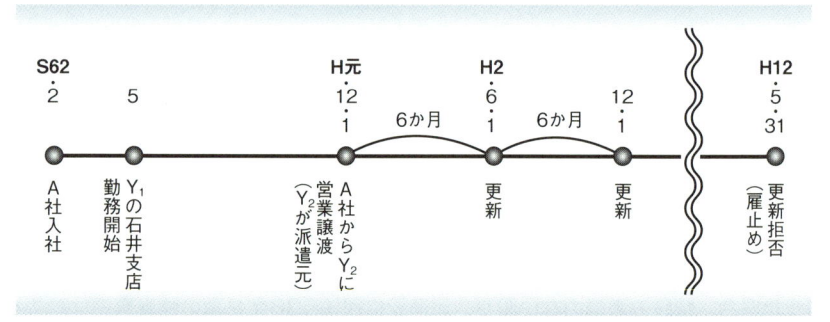

```
S62      5      H元       6か月  H2    6か月  12           H12
 ・2              ・12            ・6          ・1           ・5
                  ・1             ・1                       ・31
 ●──────●──────●──────●──────●──～～──●
 A      Y1の     A社から        更      更          更新拒否
 社      石井    Y2に営業        新      新          (雇止め)
 入      支店    譲渡
 社      勤務    (Y2が派遣元)
         開始
```

2　Y_2社は、毎年2回、雇用期間を12月1日から翌年5月31日まで、または6月1日から11月30日までとしてXの雇用契約の更新を行い、Xは平成12年5月31日まで間断なくY_1銀行の支店で就労し続けた。雇用契約の更新に際して、Y_2社は雇用契約書及び就業条件明示書を作成し、Xに交付していた。

3　平成10年8月に石井支店に赴任してきた支店長代理とXとの間に確執が生じ、その後、両者の関係修復を図ろうと試みた支店長とXとの関係も悪化した。

　平成12年5月31日、Y_2社とY_1銀行との労働者派遣契約は更新されず、期間満了により終了した。Y_2社はXに対して労働者派遣終了証明書等の退職手続書類を送付し、同年6月1日以降、Y_1銀行はXの就労を拒絶し、Y_2社は雇用契約の期間満了および更新を拒否した。

4　そこでXは、Y_2社のした雇止めは権利濫用として許されず、また、Y_1銀

行との間で黙示の労働契約が成立していると主張し，Y₂社およびY₁銀行に対し，労働契約上の権利を有することの確認とともに，賃金の支払を求めた。また，雇止めに至る過程等で受けた支店長らの行為につきY₁銀行およびY₂社に対し損害賠償を請求した。

　原審はいずれの請求も棄却したため，Xが控訴した。本判決は，損害賠償請求につき一部認容したが，その他については，下記のとおり判示して原審の判断を維持した。なお，Xは本判決に対し上告したが，最高裁は上告を棄却し，また，上告受理申立てにつき不受理決定をしている。上告不受理決定には，①XがA社またはY₂社に常用型として雇用されていた者であるか，②いわゆる「雇止めの法理」（客観的に合理的な理由を欠き社会通念上相当であると認められないときには更新拒絶は許されないとする法理）が派遣労働者の雇用契約についても適用されるかという2点において，派遣労働者の雇用関係についての重要な法律問題を含むことから上告審として受理，判断すべきとの反対意見が付された（最二小判平成21・3・27労判991号14頁）。

【判旨】

1　「派遣法は，派遣労働者の雇用の安定だけでなく，常用代替防止，すなわち派遣先の常用労働者の雇用の安定をも立法目的とし，派遣期間の制限規定をおくなどして両目的の調和を図っているところ，同一労働者の同一事業所への派遣を長期間継続することによって派遣労働者の雇用の安定を図ることは，常用代替防止の観点から同法の予定するところではない……。そうすると，……Xの雇用継続に対する期待は，派遣法の趣旨に照らして，合理性を有さず，保護すべきものとはいえないと解される。

　また，……XとY₂社との登録型雇用契約はY₂社とY₁銀行との派遣契約の存在を前提として存在するものである。

　そして，企業間の商取引である派遣契約に更新の期待権や更新義務を観念することはできないから，Y₂とY₁との派遣契約は，その期間が満了し，更新がなされなかったことにより終了したものと認められる。

　そうすると，XとY₂社との間の雇用契約が…反復継続したとしても，……いわゆる解雇権濫用の法理が類推適用されることはないというべきである。ま

た，仮に……Xの雇用継続に対する期待になお合理性を認める余地があるとしても，当該雇用契約の前提たるY₂社とY₁銀行との派遣契約が期間満了により終了したという事情は，当該雇用契約が終了となってもやむを得ないといえる合理的な理由に当たるというほかない」。

2 「労働者派遣の法律関係は，派遣元が派遣労働者と結んだ雇用契約に基づく雇用関係を維持したままで，派遣労働者の同意・承諾の下に派遣先の指揮命令下で労務給付をさせるものであり，派遣労働者は派遣先とは雇用関係を持たないものである（派遣法2条1号）。

したがって，派遣元と派遣労働者との間で雇用契約が存在する以上は，派遣労働者と派遣先との間で雇用契約締結の意思表示が合致したと認められる特段の事情が存在する場合や，派遣元と派遣先との間に法人格否認の法理が適用ないしは準用される場合を除いては，派遣労働者と派遣先との間には，黙示的にも労働契約が成立する余地はない」。

3 「派遣労働者と派遣先との間に黙示の雇用契約が成立したといえるためには，単に両者の間に事実上の使用従属関係があるというだけではなく，諸般の事情に照らして，派遣労働者が派遣先の指揮命令のもとに派遣先に労務を供給する意思を有し，これに関し，派遣先がその対価として派遣労働者に賃金を支払う意思が推認され，社会通念上，両者間で雇用契約を締結する意思表示の合致があったと評価できるに足りる特段の事情が存在することが必要である」。

4 「Xは，……採用面接を受けた際，……更新により1年以上の継続雇用は見込まれるものの，雇用期間（＝派遣期間）は6月……であり，問屋町支店で仕事がある間だけ，A社に雇用されるものであるとの説明を受けた。

……Xの賃金もA社やY₂社から支払われ……，Y₁銀行の問屋町支店や石井支店でも派遣パートと呼ばれてきた…。

……Y₁銀行は，……Xを……派遣労働者として受け入れ……，A社やY₂社に対し，Xの派遣料を他の派遣労働者の分と一括して支払っている……。

以上の事実に照らすと，XがY₁銀行の指揮命令のもとにY₁銀行に労務を供給する意思を有し，これに関し，Y₁銀行がその対価としてXに賃金を支払う意思が推認され，社会通念上，XとY₁銀行間で雇用契約を締結する意思表示の合致があったと評価できるに足りる特段の事情が存在したものとは，到底認

めることができない」。

【問題の所在】

通常の労働関係においては，有期労働契約の期間満了による終了（雇止め）について，民法上の原則を修正する判例法理が確立しており，一定の場合には，雇止めに際しても客観的に合理的で社会的に相当な理由が要求される（日立メディコ事件・最一小判昭和61・12・4 労判486号6頁☞**095**事件等）。このことは，労働者派遣の労働関係においても妥当するのか，また，派遣労働者と派遣先との間に直接労働契約が成立することがあり得るのか，などについて本判決は重要な判示を行っている。

【本判決のポイント】

1 派遣労働契約の更新拒否と解雇権濫用法理の類推適用

本件では，雇用期間6か月とする契約をほぼ自動的に更新し続け，約13年にわたり同一の派遣先で就労した労働者の雇止めが問題となった。仮に，派遣先に直接雇用されている労働者であったならば，解雇権濫用法理が類推適用される可能性が高い。しかし本判決は，2つの点から派遣労働者の雇用継続への期待は合理性を有さないと判示した。

まず，派遣法が派遣先の常用労働者の雇用の安定という目的も有していることを理由に，「同一労働者の同一事業所への派遣を長期間継続することによって派遣労働者の雇用の安定を図ることは，常用代替防止の観点から同法の予定するところではない」として，**派遣労働者の雇用継続に対する期待は，派遣法の趣旨に照らして，合理性を有さず，保護すべきものとはいえない**と結論づけた。すなわち，「労働者派遣」であることを理由に，派遣労働者の雇用継続への期待はそもそも合理性を有しえないことになる。

次に，**登録型の派遣労働契約は，派遣元・派遣先が締結する労働者派遣契約を前提として締結されるものであり，企業間商取引である労働者派遣契約には更新の期待権や更新義務を観念できないことから，派遣労働契約が反復継続していたとしても，解雇権濫用法理が類推される場合には当たらない**とした。その上，派遣労働契約の前提となっている労働者派遣契約の終了は，当該派遣労働契約を終了さ

せる，やむを得ない合理的理由に当たると判示していることから，登録型派遣において，雇止めから労働者を保護することは，本判決による限りほぼ不可能と考えられる。

2　派遣労働者・派遣先間の黙示の労働契約の成否

派遣法制定以前から，裁判例は請負や業務委託等の事案において，就労先企業（派遣先）と派遣された社外労働者との法律関係について黙示の労働契約が成立しうることを認めてきた（サガテレビ事件・佐賀地判昭和55・9・5労判352号62頁等）。

それに対し本判決は，派遣法2条1号の「労働者派遣」の定義規定を根拠に，労働者派遣の法律関係において，派遣労働者と派遣先との間に労働契約が成立することは原則として認められないことを示した点に大きな意義がある。ただし，本判決も，①「派遣労働者と派遣先との間で雇用契約締結の意思表示が合致したと認められる特段の事情が存在する場合」，②「派遣元と派遣先との間に法人格否認の法理が適用ないし準用される場合」には，例外的に，派遣労働者と派遣先との間に労働契約が成立しうることを認めている。

3　労働契約締結の意思表示合致の有無

労働者派遣では，派遣労働者と派遣先との間に指揮命令関係があることが前提となることから，黙示の労働契約の成否を判断するに際し，請負等の場合と異なり，両者間に指揮命令関係が認められることに独自の意義を見出すことはできない。

本判決によれば，具体的には，派遣労働者が派遣先の指揮命令の下に労務を供給する意思を有するか，派遣先がその対価として派遣労働者に賃金を支払う意思が推認できるか，という点から労働契約締結の意思表示の合致があったか否かが検討される。本件ではそのような事情は認められず，また，法人格否認の法理が適用ないし準用される場合にも当たらないとして，黙示の労働契約の成立が否定された。

（渡邊　絹子）

100 パナソニックプラズマディスプレイ（パスコ）事件
最二小判平成21・12・18　労判993号5頁・判時2067号152頁

【事案の概要】

1　Y社とA社は，少なくとも平成14年4月1日以降，PDP（プラズマ・ディスプレイパネル）の製造業務につき，業務請負契約を締結していた。

2　平成16年1月20日，XはA社との間で，契約期間を2か月（更新あり）とする雇用契約を締結し，Y社の茨木工場でPDPの封着工程に従事した。現場での

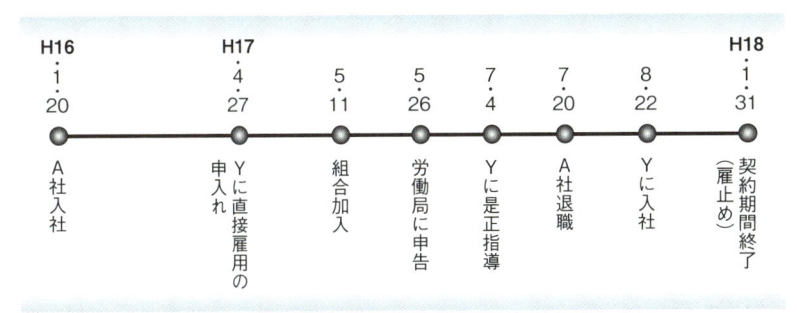

H16	H17						H18
1・20	4・27	5・11	5・26	7・4	7・20	8・22	1・31
A社入社	Yに直接雇用の申入れ	組合加入	労働局に申告	Yに是正指導	A社退職	Yに入社	契約期間終了（雇止め）

作業指示はY社従業員から直接受けていた。

3　XはY社での勤務実態につき，職安法44条等に違反する行為であるとして大阪労働局に申告したところ，平成17年7月4日，Y社に対し派遣法違反があるとして是正指導が行われた。その結果，A社は業務請負から撤退し，同年7月21日よりY社はB社から派遣労働者を受け入れることとなった。Xは，A社から茨木工場の別部門に移るよう打診されたが，Y社の直接雇用による就労継続を希望したことからA社を同年7月20日に退職した。

4　団体交渉の場で，Y社はXに対し，契約期間を平成17年8月1日から平成18年1月31日までの6か月間，業務内容をPDPリペア作業とする直接雇用の申入れを行った。Xは契約期間および業務内容について異議を留めながら，平成17年8月19日，Y社の準備した雇用契約書に署名押印し，同年8月22日よりY社の従業員としてPDPリペア作業に従事した。

5 Y社は平成18年1月31日の契約期間満了をもってXとの雇用契約が終了する旨通知し（雇止め），その後のXの就労を拒否した。Xは，解雇およびPDPリペア作業への配転命令の無効を主張し，Y社に対し，雇用契約上の権利を有することの確認，賃金の支払，リペア作業に就労する義務のないことの確認，不法行為に基づく損害賠償を請求した。

1審は，XとY社との間の雇用契約は期間の満了により終了したとしてXの請求を棄却した。それに対して原審は，XとY社との間に黙示の雇用契約の成立を認め，損害賠償請求の一部を除き，Xの請求を認容した。

本判決は，Y社に対する損害賠償請求については原判決を維持したが，その他の点については以下のとおり判示して原判決を破棄し，Xの請求を退けた。

【判旨】
1 「請負契約においては，請負人は注文者に対して仕事完成義務を負うが，請負人に雇用されている労働者に対する具体的な作業の指揮命令は専ら請負人にゆだねられている。よって，請負人による労働者に対する指揮命令がなく，注文者がその場屋内において労働者に直接具体的な指揮命令をして作業を行わせているような場合には，たとい請負人と注文者との間において請負契約という法形式が採られていたとしても，これを請負契約と評価することはできない。そして，上記の場合において，注文者と労働者との間に雇用契約が締結されていないのであれば，上記3者間の関係は，労働者派遣法2条1号にいう労働者派遣に該当すると解すべきである。そして，このような労働者派遣も，それが労働者派遣である以上は，職業安定法4条6項にいう労働者供給に該当する余地はないものというべきである」。

2 「Xは，平成16年1月20日から同17年7月20日までの間，A社と雇用契約を締結し，これを前提としてA社から本件工場に派遣され，Y社の従業員から具体的な指揮命令を受けて封着工程における作業に従事していたというのであるから，A社によってY社に派遣されていた派遣労働者の地位にあったということができる。そして，Y社は，…労働者派遣法の規定に違反していたといわざるを得ない。しかしながら，労働者派遣法の趣旨及びその取締法規としての性質，さらには派遣労働者を保護する必要性等にかんがみれば，仮に労働者派遣

法に違反する労働者派遣が行われた場合においても，特段の事情のない限り，そのことだけによっては派遣労働者と派遣元との間の雇用契約が無効になることはないと解すべきである。そして，XとA社との間の雇用契約を無効と解すべき特段の事情はうかがわれないから，上記の間，両者間の雇用契約は有効に存在していたものと解すべきである」。

3　「Y社とXとの法律関係についてみると，…Y社はA社によるXの採用に関与していたとは認められないというのであり，XがA社から支給を受けていた給与等の額をY社が事実上決定していたといえるような事情もうかがわれず，かえって，A社は，Xに本件工場のデバイス部門から他の部門に移るよう打診するなど，配置を含むXの具体的な就業態様を一定の限度で決定し得る地位にあったものと認められるのであって，前記事実関係等に現れたその他の事情を総合しても，平成17年7月20日までの間にY社とXとの間において雇用契約関係が黙示的に成立していたものと評価することはできない」。

【問題の所在】

「偽装請負」とは，注文者と請負人との間で締結された契約は「請負」でありながら，注文者が請負人の雇用する労働者に直接指揮命令を行って就労させているものをいう。本件は，まさにこのような偽装請負の事例であり，その場合の請負人・注文者・労働者の3者間の法律関係をどのように解するかが問題となる。本判決は，この点につき重要な判示を行っている。

また，本判決は，本件3者間の関係を労働者派遣と解した上で，派遣先（注文者）と派遣労働者との間の黙示の労働契約の成否について判示した最高裁判決として意義がある。

【本判決のポイント】

1　労働者供給と労働者派遣の関係

偽装請負は，その就労実態からすれば「労働者派遣」あるいは「労働者供給」と評価しうるが，法形式上は「請負」であることから派遣法に定める手続等を経ずに行われるのが通常であり，労働者派遣であると解しても，それは業として行われれば派遣法に違反した労働者派遣事業ということになる。このよ

うな派遣法に違反して行われた労働者派遣事業は，職安法で禁止される労働者供給事業（44条）にも該当するのか，また同法4条6項により労働者供給と区別される，派遣法に規定する労働者派遣とは，派遣法の規定を遵守した合法的な派遣のみをいうのか否かが問題となる。

　本判決は，まず，請負人による労働者に対する指揮命令がなく，注文者がその場屋内において労働者に直接具体的な指揮命令をして就労させている場合，法形式に拘わらず請負契約とはいえないと判断した上で，注文者と労働者との間に雇用契約が締結されていないときには，その3者（注文者・請負人・労働者）間の関係は派遣法2条1号にいう「労働者派遣」に該当するとの判断を示し，また，労働者派遣である以上は，職安法4条6項にいう「労働者供給」には該当しないと判示している。本判決によれば，偽装請負のように派遣法に適合しない形で労働者が派遣先で就労させられた場合でも，派遣先（注文者）と労働者との間に雇用契約が締結されていないならば，それはあくまで派遣法にいう労働者派遣であり，職安法の適用はない（労働者供給事業としての罰則の適用を否定する）ことになる（以下では，注文者を派遣先，請負人を派遣元という）。

2　派遣法に違反する場合の私法上の効果

　派遣法に違反して労働者派遣が行われた場合の派遣元と派遣労働者との間の雇用契約について，本判決は，派遣法の趣旨および取締法規としての性質，派遣労働者の保護の必要性等から，特段の事情のない限り，単に派遣法に違反したというだけでは当該雇用契約は無効になることはないとの判断を示した。派遣元と派遣労働者との間に雇用契約が存在する以上は，派遣先と派遣労働者との間で雇用契約締結の意思表示が合致したと認められる特段の事情や，派遣元と派遣先との間に法人格否認の法理が適用ないしは準用されるといった事情が存しなければ，派遣先と派遣労働者との間に黙示にも雇用契約が成立する余地はない（伊予銀行・いよぎんスタッフサービス事件・高松高判平成18・5・18労判921号33頁☞**099**事件）ことからすれば，派遣法に反している場合であっても，それだけで派遣先と派遣労働者との間に雇用契約が成立していると解することは難しいことになる。

3　黙示の労働契約の成否

　本判決は，派遣先が派遣労働者の採用に関与していないこと，派遣元から支

給される賃金を派遣先が事実上決定していたといえる事情はないこと，派遣元が派遣労働者の配置を含む具体的な就業態様を一定の限度で決定しうる地位にあったこと，その他の事情を総合勘案し，派遣先と派遣労働者との間に黙示の労働契約が成立していたと評価することはできないと判断した。すなわち，本判決は，派遣先と派遣労働者との間にも場合によっては黙示の労働契約が成立しうることを一応の前提とした上で，一般的な判断枠組みを示すことなく，**①派遣先による指導命令の他に，②派遣先が賃金を事実上決定していたか，③派遣先による派遣労働者の採用への関与等，採用の経緯，賃金支払関係，派遣元の使用者性，その他の事情といった具体的実態から黙示の労働契約の成否を判断する**アプローチをとったことになる。これまでの裁判例では，労働契約を黙示に合意したと評価しうる事情が必要であると考えられてきており，意思の合致の有無は就労の実態から判断されてきた。本判決で検討された事実は，黙示の意思の合致を認めるに足りる事情としてこれまでにも考慮されてきた要素であることからすれば，黙示の労働契約の成否の判断枠組みは従来の裁判例と基本的に異ならないと考えられる。ただし，本判決では，これまでの裁判例で重視されてきた派遣先と派遣労働者との間の指揮命令関係については具体的に言及されておらず，それは本件が指揮命令関係の存在が当然である労働者派遣の事案であるが故のものなのかどうかは明らかではない。

（渡邊　絹子）

第18章　労働組合

(1) 管理職組合

101　セメダイン事件
東京高判平成12・2・29　労判807号7頁

【事案の概要】

1　Xは、本社に総合企画部、総務部、人事部、業務部、営業部等の組織を置くほか、本社外にそれぞれ数か所の支社、工場を有している。

このうち総合企画部では、経営方針・組織計画や情報システムの企画・立案、総務部では、取締役会・株主総会の事務局、社内規定の制定・管理、予算・決算、資金調達・運用計画の立案、人事部では、要員計画立案、採用・配置・退職関連業務、人事考課、労務管理、労働組合関連業務等の業務を、それぞれ所管している。

2　Xは、役員の下に本部長、副本部長、部長、次長、課長、課長代理、係

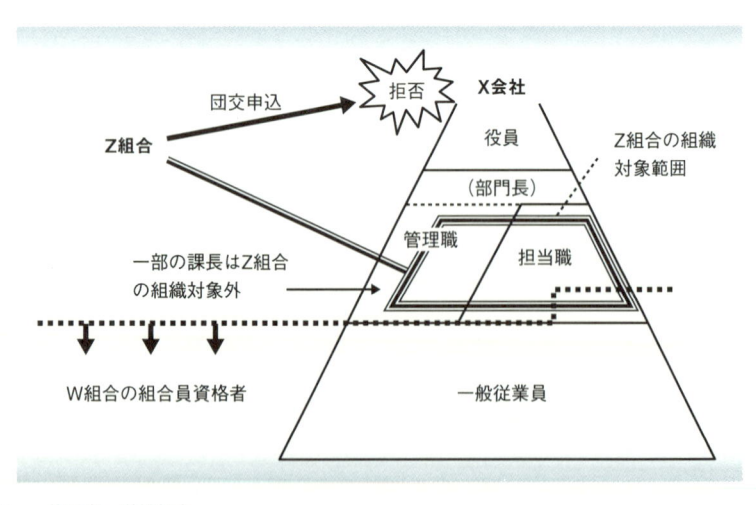

［図：X会社の組織ピラミッド。Z組合が団交申込→拒否。Z組合の組織対象範囲は役員（部門長）以下の管理職・担当職。一部の課長はZ組合の組織対象外。W組合の組合員資格者、一般従業員も表示］

長，班長等の職位を設けており，課長代理以上を管理職としている。このうち，部長およびこれと同等の職位である支社長，工場長は部門長と称される。また，職能資格制度上，管理職級の資格に格付けられる一方で職位上は管理職に就いていない者を，担当職と位置づけている。

3 Xの一般職員（管理職，担当職以外）については採用・配置・異動の決済を人事部長が行っており，また，原則として課長が第1次人事考課，部門長が第2次人事考課を行った後に人事部長が全社的調整を行っている。

　管理職および担当職については人事部長が人事異動の原案を作成して労務担当取締役が決裁を行っており，また，部門長が第1次人事考課，部門担当取締役が第2次人事考課を行った後に社長が全社的調整を行っている。

4 Xには，その従業員で組織する労働組合として，従前より訴外W労働組合が存在している。Wは，管理職，人事・労務の企画担当者および，担当職のうち管理職経験を有するか職能資格が参事（次長，部長に応当する資格）以上の者，等を非組合員としている（都労委決定・中労委決定の認定事実による）。

5 X会社の従業員であるA課長らは，管理職定年制の導入等を契機として，管理職による新たな労働組合の結成が必要であると考えて準備を進め，平成3年6月10日にZ労働組合を結成した。Zは組合規約により，組合員の範囲をXの管理職および管理職資格者とするが，利益代表者（部門長，総合企画部企画グループ課長，総務部総務グループ課長，同経理グループ課長，人事部人事グループ課長，同労務グループ課長がこれに該当するとする）は含まない旨を定めていた。

6 Zは同年6月26日にXに対して組合結成を通告した後，Xに対して数度にわたり団体交渉を申入れたが，Xはこれに応じなかった。このためZは，Xの対応が団交拒否（労組7条2号）の不当労働行為に該当するとして救済を申し立てた。初審の東京都地方労働委員会およびXの再審査申立を受けた中央労働委員会（Y）は，いずれもZの救済申立適格および不当労働行為の成立を肯定し，Xに対して団交応諾を命じる救済命令を発令した（都労委決定平成8・5・28別冊中時1183号108頁，中労委決定平成10・3・4別冊中時1203号82頁）。

7 XはYが発した救済命令の取消を求めて本件訴訟を提起した。1審判決（東京地判平成11・6・9労判763号12頁）はXの請求を棄却し，Xの控訴を受けた本判決は控訴を棄却した。なお，本判決に対しXは上告したが最高裁は上告を棄却

している（最一小決平成13・6・14労判807号5頁）。

　以下では，本判決の判断のうち，Zの組合員に労組法2条但書1号にいう使用者側利益代表者が含まれていることが同法7条2号にいう団交拒否の正当な理由に当たるとするXの主張に対応する部分を取り上げる。

【判旨】

1　「利益代表者の参加を許す労働組合であっても，使用者と対等関係に立ち，自主的に結成され統一的な団体であれば，労働組合法7条2号の『労働者の代表者』に含まれるものであって，ただ，このような労働組合は……同法2条の要件を欠くため，5条1項により労働委員会による救済手続きを享受することができないものと解するのが相当である。」

　「このように，利益代表者の参加を許す労働組合もまた，労働組合法7条2号の『労働者の代表者』に含まれるものであるから，仮にZに利益代表者が参加していたとしても……そのこと自体は当然には団体交渉拒否の正当な理由にはならない」。

　「もっとも，労働組合に利益代表者が参加することにより，団体交渉に当って使用者側の担当者となるべき者が存在しなくなる場合とか，利益代表者が当該交渉事項に関して使用者の機密事項を漏洩している場合など，労働組合に利益代表者が参加していることに起因して適正な団体交渉の遂行が期しがたい特別の事情がある場合には，右のような特別の事情の存在は使用者側の団体交渉拒否の正当な理由を構成するものと解されるが，」本件においてそのような事情の存在は認められない。

2　「加えて，次に検討するように，そもそもAらは利益代表者にも該当せず，その他，Zに利益代表者が参加していると認めることはできないから，Xの主張はこの点からも失当である。」

　「労働組合法2条ただし書1号所定の『雇入解雇昇進又は異動に関して直接の権限を持つ監督的地位にある労働者』といえるためには，人事に関して直接の権限を有していることが必要であ」り，Xにおいてこれ「に該当するのは人事部長のみということができるところ，同部長はZの組織対象者となっていない」。

Xにおいて人事・労務上の権限は人事部に集中しており，Zの組織対象者である管理職・担当職については人事考課の第一次考課を行うのも部門長であることからすると，「次長，課長及び担当職が一般的にXの労働関係についての計画と方針に関する機密の事項に接する労働者に該当するということはできないが……担当業務に照らせば，人事部，総合企画部及び総務部の３か部の次長，課長及び担当職は……同号所定の『使用者の労働関係についての計画と方針に関する機密の事項に接し，そのためにその職務上の義務と責任とが当該労働組合の組合員としての誠意と責任とに直接にてい触する監督的地位にある労働者』として利益代表者に該当する」。これらの者はZ労働組合に加入していないことが認められる。

　「このほか，Zに同号所定の利益代表者が参加していることを示す事情を認めるに足りる証拠はない。」

【問題の所在】

　企業別組合との関係で，「管理職」として非組合員扱いされることも多い，企業組織上の職位や資格が一定以上の地位にある労働者が，自分たちで労働組合（管理職組合）を結成した場合におけるもっとも根本的な問題は，こうした「管理職」従業員が労組法２条但書１号所定の使用者側利益代表者に該当する結果，同号により，当該管理職組合は労組法上の保護を享受しえなくなるのではないか，という問題である。

　この問題は，本件のような不当労働行為救済事件の場合，第一義的には管理職組合の救済申立適格の有無（労組法５条１項の要件としての同法２条適合性）の問題である。しかし，労働委員会が救済申立適格と不当労働行為の成立を認めて救済命令を発し，その適法性が取消訴訟で争われる場面では，使用者は労組法５条１項の資格認定に関する労働委員会の判断の誤りを救済命令の取消理由として主張することができないとするのが判例の立場である（日本通運事件・最三小判昭和32・12・24民集11巻14号2336頁）ため，この問題は労組法７条の解釈の中で取り扱われることとなる。

【本判例のポイント】
1　判旨1について

　判旨1は，労組法7条2号の「労働者の代表者」を同法2条の要件を満たす労働組合に限定しない（「使用者と対等関係に立ち，自主的に結成され統一的な団体」であれば足りる）との立場から，団交申入組合が使用者側利益代表者の参加を許していることは当然には正当な団交拒否理由とならず，ただ，利益代表者の参加によって適正な団体交渉の遂行が期しがたい特別の事情が生じている場合に限ってそのことが正当な団交拒否理由になる，という労組法7条2号の解釈を示し，これに従った判断をしている。この考え方によれば，本件のような団交拒否の不当労働行為に対する救済命令の取消訴訟において，当該事案における使用者側利益代表者該当性（団交申入組合の組合員あるいは組合員資格者の中に使用者側利益代表者が含まれるか）は，救済命令の取消事由の有無に直結する問題ではないことになる（なお，判旨1の立場からも，労働委員会の審理段階で救済申立組合が労組法2条但書1号に該当すると判断されれば救済申立資格の欠如により救済は否定される）。

　もっとも，このような労組法7条2号の解釈に対しては，団交申入組合の組合員中に使用者側利益代表者が存在すること（あるいは，存在が許容されていること）は団交拒否の正当な理由になるとの立場からの異論も有力であり，判旨1の考え方は必ずしも確立した判例法理となっているわけではないと考えられる。

2　使用者側利益代表者の範囲（判旨2）

　本判決は，判旨1の判断に補足する形で，本件における使用者側利益代表者の範囲についての判断を判旨2で行っている（ここでは人事部長についても判断されているが，本件で直接問題になるのは，Zの組織範囲である次長以下の管理職および担当職である）。

　この判断においては，①労組法2条但書1号中の「雇入解雇昇進又は異動に関して直接の権限を持つ監督的地位にある労働者」と「使用者の労働関係についての計画と方針に関する機密の事項に接し，そのためにその職務上の義務と責任とが当該労働組合の組合員としての誠意と責任とに直接にてい触する監督的地位にある労働者」に分けて検討を行っていること，②前者については「人事に関して直接の権限を有していること」を判断基準としていること，③後者

については担当業務に着目した判断を行っていること（その詳細は明示されていないが，結論から推測すると人事管理や労使関係運営の場面で使用者側の立場で行動する職責のほか，経営戦略，資金管理，情報管理等の企業全体の経営に関わる職責を担う部署で一定の責任ある地位に就いていることが基準になっているものと考えられる），④ラインの管理職として部下に対する指揮命令や第1次人事考課の職責を有するのみでは，利益代表者該当性を認めるには足りないとされている（一般の課長の場合）こと，等がポイントになる。

このように，使用者側利益代表者該当性の判断は，問題となる労働者が果たしている具体的な役割・権限に即した労組法2条但書1号の文言の当てはめを通じて行われるものであり，職位や資格の名称には左右されない。また，当該企業において管理職として位置づけられていても，当然に使用者側利益代表者に該当するわけではない。具体的な該当性の判断は，個々の企業における組織編制や権限分配のあり方に左右されるが，総じて言えば，労組法2条但書1号の文言に照らして使用者側利益代表者と認められる者の範囲は，企業の組織や人事制度上で管理職（あるいは管理職級従業員）とされる者の範囲や，企業別組合が管理職として非組合員と位置づける者の範囲よりも狭いものであり，このようなケースにおいて，利益代表者に該当しない管理職従業員は，労組法所定の要件を完全に満たす労働組合を結成できることになる。

（川田　琢之）

（2）　組合脱退の自由

102　東芝労働組合小向支部・東芝事件
最二小判平成19・2・2　民集61巻1号86頁・労判933号5頁

【事案の概要】

1　Xは，Y₁会社の従業員であり，同社の従業員で組織するY₂組合に加入していた。Y₁とY₂はチェック・オフ協定を締結し，Y₂組合員の組合費納入をチェック・オフの方法で行っている。

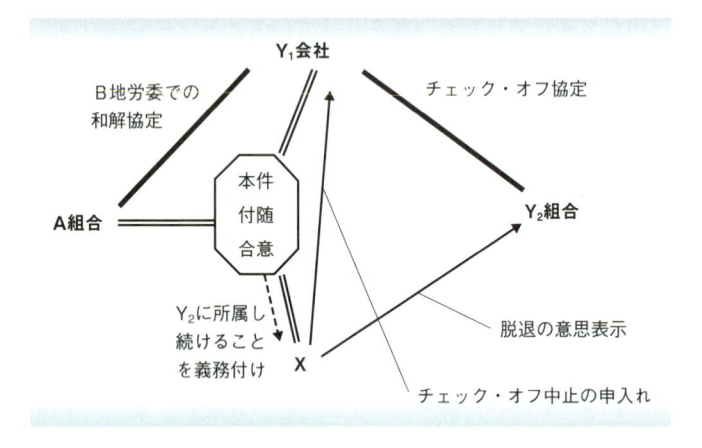

```
                        Y₁会社
      B地労委での  ╱  ↑  ╲   チェック・オフ協定
      和解協定   ╱   │   ╲
              ╱   ┌─┐   ╲
             ╱    │本│    ╲
            ╱     │件│     ╲
    A組合 ══════  │付│  ══════ Y₂組合
            ╲    │随│    ╱
             ╲   │合│   ╱
              ╲  │意│  ╱
               ╲ └─┘ ╱
          Y₂に所属し │  脱退の意思表示
          続けること │
          を義務付け ↓
                    X
                    チェック・オフ中止の申入れ
```

2 Xは，Y₁における労働条件に不満があり，それに関するY₂の対応にも不満を持ったことから，平成7年9月頃にA組合に加入した上で，同年10月3日，Y₂に対し脱退届を送付した。Y₂は，Xの脱退届の受理を留保し，脱退を思いとどまるよう説得した。

3 XおよびAは，このころ以降にAがY₁に対して行った，Xの労働条件等に関する団体交渉の申入れにYが応じなかったことが不当労働行為に当るとして，B県地方労働委員会（地労委）に対して救済申立を行った。この手続中において，Y₁とX及びAは和解に向けての協議を開始し，平成8年5月24日，和解が成立してY₁とAは覚書の締結も行った。

上記の和解および覚書の作成の際に，Y₁とXおよびAの間で「＜1＞Xは，Y₂に復帰するが，Aの籍もそのままにする，＜2＞XにAの籍が残ることは，内密とし，Y₂にも明らかにしないが，Y₁がXを不当に扱うなど，特段の事情があれば，AはXがその組合員であることを主張することができる」との合意（本件付随合意）がなされた。本件付随合意は，Y₂に所属し続けることをX₂に義務付けることもその内容とするものである。

4 その後もXは，工場内の配置転換等に不満を抱き，Y₂に支援を求めても不十分な対応しかなされなかったとして，再びY₂に不満を持ち，平成12年9月12日，脱退届をY₂に送付した。Y₂は脱退届の受理を留保する一方，Xの配転についてY₁と交渉したが，配転に問題はないとの結論に達した。このことを

告げられたXは，平成13年5月15日，Y₂に対し脱退の意思表示をし（本件脱退），Y₁に対しチェック・オフの中止を申し入れた。

5 Xは，Y₂に対し，その組合員としての地位の不存在確認，チェック・オフにより組合費として納付された金額に相当する不当利得返還及び組合規約に基づいて納付した個人積立金の返還を，Y₁に対し，Y₂の組合費を控除しない金額の賃金を支払う義務の存在確認を，それぞれ請求して本件訴えを提起した。

1審判決（横浜地川崎支判平成15・7・8労判879号13頁）は，Xは本件脱退によりY₂の組合員でなくなったとの判断に基づいてXの請求を認容したが，控訴審判決（東京高判平成16・5・17労判879号5頁）は，①Xは，Y₂に所属することを本件付随合意によって義務付けられており，本件脱退の意思表示はこれに反するので，その効力を生じない，②Y₂が客観的にみてXとの信頼関係を著しく損ねるような行為をしたような場合には，本件付随合意の効力は及ばないこととなりXはY₂を脱退することができるに至るとの考え方も成り立ち得ないではないが，本件はこのような場合に当たらない，等の判断に基づき，Xの請求を全部棄却した。Xが上告したところ，最高裁は，以下のとおり判示して原判決を破棄し，その請求を認容した。

【判旨】

1「一般に，労働組合の組合員は，脱退の自由，すなわち，その意思により組合員としての地位を離れる自由を有するものと解される」。

「本件付随合意は，上記の脱退の自由を制限し，XがY₂から脱退する権利をおよそ行使しないことを，Y₁に対して約したものであることとなる。」

2「本件付随合意は，XとY₁との間で成立したものであるから，その効力は，原則として，Xと合意の相手方であるY₁との間において発生するものであり，Xが本件付随合意に違反してY₂から脱退する権利を行使しても，Y₁との間で債務不履行の責任等の問題を生ずるにとどまる。前記事実関係の下においては，合意の相手方でないY₂との間でもそのような問題を生ずると解すべき特別の根拠となる事由は認められない。」

3「また，労働組合は，組合員に対する統制権の保持を法律上認められ，組合員はこれに服し，組合の決定した活動に加わり，組合費を納付するなどの義

務を免れない立場に置かれるものであるが，それは，組合からの脱退の自由を前提として初めて容認されることである。そうすると，本件付随合意のうち，Y_2から脱退する権利をおよそ行使しないことをXに義務付けて，脱退の効力そのものを生じさせないとする部分は，脱退の自由という重要な権利を奪い，組合の統制への永続的な服従を強いるものであるから，公序良俗に反し，無効であるというべきである。」

4　「以上のとおりであるから，いずれにしても，本件付随合意に違反することを理由に，本件脱退がその効力を生じないということはできない。」

【問題の所在】

労働組合の組合員が自らの意思に基づいて労働組合から脱退することについて，法律上に明文の規定はなく，通常は組合規約の定めに従った処理が行われる。ところが，組合員の脱退は労働組合にとっては望ましいことではないので，脱退には組合側の承認を要するなどの脱退に対する制約が組合規約等で定められることがあり，このような場合には，組合員は脱退の自由を有しており，上記のような規約の定め等をもって組合員の脱退を制約することはできないのではないかが問題となる。

本件は，複数の労働組合が関与したやや複雑な事態の推移を経て，組合員と使用者との間で組合脱退に制約を加える個別合意（本件付随合意）が締結された点に特殊性があるが，基本的には上述したような，脱退に制約を加える定めの下での脱退の効力が組合員の組合脱退の自由との関係で問題になった事案のヴァリエーションと位置付けられるものである。

【本判例のポイント】

1　組合脱退の自由

本判決の第1のポイントは，**労働組合の組合員が脱退の自由を有すること**を明示的に述べている点である。最高裁は本判決以前に，労働組合の統制権の根拠という文脈で組合員の脱退の自由に言及しており（国労広島地本事件・最三小判昭和50・11・28民集29巻10号1634頁），また，組合を脱退するためには所定の脱退届の提出と組合機関（支部執行委員会および中央委員会）の承認を要するとの組合規

約の下においても，脱退届を提出したが上記承認を受けていない組合員の脱退の効力は認められるとしている（日本鋼管事件・最一小判平成元・12・21労判553号6頁）。以上に対し本判決は，組合脱退の効力が争われた事件で組合員が脱退の自由を有することを明示的に述べた初めての最高裁判決であると思われる。

組合員に脱退の自由が認められる法的根拠については，結社の自由，団結権保障の趣旨から導かれる組合選択の自由，同じく団結権保障の趣旨から導かれる組合に加入しない自由（消極的団結権）などの考え方がありうるが，本判決の判旨1は，この点を明らかにはしていない。一方，判旨3では，脱退の自由を労働組合の統制権や組合員の組合費納入義務の前提と位置づけるという，より実質論的な観点の下で，組合員に脱退の自由を保障する必要性が論じられている。

2 組合脱退の自由を制約する定めの効力

本判決は，XによるY₂からの脱退の効力が本件付随合意によって否定されるか否かにつき，①本件付随合意はXとY₁との間の合意であるので，XとY₂の間の法律関係（脱退の効力）を左右するものではない（判旨2），②本件付随合意は，Xの脱退の自由を奪うものとして公序良俗により無効である（判旨3），との2つの理由を挙げてこれを否定する。

このうち②の点は，組合員の脱退の自由を制約する定めの存在にも拘わらず脱退の効力を認めるという点で，前掲，日本鋼管事件の判断と軌を一にするものであるが，脱退の自由を制約する約定は公序良俗違反により無効になるという法律構成を明示している点が，同事件と比較した本判決の特徴であるといえる。

本判決の射程についてみると，判旨3により公序良俗違反とされる範囲は，本件付随合意のうち脱退の権利をおよそ行使しないことを組合員（X）に義務付け，脱退の効力そのものを否定する部分であるとされているので，これより限定的な脱退への制約の定め（例えば，予告期間の定めのように，組合員の脱退の意思自体は尊重しつつ脱退の手続に一定の制約を加える定め）は，本判決（および前掲，日本鋼管事件）を前提としても，なお有効と解される余地があるものと考えられる。また，ユニオン・ショップは，解雇の威嚇の下に組合員に脱退を思いとどまらせるものとして，事実上，組合員の脱退の自由に対する一定の制約となりうるが，脱退の効力それ自体を直接制約するものではない（脱退した結果，ユニオン・ショップ協

定締結組合の組合員でなくなるために解雇の対象となる）ので，本判決の射程外の問題である。

（川田　琢之）

（3）ユニオン・ショップ協定

103　三井倉庫港運事件
最一判平成元・12・14　民集43巻12号2051頁・労判552号6頁

【事案の概要】

1　Xらは，Y会社に雇用されて勤務する海上コンテナトレーラー運転手であり，Z組合の組合員であった。

　Y会社とZ組合は，「Yに所属する海上コンテナトレーラー運転手は，双方が協議して認めた者を除き，すべてZの組合員でなければならない。Yは，Yに所属する海上コンテナトレーラー運転手で，Zに加入しない者およびZを除名された者を解雇する」旨の労働協約（本件ユニオン・ショップ協定）を締結していた。

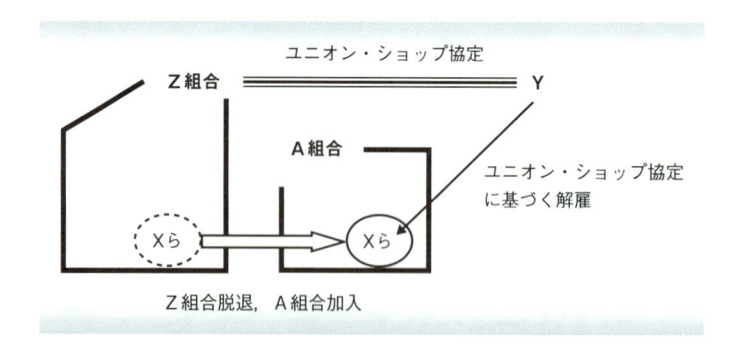

2　Xらは，昭和58年2月21日午前8時半ころ，Zに脱退届を提出して同組合を脱退し，即刻，A一般労組B支部に加入してその旨を同日午前9時10分ころYに通告した。

Z組合はYに対し，本件ユニオン・ショップ協定に基づくXらの解雇を要求し，Yは，同日午後6時ころ，本件ユニオン・ショップ協定に基づいてXらを解雇した。

3　Xらは，本件解雇の効力を争い，Yを相手として，雇傭契約上の従業員たる地位の確認，賃金支払を求めて訴訟を提起した（Z組合がYに補助参加）。1審判決（大阪地判昭和59・3・12民集43巻12号2060頁），控訴審判決（大阪高判昭和59・12・24民集43巻12号2069頁）ともに本件解雇を無効と認めて，Xらの請求をほぼ全面的に認容し，最高裁も以下のとおり判示してYの上告を棄却した。

【判旨】

1　「ユニオン・ショップ協定は，労働者が労働組合の組合員たる資格を取得せず又はこれを失った場合に，使用者をして当該労働者との雇用関係を終了させることにより間接的に労働組合の組織の拡大強化を図ろうとするものであるが，他方，労働者には，自らの団結権を行使するため労働組合を選択する自由があり，また，ユニオン・ショップ協定を締結している労働組合（以下「締結組合」という。）の団結権と同様，同協定を締結していない他の労働組合の団結権も等しく尊重されるべきであるから，ユニオン・ショップ協定によって，労働者に対し，解雇の威嚇の下に特定の労働組合への加入を強制することは，それが労働者の組合選択の自由及び他の労働組合の団結権を侵害する場合には許されないものというべきである。したがって，ユニオン・ショップ協定のうち，締結組合以外の他の労働組合に加入している者及び締結組合から脱退し又は除名されたが，他の労働組合に加入し又は新たな労働組合を結成した者について使用者の解雇義務を定める部分は，右の観点からして，民法90条の規定により，これを無効と解すべきである（憲法28条参照）。そうすると，使用者が，ユニオン・ショップ協定に基づき，このような労働者に対してした解雇は，同協定に基づく解雇義務が生じていないのにされたものであるから，客観的に合理的な理由を欠き，社会通念上相当なものとして是認することはできず，他に解雇の合理性を裏付ける特段の事由がない限り，解雇権の濫用として無効である」。

2　本件において「Z組合を脱退してA組合に加入したXらについては，本件ユ

ニオン・ショップ協定に基づく解雇義務が生ずるものでないことは、前記説示に照らし、明らかというべきである。そうすると……本件各解雇は、右協定によるYの解雇義務が生じていないときにされたものであり、本件において他にその合理性を裏付ける特段の事由を認めることはできないから、結局、本件各解雇は……解雇権の濫用として無効である」。

【問題の所在】

　ユニオン・ショップとは、使用者が労働協約（ユニオン・ショップ協定）において、自己の雇用する労働者のうち当該組合に加入しない者および当該組合の組合員でなくなった者を解雇する義務を負う制度である。ユニオン・ショップ協定に基づく解雇が有効であるとすれば、労働者は解雇を避けるためにユニオン・ショップ協定締結組合に加入し、かつ、その組合員であり続けなければならないので、当該組合の団結の維持・強化が実現される。

　しかし、ユニオン・ショップは、労働者の側から見ると、特定の労働組合への加入を強制されるとともに、当該組合を自ら脱退した場合ばかりでなく除名された場合にも解雇の対象となるといった点が弊害ともなりうるため、ユニオン・ショップ協定に基づく解雇の効力を認めてよいかは問題となる。この点につき、判例は、ユニオン・ショップに基づく解雇の効力を原則として肯定しつつ、いくつかの場合について、解雇の効力を否定するという立場に立つ（☞**104**事件も参照）。本判決は、このような場合のうち、ユニオン・ショップ協定締結組合以外の労働組合に加入している労働者に関する判例法理を示すものである。

【本判例のポイント】

1　ユニオン・ショップ協定に基づく解雇の原則的有効

　前述したとおり、判例は、ユニオン・ショップ協定に基づく解雇の効力を原則として肯定する立場に立っている。本判決は、この点を明示的に述べてはいないが、その論理構成は、ユニオン・ショップ協定に基づく解雇の原則有効を前提としたものだといえる。

2　本判決の論理構成

（1）　一方，本判決は，ユニオン・ショップ協定を締結している組合以外の労働組合の組合員（脱退または除名により締結組合の組合員でなくなり，別組合に加入ないし別組合を結成した者を含む）に対する同協定に基づく解雇は無効であるという，上記の原則に対する例外となる規範を定立し，結論としても本件における解雇を無効としている。その論理構成は，次のように整理できる。

① まず，ⅰ）労働者の組合選択の自由，ⅱ）（ユニオン・ショップ協定締結組合以外の）他の組合の団結権，の2点に言及した上で，ユニオン・ショップによる団結強制は，これらを侵害する場合には許されないとして，上記ⅰ）ⅱ）の尊重が，ユニオン・ショップを用いた締結組合の団結の維持・強化の実現に優先するという価値判断が示される。

② 上記の価値判断は，ユニオン・ショップ協定のうち，上記ⅰ）ⅱ）の侵害をもたらす部分，具体的には，ユニオン・ショップ協定締結組合以外の労働組合の組合員（締結組合を除名・脱退後に別組合に加入ないし別組合を結成した者を含む）に対する使用者の解雇義務を定める部分が公序良俗（憲法28条の趣旨を反映した民法90条）違反により一部無効となる，という形で実定法規に反映される。

③ この結果，②に該当する者については，ユニオン・ショップ協定上の解雇義務が存在しないことになり，この者に対する同協定に基づく解雇は，合理的理由を欠くものとして解雇権濫用法理の下で無効となる。

（2）　以上のような論理構成の核となるのは，上記①の価値判断である。判決では，このような価値判断の理由は明示的に述べられていないが，判例が併存状況下にある労働組合の団結権や団体交渉権は使用者との関係で等しく尊重されるとの立場に立っていること（☞**134**事件など参照。別組合の団結権を尊重する根拠となり得る）や，労働者の自主的な団結体であるという労働組合の基本的な性格（労働者の組合選択の自由を尊重する根拠となり得る）などが本判決の価値判断を支持する理由付けとして考えられるであろう。

一方，本判決の立場からは，労働者の労働組合に加入しない自由（消極的団結権）については，ユニオン・ショップ協定の効力に優先するものとしての尊重を受ける対象ではないということになる。

3　本判決の射程等

（1）　本判決は，ユニオン・ショップ協定締結組合の組合員であった者が脱退し，その後既存の別組合に加入した事案であるが，判旨の一般論によれば，被解雇者が当初から別組合に加入していた場合，ユニオン・ショップ協定締結組合を除名された場合，脱退・除名後に新たに別組合を結成した場合など本件と異なる事実関係の下でも，別組合の組合員である労働者に対するユニオン・ショップ協定に基づく解雇は一様に無効となる。逆にいえば，本判決の下で，**ユニオン・ショップ協定に基づく解雇は，どの労働組合にも加入していない労働者との関係でのみその効力を認められうる**ということである。

（2）　一方，本件ではXらの別組合加入が解雇に先行しているが，これとは逆に，別組合への加入もしくは別組合結成より先に解雇がなされた場合については，本判決の判断を前提としても，解雇時点でどの労働組合にも加入していないのであれば解雇を有効とする，脱退・除名から合理的期間内に別組合の組合員になった者については，その前に解雇があってもこれを無効とする，等の処理が考えられ，本判決の射程外の問題であるといえる（本判決の論理を前提とすれば，このような事例との関係で，ユニオン・ショップ協定が一部無効となる範囲をより厳密に考えるべき問題ということになる）。

（川田　琢之）

104　日本食塩製造事件

最二小判昭和50・4・25　民集29巻4号456頁・判時774号3頁

【事案の概要】

1　Xは食卓塩等の製造販売を業とするY会社の従業員であり，同社従業員で組織するA労働組合の組合員であった。

YとAは，「会社は組合を脱退し，または除名された者を解雇する。」とのユニオン・ショップ条項を含む労働協約を締結していた。

2　Aは，昭和40年8月21日，Xに対して同人を組合から「離籍」（判決では除名

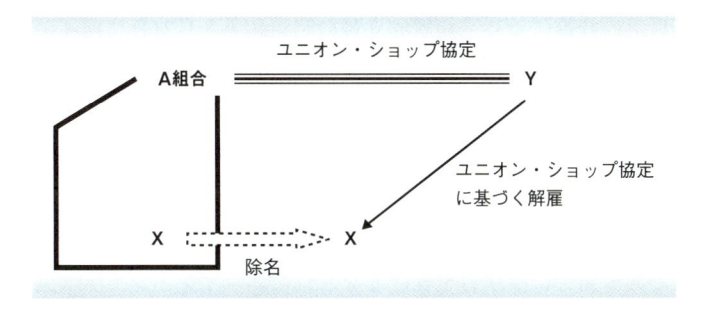

```
         ユニオン・ショップ協定
    ┌─── A組合 ══════════════ Y ───┐
    │                              │
    │                              │ ユニオン・ショップ協定
    │                              ↓ に基づく解雇
    │     X ·········→ X
    └─────────
              除名
```

に当たるとされている）した旨を通知するとともに，Yに対しても同様の通知を行った。これを受けてYは，同月24日，上記のユニオン・ショップ条項に基づいてXを解雇する旨の意思表示をした。

3 原審判決文等によれば，上記の「離籍」および解雇の意思表示に至る経緯，ならびに本件訴訟においてこの解雇の効力が争われるに至る経緯は次の通りである。

（1） AとYは，昭和37年1月頃以降，新機械導入に関する事前協議等をめぐって対立していたところ，Yは同年7月29日に，上記対立状況の中でXが行った職場規律侵害行為を理由として同人を懲戒解雇したほか，同様の理由により，他のA組合役員，組合員らに対しても，出勤停止，減給，譴責の懲戒処分を行った。

（2） Xはこの懲戒解雇の効力を争い，Yを相手として雇傭契約関係存在確認等を求めて本件訴訟を提起した。

（3） 一方，Aは上記の各懲戒処分につき不当労働行為救済を申立て，昭和40年8月2日に，申立てを受けたB地方労働委員会のあっせんの下でAY間に和解が成立した。この和解は，Xに対する懲戒解雇を含めた各懲戒処分（すでに撤回されていたものを除く）を全て撤回すること等を内容としていたが，同時に，Xについてのみ，和解成立の日にYを退職する旨が定められていた。

Aは，Xの退職については，その行為に行き過ぎた点があったとしてこれを承認する意向であり，Xが退職に応じないときは同人を組合から離脱せしめることも止むを得ないと考えていた。一方，Xに退職の意図は無く，本件訴訟でYと争っていく意向を明らかにしていた。

(4) 以上の経緯により，和解成立後の昭和40年8月21日に前述の「離籍」（除名）が，同月24日にこれを受けた解雇の意思表示が，それぞれ行われ，この解雇の効力は，本件訴訟の中で争われることとなった。

4 1審判決（横浜地判昭和42・3・1労民18巻2号139頁）は，Aが行ったXの「離籍」（除名）は正当な理由に基づくものといえず，また，組合規約が除名について定める手続（組合大会での承認等）も採られていないため無効であること，除名が無効である場合には除名を受けてなされたユニオン・ショップ協定に基づく解雇も無効になると解されること等を理由として，Xの請求を認容した。一方，Yの控訴を受けてなされた控訴審判決（東京高判昭和43・2・23労民19巻1号134頁）においては，除名の効力はこれを受けてなされたユニオン・ショップ協定に基づく解雇の効力を左右しないとの判断に基づき，Xの請求は棄却された。

これに対しXが上告したところ，最高裁は以下のとおり判示し，原判決破棄の上，除名の効力について審理を尽くさせるため，事件を高裁に差し戻した。

【判旨】

「使用者の解雇権の行使も，それが客観的に合理的な理由を欠き社会通念上相当として是認することができない場合には，権利の濫用として無効になると解するのが相当である。ところで，ユニオン・ショップ協定は，労働者が労働組合の組合員たる資格を取得せず又はこれを失つた場合に，使用者をして当該労働者との雇用関係を終了させることにより間接的に労働組合の組織の拡大強化をはかろうとする制度であり，このような制度としての正当な機能を果たすものと認められるかぎりにおいてのみその効力を承認することができるものであるから，ユニオン・ショツプ協定に基づき使用者が労働組合に対し解雇義務を負うのは，当該労働者が正当な理由がないのに労働組合に加入しないために組合員たる資格を取得せず又は労働組合から有効に脱退し若しくは除名されて組合員たる資格を喪失した場合に限定され，除名が無効な場合には，使用者は解雇義務を負わないものと解すべきである。そして，労働組合から除名された労働者に対しユニオン・ショツプ協定に基づく労働組合に対する義務の履行として使用者が行う解雇は，ユニオン・ショツプ協定によつて使用者に解雇義務

が発生している場合にかぎり，客観的に合理的な理由があり社会通念上相当なものとして是認することができるのであり，右除名が無効な場合には，前記のように使用者に解雇義務が生じないから，かかる場合には，客観的に合理的な理由を欠き社会的に相当なものとして是認することはできず，他に解雇の合理性を裏づける特段の事由がないかぎり，解雇権の濫用として無効であるといわなければならない。」

本件事実関係の下では，「離籍（除名）の効力いかんによつては，本件解雇を無効と判断すべき場合があるものといわなければならない。しかるに，……原審が，本件離籍（除名）の効力について審理判断することなく，除名の有効無効はユニオン・ショップ協定に基づく解雇の効力になんら影響を及ぼすものではないとして，上告人の主張を排斥したのは，ユニオン・ショップ協定に基づく解雇の法理の解釈を誤り，そのため審理不尽におちいり，ひいては理由不備の違法をおかしたものというべきである。したがつて，論旨は理由があり，原判決は破棄を免れない。そして，本件は右の点につき更に審理を尽す必要があるから，これを原審に差し戻すのが相当である。」

【問題の所在】

ユニオン・ショップ協定に基づく解雇の効力が問題になることについては**103**事件において述べたとおりである。本判決はこの点につき，ユニオン・ショップ協定に基づく解雇が解雇権濫用法理に照らして原則として有効であることを示した上で，ユニオン・ショップ協定締結組合を除名された労働者に対する同協定に基づく解雇は，除名が無効である場合にはそのことを理由として無効となるのか，という問題について判断している。

【本判例のポイント】

1 解雇権濫用法理とユニオン・ショップ解雇

本判決は，現在の労働契約法16条の前身である判例法理としての解雇権濫用法理を最高裁として確立した判決であるが，その事案は，ユニオン・ショップ協定に基づく解雇に関するものであった。

この点につき本判決は，ユニオン・ショップ協定に基づく解雇は，同協定に

よって使用者の解雇義務が生じている限りにおいて客観的に合理的理由があり，かつ社会通念上相当なものとして是認できる（＝解雇権濫用にならない）との判断を示している。これは，解雇の効力を一般的にいえば厳しく制限する**解雇権濫用法理の下でも，ユニオン・ショップ協定に基づく解雇は原則として有効になる**ことを示すものと理解できる。

　もっとも，ユニオン・ショップ協定に基づく使用者の解雇義務は，協定の相手方である労働組合に対する債務であり，解雇対象の労働者は当該債権関係の当事者ではないこと，解雇権濫用法理は権利濫用の禁止という強行法規を用いた法理であること等を考えると，ユニオン・ショップ協定上の解雇義務が解雇権濫用判断における解雇の合理的理由や相当性の根拠に結びつくことは必ずしも自明とはいえないにもかかわらず，本判決は，その理由を特段明示していない。この点については，本判決がユニオン・ショップの意義として労働組合の組織の拡大強化を挙げていることからすれば，この点に積極的意義を認めるという価値判断がその実質的根拠になっていると解されよう。

2　除名が無効である場合のユニオン・ショップ解雇の効力

　一方，本判決は，**ユニオン・ショップ協定締結組合が行った組合員の除名が無効である場合には，当該組合員につきユニオン・ショップ協定に基づく解雇義務は発生せず，解雇は解雇権濫用により無効となる**との判断を示している（結論としては差戻し）。このような事案での解雇の効力については，これを無効とすると，使用者は除名の有効性について適確な調査をなしえない（このような調査は支配介入の不当労働行為になりかねない）にもかかわらず，除名が無効である場合には解雇無効に伴う負担を負わねばならないという問題があるため，この点を重視して除名が無効であることは使用者が行う解雇の効力を否定する理由にはならないとの考え方もありうる（本件の原判決はこれを採用している）。しかし，本判決はこの考え方を否定しており，これにより裁判実務上の処理基準は確立したものといえる。本判決の立場からは，上述の問題は，使用者がユニオン・ショップ協定を締結したことにより引き受けたリスクとして甘受すべきものだと評価されることになる。

（川田　琢之）

（4） チェック・オフ

105　エッソ石油事件
最一小判平成 5・3・25　労判650号 6 頁・集民168号下127頁

【事案の概要】

1　Xら（31人）は，Y会社の従業員であり，同社の従業員で組織するA労働組合に加入していた。

　YはAとの間で，Aの組合員について組合費のチェック・オフを行う旨の条項を含む労働協約を締結しており（本件チェック・オフ協定），これに基づいて従業員であるA組合員に支払う賃金から組合費相当額を控除し，A組合に引き渡していた（本件チェック・オフ）。

2　Xらは，A組合執行部と闘争方針の違いから激しく対立するようになり，昭和57年 9 月25日にB労働組合を結成，同年10月14日までにXら全員がBの組合員となった。

　A労働組合執行部はいち早くこれらの動きを知ったが，B労働組合の結成を容認せず，A労働組合内の一部の策動ととらえ，Yに対してB労働組合を労働組合として遇さないよう申し入れた。

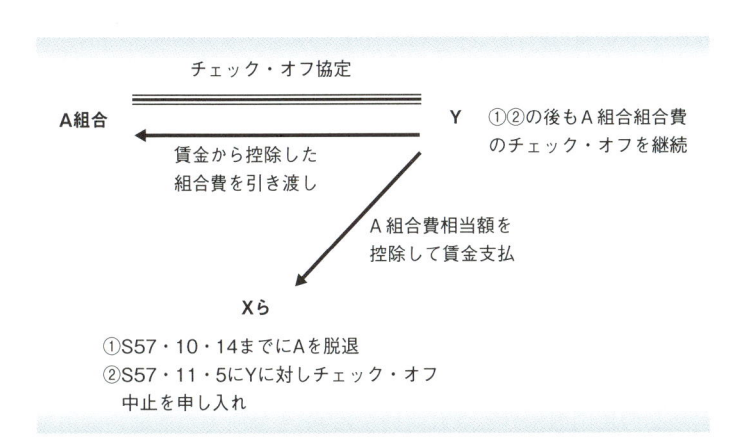

```
              チェック・オフ協定
         ═══════════════════════
  A組合   ←                       Y      ①②の後もA組合組合費
                                          のチェック・オフを継続
         賃金から控除した
         組合費を引き渡し
                          ↓
                     A組合費相当額を
                     控除して賃金支払
                          ↓
                         Xら

         ①S57・10・14までにAを脱退
         ②S57・11・5にYに対しチェック・オフ
           中止を申し入れ
```

3 Yは，上記一連の動きの後も，Xらの昭和57年10月25日支給分から翌年3月25日支給分までの毎月の賃金および，昭和57年11月支給の一時金から，本件チェック・オフとしてA組合の組合費相当額を控除し，A組合に引き渡していた。

4 Xらは，**3**掲記のYの行為が不法行為に当たるとして，**3**掲記の控除額に相当する額の損害賠償を求めてYを提訴した（形式上の原告はXらのうち選定当事者とされた6名）。

1審判決（大阪地判平成元・10・19労判551号31頁）は，Xらは昭和57年10月14日までに黙示の意思表示によりA労働組合を脱退したものであって同日以降の本件チェック・オフは違法である等として請求を全部認容した。

一方，Yの控訴に対する控訴審判決（大阪高判平成3・2・26労判615号55頁）は，「チェック・オフ協定（労働協約）が，右協約締結当事者である労働組合から使用者に対する組合費の取立委任の効力を持つことは当然であるが，……これが労働組合員である労働者に対する関係で許容されるためには，それが右労働者の意思に基づくことが必要であり，……たとえ労働組合との間でチェック・オフ協定が成立していても，チェック・オフを拒否する右労働者に対するチェック・オフは許されない」との判断を示した上で，本件においては，B労働組合が昭和57年10月12日に同月以降チェック・オフに係る組合費をA労働組合に交付せず，B組合に引き渡すことを求める旨の申入れを行っているが，当該申入れは，組合員個人の名前の記載がないこと等からみてXらによるYに対するチェック・オフ依頼の撤回とは認められず，チェック・オフ撤回の意思表示がなされたと認められるのは，同年11月5日に交付された組合費引去停止依頼書においてであるとして，同日以降に支給された賃金，一時金からの控除額相当額の限度で請求を認容した。

Yは最高裁に上告したが，これを棄却したのが本判決である。

【判旨】

「労働基準法……24条1項ただし書の要件を具備するチェック・オフ協定の締結は，これにより，右協定に基づく使用者のチェック・オフが同項本文所定の賃金全額払の原則の例外とされ，同法120条1号所定の罰則の適用を受けな

いという効力を有するにすぎないものであって，それが労働協約の形式により締結された場合であっても，当然に使用者がチェック・オフをする権限を取得するものでないことはもとより，組合員がチェック・オフを受忍すべき義務を負うものではないと解すべきである。したがって，使用者と労働組合との間に右協定（労働協約）が締結されている場合であっても，使用者が有効なチェック・オフを行うためには，右協定の外に，使用者が個々の組合員から，賃金から控除した組合費相当分を労働組合に支払うことにつき委任を受けることが必要であって，右委任が存しないときには，使用者は当該組合員の賃金からチェック・オフをすることはできないものと解するのが相当である。そうすると，チェック・オフ開始後においても，組合員は使用者に対し，いつでもチェック・オフの中止を申し入れることができ，右中止の申入れがされたときには，使用者は当該組合員に対するチェック・オフを中止すべきものである。これと同旨の原審の判断は正当として是認することができ，原判決に所論の違法はない。」

【問題の所在】

　チェック・オフとは，労働組合と使用者の間の協定（チェック・オフ協定，通常は労働協約）に基づき，使用者が協定締結組合の組合員である労働者に支払う賃金から組合費を控除し，労働組合に引き渡す扱いである。労働組合が，使用者の協力を得ることで，簡便に組合費の徴収を行える点に意義がある（それ故，使用者の労働組合に対する便宜供与としての性質を有する）。

　チェック・オフをめぐっては，①賃金の一部控除をその内容に含むことから，これを適法に行うためには，賃金全額払い原則との関係で労使協定の締結（労基24条1項但書）を要するか，②個々の組合員が使用者に申し出ることでチェック・オフを中止することは可能か，等の問題が存在するほか，③使用者によるチェック・オフの中止や労働組合からの実施要求に対する拒否が支配介入等の不当労働行為に当るかが争われることも少なくない。本判決は，これらの問題のうち②の問題についての判例の立場を示す点に，主要な意義がある。

【本判例のポイント】

1 チェック・オフの実施に労使協定締結は必要か

前述のように，チェック・オフをめぐる問題の１つに，賃金全額払い原則との関係をめぐる問題があるが，この点につき，判例は，チェック・オフを適法に行うためには労基法24条１項但書所定の労使協定の締結が必要であるという，同条の文言に忠実な立場に立つ（済生会中央病院事件・最二小判平成元・12・11民集43巻12号1786頁☞**131**事件）。

本件ではこの点は直接問題にされていないが，判旨は労基法24条１項所定の要件を具備したチェック・オフ協定の締結は同項所定の賃金全額払い原則の例外という帰結をもたらす（に止まる）としており，上記判例の立場に沿った論理を展開している。

2 個々の労働者によるチェック・オフの中止

本件では，YがXらのチェック・オフを継続したことの不法行為性が争われる中で，使用者はいかなる場合にチェック・オフを中止すべきか，とりわけ，個々の労働者がチェック・オフの中止を求めた場合にチェック・オフを中止すべきかが問題になっている。

（１）この点についてはまず，労働協約の性質を有するチェック・オフ協定に規範的効力（労組16条）が生ずるかが問題となり，これを肯定すると，規範的効力の適用を受ける組合員が個々に使用者に申し出てチェック・オフを中止する余地は否定される（組合員がチェック・オフ協定締結組合を脱退した後については，なお協約の規範的効力が及ぶかという問題が残される）。

本判決はこの点につき，労働協約の形式をとるチェック・オフ協定によって使用者と組合員の間にチェック・オフをめぐる権利義務関係が生ずることを否定し，**チェック・オフについて労働協約の規範的効力は生じない**との立場に立っている（チェック・オフは労組法16条にいう「労働条件その他の労働者の待遇に関する事項」に該当しないと考えていることになるが，その理由は示されていない）。

（２）このように，チェック・オフ協定に労働協約の規範的効力が発生することを否定した上で，本判決は，**チェック・オフ実施のためには適法なチェック・オフ協定の締結に加えて使用者が個々の組合員から組合費の支払についての委任を受けることが必要である**との判断を示し，ここから個々の組合員が使用者に

申し出ることでチェック・オフを中止しうるとの帰結を導いている。原審判決において，チェック・オフ協定に基づく労働組合と使用者との関係が労働組合による使用者に対する組合費取立の委任とされていることと併せると，**チェック・オフは，労働組合の使用者に対する組合費取立委任と，組合員の使用者に対する組合費支払委任で構成される法律関係と把握され，委任契約は自由に解除可能であるという民法の原則（民651条1項）から，労働者はチェック・オフ中止の申出（＝後者の委任契約の解除）により自由にチェック・オフを中止しうる**との帰結が導き出されるということになる。

（3）　本件は不法行為に基づく損害賠償請求の事件であるが，最高裁は，チェック・オフ継続の不当労働行為性が争われた事件においても，本判決で示したチェック・オフの中止に関する判断を踏襲している（ネスレ日本（東京・島田）事件・最一小判平成7・2・23民集49巻2号281頁など）。

（川田　琢之）

（5）　組合員の政治活動と統制処分

106　中里鉱業事件
最二小判昭和44・5・2　集民95号257頁

【事案の概要】

1　A炭鉱会社B鉱業所には同鉱業所の従業員で組織するY労働組合が存在し，A社との間でユニオン・ショップ協定を締結していた。

2　Yは昭和37年5月27日に，同年7月に行われる参議院議員選挙において民社党公認候補Cを推薦する旨の大会決議を行った。この決議は，組合の経済的諸要求解決のために不可欠な石炭安定化の国家的施策の実現のために民社党の飛躍的成長に期待するのがもっとも適当であることおよび，創価学会信者による強引な勧誘等の選挙運動が予測されることから，これによる混乱を防止するため創価学会信者の組合員が大会決議に基づく組合の団体行動を故意に破った場合には統制違反として処分されるべきことを趣旨とするものであった。

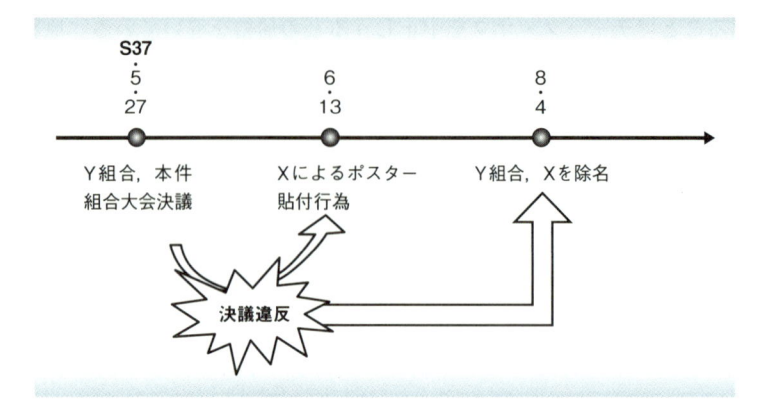

```
             S37
             ・
             5                6              8
             ・                ・             ・
             27               13             4
━━━━━━━━●━━━━━━━━━━━━━━━●━━━━━━━━━━━━━●━━━━━━━━━━━━
         Y組合, 本件         Xによるポスター    Y組合, Xを除名
         組合大会決議         貼付行為
```

3 B鉱業所で就労するAの従業員でYの組合員であるXは，上記選挙運動期間中の昭和37年6月13日，その入会している創価学会の政治組織である公明政治連盟推せん候補であるDの選挙ポスター1枚を会社構内にある鮮魚店に掲示した。このためYは，Xの上記行為が組合大会決議に違反するとして，同年8月4日の臨時組合大会において原告を被告組合より除名する旨の決議をした。

4 Xは，Yに対して上記除名決議の無効確認を求めて本件訴訟を提起した。一審判決（長崎地佐世保支判昭和39・3・30労民15巻2号198頁）は，Xの行為が組合大会決議違反として統制処分事由に該当することを認めつつ，除名に相当する重大なものとはいえないとして，統制権の濫用を理由に除名決議を無効とし，Xの請求を認容した。Yの控訴を受けた控訴審判決（福岡高判昭和40・4・22労民16巻2号303頁）は，組合員の公職選挙に関する適法な選挙運動を一般的包括的に制限禁止する組合決議は憲法が政治活動の自由を保障していること等に照らせば無効であり，本件組合大会決議も無効であるとの判断に基づいて控訴を棄却した。Yは上告したが，最高裁も以下のとおり述べて上告を棄却した。

【判旨】

「労働組合は，憲法28条による労働者の団結権保障の効果として，その目的を達成するために必要であり，かつ，合理的な範囲内においては，その組合員に対する統制権を有するが，他方，公職の選挙に立候補する自由は，憲法15条1項の保障する重要な基本的人権の一つと解すべきであつて，労働組合が，地

方議会議員の選挙にあたり，いわゆる統一候補を決定し，組合を挙げて選挙運動を推進している場合に，統一候補の選にもれた組合員が，組合の方針に反して立候補しようとするときは，これを断念するよう勧告または説得することは許されるが，その域を超えて，立候補を取りやめることを要求し，これに従わないことを理由に統制違反者として処分することは，組合の統制権の限界を超えるものとして許されないと解すべきこと，当裁判所の判例とするところであり（三井美唄労組事件・最大判昭和43・12・4刑集22巻13号1425頁），この理は，労働組合の統制権と組合員の立候補の自由との関係についてのみならず，立候補した者のためにする組合員の政治活動の自由との関係についても妥当する。」

「Y組合の大会決議は，組合の所属する特定候補以外の立候補者を支持する組合員の政治活動（選挙運動）を一般的・包括的に制限禁止し，これに違反する行動を行った組合員は，統制違反として処分されるべき旨を決議したものであつて，前記判例にいう組合の統制権の限界を超えるものとして無効と解すべ」きである。

【問題の所在】

労働組合は，その組織力・団結力を用いて目的を達成するため，組合大会決議による活動方針決定等の方法で組合員の行動を規律するとともに，こうした規律に違反するなどの労働組合の団結体としての秩序（統制）を乱す行為に対して統制処分と呼ばれる制裁（戒告，譴責，罰金，権利停止，除名など）を行う権限（統制権）を有するとされる。

このような労働組合の統制権は，一面においては，労働組合の目的達成に資する限りで広い範囲に及びうるものであるが，統制権による規律や制裁が組合員の政治的自由や言論の自由を制約するおそれのある場面では，これらの自由を保障する必要性との調和を図る観点から，統制権の限界が問題となる。

本件は，こうした問題のうち，組合員の政治活動の自由との関係での統制権の限界が問題になったものである。

【本判例のポイント】
1 労働組合の統制権
　労働組合が統制権を有する根拠については，団体一般に固有の権限，憲法28条による団結権保障，労働組合と組合員との間の合意などの考え方がありうるが，本判決は，三井美唄労組事件最高裁判決を踏襲する形で**労働組合は憲法28条の団結権保障の効果としてその目的達成に必要かつ合理的な範囲内で組合員に対する統制権を有する**と述べており，これが判例の立場である。なお，「統制権」の語は，統制処分を行う権限という意味に限定して用いられることもあるが，本判決や三井美唄労組事件判決では，組合大会決議等によって組合員の行動を規律し，その遵守を求める権限も含めてこの語を用いている。

2 統制権の射程と労働組合の政治活動におけるその限界
　（1）　上記のように，労働組合の統制権はその目的達成に必要かつ合理的な範囲内で認められるとされるため，統制権の及びうる射程を考察する上では，労働組合の目的の範囲がいかなるものかが問題となる。この点について一般的にいえば，組合員の労働条件の維持改善や経済的地位の向上に直接関連するものに限られない広い範囲の活動が労働組合の目的の範囲に含まれうる（後掲の諸判決を参照。政治活動についても，次に述べるように，一定の範囲では労働組合の統制権が及ぶとされる）。

　（2）　一方，本件で問題となる労働組合の政治活動の場面では，前述したように，組合員の政治的自由との調和を図る観点から，統制権の限界が問題となる。この点につき，最高裁は，地方議会議員選挙において組合が擁立する統一候補の選に漏れたことから統一候補選定の決議に反して立候補した組合員に対する統制権の行使が問題となった三井美唄労組事件（ただし，公職選挙法上の選挙運動妨害罪に関する刑事事件であり，統制権ないし統制処分の効力そのものが争われた事件ではない）において組合員の政治活動の自由との関係での統制権の限界に関する一般論を示しており，本判決は，この論理が本件事案にも妥当するとした上で，これに基づき本件組合決議およびXに対する統制処分（除名）を無効としている。

　両判決の内容を合わせると，**公職選挙において特定の政党や候補者の支援ないし擁立を行う旨の決議に基づき，これに反する立候補や選挙支援活動の中止を組合**

員に求める労働組合の行為は，それが勧告・説得に止まるのであれば統制権の範囲内のものとして許容されるが，これを超えた中止要求やこれに従わない者に対する統制処分を行うことは，統制権の限界を超えるものとして許されないということになる。本件や三井美唄労組事件のような，労働組合が行う政治活動（選挙支援活動）に関する統制権の範囲が問題となる事例においては，組合が決定した方針に対する任意の協力を組合員に求めるものか，それを超えた強制に及ぶかという区別が判断を分けるポイントになっているものと解されよう。

　（3）　上述のような統制権の限界と類似の問題は，特定の使途を定めた（臨時）組合費の徴収を定める組合決議に対する組合員の協力義務の有無という場面でも生じうる（判例における統制権と協力義務の関係は必ずしも明確ではないが，協力義務が肯定されればその違反は統制処分の対象になりうると考えられるので，この点で両者は関連性を有する）。この問題につき最高裁は，他組合の闘争支援，安保反対闘争に参加して不利益処分を受けた組合員の救済（以上につき国労広島地本事件・最三小判昭和50・11・28民集29巻10号1698頁。なお安保反対闘争それ自体については傍論で協力義務を否定），水俣病患者支援（国労四国地本事件・最二小判昭和50・12・1判時798号14頁）などについて臨時組合費徴収決議に対する組合員の協力義務を肯定する一方，総選挙で特定の候補者を支援するためにその所属政党に寄付する資金についてはこれを否定している（前掲，国労広島地本事件）。

（川田　琢之）

（6）　労働組合の分裂

107　名古屋ダイハツ労組事件
最一小判昭和49・9・30　労判218号44頁・判時760号97頁

【事案の概要】

1　訴外名古屋A会社には，その従業員で組織する旧X労働組合が存在していた。同組合は総評傘下の下部組織として活動してきたが，名古屋A会社に関係する労働組合のほとんど全てがA系連絡協議会に参加していたことから，名古

107

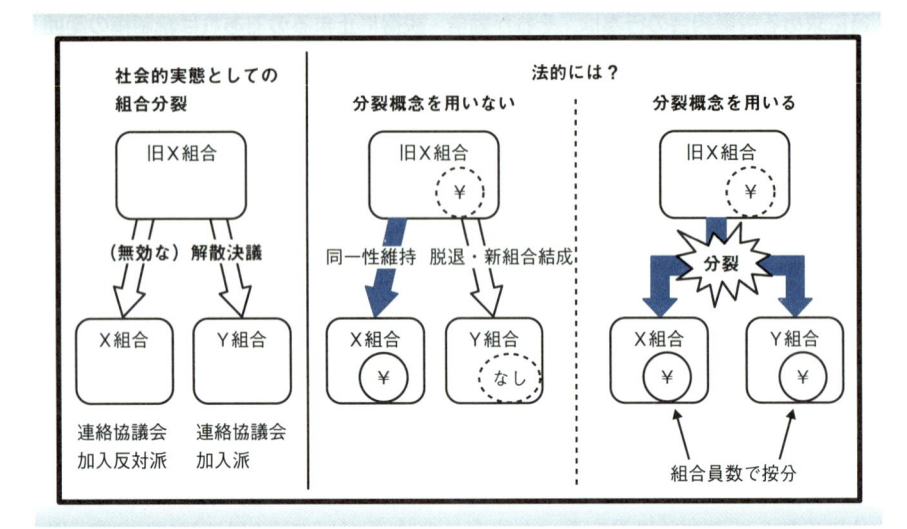

社会的実態としての組合分裂	法的には？	
	分裂概念を用いない	分裂概念を用いる
旧X組合 → （無効な）解散決議 → X組合／Y組合 連絡協議会加入反対派／連絡協議会加入派	旧X組合（¥） 同一性維持 → X組合（¥） 脱退・新組合結成 → Y組合（なし）	旧X組合（¥） 分裂 → X組合（¥）／Y組合（¥） 組合員数で按分

屋A会社との各種折衝を有利に進めるためには、総評傘下を離れてA系連絡協議会に加入した方が都合が良いとの意見が旧X組合内部で多数を占めるに至った。

2 このような状況を背景として、連絡協議会加入支持派である旧X組合執行委員長Bは、昭和40年11月26日に開催された臨時組合大会において、組合解散の緊急動議を提出した。旧X組合の組合規約では、組合解散決議は組合員による直接無記名投票の方法で行うことと定められており、Bは当初この方法で決議を行おうとしたが、連絡協議会加入反対派の組合員の抗議行動により投票の実施が困難になった。このためBは、起立の方法で解散決議を行い、その成立を宣言した。

　その後、連絡協議会加入賛成派の組合員ら224名は組合大会会場に残り、Bと示し合わせて待機していた連絡協議会役員が同席する下でY組合結成を決議し、Y組合は連絡協議会に加入した。

3 旧X組合は前記臨時組合大会の時点で組合財産として46万4,000円余りの金銭を有していたが、同組合の会計係がY組合に加入したこと等により、上記金銭は同日以降、Yの執行委員長となったBの占有下に置かれている。

4 一方、旧X組合の連絡協議会加入反対派は、Bに代わる執行委員長を補充

してX組合として活動を続け，BがX組合の財産である上記金銭をY組合の財産として独占保管していることが不法行為に当たるとして，Y組合を相手として上記金銭相当額の損害賠償を求めて本件訴訟を提起した。

　Yは，Xの主張に対し，①旧X組合は有効に解散しており，X組合との同一性を有しないから前記金銭はX組合の財産ではない（主位的抗弁），②仮に解散決議が無効でも，旧X組合はX組合とY組合に分裂しており，旧X組合の財産は組合員数に応じてXY両組合に帰属するというべきであるから，Y組合帰属分につき不法行為は成立しない（予備的抗弁），と反論した。

5　1審判決（名古屋地判昭和42・12・22労民18巻6号1278頁）は，Yの抗弁をいずれも退けてXの請求を認容し，控訴審判決（名古屋高判昭和44・1・31日判例集未登載）もYの控訴を棄却したため，Yが上告した。最高裁は，解散決議は直接無記名投票によるとの組合規約の定めがある場合にそれ以外の方法でなされた組合解散決議は原則として無効である旨を述べて旧X組合が適法に解散したとのYの主張を退けた上で，組合分裂に関するYの主張も次のように述べて退け，上告を棄却した。

【判旨】

1　「論旨は，労働組合において，その内部に相拮抗する異質集団が成立し，その対立抗争が甚だしく，そのため，組合が統一的組織体として存続し活動することが事実上困難となり，遂に，ある異質集団に属する組合員が組合（以下，旧組合という。）から集団的に離脱して新たな組合（以下，新組合という。）を結成し，ここに新組合と旧組合の残留組合員による組合（以下，残存組合という。）とが対峙するに至るというような事態が生じた場合には，これを，法律上，単に旧組合からの組合員の脱退及びそれに続く新組合の設立にすぎないものであると理解し，旧組合の財産につき，残存組合にその独占を許す結果を認めるのは不公平であり，したがつて，新組合と残存組合の双方に権利を肯定する組合分裂なる法理を導入すべきである，との見解を，その立論の前提としている。

　しかし，所論のような事態が生じたとしても，一般的には，このことだけで，旧組合がいわば自己分解してしまつたと評価することはできず，むしろ，旧組合は，組織的同一性を損なうことなく残存組合として存続し，新組合は，

旧組合とは組織上全く別個の存在であるとみられるのが通常であって，ただ，旧組合の内部対立によりその統一的な存続・活動が極めて高度かつ永続的に困難となり，その結果旧組合員の集団的離脱及びそれに続く新組合の結成という事態が生じた場合に，はじめて，組合の分裂という特別の法理の導入の可否につき検討する余地を生ずるものと解される」。

2　「原審の確定するところによると，旧X組合は，その内部に，従来どおり総評の傘下にとどまろうとする少数派と総評の傘下を離れて新たにA系連絡協議会に加盟しようとする多数派との対立が生じ，両派相互に意思の疎通を欠き組合の運営が多少円滑さを欠いていたことは認められないではないが，右の多数派に属する組合員が旧X組合から集団的に離脱してY組合を結成するに至るまでにおいて，旧X組合の存立ないし運営が事実上不可能になったとは認められない，というのであ……るから，旧X組合は，到底機能喪失により自己分解したとは評価しえず，なおX組合として組織的同一性を失うことなく存続し，Y組合は，旧X組合とは別個の組織であると解するほかはないのである。

そうすると，本件の場合には，所論のような法理の導入の可否につき検討するまでもなく，旧X組合に属した所論財産は，当然X組合にそのまま帰属するのであって，これと同旨の原審の結論は，結局正当である。」

【問題の所在】

労働組合の組織変動類型には，解散，組織対象範囲の変更，組織形態（単位組合か連合体か等）の変更，上部組織加入関係の変更（加入・離脱）等の多様なものがあるが，このうち条文上に定めが存在するのは解散（労組法10条）のみであり，それ以外については，組合大会決議による意思決定に基づいて行われるのが通常の姿といえる。

一方，労働組合内部での対立等を背景に，元は１つの労働組合であったものが事実上複数の労働組合に分かれて存在するに至っている状況（社会的実態としての組合分裂）における元の組合の財産の帰属等について，一定の法的効果を有する組織変動類型としての「分裂」概念を用いた処理が主張されることがある。このため，法的な概念としての組合分裂を認めるかどうか，認める場合の要件・効果は何かが問題となる。

本件では，組合財産の帰属を巡る争いにおいて組合分裂の成否が問題になっているが，このような事案では，分裂概念を用いずに一部組合員の脱退と新組合結成の問題として処理した場合，脱退組合員による組合財産の払戻請求を原則として認めないのが判例の立場である（品川煉瓦事件・最一小判昭和32・11・14民集11巻12号1943頁，後掲・国労大分地本事件）ことから，複数に分かれた組合のうちの１つが旧組合の財産を独占する帰結となる。このため，組合分裂を認めるとこれと異なる処理（たとえば本件でYが主張する，組合員数に応じた按分）の余地が生じる点に，実際上の意義がある。

【本判例のポイント】

（１）　本判決は，労働組合分裂の要件に関する判断として，**労働組合の内部対立によりその統一的な存続・活動が極めて高度かつ永続的に困難になった結果として，旧組合組合員の大量離脱・新組合結成という事態が生じた場合にはじめて，組合の分裂という法理の導入可能性を検討する余地が生じる**との考え方を示した上で，本件はこのような場合には当たらないとしている。

　この判断は，一定の限られた要件の下で組合分裂法理導入の可能性を認めるものともいいうる（ただし，判決の文言上，導入可能性を検討する余地の肯定に止まっている点は留意すべきである）が，「極めて」「高度」「永続的」という対象を限定する修辞が重ねられていることからすれば，むしろ，**組合分裂概念を用いる余地を完全には否定しないが，仮にそのような余地があるとしてもそれは極めて例外的な場合である**というのが，本判決が示した最高裁の立場であると理解すべきであろう。

（２）　最高裁はこの他に，本判決と同日に同一の小法廷においてなされた判決（国労大分地本事件・最一小判昭和49・9・30民集28巻6号1382頁）において，単一組合である全国規模の労働組合の下部組織として一定の目的・権限の範囲内で自治を有する地方本部から当該組合の方針に反する組合員が大量離脱して新組合を結成する一方，残存組合員が地方本部の活動を継続した事案につき，（全国規模の）労働組合が組織的統一体としての機能を維持し続けているかどうかが分裂概念導入の基準となる（地方本部レベルで事実上の分裂が生じたというだけでは不十分である）との判断に基づいて組合分裂の主張を退けており，最高裁が結論

107

として分裂を認めた例はこれまでのところ存在しない（このため，組合分裂を認めた場合の効果についての最高裁の立場は明らかになっていない）。

（川田　琢之）

第19章　団体交渉

（1）　義務的団体交渉事項

108　根岸病院事件
東京高判平成19・7・31　労判946号58頁・判時1990号149号

【事案の概要】

1　Xは，精神科等を診療科目とする病院を経営する医療法人である。Zは，昭和48年8月17日，Xの職員によって組織されたXで唯一の労働組合である。Xにおける常勤職員（医師を除く）の賃金は，基本給（本給＋第二本給）と諸手当で構成されている。Xでは，職種別に新規採用者の初任給額を定めているところ，新規採用者の基本給は，これに前歴に応じた経験加算等をして決定されている。また，Xは，常勤職員の新規採用年度以降の基本給について，初任給額に翌年度以降の春闘でZと妥結した本給の定期昇給分，ベースアップ分および第二本給増額分を加算することにより決定している。

2　Xは，平成11年2月26日，Zに対し，同年3月1日以降の新規採用者について，その初任給額を従前の採用者に支給していた初任給額に比して引き下げるとの通知をした（本件初任給引下げ）本件初任給引下げにおける基本給の減額率は約10％～34

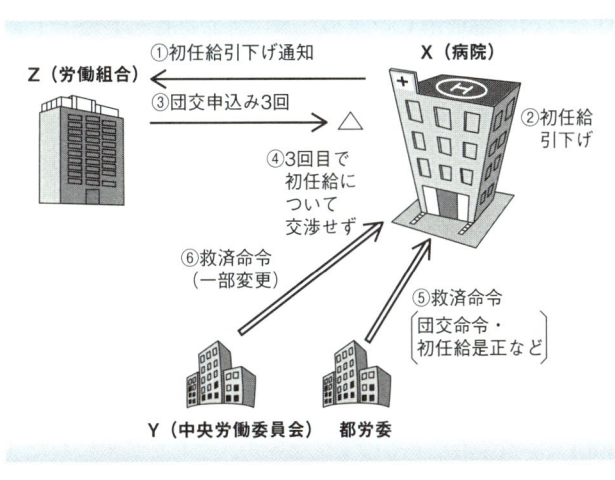

％となるなど，一部の職種について大幅な減額となっていた。Zは，平成11年3月12日，Xに対し，同日付け要求書を交付し，本件初任給引下げについて団体交渉を開催するよう要求した（本件団体交渉）。Xの理事ら3名は，平成11年3月17日本件初任給引下げについて，Zとの間で団体交渉を行った（第1回交渉）。同理事らは，平成11年3月30日，同年度の春闘および本件初任給引下げについて，Zとの間で団体交渉を行った（第2回交渉）。

3 Zは，平成11年4月21日，都労委に対し，Xを被申立人として，本件初任給引下げならびに本件第1回交渉および第2回交渉におけるXの対応が不当労働行為（支配介入および不誠実団体交渉等）に当たると主張して，①本件団体交渉申入れに誠実に応ずること，②平成11年度以降の各新規採用者について，各年度の初任給額をZと協議の上決定した額もしくは前年度の初任給に当該年度のベースアップ分を上乗せした金額とし，差額を支払うこと，③謝罪文の掲示をすること，を求める本件初審申立てをした。

4 理事らは，平成11年4月22日，Zとの間で同年度の春闘についての団体交渉を行ったが（第3回交渉），本件初任給引下げについては都労委の判断に委ねるとして何らの交渉もしなかった。都労委は，団交命令，初任給額の是正，謝罪文の掲示を命じる命令を発した。XはY（中労委）に再審査申立てをしたところ，Yは，初任給額の是正を命じた部分を取消し，謝罪文の一部を変更し，その余の再審査申立てを棄却する命令を発した（本件命令）。XとZの双方は，本件命令の一部取消しを求め，本件訴訟を提起した。1審は，Xの請求を認容し，Zの請求を棄却した。そこで，YとZが控訴したのが本件であり，以下の判断により控訴の一部が認容された。

【判旨】

1「誠実な団体交渉が義務付けられる対象，すなわち義務的団交事項とは，団体交渉を申し入れた労働者の団体の構成員たる労働者の労働条件その他の待遇，当該団体と使用者との間の団体的労使関係の運営に関する事項であって，使用者に処分可能なものと解するのが相当である。」

2「そして，非組合員である労働者の労働条件に関する問題は，当然には上記団交事項にあたるものではないが，それが将来にわたり組合員の労働条件，

権利等に影響を及ぼす可能性が大きく、組合員の労働条件との関わりが強い事項については、これを団交事項に該当しないとするのでは、組合の団体交渉力を否定する結果となるから、これも上記団交事項にあたると解すべきである。」
3　「労働者の間で入職の時期の先後によって賃金ベースが異なり、大幅な賃金格差があることは、……労使間の交渉において、賃金の高い労働者の賃金を抑制する有形無形の影響を及ぼすおそれがあるのみか、労働者相互の間に不満、あつれきが生ずる蓋然性が高く、このことは組合員の団結力に依拠し賃金水準の向上を目指す労働組合にとって看過しがたい重大な問題というべきである。そして、本件初任給引下げは、……Xにおける賃金決定の仕組みから考えると、在職中の組合員を抑制する有形無形の影響を及ぼす事項であり、本件初任給引下げが適用された平成11年当時は、新規採用者の少なからぬ者が短期間のうちにZに加入していたと認められるから、……短期間のうちに組合員相互の労働条件に大きな格差を生じさせる要因でもあるから労使交渉の対象となる」。
4　「そうすると、初任給額の問題は、直接的にはZの組合員の労働条件とはいえず、これまでXにおいて初任給が引き下げられたことがないことから、労使交渉の対象とされたことがなく、Xは経営事項として労使交渉の対象外の事項と考えていたものではあるが、初任給額が常勤職員の賃金のベースとなることから、Zが初任給額を重視し、Xにおいてもこのことを理解し各年度の初任給額をZに明らかにするとの運用がされてきたものであり、本件初任給引下げは、初任給の大幅な減額で、しかも、Zの組合員間に賃金格差を生じさせるおそれがあるものというべきであり、将来にわたり組合員の労働条件、権利等に影響を及ぼす可能性が大きく、組合員の労働条件との関わりが極めて強い事項であることが明らかである。したがって、本件初任給引下げは義務的な団交事項に当たるものと認められる。」

【問題の所在】

　団体交渉における労働者側からの交渉要求のうち、労組法上使用者が拒否することができない事項のことを「義務的団交事項」という。その具体的な範囲について、法文上の定義はされていないが、使用者に処分権限があり、組合員の労働条件または労使関係の運用に関する事項と理解がなされている。ところ

が，本件のような初任給の引下げについての団体交渉は，組合員の労働条件とは直ちにいえないため，義務的団交事項に該当するかどうかが争いとなる。本判決は，初任給という組合員の労働条件との関わりが極めて強い事項については，義務的団交事項となることを認めた。

【本判例のポイント】
1 義務的団交事項の範囲
　義務的団交事項についての定義は，論者によって表現は異なるものの，労働条件など労働者の経済的地位に関係があるか，もしくは労働組合そのものに関係がある事項で，かつ使用者の処理権限内の問題が該当する，という点において共通している。義務的団交事項は，賃金や労働時間はもとより，解雇基準や異動・懲戒・安全衛生・福利厚生など広義の労働条件，あるいは団体交渉のルール，チェック・オフ協定，ショップ制，組合事務所の供与等に及ぶが，これらに限定されるわけではない。

　裁判例によれば，職場再編成問題は，従業員の待遇ないし労働条件と密接な関連を有する事項であるから，団体交渉の対象となり得る（栃木化成事件・東京高判昭和34・12・23判時217号33頁☞参考判例 **109** 事件）。他方で，退職者について離職票の発行手続が遅延したことによる損害賠償を求めることは，義務的団交事項とは認められない（藤田（勝）商店事件・東京高判平成21・3・12判例集未登載☞参考判例 **110** 事件。なお，労働者が退職後に結成した組合による団交申入れについては，労組法7条2号の「雇用する労働者の代表」への該当性が問題となっている。住友ゴム工業事件・大阪高判平成21・12・22労経速2065号3頁）。

2 非組合員の労働条件
　最高裁判例は，非組合員の労働条件についても，組合員の労働条件に影響を及ぼすような場合，具体的には，組合員が管理職に昇進するような職場での非組合員たる管理職の解雇は義務的団交事項となることを認めている（高知新聞事件・最三小判昭和35・4・26民集14巻6号1004頁）。本判決も，同判例と類似の観点から，**非組合員である労働者の労働条件であっても，将来にわたり組合員の労働条件，権利等に影響を及ぼす可能性が大きく，組合員の労働条件との関わりが強い事項については，義務的団交事項となる**という判断基準を示した。そして，本判決

は，最高裁が示した「管理職」に加え，「初任給」についても，非組合員の労働条件ではあるが，義務的団交事項に該当することを明らかにした。

3 本判決の射程範囲

初任給が義務的団交事項になる理由として，本判決は，①労働者間に大幅な賃金格差があることは，交渉において賃金の高い労働者の賃金を抑制する影響を及ぼすおそれがある，②労働者相互の間に不満・あつれきが生ずる蓋然性が高い，すると③組合員の団結で賃金水準の向上を目指す組合にとって看過しがたく，さらには，④新規採用者も短期間のうちに組合に加入しており，短期間のうちに組合員相互に大きな格差を生じさせる，ことを挙げている。

留意すべきは，本件は「初任給」が義務的団交事項になりうることを是認したが，非組合員一般の労働条件が義務的団交事項に該当することまでを認めたわけではないという点である。例えば，非組合員であるパートタイム労働者や派遣労働者などの労働条件も，組合員の労働条件に重要な影響を及ぼすという意味では，初任給の引下げと共通している。これらが義務的団交事項の対象になるかは，本判決を参考にしつつ，改めて検討すべき課題といえる。

(柳澤　武)

参考判例

109　栃木化成事件
東京高判昭和34・12・23　判時217号33頁・労民集10巻6号1056頁

【事実の概要】

1　Xは脱色用活性炭の製造・販売を業とする会社であり，ZはX栃木工場の工員（本工）により結成された労働組合である。昭和31年4月にZが結成されると，Xは同年6月頃から臨時工を採用するようになるとともに，賃金の遅配が発生した。非組合員である臨時工への遅配は5～12日であるのに対して，組合員である本工への賃金遅配は13～30日であった。同年10月1日，Xは職場再編

成の人事異動を行ない，組合員であるボイラー有資格者のボイラー班・副班長就任を拒否し，無資格者である臨時工を同副班長に任命した。

2 同年10月中，ZがX職場再編成・賃金遅配・協約締結などの諸問題を案件としてXに団体交渉を申し入れたところ，職場再編成問題についての団体交渉を拒否し，他の二案件については交渉に応じた。上部団体からの交渉申入れについては，完全に拒否した。

3 Zは，Xの一連の行為を不当労働行為であるとして，Y（栃木県地方労働委員会）へ救済を申し立てた。Yは不当労働行為の成立を認め，Xに①賃金の遅速差別をしないこと，②上部団体との団交に応じること，③Zとの団交に応じること，④臨時工の副班長解任，を命じる救済命令を出した（本件命令）。Xは，本件命令を不服として，本件訴訟を提起した。Xは，とりわけ職場再編成問題について，職場をいかに編成するかはXの専権事項であって，団体交渉の対象とならないと主張した。

4 1審は，不当労働行為の成立を認め，職場再編問題についての団交応諾命令（②と③の一部）は相当としたが，その余は不当労働行為が終了しており救済命令を維持する必要がないとして，命令の一部取消しを認容した。そこで，Yが控訴したところ，本判決は次のとおり述べて1審判決を変更し，④を除き，本件命令は違法ではないと判示した。なお，本件は上告されたが，棄却されている。

【判旨】

「職場再編成問題は，従業員の待遇ないし労働条件と密接な関連を有する事項であるから，団体交渉の対象となり得ることはもちろんであつて，これに反するXの主張は失当というの外はない。また上部団体は，下部団体と共同して団体交渉をなし得る権限を当然に有するものと解すべきであり，特に……Zから委任を受けた場合，交渉の権限を有することは，労働組合法第6条の規定から明白である。しかして，……Zは，職場再編成，労働協約，賃金問題の各案件につき，上部団体と共同して交渉する方針でありXも，この事実を知つていたことが明白であるから，Xが……上部団体との交渉および職場再編成問題についての交渉を拒否したことは，たとえ賃金問題および労働協約問題につい

て，すでにZとの間に交渉をしたことがある事実を参酌しても，Xは，結局，Zとの間において，誠意ある交渉をしなかつたことになるものといわざるを得ないのである。」

(柳澤　武)

110　藤田(勝)商店事件
東京高判平成21・3・12　判例集未登載

【事実の概要】

1　Xは精密測定具等の販売を主たる業とする会社である。Zは主に管理職からなる労働組合で，訴外AはZに加入していたXの元従業員である。Aは，平成14年9月にXから整理解雇されたが，労使交渉の結果，平成16年2月16日に職場復帰した。Aは同年10月ころから体調を悪化させ，平成17年2月から病気休職するに至り，休職期間満了後の平成17年8月20日付けで退職となった。Zは平成18年1月23日，Y（東京都労働委員会）に，Aの解雇撤回などを求める救済申立てを行った。同年11月15日，退職については争わないことで和解が成立した。

2　平成18年9月27日にAに送付された離職証明書には，「労働契約終了による。」と書かれていたところ，Aが「会社都合による退職。」と訂正するなど，両者の間で離職理由について対立が生じたため，離職票の発行が遅延した。平成19年2月1日，Xは離職証明書の離職理由を「事業主からの退職勧奨による労働契約の合意解約」と訂正し，ハローワークで受理され，雇用保険の給付日数は90日から180日に修正された。

3　同年2月13日，Zは「Aに対する離職票発行の遅延による精神的・物質的被害に関する件」および「上記に付随する事項」について団体交渉を申し入れた（本件団交申入れ）。これに対し，Xは，Aとは労働関係を終了する旨の合意に至っており，解雇問題であれば格別，労働者でない者との団交義務はないとして，団体交渉には応じられないと回答し，その後の申入れに対しても同様の回

答を繰り返した。

4 Zは，同年4月26日，本件団交申入れに対するXの対応は不当労働行為に当たるとして，Yに救済を申立てた。Yは，Xが本件団交申入れに応じなかったことは労組法7条2号の不当労働行為であるとして，XがZに対して陳謝する旨の命令（本件命令）を発令した。Xは，本件命令を不服として，本件訴訟を提起した。1審判決は，団交応諾命令を違法としたため，Yが控訴した。高裁は，基本的に1審判決を維持し，控訴を棄却した。

【判旨】

1　「本件団交申入れの議題とされた事項は，離職票の発行に関するものである。使用者が労働者に対して離職票を交付することは，雇用契約に関して発生する使用者の義務であるから，労働者の労働条件その他の待遇に関する事項ということができ，……雇用契約が終了した後であっても，義務的団交事項となる余地がある。」

2　「しかし，本件団交申入れの議題とされた事項は，『Aに対する離職票発行の遅延による精神的・物質的被害に関する件』とされているから，……離職票の遅延について損害賠償を求める趣旨と解される。」また，本件団交のときには，Aが希望する雇用保険給付の受給手続きがすべて完了していた。

3　「このように，使用者であったXは，雇用関係があったことを前提として行うべき義務はすべて尽くしているのであり，しかも，団交事項と解される損害賠償は，Aに対する離職票の発行手続が遅延したことによって損害が発生したという過去の事実を問題として損害賠償金の支払を求めるものであって，これについての団体交渉が行われたとしても，Aの労働条件その他の労働者の待遇そのものが左右されるとは認められない。……本件団交申入れにかかる事項は，使用者が現に雇用する労働者の労働条件その他の待遇に関するものとはいえず，義務的団交事項であるとは認められない。」

4　本件団交事項が義務的団交事項ではない以上，団体交渉に応じなかったこと「には正当な理由があるから，労組法7条2号の不当労働行為に当たらない。」

5　「Xの行為を不当労働行為であると認定して団交応諾を命じた本件命令は

違法であり，Xの請求は理由があるからこれを認容する」。

(柳澤　武)

（2）　共同交渉

111　旭ダイヤモンド工業事件
最二小判昭和60・12・13　民集40巻4号793頁・労判465号6頁

【事案の概要】

1　Xは製造業を営む株式会社であり，三重県に三重工場，神奈川県に玉川工場がある。参加人Z_1労働組合は三重工場の従業員，同Z_2労働組合は玉川工場の従業員をそれぞれ組織しており，Z_2組合は昭和48年12月に総評全国金属労働組合（全金）の支部となっている。

2　昭和49年11月5日，Z_1組合およびZ_2組合は，それぞれ，同年の年末一時金についての交渉を，三重工場において両組合の各交渉担当者とX会社の交渉担当者が一堂に会する共同交渉の方式によって行いたい旨申し入れた。両組合の年末一時金についての要求内容はほぼ同一であるが，Z_1労組の申入れは算定基準が基本給となることや支給対象者を明示しており，他方でZ_2労組の申入れは従前のストライキによる控除分の支払を求めている点で差異があった。

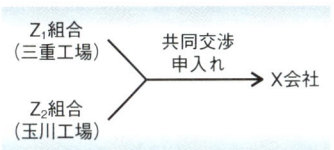

3　これに対しX会社は，共同交渉の必要性はないうえ，両組合の組織形態や要求事項に差があることなどを理由に申入れを拒否し，またその際に，両組合間で意思統一を行ったうえ，要求内容等を統一すべきこと等を述べた。

4　X会社とZ_1，Z_2組合との間では，昭和39年から46年にかけて，一時金に関する共同交渉が行われたことがあったが，会社の共同交渉の要請を組合側が拒否したこともあり，両組合間で，要求内容や闘争方法等について意見が一致せず，個別交渉の方式がとられたこともあった。また，両組合とも，X会社との

団体交渉に当たり，交渉担当者に対して妥結権までは委譲しておらず，交渉の席上で担当者が事実上合意した事項につき，組合の全体集会における議決を経て妥結している。

5 その後，昭和49年11月30日には，Z_1組合の執行委員長を代表者とし，両組合の三役を構成員とする「年末一時金統一交渉団」を結成してX会社に交渉を申し入れたが，会社はこれを拒否した。翌年2月には「春闘統一交渉団」による交渉申入れがなされたが，会社はこれも拒否した。

6 そこで両組合は，X会社の交渉拒否が労組法7条2号の不当労働行為に当たるとして，Y地方労働委員会（当時）に対し救済申立てを行った。Yは，不当労働行為の成立を認めて救済命令を発したため，X会社はその取消訴訟を提起したところ，1審判決（東京地判昭和54・12・20労民集30巻6号1287頁）は，この請求を認容して命令を取り消した。Yが控訴したが，原判決（東京高判昭和57・10・13労民集33巻5号891頁）は控訴を棄却した。本判決はこれに対するYの上告を棄却したものである（判旨欄では，原判決が引用している1審判決の判決理由を紹介する）。

【判旨】

1「使用者に対する関係で……共同交渉の形態による団体交渉を求めることができるためには，複数の労働組合相互間において統一された意思決定のもとに統一した行動をとることができる団結の条件すなわち統一意思と統制力が確立されていることが必要であると解するのが相当である。けだし，共同交渉の申入れが行われる場合には，複数の労働組合間に一種の協力関係が生じその限りでその交渉力が強化される一面のあることは否定することができないが，その協力関係にも種々の段階があり，労働組合相互間に前記の条件が確立されていない場合には，交渉の斉一的かつ円滑な進行，交渉結果の統一及び交渉成果確保等の保障がなく，……団体交渉能力を有しない単なる労働組合の集団が団体交渉を申し入れる場合となんら異なるところがないものであり，かつ，個別交渉の原則のわくをこえて共同交渉の形態によらせるべき前記目的の主要な部分を達成する基礎を欠くものであつて，使用者に対しこのような形態の団体交渉を法的に強制するいわれはないものといわざるをえないからである。」

「以上のような点にかんがみると，その間に統一意思と統制力が確立されていない複数の労働組合からの共同交渉の申入れに対しては，使用者は，原則として，これに応ずべき義務はないものと解するのが相当である。

　もつとも，右のように団体交渉に応じる義務がない場合であつても，……使用者が労働組合と労働協約又は協定等により共同交渉の形態による団体交渉を行うことを約している場合，共同交渉の形態による団体交渉を行うことが確立した労使慣行となつている場合，その他使用者が共同交渉の申入れに応ずることが合理的かつ相当であると認められる特段の事情がある場合には，使用者が共同交渉の申入れを拒否することは許されないものというべきである」

2　本件において，「Zら組合は，いずれもX会社の従業員をその構成員とし，本件共同交渉申入れに際してはその間に一種の協力関係が生じているものと認められるが，本件共同交渉申入れをX会社が拒否した当時，Z組合らの間に前記の共同交渉が許されるべき条件すなわち統一意思と統制力が確立されていたものと認めることはできず，他に右統一意思と統制力の存在を示す事実を認めるに足りる証拠もない。」

　そこで，X会社が本件共同交渉申入れに応ずることが合理的かつ相当であると認められる特段の事情があつたかどうかについて判断する。

　まず，本件共同交渉申入れをX会社が拒否した当時，X会社とZ組合らのいずれとの間にも共同交渉の形態による団体交渉を行うことを約した労働協約等は締結されていなかつた。また，X会社とZ組合らの間に，団体交渉を共同交渉の形態で行う労使慣行が確立していたともいえない。さらに，本件では，Z_1組合がいわゆる企業内組合であるのに対し，Z_2組合は全国的組織である全金の一部を構成する組合であること，両組合は運動方針を異にし，ことに争議行為はそれぞれの組合が独自の判断に基づいて実施していること，本件共同交渉申入れの前後において，共同交渉の申入れに至らなかった事例が少なからずあること，両組合とも交渉担当者には妥結権まで付与しておらず，妥結するか否かは各組合の全体集会の承認によるものとされていることからすれば，両組合の協力意思が強固なものといえるか，団体交渉の過程で進め方に食い違いを生じないかどうか，統一的な交渉成果を得ることができるかどうか等の疑念が生ずることを否定できず，上記特段の事情があるとはいえない。

以上によれば，X会社が本件共同交渉申入れを拒否したことは，不当労働行為を構成しない。

【問題の所在】

団体交渉の労働側当事者となるのは労働組合であり，正当な理由のない団交拒否を不当労働行為とする労組法7条2号にいう「雇用する労働者の代表者」も，労働組合（同法2条）のことをいうと解する立場が多数である。

そして，2つ以上の労働組合が共同して（連名で）行う交渉を共同交渉といい，こうした共同交渉の申入れにつき使用者が応ずる義務があるか（「雇用する労働者の代表者」該当性の問題か，団交拒否の正当理由の存否の問題かについては議論がありうる），という問題が生ずる。この点は，単位組合（労働者が直接構成員となっている組合）とその加盟する上部団体が連名で申し入れた交渉を使用者が拒否した事案で問題となることが多いが，本件では，企業内に併存する上下関係のない複数の労働組合による共同交渉の申入れが問題となっている。

【本判決のポイント】

1　企業内併存組合による共同交渉の要件

本判決は，**企業内に併存する，上下関係のない複数の労働組合による共同交渉の申入れにつき，組合間において統一意思と統制力が確立していることという要件が満たされた場合には，使用者はこれに応ずることを義務づけられる**というルールを明らかにした原判決を支持したものといえる。また，共同交渉につき確立した労使慣行があるなど，共同交渉の申入れに応ずることが合理的かつ相当であると認められる特段の事情があるときには，使用者はこれに応ずることを義務づけられるという例外のルールも明らかにされている。

ここでいう「統一意思と統制力」の具体的内容は，原判決はそれらが認められないと述べるだけであるため，必ずしも明らかにしえないが，判決が言及する「交渉の斉一的かつ円滑な進行，交渉結果の統一及び交渉成果の確保」という観点からすれば，要求内容が統一されていること，交渉担当者が統一されているなどして交渉遂行権限が統一されていること（さらには，交渉結果についての妥結権や協約締結権限が統一されていること）を意味するものと読むことができそう

である。

2 単位組合と上部団体による共同交渉の要件

上記のように、いわゆる共同交渉の問題は、単位組合とその上部団体による、単位組合固有の事項（加入労働者の労働条件など）に関する交渉申入れにつき問題となることが多い。その場合は、**連名による共同交渉申入れについては、上部団体が当該事項につき規約や慣行上交渉をなすことができ、かつ交渉遂行権限が統一されている限り、使用者は申入れを拒めない**と解されている（他方、上部団体のみによる単位組合固有の交渉事項についての交渉申入れについては、使用者は、二重交渉の回避という見地から、上部団体と単位組合との間での交渉遂行権限の調整につき確認を求めることができ、それまでの間は交渉を拒否することが可能である）。これは、単位組合は上部団体の統制下にあるため、交渉担当者が統一されているなどして交渉遂行権限が統一されていれば、使用者としては交渉の結果が無駄になることはないからだと考えられる。

これに対し、企業内の併存組合の場合には、各組合とも独立性をもつので、逆に、交渉の結果が無駄になることを防止する必要は強くなると思われる。「統一意思と統制力」というやや厳しい要件が設定されたのは、こうした相違点を反映したものといえよう。

（山川　隆一）

（3）　誠実交渉義務

112　シムラ事件
東京地判平成9・3・27　労判720号85頁

【事案の概要】

1　Xは、革製品の反物販売を営む会社であり、Zは、主にO市H区とその周辺で働く労働者によって組織された労働組合である。Z組合には、X会社により雇用期間を1か月と定めて就労していた従業員（アルバイト）であるAが加入している。

2 Aは，昭和62年3月20日にX会社に解雇されたが，その後，変形性脊椎症等の診断を受けた（後に労働基準監督署長は，X会社での就労による労働災害であるとの認定をした）。

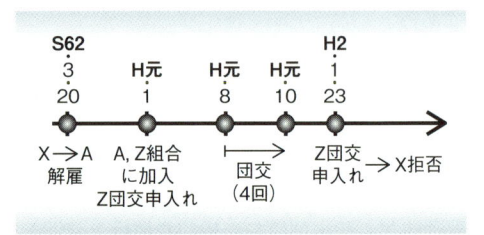

3 Aは，平成元年1月にZ組合に加入し，Z組合は，同年8月7日，解雇の撤回，労災による精神的肉体的苦痛に対する慰謝料の支払等について団体交渉を申し入れた。

4 これを受けて同月から同年10月までに行われた4回の交渉等において，X会社は，Aの労災認定は会社とは関係がない旨を主張し，Aの出勤状況が悪いことにつきグラフを用いて説明するなどした。Z組合は，A以外のアルバイトの出勤状況についての資料提出を求めたが，X会社はこれを拒否した。

5 そこで，Z組合は，平成2年1月23日，改めてX会社に団体交渉を申し入れたが，X会社は，Aの疾病が同社での業務に起因するとは考えられず，また同人の解雇も正当事由があると確信していると主張し，改めて交渉する必要はないとしてこれを拒否した。その後の数次の交渉申入れについても，双方の見解の違いは明確になっており交渉を重ねる理由はないとして拒否を続けている。

6 これに対し，Z組合は，X会社の交渉拒否には正当な理由がなく不当労働行為に当たるとして，O地方労働委員会（当時）に救済を申し立てた。O地労委が不当労働行為の成立を認めて救済命令を発したところ，X会社は再審査を申し立てたが，Y（中央労働委員会）は再審査申立てを棄却する命令（本件命令）を発した。そこでX会社は本件命令の取消訴訟を提起したが，本判決は以下のとおり判示して請求を棄却した。

【判旨】

1「そもそも使用者は，自己の主張を労働組合が理解し，納得することを目指して，誠意をもって団体交渉に当たらなければならず，労働組合の要求に対し譲歩する余地がなくなったとしても，そこに至る以前においては，労働組合

に対し，自己のよって立つ主張の根拠を具体的に説明したり，必要な資料を提示するなどして，誠実に交渉を行う義務があるのであって，使用者には，合意を求める労働組合の努力に対しては，右のような誠実な対応を通じて合意達成の可能性を模索する義務がある。したがって，使用者が，右義務を尽くさないまま団体交渉を打ち切り，これを拒否することは，団体交渉を「正当な理由がなく拒むこと」(労働組合法7条2号)にあたり，不当労働行為に該当する。しかし他方，使用者には，労働組合の要求ないし主張を容れたり，それに対し譲歩をしなければならない義務まではないから，労使双方が当該議題についてそれぞれ自己の主張・提案・説明を出し尽くし，これ以上交渉を重ねても進展する見込みがない段階に至った場合には，使用者としては誠実交渉義務を尽くしたといえるのであって，使用者は団体交渉を打ち切っても，「正当な理由がなく拒むこと」……にはあたらない。」

2「そこで，本件につき検討するに，団体交渉の回数及び期間，X会社の提案内容，相手方説得の努力，交渉の場の内外における態度等は前記のとおりであり，これらの事実に照らせば，……いまだ，労使双方がそれぞれ自己の主張・提案・説明を出し尽くしたとはいえないから，X会社の本件団交の拒否は「正当な理由がなく拒むこと」にあたり，労働組合法7条2号に該当する。

この点，X会社は，本件団交の申入れに係る7項目は，いずれも労災の業務起因性ないし解雇の有効性に関連しており，X会社は具体的な根拠を示して自己の主張をしたのに，両者間でその判断の前提事実の把握ないし認識が基本的に異なっていたことから，それ以上に話合いをしても進展は期待できない状況であったと主張する。

なるほど，X会社がAの疾病は労災にあたらないと判断して，その判断の前提事実をZ組合に対し説明し，また，Z組合がX会社の右説明に反対し，鋭く意見を対立させていた事実は，前記のとおりである。

しかしながら，使用者は，団体交渉において，単に労働組合の要求や主張を聞き，これに反論するだけではなく，労働組合の要求や主張に対しその具体性や追求の程度に応じた回答や主張をなし，必要によってはそれらにつき論拠を示したり必要な資料を提示する必要があるのである。

X会社は，第2回団体交渉の際に，Aの出勤状況をグラフを用いて説明して

はいるものの，Z組合から他のアルバイトの出勤状況等に関する資料の提出を要求されていたのに，これに応じなかったばかりか，B弁護士【編注：X会社の交渉担当者】は，第4回団体交渉の際，損害賠償・慰謝料等に関するZ組合の要請について，もう1度X会社に対して話をしてみると述べていたのに，X会社は，その後，文書で，従前の主張どおりZ組合の主張には応じられないと回答しただけで，検討結果の具体的な説明を行っていないのであって，これらの事実に照らせば，X会社は，Z組合の主張への回答及び資料の提示の点において，いまだ，誠実な対応を尽くしたとはいえず，X会社の右主張は採用できない。」

【問題の所在】

使用者は，正当な理由なく団体交渉を拒否してはならず（労組7条2号），これに違反した場合は不当労働行為が成立するが，単純な団交の拒否のみならず，団交を行う場合にも，使用者は誠実に交渉を行うことが要求されると解されている（いわゆる誠実交渉義務）。そこで，誠実な交渉を行ったといえるためにはいかなる対応をとる必要があるかが問題となる。また，この誠実交渉義務は，使用者が団交を打ち切ったこと，すなわち，団交に応じたものの一定時期以降の団交を拒否することが不当労働行為に該当するのはいかなる場合かを検討するに当たっても問題となる。

【本判決のポイント】
1　誠実交渉義務の意義

誠実交渉義務は，一般的には，使用者が，組合の要求や主張を聴くだけでなく，それらに対する具体的な回答や反論を行い，必要に応じて論拠を示したり資料を提示したりするなどの対応により，合意達成の可能性を模索する義務と定義されている（カールツァイス事件・東京地判平成元・9・22労判548号64頁など）。

本判決は，使用者は，「労働組合に対し，自己のよって立つ主張の根拠を具体的に説明したり，必要な資料を提示するなどして，誠実に交渉を行い……，右のような誠実な対応を通じて合意達成の可能性を模索する義務がある」としており，上記の一般的定義に沿った理解を示したものである。具体的には，Aの解雇の当否について交渉するに当たり必要な他のアルバイトの出勤状況の資料を提出しな

かったこと，同人の労災問題について，会社としての結論を示すのみで検討結果の具体的説明を行っていないことが誠実交渉義務違反に当たると判断されている。

2 団交打切りと不当労働行為

誠実交渉義務は，交渉の進め方それ自体につき問題となるほか，上記のように，使用者が団交を打ち切った場合にも問題となる。すなわち，使用者は団交において合意することを強制されるものではないので，もはや当事者間で歩み寄りの余地がなくなった場合（いわゆる団交の行き詰まり）には，団交を打ち切り，その後の団交申入れに応じないことは，不当労働行為に当たるものではないと一般に解されているが，その前提として，使用者が誠実に交渉を行ったことが要求される。したがって，使用者が，誠実交渉義務に反した団交を行った場合は，歩み寄りの余地がないと主張して団交を打ち切ったとしても，団交拒否に正当理由があるものとは評価されないこととなるのである。本判決は，X会社の交渉における態度が上記のような点で誠実交渉義務に違反していたとみられることから，同社が第4回交渉後に団交を打ち切り，その後の団交申入れを拒否したことが不当労働行為に当たるとしたものである。

（山川　隆一）

（4） 団体交渉拒否の救済

113　国鉄事件
最三小判平成3・4・23　労判589号6頁・集民162号547頁

【事案の概要】

1　Yは，旧国鉄が分割・民営化に際して名称を変更した特殊法人である（以下，旧国鉄についても便宜上Yと表記する）。また，Xは，Yの職員等により組織された労働組合である。

2　Yにおいては，職員等に対してその列車に無料で乗車することを認めるいわゆる鉄道乗車証制度が存在した。この鉄道乗車証制度は，Yの管理規程およ

び基準規程に定められていたが，在職中の職員については職務定期乗車証，精勤乗車証があり，退職職員については永年勤続者乗車証があった。職務定期乗車証は，職務遂行に必要な範囲で交付するものとされていたが，実際には，一定の欠格条件がない限り必ず交付されており，私用の際に用いることも禁じられていなかった。精勤乗車証も，除外事由に該当しない限り，一定期間在職していれば交付資格が付与されていた。さらに，永年勤続者乗車証は，一定の身分と在職年数を有して退職する職員に対して，年間一定の回数の範囲内で交付されるものであった。

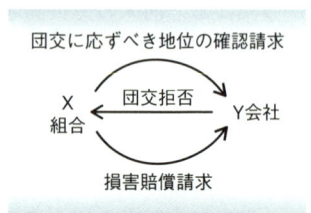

3 Yは，職員の募集に当たり，入社案内や職員募集要領等における職員の待遇を表した項目の中で乗車証が交付されることを明示し，また，採用後の新入職員に配布される冊子の中でも，給与制度とともに乗車証制度の説明をしていた。

4 乗車証制度については，国民から管理を委託された鉄道サービス利用の際の負担を免除するという性格のものであることから，かねてから批判があったところ，Yの経営の悪化等を背景に，行政管理庁の勧告等において，職員に対する乗車証の廃止，発行の限定を中心とする見直しが提言された。そこで，Yは早急に乗車証制度の改正を実施することとし，昭和57年9月から改正案の作成を行い，同年10月には新聞等でその内容を発表し，同年11月13日付けの総裁通達等に基づき，同年12月1日からこれを実施した。

5 これに対し，Xは，乗車証制度は職員の労働条件の一部となっているとしてその存続を求めることとし，Yに対して，乗車証制度問題について団体交渉の申入れをした。しかし，Yは，乗車証制度の改正は管理運営事項（当時の公共企業体等労働関係法8条）であり，団体交渉の対象ではないとしてこれに応じなかった。

6 そこでX組合は，Yに対し，上記団交申入れに係る事項について国鉄が団交義務を負うことの確認と，団交拒否が不法行為に当たることを理由とする損害賠償の支払いを請求して本件訴えを提起した。1審判決は，Xの訴えのうち団交義務の確認請求を認容したが，損害賠償請求は棄却した（東京地判昭和61・

2・27労民集37巻1号123頁)。原判決はこれに対するYの控訴およびXの附帯控訴をいずれも棄却し（東京高判昭和62・1・27労民集38巻1号1頁），最高裁は同判決に対するYの上告を棄却した。以下では，最高裁が支持した原判決の判旨も合わせて紹介する。

【判旨】
(本判決)
　XからYに対し上記団交申入れに係る事項につき「団体交渉を求め得る地位にあることの確認を求める本件訴えが，確認の利益を欠くものとはいえず，適法であるとした原審の判断は，正当として是認することができ，原判決に所論の違法はない。」

(原判決)
1　「労働組合法1条1項等によって示される団体交渉の性質，同法7条の規定に違反する法律行為の効力，同法6条及び27条等の関連規定や労働委員会規則35条及び40条に規定する審問手続の当事者主義的構造，更に労働組合法と憲法28条との密接な関係を総合的に考慮すると，労働組合法7条の規定は，単に労働委員会における不当労働行為救済命令を発するための要件を定めたものであるにとどまらず，労働組合と使用者との間でも私法上の効力を有するもの，すなわち，労働組合が使用者に対して団体交渉を求める法律上の地位を有し，使用者はこれに応ずべき法律上の地位にあることを意味するものと解すべきであつて，団体交渉をめぐる労働組合と使用者との間の関係は，右の限りにおいて一種の私法上の法律関係であるというべきである。

2　そして，本件で争われているのは，労働組合が使用者に対して一定の事項について団体交渉に応ずべきことを裁判上請求することができるような具体的団体交渉請求権の存在ではなくて，……XがYに対して右事項につき団体交渉を求める地位を有するか否かということであるから，これについて判決により判断を下すことによつて確定されるYの地位の内容が不明確，不特定であるということはできない。また，XとYとの間で［本件団交申入れに係る］事項が団体交渉の対象事項であるかどうかが争われており，この点が判決をもって確定されれば，その限りで当事者間の紛争が解決されることになるのであるか

ら，確認の利益が認められるものというべきである。」

【問題の所在】
　使用者による正当な理由のない団体交渉の拒否（労組 7 条 2 号）については，労働委員会による行政上の救済（同27条以下）が予定されているが，直接裁判所において救済（司法救済）を求めうるか，求めうるとすればどのような救済が可能かが問題となる。
　この問題は，団交拒否に限らず，労組法 7 条に違反する不当労働行為全般についても，司法救済は可能かという形で議論されているが（☞**135**事件），団交拒否については，団体交渉をめぐる紛争の特質を踏まえた検討が必要になる。

【本判決のポイント】
1　団交拒否に対する司法救済
　団交拒否に対する司法救済としては，①団交義務の履行請求（仮処分の場合は団交応諾仮処分），②団交に応ずべき地位の確認請求，③不法行為に基づく損害賠償請求が主として検討の対象となっている（本件でXが求めたのは②と③である）。
　①の団交義務履行請求については，仮処分事件において争われることが多く，かつては団交応諾を命じた仮処分決定がかなりみられたが，昭和50年代以降は，私法上の権利（仮処分手続の被保全権利）としての団交義務履行請求権は認められないとして，そのような仮処分命令は発しえないとする見解をとる裁判例・学説が有力になっている（新聞之新聞社事件・東京高決昭和50・9・25労民集26巻 5 号723頁など）。
　この見解は，(i) 団体交渉権を定める憲法28条の規定は抽象的に過ぎ，私法上の団交請求権を定めたものとはいえないこと，(ii) 労組法 7 条 2 号は労働委員会の救済命令の根拠規定にとどまることなどを理由とするが，その他に，(iii) 団体交渉拒否をめぐる紛争は流動的なものであって，給付訴訟における裁判所の判決という形で救済するには適さないということも理由にあげられることがある。
2　団交に応ずべき地位の確認請求

一方，②の団交に応ずべき地位の確認請求については，これを肯定する有力学説が唱えられており，原判決（およびそれを支持した最高裁判決）はその結論に従ったものといえる。こうした確認請求においては，裁判所としては具体的な作為不作為を命じるわけではなく，使用者が一定事項につき団交に応ずべき地位にあることを確認する判決を下すことによって，実際上それに従った対応が期待できるという機能を持つものであるから，上記（ⅲ）で挙げられている難点は回避することができる（原判決判旨**2**参照）。

　もっとも，上記（ⅰ）および（ⅱ）で提起された問題については，ここでもなお検討の余地がある。すなわち，使用者が団交に応ずべき地位にあることは，憲法28条により基礎づけられるのか，労組法7条による基礎づけられるのか，あるいはそれ以外の規定によるのか，という点が検討の対象となるのである。

　この点につき，上記有力な学説は，団交権限の委任に関する労組法6条を中心に，同法の目的を定める1条1項や労働協約に関する14条，16条などが根拠となると主張するが，原判決は，労組法7条を根拠として援用し，**労組法7条は，労働組合が使用者に対して団体交渉を求める法律上の地位，また，使用者がこれに応ずべき法律上の地位にあることを定めたという点で私法上の効力を有する**旨判示している（原判決判旨**1**）。

3　団交拒否と不法行為

　上記③の不法行為に基づく損害賠償請求に関しては，裁判例・学説は一般にその可能性を肯定している。すなわち，**憲法28条の団交権の保障は，使用者と労働者という私人間においても公序の内容になっていることから，正当な理由のない団体交渉拒否は不法行為を構成しうる**とされるのである（現在の民法709条の規定によれば，労働組合が使用者に対して団体交渉を求めうることは法的に保護された利益をなすと解することになろう）。本件1審判決はこの点につき，「団体交渉権がいわゆる労働基本権として憲法及び労働組合法により保障されている趣旨にかんがみ，団体交渉の不当な拒否は労働組合に対する不法行為を構成する」と判示している。

　もっとも，団交拒否が不法行為を構成しうるとしても，そこで賠償が命じられるのは，組合員からの労働組合の信用が損なわれたことなどによる無形損害に留まる場合が多く，団交に応ずべき地位が確認されることにより損害の発生

が認められない場合もありうる。1審判決は，こうした点に加え，Yが団交とはいえないものの一定の話し合いには応じており，団交拒否の違法性の程度は強くないことなどを考慮して，Xには損害賠償を命じなければならないほどの損害は存しないと判断している。

(山川　隆一)

第20章 労働協約

（1） 労働協約の成立

114 都南自動車教習所事件
最三小判平成13・3・13　民集55巻2号395頁・労判805号23頁

【事案の概要】

1 Xらは，平成3年ないし同7年当時，Y社の従業員であり，訴外A組合の組合員であった。Y社には，その従業員により組織される労働組合として，A組合のほかに，B組合があった。

2 平成3年4月8日，Y社は，A組合に対して，年齢に比して勤続年数を偏重する従来の賃金体系を従業員各人の技術力，知識，責任の程度に見合ったものに改定する新賃金体系の導入を提案し，その後，団体交渉を重ねたが，A組合はこれに同意しなかった。これに対し，B組合は，新賃金体系の導入に同意した。同年8月1日，Y社は，新賃金体系の導入を内容とする就業規則の改定を行った。新賃金体系によれば，基本給は，本人給と職務給とから構成され，本人給については，初任給額に，本人給表により定まる額を加算した額とされ，Y社は，この改定後，A組合員であるXらを含めた全従業員に対し，新賃金体系による賃金を支給した。

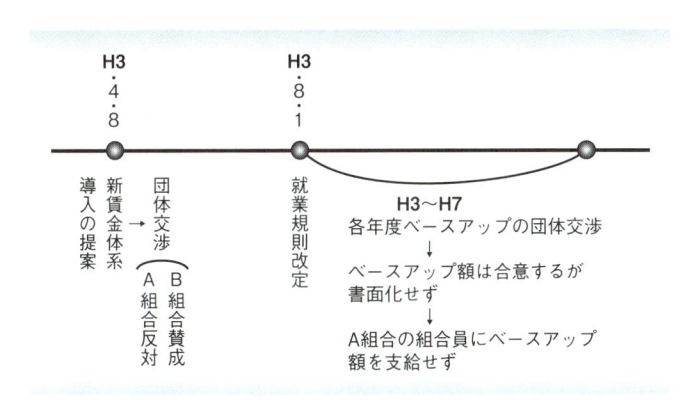

（H3・4・8　新賃金体系導入の提案　→　団体交渉　A組合反対／B組合賛成
H3・8・1　就業規則改定
H3〜H7　各年度ベースアップの団体交渉　↓　ベースアップ額は合意するが書面化せず　↓　A組合の組合員にベースアップ額を支給せず）

3 Y社は，昭和53年6月以来，毎年のベースアップについてA組合との間で労使交渉を行い，その結果締結される労働協約によりこれを決定していた。平成3年度から同7年度も，ベースアップについて，毎年労使交渉が行われ，各年度において引上げ額については合意に至ったが，Y社が，新賃金体系の初任給の額に上記引上げ額を加算した額を初任給の額とする旨の協定書を作成して，これに押印するよう求め続けたのに対し，A組合は，新賃金体系の導入を前提とするこのような協定書の作成に応じれば事実上新賃金体系を承認する意味をもつと受け止め，協定書の作成を拒絶し続けた。Y社は，労働協約が書面に作成されないことを理由にA組合の組合員に対してはベースアップ分を支給せず，他方，B組合の組合員および非組合員に対しては，各年度の4月にさかのぼってベースアップ分を支給した。なお，Y社は，平成8年度に至って，新賃金体系の初任給額を，平成3年度から同7年度分のベースアップ分の合計額を加えた額に改め，平成8年4月分以降はA組合の組合員に対してもこの金額に基づいて賃金を支給するようになった。

4 Xらは，主位的に平成3年から同7年までの間のベースアップ分およびベースアップに伴う時間外労働の増額分から成る各未払賃金等を請求し，予備的に，Y社が不当労働行為を行ったとして，不法行為による損害賠償を請求した。1審および原審は，Y社とA組合の各年度の引上げ額の合意に労働協約としての規範的効力を認めて，Xらの主位的請求の一部を認容したため，Y社が上告した。本判決は，次のように判示して原判決中Y敗訴部分を破棄し，予備的請求について審理を尽くさせるために本件を原審に差し戻した。

【判旨】

1（1） 労働協約には労使関係に一定期間安定をもたらす機能があることに鑑み，規範的効力（労組16条），一般的拘束力（労組17条），就業規則への優越的効力（労基92条）等の法的効力が付与されている以上，その存在及び内容は明確なものでなければならないし，複雑な交渉過程を経て締結された労働協約の履行をめぐる不必要な紛争を防止するために，団体交渉が最終的に妥結し労働協約として結実したものであることをその存在形式自体において明示する必要がある。そこで，労組法14条は，「書面に作成することを要することとするほ

か，その様式をも定め，これらを備えることによって労働協約が成立し，かつ，その効力が生ずることとしたのである。したがって，書面に作成され，かつ，両当事者がこれに署名し又は記名押印しない限り，仮に，労働組合と使用者との間に労働条件その他に関する合意が成立したとしても，これに労働協約としての規範的効力を付与することはできないと解すべきである。」

 (2) 平成3年度以降各年度のベースアップ交渉において，具体的な引上げ額については合意がなされたが，いずれの合意についても，協定書が作成されなかったのだから，同条が定める労働協約の効力の発生要件を満たしていないことは明らかであり，Y社が協定書が作成されていないことを理由にベースアップ分の支給を拒むことが信義に反するとしても，労働協約が成立し規範的効力を具備しているということはできない。

2 協定書の記載の仕方に関する交渉事項であるとはいえ，A組合がこの交渉事項を受け入れるか否かは労使双方にとって重要な意義があったのであり，この交渉事項が受け入れられず，協定書が作成されなかったのであるから，団体交渉によるA組合の組合員に対するベースアップの実施はとんざしたものというほかはない。だからといって，上記交渉事項と切り離してY社がA組合の組合員に対してベースアップ分を支給することが本件各合意の時点等にさかのぼって既に合意されていたものと解することはできない。

【問題の所在】

　労組法14条は，書面作成と署名または記名押印という要式性を労働協約の効力発生要件としている。労働協約の効力としては，規範的効力（労組16条），一般的拘束力（労組17条・18条），使用者と労働組合との契約としての効力（債務的効力）があるところ，労組法14条がどの効力について要式性の具備を要求しているのかが，要式性を欠いた労使合意が有する効力をめぐって問題となる。本判決は，この問題について，要式性を欠いた労使合意に規範的効力が認められるかという点から最高裁として判断を行ったものである。

【本判決のポイント】
1 労組法14条所定の要式性を欠く労使合意の効力

　労組法14条は，前述の要式性を労働協約の効力発生要件としているところ，本件では，毎年ベースアップ額について労使合意がなされたものの，その前提となる賃金制度について労使間で対立があり，書面化されなかったため，この労使合意が労働協約としての規範的効力を有するかが争われた。本件の下級審はそれぞれ，原則として，労組法14条の要式性を欠く労使合意に規範的効力は認められないとしつつも，1審は，後日の紛争防止という労組法14条の立法趣旨を害することがない限り書面性の要件を緩和してよいとし，また，原審は，使用者が書面性の欠如を主張することは信義に反して許されず，要式性を具備したものと同視すべきであるとして，いずれも結論としては労使合意に規範的効力を認めていた。

　これに対して，本判決は，**労組法14条所定の要式性を欠いた労使合意には労働協約としての規範的効力は付与することはできない**と判示し，労働協約が規範的効力を有するには労組法14条所定の要式性を具備しなければならないことを明らかにした。その理由は，労働協約に特別の法的効力が付与されていることや，労働協約の履行をめぐる不必要な紛争を防止する必要性があることから，その存在および内容が明確なものでなければならないという点にある。また，本判決は，本件においては労使合意について協定書が作成されなかった以上，労組法14条所定の要式性を具備していないし，書面性の欠如を使用者が主張することが信義に反するとしても規範的効力を具備するとはいえないとして，1審や原審のように労組法14条所定の要式性の例外を認めることを否定した。このように，労働協約の規範的効力について労組法14条所定の要式性の具備を厳格に求めることを最高裁として明らかにした点に本判決の意義がある。原審は，ベースアップ額について合意がなされた後に使用者が組合に対し新賃金体系の導入に同意する形式となる協定書の作成を求めたことは，組合がそのような協定書の作成に応じないことを見越したもので不誠実な提案であると指摘していたが，この点は，差戻審が，予備的請求について，不当労働行為が成立し不法行為といえるかという点から判断することになる。要するに，本判決は，使用者が労使合意を書面化しようとしない場合に，信義則違反を理由に労働協

約の規範的効力を認めるのではなく，不当労働行為の問題として処理する立場に立つものといえよう。

なお，労組法14条所定の要式性を具備しない労使合意の債務的効力の有無についても見解の対立があるが，本件は使用者と労働組合の間で労働協約の債務的効力が問題となった事案ではないので，本判決はこの点については何も判示していないとみるべきであろう。

2 労使合意の成否

さらに，本判決は，ベースアップ額と，新賃金体系をその前提とするというベースアップ額の合意の協定書への記載の仕方という2つの交渉事項について団体交渉が行われた本件において，協定書の記載の仕方は，労使双方にとって重要な意義があり，これと切り離してベースアップ額についてのみ労使合意があったとみることはできないとも判断している。これは，**関連性のある複数の交渉事項について団体交渉が行われ，その一部については合意をみたが，全体としては合意に至らず，労働協約が締結されなかった場合，この一部分の合意は，暫定的なものにすぎず，最終的な労使合意があったとみることはできない**と判断したものといえる。

（岩永　昌晃）

（2）労働協約の規範的効力

115　朝日火災海上保険事件（石堂）事件
最一小判平成9・3・27　労判713号27頁・判時1607号131頁

【事案の概要】

1 Y社では，昭和40年2月1日，A社鉄道保険部で取り扱ってきた保険業務を引き継いだのに伴い，同部に勤務していた者をそれまでどおりの労働条件で雇用することとなったが，それ以来，従業員の大多数を組織するB労働組合との間で，鉄道保険部出身の労働者とそれ以外の労働者の労働条件の統一に関する交渉を続け，昭和47年までに，鉄道保険部出身の労働者の労働条件をそれ以

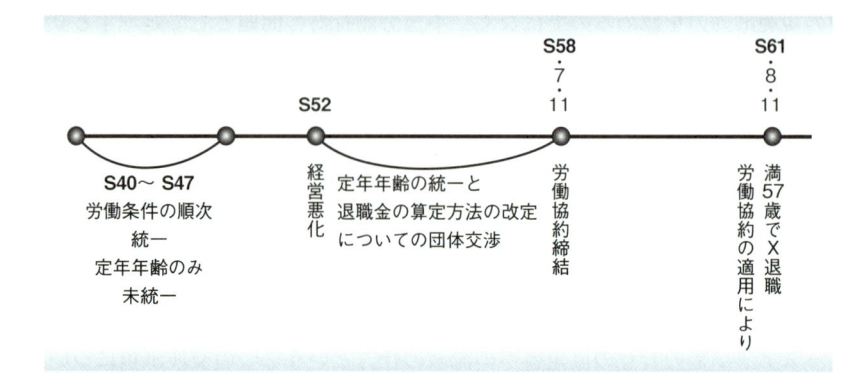

```
S40〜S47 ────── S52 ─────── S58.7.11 ─────── S61.8.11
労働条件の順次    経営      労働協約      満57歳でX退職
統一          悪化      締結        労働協約の
定年年齢のみ       定年年齢の統一と             適用により
未統一          退職金の算定方法の改定
              についての団体交渉
```

外の労働者の基準まで引上げることによって労働条件を順次統一してきた。もっとも，定年の統一については合意に至らないまま時が経過し，鉄道保険部出身の労働者の定年が満63歳とされていたのに対し，それ以外の労働者の定年は満55歳とされたまま推移した。

2 Y社は，昭和52年度の決算において実質17億7,000万円の赤字を計上するという経営危機に直面し，従来からの懸案事項であった定年の統一と併せて退職金算定方法を改定することを会社再建の重要な施策と位置付け，B組合との交渉を重ねるようになった。その間，労使間の合意により，昭和54年度以降退職手当規程の改定についての合意が成立するまでは，退職金算定の基準額を昭和53年度の本俸額に凍結する変則的取扱いがされることとなった。B組合は，各種闘争委員会で討議を重ね，組合員による職場討議や投票等も行った上で，本件労働協約の締結を決定し，昭和58年7月11日，これに署名，押印をした。

3 本件労働協約は，Y社の従業員の定年を満57歳とし（ただし，満60歳までは特別社員として正社員の給与の約60パーセントに相当する給与により再雇用の道を認める），退職金の支給基準率を引き下げることを主たる内容とするものであるが，鉄道保険部出身の労働者の63歳という従前の定年は，鉄道保険部が満50歳を超えて国鉄を退職した者を雇用していたという特殊な事情に由来する当時としては異例のものであったのであり，本件労働協約が定める定年や退職金の支給基準率は，当時の損害保険業界の水準と対比して低水準のものとはいえず，また，その締結により，退職金の算定に関する前記の変則的取扱いは解消されることに

なった。

4 鉄道保険部出身のXは、本件労働協約が締結された時点で満53歳の組合員であり、Xに同協約上の基準を適用すると、定年が満63歳から満57歳に引き下げられて満57歳の誕生日である昭和61年8月11日にY社を退職することになり、退職金の支給基準率は71.0から51.0に引き下げられることになった。そこで、Xは、本件労働協約の効力は自らには及ばないとして、労働契約上の地位の確認及び旧協約に基づく退職金受給権の確認を求めた。1審および原審はともに請求を棄却したため、Xが上告した。最高裁は、以下のように判示し、原審を維持した。

【判旨】

「本件労働協約は、Xの定年及び退職金算定方法を不利益に変更するものであり、昭和53年度から昭和61年度までの間に昇給があることを考慮しても、これによりXが受ける不利益は決して小さいものではないが、同協約が締結されるに至った以上の経緯、当時のY社の経営状態、同協約に定められた基準の全体としての合理性に照らせば、同協約が特定の又は一部の組合員を殊更不利益に取り扱うことを目的として締結されたなど労働組合の目的を逸脱して締結されたものとはいえず、その規範的効力を否定すべき理由はない」。「本件労働協約に定める基準がXの労働条件を不利益に変更するものであることの一事をもってその規範的効力を否定することはできないし（最高裁平成5年（オ）第650号同8年3月26日第三小法廷判決・民集50巻4号1008頁（注：☞**118**事件）参照）、また、Xの個別の同意又は組合に対する授権がない限り、その規範的効力を認めることができないものと解することもできない」。

【問題の所在】

労組法16条は、「労働協約に定める労働条件その他の労働者の待遇に関する基準に違反する労働契約の部分は、無効とする。この場合において無効となった部分は、基準の定めるところによる。労働契約に定がない部分についても、同様とする。」として、労働協約が、組合員の労働契約に対していわゆる規範的効力を有することを定めている。もっとも、労働協約が従前の労働条件を不

利益に変更する場合には，組合員間に利害対立が生じ，一部組合員の利益が犠牲にされる可能性が否定できないこともあり，組合員にその協約の規範的効力が及ぶのか，及ばないとすればそれはいかなる場合かが問題となる。本判決は，最高裁がこの点について初めて判断したものである。

【本判例のポイント】

1 労働協約による労働条件の不利益変更の可否

労働条件を不利益に変更する労働協約の規範的効力が問題となった初期の裁判例では，労働組合の目的は労働条件の維持改善（労組2条）にあることから，組合員の個別の同意または組合に対する授権がなければこれを認めないとするものがあった。しかし，実質上労働協約による労働条件の不利益変更を認めないこの見解は，労働協約は，相互譲歩の取引により総合的に労働条件を定めるものであり，その一部を捉えて有利不利をいうのは適当でないし，労使自治により経営環境の変化等に柔軟に対応することを困難にするという批判を受け，その後の裁判例では，労働条件を不利益に変更する労働協約の規範的効力を原則として認めるものが一般的となっていた。こうした流れを受け，本判決は，不利益変更の労働協約の規範的効力が一般的に否定されるわけではないし，個別の同意や授権を要件とすることもできないと述べて，最高裁が**労働条件を不利益に変更する労働協約の規範的効力は原則として認められる**との立場に立つことを明らかにしている。

2 労働協約による労働条件の不利益変更の限界

また，本判決は，本件労働協約によるXの不利益が，「決して小さくはない」ことも認めたうえで，協約締結の経緯，Y社の経営状態，協約に定められた基準の全体としての合理性に照らして「同協約が特定の又は一部の組合員を殊更不利益に取り扱うことを目的として締結されたなど労働組合の目的を逸脱して締結されたものとはいえず，その規範的効力を否定すべき理由はない」と述べている。つまり，最高裁は，**労働協約による労働条件の不利益変更には，労働協約が「特定の又は一部の組合員を殊更不利益に取り扱うことを目的として締結されたなど労働組合の目的を逸脱して締結された」場合にはその規範的効力が否定されるという限界**があることも同時に明らかにした。

本判決によれば、労働条件を不利益に変更する労働協約の規範的効力の有無は「組合の目的逸脱」という基準により判断されることになるが、「組合目的」をどのように理解するか解釈の余地があるし、本件では結論として規範的効力が肯定されたこともあり、どのような観点から判断し、いかなる場合に規範的効力が否定されるのかははっきりしないところがあった。この点について、下級審裁判例の中には、本判決を踏まえて「組合の目的逸脱」という基準によりつつ、**労働組合内での意見集約・調整プロセスの公正さという観点から具体的な判断を行い、不利益を受ける組合員の意見を聴取・反映させる手続が実質的にとられていなかったことを理由に、当該組合員に対する規範的効力を否定したものがある**のが注目される（中央建設国民健康保険組合事件・東京地判平20・4・23労判950号19頁☞参考判例 **116** 事件）。

（岩永　昌晃）

参考判例

116　中央建設国民健康保険組合事件
東京地判平成19・10・5　労判950号19頁・労経速1994号3頁

【事案の概要】

1　国民健康保険業務を扱う組合であるYでは、職員の労働条件の改定は、訴外A労働組合との労働協約で就業規則等の改定に関して合意する形で行われてきた。平成17年6月6日、Yは、A組合に退職金指数を引き下げる提案を行った。これを受けてA組合は、計4回の職場集会を開催するとともに、6月29日に臨時大会を開き、退職金指数改定について執行部案（Y提案と同じもの）で可決し（出席46名中44名賛成）、7月4日にはYと団交を行い、7月19日に再度臨時大会を開き、承認（出席49名中賛成47名）を得た上で、Y提案通りの本件労働協約を締結した。

2　A組合の組合員であり、本件労働協約締結後、職員の中で最も早くYを定

年退職したXは，本件改定に反対していたが，本件改定により退職金が3,784万6,612円から3,246万5,578円に減額されることとなった。このため，Xは，本件労働協約の効力を争い，従前の支給条件による退職金額との差額の支払を求めた。本判決は，以下のように判示してXの請求を認容した。

【判旨】

1　「労働組合が労働者である組合員の利益を代表して協約の締結をする権限を有し，原則的には組合員はこれに服するべきであるとしても，組合による個々の協約事項に関する締結権限が組合員の民主的な多数意思による採決によって授権されているものであることからすると，一部の組合員に不利益が及ぶ場合などには一定の内在的制約が存在するものというべきであり，そのような不利益を被る組合員の利益に配慮した決議そのもの及び決議へのプロセス，さらには，使用者との団体交渉及び協約締結が要請されているものというべきである」。「そして，当該制約の要件としては，協約締結の経緯，会社（使用者）の経営状況，協約基準の全体の合理性に照らして，特定または一部の組合員をことさら不利益に取り扱うことなどを目的とするなど労働組合の目的を逸脱して締結されたものかどうかという観点から吟味されるべきと一般的には考えられるので以下本件に照らして具体的に検討する」。

2（1）　Xの退職金は，改定により538万1,034円減額され（減額率約14.2％），改定後最も早く定年退職するXの定期昇給による生涯賃金の上昇額は，定年までの勤続年数がある程度ある者に比べると限定されている。

　（2）　本件労働協約の締結過程をみると，A組合が退職金指数引き下げに関する詳しい実情説明を受けたり，必要性や合理性をXと討議した形跡は窺われず，Yが経営状況の説明資料を示した形跡も窺われず，A組合は，職場集会を4回，臨時大会を2回開いているものの，各組合員の被る不利益の分析や個々の組合員の得喪を議論した形跡は窺われず，一番最初に不利益を被るXに配慮した形跡も見られず，約1か月半の比較的短期間で何らの留保もなしに，Xの反対にもかかわらず，臨時大会での多数決で押し切って，本件労働協約の締結に至っており，「不利益を被る者であるXの意見が決議の過程で反映されたとはいえず，組合内の意見集約・調整プロセスの公正さが窺われない」。

(3)「結局のところ，……本件労働協約の合理性，必要性の点でも多々疑問を呈さざるを得ず，本件労働協約は，労働者であるXの退職金を受ける権利を著しく損なうものであり，労働組合の目的を逸脱して締結されたものとして，少なくともXに対する関係ではその適用が著しく不合理と認められ拘束力を有しないものというべきである」。

※なお，控訴審（東京高判平成20・4・23労判960号25頁）は，1審が組合内の意見集約・調整プロセスの公正さを疑わせるとして指摘した事情のほとんどを認定事実に照らして認められないとし，職場集会が3回，臨時大会が2回開かれ，当該組員が意見を述べる機会が保障されていたので，組合における意思決定過程は公正であったとして，本件労働協約のXに対する効力を認め，Xの請求を棄却している。

（岩永　昌晃）

（3）　労働協約の債務的効力

117　東京金属ほか1社事件
水戸地下妻支決平成15・6・19　労判855号12頁

【事案の概要】

1　Y_1社は，A社の子会社であり，製品の製造販売事業を行ってきた。Y_2社は，Y_1社の製造部門が独立して，Y_1社の100％子会社として設立された会社である（両社を併せてYらという）。X_1とX_2は，それぞれ，

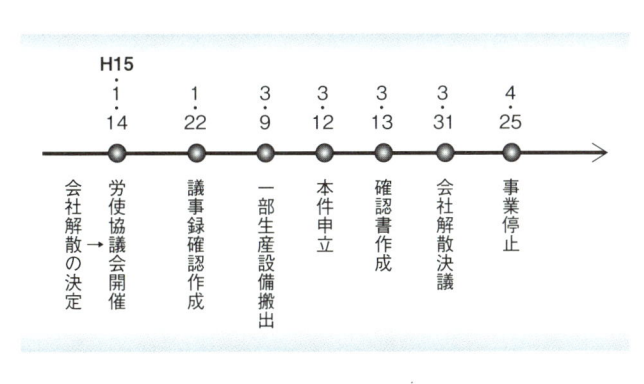

H15
- 1・14　会社解散の決定
- 1・22　労使協議会開催
- 3・9　議事録確認作成
- 3・12　一部生産設備搬出
- 3・13　本件申立
- 3・31　確認書作成
- 4・25　会社解散決議／事業停止

Y_1社とY_2社の従業員を組織する労働組合であり、X_3は、両組合の上部団体である（この3つの組合を併せてXらという）。

2 Yらは、業界の競争激化等により受注が減少し恒常的に経常損失となったため、事業継続は困難との経営判断から、平成15年3月末をもって会社を解散することを決定した。同年1月14日、YらとX₁、X₂の間で労使協議会が開催され、Yらから、3月31日をもって解散し、全従業員を解雇することなどの申入れがなされた。そして、会社解散後設備は原則として撤去し、転用可能な設備はA社等で転用するとされた。

3 Xらは、このYらの申入れに対し、会社の一方的な通告は労働協約の事前協議条項違反であるとして、団体交渉の申入れをした。そして、同年1月22日、団体交渉において、「会社と組合は、労働協約に基づき誠実に協議し、合意なしに生産設備等の搬出をしないことを確認する」との記載がされ、YらとXらが当事者として記名捺印した本件議事録確認が作成された。

4 Yらは、XらがYらの取引先等に会社解散に対する労働組合の考え方を記載して関係者の理解と協力を願うビラを頒布したことなどから、取引先から生産設備等の返却を求められたため、同年3月9日、急遽、一部の生産設備を搬出した。Xらはこれに抗議し、同月12日、生産設備の搬出の差止めを求める本件申立てを行った。そして、同月13日、YらとXらとの間で、会社は客先などからの強い搬出の要望があった場合は組合と事前に協議し、組合の合意なしに生産設備等の搬出をしないことを確認した旨記載され、両者が当事者として記名捺印した本件確認書が作成された。

5 同年3月31日までの間に合計10回の団体交渉が行われたが、XらがYらの解散、従業員の解雇に同意しないまま、Yらは、3月31日株主総会において解散を決議し、その旨の登記がされた。そして、Yらは、4月25日には事業を停止し、事務棟以外の工場設備を含む施設は閉鎖された。

6 Xらが、本件確認書等が作成されたことで労働協約が締結されたとし、これに基づいてYらに対し生産設備の搬出の差止めを求める本件において、本決定は、下記のように第三者の所有物件以外の生産設備の搬出については差止めを請求することができると判断するとともに、保全の必要性も認めて申立を認容した（第三者の所有物件である生産設備については申立却下）。

【決定要旨】

1 「本件議事録確認は、その表題にかかわらず、団体交渉の議事内容を単に備忘的に記録したものではなく、YらとXらが、Yらが打ち出した解散、従業員解雇の方策について、既存の労働協約に規定された事前協議約款を具体的に履践するための今後の協議についての指針を合意して確認したもので、労働協約にあたると認めることができる」。また、本件確認書は、「Yらに本件議事録確認に反する行為があったことを踏まえて、本件議事録確認の内容について改めて具体的に確認したものとみられ、本件確認書もやはり労働協約にあたるものと認めることができる」。

2 「本件議事録確認及び本件確認書における、Xらの合意なしに生産設備等の搬出をしない旨の事項については、会社解散、従業員解雇というYらの方策の遂行にあたって、会社の生産設備等の処理に関して使用者であるYらと労働組合であるXらとの間でひとつのルールを設定したものとみられ、Y社とXらの間の契約として債務的効力が生ずるといえる。したがって、Yらは、契約当事者として、合意内容を遵守し、履行すべき義務（不作為義務）を負う」。「他面、Xらは、Yらに対しその履行を請求する権利を有」し、「Y社が不作為義務に違反して、Xらの同意なしに生産設備等を搬出しようする場合、これの差止めを請求することができる」。

3 ところで、本件確認書は、第三者の所有物件もその対象としているとみることができる。しかしながら、第三者の所有物件については、Xらはもちろんyらにおいても全く処分権を有しておらず、第三者は、Yらの解散、事業閉鎖の事態に至って、いつでも任意に所有する生産設備等の返還をYらに求めることができ、YらもXらもこれを拒むことができない関係にある。したがって、「第三者の所有物件については、Xらにおいて、本件議事録確認及び本件確認書の効力として、Yらに対し搬出の差止めを求めることはできない」。

4 なお、労働協約では、会社は事業の閉鎖等にあたってあらかじめ組合と協議する旨定められており、Xらの同意までは求められていない。「本件議事録確認及び本件確認書も前記労働協約に基づいて作成されたものであり、会社解散に関してXらとの協議が尽くされたとみられる事態に至れば、Xらの同意がなくても、会社の事業の閉鎖は効力を有することになり、そうであれば、Xら

の同意がなくても生産設備等の搬出ができると解することができる。また，Yらが生産設備等の搬出について，その必要性等の説明，協議，説得等を尽くし，これに同意することもやむを得ないと認められ，Xらにおいてそれでもなお同意しないことが信義則に反すると認められるような場合は，Xらの同意があったものとみなして生産設備等の搬出をすることもできると解することもできる。しかし，本件においては，未だいずれの事態にも至っているとは認められない」。

【問題の所在】

　労働協約は，規範的効力（労組16条）を有するほか，当事者間の契約として，協約締結当事者である労働組合と使用者との間に権利・義務を発生させるという債務的効力も有する。本件は，労働組合と使用者の間で議事録確認や確認書として作成された文書の内容について，労働組合が使用者に対してその履行を求めたところ，その文書の労働協約性や労働協約の債務的効力が問題となったものである。

【本決定のポイント】

1　本件議事録確認および確認書の労働協約性

　本件において，労働組合は，使用者に対して，当事者の記名捺印はあるものの議事録確認や確認書という名称で作成された文書に基づいて，その内容である組合の同意なしに生産設備等の搬出をしないことを求めている。そこで，まず，こうした文書が労働協約であるかが問題とされたが，本判決は，議事録確認や確認書という文書の名称いかんにかかわらず，作成の経緯からそれぞれ既存の労働協約の内容を具体的に合意・確認するものであるとして労働協約であると認めている。仮に，労働組合と使用者との間の合意があったものと読み取れないのであれば，こうした文書は，団体交渉の議事の経過を記録・確認するものとしての意味を有するにとどまることになろう。

2　労働協約の債務的効力

　次に，本判決は，議事録確認および確認書が労働協約であることを前提に，その内容をなす使用者は組合の合意なしに生産設備等の搬出をしない旨の条項

は，使用者と労働者の間でのルールを設定したものであり，協約締結当事者の間で契約としての債務的効力が生じると判示している。それゆえ，**使用者は，労働協約における債務的効力を有する条項について契約当事者として履行する義務を負い，労働組合は，その履行を求めることができる**ことになる。その結果，本件では，使用者が履行義務に違反して，労働組合の同意なしに生産設備等を搬出したため，これに対する差止請求の申立が認容された。

　もっとも，第三者の所有物件の搬出については，協約締結当事者である使用者と労働組合には処分権がなく，所有権者である第三者から物件の返還請求を求められればこれに従わなければならないので，労働協約の効力として搬出の差し止めを求めることはできないとして申立が却下されている。

　なお，本判決は，結論としては認めていないものの，生産設備等の搬出にあたって労働組合の同意がなくとも，会社解散について労働組合との協議が尽くされたとみられる事態に至った場合と，生産設備等の搬出について労働組合が同意をしないことが信義則に反すると認められるような場合には，労働組合の同意があったものとみなして使用者は生産設備等の搬出をすることができるとも判示している。

（岩永　昌晃）

（4）労働協約の一般的拘束力

118　朝日火災海上保険（高田）事件
最三小判平成8・3・26　民集50巻4号1008頁・労判691号16頁

【事案の概要】

1　昭和26年に鉄道保険部の職員としてA社に雇用されたXは，昭和40年にY社がA社鉄道保険部で取り扱ってきた保険業務を引き継ぐことになったことに伴い，Y社に雇用されるに至った。Y社は，A社鉄道保険部から移籍した労働者の労働条件については，従来のそれを引き継ぐが，労働組合との間で，鉄道保険部出身の労働者とそれ以外の労働者の労働条件の統一についての交渉を

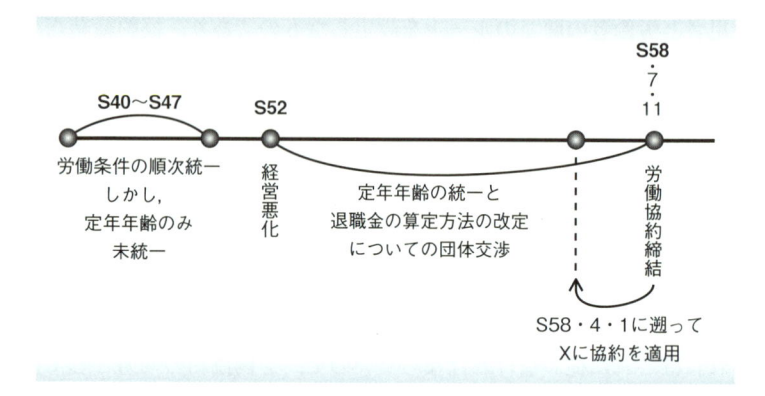

```
S40~S47         S52                                      S58
                                                         ・7・11
●───────●───────●─────────────────────────────●─────────●
労働条件の順次統一  経営    定年年齢の統一と                    労働
しかし，       悪化    退職金の算定方法の改定                協約
定年年齢のみ          についての団体交渉                    締結
未統一
                                            S58・4・1に遡って
                                            Xに協約を適用
```

続け，昭和47年までに労働条件を順次統一していった。しかし，定年年齢の統一については，合意に至らないまま時が経過し，鉄道保険部出身の労働者の定年が満63歳とされていたのに対し，それ以外の労働者の定年は満55歳とされたまま推移した。

2 昭和52年頃から，Y社の経営が悪化する事態となり，特に退職金の高額化が経営悪化の一因となっていたため，Y社は，従来からの重要懸案事項であった従業員の定年年齢の統一とともに退職金制度の改定についても，労働組合との間で交渉を重ねるようになった。その結果，Y社と組合は，昭和58年7月11日，定年年齢を満57歳に統一し（ただし，満60歳までは，従来の給与の6割で特別社員として再雇用が可能），退職金も満57歳時点での支給とするとともに，退職金支給率を引き下げることなどを内容とする本件労働協約を締結し，その効力を昭和58年4月1日から遡って生ずることとした。

3 Xは，Y社と労働組合との間で締結された別の労働協約で組合員資格が認められないとされた調査役の地位にあったが，Xの所属事業場の従業員の4分の3を組合員が占めていたことから，Y社は，昭和58年4月1日現在ですでに満57歳に達していたXにも本件労働協約を適用して，同年3月末日に定年退職し，翌日から特別社員として再雇用されたものとして扱い，4月分からの給与を従前の6割に減額するとともに，本件労働協約の定めるところに従い退職金を支払った（変更前は2,007万円余だったのが，1,850万円余となった）。そこで，Xは，従前の労働契約上の地位の確認と給与および退職金の差額の支払を求めた。

4 1審は，本件労働協約のXへの適用を認めつつ，4月に遡って給与を減額したことのみ否定した。原審は，本件協約の定年年齢の引き下げ部分の効力は肯定したが，退職金の減額部分については，Xに適用することは著しく不合理であるとして，1審が認めた給与の差額請求に加え，退職金の差額請求も認容した。これに対してY社が上告（Xは上告しなかったため，定年年齢の引き下げ部分については上告審の対象となっていない）。本判決は，下記のように判示して，上告を棄却した。

【判旨】

1 労組法17条の適用に当たっては，「労働協約上の基準が一部の点において未組織の同種労働者の労働条件よりも不利益とみられる場合であっても，そのことだけで右の不利益部分についてはその効力を未組織の同種労働者に対して及ぼし得ないものと解するのは相当でない。けだし，同条は，その文言上，同条に基づき労働協約の規範的効力が同種労働者にも及ぶ範囲について何らの限定もしていない上，労働協約の締結に当たっては，その時々の社会的経済的条件を考慮して，総合的に労働条件を定めていくのが通常であるから，その一部をとらえて有利，不利ということは適当でないからである。また，右規定の趣旨は，主として一の事業場の4分の3以上の同種労働者に適用される労働協約上の労働条件によって当該事業場の労働条件を統一し，労働組合の団結権の維持強化と当該事業場における公正妥当な労働条件の実現を図ることにあると解されるから，その趣旨からしても，未組織の同種労働者の労働条件が一部有利なものであることの故に，労働協約の規範的効力がこれに及ばないとするのは相当でない」。

2 「しかしながら他面，未組織労働者は，労働組合の意思決定に関与する立場になく，また逆に，労働組合は，未組織労働者の労働条件を改善し，その他の利益を擁護するために活動する立場にないことからすると，労働協約によって特定の未組織労働者にもたらされる不利益の程度・内容，労働協約が締結されるに至った経緯，当該労働者が労働組合の組合員資格を認められているかどうか等に照らし，当該労働協約を特定の未組織労働者に適用することが著しく不合理であると認められる特段の事情があるときは，労働協約の規範的効力を

当該労働者に及ぼすことはできない」。

3 本件労働協約は，労組法17条の要件を充たし，その締結経緯をみても，組合が，組合員全員の雇用の安定を図り，全体として均衡のとれた労働条件を獲得するために，一部の労働者にとっては不利益な部分がある労働条件を受入れる結果となる本件労働協約を締結したことにはそれなりの合理的な理由があったといえ，本件労働協約上のXへの不利益部分の適用を全面的に否定することは相当ではない。しかし，本件労働協約の内容に照らすと，Xは，本件労働協約が効力を生じたその日に，定年退職したものとして扱われ，同時に，その退職により取得した退職金請求権の額までも減額される結果になるのであり，本件労働協約によって専ら大きな不利益だけを受ける立場にある。加えて，Xは，Y社と組合との間で締結された労働協約によって非組合員とするものとされていて，組合員の範囲から除外されていた。以上のことからすると，本件労働協約の締結経緯を考慮しても，退職金の額を従前の規定に基づき受け取ることのできた2,007万円余を下回る額にまで減額するという不利益をXに甘受させることは，著しく不合理であって，その限りにおいて，本件労働協約の効力はXに及ぶものではない。

【問題の所在】

労組法17条は，事業場の4分の3以上の同種の労働者が労働協約の適用を受けるに至った場合には，その協約は他の同種の労働者にも適用されることを定める。この協約の拡張適用をめぐっては，協約の定める基準が労働者にとって不利益となる場合にも，その効力があるのかという問題がある。本判決は，未組織労働者への拡張適用をめぐるこの問題について，最高裁として初めて判断するとともに，その中で従来から議論のあった労組法17条の制度趣旨にも言及した点で注目されるものである。

【本判決のポイント】

1 未組織労働者への不利益な労働協約の拡張適用

本判決は，未組織労働者への不利益な労働協約の拡張適用は，原則として肯定されることを明らかにした。その理由として，次の3点を挙げる。第1に，労組

法17条の文言が労働者に不利益な場合を排除していないことである。第2に,労働協約の一部について有利,不利を論じるのは適当ではないという労働協約の一体性である。これは,労働協約は,その全体が労使の取引の結果であり,ある労働条件については労働者側に不利で,別の労働条件については有利といったケースにおいて,不利な労働条件については協約基準まで引き上げ,有利なものについてはそのままにすると,労働者に不当な利益を与える結果になるということであろう。第3に,労組法17条の制度趣旨である。本判決によると,最高裁は,労組法17条の制度趣旨は,労働条件を統一することにより,労働組合の団結権の維持強化と当該事業場における公正妥当な労働条件の実現を図ることにあると解している。

2 未組織労働者への拡張適用を否定すべき場合

もっとも,本判決は,「当該労働協約を特定の未組織労働者に適用することが著しく不合理であると認められる特段の事情がある」場合には,その未組織労働者への不利益な労働協約の拡張適用は認められないという労組法17条の文言にはない例外も同時に明らかにした。本判決は,例外を認める理由として,未組織労働者が組合の意思決定に関与しないこと,組合は未組織労働者の利益のために活動するわけではないことの2点を指摘している。もっとも,この2点は,未組織労働者への拡張適用が問題となる場合には常に妥当するものであり,本判決が明らかにするところは,そのような状況にある未組織労働者であっても,労働協約の拡張適用が認められないのは,「著しく不合理と認められる特段の事情がある」場合に限られるということになろう。

また,本判決は,例外を認める特段の事情の有無の判断に当たって考慮する要素として,①未組織労働者の不利益の程度・内容,②労働協約締結の経緯,③組合員資格の有無があげられることを示した。そして,本判決は,この考慮要素に従って,本件労働協約締結の経緯には一定の合理性があるが,Xに本件労働協約の効力を及ぼしたならば,Xは,定年年齢が引き下げられて直ちに退職したことになるだけでなく,同時に退職金も減額されるという専ら大きな不利益を受けること,Xは組合員資格を認められなかったことを指摘し,Xの退職金を減額することは著しく不合理であり,その限りでその効力はXに及ぶものではないと判断した。この判断からすると,例外的に労働協約の拡張適用を認めない

場合，当該労働協約全体を適用しないのではなく，「著しく不合理」な部分のみを当該労働者との関係でのみ適用しないという趣旨であると理解できる。

なお，少数組合の組合員への労働協約の拡張適用については，少数組合の団体交渉権の尊重という別の要素を考慮する必要があり，未組織労働者への拡張適用の事案であった本判決の射程外と解すべきである。

(岩永　昌晃)

(5)　労働協約の余後効

119　大阪国際観光バス事件
大阪地決平成13・12・26　労経速1797号13頁

【事案の概要】

1　Y社では，同社とその従業員を組織するA組合が毎年賃金額について団体交渉を行い，前年度の労働協約を前提にその一部を改訂してこれを労働協約にしてきた。平成13年度春闘交渉において，A組合は，賃上げの要求を掲げたのに対し，Y社は，同社が多額の累積赤字を抱え，債務超過状態に陥っており，赤字解消のために人件費を削減する旨の方針を説明したため，平成13年4月から7月にかけて7回に渡ってY社とA組合との間で賃金について団体交渉が行われたが，結局，交渉はまとまらなかった。

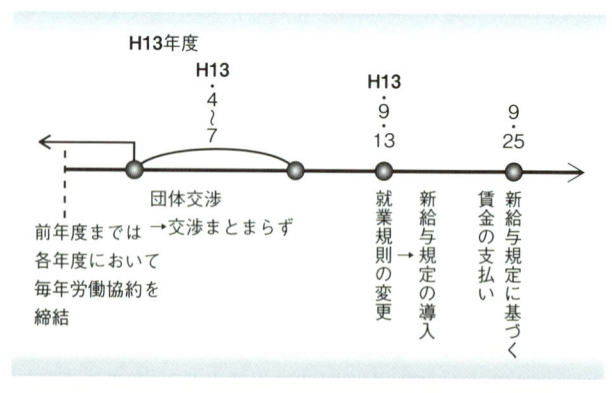

2　平成13年8月6日，Y社は，A組合に対し，従業員の雇用確保を優先する

等を理由に就業規則を変更することにより賃金改定を行うことにするとして，新給与規定を提示し，A組合に対して，同月9日までに組合の意見書を提出するように依頼した。これに対して，A組合は，Y社に対して，同月9日，新給与規定は従業員の一方的不利益となる案であるから合意できない，合意がないまま労基署への届出を行わないことという意見を提示したが，Y社は，同月13日，新給与規定を労基署へ届け出て，同年9月分から賃金改定を実施することを組合に伝え，組合との賃金改定の合意がないまま，同年9月25日，同年9月分の賃金として，新給与規定に基づいて計算した賃金を支払った。このため，A組合に所属する従業員Xら23名は，Y社に対して，従前の労働協約に基づいて計算した平成13年9月分賃金と実際に支給された平成13年9月分賃金の差額について，賃金を不当に減額されたことを理由にその仮払いを求めた。本決定は，以下のように判示して，賃金減額措置は有効とはいえず，被保全権利が認められるとし，また保全の必要性も認められるとして，申立を認容した。

【決定要旨】

1（1）「そもそも賃金は，労働契約の内容であるから，契約の一方当事者である使用者に変更権限がない以上，使用者が相手方の承諾なく，一方的にこれを変更することはできないというべきである。また，この理は労働協約が失効した場合も同様であって，労働協約が失効した以上協約上の規定自体が効力を持続することはあり得ないが，協約失効後の労働契約における当事者の合理的意思は協約上の労働条件を存続せしめることにあると解すべきであり，したがって，これと異なる新たな合意が成立しない限り，従前の労働条件が通用するというべきである」。

（2） そこで，本件をみるに，A組合とY社は，これまで毎年賃金額について団体交渉を通じてこれを協約化してきたが，「春闘方式により，現行の賃金体系の存在を前提として当該年度の基本給の増額等の労使間の協議を行うことは多く行われていることであって，そのことをもって，A組合とY社のこれまでの労働協約が1年の有効期間があったものであると認めることはできない」し，「これまでのA組合及びY社間の労働協約がいずれも1年の有効期間があったものであると認めるに足りる疎明はない」。したがって，A組合とY社

のこれまでの労働協約はいずれも1年の有効期間が設けられていたということはできず，前年度に締結した労働協約が，平成13年9月分賃金支払時点において，その効力を有していたと認められる。よって，本件において，労働協約の余後効についての問題は生じない。

2　「使用者と労働者個人との契約関係は，債務者が倒産状態にあるといった経営危機があるとしても，その内容を相手方の同意なしに一方的に変更することができるとする根拠はない」。また，「Y社は，本件減額措置を就業規則の改定による新給与規定に基づいて実施しているが，……平成7年から平成13年にかけて売上高が減少していることは認められるものの，……就業規則の変更による本件賃金減額措置の必要性を認めることはできないし，他に本件減額措置の必要性を認めるに足りる疎明はない」し，「本件減額措置による賃金の減額率は大きく，本件賃金減額措置に関する新給与規定は，その内容及び従業員への不利益の程度において，合理的なものであると認めることもできない」。

【問題の所在】
　労働協約が期間満了や解約などにより終了すると，それまでその労働協約の規範的効力（労組16条）により決まっていた労働条件はどうなるのであろうか。ドイツのように労働協約の終了後も，新たに異なる取り決めがなされない限りその規範的効力を認めるとする明文の規定がある例もあるが，わが国ではこのような規定がないため，この点についてどのように解すべきかが問題となる。本判決は，新たな労働協約の締結について交渉がまとまらず，就業規則により労働条件が変更されたので，労働者が従前の労働協約の内容に基づく差額賃金を求めたという事案において，結論として，従前の労働協約がそもそも失効していないと判断して申立を認容したが，その前段でこの問題についても判示したものである。

【本決定のポイント】
1　労働協約終了後の労働条件
　明文の規定がない我が国において，労働協約が終了した場合，その規範的効力を引き続き認めることはできない。本決定も，そのことを確認している。もっと

も，労働協約終了後の規範的効力が認められなくとも，従前の労働協約と内容を同じくする労働条件が引き続き認められるとする結論を導くことは可能である。1つの考え方は，労働協約の規範的効力について，労働契約の中に入り込み，その内容になる効力であるとする理解に基づいて，労働協約上の労働条件は規範的効力により労働契約の内容となっている以上，労働協約終了後も存続するとするものである。もう1つの考え方は，労働協約の規範的効力は労働契約に対して外部から規律する効力であるとする理解に基づいて，協約が終了して規範的効力が失われると，規範的効力により外部から規律されていた労働条件も失われるが，その場合でも，労働契約関係の継続性から，労働条件の空白を避けるべく，契約当事者の合理的意思解釈により労働条件を補充するとするものである。本判決は，後者の考え方に立ち，**協約失効後の契約当事者の合理的意思は協約上の労働条件を存続させることにあると解釈され，従前の労働協約と内容を同じくする労働条件が存続する**と判示している。もっとも，本判決は，従前の労働協約がそもそも失効していなかったとしており，結局，従前の労働協約の規範的効力により申立を認容している。

2　労働協約終了後の労働条件の変更

本判決が判示したように従前の労働協約が失効していないとすると，労働条件を変更するには，新たな労働協約を締結するほかない。仮に，本件において従前の労働協約が失効していた場合には，本判決によれば前述のように契約当事者の合理的意思解釈により従前の労働協約上の労働条件が労働契約の内容となるが，この労働条件を変更するには，新たな労働協約を締結するか，就業規則を改訂することになろう。本件では，就業規則の改訂による労働条件の変更が試みられたが，本判決は，この変更は合理的なものとはいえないとしてその効力を否定している。

（岩永　昌晃）

第21章 団体行動

（１） 少数派の組合活動の正当性

120 北辰電機製作所事件
東京地判昭和56・10・22　労判374号55頁・判時1030号99頁

【事案の概要】

1　Xは，工業計測器，自動車制御装置等の製造販売を主たる業務とする会社であった（本件命令申立時の従業員数2,300名）。昭和43年6月当時，Xの従業員は，日本労働組合総評議会全国金属労働組合（以下「全金」という）および全金東京地方本部（以下「地本」という）を上部団体とする地本北辰電機支部（以下「支部」という）を結成していた（同47年3月当時の組合員数1,749名）。

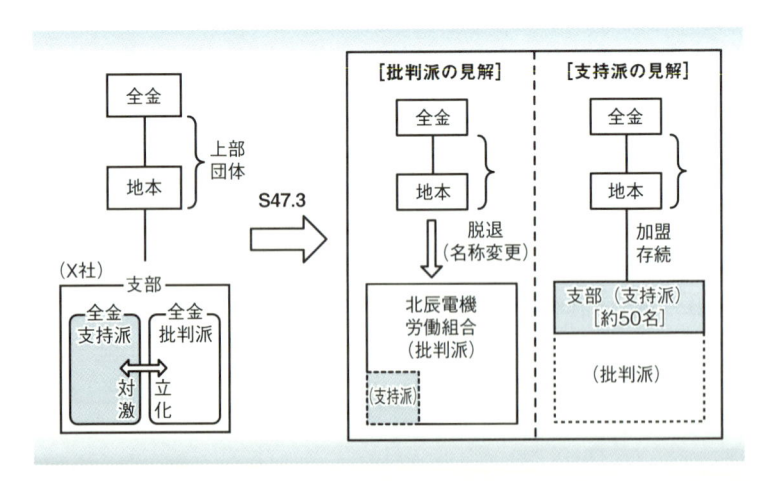

2　支部組合員の間には，昭和42年頃より，組合運営およびXの提唱する生産性向上施策への対応をめぐって，全金・地本の指導を尊重してXの生産性向上施策に批判的な態度をとる立場（全金支持派）と，全金・地本の指導を観念的な

階級闘争主義に基づくものと批判してXの生産性向上施策に積極的に協力する立場（全金批判派）との意見対立が生じ、その対立は同45〜46年頃に至り極めて顕著になり、双方の立場から論調を異にする2つの印刷物が発行されたり、支部執行委員選挙においても激しい選挙戦が展開されたりするようになった。同47年3月には組合員全員による直接無記名投票で、支部の全金脱退および組合名称変更（「北辰電機労働組合」に変更）が決定されるに至った（脱退賛成票1,266、反対票251）。しかし、支部組合員のうち約50名は、この投票等が支部規約に違反し無効であるとして、従前の支部はなお全金・地本に加盟して存続しているという見解の下、その後も従前の支部名称を用いて組合活動を継続している（これが参加人支部である）。

3 一方、昭和46年当時、Xは、調整年金制度の導入（厚生年金基金設立）、週5日制（週休2日制）の実施、および、タイムカード廃止のための準備を進めていた中、社内報「北辰ジャーナル」において全金および支部全金支持派等を反社会的分子等として批判する記事を掲載し、また、全金および地本の役員が交渉委員となっていることを理由に支部との団体交渉を拒否する等したが、このようなXの行為につき、Y（東京都地方労働委員会）は、支部全金支持派を弱体化し、支部全金批判派への支援を意図したものとして不当労働行為に該当すると判断していた（同47年6月20日：別件不当労働行為事件）。

4 以上のような背景の下、支部全金支持派のうち19名の組合員が、全金支持派であることを理由に、昭和46年度の昇格、昇給および夏季賞与において差別を受けたとして、Yに不当労働行為の救済を申し立てたところ、Yは当該組合員らの主張を認めて同51年12月7日付けで救済命令を発した（労民集32巻5号744頁）。Xは不服として本件救済命令の取消しを求め、行政訴訟を提起した。本判決は、以下のように判断し、組合員1名につき差別を認めたが（請求一部棄却）、その他についてはYの発した救済命令を取り消した（請求一部認容）。

【判旨】

1　「企業内の唯一の組合に特定の傾向を有する組合活動を行う集団が存在する場合において、組合員が右集団に属して右特定の傾向を有する組合活動を行う故をもつて、使用者である企業が右組合員個人の賃金・昇格を差別的に取り

扱うことは，当然，労働組合法7条1号の不当労働行為に該当し，また，右のような差別的取扱いをすることによって右集団の活動に打撃を与え組合の運営に支配介入することは，同法7条3号の不当労働行為に該当すると解される」。

2　「労働委員会に対して不当労働行為の救済を求める申立人は，不当労働行為の事実が存在することを立証しなければならないが，個々の組合員らが前記のように特定の集団に属して組合活動を行う故をもって昇給・昇格等で差別されている（労働組合法7条1号該当）と主張する場合には，個々の組合員について不利益取扱いの成否を考えなければならないから，申立人が，(1) 使用者が右集団を嫌悪していることのほかに，(2) 個々の組合員に対する昇給・昇格等が右集団に属しない者に対する昇給・昇格等に比べて差異があること，(3) 右昇給・昇格等の基礎となるべき個々の組合員の勤務の実績ないし成績が右集団に属しない者のそれとの間に隔りのないこと，を個別的に立証する必要がある」。

3　「これに対し，使用者が特定の集団に属して組合活動を行う組合員らの昇給・昇格等を差別することにより右集団の活動に打撃を与え組合の運営に支配介入している（労働組合法7条3号該当）と主張する場合には，右集団について不利益な取扱いがあるかどうかを考えれば足りるから，申立人としては，(1) 使用者が右集団を嫌悪していることのほかに，(2) 右集団に属する組合員の昇給・昇格等が全体として右集団に属さない他の組合員たちの昇給・昇格等に比べて差異があることを，いわゆる大量観察により立証すれば足り，右立証がされれば，使用者において，右差異が合理的理由に基づく等の特段の事情を立証しない限り，右差別は特定の集団に属して組合活動を行ったことを理由とするものであり，不当労働行為に該当すると推認するのが相当である」。

【問題の所在】

労組法7条には不当労働行為制度が定められているが，同条1号にいう不利益取扱いが成立するためには，労働者が，「労働組合の組合員であること」，「労働組合に加入し，若しくはこれを結成しようとしたこと」または「労働組合の正当な行為をしたこと」を理由として，解雇その他の不利益な取扱いが行われたことが必要である。労働組合の内部における「少数派の組合活動」の正

当性が, 不当労働行為の成立との関連で問題となる場合があるが, 本件は一般に「少数派の組合活動」が労組法7条1号にいう労働組合の行為に当たるか否かにつき判断を下した事案である。特に, 不当労働行為成立の有無との関連で, 組合内少数派に対する査定差別等における立証事項や立証方法につき明確に論じた点に特徴を有している。

【本判決のポイント】
1　組合内少数派の活動の「労働組合の行為」性
　労働組合内部において執行部支持派と批判派など複数の集団に分かれ対立状況がある場合に, 特に少数派である集団の活動が, 不当労働行為からの保護との関連で, 労組法7条1号にいう「労働組合の（正当な）行為」といえるのかが1つの争点となる。少数派の活動が, 労働組合の明示または黙示の承認または授権に基づく場合などは問題なく「労働組合の行為」といえるであろう。しかし, 組合の授権等がない場合でも, 労働者の生活利益の擁護・改善や組合の団結権強化という目的を有し, 当該活動の態様や諸事情によっては同様に「労働組合の行為」と認められるのか, あるいは, 組合批判（主として執行部批判）などの活動も「労働組合の行為」といえるのか等は議論の分かれてくるところでもあろう。

　本判決は, 労働組合内に特定の傾向を有する組合活動を行う集団が存する場合に, 使用者が当該活動を理由に当該集団に属する組合員個人を賃金・昇格等の面で差別的に取り扱うこと, また, そのような取扱いにより当該集団の活動に打撃を与え組合の運営に支配介入することは, 当然, 労働組合法7条1号および3号の不当労働行為に該当する, と判示している。いわゆる組合内少数派の活動についても, 特にその根拠等を示すこともなく, 「労働組合の（正当な）行為」に当たると捉えたうえで, 当該行為を理由とした不利益取扱い等の不当労働行為該当性を肯定している。ただし, 本件では支部全金支持派であることを理由に不利益取扱いを受けたことが主張されていたので, 「労働組合の行為」の該当性よりも, 厳密にはまず労組法7条1号の「労働組合の組合員であること」の要件が問題とされるべきであったかもしれない。

2 不当労働行為事件における立証事項・方法（大量観察方法の妥当範囲）

　本判決によれば，少数派の組合活動を理由にその所属組合員が昇給・昇格等で差別されている場合（労組7条1号），不当労働行為の救済を求める申立人の不利益取扱いの立証方法としては，大量観察方法ではなく，個別的立証が必要であり，しかも，立証事項として，個々の組合員の勤務実績・成績が別の集団に属する者のそれと隔りのないこと（判旨**2**(3)）の立証まで必要とされている。他方，少数派の組合活動への支配介入が問題となる場合（労組7条3号）には，当該申立人は，支配介入の立証には，立証事項（判旨**3**(1)および(2)）につき基本的に大量観察方法を採り立証すればよいと判断されている。このように本判決は労組法7条1号および3号の場合で立証方法および事項を区別して考えている。これらのことを前提に，本判決では，支部全金支持派の一部組合員（19名）が全金支持派全体であるとは認められないこと，および，1名の昇格差別を除いて個別立証も十分でないこと等により，結論的には，一部を除きYの発した救済命令が取り消されている。なお，いわゆる大量観察方法については，紅屋商事事件最判（☞**136**事件）がある。

（表田　充生）

（2）　争議行為の正当性

121　御國ハイヤー事件
最二小判平成4・10・2　労判619号8頁・判時1453号167頁

【事案の概要】

1　X社（上告人・被控訴人・原告）は，従業員約115名を雇用し，常時42台のタクシーを稼動させて旅客運送事業を営む会社であり，高知市内にO車庫およびH車庫を所有していた。Yら6名（被上告人・控訴人・被告）は，高知県下のタクシー労働者の個人加盟による単一組織である全国自動車交通労働組合連合会高知地方本部（以下「A地本」という）の組合員であり，Yらのうち4名はその幹部，残り2名はA地本みくに分会（当時の組合員数は24名。以下「B分会」という）

の幹部であった。

2 A地本は、昭和57年の春闘において、X社に対し基本給の一律2万円引上げ、臨時従業員の正社員化およびその賃金の基本給と歩合給の二本立て化等を要求し、同年4月から7月にかけて4回の団体交渉を行ったが、妥結には至らなかった。7月6日の団交において、A地本およびB分会は7月9日始業時から48時間のストライキを実施する旨をX社に対し通告した。

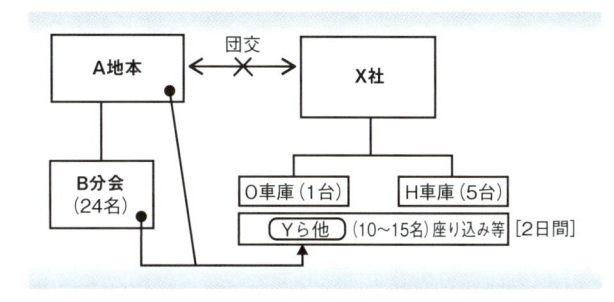

3 ストライキは予定どおり実施されたが、Yらは、B分会の組合員が一組になって乗務することとなっていたタクシー6台（以下「本件タクシー」という）につき、X社側において稼動させるのを阻止するため、同月9日午前5時頃よりO車庫（1台）およびH車庫（5台）において、B分会の組合員およびA地本の支援組合員10名ないし15名と共に、ござなどを敷き本件タクシーの傍らに座り込んだり、寝転んだりして、両車庫を占拠した。X社側は2日間数度にわたり両車庫に赴き、組合員らに対して、退去を命ずる、命令違反につき処分する旨等記した通告書を手渡し、口頭でタクシー搬出のため退去するよう申し入れたが、組合員らは、話し合いで退去できる状況を作るべきであると反論したり、中には「勝手にせいや」、「ひいて行けや」などと放言したりする等して、当該申入れに応じなかった。

4 そこで、X社は、Yらの2日間にわたる自動車運行阻止の行為により違法に営業を妨害されたと主張して、Yらに対し、不法行為に基づく損害賠償を請求した。1審（高知地判昭61・5・6労判537号67頁）は、Yらの阻止行為は「X社の再三にわたる要求、警告を全く無視し、継続して2日間にもわたり6台ものタクシーを排他的占有化に置いてなされたものであって、X社の所有権の行使ないし営業の自由を高度に妨げた」ものであった等として違法であると判断した。しかし、原審（高松高判平成元・2・27労判537号61頁）は、本件Yらの行為は正当な争議行為に該当するとして、1審判決を取り消し、X社の請求を棄却

した。そこでX社は上告した。最高裁は以下のように判断し，原判決を破棄し，損害の点につき審理を尽くさせるため原審に差し戻した。

【判旨】

1　「ストライキは必然的に企業の業務の正常な運営を阻害するものではあるが，その本質は労働者が労働契約上負担する労務供給義務の不履行にあり，その手段方法は労働者が団結してその持つ労働力を使用者に利用させないことにあるのであって，不法に使用者側の自由意思を抑圧しあるいはその財産に対する支配を阻止するような行為をすることは許されず，これをもって正当な争議行為と解することはできないこと，また，使用者は，ストライキの期間中であっても，業務の遂行を停止しなければならないものではなく，操業を継続するために必要とする対抗措置を採ることができることは，当裁判所の判例……の趣旨とするところである」。

2　「そして，右の理は，非組合員等により操業を継続してストライキの実効性を失わせるのが容易であると考えられるタクシー等の運行を業とする企業の場合にあっても基本的には異なるものではなく，労働者側が，ストライキの期間中，非組合員等による営業用自動車の運行を阻止するために，説得活動の範囲を超えて，当該自動車等を労働者側の排他的占有下に置いてしまうなどの行為をすることは許されず，右のような自動車運行阻止の行為を正当な争議行為とすることはできないといわなければならない」。

3　本件では，「Yらは，互いに意思を通じて，X社の管理に係る本件タクシーをA地本の排他的占有下に置き，X社がこれを搬出して稼動させるのを実力で阻止したものといわなければならない」。

4　もっとも，A地本の本件ストライキは，「その目的において問題とすべき点はなく，また，その手段，態様においても……エンジンキーや自動車検査証の占有を奪取するなどの手段は採られず，暴力や破壊行為に及んだものでもなく，C専務やその他の従業員が両車庫に出入りすることは容認していたなど，A地本において無用の混乱を回避するよう配慮した」こと等の事情が認められる。「しかしながら，これらの事情を考慮に入れても，Yらの右自動車運行阻止の行為は……争議行為として正当な範囲にとどまるものということはでき

ず，違法の評価を免れない」。

【問題の所在】
　本件は，タクシー会社におけるいわゆる車両確保戦術の正当性が問題となった事案である。ストライキに際しての同戦術等に関しては，従来，このような争議行為が威力業務妨害罪に該当するか否か等の刑事事件として，また，このような争議行為を指導した組合役員に対する解雇の効力いかん等という民事事件として争われていたが，本件は，指導的立場にあった組合役員等に対する使用者からの損害賠償請求が問題となった民事事件につき，最高裁が初めて判断を下した点に特徴がある。本件では，座り込みによる車両確保戦術という比較的穏当な手段・方法が採られていたが，この種の争議行為の正当性の範囲・限界を考えるうえで重要な判示を行っている。

【本判決のポイント】
1　ピケッティングの正当性
　本判決は，朝日新聞小倉支店事件（最大判昭和27・10・22民集6巻9号857頁）等の最高裁判決を引用し，同盟罷業（ストライキ）の本質を「労働者が労働契約上負担する労務供給義務の不履行にあり，その手段方法は労働者が団結してその持つ労働力を使用者に利用させないことにある」と把握し，争議中も使用者には操業の自由があることを前提に，「不法に使用者側の自由意思を抑圧しあるいはその財産に対する支配を阻止するような行為」は，正当な争議行為とは認められないと論じている。
　従来，最高裁判例は，ピケッティングは，原則として平和的説得の範囲にとどまる限りにおいて正当性が認められるという立場を採ってきた。同盟罷業の本質とこの平和的説得論を前提に，特に刑事事件では「諸般の事情」を考慮して犯罪の成立の有無を判断する（三友炭鉱事件・最三小判昭和31・12・11刑集10巻12号1605頁），さらには，刑法上の違法性阻却事由の有無を判断する際には「当該行為の具体的状況その他諸般の事情を考慮に入れ，それが法秩序全体の見地から許容されるべきものであるか否か」を判断する基準を用いる（国労久留米駅事件・最大判昭和48・4・25刑集27巻3号418頁）という最高裁判例の立場がほぼ確立されていた。

2　車両確保戦術の正当性

　タクシー会社等におけるストライキに際し，代替労働者の就労等を阻止するため，労働組合が車検証やエンジンキー等や車両そのものを確保・保管したりするいわゆる「車両確保戦術」は，職場占拠（状況によっては生産管理）という類型に属すると考えられるが，この職場占拠の正当性判断については，企業施設に対する使用者の所有権および使用者の操業の自由への侵害の程度を重視しながらも，ピケッティングの正当性判断とほぼ類似の手法が採られてきたと思われる（山陽電気軌道事件・最二小決昭和53・11・15刑集32巻8号1855頁等）。

　本件では，労働組合の座り込みによる車両確保戦術という比較的穏やかな手法が採られていたが（その意味では職場占拠というよりもピケッティングに近い態様であったと把握できる），その正当性判断に当たり，最高裁は，同盟罷業の本質論や操業の自由を前提に，代替労働の確保が容易であるタクシー会社等においても，営業用自動車運行阻止のため，説得活動の範囲を超えて，当該自動車等を労働者側の排他的占有下に置いてしまうなどの行為は正当な争議行為とはいえないと判断している。ただし，本判決では一般論として「諸般の事情」ないしは「法秩序全体の見地」という文言は用いられていない点に留意しておく必要がある。原審において「争議行為が正当なものと認められるか否かは，その争議行為の主体，目的，手続，手段・態様等その他諸般の事情を考慮して法秩序全体の見地からこれを判断するのが相当である」と論じられ，Ｙらの行為が正当な争議行為であると判断されたこととは大きく異なっている。最高裁は，少なくとも民事事件に関しては，厳格な平和的説得論を採用しているということであろうか。

　なお，Ｙらの本件タクシー傍らでの座り込み行為につき，本判決は，上記判断基準の具体的適用に当たり，組合員の乗務していた車両のみについて稼働できなくしたことも「排他的占有」に当たると判断しているが，その態様や本件の様々な事情の下においては，Ｙらは「本件タクシーをＡ地本の排他的占有下に置き，Ｘ社がこれを搬出して稼動させるのを実力で阻止した」とまで断定してよいのかについて疑問なしとまではいい得ない。

（表田　充生）

（3）　組合活動の正当性──リボン闘争

122　大成観光事件
最三小判昭和57・4・13　民集36巻4号659頁・労判383号19頁

【事案の概要】

1　X（被上告人・被控訴人・原告）はホテル業を営む株式会社であり、Aホテルを経営している（従業員数は約1,200名）。X社の従業員で組織するZ労働組合（参加人）は、昭和45年9月21日以降、賃上げを要求して3回にわたりX社と団体交渉を重ねたが、要求に対しX社からは満足のいく回答を得られなかった。Z組合は、要求貫徹を目的に、翌10月3日にX社に対し同月5日までに誠意ある回答が提示されないときは同月6日よりリボン闘争に入る旨通告したが、X社からの回答を不満として、同月6日午前9時から8日午前7時まで、Aホテル内において組合員が就業時間中に各自「要求貫徹」またはこれに添えて「ホテル労連」と記されたリボンを上衣左胸部位に着用して就労するというリボン闘争を実施した。X社は、就業時間中のリボン着用を禁止する旨およびこれに違反したときは断乎たる処置をとる旨の警告文書を発し、かつ、掲示したが、Z組合はリボン闘争を実施したため、同月13日にZ組合の三役ら6名に対し減給の懲戒処分を行った。

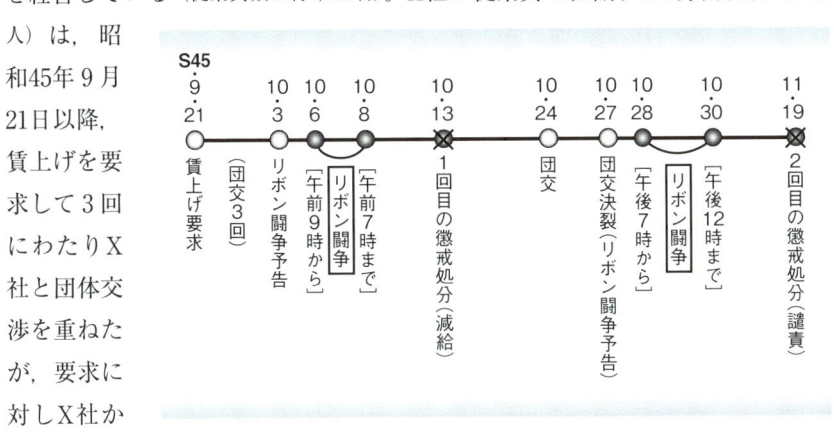

同月24日の団体交渉後、同月27日にZ組合がこの懲戒処分の撤回等を要求した団体交渉が行われたが、決裂するに至り、Z組合は同日X社に対し同月28日

よりリボン闘争に入る旨通告したうえ，同月28日午後7時から30日午後12時まで再度リボン闘争を実施した。X社は前回同様，11月19日に同じ6名に対し譴責処分を行った。

2 Z組合らは，X社のこの懲戒処分を不当労働行為であるとして，Y（東京都地方労働委員会：上告人・控訴人・被告）に救済を申し立てたところ，Yは労組法7条1号の不利益取扱いに該当することを認め，本件各懲戒処分の取消しおよび減給処分につき減給分の支払を命じた（東京都労委昭和47・9・19命令集47集348頁）。X社はこの命令を不服とし，その取消しを求める行政訴訟を提起した。

3 1審（東京地判昭和50・3・11労判221号32頁）は，リボン闘争につき，その特質を踏まえて組合活動の面と争議行為の面とに分けて考察し，前者の面では，勤務時間中に労働者が労務の給付をしながらリボン闘争による組合活動に従事することは，「人の褌で相撲を取る類の便乗行為であるというべく，経済的公正を欠くものであり」，「誠実に労務に服すべき労働者の義務に違背する」こと等により，また，後者の面では，「リボン闘争においては，労使対等の原則からみて，使用者が労働者に対抗しうる争議手段」を持ちあわせていないこと等により，一般に違法であるとし（一般違法性），さらに，「ホテル業におけるいわゆるリボン闘争は，その業務の正常な運営を阻害する意味合いに深甚なものがあるといいうる」ことから，ホテル業の場合におけるリボン闘争実施の違法性を肯定し（特別違法性），本件懲戒処分は不当労働行為に該当しないと判断して，救済命令を取り消した。原審（東京高判昭和52・8・9労判282号11頁［速報カード］）も，一理由を付加，訂正したほか，1審判決を支持し，YおよびZ組合らの控訴を棄却したため，Yは上告した。最高裁は以下のように判断しYの上告を棄却した。

【判旨】

1 本件リボン闘争については，各回とも当日就業した従業員の一部の者（950ないし989名中228ないし276名）が参加していたが，「主として，結成後3か月の参加人Z組合の内部における組合員間の連帯感ないし仲間意識の昂揚，団結強化への士気の鼓舞という効果を重視し，同組合自身の体造りをすることを目的として実施されたものである」という原審の認定した事実関係のもとにおいて，

「本件リボン闘争は就業時間中に行われた組合活動であつて参加人Z組合の正当な行為にあたらないとした原審の判断は、結論において正当として是認することができる」。
〔以下、伊藤正己裁判官の補足意見〕
2　「労働者の職務専念義務を厳しく考えて、労働者は、肉体的であると精神的であるとを問わず、すべての活動力を職務に集中し、就業時間中職務以外のことに一切注意力を向けてはならないとすれば、労働者は、少なくとも就業時間中は使用者にいわば全人格的に従属することとなる。私は、職務専念義務といわれるものも、労働者が労働契約に基づきその職務を誠実に履行しなければならないという義務であって、この義務と何ら支障なく両立し、使用者の業務を具体的に阻害することのない行動は、必ずしも職務専念義務に違背するものではないと解する。そして、職務専念義務に違背する行動にあたるかどうかは、使用者の業務や労働者の職務の性質・内容、当該行動の態様など諸般の事情を勘案して判断されることになる。このように解するとしても、就業時間中において組合活動の許される場合はきわめて制限されるけれども、およそ組合活動であるならば、すべて違法の行動であるとまではいえないであろう。」

【問題の所在】

　労働組合の行う組合活動は、憲法28条の団体行動権等に基づき保障された組合活動権により、当該活動の正当性が認められる限り、争議行為と同様に労組法上の保護（刑事免責、民事免責、不利益取扱いの禁止）を受けるものと一般的に考えられている。したがって、組合活動の正当性の判断は非常に重要となってくる。就業時間中にリボンや腕章等を着用して実施される組合活動は、使用者が許容していない場合、職務専念義務に違反しないか否か等が、懲戒処分の可否や賃金カット等と関連して、問題となってくる。本件は、組合役員に対する懲戒処分の不当労働行為性が問題とされたなかでの判断であったが、いわゆるリボン闘争の正当性に関する初めての最高裁判決であり、就業時間中の組合活動の正当性いかんを考えるうえで重要である。

【本判決のポイント】
1 就業時間中の組合活動と職務専念義務

　就業時間中の組合活動の正当性に関しては，従来から職務専念義務や就業規則上の職場秩序維持に関わる規定等との関連においてどのように理解するかが議論されてきたが，本判決（法廷意見）は，原審が確定した事実関係をもとに理由を明確に述べないまま，「本件リボン闘争は就業時間中に行われた組合活動」であって労働組合の正当な行為には当たらないと結論付けている。本件以前に最高裁は，旧電電公社の事案ではあるが，勤務時間における「ベトナム侵略反対，米軍立川基地拡張阻止」と政治的要求を記載した個人のプレート着用行為（組合活動ではない）につき，当時の日本電信電話公社法に基づき職員は「その勤務時間及び職務上の注意力のすべてをその職務遂行のためにのみ用い職務にのみ従事しなければならない」という厳格な職務専念義務論を採用し，公社就業規則上の政治活動禁止規定違反等による職員への懲戒処分を有効と判断していた（目黒電報電話局事件・最三小判昭和52・12・13民集31巻7号974頁☞**015**事件）。本判決も，この最高裁判決における職務専念義務の考え方に強い影響を受けているものと思われる。

2 厳格な職務専念義務概念の緩和

　ただし，本判決における伊藤正己裁判官の補足意見は，法律により職務専念義務が規定されている公共部門の職場における活動であった点等において，前掲，目黒電報電話局事件は本件とは事案を異にするものと捉えたうえで，**職務専念義務は労働契約に基づき職務を誠実に履行する義務と緩やかに捉えられる**とし，**使用者の業務や労働者の職務の性質・内容等の諸般の事情によっては，この職務専念義務と何ら支障なく両立し，使用者の業務を具体的に阻害することのないような正当な組合活動が認められる場合もある**と論じている。ただし，伊藤裁判官も，本件リボン闘争については，原審が特別違法性として説示するところ（Xが一流ホテルを経営する企業で従業員の服装等につき厳格な規律をおいていたことに着目して違法性を認めたもの）を是認し，Z組合の組合員たる労働者の職務を誠実に履行する義務とは両立せず，ホテルAの業務に具体的に支障を来たすことにより，就業時間中の組合活動としてみて正当性を有しないと結論付けている。

　本判決以後，組合マーク入りの「本件ベルト着用行為は，実質的違法性がな

く職務専念義務に違反するものではない」と判断したJR東日本（本荘保線区）事件（仙台高秋田支判平成4・12・25労判690号13頁、最二小判平成8・2・23労判690号12頁）、また、不当労働行為の事案で、就業時間中の職場を離脱した組合活動（抗議行動など）が、正当な組合活動と許容されたオリエンタルモーター事件（東京高判昭和63・6・23労判521号20頁、最二小判平成3・2・22労判586号12頁）等がある。

3　リボン闘争の争議行為性等

　リボン闘争のような労働組合の行動が、「争議行為」といえるのかどうかも争点の1つとなる。リボン闘争は、組合の団結強化や団結の示威のために行われる場合は組合活動と捉えられるが、要求実現のための手段として行われる場合には争議行為に該当するとも考えられうる。争議行為の概念については見解の対立が存するが、限定説によるとリボン闘争は「ストライキまたはその附随手段たるピケッティングや職場占拠等」に当たらず争議行為とはいえないことになる。リボン闘争を争議行為ではなく組合活動と把握した場合には、その正当性判断基準等にも相違が出てくると考えられ、争議行為該当性の問題は本来はとても重要である。ただ、本判決は本件リボン闘争の争議行為性には全く触れることなく、「就業時間中に行われた組合活動」であることを前提に論を進めているようである。

　なお、リボン闘争を理由に賃金カットが行われた場合には、その正当性判断において民法415条にいう「債務の本旨に従った労務の提供」の有無等も問題となってくる。

（表田　充生）

（4）　組合活動の正当性──施設管理権との関係

123　国鉄札幌運転区事件
最三小判昭和54・10・30　民集33巻6号647頁・労判329号12頁

【事案の概要】

1　日本国有鉄道労働組合（国労）は、昭和44年の春闘に臨むにあたり、賃金

引上げ，16万5千人の減員を内容とする合理化案反対などの春闘要求を実現すべく，組合の団結力の昂揚をはかり，同時に上告人Y（旧国鉄；被控訴人，被告）に当該要求をアピールする等のため，ビラ貼付行動を指令した。国労札幌地方本部の指令に基づき，札幌駅分会または札幌運転区分会所属の組合員は，札幌駅では小荷物などの事務室備付けのロッカー合計199個に約400枚のビラ，札幌駅輸送本部では操車連結詰所備付けのロッカー合計55個に約100枚のビラ，および，札幌運転区では検修詰所備付けのロッカー合計56個に56枚のビラをそれぞれ貼った。なお，組合役員でもあった被上告人Xら4名（控訴人，原告）は，一般公衆の全く出入りしない操車連結詰所及び検修詰所において紙粘着テープでビラ貼りを行ったが，その際貼り付けされたビラは縦約40センチ，横約13センチの統一された大きさのものであった。

2 Yにおいては掲示板以外の場所への組合文書の掲示等は禁じられていたので，本件ビラ貼付行為に対しても，現認したYの助役等はビラ貼付けをしないようXらに再三にわたって注意等し，貼付けを制止しようとしたが，Xらはそのような指示等には従わなかった。そこで，YはXら4名に対し，Yの就業規則66条3号（「上司の命令に服従しないとき」）および17号（「その他著しく不都合な行いのあったとき」）に規定する事由に該当するとして，日本国有鉄道法31条の規定に基づき戒告処分を行った。Xらは当該処分の付着しない労働契約上の権利を

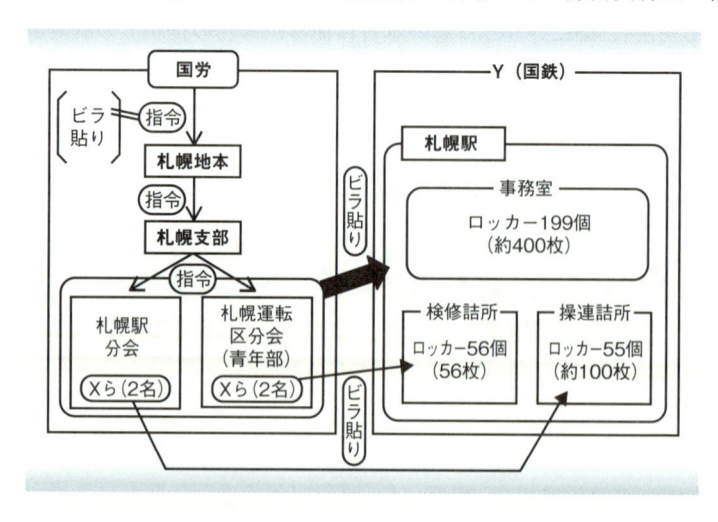

有する地位にあることの確認，それと選択的に当該処分が無効であることの確認を求めて訴えを提起した。

3 1審（札幌地判昭和47・12・22労判169号49頁）は，貼り付けされたビラは職員等の目に極めて触れやすい状態にあり，また，貼り付けされたロッカーの設置された各部屋の「居住性を害する程度に室内の環境に変更を生じさせたもの」であり，本件ビラ貼付行為は違法なものとして，本件戒告処分の有効性を認めた。しかし，原審（札幌高判昭和49・8・28労判218号54頁）は，Xらが「本件ビラを貼付したことによりYの業務が直接阻害されあるいは施設の維持管理上特別に差支えが生じたとは認め難いこと」等の諸般の事情を考慮に入れて，本件ビラ貼付行為は正当な組合活動として許容されるべきであるとして，本件戒告処分をいずれも無効と判断した。そこで，Yは上告した。最高裁は，以下のように判断して原判決を破棄した。

【判旨】

1 「企業は，その存立を維持し目的たる事業の円滑な運営を図るため，それを構成する人的要素及びその所有し管理する物的施設の両者を総合し合理的・合目的的に配備組織して企業秩序を定立し，この企業秩序のもとにその活動を行うものであ」る。

2 いわゆる企業内組合の場合には，その活動につき当該企業の「物的施設を利用する必要性の大きいことは否定することができないところではあるが，労働組合による企業の物的施設の利用は，本来，使用者との団体交渉等による合意に基づいて行われるべきものであ」って，「利用の必要性が大きいことのゆえに，労働組合又はその組合員において企業の物的施設を組合活動のために利用しうる権限を取得し，また，使用者において労働組合又はその組合員の組合活動のためにする企業の物的施設の利用を受忍しなければならない義務を負うとすべき理由はない，というべきである」。

3 「労働組合又はその組合員が使用者の所有し管理する物的施設であつて定立された企業秩序のもとに事業の運営の用に供されているものを使用者の許諾を得ることなく組合活動のために利用することは許されないものというべきであるから，労働組合又はその組合員が使用者の許諾を得ないで叙上のような企

業の物的施設を利用して組合活動を行うことは、これらの者に対しその利用を許さないことが当該物的施設につき使用者が有する権利の濫用であると認められるような特段の事情がある場合を除いては、職場環境を適正良好に保持し規律のある業務の運営態勢を確保しうるように当該物的施設を管理利用する使用者の権限を侵し、企業秩序を乱すものであつて、正当な組合活動として許容されるところであるということはできない」。

【問題の所在】

　使用者が労働組合等に対し企業施設の利用を認めていない場合には、組合活動として行われたビラ貼り等の行為に関し、施設管理権の侵害を理由とした、使用者による組合員への懲戒処分の可否等が問題となってくる。本判決は、使用者の物的施設に対する施設管理権を企業秩序と関連付けたうえで、組合活動と施設管理権の関係につき、最高裁が初めて判断を下した事案であり、その後の実務にも大きな影響を与えたものである。施設管理権と企業秩序とはいかなる関係にあるのかが問題となるが、最大の争点は、企業別組合という特色があるわが国において、憲法28条（労働基本権）で保障されている組合活動（権）と使用者の有する施設管理権との関係をどのように理解するかであり、従来より活発な議論がなされてきた。

【本判決のポイント】

1　使用者の施設管理権と企業秩序

　使用者の施設管理権をどのような法的性質を有するものと把握するかについては様々な考え方があると思われるが、労働組合や組合員による施設管理権の侵害行為につき、使用者が組合幹部等に対し懲戒処分を行うためには、当該行為によって企業秩序が乱されたといえることが必要となる。したがって、施設管理権と企業秩序との関連性が問題となってくる。本判決は、**企業には「それを構成する人的要素及びその所有し管理する物的施設の両者を総合し合理的・合目的的に配備組織して企業秩序を定立し、この企業秩序のもとにその活動を行う」権限が存する**という具合に、使用者の施設管理権と企業秩序とを関連付けて捉えたうえで、使用者は、「その物的施設を許諾された目的以外に利用してはなら

ない旨」を定めること等ができ，**施設管理権を侵害した者に対しては，企業秩序を乱したものとして懲戒処分を行うこと等が可能である**，と論じている。

2 組合活動権と施設管理権との関係

　労働組合は企業内で使用者により組合事務所や掲示板を供与されていることも多いが，それ以外の使用者の物的施設に対し，使用者の意に反して，組合活動の一環としてビラ貼りを行うことが許されるのか否かについては，従来より学説・裁判例上も争いがあった。本判決は，企業別組合という特徴により組合活動には企業施設の利用が必要となることを認めながらも，**利用の必要性の大きさにより，労働組合等が当該施設の利用権限を取得したり，また，使用者が労働組合等による当該施設の利用につき受忍義務を負ったりすることはない**と明確に論じている。その前提としては，労働組合による企業の物的施設の利用は，本来，使用者との団体交渉等による合意に基づいて行われるべきものという考えが存する。この結果，本判決によれば，**労働組合等が使用者所有に係る物的施設を組合活動のために利用するには，原則として必ず使用者の許諾が必要**となる。

　他方，ビラ等の貼付行為につき，本件の原審では「労働組合として本件ビラ貼付行動をなす必要性，その枚数，記載文言の内容，右貼付行為による直接の業務阻害の有無等の諸般の事情を考慮してその違法性を判定すべきである」と，諸般の事情を考慮した総合的判断手法が採られていた（本件第1審も同旨。本件以前の下級審裁判例の傾向でもあった。）。

3 使用者の権利濫用（特段の事情）

　本判決は，労働組合等が使用者の許諾を得ないで企業の物的施設を利用して組合活動を行うことは，使用者の施設管理権を侵し企業秩序を乱すため，正当な組合活動として許容されないという原則論を論じたうえで，**使用者が労働組合等に当該物的施設の利用を許さないことが，使用者の施設管理権の濫用であると認められるような特段の事情がある場合には，正当な組合活動と認められうる余地がある**，という立場を示している。結果的には，本件ビラ貼り行為につき，この特段の事情の存否の判断において，ビラの貼付がなされたXらにとって有利な諸状況を踏まえながらも，貼り付けられたビラが当該部屋を使用する職員等の目に触れ，かつ，常時視覚を通じて職員等に対し春闘に際しての組合活動に関する訴えかけを行う効果を及ぼす点を重視し，企業秩序維持の観点から，Y

が本件ロッカーに本件ビラの貼付けを許さないことも，権利の濫用であるとは認められない（したがって，本件ビラ貼付行為は正当な組合活動とはいえない）と結論付けている。

なお，ビラ配布の事案に関しては，無許可のビラ配布行為につき，形式的には就業規則の規定に違反するようにみえる場合でも，ビラの内容や配布の態様等に照らして，企業内の秩序風紀や職場規律を乱すおそれのない等の「特別の事情」が認められるときは，実質的には当該規定違反とはならず，配布行為を理由になされた懲戒処分は無効であると判断した事案に明治乳業事件（最三小判昭和58・11・1労判417号21頁）および倉田学園事件（最三小判平成6・12・20民集48巻8号1496頁［不当労働行為の事案］）等がある。

（表田　充生）

（5）　争議行為と賃金カットの範囲

124　三菱重工業（長崎造船所）事件
最二小判昭和56・9・18　民集35巻6号1028頁・労判370号16頁

【事案の概要】

1　選定当事者であるXら3名（被上告人・被控訴人・原告）は，船舶・原動機などの製造等を営業とする会社であるY社（上告人・控訴人・被告）の従業員で，Y社長崎造船所に勤務しており，また，訴外A労組（三菱重工業長崎造船労働組合）に所属する組合員でもあった。

A労組は，昭和47年7月および8月の両月にわ

たりストライキを挙行したところ，Y社は，Xらに対して，各ストライキ期間に応じた家族手当を所定の賃金支払日である同年7月および8月の各20日に支払わなかった。なお，この家族手当は，Y社の就業規則の一部である社員賃金規則18条により，扶養家族数に応じて毎月支給されていた。

2　Y社長崎造船所においては，昭和23年頃から同44年11月まで，就業規則の一部である社員賃金規則中に，ストライキ期間中，その期間に応じて家族手当を含む時間割賃金を削減する旨の規定が置かれ，この規定に基づきストライキ期間に応じた家族手当の削減が行われてきた。そして，Y社は，同44年11月に賃金規則から家族手当削減の規定を削除し，その頃作成した社員賃金規則細部取扱（以下，「細部取扱」という）のなかに同様の規定を設け，この作成に当たりY社従業員の過半数で組織されたB労組（三菱重工労働組合）の了承を取りつけた模様である。Y社は，この改正後も，同49年に家族手当が廃止され，有扶手当が新設されるまで，従来どおりストライキの場合の家族手当の削減を継続してきた。なお，A労組は，同47年8月，Y社に対し家族手当削減分の返済を申し入れたが，Y社は応じなかった。

3　1審（長崎地判昭和50・9・18労判247号58頁）は，「労働者に対する賃金には，日々の労働の対価としての交換的部分と，勤務時間や仕事量に関係なく労働者の地位にある間，固定的に支給される生活補助的，保障的部分とに大別され得ることは，夙に指摘論議され，昭和40年2月5日のXら摘示の最高裁第2小法廷判決もその趣意においてこれを認めているところであ」り，家族手当は正にこの生活補助的部分に該当する（ただし，「労働協約，またはこれに準ずる合意に基づく別段の定めがなされ」た場合は別である）等と論じたうえで，Xらの請求を認容した。

原審（福岡高判昭和51・9・13労判259号11頁）は，「使用者が労働者に対してストライキによつて削減しうる賃金は，労働協約等に別段の定めがあるとか，その旨の労働慣行がある場合のほかは，拘束された勤務時間に応じて，実際の労働力の提供に対応して交換的に支払われる賃金の性格を有するものに限ると解すべきところ，労働者の賃金のうち『家族手当』，『通勤手当』のごときものは，労働の対価的性質を有するものではなく従業員という地位に対して生活補障的に支払われるものであり，所定の資格条件があれば日々の労働力の提供とはか

かわりなく，毎月定額が支給されるものであるから，従業員がストライキによつて労務に服さなかつたからといつて，直ちにこれらの賃金からこの期間に応ずる金額を当然に削減しうるものではないと解するのが相当である」と論じたうえで，「家族手当の削減が労働慣行として成立し，それがすでにXらとの間の労働契約の内容となつているものとは認め得ない」等として，Y社の控訴を棄却した。

そこで，Y社が上告した。最高裁は原判決を破棄し，1審判決も取り消して，以下のような判断を下し，Xらの請求を棄却した。

【判旨】

1 「Y社の長崎造船所においては，ストライキの場合における家族手当の削減が昭和23年頃から昭和44年10月までは就業規則（賃金規則）の規定に基づいて実施されており，その取扱いは，同年11月賃金規則から右規定が削除されてからも，細部取扱のうちに定められ，Y社従業員の過半数で組織されたB労組の意見を徴しており，その後も同様の取扱いが引き続き異議なく行われてきたというのであるから，ストライキの場合における家族手当の削減は，Y社とXらの所属するA労組との間の労働慣行となつていたものと推認することができるというべきである」。

2 「Xらは，本件家族手当は賃金中生活保障的部分に該当し，労働の対価としての交換的部分には該当しないのでストライキ期間中といえども賃金削減の対象とすることができない部分である，と主張する。しかし，ストライキ期間中の賃金削減の対象となる部分の存否及びその部分と賃金削減の対象とならない部分の区別は，当該労働協約の定め又は労働慣行の趣旨に照らし個別的に判断するのを相当とし，Y社の長崎造船所においては，昭和44年11月以降も本件家族手当の削減が労働慣行として成立していると判断できることは前述したとおりであるから，いわゆる抽象的一般的賃金二分論を前提とするXらの主張は，その前提を欠き，失当である。」

3 労働基準法「37条2項が家族手当を割増賃金算定の基礎から除外すべきものと定めたのは，家族手当が労働者の個人的事情に基づいて支給される性格の賃金であつて，これを割増賃金の基礎となる賃金に算入させることを原則とす

ることがかえつて不適切な結果を生ずるおそれのあることを配慮したものであり，労働との直接の結びつきが薄いからといつて，その故にストライキの場合における家族手当の削減を直ちに違法とする趣旨までを含むものではなく，また，同法24条所定の賃金全額払の原則は，ストライキに伴う賃金削減の当否の判断とは何ら関係がないから，Xらの右主張も採用できない」。

【問題の所在】

　労働者がストライキなどにより労務の提供をしなかった場合には，労務不提供の時間分については賃金請求権が発生せず，使用者はそのスト期間中の賃金カットを行うことができると考えられている。このことは，一般に「ノーワーク・ノーペイの原則」と呼ばれており，民法624条などを根拠に導き出されている。この原則を厳格に適用すれば，ストライキなど労務提供義務の不履行期間中は賃金の全てがカットされることになる。しかしながら，学説・裁判例とも，ストライキによる労務提供義務が履行されなかった場合の「賃金カットの範囲」，すなわち，賃金請求権が発生しないのは賃金のうちどの部分であるのか（どの賃金項目か）を問題としている。本件は，ストライキの際の賃金カットの範囲が問題となった2つ目の最高裁判決であるが，特に家族手当が賃金カットの対象となるか否かが争われた事案である。

【本判決のポイント】

1　賃金二分説の否定

　賃金カットの範囲については，賃金を日々の具体的な労働時間に応じて支払われる「交換的部分」と，家族手当や住宅手当等のように，労働時間に関係なく，従業員たる地位に対して支払われる「生活保障的部分」とに分けて捉え，後者についてはストの場合でも賃金カットの対象とできないとする考え方（賃金二分説）があり，また，このような考え方を採り入れたかのような最高裁判決（明治生命事件・最二小判昭和40・2・5民集19巻1号52頁）も出されていた。しかしながら，本判決は，「本件家族手当の削減が労働慣行として成立している」ことを前提に，いわゆる抽象的一般的賃金二分論は採用できないと判断している。

2 賃金カットの範囲の判断基準

本判決は，スト期間中の賃金カットの対象となる部分の存否等は，「当該労働協約の定め又は労働慣行の趣旨に照らし個別的に判断」されるべきであると論じたうえで，労働慣行を根拠に家族手当のカットを認めている。本件の1審および原審も依拠していると思われる前掲，明治生命事件最高裁判決は，賃金二分説を採用しているように思われるが，「労働協約等に別段の定めがある場合等」には，それらの定めにより賃金カットの対象範囲を決定する趣旨も論じており，本判決と共通の基盤も有している点には留意しておく必要がある。本判決は，判旨2の部分に引続き，この明治生命事件の判例につき，「事案を異にし，本件に適切でない」とも述べ，同判例の判断を否定したりしているわけでもない。

3 家族手当削減という労働慣行の成否等

本判決は，ストの場合における家族手当の削減が，就業規則ないし細部取扱に基づき長年実施されてきたこと等により，労働慣行になっていたと認めている。この点につき，本件原審とは全く逆の判断がなされているが，本件事実関係からすれば，この労働慣行の成立自体は肯定されうるものと考えられる。ただし，当該労働慣行に合理性が認められるか否かについては，労働基準法37条2項（家族手当を割増賃金算定の基礎から除外する旨の規定）等との関連においてなお検討が必要であるようにも思われる。もっとも，本判決は，この家族手当の削減につき，同法37条2項との関連により，直ちに違法とまではいえず，また，同法24条（賃金全額払いの原則を定めた規定）違反の問題とも何ら関係がない，と判断している。

（表田　充生）

（6） スト不参加者の賃金と休業手当

125　ノース・ウエスト航空事件
最二小判昭和62・7・17　民集41巻5号1350頁・労判499号6頁,15頁

【事案の概要】

1　Y社（被上告人・被控訴人・被告）は，民間定期航空運送事業を営むアメリカ法人で，東京の他に大阪および沖縄に各営業所を有していた。Xら17名（上告人・控訴人・原告：うち10名は沖縄営業所，うち7名は大阪営業所に勤務）は，Y社の従業員で，訴外A労働組合に所属する組合員であった。Y社は，羽田地区においてグラウンドホステス業務および搭載業務に訴外B社の労働者を従事させ，これらの労働者と自社の従業員とを混用していた。

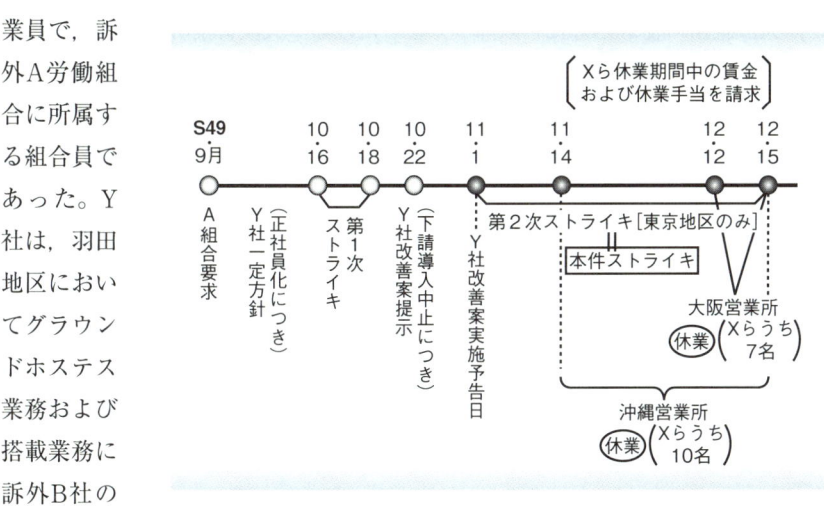

2　Y社によるこの労務形態に対して，A組合は，労働者供給事業の禁止につき規定した職業安定法44条に違反するとして，昭和49年9月頃より，①B社派遣のグラウンドホステスの正社員化と②搭載課業務下請導入中止とを要求した。前者①の正社員化要求に対し，Y社は試験を実施して正社員採用を行う方針を示したが，A組合は無試験全員採用を要求して，同年10月16日から18日まで第1次ストライキを行った。また，後者②に係る問題に対し，同年10月22日，Y社は，B社派遣の搭載要員を各課から外し，Y社がB社に売却する機材を

使用して特定便の搭載業務を請け負わせる等の改善案を提示したが、A組合は納得せず、機材売却中止等を要求したが、Y社は同年11月1日より上記改善案を実施すると主張した。そこで、A組合はこれを阻止するため、東京地区の組合員のみで同1日より第2次ストライキ（本件ストライキ）を決行した。その際に同組合員らが羽田空港内のY社の業務用機材約70台を格納家屋に持ち去って占拠したが、本件ストライキは同年12月15日まで続けられた。

3 このため、Y社においては、羽田空港における地上業務が困難となり、Y社は予定便数および路線の変更を余儀なくされ、この結果、同年11月12日以降は沖縄経由の便が全てなくなることとなり、沖縄営業所勤務の管理職でないXら（うち10名）に対してY社は同月14日から12月15日までの間休業を命じた。また、大阪経由の便も12月12日以降なくなったため、大阪営業所勤務の管理職でないXら（うち7名）に対しY社は同日から同月15日までの間休業を命じた。この休業措置に対し、Xらは、主位的に休業期間中の賃金の支払を請求し（民536条2項）、予備的に労働基準法26条に基づく休業手当の支払を求めて訴えを提起した。

4 1審（東京地判昭和55・2・18労判335号14頁）はXらのいずれの請求も棄却し、原審（東京高判昭和57・7・19労判390号36頁）はXらの休業手当の請求のみ認容した。そこで、Xらは賃金請求部分について上告したが、最高裁は、以下のように判断しこの上告を棄却した（なお、Y社も休業手当請求部分につき上告したが、最高裁は、原判決中Y社敗訴部分を破棄し、［本判決のポイント4］に記述したとおりの判断を下している）。

【判旨】

1「企業ないし事業場の労働者の一部によるストライキが原因で、ストライキに参加しなかつた労働者が労働することが社会観念上不能又は無価値となり、その労働義務を履行することができなくなつた場合、不参加労働者が賃金請求権を有するか否かについては、当該労働者が就労の意思を有する以上、その個別の労働契約上の危険負担の問題として考察すべきである。このことは、当該労働者がストライキを行つた組合に所属していて、組合意思の形成に関与し、ストライキを容認しているとしても、異なるところはない。」

2 「ストライキは労働者に保障された争議権の行使であつて，使用者がこれに介入して制御することはできず，また，団体交渉において組合側にいかなる回答を与え，どの程度譲歩するかは使用者の自由であるから，団体交渉の決裂の結果ストライキに突入しても，そのことは，一般に使用者に帰責さるべきものということはできない。したがつて，労働者の一部によるストライキが原因でストライキ不参加労働者の労働義務の履行が不能となつた場合は，使用者が不当労働行為の意思その他不当な目的をもつてことさらストライキを行わしめたなどの特別の事情がない限り，右ストライキは民法536条２項の『債権者ノ責ニ帰スヘキ事由』には当たらず，当該不参加労働者は賃金請求権を失うと解するのが相当である。」

3 「本件において，Ｙが不当労働行為の意思その他不当な目的をもつてことさら本件ストライキを行わしめたなどの前記特別の事情がないことは明らかである。そして，前記休業を命じた期間中飛行便がほとんど大阪及び沖縄を経由しなくなつたため，Ｙは管理職でないＸらの就労を必要としなくなつたというのであるから，その間Ｘらが労働をすることは社会観念上無価値となつたといわなければならない。そうすると，それを理由にＹが右の期間Ｘらに対し休業を命じたため，Ｘらが就労することができず，その労働義務の履行が不能となつたのは，Ｙの『責ニ帰スヘキ理由』によるものということはできず，Ｘらは右期間中の賃金請求権を有しないこととなる。」

【問題の所在】

争議行為中の賃金に関して，スト不参加労働者の賃金については，従来，部分スト（組合員の一部がストを実施しており，スト不参加労働者も当該スト実施組合の組合員である場合）と一部スト（労働者の一部がストを実施しており，スト不参加労働者は他組合員や非組合員である場合）とを区別したうえで，激しく議論されてきたテーマであった。スト不参加労働者は，就労の意思と能力を有していたとしても，他者のストの結果として，その労務提供義務の履行が客観的に不能となる場合があり，その場合に使用者は当該労働者に賃金を支払わないこともあるためである。本件は，このスト不参加労働者の賃金請求権（および休業手当請求権［Ｙ社の上告事件］）の存否について初めて最高裁が判断を下した事案である。

【本判決のポイント】
1 賃金請求権と休業手当請求権との関係
　民法536条2項と労基法26条との関係につき，原審判決は，使用者が労働者に対して賃金支払義務を負う場合に，「これと重畳して休業手当支払義務をも負う」と解することはできないと考えたうえ，使用者が休業を命じ，労働者が就労しなかった以上は，休業手当請求権の有無はともかく，賃金請求権の存否はもはや問題とならないと判断していた。しかし，本判決はこの点につき，両規定は競合しうるとの判断を明確に示した。
2 スト不参加労働者の賃金請求権の存否（その判断手法）
　本判決は，労働者の一部によるストライキにより，**スト不参加労働者の労働が「社会観念上不能又は無価値」**となり，その労働義務が履行不能となった場合，当該労働者の賃金請求権の有無は，「**当該労働者が就労の意思を有する以上，その個別の労働契約上の危険負担の問題として考察すべきである**」と判断している。集団的考察の手法ではなく，個別労働契約上の問題として，また，受領遅滞としてではなく，危険負担の問題として処理していくことを明確にしている。しかも，当該労働者がストライキを行った組合に所属しているか否かも問わないと述べている。
3 使用者の責めに帰すべき事由の判断
　本判決は，**ストライキが労働者に保障された争議権の行使であり，使用者がこれに介入制御できないこと**等により，団体交渉決裂後にストライキが行われたとしても，また，それによりスト不参加労働者の労働義務が履行不能になったとしても，一般に使用者には**民法536条2項にいう「債権者の責めに帰すべき事由」**がないと判断している。ただし，本判決は，「使用者が不当労働行為の意思その他不当な目的をもってことさらストライキを行わしめたなどの特別の事情」がある場合には，使用者に帰責事由があるものと評価され，当該不参加労働者が賃金請求権を有する可能性を認めている。もっとも，本件では判旨3のとおりXらの賃金請求権は認められなかった。
4 スト不参加労働者の休業手当請求権の存否
　なお，本判決はスト不参加労働者の休業手当請求権の存否についても判断を下している。本判決は，休業手当請求権の根拠となる**労基法26条の「使用者の**

責に帰すべき事由」につき，民法536条2項の「債権者ノ責ニ帰スヘキ理由」（一般に債権者の故意過失または信義則上それと同視しうる事由をいう）**よりも広く，使用者側に起因する経営，管理上の障害を含む**ものと解したうえで，Y社による休業手当請求部分に係る上告に関して，本件ストライキはがA組合自体の主体的判断とその責任に基づき行われたものであり，Y社側に起因する事象とはいえないと判断して，Xらの休業手当請求権も認められないと結論付けている（ノース・ウェスト航空事件・最二小判昭和62・7・17民集41巻5号1283頁）。

5 本判旨の射程範囲について

最後に，本事案は部分ストの場合であったが，本判決の判旨の射程範囲は一部ストの場合にも及ぶか否かにつき議論がある。スト不参加労働者の賃金請求権については判旨1によれば及ぶと考えられるが，他方，休業手当請求権については及ばない可能性もあるものと思われる。

（表田　充生）

（7）　使用者の争議行為——ロックアウト

126　安威川生コンクリート工業事件
最三小判平成18・4・18　民集60巻4号1548頁・労判915号6頁

【事案の概要】

1 Y社（上告人・被控訴人・被告）は，生コンクリートの製造および販売を営む資本金1,000万円の株式会社であり，北大阪阪神地区生コンクリート協同組合（以下「協同組合」という）に加入していた。Xら14名（被上告人・控訴人・原告）は，Y社に雇用され，コンクリートミキサー車の運転等の業務に従事してきた労働者である。Y社の従業員が加入していた労働組合（以下「旧組合」という）は，昭和58年10月，A組合（全日本建設運輸連帯労働組合関西地区生コン支部；「連帯労組」）およびB組合（全日本運輸一般労働組合関西地区生コン支部；「運一労組」）に分かれたが，この際にXらはいずれもB組合に加入した。

2 Y社は，B組合所属従業員の解雇をめぐるB組合との協議において，解雇を

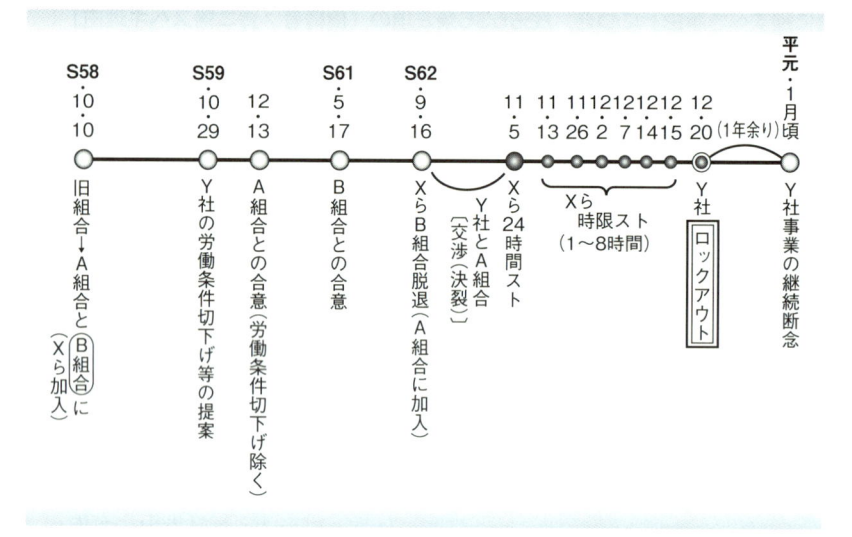

```
S58      S59       S61    S62        
10       10  12    5      9      11  11 11 12 12 12 12  12              平元・1月頃
10       29  13    17     16     5   13 26 2  7  14 15  20 (1年余り)
○────────○───○─────○──────○──────●───○──○──○──○──○──○──◎────────────○
```

- S58.10.10 旧組合→A組合と（Xら加入）（B組合に）
- S59.10.29 Y社の労働条件切下げ等の提案
- S59.12.13 A組合との合意（労働条件切下げ除く）
- S61.5.17 B組合との合意
- S62.9.16 XらB組合脱退（A組合に加入）
- S62.11.5 Y社とA組合〔交渉（決裂）〕／Xら24時間スト
- 11.13〜12.20 Xら時限スト（1〜8時間）
- 12.20 Y社 ロックアウト
- 平元・1月頃 Y社事業の継続断念

無効と認めた上で，昭和57年に旧組合が行った争議行為の責任をB組合において追及すべきこと，同争議行為によりY社の被った損害を回復するため，同62年3月までの賃上げ停止および一時金不支給等の6項目を要求し，次いで，同59年10月には労働条件の切下げ（労働時間の延長や割増賃金の減額等）を申し入れた。これに対しB組合は，同61年5月，Y社からの一定の金員の支払と引き換えに，同62年3月まで上記労働条件の切下げを受け入れ，賃上げ停止，一時金不支給等にも応ずる旨の合意が成立した。Y社はA組合にも同様の提案をしていたが，A組合は，同59年12月，賃上げおよび一時金支給の凍結を受け入れること等には合意したが，上記の労働条件切下げ実施には抗議した（もっとも，その後，Y社の従業員でA組合に所属する者は全員が退職している）。

3 昭和62年9月，Y社の従業員でB組合に所属する者（Xらを含む）は，B組合を脱退し，その当時Y社の従業員で所属する者がいなくなっていたA組合に加入した。A組合は直ちにY社に対し，賃上げの凍結解除，遡及的な賃上げおよび一時金の支給，ならびに，切り下げられた労働条件の復旧等を要求して団体交渉を申し入れたが，Y社は前記6項目要求の解決策を先に協議すべきであると主張するなどし，交渉は決裂した。

　Xらは昭和62年11月5日に24時間ストライキを実施し，さらに同月13日，26

日，同年12月2日，7日，14日，15日にもそれぞれ1時間ないし8時間の時限ストライキを実施したほか（以下，これらのストライキを併せて「本件ストライキ」という），車両運転速度を殊更に落とす，生コンの車両積載量を減らす，納入先工事現場への輸送中であるにもかかわらず休憩を取るため生コンをY社の工場に持ち帰るなどの怠業的行為（以下，これらの行為と本件ストライキとを併せて「本件争議行為」という）にも及び，納入先の工程に遅れも生じさせた。

　本件ストライキは，事前通告がないまま，または，開始約3分前の通告で開始され，Y社が割り当てられたその日の受注を協同組合に返上した頃合いを見計らって解除するなどの態様で繰り返された。このため，Y社は，その日の受注の全部を返上し，終日，事実上休業の状態にせざるを得ず，また，協同組合からの割当ても大幅に減らされるなどし，その結果，売上が1億1,000万円以上減少して資金繰りが著しく悪化し，さらに，納入先の工程遅延のため，取引上の信用も少なからず失うこととなった。

4　そこで，Y社は，昭和62年12月20日，Xらに対しロックアウトを行う旨通告して，その工場への立入りおよび就労を拒否した（以下「本件ロックアウト」という）。このため，Y社の操業は全面的に停止され，Y社は，Xらに対し同月21日以降の賃金を支払わなかった。その後，A組合およびXらは，Y社に対し，本件ロックアウトの解除やA組合の要求についての解決を求める旨の申入れをした。Y社は，本件ロックアウト開始後も，Xらとの間では交渉を続け，途中交渉がまとまりかけたこともあったが，結局は合意の成立には至らず，平成元年1月頃に事業の継続を断念し，Xらを解雇した。XらはY社等に対し，本件ロックアウト期間中の未払賃金および雇用契約上の地位確認を求めて訴えを提起した。

5　1審（大阪地判平成7・2・27労判678号78頁）は雇用契約上の地位確認のみ認容したため，Xらが控訴した。原審（大阪高判平成14・12・27労判915号17頁）は，本件争議行為が暴力的態様のものではなかったこと，Y社は操業再開の努力を全くといってよいほどしていないこと，本件ロックアウトは攻撃的な意図をもってされたことなどからその正当性を否定し，未払賃金請求の一部を認容した（なお，雇用契約上の地位確認の訴えに関しては，Y社が第1審判決に対し控訴も附帯控訴も行わなかったため，地位確認を認容した第1審の判断が維持されていた）。そこでY社

は上告した。最高裁は以下のように判断して，原判決中Y社敗訴部分を破棄し，Xらの控訴を棄却した。

【判旨】

1　「個々の具体的な労働争議の場において，労働者の争議行為により使用者側が著しく不利な圧力を受けることになるような場合には，衡平の原則に照らし，労使間の勢力の均衡を回復するための対抗防衛手段として相当性を認められる限りにおいては，使用者の争議行為も正当なものとして是認されると解すべきであり，使用者のロックアウトが正当な争議行為として是認されるかどうかも，上記述べたところに従い，個々の具体的な労働争議における労使間の交渉態度，経過，組合側の争議行為の態様，それによって使用者側の受ける打撃の程度等に関する具体的諸事情に照らし，衡平の見地からみて労働者側の争議行為に対する対抗防衛手段として相当と認められるかどうかによってこれを決すべきである」。

2　本件ストライキの態様からすると，行われた時限ストライキはいずれも比較的短時間のものであったものの，Y社は取引慣行上，その日の受注を全部返上し，終日，事実上休業の状態にせざるを得なかった。このような状況の下では，「Xらの提供した労務は，ストライキにより就労しなかった時間に係る減額がなされた後の賃金にも到底見合わないものであり，かえってY社に賃金負担による損害を被らせるだけのものであった」。そして，Y社は本件争議行為開始後は，受注が減少して資金繰りが著しく悪化し，納入先の信用も害われるなどし，「本件争議行為によってY社が被った損害は，その規模等からみて甚大なものであった」ことに照らすと，「Y社が本件争議行為により著しく不利な圧力を受けたことは明らかである」。

3　「本件争議行為当時A組合に所属していたY社の従業員は，Xらを含め，上記合意の当時は皆B組合に属していたのであるから，B組合との間に成立していた合意を覆すような要求を，しかも，B組合を脱退した直後に持ち出すのは，労使間の信義の見地からみて相当な交渉態度とはいい難」く，本件争議行為に対しY社が本件ロックアウトをもって臨んだこともやむを得ないものであった。また，本件争議行為の開始前からY社が事業を放棄する機を窺ってい

たような事情はなく，本件争議行為の態様及びY社の受ける打撃の程度からすれば，Y社が操業再開を図るより先に過重な賃金の負担を免れるため，まずはロックアウトによりこれに対抗しようとするのもやむを得ず，「本件ロックアウトをもって攻撃的な意図でされたものとみるのは当たらない」。

【問題の所在】

ロックアウトとは，使用者が争議中労働者に対し，労務の受領を集団的に拒否する行為，または，職場から集団的に排除する行為をいう。労働関係調整法7条（争議行為の定義）のなかに「作業所閉鎖」と記されてはいるが，憲法28条や労組法に基づき労働者側に保障された争議権と異なり，使用者が行うロックアウトを認める法的根拠は存在していない。ロックアウトは，労働者を事業場から閉め出すという効果も有するが，主たる目的は使用者が争議行為中の賃金支払義務を免れることにある場合が多い。このような使用者の争議行為であるロックアウトが肯認されるのかが大きな争点であるが，本件は従来の最高裁判例の判断枠組みを踏襲した事案であり，またこの争点につき23年ぶりに出された最高裁判決でもある。

【本判決のポイント】

1　ロックアウトの法的根拠と正当性判断基準

ロックアウトの法的根拠及び正当性判断基準については，丸島水門製作所事件（最三小判昭和50・4・25民集29巻4号481頁）の最高裁判決で初めて示され，その後も4件の最高裁判例に踏襲されており，本判決もこれを引用している。まず「衡平の原則」を根拠として，「労使間の勢力の均衡を回復するための対抗防衛手段として」使用者による争議行為（ロックアウト）が認められるとしている。

次にロックアウトの正当性の判断は，個々の具体的な労働争議における労使間の交渉態度，経過，組合側の争議行為の態様，それによって使用者側の受ける打撃の程度等に関する具体的諸事情に照らし，衡平の見地からみて労働者側の争議行為に対する対抗防衛手段として相当と認められるかどうかによるものと述べている。ここでは，①労働者側の争議行為により使用者側が著しく不利な圧力を受けるに至っていること，②勢力均衡の回復のための対抗防衛手段としての相当性，と

いう2つの要件が示されている。ロックアウトの相当性が認められた場合には、「使用者は、正当な争議行為をしたものとして、当該ロックアウトの期間中における対象労働者に対する個別的労働契約上の賃金支払義務を免れる」ことになる。

2　使用者側への著しく不利な圧力

本件は労働組合による短時間の時限ストライキが反復して行われた場合であるが、生コンクリートの製造業等に特有の事情や販売における協同組合経由での発注納入方式（ストが行われた場合に出荷不能となった分を協同組合に返上するシステム等）等により、本件ストライキがその規模に比べいっそう大きな効果を発揮し、怠業的行為とも相俟って、使用者の受ける被害が甚大なものとなった点に特徴がある。本判決はこのような事情を重視し、「Y社が本件争議行為により著しく不利な圧力を受けたことは明らかである」と判断しているが、この点がロックアウトの正当性肯定の判断にも大きく影響しているものと思われる。

3　対抗防衛手段としての相当性

本判決は、判旨2および3の判断を基に、判旨1の正当性判断基準を適用し、本件ロックアウトは、「具体的事情に照らし、衡平の見地からみて、本件争議行為に対する対抗防衛手段として相当と認められる」と結論付けている。ただし、本件ロックアウトは、その開始時には対抗防衛性が存在したといえても、その後1年余りにわたり継続しているので、原審でも認定されていたY社に操業再開の努力が見られなかったことをも考慮に入れると、その継続中も正当性を有していたのかについては若干疑問も生じてくる。第一小型ハイヤー事件（最二小判昭和52・2・28労判278号61頁）の最高裁判決によれば、ロックアウトは、開始時だけではなく、継続中も正当性を有していることが必要とされている。なお、労使間の勢力の均衡を回復するための対抗防衛手段として相当性が認められないと判断された判例としては、日本原子力研究所事件（最二小判昭和58・6・13民集37巻5号636頁）等がある。

（表田　充生）

第22章 不当労働行為

（1） 採用差別と「不利益取扱い」

127 JR北海道・日本貨物鉄道（不採用）事件
最一小判平成15・12・22　民集57巻11号2335頁・判時1847号8頁

【事案の概要】

1　1986年12月，日本国有鉄道（国鉄）の経営破たんに対処するため，日本国有鉄道改革法（改革法）が制定された。改革法は，国鉄が行ってきた事業を，新たに設立される承継法人であるX_1（北海道旅客鉄道株式会社）を含む5つの旅客株式会社とX_2（日本貨物鉄道株式会社）に分割・分離して引き継がせること等を内容としていた。

2　改革法23条は，承継法人の職員の採用手続について大要以下の通り定めていた。①承継法人の設立委員は，国鉄を通じ，その職員に対し，それぞれの承継法人の職員採用の基準を提示して，職員の募集を行う，②国鉄は，承継法人別に，当該承継法人の採用の基準に従い，その職員となるべき者を選定し，採用候補者名簿を作成して設立委員に提出する，③採用候補者名簿に記載された国鉄の職員のうち，設立委員から採用する旨の通知を受けた者は，承継法人の成立時に，当該承継法人の職員として採用される。

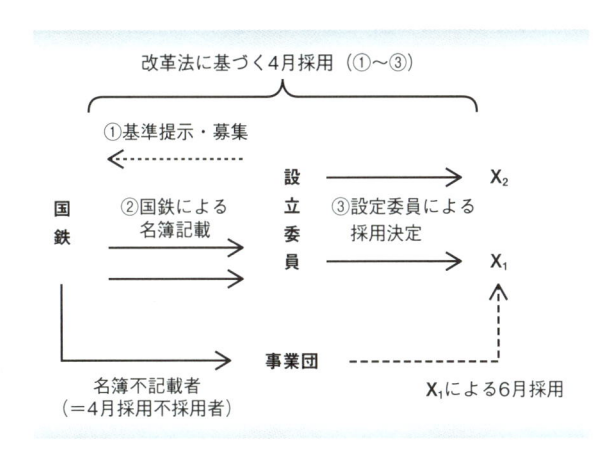

3　1987年2月，国鉄は，設立委員により提示された採用基準に従い，採用候

補者名簿を作成し，設立委員に提出した。この採用候補者名簿には，Z_1労働組合およびその傘下にある労働組合に所属する組合員で，Z_1らが本件で救済を求めている者（本件救済申立対象者）は記載されなかった。各承継法人の設立委員は，採用候補者名簿に記載された者全員を当該承継法人の職員に採用する旨決定したが，本件救済申立対象者は，全員不採用となった。採用が決定した者は，1987年4月1日に承継法人であるJR各社が発足すると同時に各会社の職員となった（この採用を以下，「4月採用」という）。承継法人に採用されなかった国鉄職員は，同日以降，国鉄から移行した日本国有鉄道清算事業団（事業団）の職員となり，3年以内に再就職するものとされた。

4 X_1社は，職員に欠員が生じたため，1987年6月1日を採用予定日とする職員の追加採用を行った（この採用を以下，「6月採用」という）が，本件救済申立対象者中の応募者で採用された者はいなかった。

5 Z_1らは，4月採用および6月採用に際し所属組合員が採用されなかったのは不当労働行為に該当すると主張して，北海道地方労働委員会に救済申立を行った。道労委は，本件救済申立対象者をX_1社らの設立時から採用したものとして取り扱うこと等を命じる救済命令を発した。

6 X_1社らは，道労委の救済命令についてY（中央労働委員会）に再審査を申し立てた。Yは，4月採用および6月採用に関して，本件救済申立対象者の少なくとも一部について不当労働行為が成立し，かつ，その責任はX_1社らが負うと判断した上で，初審命令を一部変更し，本件救済申立対象者の内一定の者についての職員採用に関する選考やり直し等を命じた。

7 X_1社らは，Yが救済を命じた部分の取消しを求めて訴訟を提起した。第1審判決は，4月採用について，設立委員ひいてはX_1社らは労組法7条の「使用者」としての責任を負うべき者ではないと判断し，6月採用についてもYは4月採用が不当労働行為にあたることを前提として救済内容を決定していると指摘して，X_1社らの請求を認容した。原審判決は，1審判決の判断を支持すると共に，新規採用は労組法7条1号本文前段の不利益取扱いには該当しないとの判断等を付加した。そこで，Yが上告受理申立てを行ったが，最高裁は，3対2の判断で上告を棄却した。

【判旨】

1 4月採用について，改革法は，「採用手続の各段階における国鉄と設立委員の権限……を明確に分離して規定しており，このことに改革法及び関係法令の規定内容を併せて考えれば，改革法は，……専ら国鉄が採用候補者の選定及び採用候補者名簿の作成に当たり組合差別をしたという場合には，労働組合法7条の適用上，専ら国鉄，次いで事業団にその責任を負わせることとしたものと解さざるを得ず，……設立委員ひいては承継法人が同条にいう『使用者』として不当労働行為の責任を負うものではないと解するのが相当である。」

2 6月採用について，「労働組合法7条1号本文は，『労働者が労働組合の組合員であること，労働組合に加入し，若しくはこれを結成しようとしたこと若しくは労働組合の正当な行為をしたことの故をもって，その労働者を解雇し，その他これに対して不利益な取扱をすること』又は『労働者が労働組合に加入せず，若しくは労働組合から脱退することを雇用条件とすること』を不当労働行為として禁止するが，雇入れにおける差別的取扱いが前者の類型に含まれる旨を明示的に規定しておらず，雇入れの段階と雇入れ後の段階とに区別を設けたものと解される。そうすると，雇入れの拒否は，それが従前の雇用契約関係における不利益な取扱いにほかならないとして不当労働行為の成立を肯定することができる場合に当たるなどの特段の事情がない限り，労働組合法7条1号本文にいう不利益な取扱いに当たらないと解するのが相当である。」

3 「6月採用は，既にX_1社が設立された後において，X_1社が採用の条件，人員等を決定して行ったものであり，X_1社が雇入れについて有する広い範囲の自由に基づいてした新規の採用というべきであって，6月採用における採用の拒否について上記特段の事情があるということはできない。したがって，6月採用における採用の拒否は，労働組合法7条1号本文にいう不利益な取扱いに当たらない」。

【問題の所在】

本判決は，いわゆるJR不採用事件についての最高裁判例の1つであり，第1に，特殊な事案についての判断であるが，改革法が定める採用手続過程（4月採用）で国鉄により不当労働行為がなされた場合の責任主体について，最高

裁の判断を明らかにしている。また，本判決は，第2に，採用拒否が労組法7条1号本文の禁止する不利益取扱いに含まれるか否かについて，最高裁の立場を初めて明らかにする重要な判断を行っている。

【本判決のポイント】

1 改革法と不当労働行為の責任主体

改革法が定める採用手続過程において，国鉄により不当労働行為（組合差別による採用候補者名簿への不記載）がなされた場合の責任については，承継法人（JR各社）が労組法7条にいう「使用者」として責任を負うとする見解もあったが，本判決は，改革法の規定に照らし，**改革法が定める採用過程で国鉄により不当労働行為がなされた場合の責任は専ら国鉄（事業団）が負い，承継法人（JR各社）が労組法7条にいう「使用者」として責任を負うものではない**との立場に立つことを明らかにした。

2 採用拒否と不利益取扱い

本判決は，さらに，6月採用に関して，より一般的に，採用拒否が労組法7条1号にいう不利益取扱いに含まれるか否かについて判断している。採用拒否も労組法7条1号にいう不利益取扱いに含まれるとの立場もあるが（学説は多くこの立場を採る），本判決は，採用の自由について述べた三菱樹脂事件最高裁判決（最大判昭48・12・12民集27巻11号1536頁☞**028**事件）を引用した上で，労働組合法7条1号本文の前段部分である「労働者が労働組合の組合員であること，労働組合に加入し，若しくはこれを結成しようとしたこと若しくは労働組合の正当な行為をしたことの故をもって，その労働者を解雇し，その他これに対して不利益な取扱をすること」には採用拒否が明示的に含まれておらず，同号は雇い入れの前後で区別を設けたものと解されるとして，**原則として，採用拒否は，労組法7条1号にいう不利益取扱いに該当しない**との立場に立つことを明らかにしている（反対意見もこの点については基本的に同じ立場に立っている）。

3 採用拒否が不利益取扱いとされる「特段の事情」

本判決は，採用拒否について，「従前の雇用契約関係における不利益な取扱いにほかならない」といえる「**特段の事情**」がある場合には，例外的に，採用拒否が労組法7条1号にいう不利益な取扱いに該当するとしている。もっとも，本判決は，

本件の6月採用は新規の採用であり，この「特段の事情」がある場合には該当しないとしている（反対意見は，本件6月採用が事業譲渡の際の労働契約承継に類似するもので，新規の採用とはいえず，採用の自由は制限を受けるとして，法廷意見のいう「特段の事情」がある場合に相当する事情が認められる旨指摘している）。本判決の立場において「特段の事情」が認められる典型的な場合は季節労働者の再採用拒否等であると考えられるが，具体的にいかなる場合がこの「特段の事情」に該当するかは，さらなる事例の積み重ねに委ねられているといえる。下級審裁判例には，事業譲渡に際し一部の労働者の労働契約のみを承継せず，不採用とすることは，労組法7条1号にいう不利益取扱いに該当するとしたものがある（青山会事件・東京高判平成14・2・27労判824号17頁☞**128**事件）。

（竹内　寿）

参考判例

128　青山会事件
東京高判平成14・2・27　労判824号17頁

【事案の概要】

1　医療法人AはB病院の経営存続が不可能になったため，同じく医療法人であるXとの間で，平成7年1月1日以降，XがB病院の経営を引き継ぐ旨の契約を交わした。XはB病院の施設等の一切を譲り受け，C病院と名称を改めた上でその経営を行っている。

2　AとXとの間の契約では，B病院の職員は全員解雇されることとされ，解雇された職員をXがC病院の職員として採用するか否かはXの専権事項とされていた。もっとも，Xによる元B病院職員の採用実態においては，看護科の職員については，採用面接をし，賃金等の条件が折り合う限り，原則として採用していた。

3　しかしながら，B病院の看護科の職員であったD，Eの2名については，両

名がXによる採用を希望していたにもかかわらず，Xは採用面接もせず，採用しなかった。

4 D，Eは，B病院唯一の労働組合Zの組合員であったところ，Zは，XによるD，Eの不採用は不当労働行為に該当すると主張して，神奈川県地方労働委員会に救済申立てを行った。神奈川県労委は，Xに対し両名の採用等を命じる救済命令を発した。XはY（中央労働委員会）に再審査を申し立てたが，Yは再審査申立てを棄却したため，その取消を求めて提訴した。

5 1審判決は，採用拒否も労組法7条1号にいう不利益取扱いに該当すると判断した上で，XによるD，Eの不採用は両名のZ組合所属等を理由とするもので不当労働行為に該当すると判断し，Xの請求を棄却した。Xは控訴したが，控訴審は以下の通り判示してこれを棄却した（なお，最三小決平成16・2・10判例集未登載は，Xの上告を棄却・上告受理申立を不受理としている）。

【判旨】

1「XによるB病院の職員のC病院の職員への採用の実態は，新規採用というよりも，雇用関係の承継に等しいものであり，労働組合法7条1号本文前段が雇入れについて適用があるか否かについて論ずるまでもなく，本件不採用については同規定の適用があるものと解すべきである。本件契約においては，XはB病院の職員の雇用契約上の地位を承継せず，同病院の職員をXが雇用するか否かはXの専権事項とする旨が合意されているが，上記採用の実態にかんがみれば，この合意は，AとXとがZ並びにこれに属するD及びEを嫌悪した結果これを排除することを主たる目的としていたものと推認されるのであり，かかる目的をもってされた合意は，上記労働組合法の規定の適用を免れるための脱法の手段としてされたものとみるのが相当である。したがって，Xは，上記のような合意があることをもって同法7条1号本文前段の適用を免れることはできず，D及びEに対して本件不採用に及んだのは，前記認定のようなC病院の職員の採用の実態に照らすと，同人らをその従来からの組合活動を嫌悪して解雇したに等しいものというべきであり，本件不採用は，労働組合法7条1号本文前段の不利益取扱いに該当するものといわざるを得ない。」

（竹内　寿）

（2） 第三者の強要と不当労働行為

129　山恵木材事件
最三小判昭和46・6・15　民集25巻4号516頁・判時640号90頁

【事案の概要】

1　Xは，木材の取次・販売を行うY社に雇用されていた従業員である。Y社は，A木材市場会社との契約に基づき，A社の施設内（市場）に事務所および木材置場を設置し，A社の業務規程の下，その統制に服して木材の委託販売業務を行い，また，手形融資を受けるなど，A社から取引上の便宜を受けていた。A社の市場には，Y社の他にも，同様にA社の統制に服して同様の営業を行う会社（問屋）が存在していた。

2　Y社では昭和32年6月に労働組合が結成されたが，同組合はその後の労使紛争の経過から組織強化の必要性を感じ，Y社と同じくA社の市場に事務所・木材置場を設置しA社の統制に服して同様の営業を行う訴外B社の従業員に働きかけ，昭和33年2月，Y社およびB社の従業員をもってC合同労組を結成した。Xは，同労組の執行委員長に選出された。

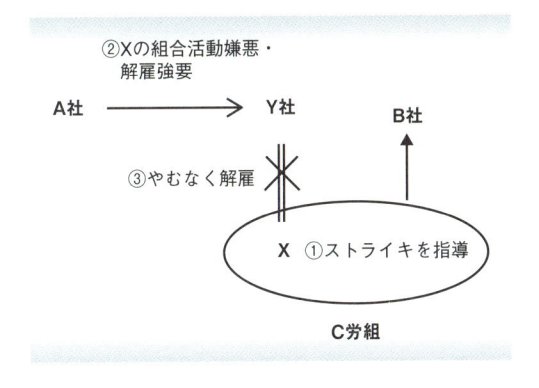

3　C労組の結成後程ない昭和33年3月中旬，B社は会社を解散しその全従業員を解雇した。C労組は，この会社解散がC労組を嫌悪してその弱体化を図るため，C労組に加入したB社従業員を解雇することを目的とするものと判断した。そこで，同年4月上旬に，Xの指導の下，会社解散および解雇に反対するため，ストライキに入った。C組合は，A社の市場内にあるB社の社屋内の組合事務所をストライキの拠点とし，また，ストライキ中に，市場の全問屋が従

業員に時間外労働の割増賃金を支払っておらず，労基法に違反していることを非難するビラを貼付または配布した。このため，市場の取引関係者である生産者・買方組合は市場内の全問屋でストライキが行われていると誤解するにいたった。

4 A社は，上記ストライキにより取引関係者に対するA社および市場内の各問屋の信用が失墜し，木材が他市場に流出することを恐れた。また，A社では割増賃金不払の事実がなかったにもかかわらず，貼付・配布されたビラにはそのような事実があるかのように記載されていた。そこで，A社は，C労組によるストライキおよびビラ貼付・配布をやめさせるため，Y社に対し，ストライキの責任者であるXの解雇を要求し，この要求を受け入れなければ，Y社との一切の契約関係を解除すると通告した。Y社は，A社の要求の正当性に疑いもあり，Xの解雇によりY社内に混乱を生じる恐れもあったため，A社との契約関係を解消したうえで他の市場に依存して経営を維持する方策等を検討し，態度を決しかねていた。しかし，A社から重ねて上記と同趣旨の通告を受けるに及んで，Xを解雇しなければA社から契約解除を受けることはもはや確定的であり，契約を解除されれば，同社からの融資途絶，業界における信用失墜により，営業を続行することは不可能になると判断し，A社の要求を不当なものとしつつも，Xを解雇した。

5 そこでXは，上記解雇が不当労働行為に該当する無効なものであると主張して，Y社の従業員としての地位確認を求めて訴訟を提起した。

6 1審は，上記ストライキおよびビラ貼付・配布は，「労働組合の正当な行為」の範囲を逸脱するものとはいえず，また，本件解雇は，Y社が「自ら右解雇を決意したものであろうと，また，A社の要望によりやむなくこれを決意したものであろうと」，Xの正当な行為の故に行われたものであることには何ら変わりがなく，無効であるとして，請求を認容した。原審も，A社によるXの解雇要求がXの正当な組合活動を理由とするものであり，Y社はそのことを十分に認識していたのであるから，本件解雇の意思表示が「自発的なものではなくともY社に不当労働行為をなす意思がなかったとは云えない」ので，無効であるとして1審の判断を支持した。そこでY社が上告したが，最高裁は，Y社に不当労働行為をする意思がなかったとはいえないとした原審の判断は，結局

正当として，上告を棄却した。

【判旨】

1 「Xの正当な組合活動を嫌忌してこれをY社の企業外に排除せしめようとするA社の意図は，同会社の強要により，その意図が奈辺にあるかを知りつつやむなくXを解雇したY社の意思に直結し，そのままY社の意思内容を形成したとみるべきであって，ここに本件解雇の動機があつたものということができる。」

2 「Xを解雇しなければA社の協力を得られず，Y社の営業の続行が不可能になるという点は，前記のA社による強要の事実をより具体的に説明したにとどまるのであって，Xの正当な組合活動に対する嫌忌と経営続行の不可能との両者は表裏一体の関係にあるというべきであり，したがつて，Y社の営業の続行が不可能になるという点は，たとえば，使用者側の事業の合理化のための人員整理の必要などの事情とは異なり，Xの正当な組合活動に対する嫌忌の点と別個独立に考慮されるべき他の動機であるとすることはできない。」

【問題の所在】

労組法7条1号は，労働組合の正当な行為等の「故をもって」なされる不利益取扱いを不当労働行為としている。この「故をもって」という点は，一般に，「不当労働行為意思」（反組合的意図ないし動機）の要件を定めたものと考えられている（「不当労働行為意思」を不要とし，労働組合の正当な行為等と不利益取扱いとの間に「因果関係」があればよいとする見解もある）。本判決は，労組法7条1号の不当労働行為が成立するためには不当労働行為意思の存在が必要であることを前提とするY社の主張に応答して，本件ではY社に不当労働行為意思がなかったとはいえないとした原審の判断を肯定している。そこでは，Xの正当な組合活動を嫌悪して不利益取扱い（解雇）を要求したのが，使用者ではない第三者（A）であり，Y社はこれにやむなく応じたにすぎないため，（1）Y社に不当労働行為意思があったといえるのか，また，これと関連して，（2）Y社は，Xの正当な組合活動の故に解雇を行ったのではなく，会社の経営を維持するためにXを解雇したに過ぎないのではないのか，が問題となっている。

129

【本判決のポイント】

1 第三者の強要と使用者における不当労働行為意思の有無

第三者が労働者の正当な組合活動等を嫌悪して使用者に不利益取扱いを強要し、使用者はこれにやむなく従う形で不利益取扱いを実行に移す場合、不当労働行為意思があるのは第三者であり、使用者には不当労働行為意思はないのではないかが問題となる。

不当労働行為意思の認定は、一般的に、使用者が、労働者の正当な組合活動等の事実を認識し、その事実を理由に不利益取扱いをしようと考え、それを実行に移したと評価できるか否かを判断して行われている。

本判決は、第三者から強要されることを通じ、使用者自身が、労働者の正当な組合活動等の事実を認識するとともに、やむなくという消極的な形ではあるが当該事実を理由に不利益取扱いを実行に移したと評価できると判断したものといえる。**第三者が労働者の正当な組合活動等を嫌悪して使用者に不利益取扱いを強要する場合であっても、それを受け入れて使用者が不利益取扱いを実行に移したときには、使用者には不当労働行為意思があると判断され、不当労働行為の成立が認められることになる。**

2 第三者の強要と理由の競合

また、第三者が労働者の正当な組合活動等を嫌悪して使用者に不利益取扱いを強要し、これに応じない場合は取引関係を解消する等使用者に迫る場合、使用者のなす不利益取扱いは、一方で労働者の正当な組合活動等を理由とするものと考えられるが、他方で経営上の必要性（取引関係を維持し経営の続行を図る）という正当な事由に基づくものと考える余地もある。仮にこのように考える場合、不利益取扱いがいずれの理由に基づきなされたかを判断する必要が生じることになる。これは「理由の競合」と呼ばれ、この場合の不当労働行為の成否については、いずれが決定的動機であるかにより判断する考え方と、使用者に正当な組合活動等の認識がなくとも当該不利益取扱いが行われたと評価できるか否かにより判断する考え方とがある。

しかしながら、本判決は、「Xの正当な組合活動に対する嫌忌と経営続行の不可能との両者は表裏一体の関係にあ」り、「別個独立に考慮されるべき」ものではないと述べており、**第三者が労働者の正当な組合活動等を嫌悪して使用者**

に不利益取扱いを強要し，それに応じない場合経営に支障が生ずるとしても，そのような状況下で使用者のなす不利益取扱いについて，理由の競合が生じていることにはならないとの立場に立っている。結局，すでに述べたとおり，不利益取扱いは不当労働行為意思に基づくものと判断されることになる。

（竹内　寿）

（3）　管理職の行為と使用者への帰責

130　JR東海（新幹線・科長脱退勧奨）事件
最二小判平成18・12・8　労判929号5頁・判時1959号163頁

【事案の概要】

1　Y社では，闘争方針の違いからA労組を脱退した者たちがZ組合を結成した。その後全社的にはA労組が圧倒的多数を占めることとなったが，東京運転所では，脱退の中心人物の出身母体であったこともあり，Z組合が多数派となった。

2　ちょうどこの時期，「東京地区の運転・車両所を愛する有志一同」という名義によりA労組の組合員に対し脱退を思いとどまるよう呼びかける文書が組合員宅に送付された。当時A労組の組合員であり，東京運転所の指導科長であったB科長は，上記有志一同の代表者の1人となっていた。

3　当時の東京運転所の人員は，現場長である所長1名のほか，助役21名，事務員10名，乗務員432名の合計464名であった。助役は所長を補佐する現場管理者とされ，総務科，営業科，運転科および指導科のいずれかに属し，各科の助役の中の1名が科長に指定されていた。科長は，助役の業務に携わりつつ，各科所属の助役の中の責任者として他の助役の業務をとりまとめ，必要に応じて他の助

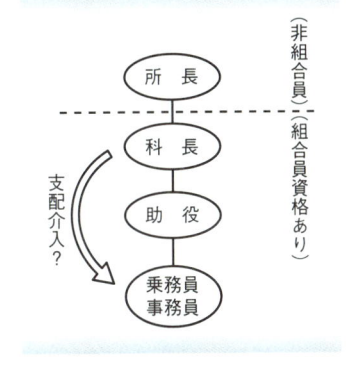

役に指示を与える業務を行っていた。なお東京運転所では，所長のみが労働組合の組合員資格を有しないものとされていた。

4 平成3年8月19日，B科長は，Z組合に参加した高校の後輩であるCに対し，居酒屋で以下のような発言をした。

（A労組とZ組合の組合員数について）
「東京運転所は〔A労組の〕D委員長の出身職場なので，十分組織のことは分かるが，何とかフィフティー・フィフティーにならないものか。協力してくれないか。」
（Z組合員に対するY社の働き掛けについて）
「会社が当たることにとやかく言わないでくれ。」
「会社による誘導をのんでくれ。」
（Cが拒否すると）
「やばいよ。」
「もしそういうことだったら，あなたは本当に職場にいられなくなるよ。」

またB科長は，同月22日，Z組合員Eの自宅に電話をして以下のような発言をした。

（労使協調でY社もよくなってきているのでそれをだめにするようなことは残念，と前置きした上で）
「情や雰囲気に流されないでよく考えてほしい。」
「残ったとしても決して1人ではありません。皆が付いています。」
「25日までに返事が欲しい。」
「科長，助役はみんなそうですので，よい返事を待っています。」

5 これらの脱退勧奨行為が支配介入に該当するとしてZ組合が救済申立てをしたところ，愛知県労働委員会はこれを棄却した。しかしX（中労委）が再審査において不当労働行為の成立を認めたため，Y社は取消訴訟を提起した。1審（東京地判平成15・1・20判タ1113号163頁）はY社の請求を棄却したが，原審（東京

高判平成15・11・6労判858号188頁）は，①B科長の発言は労使協調路線のA労組の組合員としてその拡大に努めたものが結果的にY社と方向性が一致しただけである，②E科長の発言内容が結果としてY社の意向にかなうものであったとしても，それがY社の意向を受けたものとは認められない，などの理由から救済命令を取り消した。Xが上告したところ，最高裁は原判決を破棄し原審に差し戻した。

【判旨】

1　「労働組合法2条1号所定の使用者の利益代表者に近接する職制上の地位にある者が使用者の意を体して労働組合に対する支配介入を行った場合には，使用者との間で具体的な意思の連絡がなくとも，当該支配介入をもって使用者の不当労働行為と評価することができる。」

2　「東京運転所の助役は，科長を含めて，組合員資格を有し，使用者の利益代表者とはされていないが，現場長である所長を補佐する立場にある者であり，特に科長は，各科に所属する助役の中の責任者として他の助役の業務をとりまとめ，必要に応じて他の助役に指示を与える業務を行っていたというのであるから，B科長は，使用者の利益代表者に近接する職制上の地位にあったものということができる。」

3　「A労組から脱退した者らがZ組合を結成し，両者が対立する状況において，Y社は労使協調路線を維持しようとするA労組に対して好意的であったところ，B科長によるC及びEに対する働き掛けがされた時期は上記の組合分裂が起きた直後であり，上記働き掛けがA労組の組合活動として行われた側面を有することは否定できないとしても，本件各発言には……Y社の意向に沿って上司としての立場からされた発言と見ざるを得ないものが含まれている」。

4　「以上のような事情の下においては，B科長の本件各発言は，A労組の組合員としての発言であるとか，相手方との個人的な関係からの発言であることが明らかであるなどの特段の事情のない限り，Y社の意を体してされたものと認めるのが相当である。そして，そのように認められるのであれば，B科長の本件各発言は，Yの不当労働行為と評価することができる」。

【問題の所在】

不当労働行為と評価されうる行為には，解雇や懲戒などの法律行為と，組合脱退勧奨や反組合的発言などの事実行為とがある。法律行為はその権限がある者しかなし得ないが，脱退勧奨など支配介入の典型とされる行為は，社長や役員など人事上の権限を持つ者だけでなく，中間管理職の上司や同僚，さらには取引先など，さまざまな人物によってなされうる。これらの行為について，使用者がどこまで不当労働行為の主体としての責任を負うべきかが問題となる。本判決では，管理職の行為を使用者に帰責するための要件が明らかにされた。

【本判決のポイント】

1 管理職の行為に関する使用者の不当労働行為責任

本判決は，労組法にいう**利益代表者に近接する職制上の地位にある者が，使用者の意を体して支配介入を行った場合には，使用者との間で具体的な意思の連絡がなくても使用者の不当労働行為が成立する**，という一般論を提示した。これまでの学説・裁判例では，(a) 利益代表者の行為については当然に使用者の責任とする，(b) それ以外の者の行為であっても使用者との間で意思の連絡があれば使用者の責任とする，この２点についてはほぼ見解の一致がみられた。

しかし，利益代表者ではない中間管理職的な立場の者が支配介入行為を行ったというケースについては，①具体的な意思の連絡が立証されなければ使用者に帰責することはできないとする立場，②使用者の意を体しているといえれば意思連絡の有無は問わないとする立場，③利益代表者でなくても管理職の行為であれば原則として使用者に帰責されるとする立場などの対立がみられた。本判決で最高裁は，いくつかの限定を付した上でではあるが，このうち②の立場を採用した。

2 利益代表者への「近接」

本判決によれば，意思の連絡が不要とされるのは，「利益代表者に近接する職制上の地位」にある者の場合である。中間管理職一般についての判断が示されたわけではない。本判決では，現場長を補佐する立場である助役の中の，さらにとりまとめ役であった「科長」が「利益代表者に近接する職制上の地位」にあるとされた。他の一般企業において具体的にどのような者がこの定義を満

たしうるのかが問題となる。例えば部長までが利益代表者であるケースであれば，単にその下の課長であるだけでは足りず，そこからいわば頭ひとつ飛び出た形で，とくに利益代表者に近い立場でなければならないということになるだろう。

3　「使用者の意を体して」の意義

「使用者の意を体して」とは，使用者の立場や意向はこういうことであろう，と自ら判断して，その意向に沿って上司の立場で行動する，という意味である。労働組合側が立証すべきなのは，使用者に反組合的な意図が存在していることと，（利益代表者に近接する）管理職がその意図に沿った行動をしたことのみである。使用者からの指示・命令の立証までは不要なので，組合側の立証責任は大幅に軽減されることになる。逆に使用者側からすれば，たとえ具体的な指示・命令をしなくても，場合によっては管理職の行為について不当労働行為の責任を問われうる。

4　「特段の事情」がある場合

なお最高裁は，本件のようなB科長の発言であっても，「特段の事情」が立証されれば，使用者の意を体したものでないと評価されうるとする。「特段の事情」とは，本判決によれば，それがA労組員としての発言であるとか，相手方との個人的関係からの発言であることが明らかである場合である。使用者側としては，それが上司の立場からの発言ではなかったことを立証すればよい。

（森戸　英幸）

（4）　職場集会への警告，チェック・オフの中止

131　済生会中央病院事件
最二小判平成元・12・11　民集43巻12号1786頁・労判552号10頁

【事案の概要】

1　昭和50年4月，Xの経営するA病院が深夜勤を導入しようとしたこと等に関して，Xの従業員で構成されるZ₁労働組合のA病院支部であるZ₂労働組合

は、勤務時間中にA病院の一室で職場集会を開催し、対応を協議する等した。A病院は、この勤務時間中の職場集会が労働協約、就業規則に違反する不当な行為であり、今後かかる行為を繰り返さないよう「厳重に警告しておくとともに責任追及の権限を留保しておく」との「警告並びに通告書」を交付した。また、Z_2組合は、同年5月、賃上げ交渉に関連して、A病院内のテニスコートで一部勤務時間に食い込む形で職場集会を開催した。A病院はこれについても、責任追及の権限を留保し、また、「かかる行為を今後も繰返し行った場合は、病院として重大な決意をもって臨むことをここに正式に通告しておく」との「警告並びに通告書」を交付した。Z_2組合はこれらの職場集会についてA病院に届け出たり、許可を得たりしたことはなく、また、A病院も、従来このような職場集会について警告、注意をしたことはなかった。

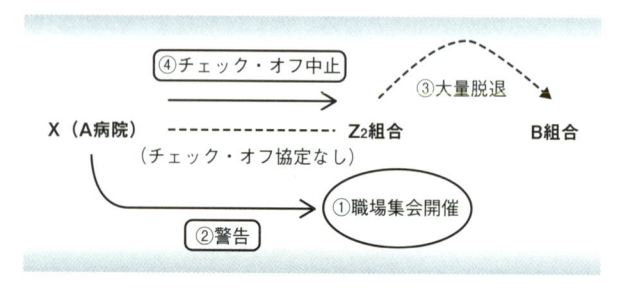

2 A病院は、Z_2組合との間に労使協定を締結することなく、過去15年あまりの間、チェック・オフを行ってきた。ところが、昭和50年5月にB労働組合が新たに結成され、Z_2組合からの脱退者が相次いだため、A病院は、チェック・オフの対象者が明確になるまでチェック・オフを中止することをZ_2組合に通知した。その後、Z_2組合は組合員名簿を提出してチェック・オフの再開を要求したが、A病院は、組合員名簿に疑義がある、チェック・オフ協定が成立していない等の理由で、チェック・オフの再開を拒否した。

3 Z_2組合および上部団体のZ_1組合は、A病院による上記職場集会への警告、チェック・オフの中止等が支配介入の不当労働行為に該当するとして、東京都地方労働委員会に救済を申し立てたところ、都労委はこれらの行為が支配介入に該当することを認めた。XはY（中央労働委員会）に再審査を申し立てたが棄却されたため、再審査棄却命令の取消しを求めて裁判所に提訴した。1審判決、原審判決ともXの請求を棄却したため、Xが上告した。最高裁は破棄自判して、これらの行為は支配介入に該当しないと判断した。

【判旨】

1 「一般に，労働者は，労働契約の本旨に従って，その労務を提供するためにその労働時間を用い，その労務にのみ従事しなければならない。したがって，労働組合又はその組合員が労働時間中にした組合活動は，原則として，正当なものということはできない。また，労働組合又はその組合員が使用者の許諾を得ないで使用者の所有し管理する物的施設を利用して組合活動を行うことは，これらの者に対しその利用を許さないことが当該物的施設につき使用者が有する権利の濫用であると認められるような特段の事情がある場合を除いては，当該物的施設を管理利用する使用者の権限を侵し，企業秩序を乱すものであり，正当な組合活動に当たらない。」

2 「従来，病院が本件のような職場集会について何ら注意をしたことがなかったとしても，それをもって直ちに病院が労働時間中に病院の管理する物的施設を利用して職場集会を開くことにつき黙示の許諾をしていたということはできないし，……病院の管理する物的施設を利用して職場集会を開く必要性を強調することができないことはさきに説示したところから明らかである。同様に，労働時間中に職場集会を開く必要性を重視して，それが許されるとすることができないことも，前記説示に照らし当然である。……〔A病院が〕本件警告書を交付したとしても，それは，ひっきょうZ_2組合又はその組合員の労働契約上の義務に反し，企業秩序を乱す行為の是正を求めるものにすぎないから，病院（X）の行為が不当労働行為に該当する余地はない」。

3 「労基法24条1項本文……の趣旨は，労働者の賃金はその生活を支える重要な財源で日常必要とするものであるから，これを労働者に確実に受領させ，その生活に不安のないようにすることが労働政策の上から極めて必要なことである，というにある。……いわゆるチェック・オフも労働者の賃金の一部を控除するものにほかならないから，同項但書の要件を具備しない限り，これをすることができないことは当然である。」

4 「本件チェック・オフ……につき書面による協定がなかったことも原審の適法に確定するところである。そうすると，本件チェック・オフの中止が労基法24条1項違反を解消するものであることは明らかであるところ，これに加えて，病院が……チェック・オフをすべき組合員（従業員）を特定することが困

難である(これが特定されればチェック・オフをすることにやぶさかではない)として本件チェック・オフを中止したこと,及び病院が……チェック・オフ協定案を提案したこと等を併せ考えると,本件チェック・オフの中止は,病院(X)の不当労働行為意思に基づくものともいえず,結局,不当労働行為に該当しないというべきである。」

【問題の所在】

本件では,第1に,勤務時間内に会社施設を利用してなされた組合の職場集会に対する使用者の警告が,支配介入の不当労働行為に該当するか否かが問題となっている。本判決は,この点について,職場集会が組合活動として正当性を有するか否かの観点から検討を行っている。なお,本判決は特に言及してはいないが,本件の警告が不当労働行為に該当するか否かについては,使用者の言論の自由との関係でも問題となりうる(この論点については,☞**132**事件を参照)。第2に,本件では,労働組合に対する一種の便宜供与であるチェック・オフ(使用者が組合員の賃金から組合費を予め天引きし,使用者から組合に一括して引き渡すこと)を中止して再開しないことが,支配介入の不当労働行為に該当するか否かも問題となっている。この点について本判決は,チェック・オフが賃金全額払原則を定める労基法24条1項に照らし適法に行われるべきことを踏まえて判断を行っている。

【本判決のポイント】

1 職場集会への警告と不当労働行為の成否

本判決は,職場集会への警告が不当労働行為に該当するか否かの判断に当たり,まず,本件職場集会が組合活動として正当性を有するか否かの観点から検討している。そこでは,(1)勤務時間中の組合活動は原則として正当性がない(大成観光事件・最三小判昭和57・4・13民集36巻4号659頁☞**122**事件参照),(2)使用者が所有・管理する物的施設を利用する組合活動は,その利用を認めないことが使用者の施設管理権の濫用と認められるような特段の事情がない限り正当性がない(国鉄札幌運転区事件・最三小判昭和54・10・30民集33巻6号647頁☞**123**事件),という2つの基準に照らして,本件職場集会は組合活動として正当なも

のではないとの判断を示している。その上で，本判決は，本件の警告が正当性のない組合活動の是正を求めるものにすぎず，不当労働行為には該当しないと判断している。結局，本判決によれば，**職場集会への警告は，当該職場集会が組合活動として正当性を有せず，警告が正当性の欠如している点の是正を求めるものである場合には，不当労働行為に該当しない**ということになる。

なお，このような警告は，使用者の言論と不当労働行為の成否の観点からも問題となりうる。この点，本判決は特に言及していないが，正当性のない組合活動についての批判的言論は，使用者の言論の自由の範囲内であり不当労働行為には該当しないとの判断を前提としているものと考えられる。

2 チェック・オフの中止と不当労働行為の成否

本判決は，チェック・オフの中止が（組合費の徴収を困難にさせ，組合財政ひいては組合運営に打撃を与えることにより）不当労働行為に該当するか否かの判断の前提として，まず，**チェック・オフについても，労基法24条1項の定める賃金全額払原則に照らして適法に行われているものである必要がある**ことを明らかにしている。そして，本件におけるように，労基法24条1項但書にある労使協定が締結されないなど（なお，最高裁は，チェック・オフ中止時点において，大量の脱退者を出したZ₂組合が過半数組合であったかも極めて疑わしい，と指摘している），**チェック・オフが同規定に照らして適法に行われていない場合には，チェック・オフの中止は，違法状態を是正するためになされたものとされ，使用者には不当労働行為意思がなく，不当労働行為は成立しないとの判断が導かれる**ことになる。本件事案の具体的判断では，労使協定が締結されず適法にチェック・オフが行われていなかったことに加えて，使用者がチェック・オフ再開の条件を示し，また，再開に向けてチェック・オフの協定案を提案していたことを指摘し，使用者には不当労働行為意思がなかったとの判断を補強した上で，不当労働行為は成立しないとの判断が示されている。

（竹内　寿）

（5） 使用者の言論の自由と支配介入

132　プリマハム事件
東京地判昭和51・5・21　労判254号42頁・判時832号103頁

【事案の概要】

1　X社の従業員で構成されるA労働組合は，昭和45年および46年の賃上げについて，ストライキを経て，X社と妥結した。

2　X社とA組合は，昭和47年の賃上げをめぐり団体交渉を行ったが，妥結に至らず，同年4月15日，X社が同日の団体交渉での回答を最終回答であるとの態度を表明したところ，A組合は団体交渉の決裂を宣言した。もっとも，A組合は決裂宣言後も団体交渉を継続する意思があることをX社に表明しており，現実に，決裂宣言後も5回にわたり団体交渉が行われた。

```
          4月15日      4月17日      4月27日      5月15日
(団交実施)  A、団交決裂宣言  X、社長声明文掲示  A、スト決行・脱落者相次ぎ中止  賃上げ交渉妥結
                      ────────(団交は継続)────────▶
```

3　同年4月17日，同年の賃上げ交渉に関して会社は，「従業員の皆さん」に宛てた，「……本年の賃上げ交渉も大変不幸な結果になってしまいました。……我が社は昨年，一昨年のストライキ後遺症が，未だ癒えきらないで残っております。こうした状態ではありますが，本年度の皆んの要求に対しては，……金額においては，妥結した同業他社と同額を，その他の条件については相当上廻る条件を，4月15日提示しました。……ところが組合幹部の皆さんは会社の誠意をどう評価されたのか判りませんが，団交決裂を宣言してきました。これはとりもなおさず，ストライキを決行することだと思います。私にはどうもストのためのストを行なわんとする姿にしか写って来ないのは，甚だ遺憾であります。会社も現在以上の回答を出すことは絶対不可

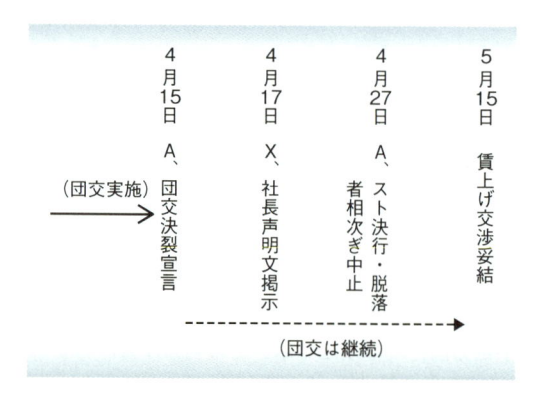

能でありますので，重大な決意をせざるを得ません。お互いに節度ある行動をとられんことを念願いたしております。」との社長声明文を会社の全事業所に一斉に掲示した。

4 上記社長声明文が掲示されたのち，A組合の各支部では賃上げ交渉に関して，ストライキを実施せず会社と妥結すべきであるとの意見が組合員から表明されるようになった。

5 A組合は，同年4月27日，部分ストライキを実施した。しかし，ストライキ指令を受けた者（約2,000名）のうち相当数（193名）がストライキに参加せず脱落したため，A組合は翌日，ストライキを中止することを決定し，5月15日，賃上げについて会社と妥結した。

6 A組合は，会社による前記社長声明文の掲示は，組合の弱体化を意図した支配介入で労組法7条3号の不当労働行為に該当するとして，東京都地方労働委員会に救済申立を行った。都労委がこれを認めたため，X社がY（中央労働委員会）に再審査を申立てたが，Yも支配介入の成否を認めた。そこで，XがYの命令取消しを求めて裁判所に提訴したが，裁判所は以下のとおり述べてXの請求を棄却した（控訴審も第1審の判断を支持し，上告審（最二小判昭和57・9・10労経速1134号5頁）も，控訴審の判断は「正当として是認することができ」るとした）。

【判旨】

1「使用者だからといって憲法21条に掲げる言論の自由が否定されるいわれがないことはもちろんであるが，憲法28条の団結権を侵害してはならないという制約をうけることを免れず，使用者の言論が組合の結成，運営に対する支配介入にわたる場合は不当労働行為として禁止の対象となると解すべきである。これを具体的にいえば，組合に対する使用者の言論が不当労働行為に該当するかどうかは，言論の内容，発表の手段，方法，発表の時期，発表者の地位，身分，言論発表の与える影響などを総合して判断し，当該言論が組合員に対し威嚇的効果を与え，組合の組織，運営に影響を及ぼすような場合は支配介入となるというべきである。」

2「第1に……会社は当時組合といわゆるユニオン・ショップ制を協定していた……から，『従業員の皆さん』はとりもなおさず組合員全員を対象にして

いる……。第2に，声明文の内容によれば，（1）「組合幹部の皆さんは」という文言については，組合執行部の態度を批判することにより，執行部と一般組合員との間の離反をはかる恐れがあるとみられなくはない……。（2）「ストのためのスト」という文言については，……組合の団交決裂宣言が直ちにストライキを決行するという趣旨でないことは，会社において十分に，認識していたものと思われ……，会社は，昭和47年4月15日第2次回答をもって最終回答である旨の態度を明確にしたから，……組合側が団交決裂宣言をしたことはやむをえないものと評すべき余地が少なくな……い。（3）「重大な決意」との文言は，一般的にいって組合員に対する威嚇的な効果をもつことは否定できず，……（4）「節度ある行動をとるように」との文言は，……ひっきょう，組合員に対するストライキ不参加の呼びかけというのほかない。第3に，本件声明文は，前記認定のとおり，同時頃全事業所に一斉に掲示して発表された。第4に，本件声明文の発表の時期についてみると，……団交決裂宣言が直ちにストライキに突入することを意味しておらず，なお団体交渉によって話し合いを継続する余地のある段階であったことは……明らかである。第5に，本件声明文は，会社の最高責任者としての社長名義で発表されている。第6に，本件声明文の影響として，これが発表後，ストライキに反対する組合内部での動きが各支部において急に現われてきたところからみて，組合内部における執行部の方針に批判的な勢力に力を与えて勇気づけ，初めて193名に及ぶ脱落者が出たといえよう。」

3　「以上を総合して考えると，本件社長声明文は，ストライキをいつどのような方法で行うか等という，組合が自主的に判断して行動すべきいわゆる組合の内部運営に対する支配介入行為にあたると認めるのが相当である。」

【問題の所在】

憲法21条は言論の自由を保障しており，使用者もこの自由を享受するが，他方で憲法28条は労働者の団結権等を保障している。このため使用者による労働組合の活動等に関する発言等について，いかなる場合に表現の自由の範囲内のものとして許容され，いかなる場合に労働者の団結権を侵害し，支配介入の不当労働行為に該当するかが問題となる。本判決は，この問題についての一般的

判断枠組みを提示した上で，事案の具体的な判断を行っている。

【本判決のポイント】
1　言論による支配介入の成否の一般的判断枠組み
　本判決はまず，憲法21条に基づく使用者の言論の自由も，憲法28条が保障する団結権との関係で制約があり，支配介入の不当労働行為に該当する場合があることを述べている。その上で，使用者の言論が支配介入に該当するか否かは，言論の内容，発表の手段，方法，発表の時期，発表者の地位，身分，言論発表の与える影響などを総合して判断する，との判断枠組みを提示している。このように諸要素を総合して判断する立場が判例（および労委命令）の立場といえる（例えば，新宿郵便局事件・最三小判昭和58・12・20判時1102号140頁は支配介入の成立を否定した原審の判断を是認するに当たり，発言内容のほか，発言時期，発言方法，発言者の立場等の要素に言及している）。

2　威嚇等の要素の要否
　言論が報復や強制の威嚇，利益の約束（例えば，ストライキを実施した場合には不利益取扱いを行う旨示唆するなど）を伴っていなくとも，支配介入の成立を認めうるか否かについて，判例の立場は必ずしも明らかではない（山岡内燃機関事件・最二小判昭和29・5・28民集8巻5号990頁は，「組合活動に対する非難と組合活動を理由とする不利益取扱の暗示とを含む」発言があった以上支配介入が成立すると判断したものであり，不利益取扱いの示唆が含まれない発言の事案ではない）。本判決も，「重大な決意」との文言が一般的に組合員に対する「威嚇的な効果」を持つとの評価を踏まえて判断を下しており，この点はやはり明らかにされていない。下級審裁判例（及び労委命令）の一般的傾向としては，1でも述べたとおり，言論による支配介入の成否は，威嚇等の要素の有無のみで判断するのではなく（発言内容が威嚇等を伴わないことのみに注目して支配介入を否定するのではなく），諸要素を総合した上で支配介入の成否を判断するとの立場が取られている（なお，逆に，上記判例や本判決に示されるように，現に威嚇等を伴う場合には，支配介入の成立が肯定されている）。

3　組合の内部運営事項についての使用者の言論
　本件では，ストライキをいついかなる形で行うか等の，組合が自主的に決定するべきとされる事項についての使用者の言論が問題となっている。本判決で

もそうであるが，一般的に，このような**組合の内部運営事項についての使用者の言論は，支配介入と判断される傾向にある。**

（竹内　寿）

（6）　併存組合との団体交渉

133　日本メール・オーダー事件
最三小判昭和59・5・29　民集38巻7号802頁・労判430号15頁

【事案の概要】

1　従業員数約230名のX社には，組合員数が120名を下回らないA組合と，20数名のB組合とが併存していた。

2　X社は，昭和47年の年末一時金をめぐる交渉において，最終回答として，A，B両組合に，「生産性向上に協力すること」との前提条件を付したうえ，当初より上積みした金額を回答した。これは，当初の回答においては，過去1年間の売上高の伸びを従業員数で割った額を従業員1人あたりの生産性の向上率とし，昨年の支給実績にこの生産性向上率を掛けて得られた分を加算した額を一時金の回答額としていたところ，A組合が，「これからもより一層仕事に励むから，支給額の上積みをしてほしい」と要求したことを受け，翌年に予想される生産性向上率の一部を先取りする形で一時金支給額を上積みすることにしたことに伴って付された条件であった。A組合はこの最終回答でX社と妥結し，A組合の組合員および非組合員には一時金が支給された。

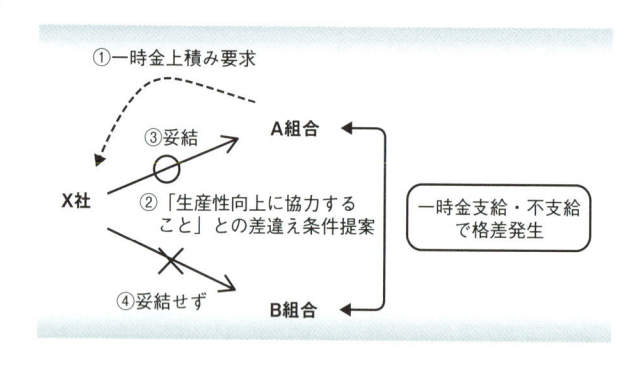

3 B組合は,「生産性向上に協力すること」との前提条件が労働強化等につながるものと考え,その内容を質問したが,X社から具体的な説明がなく,B組合はこの前提条件を拒否した。X社もこの前提条件が一時金支給と不可分一体のものであるとの態度を示したため,X社とB組合との間では一時金交渉が妥結しなかった。その後,X社は団体交渉の中でこの前提条件が「就労義務のある時間中は会社の業務命令に従って一生懸命働くという趣旨である」と説明したが,やはり交渉は妥結せず,結局B組合の組合員には一時金が支給されなかった。

4 B組合は,A組合の組合員および非組合員が一時金を受けているにもかかわらず,B組合の組合員が一時金を受けられなかったのは,B組合員を不利益に取扱うものであり,B組合の弱体化を企図した不当労働行為であるとして,Y(東京都地方労働委員会)に救済を申し立てたところ,Yは不当労働行為の成立を認めた。XはYの救済命令取消しを求めて訴訟を提起した。1審判決はXの請求を棄却したが,控訴審判決はYの救済命令を取り消したため,Yが上告。最高裁は,原判決を破棄し,控訴を棄却して,不当労働行為の成立を認めた第1審判決の判断を支持した。

【判旨】

1「本件の前提条件が抽象的で具体性を欠くものであり,しかもこれを労働組合が受諾することが労働強化等に連なるという見方も肯認できないものではないことからすると,前記のように一時金の積上げを実施するための前提としてその提案をした趣旨については,Xにおいて団体交渉を通じB組合に対しその理解を得るため十分説明することが必要であつたというべきところ,……Xは十分な説明をしていないといわざるをえない。そうすると,右一時金の積上げ回答に本件前提条件を付することは合理性のあるものとはいい難く,したがつて,B組合がこれに反対したことも無理からぬものというべき……であつて,その結果B組合が自己の要求を実現することができなくなつたの……をすべてB組合の自由な意思決定によるものとするのは相当でない。」

2「B組合が少数派組合であることからすると,B組合所属の組合員が一時金の支給を受けられないことになれば,同組合員らの間に動揺を来たし,そのこ

とがB組合の組織力に少なからぬ影響を及ぼし，ひいてはその弱体化を来たすであろうことは，容易に予測しうることであつたということができる。したがつて，Xが右のような状況の下において本件前提条件にあえて固執したということは，かかる状況を利してB組合及びその所属組合員をして右のような結果を甘受するのやむなきに至らしめようとの意図を有していたとの評価を受けてもやむをえないものといわなければならない。」

3　「そうすると，Xの右行為は，これを全体としてみた場合には，B組合に所属している組合員を，そのことの故に差別し，これによつてB組合の内部に動揺を生じさせ，ひいてB組合の組織を弱体化させようとの意図の下に行われたものとして，労働組合法7条1号及び3号の不当労働行為を構成するものというべきである。」

【問題の所在】

　現行労働法の下では，企業内に複数の労働組合が併存する場合，それぞれの組合が独自の団体交渉権を有するとされている。このように複数の組合が併存する状況下では，組合間における査定差別などのほか，団体交渉に関連して使用者が各組合について異なる取扱いを行うことと不当労働行為の成否との関係が問題となる。団体交渉の場面において特に難しい問題を生ずるのは，使用者が併存する各組合に同一の労働条件を提示し，一方とは妥結したが他方とは妥結せず，結果的に労働条件に差異が生じた場合であり，これを使用者と組合との自由な取引（交渉）の結果にすぎないと考えるか，団体交渉を操作することを通じて組合間差別を行うものとして，不当労働行為であると考えるかが問題となる。本件では，団体交渉妥結の条件として使用者が提示した条件（このような条件は「差違え条件」と呼ばれる）の諾否に差異が生じたことに関してこの問題が争われている。本判決は本件事案に即しつつ，差違え条件をめぐる使用者の交渉姿勢，差違え条件を受け入れなかった少数組合の組織力を考慮した上で，不当労働行為の成立を認めている。

【本判決のポイント】
1 差違え条件をめぐる使用者の交渉姿勢

　本判決は，本件における前提条件である，「生産性向上に協力すること」旨の条件を交渉妥結の条件として付することは合理性のあるものとは言い難いとしている。ここで本判決が問題としているのは，上記の条件が抽象的で具体性を欠き，かつ，当時，「生産性向上」について労働側が労働強化等につながるものと懸念していたこととの関係で，当該条件が組合側にとって具体的にいかなる意味を有し，組合員にいかなる影響（義務の発生等）をもたらすものであるかが明らかではないにもかかわらず，使用者は団体交渉において上記条件の意味するところを十分に説明していない，という点にある。このように述べた上で，本判決は，B組合が納得せず交渉が妥結しなかったのは，取引（交渉）の自由として，組合が自らそのような選択をした（妥結しないという選択をした）結果とはいえない（むしろ，使用者の交渉態度が不当労働行為意思に基づくものであると評価されてもやむを得ない）と判断している。以上のように，本判決は，**使用者が差違え条件を提示し，一方の組合とは妥結したが，他方の組合とは妥結しない場合において，使用者が当該条件の内容を十分に説明しないために未妥結の状態がもたらされていると評価できる場合，このことは，交渉の妥結・未妥結に基づく組合間の取扱いの差異を不当労働行為であると判断する際の根拠の１つとなる**ことを明らかにしている。

2 少数組合の組織力への配慮

　本判決は，さらに，一時金交渉が妥結しないことが，併存する組合のうち少数派の組合であるB組合の組織に少なからぬ影響を与え，その弱体化をもたらすことが容易に予測可能なものであったことを指摘して，このような状況下で使用者が前提条件に固執することは，少数派の組合の組合員に不利益な結果を甘受させようとの意図を有するものと評価しうるとして，使用者の不当労働行為意思の存在を補強している。本判決は，**少数組合との間で交渉が妥結しない場合，少数組合の組織力が弱く弱体化することが容易に予測でき，このことも，使用者の不当労働行為意思の存在を基礎づける根拠の１つとなる**との考えに依拠するものといえる。もっとも，本判決の後の判決である日産自動車事件（最三小判昭和60・4・23民集39巻3号730頁☞**134**事件）では，少数組合との交渉において多数

組合との妥結内容以上には譲歩しないとしても，そのことから短絡的に使用者の交渉態度が組合嫌悪の意図に基づくと認定してはならないとの判断が示されており，本判決のように少数組合の組織力へ配慮する立場は修正を加えられているとみられる。

（竹内　寿）

134　日産自動車事件
最三小判昭和60・4・23　民集39巻3号730頁・労判450号23頁

【事案の概要】

1 X会社は，従来から製造部門で昼夜二交替勤務体制および計画残業と称する恒常的な時間外・休日勤務体制をとっていた。昭和41年8月にA会社を合併したXは，翌年2月より右両体制を旧Aの製造部門にも導入した。合併後のXには従業員の大多数を組織するB労働組合と，従来旧A唯一の組合であったが，合併への対応をめぐる内部対立の過程でごく少数の従業員を組織するのみとなったC労働組合D支部とが併存していた。Dはかねてより深夜勤務に反対しており，Xは右両体制の導入に際し，Bとのみ協議を行い，Dには何らの申入れ等を行わなかった。そして，XはBの組合員にのみ交代勤務・残業を命じ，Dの組合員については昼間勤務にのみ従事させ，残業を一切命じなかった。

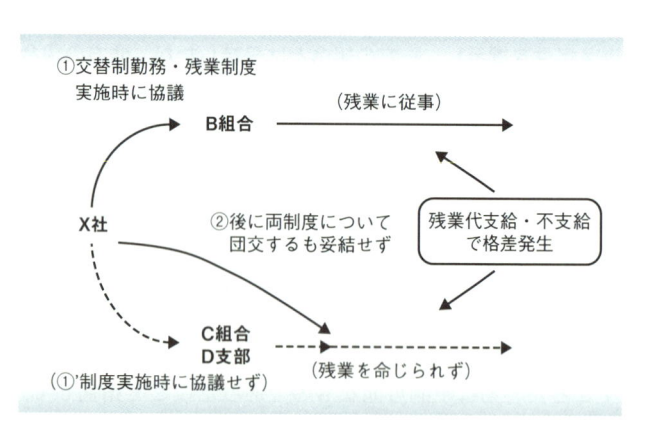

2 Dは同年6月，Dの組合員にも残業をさせるようXに申し入れ，団体交渉が行われたが，事態は進展しなかった。その後，東京都地方労働委員会の関与の下行われた団体交渉で，Xは初めて，右両体制は一体をなす体制である，Bはこの点を承認して右両体制に服しておりDも同じ態度をとらない限り残業をさせられないと述べた。Dはこれに反論し，交渉は物別れに終わった。

3 そこでDは，Dの組合員に残業を命じないことはDの組合員とBの組合員とを差別する不当労働行為であるとして，都労委に救済申立を行った。都労委が不当労働行為の成立を認めたため，XはY（中央労働委員会）に再審査を申し立てたが，Yは再審査申立を棄却する命令を下した。そこでXは再審査命令の取消を求めて提訴した。1審判決はXの請求を認容したが，原審判決は1審判決を取り消し，Xの請求を棄却した。Xは上告したが，最高裁は，不当労働行為の成立を認めた原審判決を支持して，上告を棄却した。

【判旨】
1 同一企業内に複数の労働組合が併存する状況下で，使用者と一方の組合との間では一定の労働条件の下残業に服する旨の協約が締結されたが，他方の組合との間では当該組合が右労働条件に反対して協約締結に至らず，両組合の組合員間で残業に関して取扱いに差異が生じても，それは「使用者と労働組合との間の自由な取引の場において各組合が異なる方針ないし状況判断に基づいて選択した結果が異なるにすぎないものというべきであって，この問題を一般的，抽象的に論ずる限りにおいては，……不当労働行為の問題は生じない」。

2 「しかしながら……複数組合併存下にあつては，各組合はそれぞれ独自の存在意義を認められ，固有の団体交渉権及び労働協約締結権を保障されているものであるから，その当然の帰結として，使用者は，いずれの組合との関係においても誠実に団体交渉を行うべきことが義務づけられているものといわなければならず，また，単に団体交渉の場面に限らず，すべての場面で使用者は各組合に対し，中立的態度を保持し，その団結権を平等に承認，尊重すべきものであり，各組合の性格，傾向や従来の運動路線のいかんによって差別的な取扱いをすることは許されない」。

3 「ところで，中立的態度の保持といい，平等取扱いといつても，……使用

者において複数の併存組合に対し，ほぼ同一時期に同一内容の労働条件についての提示を行い，それぞれに団体交渉を行った結果，従業員の圧倒的多数を擁する組合との間に一定の条件で合意が成立するに至つたが，少数派組合との間では意見の対立点がなお大きいという場合に，使用者が，右多数派組合との間で合意に達した労働条件で少数派組合とも妥結しようとするのは自然の成り行きというべきであつて，……このような場合に，使用者において，先に多数派組合と妥結した線以上の譲歩をしないことが，少数派組合の主張や従来の運動路線からみて妥結拒否の回答をもたらし，協約不締結の状態が続くことにより，その所属組合員に経済的な打撃を与え，ひいては当該組合内部の動揺や組合員の退職，脱退による組織の弱体化が生ずるに至るであろうことを予測することは極めて容易なことであるとしても，そうであるからといつて，使用者が少数派組合に対し譲歩をしないことが，同組合の弱体化の計算ないし企図に基づくものであると短絡的な推断をすることの許されないものであることはいうまでもない。以上のように，複数組合併存下においては，使用者に各組合との対応に関して平等取扱い，中立義務が課せられているとしても，各組合の組織力，交渉力に応じた合理的，合目的的な対応をすることが右義務に反するものとみなさるべきではない。」

4 しかし，「団体交渉の場面においてみるならば，合理的，合目的的な取引活動とみられうべき使用者の態度であっても，当該交渉事項については既に当該組合に対する団結権の否認ないし同組合に対する嫌悪の意図が決定的動機となって行われた行為があり，当該団体交渉がそのような既成事実を維持するために形式的に行われているものと認められる特段の事情がある場合には，右団体交渉の結果としてとられている使用者の行為についても労組法7条3号の不当労働行為が成立する」。

【問題の所在】

日本メール・オーダー事件（最三小判昭和59・5・29民集38巻7号802頁☞**133**事件）に関して既に述べたとおり，現行労働法の下では，企業内に複数の労働組合が併存する場合，それぞれの組合が独自の団体交渉権を有するとされていることの故に，団体交渉に関連して使用者が各組合について異なる取扱いを行うことと，不当労働

行為の成否との関係が問題となる。本件においても，**133** 事件と同様，使用者が併存する各組合に同一の労働条件を提示し，一方とは妥結したが他方とは妥結せず，結果的に労働条件に差異が生じたことが不当労働行為に該当するか否かが争われている。本判決は，詳細な一般論を展開する中で，（1）同一企業内に複数の組合が併存する場合，一般的に使用者が中立保持義務を負うことを明らかにすると共に，（2）団体交渉の場面における中立保持義務の具体的な内容およびいかなる場合に不当労働行為が成立するかの判断基準を提示している。

【本判決のポイント】
1　組合併存下における使用者の中立保持義務
　本判決はまず，現行労組法下ではそれぞれが独自の団体交渉権（および労働協約締結権）を有すること，したがって，一般的・抽象的には，団体交渉の妥結状況が異なるとしても，それは使用者と組合との自由な取引（交渉）の結果に過ぎず，不当労働行為の問題を生じないとしている。もっとも本判決は，この前提として，使用者は団体交渉の場面に限らずすべての場面で各組合に対して中立的態度を保持し，その団結権を平等に承認，尊重しなければならないこと，すなわち，複数組合併存下においては，使用者に中立保持義務があることを明らかにしている。

2　多数組合と少数組合が併存する場合の中立保持義務の内容
　もっとも，本判決は，組織人員数に圧倒的差異が存する場合，使用者がほぼ同時期に多数組合と妥結したのと同一内容の提案をし，その内容で少数組合とも妥結を図る（当該内容を譲歩の限度とする）場合，直ちには中立保持義務に違反しないとして，多数組合と少数組合が併存する場合の中立保持義務の内容に限定を加えている。そして本判決は，このこととの関係で，少数組合との交渉において，多数組合との妥結内容を重視してそれ以上譲歩しない場合，協約が締結されないことによる少数組合の組織弱体化が容易に予測できるとしても，そのことから短絡的に使用者の交渉態度を組合嫌悪の意図に基づくものと認定してはならないことを明らかにしている。この点は，前掲，日本メール・オーダー事件が少数組合の組織力の弱さを考慮したといいうる判断を行っていたのを修正するものと考えられる。

3　不当労働行為が成立する例外的場合

　以上のとおり，多数組合と妥結した内容で少数組合とも妥結を図ることは，原則として中立保持義務に違反しないが，**当該交渉事項についてすでに当該組合に対する団結権の否認ないし同組合に対する嫌悪の意図が決定的動機となって行われた行為があり，当該団体交渉がそのような既成事実を維持するために形式的に行われていると認められる「特段の事情」が存在する場合には，当該団体交渉の結果として使用者がとった措置につき不当労働行為が例外的に成立する。**

　本判決は，そもそも昼夜二交替・計画残業体制導入に際しDに何らの申入れ等を行わず，都労委が関与する以前の団体交渉では右両体制の必要性・妥当性についてそれなりの説明・説得を試みた形跡がないこと等に照らし特段の事情があると判断している。すでにみたとおり，前掲，日本メール・オーダー事件でも，抽象的な前提条件の内容を十分説明していない点が不当労働行為の成立を認めた重要な根拠となっており，また，高知県観光事件（最二小判平成7・4・14労判679号21頁☞**058**事件）では，使用者の交渉態度が不誠実とはいえない点を重視して「特段の事情」はないとの判断が導かれている。少数組合についても団結体として尊重すること，誠実に団体交渉に応じることが「特段の事情」の有無についての重要な判断要素となっているとみられる。

（竹内　寿）

第23章　不当労働行為の救済

（1）労組法7条1号の私法的効力

135　医療法人新光会事件
最三小判昭和43・4・9　民集22巻4号845頁・労判74号79頁

【事案の概要】

1　原告Xは，昭和37年4月24日にA病院の精神病患者看護人として雇用された。A病院では同年7月21日にB労働組合が結成されたが，Xはその委員長として，従業員の健康保険加入や看護婦の解雇撤回を実現させるなど，組合活動の中心的・指導的地位にあった。

2　昭和38年9月4日，Xは，A病院を経営する被告Y医療法人から，就業規則上の規定（やむを得ない業務上の都合）を理由として解雇を通告された。これに対しXは，XY間での雇傭関係存続の確認などを求めて提訴した。

3　1審（横浜地判昭和40・3・16民集22巻4号847頁）は，Yが主張する，患者の不安動揺を助長する行動，同僚との協力的態度の欠如などのXの解雇理由は，いずれも具体的事実として存在したことが極めて疑わしいばかりか，そもそも解雇が決定された時点で真に解雇の理由とされていたかどうかも極めて疑わしく，解雇の決定的原因はXの組合活動に他ならないとして，Yの解雇の意思表示は労組法7条1号に掲げる不当労働行為を構成し無効であるとした。

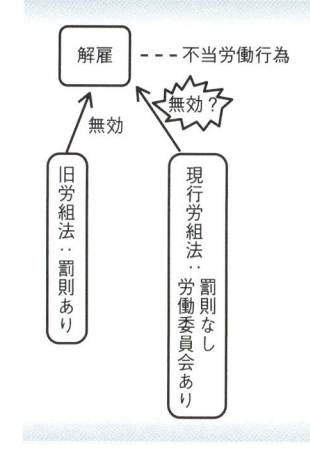

4　2審（東京高判昭和42・5・30民集22巻4号859頁）も1審の判断をほぼそのまま引用した上でXの請求を認容したため，Yが最高裁に上告した。最高裁は，Y

の上告理由のうち労組法7条の私法的効力にかかわる部分について以下のように判示した上で，原審の結論を維持した。

【判旨】

1　「不当労働行為たる解雇については，旧労働組合法（昭和20年12月22日法律第51号）においては，その11条によりこれを禁止し，33条に右法条に違反した使用者に対する罰則を規定していたが，現行労組法（昭和24年6月1日法律第174号）においては，その7条1号によりこれを禁止し，禁止に違反しても直ちに処罰することなく，使用者に対する労働委員会の原状回復命令が裁判所の確定判決によつて支持されてもなお使用者が右命令に従わない場合に初めて処罰の対象にしている（同法28条）。

2　「しかし，不当労働行為禁止の規定は，憲法28条に由来し，労働者の団結権・団体行動権を保障するための規定であるから，右法条の趣旨からいつて，これに違反する法律行為は，旧法・現行法を通じて当然に無効と解すべきであつて，現行法においては，該行為が直ちに処罰の対象とされず，労働委員会による救済命令の制度があるからといつて，旧法と異なる解釈をするのは相当ではない。従つて，本件解雇を無効と解した原判決の判断は相当であ」る。

【問題の所在】

　労働組合法7条の定める不当労働行為禁止規定が，労働委員会による行政救済制度の根拠であることについては争いがない。しかし，同条が私法上いかなる効力を有するのかについては議論がある。本判決は，同条1号違反の解雇は当然に無効であると判示し，この問題につき最高裁として一定の立場を示した。

【本判決のポイント】

1　団結権侵害説と立法政策説

　労働組合法7条各号違反の行為が行われた場合，労働者あるいは労働組合は，同条違反を根拠に処分の無効確認や損害賠償を請求することができるか。不当労働行為救済制度を，公序設定機能を有する憲法28条の団結権保障を具体

化したものであると捉える立場（団結権侵害説）からは，これを肯定するのが自然であろう。しかし，同制度は円滑な団体交渉関係の実現という憲法28条とは別個の目的の下で労組法が政策的に創設したものであると考える立場（立法政策説）からは，労組法7条は基本的には労働委員会による行政救済を行うための判断基準であり，当然に私法上の効力を持つものではないという帰結が導かれる。立法政策説の立場からは，不当労働行為の司法救済は労組法7条違反ではなく憲法28条違反を根拠に行われることになる。

2　労組法7条1号の効力

　本判決は，**労組法7条が憲法28条に由来する団結権・団体行動権を保障するための規定であることを根拠に，同条1号に違反する法律行為は当然に無効と解すべきである**とした。不利益取扱いに該当する解雇，懲戒処分，配転命令などは，法的に無効となり，また不法行為に基づく損害賠償の要件としての「違法性」を備えることとなる。ハラスメントなどの事実行為も同様に損害賠償請求権を基礎づける。

　旧法とは異なり，現行労組法には不当労働行為禁止規定違反について罰則規定がなく，また労働委員会による独自の行政救済制度が設けられている。しかし，そのことによっても，労組法7条1号が私法上の効力を有することは否定されない，というのが本判決の立場である。団結権侵害説により親和的な判断と評価できる。

2　労組法7条2号・3号の効力

　本判決は労組法7条1号違反の解雇が問題となった事案であり，同条2号・3号違反の行為が私法上のどのように評価されるかについては直接の判断を行っていない。しかし下級審裁判例では，本判決が労組法7条（1号だけでなく）各号の私法上の効力を肯定したものであるという理解を前提に，同条に違反する違法な団交拒否や支配介入に該当する行為は損害賠償請求の根拠となるという立場が明確である。また同条2号が団体交渉を求める地位確認請求の根拠となることも判例上確立したルールとなっている（国鉄事件：最三小判平成3・4・23労判589号6頁☞**113**事件）。

（森戸　英幸）

（1）労組法7条1号の私法的効力

（2） 不利益取扱いの認定と大量観察方式

136　紅屋商事事件
最二小判昭和61・1・24　労判467号6頁・判時1213号136頁

【事案の概要】

1　X社では，昭和49年末から50年初頭にかけて，Z労働組合（Z組合）とA労働組合（A労組）の2つの労働組合が結成された。X社は，Z組合の結成が公然化した直後から，代表者の発言等を通じて，Z組合を嫌悪し，同組合員を差別する行動を繰り返した。

2　X社における昭和50年度の夏季および冬季賞与は「基本給×成果比例配分率×人事考課率×出勤率」という計算式に基づき支給された。同年度夏季賞与における人事考課率は「50」から「130」の範囲で定められたが，Z組合員については最低の「50」が31名で最も多く，「60」が17名，「70」が7名，「75」が1名，「80」が4名という分布になっており，その平均は「58」であった。他方A労組員については，最低の者（4名）でもZ組合員の最高の者より高い「90」であり，「95」が8名，「100」が15名，「110」が8名，「120」が2名という分布になっており，その平均は「101」であった。なお，昭和50年度夏季賞与の考課期間におけるZ組合員の平均出勤率は93.4パーセントであり，A労組員の平均出勤率89.1パーセントを上回っていた。

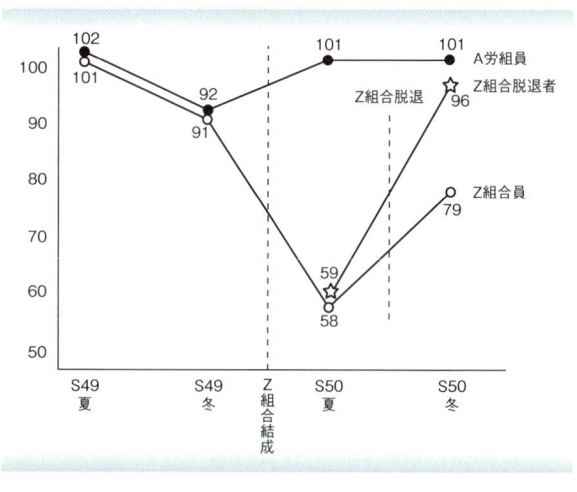

3 昭和50年度冬季賞与における人事考課率は、「75」から「125」の範囲内で定められたが、Z組合員についてこれをみると、最低の「75」が26名で最も多く、「85」が11名、「100」が2名という分布になっており、その平均は「79」であったが、A労組員および非組合員については、最低の者（8名）でも「85」であり、「90」が2名、「100」が36名、「105」が2名、「110」が14名、「120」が1名、「125」が2名という分布になっており、その大半がZ組合員の最高である「100」以上の評価を得ており、その平均は「101」であった。

4 Z組合結成前の昭和49年度夏季および冬季の各賞与における人事考課率を昭和50年度夏季賞与支給当時のZ組合員とA労組員とに仕分けしてその平均を比較すると、昭和49年度夏季賞与についてはそれぞれ「101」と「102」であり、同年度冬季賞与についてはそれぞれ「91」と「92」であった。また、昭和50年度夏季賞与の考課期間の後にZ組合を脱退して非組合員あるいはA労組員となった21名の右賞与における平均人事考課率は「59」であり、その当時のZ組合員全員の平均人事考課率「58」とほとんど差がなかったのに、同年度冬季賞与におけるそれは「96」となり、その当時のZ組合員の平均人事考課率「79」と比べ「17」もの差が生じた。

5 Z組合は、昭和50年度夏季および冬季の各賞与につき、自組合員が人事考課率の査定で差別を受けたと主張し、青森地方労働委員会（地労委）に不当労働行為救済申立てを行った。地労委はこれを認容し、Z組合員の人事考課率に、昭和50年度夏季賞与についてはそれぞれ「40」を、同年度冬季賞与についてはそれぞれ「22」を加算した人事考課率により賞与を再計算した金額とすでに支給した金額の差額等をZ組合員に支払うべきことを命ずる旨の救済命令を発した。中央労働委員会（Y）もこれを支持してX社の再審査申立てを棄却したため、これを不服とするX社は取消訴訟を提起した。1審（東京地判昭和54・3・15判時941号131頁）、2審（東京高判昭和54・12・19判例集未登載）ともに労委命令を支持したためX社が上告したところ、最高裁は以下のように判示してこれを棄却した。

【判旨】

1　「Z組合結成前の昭和49年度夏季及び冬季の各賞与における人事考課率の査

定においては，後にZ組合員となった者らの平均考課率とA労組員となった者らの平均考課率との間にほとんど差異がなかったのであり，このことは，これらの者の勤務成績等を全体として比較した場合その間に隔りがなかったことを示すものというべきところ，その後Z組合が結成されこれが公然化した後において，Z組合員らの勤務成績等がA労組員又は非組合員のそれと比較して劣悪になったことを窺わせる事情はなく，したがって，本件各賞与における人事考課率の査定時においても，Z組合員らとそれ以外の者らとの勤務成績等に全体として差異がなかった」といえる。

2 「他方，本件各賞与における人事考課率をZ組合員らとそれ以外の者らとの間で比較してみると，その間に全体として顕著な差異の生じていることが明らかである。そして，これらの事実にZ組合が結成されこれが公然化した後X社において同組合を嫌悪し同組合員をA労組員と差別する行動を繰り返していること，昭和50年度夏季賞与の考課期間の後にZ組合を脱退して非組合員又はA労組員となった者らの同年度冬季賞与における平均人事考課率がにわかに上昇し従前からA労組員又は非組合員であった者らの平均人事考課率に近似する数値となっていることなど……を合わせ考えると，Z組合員らとそれ以外の者らとの間に生じている右のような差異は，X社においてZ組合員らの人事考課率をその組合所属を理由として低く査定した結果生じたものとみるほかなく……X社は，本件各賞与におけるZ組合員の人事考課率を査定するに当たり，各組合員について，Z組合に所属していることを理由として，昭和50年度夏季賞与についてはZ組合員全体の平均人事考課率とA労組員全体の平均人事考課率の差に相応する率だけ，同年度冬季賞与についてはZ組合員全体の平均人事考課率とA労組員及び非組合員全体の平均人事考課率の差に相応する率だけ，それぞれ低く査定したものとみられてもやむを得ない」。

3 「人事考課率をその組合所属を理由として低く査定した事実が具体的に認められ，これが労働組合法7条1号及び3号の不当労働行為に該当するとされる以上，労働委員会において，これに対する救済措置として，使用者に対し，個々の組合員につき不当労働行為がなければ得られたであろう人事考課率に相応する数値を示し，その数値により賞与を再計算した金額と既に支給した金額との差額の支給を命ずることも，労働委員会にゆだねられた裁量権の行使とし

て許される」。

【問題の所在】

賃上げや昇進などに関わる人事考課において、少数組合の組合員あるいは組合内少数派を集団的に差別し査定を低くすることは、労組法7条1号の不利益取扱いに、またそれが組合弱体化の意図の下で大量に行われれば同条3号の支配介入に該当しうる。しかし人事考課は企業内部の手続であるため、実際上差別の立証には困難がともなう。本判決では、そのような大量査定差別の事案において用いられる判断枠組みの是非が争われた。

【本判決のポイント】

1 大量観察方式による不当労働行為の認定

不利益取扱いの不当労働行為が成立するためには、使用者の行為が労働組合員であること等の「故をもつて」なされたこと（不当労働行為意思）の立証が必要である（労組7条1号）。査定差別の場合にも、査定が個々の労働者ごとになされる行為であることからすれば、本来なら特定の労働組合の組合員であるがゆえに査定が低くなっていることの立証を個々の労働者ごとに行うべきであるといえる。しかし現実には、不当労働行為の申立てを行う労働組合側が個々の査定に関する資料を入手するのは難しい。

このような状況に鑑み、本判決は、①その労働組合の組合員とそれ以外の者の勤務成績に「全体として」差異がなかったにもかかわらず、②人事考課率については「全体として」顕著な差異が生じていたこと、③会社がその組合を嫌悪し差別する行動を繰り返していたこと、④その組合を脱退した者の人事考課率が脱退後急に平均レベルまで上昇したことなどから、組合所属を理由とする査定差別を認定した労働委員会の判断枠組みを是認し、不利益取扱いおよび支配介入の不当労働行為の成立を認めた。**組合員と非組合員の勤務成績等の比較を個別には行わず、「全体として」の比較で足りるとする判断枠組み**であり、「大量観察方式」と呼ばれる。

労働組合が上記①から④のような事実を立証すれば、不当労働行為の成立が一応推定されることになる。使用者側は、査定における格差は組合所属による

ものではなく個々の労働者の成績や能力の差によるものであること，すなわち個々の組合員についての査定が公正であることの立証（個別立証）でこの推定を覆すことができる。このほか，その組合と比較すべき集団との間で勤務内容や勤続年数，あるは人数の点などで同質性が欠けるため，そもそも大量観察方式になじまない事案である，ということの立証もしばしば試みられる。

2 大量査定差別に対する救済

本件では，Z労組員全員の人事考課率に一定の上乗せを行い，その結果に基づいて本来支給されるべきであった賞与額を決定するという救済方法が採用され，最高裁もそれを労働委員会の裁量の範囲内であるとして是認した。もっとも，このような「一律上乗せ方式」は，組合差別による影響が個々の組合員ごとに異なると考えられる場合には採用できない。その場合には，差別なく（たとえば「組合員の平均考課率が100になるように」など）再査定を命じる救済命令などが考えられよう。

（森戸　英幸）

（3）　申立期間と「継続する行為」

137　紅屋商事事件
最三小判平成 3・6・4　民集45巻 5 号984頁・判時1407号118頁

【事案の概要】

1　X社の従業員で組織されるZ組合は，昭和53年度の賃金改定において，同組合員に対し，労組法 7 条 1 号および 3 号の不当労働行為に該当する差別が行われたとして，昭和54年 7 月17日に青森地方労働委員会（Y）に申立てを行った。Yはこの申立てを認容し，賃金格差の是正を内容とする救済命令を発した。

2　X社はこの命令について取消訴訟を提起し，その中で，昭和53年度賃金改定については，昭和53年 4 月に昇給査定を終了し，それに基づく最初の給料支給日が同月28日であるので，労組法27条 2 項にいう「行為の日」は昭和53年 4

月28日であり，昭和54年7月17日の救済申立ては除斥期間1年が経過した後になされたものとして却下されるべきであると主張した。

3 この点に関し1審（青森地判昭和61・2・25労判475号119頁）および2審（仙台高判昭和63・8・29労判532号99頁）は，査定に基づく賃金が毎月支払われている限り不当労働行為は継続することになるから，その賃金支払の最後のもの，すなわち次期の昇給査定に基づく賃金支払の前月の賃金支払から1年以内であれば救済申立ては適法となる，と判示してX社の主張を退けた。X社は上告したが，最高裁も以下のように判断して上告を棄却した。

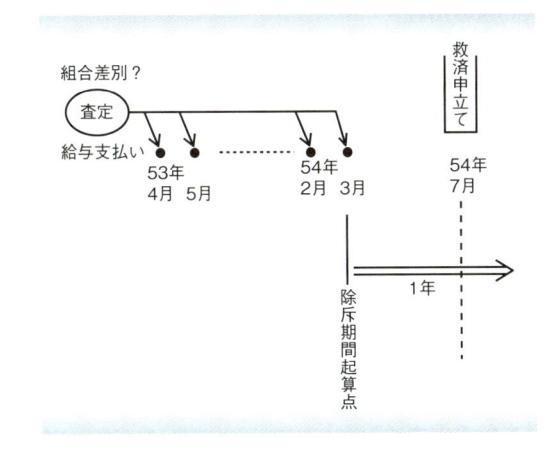

【判旨】

「X社が毎年行っている昇給に関する考課査定は，その従業員の向後一年間における毎月の賃金額の基準となる評定値を定めるものであるところ，右のような考課査定において使用者が労働組合の組合員について組合員であることを理由として他の従業員より低く査定した場合，その賃金上の差別的取扱いの意図は，賃金の支払によって具体的に実現されるのであって，右査定とこれに基づく毎月の賃金の支払とは一体として1個の不当労働行為をなすものとみるべきである。そうすると，右査定に基づく賃金が支払われている限り不当労働行為は継続することになるから，右査定に基づく賃金上の差別的取扱いの是正を求める救済の申立てが右査定に基づく賃金の最後の支払の時から1年以内にされたときは，右救済の申立ては，労働組合法27条2項の定める期間内にされたものとして適法というべきである。」

【問題の所在】

不当労働行為の申立ては，不当労働行為とされる行為の日（「継続する行為」の場合はその終了した日）から1年以内にしなければならない（労組27条2項）。1年という短い除斥期間が設定されているのは，不当労働行為制度が，将来に向けて正常な集団的労使関係秩序の回復を目指すものであるためとされている。本件は，年度初めに行われた差別的な査定に基づいてそれ以降の賃金が毎月支払われている場合に，何を不当労働行為に当たる1個の「行為」と考えるべきか，1年の除斥期間の起算点はいつになるか，という実務上重要な論点について判断を下した注目すべき判決である。

【本判決のポイント】

1 「継続する行為」の意義

労組法27条2項の「継続する行為」は，典型的にはロックアウトや予告つきの解雇など，ただちに完結せず文字どおり一定期間継続する行為を指す。しかし本判決は，**査定とそれに基づく毎月の賃金支払は一体として1個の不当労働行為とみるべきであり，査定に基づく賃金が支払われているかぎり不当労働行為は継続する**，と判示した。毎月なされる賃金支払は本来独立した別個の行為であるが，労組法27条2項との関係では，年度初めの査定からそれに基づく賃金支払いが終わるまでが全体として「継続する行為」に該当するということになる。

このように解すべきなのは，最高裁によれば，年度初めの考課査定における組合差別の意図が，賃金の支払によって具体的に実現するからである。たとえ組合差別がなされたのが査定の時点であったとしても，その効果はその査定に基づく賃金が実際に支払われなければ組合員まで及ばない。また現実問題として，そもそもその年度の賃金支払が何か月かなされてみないことには，組合員としても差別の存在に気がつかないであろう。そのような状況で査定と毎月の賃金支払をそれぞれ独立した1個の行為としてみてしまうと，不当労働行為の救済申立てを行う労働組合側に不当な結果となりうる。最高裁もこのような点を考慮して本判決のような結論に至ったものと思われる。

2 除斥期間の起算点

上記のように査定と毎月の賃金支払を1個の行為とみることの帰結として，ある査定に基づく賃金上の差別的取扱いの是正を求める救済申立ては，この査定に基づく賃金の最後の支払日から1年以内であれば却下を免れるということになる。すなわち，**年度初めの4月に査定が行われ，その年度内はこの査定に基づいて毎月の賃金が支払われるという場合，年度内最後の，すなわち3月の賃金支払日から1年以内であれば，査定において不利益取扱いがあった旨の申立てを適法に行える。**なおこの1年の期間は時効ではなく除斥期間であるので，中断等がなされることはない。

（森戸　英幸）

（4）バック・ペイと中間収入の控除

138　第二鳩タクシー事件
最大判昭和52・2・23　民集31巻1号93頁・労判269号14頁

【事案の概要】

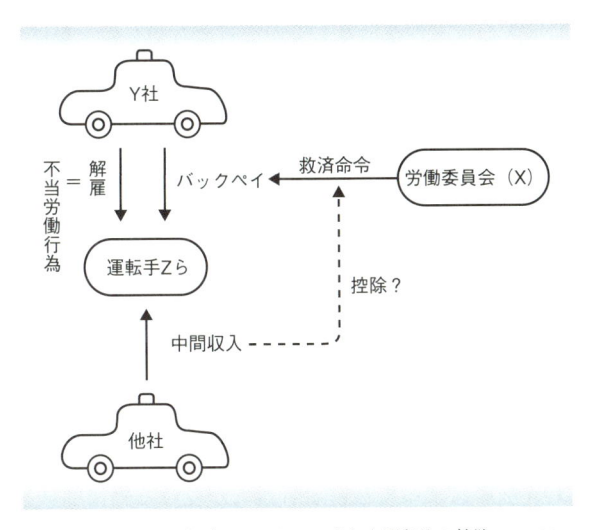

1 ハイヤー・タクシー業を営むY社の自動車運転手であり労働組合員でもあったZら5名は，採用後それぞれ半年ないし3年半ほどでY社を解雇されたが，その後早い者は解雇の日の翌日，遅い者でも約半年後にまでにそれぞれ他のタクシー会社に運転手として雇

用され，Y社での賃金額に近い金額の収入を得ていた。

2 Zらは，解雇が不当労働行為であるとして東京都地方労働委員会（X）に救済申立てを行った。Xはこの申立てを認容し，Y社に対し組合員らの原職復帰および解雇から原職復帰までの間に受けるはずであった賃金相当額の支払（バック・ペイ）を命じた。

3 これに対しY社は，バック・ペイを命じた部分は組合員らが解雇後に他社で得た収入（中間収入）を控除していないため違法であるとして，救済命令の取消訴訟を提起した。1審（東京地判昭和43・1・30民集31巻1号122頁），2審（東京高判昭和45・2・10民集31巻1号129頁）ともにY社の訴えを認容したため，Xは上告した。最高裁は以下のように判示して上告を棄却した。

【判旨】

1 不当労働行為救済制度は，「多様な不当労働行為に対してあらかじめその是正措置の内容を具体的に特定しておくことが困難かつ不適当であるため，労使関係について専門的知識経験を有する労働委員会に対し，その裁量により，個々の事案に応じた適切な是正措置を決定し，これを命ずる権限をゆだねる」ものである。したがって「労働委員会の裁量権はおのずから広きにわたることとなるが，もとより無制限であるわけではなく，……救済命令は，不当労働行為による被害の救済としての性質をもつものでなければならず，このことから導かれる一定の限界を超えることはできない……。しかし，法が……労働委員会に広い裁量権を与えた趣旨に徴すると，……裁判所は，労働委員会の右裁量権を尊重し，その行使が右の趣旨，目的に照らして是認される範囲を超え，又は著しく不合理であって濫用にわたると認められるものでない限り，当該命令を違法とすべきではない」。

2 解雇に対する「救済命令の内容は，被解雇者に対する侵害に基づく個人的被害を救済するという観点からだけではなく，あわせて，組合活動一般に対する侵害の面をも考慮し，このような侵害状態を除去，是正して法の所期する正常な集団的労使関係秩序を回復，確保するという観点からも，具体的に，決定されなければならない」。

3 「解雇によって被解雇者個人が受ける経済的被害の面をみると，被解雇者

は、……使用者の下における就労から解放され、自己の労働力を自由に利用しうる状況に置かれるわけであるから、他に就職して収入を得た場合には、……解雇による経済上の不利益はその限度において償われたものと考えられ、したがって、バック・ペイとしてその既に償われた部分までの支払いを命ずることは、個人的な経済的被害の救済の観点からする限りは、実害の回復以上のものを使用者に要求するものとして救済の範囲を逸脱する」。ただし「中間収入をもたらした労務が、従前の労務と比較してより重い精神的、肉体的負担を伴うようなものであるとき、これを無視して機械的に中間収入の額をそのまま控除することは、被害の救済としては合理性を欠く」。

4 「次に、右解雇が当該使用者の事業所における組合活動一般に対して与える侵害の面をみると……この侵害は、当該労働者の解雇により、労働者らの組合活動意思が萎縮し、そのため組合活動一般に対して制約的効果が及ぶことにより生ずるものであるから、このような効果を除去するためには、解雇による被解雇者に対する加害が結局において加害としての効果をもちえなかったとみられるような事実上の結果を形成する必要がある」。そして「組合活動一般に対する制約的効果は、当該労働者が解雇によって現実に受ける打撃の軽重と密接な関係をもち、再就職の難易、就職先における労務の性質、内容及び賃金額の多少等によって」異なるので、中間収入控除の可否とその金額は「組合活動一般について生じた侵害の程度に応じ合理的に必要かつ適切と認められる救済措置を定めなければならない」。

5 「中間収入控除の要否及びその金額を決定するにあたっては、労働委員会は……〔被解雇者個人が受ける経済的被害の救済及び組合活動一般に対する侵害の除去〕の両面からする総合的な考慮を必要とするのであって、そのいずれか一方の考慮を怠り、又は救済の必要性の判断において合理性を欠くときは、裁量権の限界を超え、違法とされることを免れない。」

6 「Zらの得た中間収入は、いずれも従前の労務と同じくタクシー会社の運転手として稼働したことによって得たものであるから、解雇による個人的な経済的被害の救済という観点からは当然にその控除を考慮すべきものである。また、組合活動一般に対する侵害的効果の除去の観点からみても……当時のタクシー業界における運転手の雇用状況、特に同業他社への転職が比較的頻繁かつ

容易であったこと等に照らせば，たとえZらの他会社への転職が，同人らの主張するように，臨時採用にかかるものであり，また，その収入も専ら歩合給としてであって従前のような固定給の保障を欠くものであったとしても，解雇による被解雇者の打撃は比較的軽少であり，したがってまた，Y社における労働者らの組合活動意思に対する制約的効果にも，通常の場合とかなり異なるものがあるとみるのが当然であるから，特段の理由のない限り，バック・ペイの金額を決定するにあたって上記のような中間収入の控除を全く不問に付することは，合理性を欠く」。

【問題の所在】
　不当労働行為にあたる解雇については，通常労働委員会による救済命令として原職復帰とともにバック・ペイが命じられる。ではその解雇期間中に他で就労することによっていわゆる「中間収入」を得ていた場合，労働委員会はその分だけバック・ペイの金額を減額すべきだろうか，それとも中間収入を控除せずに全額のバック・ペイを命じることも可能だろうか。本件は，この問題に関して一定の基準を示した重要な判決である（なお中間収入の民事上の取扱いについては☞**083**事件を参照）。

【本判決のポイント】
1　労働委員会の裁量権とその限界
　本判決はまず，**労働委員会は救済命令に関して広い裁量権を有し，裁判所は労働委員会の命令が著しく不合理で濫用にわたらない限りそれを違法とすべきではない**，という一般論を提示した。そのように考えるべきなのは，最高裁によれば，多様な不当労働行為に対してあらかじめその是正措置の内容を特定しておくことはできないので，労働委員会に対し個々の事案に応じた適切な是正措置を決定する裁量を与えるというのが法の趣旨だからである。要するに，労働委員会は裁判所ではないので，事件の内容に応じて柔軟に，適切と考えられる救済命令を発する権限があるということである。労働委員会は，申立人の請求する救済内容にも拘束されず，自らが適切と考える救済内容を定めることができる。
　もっとも，その広い裁量権にも限界はあり，濫用とされる場合もある。本判

決によれば，**救済命令が，不当労働行為による被害の救済としての性質をもつものとはいえないような内容のものである場合**がそれに当たる。中間収入を控除しないバック・ペイ命令の適法性も，この観点から判断されることになる。

2　中間収入控除の可否

本判決によれば，**バック・ペイ金額の決定に当たっては，労働者個人が被った経済的損害の補償，そして組合活動一般に対する侵害の除去という2つの観点を総合考慮しなければならない**。つまり，本判決の一般論にいう「被害の救済」は，解雇された労働者個人の被害と，その労働者の属する集団である労働組合の被害という2つの意味を持つということである。前者の観点からすれば，他で働いて経済的に損失がない以上中間収入は原則控除すべきであることになるが，後者の観点からすれば控除を行わない余地が認められるということになり，このいずれかの考慮を怠った救済命令は，裁量権の限界を超えたものとして違法となる。

3　個人的被害の救済

最高裁は，ZらがY社での勤務と同じくタクシー運転手としての労働で中間収入を得ていたことに着目し，「個人的な経済的被害の救済という観点からは当然にその控除を考慮すべき」であるとした。逆にいえば，たとえ他で働いて収入を得たとしても，それが**「従前の労務と比較してより重い精神的，肉体的負担を伴う」業務によって得られた場合には，その中間収入をそのまま控除すべきではない**ということになる。

4　組合活動一般に対する侵害の除去

組合活動一般に対する侵害の度合いも，最高裁によれば結局は被解雇者個人の打撃の大きさによって決まってくる。本判決は，組合活動への制約的効果は「再就職の難易，就職先における労務の性質，内容及び賃金額の多少」などによって判断するとした上で，当時タクシー運転手の同業他社転職が比較的頻繁かつ容易であったことなどから，解雇によるZらの打撃は比較的軽少であり，中間収入を全く控除しないバック・ペイ命令は合理性を欠くとした。

なお最高裁は，本件における組合活動意思に対する制約的効果が「通常の場合とかなり異なる」根拠として，タクシー運転手の転職が容易であることを挙げている。つまり，**通常は解雇されてすぐ同じ職種の仕事に着くのは困難であり，**

したがって組合活動への打撃もそれだけ大きくなるということであろう。その場合には中間収入を控除しない命令が許容される余地も大きくなるということになる。

（森戸　英幸）

（5）　救済利益

139　旭ダイヤモンド工業事件
最三小判昭和61・6・10　民集40巻4号793頁・労判476号6頁

【事案の概要】

1　Y社の従業員で組織する労働組合であるZ_1支部は，昭和49年5月20日にストライキを実施した。その日のストは2時間で終了したが，Z_1支部の連絡が不十分であったこともあり，25名の組合員は終日就労しなかった。Y社はこれを一方的にスト扱いとした上で，欠勤1日につき基本給月額の25分の1をカットするという労使間の慣行を無視し，基本給月額全額のカットを行った。

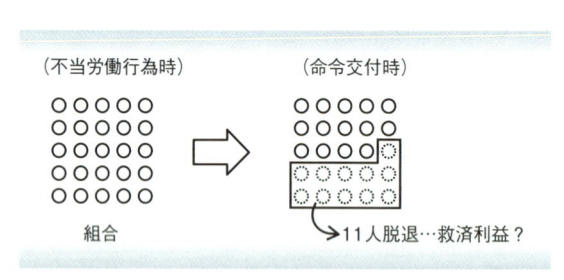

2　Z_1支部およびその上部団体であるZ_2本部（以下「Z組合ら」とする）が，この賃金カットはストに対する報復であり労組法7条1号および3号に該当するとして神奈川県地方労働委員会（X）に救済申立てを行ったところ，Xはこれを認容した。この救済命令は，Y社に対し，①賃金カットした賃金およびこれに対する年5分の加算金を25名の組合員に対して支払うこと（主文第1項および第4項），②賃金カットが不当労働行為に当たることを認め，今後かかる不当労働行為を一切行わないことなどを誓約する旨の誓約書をZ_1支部に交付しかつ工場で掲示すること（主文第5項）を命じていた。

3 これに対しY社は取消訴訟を提起した。1審（横浜地判昭和55・5・30労判347号22頁）は，賃金カットが不当労働行為に該当することは認めたが，上記25名の組合員中11名がXの救済命令以前に退職や配転によりZ₁支部の組合員資格を喪失していたことを理由に，命令主文第1項および4項のうち11名についてカット分賃金の支払を命じた部分を取り消した。原審（東京高判昭58・2・28労判476号16頁）はそれに加えてさらに命令主文第5項の誓約書交付・掲示命令のうち上記11名に関わる部分をも取り消した。Xが上告したところ，最高裁は以下のように判示して原審の判断を破棄した。

【判旨】

1「Z組合らは，本件賃金カットの組合活動一般に対する抑圧的，制約的ないしは支配介入的効果を除去し，正常な集団的労使関係秩序を回復・確保するため，本件救済命令の主文第1項，第4項及び第5項が命ずる内容の救済を受けるべき固有の利益を有する」。

2「本件救済命令の主文第1項及び第4項は前記25名に対する本件賃金カットに係る賃金の支払を命じているが，これも，本件賃金カットの組合活動一般に対する侵害的効果を除去するため，本件賃金カットがなかつたと同じ事実上の状態を回復させるという趣旨を有しており，Z組合らは，右の救済を受けることにつき，右組合員の個人的利益を離れた固有の利益を有しているのである。そして，Z組合らが右の救済を受ける利益は，本件賃金カットがなかつたと同じ事実上の状態が回復されるまで存続するのであり，右組合員が本件賃金カットの後にZ₁支部の組合員資格を喪失したとしても，Z組合らの固有の救済利益に消長を来たすものではない。右組合員が組合員資格を喪失したからといつて，右に述べた組合活動一般に対する侵害的効果が消失するものではない」。

3「もつとも，本件のように，労働組合の求める救済内容が組合員個人の雇用関係上の権利利益の回復という形をとつている場合には，たとえば労働組合が固有の救済利益を有するとしても，当該組合員の意思を無視して実現させることはできないと解するのが相当である。したがつて，当該組合員が，積極的に，右の権利利益を放棄する旨の意思表示をなし，又は労働組合の救済命令申立てを通じて右の権利利益の回復を図る意思のないことを表明したときは，労

働組合は右のような内容の救済を求めることはできないが，かかる積極的な意思表示のない限りは，労働組合は当該組合員が組合員資格を喪失したかどうかにかかわらず救済を求めることができる」。

4　「前記25名のうち11名は，本件賃金カットから本件救済命令までの間に退職又は配転によつてZ₁支部の組合員資格を喪失しているものの，本件賃金カットに係る賃金を放棄する旨の意思表示はしておらず，また，Z組合らの救済命令申立てを通じて右賃金の回復を図る意思がないことを表明してもおらず，かえつて，Z₁支部から右賃金の立替払を受け，Y社から右賃金が支払われることとなつた場合の受領権限をZ₁支部に与えているのである。したがつて，Z組合らは，右11名についても，本件賃金カットに係る賃金の支払を求めることができる」。

5　「本件救済命令の主文第5項は誓約書の交付・掲示を命じているが，これは，前記25名の個人的な雇用関係上の権利利益の回復を図るものではなく，専ら組合活動一般に対する侵害の除去ないし予防を目的とするものであるから，Z組合らは，前記11名に係る本件賃金カットに関しても，その組合員資格の喪失や個人的意思のいかんにかかわらず，誓約書の交付・掲示を求めることができる」。

【問題の所在】

　不当労働行為救済制度は，将来に向けて労使関係の正常化をはかる制度である。したがって，たとえ過去に不当労働行為があったことが認定されたとしても，それによる労使関係の歪みがすでに是正されているなど，申立人側にもはや救済利益がないといえる場合，労働委員会は棄却命令を発することもできる。では，不当労働行為によって不利益を受けた労働者が退職等によりすでに組合員資格を喪失している場合，その労働組合にはなお救済利益が存するといえるだろうか。本判決はこの問題に関して一定の基準を示した。

【本判決のポイント】

1　労働組合固有の救済利益

　本判決はまず，不当労働行為に該当する**賃金カットの金額を個々の組合員に支**

払うよう使用者に命じる救済を受けることにつき，**労働組合が組合員の個人的利益を離れた固有の利益を有している**という一般論を示した。被害を被ったのも，またその償いを得るのも組合員個人であるが，しかしそのような救済により組合活動一般に対する侵害的効果を除去するという効果が得られる以上，組合にも独自の救済利益があるということである。不当労働行為救済制度が，組合員個人の経済的被害の救済だけでなく，組合活動一般に対する侵害の除去・是正をも目的とした仕組みであるとする最高裁の立場（第二鳩タクシー事件：最大判昭和52・2・23民集31巻1号93頁☞**138**事件）に沿った判示といえる。

2　組合員資格の喪失と救済利益

したがって，賃金カットを受けた組合員の一部が組合員資格を喪失したとしても，組合活動一般に対する侵害的効果は消滅しないので，組合は組合員でなくなった者に対する賃金カット分の支払をなお求めることができることになる（同旨，亮正会事件・最三小判平成2・3・6労判584号38頁）。もっとも，最高裁によれば，**組合員が，個人として救済を受ける権利利益を放棄する旨の意思表示をしていたり，組合の救済命令申立てを通じてその権利利益の回復を図る意思がないことを表明していたりする場合には，労働組合の救済利益は失われる**。労働組合の求める救済が組合員個人の権利利益の回復という形をとっているがゆえの限界といえよう。

しかし本件ではそのような意思表示はなされておらず，逆に元組合員11名が，組合から賃金相当額の立替払を受け，代わりに救済命令によって支払われる金銭の受領権限を組合に与えていたため，Z組合らの救済利益が肯定された。なお学説上は，組合員が自らの脱退によって組合員資格を喪失した場合には，積極的な意思表明がなくても，救済をはかる意思の喪失を推認し，脱退組合員個人の不利益是正に関する組合の救済利益を否定すべきであるという見解も有力である。

3　ポスト・ノーティスと救済利益

ポスト・ノーティスや文書交付命令は，本件における賃金カット相当額の支払いなどと異なり，そもそも組合員個人の権利利益の回復を図るものではなく，組合活動一般に対する侵害の除去・予防を目的とするものである。この考え方を前提に，本判決は，**すでに組合員でなくなった者が不当労働行為によって**

139

被った不利益に言及する誓約書の交付や掲示についても，組合はなお救済利益を失わないとした。なお最高裁は「個人的意思のいかんにかかわらず」と述べているので，ポスト・ノーティス等の場合には，賃金カット分の補てんなどとは異なり，たとえ脱退組合員が積極的に救済拒否の意思表示をしていたとしてもなお組合の救済利益は失われないということになる。

（森戸　英幸）

第24章　国際労働関係

（1）わが国の労働法規の適用

140　インターナショナル・エア・サービス事件
東京地決昭和40・4・26　判時408号14頁・判タ178号172頁

【事案の概要】

1　Yは、アメリカ合衆国カリフォルニア州法に基いて設立された法人であって、同州内に本店を置き、日本を含む各国の航空業者に対する飛行要員の供給を行うこと等を業としており、日本には事務所を置いている。

2　Xは、昭和35年4月に、Y会社との間で、雇用期間1年の日本のN航空に機長として派遣されて就労する旨の雇用契約を締結し、以後毎年契約を更新して来た。この契約には、業務執行中にその範囲内で発生した一切の疾病、傷害ならびに死亡から生ずる請求権は、カリフォルニア州の労働者災害補償法に準拠すべき条項があった。

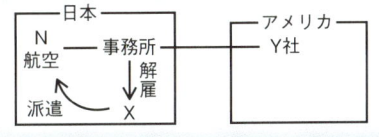

3　Xは、昭和39年9月11日、Y会社の東京企画担当支配人および外国人業務主任であるAに対し、同会社が同月Xより後順位の者をジェット機要員としてN航空に推薦し昇格させたのは、Xと同社の労働契約の内容になっていた先任者優先権を無視したものであると苦情を申し立てたが、Y会社はこれをとりあげなかった。

4　X以外の機長の間にも、会社は先任者優先権を無視しているという不満があったので、Xは、N航空に配属された他のY会社従業員2名とともに暫定的被傭者委員会（以下暫定委員会とする）を結成し、同年9月21日、N航空の担当者Bあて書面をもって前記苦情申立をしたことを通知するとともに、前記苦情申立が協定の条項に則った取扱いを受けるまでジェット機要員の選択を延期する

よう提案するなどした。

6 同年10月3日，暫定委員会委員3名は，Aとの間で，Y会社とその従業員を代表する委員会とが定期的に労働条件について会談して，協定文書ができれば承認を受けるため同社の取締役会に提出することなどにつき合意し，Xは同月5日暫定委員会委員長として，従業員代表委員会の構成員候補者の選挙を求める旨記載した文書を，暫定委員会名義で，Y会社の全搭乗員あてに発送した。

7 Y会社は，同年10月7日付の書面をもって，XがN航空に対し前記書面を提出し，しかも同書面に許可なくY会社の用箋を使用したことは，同会社の利益を害したことを理由に，Xを解雇する旨の意思表示をした。そこでXは，Y会社に対し，賃金仮払いの仮処分を申し立てたところ，本決定は申立てを認容した。

【判旨】

1「本件労働契約は，……アメリカ合衆国連邦法あるいは同国カリホルニア州法を準拠法として選択したものと考えられる。

　しかし，右契約に関するものであるとはいえ，本件解雇の意思表示は，東京国際空港駐在のY会社東京企画担当支配人兼外国人業務主任から，本件労働契約に基いてN航空に派遣され，その支配の下に……国内線の機長として勤務している，東京都港区在住のXに対してなされたものであるから，かかる解雇の効力は，労務の給付地であるわが国の労働法を適用して判断すべきであって，この点に関するかぎり法例第7条の適用は排除されるものと解すべきである。けだし，労働契約関係を律する労働法はひとしく労使の契約関係を規律する一般私法法規と異り，抽象的普遍的性格に乏しく各国家がそれぞれ独自の要求からその国で現実に労務給付の行われる労使の契約関係に干渉介入し，独自の方法でその自由を制限し規整しているので，労働契約に基く現実の労務給付が本件の如く継続して日本国内で行われるようになった場合には，法例第7条の採用した準拠法選定自由の原則は属地的に限定された効力を有する公序としての労働法によって制約を受けるものと解するのを相当とするからである。」

2「そこで，労働組合法第7条第1号にうかがわれる公序に照して，本件解

雇の効力の有無を検討するのに、XがN航空に前記のように提案し、協力を求めたからといつて、それが直ちにY会社及びその従業員の利益を害する結果を生ずるとは考えられず、また、かかる結果を生じたことを疎明するに足る十分な資料もない。他方、本件解雇は、……同年同月19日Y会社代表取締役Cから発せられた指令に基いて行われたものであること及びこの指令が発せられる以前、……Aが……Cの勤務しているサンフランシスコに行き、……前記指令が発せられた関係にあること、並びにAはサンフランシスコへ出発する以前既にXが……労働組合を結成しようとしているのではないかという危惧を抱いていたことがうかがわれるのであつて、これらの事実をそう合すると、……本件解雇は、Xの労働組合結成準備を嫌って行われたものであると認めるのが相当である。従って、本件解雇は、前記労働組合法第7条第1号にうかがわれる公序に反し無効であるといわなければならない」。

【問題の所在】

外国人労働者や外資系企業、あるいは国内従業員の海外派遣や海外進出先で雇用した現地従業員などの場合にみられるような、国際的な要素を含む労働関係（国際労働関係）においては、そもそもいずれの国の労働法規を適用すべきかという問題が生ずる。この場合、①外国法と日本法のいずれを適用すべきかの選択（準拠法の選択）が問題になることもあり、また、②日本法の適用の可否とその限界のみが問題となる場合もある。本決定は、基本的には①の問題にかかわるが、②の問題にも関連している。

なお、本決定当時、①の準拠法選択の問題についての一般的ルールは、「法例」において定められていたが、現在では、法の適用に関する通則法（通則法）において定められており、その内容も大きく異なっている。

【本決定のポイント】

1 労働契約における準拠法の選択

本決定は、アメリカ合衆国のカリフォルニア州法により設立された会社に雇用され、同国から日本に派遣されて就労しているアメリカ国籍の労働者と同会社の間における、労働組合の結成にかかわる解雇紛争については、労務の給付地であるわが

国の労働組合法を適用して判断すべきであって，この点に関するかぎり当事者による準拠法選択は排除されるとの立場を示したものである。

当時の法例7条は，契約を含む法律行為の当事者に準拠法選択の自由を原則として与えていたが，本決定の立場によれば，当事者による準拠法選択のいかんにかかわらず（判旨1の冒頭において，アメリカ合衆国の連邦法またはカルフォルニア州法が選択されたものと認定されている），労務給付地が日本であれば，日本の労働組合法（本件では同法7条1号）が適用されることになる。国際私法学では，本決定につき，法例7条とは異なる特別の準拠法選択ルールを用いる見解（強行法規の特別連結理論）を採用したとの理解もあるが，外国法と日本法の選択可能性を前提とする法例の枠組みとは別に，公法として性格づけられる労働法（労働組合法）を直接に適用するとの見解（公法理論ないしは絶対的強行法規の理論）を採用したものとみる理解が有力である。

2　法の適用に関する通則法のもとでの取扱い

法例に代わって現在施行されている通則法のもとでも，契約当事者による準拠法選択は原則としては認められているが（7条），労働契約については特則があり，**当事者の法選択がある場合でも，労働者が使用者に対し，当該労働契約に最も密接な関係がある地の法**（12条2項により原則として労務提供地法がこれに当たると推定される）**における強行規定を適用すべき旨を表示したときには，その強行規定も適用される**ことになる（同条1項）。

本件でも，通則法12条1項を適用すれば，日本の労働組合法7条1号が適用される可能性は高い。しかし，本決定につき，公法理論ないしは絶対的強行法規の理論を採用したものとみるならば，通則法が前提とする準拠法選択という枠組みにはよらず，労働組合法を絶対的強行法規とみることによって，同法の適用を根拠づけるべきこととなろう（通則法のもとでも，同法12条1項にいう強行規定とは別の絶対的強行法規という概念は承認されており，労働委員会という行政機関によりその施行が図られている労組法（7条）については絶対的強行法規とみる見解が多い）。なお，通則法12条1項にいう強行法規の主要な例としては，解雇権濫用法理を定めた労働契約法16条などがあげられている。

3　労働組合法の地域的適用範囲

以上のように労働組合法が絶対的強行法規と評価される場合には，その地域

的適用範囲はいかなるものかが問題となる（上記②の問題）。本決定は、労務給付地が日本である場合には日本の労組法が適用されるとの見解に立って、外国から日本に派遣され、日本にある使用者の事業所での管理のもとに就労していた労働者につき、労務給付地を日本であるとみて、同法を適用したものと位置づけられる。

　これに対し、日本企業が海外に進出し、そこで雇用した現地従業員との間で紛争が生じた場合には、日本の労働法規が適用されるか否かは難しい問題となる。参考判例 **142** 事件のT社ほか1社事件判決は、**労組法は日本における労使関係に適用される**ものと解したうえで、日本企業の現地子会社で就労している現地労働者の結成した労働組合が、現地での労働問題につき、日本における上部団体に加盟したうえ、同上部団体から日本の親会社に対して団交を求めた場合でも、労使関係は国内に存在するとはいえないとして、親会社の団交拒否等に対する救済申立てを却下した労働委員会の判断を支持している。

（山川　隆一）

（2）　外国人の労働災害

141　改進社事件
最三小判平成9・1・28　民集51巻1号78頁・労判708号23頁

【事実の概要】

1　パキスタン人であるXは、昭和63年11月28日、短期滞在の在留資格でわが国に入国し、翌日Y₁会社に雇用された。在留期間経過後も、Xは同社で製本等の業務に従事していたが、平成2年3月30日、作業中に右手人差指を製

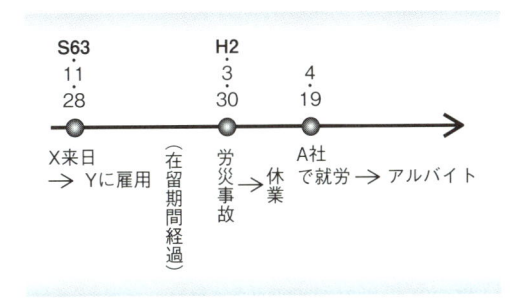

本機に挟まれその末節部分を切断する事故に遭った。Xは，その翌日から4月19日まで休業した後，8月23日までは訴外A社で就労し，その後はアルバイト等で収入を得ている。

2 この事故により，Xは労災保険から休業補償給付と障害補償給付および特別支給金の給付を受けたが，さらに，Y_1会社に対しては安全配慮義務違反を，同社代表者であるY_2に対しては不法行為をそれぞれ理由として，損害賠償を請求した。

3 1審判決（東京地判平成4・9・24判時1439号131頁）は，本件準拠法を日本法とした上で，請求を一部認容したが，後遺障害による逸失利益に関しては，XがA社を退社した日の翌日から3年間はわが国での就労による収入を基礎とする一方，その後67歳まではパキスタンにおいて予測される賃金額を基礎として算定を行った。2審判決（東京高判平成5・8・31判タ844号208頁）は，Xの控訴及びYらの附帯控訴をいずれも棄却し，これに対してXが上告した。本判決は，以下のように判示して原判決の上記判断を維持した（別の争点について原判決を破棄したが，以下では省略する）。

【判旨】

1 「財産上の損害としての逸失利益は，事故がなかったら存したであろう利益の喪失分として評価算定されるものであり，その性質上，種々の証拠資料に基づき相当程度の蓋然性をもって推定される当該被害者の将来の収入等の状況を基礎として算定せざるを得ない。損害の填補，すなわち，あるべき状態への回復という損害賠償の目的からして，右算定は，被害者個々人の具体的事情を考慮して行うのが相当である。」

2 「一時的に我が国に滞在し将来出国が予定される外国人の逸失利益を算定するに当たっては，当該外国人がいつまで我が国に居住して就労するか，その後はどこの国に出国してどこに生活の本拠を置いて就労することになるか，などの点を証拠資料に基づき相当程度の蓋然性が認められる程度に予測し，将来のあり得べき収入を推定すべきことになる。そうすると，予測される我が国での就労可能期間ないし滞在可能期間内は我が国での収入等を基礎とし，その後は想定される出国先（多くは母国）での収入等を基礎として逸失利益を算定する

のが合理的ということができる。そして，我が国における就労期間は，来日目的，事故の時点における本人の意思，在留資格の有無，在留期間，在留期間更新の実績及び蓋然性，就労資格の有無，就労の態様などの事実的及び規範的な諸要素を考慮してこれを認定するのが相当である」

3　「不法残留外国人は，出入国管理及び難民認定法24条4号ロにより，……最終的には我が国からの退去を強制されるものであり，我が国における滞在及び就労は不安定なものといわざるを得ない。そうすると，事実上は直ちに摘発を受けることなくある程度の期間滞在している不法残留外国人等がいることを考慮しても，在留特別許可等によりその滞在及び就労が合法的なものとなる具体的蓋然性が認められる場合はともかく，不法残留外国人の我が国における就労可能期間を長期にわたるものと認めることはできない」。

4　本件においては，Xの就労可能期間はA社の退社日の翌日から3年間を超えるものとは認められないとした原審の認定判断は不合理とはいえない。

【問題の所在】

　日本において入管法上の就労資格なくして就労している外国人（不法就労外国人）が労働災害に遭った場合，国による保険給付を定める労災保険法は，同法の適用される事業場で生じた業務上の災害である限り，労働者の国籍や日本での就労資格の有無を問わず適用されると解されているが，使用者に対して安全配慮義務違反等を理由に民事上の損害賠償責任を問う場合は，損害をどう算定すべきかという問題が生じる。

　特に，後遺障害がなければ得られたであろう賃金との差額（逸失利益）については，わが国の賃金水準によるべきか，出身国等の水準によるべきかといった問題が争われることになる。この問題は，労働災害に限らず，交通事故等の場合にも，また，適法にわが国に滞在する外国人（特に一時的滞在の場合）についても問題となりうる。

　なお，以上は，損害賠償責任について判断するに当たり日本法が適用されることを前提にしたものである（法の適用に関する通則法12条・17条により，外国人労働者については日本法が適用されることが多いであろう）。

141

【本判決のポイント】

1 損害賠償額決定における外国人の逸失利益

不法就労外国人の労働災害についての逸失利益（得べかりし賃金等）をどのように算定するかという上記問題を検討する場合，まず，損害賠償法における「損害」の概念をどう考えるかという問題がある。この点については，加害行為がなかったなら存在したであろう利益状態と現に存在する利益状態との差をいうとする説（差額説）が伝統的なものであり，本判決もこうした差額説的な態度を維持したものといえる。

また，外国人の逸失利益をどう考えるかについては，憲法14条の平等原則に照らしてわが国での賃金を基準とする考え方もありえ，従来の下級審判決には，観光目的で来日していた中国人の交通事故に関し，平等原則に依拠してわが国の賃金水準により逸失利益を算定したものがある（高松高判平成3・6・25判時1406号28頁）。

これに対し，本判決は，**外国人の逸失利益については，被害者の将来の収入等を基礎に，個々人の具体的事情を考慮して逸失利益を算定すべきであり，その際は，予想されるわが国での就労可能期間はわが国での収入等により，その後は出国先（多くは母国）の賃金水準による**という一般論を示したものである。最高裁は，上記のような個別的な算定方法による点では内外人に差はないとしており，結果として損害額に差が生じたとしても平等原則には違反しないと考えたものとみられる。

2 不法就労外国人と逸失利益

また，本判決は，上記の一般論の適用に当たり，**わが国における外国人の予想就労期間は，来日目的，事故の時点における本人の意思，在留資格の有無，在留期間，在留期間更新の実績及び蓋然性，就労資格の有無，就労の態様などの事実的および規範的な諸要素を考慮して認定する**と判示している。

本判決は，こうした判断枠組みに基づき，不法残留外国人のわが国における就労可能期間を長期にわたるものと認めることはできないとしたうえで，本件においては，Xが事故後に勤めたA社を退社した翌日から3年間はわが国で就労しえたであろうとして逸失利益を算定した原判決の判断を支持している。本判決のこうした判断は，逸失利益の算定を事実認定の問題としつつ，実際上，

入管法違反という規範的要素と事実上の就労実績という要素のバランスをとったものと位置づけられよう。

なお，慰謝料に関しては，本判決は，日本人以上の金額を主張した上告理由を排斥する旨の結論のみを示しているが，逸失利益とは異なり，慰謝料については外国の経済水準が直ちに反映されるわけではないとの見解が有力である。

(山川　隆一)

(3)　わが国の労働法規の適用

参考判例

142　T社ほか1社事件
東京高判平成19・12・26　労経速2063号2頁

【事案の概要】

1　Aは，フィリピン共和国（以下「フィリピン」とする）において事業活動を行っている会社であり，Z_1およびZ_2は，いずれも日本に本社を置き，A社に出資している会社である。Bは，A社がフィリピンで雇用する労働者等により同国において組織された労働組合である。Xは，日本国内で活動している労働組合であり，B組合はX組合に加盟しその下部組織となっている。

2　Xは，Z_1およびZ_2社が，①A社がフィリピンにおいてB組合を労働組合として承認すらしないことを放置し，また，同組合の組合員の解雇問題につきXと協議すらしないことは不作為による支配介入に当たり，②B組合の上部団体であるXが，A社及びB組合間の労働関係上の事項につき申し入れた団体交渉を拒否したことは団交拒否に当たるとして，C労働委員会に救済を申し立てた。

3　C労働委員会は，わが国の労働組合法は日本における労使関係に適用されるのが原則であるが，本件においてXが不当労働行為であるとするのはA社と

B組合のフィリピン国内における労使紛争であり，かつ，わが国の労働組合法を適用しなければ公平性を欠けるとか不合理であるなどの特段の事情は見当たらないと判断して，上記申立を却下した。これに対する再審査申立を受けたY（中央労働委員会）もおおむね同旨の判断により再審査申立てを棄却したため，Xが取消訴訟を提起した。1審判決（東京地判平成19・8・6労経速2063号6頁）は，Xの請求を棄却し，本判決はこれに対する控訴を棄却している（判決理由の主要部分は以下にあげる1審判決の理由を引用したものである）。なお，最二小決平成21・7・17（労経速2063号2頁参照）は，本判決に対するXの上告を棄却し，また，上告受理申立てを不受理とした。

【判旨】
1 「労働組合法27条の定める労働委員会の救済命令制度は，日本国憲法28条の保障する労働者の団結権及び団体行動権の保護を目的とし，これらの権利を侵害する使用者の一定の行為を禁止した労働組合法7条の規定の実効性を担保するために設けられたものである。したがって，不当労働行為の救済に関する我が国の労働組合法の規定は，我が国に存在する労使関係に対して適用されるものと解するのが相当である。」
2 「確かに，本件申立ては，我が国国内の労働組合であるXが，国内の企業であるZらに対し，一定の対応と団体交渉を申し入れたのにこれを拒否したことを不当労働行為であると主張するものであるが，この主張の実質は，結局のところ，フィリピン共和国におけるA社とその労働者又はB組合との間の労使関係において生じた労使紛争の救済を求めるもので，国外の労使関係を対象としたものというべきである」。
3 「そうすると，本件においては，不当労働行為の救済に関する我が国の労働組合法の適用はないという他ないのであり，原告の主張には理由がない」。

(山川　隆一)

判例索引

(注：太字はメイン判例および参考判例として取り上げた頁である)

● 大正6～昭和39年

大判大正6・2・22民録23輯212頁	58
最大判昭和27・10・22民集6巻9号857頁〔朝日新聞小倉支店事件〕	**487**
最二小判昭和29・5・28民集8巻5号990頁〔山岡内燃機関事件〕	535
最一小判昭和31・11・2民集10巻11号1413頁〔関西精機事件〕	203
最三小判昭和31・12・11刑集10巻12号1605頁〔三友炭鉱事件〕	**487**
最一小判昭和32・11・14民集11巻12号1943頁〔品川煉瓦事件〕	433
最三小判昭和32・12・24民集11巻14号2336頁〔日本通運事件〕	405
東京高決昭和33・8・2労民集9巻5号831頁〔読売新聞社事件〕	**60**
最二小判昭和34・6・26民集13巻6号846頁〔丸森町教育委員会事件〕	347
東京高判昭和34・12・23判時217号33頁〔栃木化成事件〕	438, **439**
最二小判昭和35・3・11民集14巻3号403頁〔細谷服装事件〕	**324**
最三小判昭和35・4・26民集14巻6号1004頁〔高知新聞事件〕	438
最一小判昭和37・4・26民集16巻4号975頁〔山崎鉱業所事件〕	308, 310
最二小判昭和37・7・20民集16巻8号1656頁〔米軍山田部隊事件〕	330
長崎地佐世保支判昭和39・3・30労民15巻2号198頁	426

● 昭和40～49年

最二小判昭和40・2・5民集19巻1号52頁〔明治生命事件〕	501
横浜地判昭和40・3・16民集22巻4号847頁	545
福岡高判昭和40・4・22労民16巻2号303頁	426
東京地決昭和40・4・26判時408号14頁〔インターナショナル・エア・サービス事件〕	**565**
最一小判昭和41・12・1民集20巻10号2017頁	308
横浜地判昭和42・3・1労民18巻2号139頁	418
東京高判昭和42・5・30民集22巻4号859頁	545
東京地判昭和42・7・17民集27巻11号1566頁	107, 121
名古屋地判昭和42・12・22労民18巻6号1278頁	431
東京地判昭和43・1・30民集31巻1号122頁	556
東京高判昭和43・2・23労民19巻1号134頁	418
最三小判昭和43・4・9民集22巻4号845頁〔医療法人新光会事件〕	**545**
東京高判昭和43・6・12民集27巻11号1580頁	108, 121
最一小判昭和43・8・2民集22巻8号1603頁〔西日本鉄道事件〕	72, **73**
最大判昭和43・12・4刑集22巻13号1425頁〔三井美唄労組事件〕	427
最大判昭和43・12・25民集22巻13号3459頁〔秋北バス事件〕	**24**
名古屋高判昭和44・1・31判例集未登載	431
最一小判昭和44・2・27民集23巻2号511頁	12, **14**
最一小判昭和44・5・2集民95号257頁〔中里鉱業事件〕	**425**
東京高判昭和45・2・10民集31巻1号129頁	556

最三小判昭和45・7・28民集24巻7号1220頁〔横浜ゴム事件〕	**269**
名古屋地判昭和45・9・7労判110号42頁〔レストラン・スイス事件〕	*63*
最三小判昭和46・6・15民集25巻4号516頁〔山恵木材事件〕	**519**
名古屋地判昭和46・12・17民集30巻4号471頁	*5*
大津地判昭和47・3・29労民集23巻2号129頁	*112*
東京都労委昭和47・9・19命令集47集348頁	*490*
札幌地判昭和47・12・22労判169号49頁	*495*
最二小判昭和48・1・19民集27巻1号27頁〔シンガー・ソーイング・メシーン事件〕	*201, 203,* **207**
最二小判昭和48・3・2民集27巻2号191頁〔白石営林署事件〕	**246**
最大判昭和48・4・25刑集27巻3号418頁〔国労久留米駅事件〕	*487*
最大判昭和48・12・12民集27巻11号1536頁〔三菱樹脂事件〕	*68,* **107, 121,** *115, 277, 516*
最一小判昭和49・2・28民集28巻1号66頁	*272*
最二小判昭和49・3・15民集28巻2号265頁〔日本鋼管事件〕	*272*
最一小判昭和49・7・22民集28巻5号927頁〔東芝柳町工場事件〕	*127,* **379**
札幌高判昭和49・8・28労判218号54頁	*495*
名古屋高判昭和49・9・18民集30巻4号530頁	*5*
最一小判昭和49・9・30労判218号44頁〔名古屋ダイハツ労組事件〕	**429**
最一小判昭和49・9・30民集28巻6号1382頁〔国労大分地本事件〕	*433*

●昭和50〜54年

最三小判昭和50・2・25民集29巻2号143頁〔自衛隊八戸車両整備工場事件〕	*299,* **302,** *305*
東京地判昭和50・3・11労判221号32頁	*490*
最二小判昭和50・4・25民集29巻4号456頁〔日本食塩製造事件〕	*316,* **416**
最三小判昭和50・4・25民集29巻4号481頁〔丸島水門製作所事件〕	*511*
最一小判昭和50・7・17労判234号17頁〔江東ダイハツ事件〕	*327*
名古屋地判昭和50・7・18労判233号48頁	*186*
徳島地判昭和50・7・23労判232号24頁〔徳島船井電機事件〕	*366*
長崎地判昭和50・9・18労判247号58頁	*499*
東京高決昭和50・9・25労民集26巻5号723頁〔新聞之新聞社事件〕	*454*
最三小判昭和50・11・28民集29巻10号1634頁〔国労広島地本事件〕	*410,* **429**
最二小判昭和50・12・1判時798号14頁〔国労四国地本事件〕	*429*
最一小判昭和51・5・6民集30巻4号437頁〔CBC管弦楽団事件〕	**4**
東京地判昭和51・5・21労判254号42頁〔プリマハム事件〕	*532*
最一小判昭和51・7・8民集30巻7号689頁〔茨石事件〕	**55**
福岡高判昭和51・7・14民集34巻7号906頁〔大石塗装・鹿島建設事件〕	**303**
福岡高判昭和51・9・13労判259号11頁	*499*
名古屋高判昭和51・9・14労判262号41頁	*186*
大阪高判昭和51・10・4労民集27巻5号531頁	*112*
最二小判昭和52・1・31民集120号23頁〔高知放送事件〕	*314*
最大判昭和52・2・23民集31巻1号93頁〔第二鳩タクシー事件〕	**555,** *563*
最二小判昭和52・2・28労判278号61頁〔第一小型ハイヤー事件〕	*512*
最一小判昭和52・8・9集民121号225頁〔三晃社事件〕	**185**
東京高判昭和52・8・9労判282号11頁	*490*
最三小判昭和52・12・13民集31巻7号974頁〔電電公社目黒電報電話局事件〕	**50,** *492*

東京高判昭和53・6・20労判309号50頁〔寿建築研究所事件〕	*311*
最二小決昭和53・11・15刑集32巻8号1855頁〔山陽電気軌道事件〕	*488*
東京地判昭和54・3・15判時941号131頁	*549*
最二小判昭和54・7・20民集33巻5号582頁〔大日本印刷事件〕	**111**, *119,120*, *123*, *132*
神戸地判昭和54・9・21労判328号47頁〔中本商事事件〕	*366*
東京高判昭和54・10・29判時498号111頁〔東洋酸素事件〕	*323*
最三小判昭和54・10・30民集33巻6号647頁〔国鉄札幌運転区事件〕	**493**, *530*
東京高判昭和54・12・19判例集未登載	*549*
東京地判昭和54・12・20労民集30巻6号1287頁	*444*

●昭和55〜59年

東京地判昭和55・2・18労判335号14頁	*210*, *504*
最二小判昭和55・5・30民集34巻3号464頁〔電電公社近畿電通局事件〕	*114*, *119*
横浜地判昭和55・5・30労判347号22頁	*561*
佐賀地判昭和55・9・5労判352号62頁〔サガテレビ事件〕	*396*
最一小判昭和55・12・18民集34巻7号888頁	*306*
最二小判昭和56・2・16民集35巻1号56頁	*300*
最三小判昭和56・3・24民集35巻2号300頁〔日産自動車事件〕	*110*
福岡地判昭和56・3・31判時1244号130頁	*328*
千葉地判昭和56・5・25労判372号49頁〔日立精機事件〕	*171*
最二小判昭和56・9・18民集35巻6号1028頁〔三菱重工業(長崎造船所)事件〕	**498**
東京地判昭和56・9・28判時1017号34頁〔日本化学工業事件〕	*310*
東京地判昭和56・10・22労判374号55頁〔北辰電機製作所事件〕	*480*
最一小判昭和57・3・18民集36巻3号366頁〔電電公社此花電報電話局事件〕	*248*
最三小判昭和57・4・13民集36巻4号659頁〔大成観光事件〕	*55*, **489**, *530*
東京高判昭和57・7・19判時390号36頁	*210*, *504*
最二小判昭和57・9・10労経速1134号5頁	*533*
東京高判昭和57・10・13労民集33巻5号891頁	*444*
東京高判昭和58・2・28労判476号16頁	*561*
最三小判昭和58・4・19民集37巻3号888頁〔東都観光バス事件〕	*307*
福岡高判昭和58・6・7労判410号29頁〔サガテレビ事件〕	**15**
最二小判昭和58・6・13民集37巻5号636頁〔日本原子力研究所事件〕	*512*
最一小判昭和58・9・8労判415号29頁〔関西電力事件〕	*267*
福岡高判昭和58・10・31判時1244号128頁	*328*
最三小判昭和58・11・1労判417号21頁〔明治乳業事件〕	*498*
東京高判昭和58・12・19判時421号33頁〔八州事件〕	**129**
最三小判昭和58・12・20労時1102号140頁〔新宿郵便局事件〕	*535*
大阪地判昭和59・3・12民集43巻12号2060頁	*413*
東京高判昭和59・3・30労判437号41頁〔フォード自動車(日本)事件〕	*318*
最三小判昭和59・4・10民集38巻6号557頁〔川義事件〕	*300*, *305*
最三小判昭和59・5・29民集38巻7号802頁〔日本メール・オーダー事件〕	**536**, *542*
最三小昭和59・12・18労判443号16頁〔山口県教委(停職処分)事件〕	*286*
大阪高判昭和59・12・24民集43巻12号2069頁	*413*

判例索引　*577*

● 昭和60〜63年

仙台地決昭和60・2・5労民集36巻1号32頁〔日本海員掖済会塩釜病院事件〕 ………… 63
最三小判昭和60・4・23民集39巻3号730頁〔日産自動車事件〕 ………… 539, 540
最三小判昭和60・7・16民集39巻5号1023頁〔エヌ・ビー・シー工業事件〕 ………… 261
最一小判昭和60・11・28労判469号6頁〔京都新聞社事件〕 ………… 50
最二小判昭和60・12・13労判465号6頁〔旭ダイヤモンド工業事件〕 ………… 443
最二小判昭和61・1・24労判467号6頁〔紅屋商事事件〕 ………… 548
青森地判昭和61・2・25労判475号119頁 ………… 553
東京地判昭和61・2・27労民集37巻1号123頁 ………… 452
最一小判昭和61・3・13労判470号6頁〔電電公社帯広電報電話局事件〕 ………… 26, 28
大阪地判昭和61・3・31労判473号26頁 ………… 201
高知地判昭和61・5・6労判537号67頁 ………… 485
最三小判昭和61・6・10民集40巻4号793頁〔旭ダイヤモンド工業事件〕 ………… 560
最二小判昭和61・7・14労判477号6頁〔東亜ペイント事件〕 ………… 150
最一小判昭和61・12・4労判486号6頁〔日立メディコ事件〕 ………… 127, 377, 395
東京地判昭和61・12・4労民集37巻6号512頁〔日本鉄鋼連盟事件判決〕 ………… 90
最一小判昭和61・12・18判時1220号136頁〔道立夕張南高校事件〕 ………… 249
東京高判昭和62・1・27労民集38巻1号1頁 ………… 453
最一小判昭和62・4・2労判506号20頁〔あけぼのタクシー事件〕 ………… 327
名古屋高判昭和62・4・27労判498号36頁〔朽木合同輸送事件〕 ………… 165
最一小判昭和62・7・2労判504号10頁〔電電公社近畿電通局事件〕 ………… 248
最二小判昭和62・7・10民集41巻5号1202頁〔青木鉛鉄事件〕 ………… 309
最二小判昭和62・7・10民集41巻5号1229頁〔弘前電報電話局事件〕 ………… 253
最二小判昭和62・7・17民集41巻5号1283頁〔ノース・ウエスト航空事件〕 ………… 209, 507
最二小判昭和62・7・17民集41巻5号1350頁〔ノース・ウエスト航空事件〕 ………… 503
最三小判昭和62・9・18労判504号6頁〔大隈鐵工所事件〕 ………… 344
最三小判昭和62・9・22労判503号6頁〔横手統制電話中継所事件〕 ………… 253
大阪高判昭和62・9・29労判507号53頁 ………… 201
神戸地判昭和62・11・5労判506号23頁 ………… 126
最三小判昭和63・2・16民集42巻2号60頁〔大曲市農業協同組合事件〕 ………… 38
東京高判昭和63・6・23労判521号20頁〔オリエンタルモーター事件〕 ………… 493
最一小判昭和63・7・14労判523号6頁〔小里機材事件〕 ………… 232
仙台高判昭和63・8・29労判532号99頁 ………… 553
大阪地決昭和63・9・5労判530号62頁〔四天王寺国際仏教大学事件〕 ………… 63
福岡高判昭和63・10・26判時1332号142頁 ………… 331

● 平成元〜4年

長野地裁松本支部平成元・2・3労判528号69頁〔新日本ハイパック事件〕 ………… 162
高松高判平成元・2・27労判537号61頁 ………… 485
大阪高判平成元・3・1労判564号21頁 ………… 126
名古屋地裁平成元・6・26労判553号81頁 ………… 190
最三小判平成元・7・4民集43巻7号767頁〔電電公社関東電気通信局事件〕 ………… 253
最一小判平成元・9・7労判546号7頁〔香港上海銀行事件〕 ………… 209
東京地判平成元・9・22労判548号64頁〔カールツァイス事件〕 ………… 450

大阪地判平成元・10・19労判551号31頁	*422*
最一小判平成元・12・7労判554号6頁〔日産自動車村山工場事件〕	*153*
最二小判平成元・12・11民集43巻12号1786頁〔済生会中央病院事件〕	*424*, **527**
最一小判平成元・12・14民集43巻12号1895頁〔日本シェーリング事件〕	*261*
最一小判平成元・12・14民集43巻12号2051頁〔三井倉庫港運事件〕	**412**
最一小判平成元・12・21労判553号6頁〔日本鋼管事件〕	**411**
最三小判平成2・3・6労判584号38頁〔亮正会事件〕	*563*
最三小判平成2・6・5民集44巻4号668頁〔神戸弘陵学園事件〕	**125**
東京地判平成2・7・4労判565号7頁〔社会保険診療報酬支払基金事件〕	*95*
東京地判平成2・7・9民集49号2号594頁	*21*
大阪高判平成2・7・26労判572号114頁〔ゴールド・マリタイム事件〕	*162*
名古屋高判平成2・8・31労判569号37頁〔中部日本広告社事件〕	*189*, **190**
最二小判平成2・11・26民集44巻8号1085頁〔日新製鋼事件〕	**200**, *207*
大阪高判平成3・1・16労判581号36頁〔龍神タクシー事件〕	**381**
最一小判平成3・2・22労判586号12頁	*493*
東京地判平成3・2・25労判588号74頁〔ラクソン事件〕	*357*
大阪高判平成3・2・26労判615号55頁	*422*
最一小判平成3・4・11判時1319号3頁〔三菱重工事件〕	*306*
最三小判平成3・4・23労判589号6頁〔国鉄事件〕	**451**, *547*
最三小判平成3・6・4民集45巻5号984頁〔紅屋商事件〕	*552*
高松高判平成3・6・25判時1406号28頁	*572*
最一小判平成3・9・19労判615号16頁〔炭研精工事件〕	*273*, *285*, *286*
最三小判平成3・11・19民集45巻8号1236頁〔津田沼電車区事件〕	*249*
最三小判平成3・11・29民集45巻8号1270頁〔日立製作所武蔵工場事件〕	*223*
大阪高判平成3・12・25労判621号80頁〔京都広告事件〕	*208*
東京地判平成4・1・21判時605号91頁〔セキレイ事件〕	*327*
東京地決平成4・1・31判時1416号130頁〔三和機材事件〕	*167*
福岡地判平成4・4・6労判607号6頁〔福岡セクシュアル・ハラスメント事件〕	**97**
最三小判平成4・6・23民集46巻4号306頁〔時事通信社事件〕	*250*
最二小判平成4・7・13労判630号6頁〔第一小型ハイヤー事件〕	*39*
東京地判平成4・8・27労判611号15頁〔日ソ図書事件〕	**80**
東京地判平成4・9・24判時1439号131頁	*570*
東京地判平成4・9・28労判617号31頁〔吉村など事件〕	*334*
最二小判平成4・10・2判時1619号8頁〔御國ハイヤー事件〕	**484**
福岡地判平成4・11・25労判621号33頁〔三井石炭鉱業事件〕	*324*
東京地判平成4・12・25労判650号87頁〔勧業不動産販売・勧業不動産事件〕	*162*
仙台高秋田支判平成4・12・25労判690号13頁〔JR東日本(本荘保線区)事件〕	*493*

● 平成5〜9年

最一小判平成5・3・25判時650号6頁〔エッソ石油事件〕	**421**
最二小判平成5・6・11労判632号10頁〔国鉄鹿児島自動車営業所事件〕	*55*
横浜地判平成5・6・17労判643号71頁	*2*
最二小判平成5・6・25民集47巻6号4585頁〔沼津交通事件〕	*261*
大阪高判平成5・6・25労判679号32頁	*47*

判例索引 579

東京高判平成成 5・8・31判タ844号208頁	*570*
東京地判平成成 5・9・21労判643号45頁	*182*
福岡高判平成 6・3・24労民集45巻 1・2号123頁〔三菱重工業長崎造船所事件〕	**254**
最二小判平成成 6・6・13労判653号12頁〔高知県観光事件〕	**229**
東京地判平成 6・6・16労判651号15頁〔三陽物産事件〕	*84,* **85**
最一小判平成 6・9・8労判657号12頁〔敬愛学園事件〕	**317**
東京地判平成 6・10・25労判662号43頁	**227**
東京高判平成 6・11・24労判714号16頁	*2*
最一小判平成 6・12・20民集48巻 8号1496頁〔倉田学園事件〕	**498**
最一小判平成 7・2・23民集49巻 2号281頁〔ネスレ日本（東京・島田）事件〕	*425*
大阪地判平成 7・2・27労判678号78頁	*509*
最三小判平成 7・2・28民集49巻 2号559頁〔朝日放送事件〕	**19**
最一小判平成 7・3・9労判679号30頁〔商大八戸ノ里ドライビングスクール事件〕	**46**
東京高判平成 7・3・16労判684号92頁	*182*
東京地決平成 7・4・13労判675号13頁〔スカンジナビア航空事件〕	**335,** *341*
最二小判平成 7・4・14労判679号21頁〔高知県観光事件〕	*544*
最三小判平成 7・9・5労判680号28頁〔関西電力事件〕	*72*
東京地決平成 7・10・16労判690号75頁〔東京リーガルマインド事件〕	*357*
東京地判平成 7・12・4労判685号17頁〔バンク・オブ・アメリカ・イリノイ事件〕	*143*
東京地判平成 7・3・30労判667号14頁〔HIV感染者解雇事件〕	*68*
最二小判平成 8・2・23労判690号12頁	*493*
東京高判平成 8・2・28民集49巻 2号629頁	*21*
長野地上田支部判平成 8・3・15労判690号32頁〔丸子警器事件〕	**383**
最三小判平成 8・3・26民集50巻 4号1008頁〔朝日火災海上保険（高田）事件〕	*209, 463,* **471**
都労委決定平成 8・5・28別冊中時1183号108頁	*403*
最一小判平成 8・9・26労判708号31頁〔山口観光事件〕	*277,* **282**
東京地判平成 8・11・27労判704号21頁	*93, 95*
最一小判平成 8・11・28労判714号14頁〔横浜南労基署長(旭紙業)事件〕	**1**
東京地決平成 8・12・11労判711号57頁〔アーク証券（第一次仮処分）事件〕	*146*
最三小判平成 9・1・28民集51巻 1号78頁〔改進社事件〕	**569**
最二小判平成 9・2・28民集51巻 2号705頁〔第四銀行事件〕	*27,* **36**
最一小判平成 9・3・27労判713号27頁〔朝日火災海上保険事件(石堂)事件〕	**461**
東京地判平成 9・3・27労判720号85頁〔シムラ事件〕	**447**
京都地判平成 9・4・17労判716号49頁〔京都セクシュアル・ハラスメント事件〕	*101, 334*
東京地判平成 9・5・26労判717号14頁〔長谷工コーポレーション事件〕	*78*
大阪地決平成 9・11・4労判738号55頁〔ヤマゲンパッケージ事件〕	*208*
東京高判平成 9・11・17労判729号44頁〔トーコロ事件〕	**227**

● 平成10〜14年

岡山地倉敷支判平成10・2・23労判733号13頁〔川崎製鉄(水島製鉄所)事件〕	*106*
中労委決定平成10・3・4別冊中時1203号82頁	*403*
東京地判平成10・3・17労判734号15頁〔富士重工業事件〕	*78*
最一小判平成10・4・9労判736号15頁〔片山組事件〕	*175,* **181**
東京地決平成10・7・17労判749号49頁	*149*

大阪地判平成10・8・31労判751号38頁〔大阪労働衛生センター第一病院事件〕	**339**
東京地判平成10・9・25労判746号7頁〔新日本証券事件〕	*78*
東京地判平成11・2・15労判760号46頁〔全日本空輸事件〕	**176**
東京地判平成11・3・12労判760号23頁〔東京セクハラ(M商事)事件〕	*334*
東京地判平成11・6・9労判763号12頁	**403**
水戸地下妻支判平成11・6・15労判763号7頁〔エフピコ事件〕	*334*
札幌高判平成11・7・9労判764号17頁〔北海道龍谷学園事件〕	*318*
東京高判平成11・7・28労判770号58頁〔システムコンサルタント事件〕	*105*
最二小判平成11・9・17労判768号16頁〔帝国臓器(単身赴任)事件〕	*154*
東京地決平成11・10・15労判770号34頁〔セガ・エンタープライゼス事件〕	*317*
東京地決平成12・1・21労判782号23頁〔ナショナル・ウエストミンスター銀行(第3次)事件〕	*313, 323*
東京地判平成12・1・31労判785号45頁	*149*
東京地判平成12・2・8労判787号58頁〔シー・エー・アイ事件〕	*40*, **44**
山口地決平成12・2・28労判807号79頁〔三田尻女子高校事件〕	*323*
東京高判平成12・2・29労判807号7頁〔セメダイン事件〕	*402*
最一小判平成12・3・9民集54巻3号801頁〔三菱重工業(1次訴訟・会社側上告)事件〕	*214, 221*
最二小判平成12・3・24民集54巻3号1155頁〔電通事件〕	*105,* **297**
東京高判平成12・4・19労判787号35頁〔日新火災海上保険事件〕	*134*
千葉地判平成12・6・12労判785号10頁〔T工業(HIV解雇)事件〕	*68*
最三小決平成12・6・27労判795号13頁〔東加古川幼児園事件〕	*105*
大阪地判平成12・6・30労判793号49頁	*332*
最一小判平成12・7・17労判785号143頁〔横浜南労基署長(東京海上横浜支店)事件〕	*293*
最一小判平成12・9・7民集54巻7号2075頁〔みちのく銀行事件〕	*39, 42*
大阪地判平成12・11・20労判797号15頁〔商工組合中央金庫事件〕	*95*
東京高判平成12・12・22労判796号5頁〔芝信用金庫事件〕	*91,* **92**
東京高判平成12・12・27労判809号82頁〔更生会社三井埠頭事件〕	*208*
大阪高判平成13・3・6労判818号73頁〔わいわいランド事件〕	*318,* **331**
最三小判平成13・3・13民集55巻2号395頁〔都南自動車教習所事件〕	*457*
最一小決平成13・6・14労判807号5頁	*404*
最二小判平成13・6・22労判808号11頁	*228*
東京地判平成13・7・25労判813号15頁〔黒川建設事件〕	**10**
東京地判平成13・12・3労判826号76頁〔F社Z事業部事件〕	*69*
大阪地決平成13・12・26労経速1797号13頁〔大阪国際観光バス事件〕	**476**
東京地裁判平14・2・20労判822号13頁〔野村證券(男女差別)事件〕	*87*
東京地判平成14・2・26労判825号50頁〔日経クイック情報事件〕	*72*
東京高判平成14・2・27労判824号17頁〔青山会事件〕	*370,* **517**
最一小判平成14・2・28民集56巻2号361頁〔大星ビル管理事件〕	**218**
東京地判平成14・4・16労判827号40頁〔野村證券(留学費用返還請求)事件〕	*75*
広島高判平成14・6・25労判835号43頁〔JR西日本(広島支社)事件〕	**233**
東京高判平成14・7・23労判852号73頁〔三洋電機サービス事件〕	*106*
東京地判平成14・10・29労判839号17頁〔アジアエレクトロニクス事件〕	*352*
仙台地決平成14・11・14労判842号56頁〔日本ガイダント仙台営業所事件〕	*154,* **156**
東京地判平成14・11・15労判844号38頁	*193*

東京高判平成14・11・26労判843号20頁〔日本ヒルトンホテル事件〕	*342*
大阪高判平成14・12・27労判915号17頁	*509*

●平成15～19年

東京地判平成15・1・20判タ1113号163頁	*524*
東京高判平成15・3・25労判849号87頁〔川崎市水道局事件〕	**101**
最二小判平成15・4・18労判847号14頁〔新日本製鐵(日鐵運輸第2)事件〕	**158**
東京地判平成15・5・28労判852号11頁〔東京都(警察学校・警察病院)事件〕	*68*
大阪地堺支判平成15・6・18労判855号22頁〔大阪いずみ市民生協事件〕	*278*
水戸地下妻支決平成15・6・19労判855号12頁〔東京金属ほか1社事件〕	*467*
東京地判平成15・6・20労判854号5頁〔B金融公庫事件〕	*65*
横浜地川崎支判平成15・7・8労判879号13頁	*409*
東京地判平成15・9・22労判870号83頁〔グレイワールドワイド事件〕	*72*
最二小判平成15・10・10労判861号5頁〔フジ興産事件〕	*26, 33,* **34,** *263*
東京高判平成15・11・6労判858号188頁	*524*
最一小判平成15・12・4労判862号14頁〔東朋学園事件〕	*258*
東京高判平成15・12・11労判867号5頁〔小田急電鉄事件〕	*189,* **192**
最一小判平成15・12・18労判866号14頁〔北海道国際航空事件〕	*204*
最一小判平成15・12・22民集57巻11号2335頁〔JR北海道・日本貨物鉄道(不採用)事件〕	*513*
東京地判平成16・1・26労判872号46頁〔明治生命保険事件〕	*79*
最三小決平成16・2・10判例集未登載	*518*
東京地判平成16・3・26労判876号56頁〔独立行政法人N事件〕	**172**
東京地判平成16・3・31労判873号33頁〔エーシーニールセン・コーポレーション事件〕	**139**
東京高判平成16・5・17労判879号5頁	*409*
大阪高判平成17・1・25労判890号27頁〔日本レストランシステム事件〕	*154*
東京地判平成17・1・25労判890号42頁〔S社(派遣添乗員)事件〕	*334*
東京地判平成17・1・28労判890号5頁〔宣伝会議事件〕	*115,* **116**
名古屋高判平成17・2・23労判909号67頁〔O法律事務所事件〕	*334*
大阪高決平成17・3・30労判896号64頁〔第一交通産業(佐野第一交通)事件〕	*363*
東京高判平成17・5・31労判898号16頁〔勝英自動車学校(大船自動車興業)事件〕	*367*
東京高判平成17・7・13労判899号19頁〔東京日新学園事件〕	*371*
東京地判平成17・10・3労判907号16頁〔富士(退職金特別加算金)事件〕	*352*
大阪地判平成18・1・6労判913号49頁〔三都企画建設事件〕	*387*
東京地決平成18・1・13判時1935号168頁〔コマキ事件〕	*317,* **320**
大阪高判平成18・4・14労判915号60頁〔ネスレ日本(配転本訴)事件〕	*154*
最三小判平成18・4・18民集60巻4号1548頁〔安威川生コンクリート工業事件〕	*507*
東京地判平成18・4・19労判917号40頁	*262*
札幌高判平成18・5・11労判938号68頁	*313*
高松高判平成18・5・18労判921号33頁〔伊予銀行・いよぎんスタッフサービス事件〕	*392,* **400**
東京高判平成18・6・22労判920号5頁3頁〔ノイズ研究所事件〕	*39,* **40**
最二小判平成18・10・6労判925号11頁〔ネスレ日本事件〕	*287*
大阪高判平成18・10・30労判927号5頁	*105*
最二小判平成18・12・8労判929号5頁〔JR東海(新幹線・科長脱退勧奨)事件〕	*523*
最一小判平成19・1・18労判931号5頁〔神奈川信用農業協同組合事件〕	**348**

最二小判平成19・2・2民集61巻1号86頁〔東芝労働組合小向支部・東芝事件〕………………	**407**
東京地判平成19・4・24労判942号39頁〔ヤマダ電機事件〕……………………………………	**353**
最一小判平成19・6・28労判940号11頁………………………………………………………………	*4*
東京高判平成19・7・31労判946号58頁〔根岸病院事件〕……………………………………	**435**
東京地判平成19・8・6労経速2063号6頁……………………………………………………………	*574*
東京地判平成19・10・5労判950号19頁〔中央建設国民健康保険組合事件〕………………	**465**
最二小判平成19・10・19民集61巻7号2555頁	
〔大林ファシリティーズ(オークビルサービス)事件〕………………………………………	*221*
東京高判平成19・10・30労判964号72頁〔中部カラー事件〕………………………………………	**30**
東京高判平成19・12・26労経速2063号2頁〔T社ほか1社事件〕…………………………………	*573*
●平成20年～	
東京地判平成20・1・28判時1998号149頁〔日本マクドナルド事件〕…………………………	*238*
横浜地判平成20・3・27労判1000号17頁……………………………………………………………	*243*
東京高判平成20・4・9労判959号6頁〔日本システム開発研究所事件〕……………………	**196**
東京地判平成20・4・23労判950号19頁〔中央建設国民健康保険組合事件〕………………	**465**
東京高判平成20・4・23労判960号25頁……………………………………………………………	**467**
東京地判平成20・9・9労経速2025号21頁〔浜野マネキン紹介所事件〕……………………	*391*
東京高判平成20・11・11労判1000号10頁……………………………………………………………	*243*
東京高判平成21・3・12判例集未登載〔藤田(勝)商店事件〕……………………………	*438,* **441**
東京高判平成21・3・25労判981号13頁〔新国立劇場運営財団事件〕………………………	*9*
最二小判平成21・3・27労判991号14頁……………………………………………………………	*393*
宇都宮地栃木支決平成21・4・28労判982号5頁〔プレミアライン事件〕…………………	*318*
最二小決平成21・7・17労経速2063号2頁…………………………………………………………	*574*
東京高判平成21・9・16労判989号12頁〔INAX事件〕…………………………………………	*8*
最二小判平成21・12・18労判1000号5頁〔ことぶき事件〕……………………………………	*243*
最二小判平成21・12・18労判993号5頁〔パナソニックプラズマディスプレイ(パスコ)事件〕………	**397**
大阪高判平成21・12・22労経速2065号3頁〔住友ゴム工業事件〕……………………………	*438*
最三小判平成22・5・25労経速2078号3頁〔小野リース事件〕………………………………	*318*
中労委決平成22・7・7別冊中労時1395号11頁〔ソクハイ事件〕……………………………	*8*
最二小判平成22・7・12労判1010号5頁〔日本アイ・ビー・エム事件〕……………………	*373*
東京高判平成22・8・26判例集未登載………………………………………………………………	*8*

判例索引　*583*

■——編著者紹介——

山川隆一（やまかわ・りゅういち）
1982年東京大学法学部卒。現在，慶應義塾大学大学院法務研究科教授。『雇用関係法（第4版）』（新世社・2008），『詳説　労働契約法』（共著，弘文堂・2008），『ケースブック労働法（第6版）』（共著，弘文堂・2010），『プラクティス労働法』（編著，信山社・2009）等。担当判例 052，056・057，111〜113，140〜142。

森戸英幸（もりと・ひでゆき）
1988年東京大学法学部卒。現在，上智大学法学部教授。『差別禁止法の新展開』（共編著，日本評論社・2008），『いつでもクビ切り社会』（文春新書・2009），『ケースブック労働法（第3版）』（共著，有斐閣・2011），『プレップ労働法（第3版）』（弘文堂・2011）等。担当判例 095・096，130，135〜139。

■——著者紹介(50音順)——

天野晋介（あまの・しんすけ）
2008年同志社大学大学院法学研究科博士後期課程単位取得退学。現在，首都大学東京都市教養学部法学系准教授。担当判例 038〜043。

石田信平（いしだ・しんぺい）
2008年同志社大学大学院法学研究科博士後期課程単位取得退学。現在，駿河台大学法学部准教授。担当判例 066〜072。

岩永昌晃（いわなが・まさあき）
2005年京都大学大学院法学研究科博士課程単位取得満期退学。現在，京都産業大学法学部准教授。担当判例 114〜119。

表田充生（おもてだ・みつお）
1998年同志社大学大学院法学研究科博士後期課程退学（研究指導修了）。現在，神戸学院大学法科大学院実務法学研究科教授。担当判例 120〜126。

梶川敦子（かじかわ・あつこ）
2004年同志社大学大学院法学研究科博士後期課程単位取得退学。現在，神戸学院大学法学部准教授。担当判例 054・055，058〜061。

川田琢之（かわた・たくゆき）
1995年東京大学法学部卒。現在，筑波大学大学院ビジネス科学研究科准教授。担当判例 101〜107。

川田知子（かわだ・ともこ）
2003年中央大学大学院法学研究科博士後期課程単位取得退学。現在，中央大学法学部准教授。担当判例 022〜027。

桑村裕美子（くわむら・ゆみこ）
2004年東京大学法学部卒。現在，東北大学大学院法学研究科准教授。担当判例 035〜037，044・045，050。

小西康之（こにし・やすゆき）
1999年東京大学大学院法学政治学研究科博士課程退学。現在，明治大学法学部教授。担当判例 046〜049，051，053。

篠原信貴（しのはら・のぶたか）
2004年獨協大学大学院博士前期課程修了。現在，関西外国語大学外国語学部講師。担当判例 085〜090。

柴田洋二郎（しばた・ようじろう）
2005年東北大学大学院法学研究科博士後期課程修了。現在，中京大学法学部准教授。担当判例 062〜065。

竹内(奥野)寿（たけうち(おくの)・ひさし）
1999年東京大学法学部卒。現在，立教大学法学部准教授。担当判例 127〜129，131〜134。

中益陽子（なかます・ようこ）
2007年東京大学大学院法学政治学研究科博士課程単位取得退学。現在，都留文科大学文学部社会学科現代社会専攻講師。担当判例 073〜077。

橋本陽子（はしもと・ようこ）
1997年東京大学法学政治学研究科修士課程修了。現在，学習院大学法学部教授。担当判例 001〜005。

長谷川珠子（はせがわ・たまこ）
2005年東北大学大学院法学研究科博士課程修了。現在，福島大学行政政策学類准教授。担当判例 028〜032。

原　昌登（はら・まさと）
1999年東北大学法学部卒。現在，成蹊大学法学部准教授。担当判例 006〜013。

藤本真理（ふじもと・まり）
2007年九州大学大学院法学府博士後期課程単位取得退学。現在，三重大学人文学部准教授。担当判例 091〜094。

皆川宏之（みながわ・ひろゆき）
2002年京都大学大学院法学研究科博士課程単位取得退学。現在，千葉大学法経学部准教授。担当判例 014〜017，033・034。

柳澤　武（やなぎさわ・たけし）
2003年九州大学大学院法学府博士後期課程単位取得退学。現在，名城大学法学部准教授。担当判例 018〜021，108〜110。

山下　昇（やました・のぼる）
2002年九州大学大学院法学研究科博士後期課程修了。現在，九州大学大学院法学研究院准教授。担当判例 078〜084。

渡邊絹子（わたなべ・きぬこ）
2004年東京大学大学院法学政治学研究科博士課程単位取得退学。現在，東海大学法学部准教授。担当判例 097〜100。

判例サムアップ労働法

平成23年4月30日　初版1刷発行

編著者	山川　隆一・森戸　英幸
発行者	鯉渕　友南
発行所	株式会社　弘文堂　101-0062　東京都千代田区神田駿河台1の7 TEL 03(3294)4801　振替 00120-6-53909 http://www.koubundou.co.jp
装　丁	水木喜美男
印　刷	三美印刷
製　本	井上製本所

© 2011 Ryuichi Yamakawa, Hideyuki Morito. Printed in Japan
JCOPY 〈(社)出版者著作権管理機構　委託出版物〉
本書の無断複写は著作権法上での例外を除き禁じられています。複写される場合は、そのつど事前に、(社)出版者著作権管理機構 (電話 03-3513-6969、FAX 03-3513-6979、e-mail : info@jcopy.or.jp) の許諾を得てください。
また本書を代行業者等の第三者に依頼してスキャンやデジタル化することは、たとえ個人や家庭内の利用であっても一切認められておりません。

ISBN978-4-335-35461-8

弘文堂プレップ法学

これから法律学にチャレンジする人のために、覚えておかなければならない知識、法律学独特の議論の仕方や学び方のコツなどを盛り込んだ、新しいタイプの"入門の入門"書。

プレップ	法学を学ぶ前に	道垣内弘人
プレップ	法と法学	倉沢康一郎
プレップ	憲　　法	戸松　秀典
プレップ	民　　法	米倉　　明
*プレップ	家　族　法	前田　陽一
プレップ	刑　　法	町野　　朔
プレップ	行　政　法	高木　　光
プレップ	環　境　法	北村　喜宣
プレップ	租　税　法	佐藤　英明
プレップ	商　　法	木内　宜彦
プレップ	会　社　法	奥島　孝康
プレップ	手　形　法	木内　宜彦
プレップ	新民事訴訟法	小島　武司
プレップ	破　産　法	徳田　和幸
*プレップ	刑事訴訟法	酒巻　　匡
プレップ	労　働　法	森戸　英幸
*プレップ	知的財産法	小泉　直樹

＊印未刊

弘文堂ケースブックシリーズ

理論と実務との架橋をめざす、新しい法曹教育が法科大学院で幕を開けました。その新しい法曹教育に資するよう、各科目の基本的な概念や理論を、相当のスペースをとって引用した主要な判例と関連づけながら整理した教材。設問を使って、双方向型の講義が実現可能となる待望のケースブックシリーズ。

ケースブック憲法
[第3版]
長谷部恭男・中島徹・赤坂正浩
阪口正二郎・本秀紀 編著

ケースブック行政法
[第4版]
高木光・稲葉馨 編

ケースブック租税法
[第3版]
金子宏・佐藤英明・増井良啓
渋谷雅弘 編著

ケースブック刑法
[第3版]
笠井治・前田雅英 編

ケースブック会社法
[第4版]
丸山秀平・野村修也・大杉謙一
松井秀征・髙橋美加 著

ケースブック民事訴訟法
[第3版]
長谷部由起子・山本弘・松下淳一
山本和彦・笠井正俊・菱田雄郷 編著

ケースブック刑事訴訟法
[第2版]
笠井治・前田雅英 編

ケースブック労働法
[第6版]
菅野和夫 監修　土田道夫・山川隆一
大内伸哉・野川忍・川田琢之 編著

ケースブック知的財産法
[第2版]
小泉直樹・高林龍・井上由里子・佐藤恵太
駒田泰土・島並良・上野達弘 編著

ケースブック独占禁止法
[第2版]
金井貴嗣・川濵昇・泉水文雄 編著

弘文堂

2011年3月現在